国家哲学社会科学成果文库
NATIONAL ACHIEVEMENTS LIBRARY
OF PHILOSOPHY AND SOCIAL SCIENCES

哲学：思想的前提批判

孙正聿　著

中国社会科学出版社

作者简介

孙正聿 1946年11月生,吉林省吉林市人,哲学博士。现任教育部人文社会科学重点研究基地吉林大学哲学基础理论研究中心主任,吉林大学哲学社会科学资深教授,全国政协委员,国家哲学社会科学专家咨询委员会委员,教育部社会科学委员会委员,教育部学风建设委员会副主任,吉林省社会科学界联合会副主席。曾任教育部哲学学科教学指导委员会主任,吉林省哲学学会理事长,吉林大学学术委员会主任。

代表性著作有《哲学通论》、《理论思维的前提批判》、《马克思主义基础理论研究》(上下卷)、《思想中的时代》、《崇高的位置》、《孙正聿哲学文集》(九卷本)、《马克思主义辩证法研究》、《人的精神家园》等。在《中国社会科学》、《哲学研究》、《新华文摘》等刊物发表论文200余篇。曾先后获国家级教学成果奖、国家图书奖、中华优秀出版物奖、"五个一工程"优秀作品奖、教育部人文社会科学优秀成果奖等奖励。2000年被国务院授予全国先进工作者称号,2003年获国家级教学名师奖,2010年获全国教书育人楷模提名奖。

《国家哲学社会科学成果文库》
出版说明

  为充分发挥哲学社会科学研究优秀成果和优秀人才的示范带动作用，促进我国哲学社会科学繁荣发展，全国哲学社会科学规划领导小组决定自 2010 年始，设立《国家哲学社会科学成果文库》，每年评审一次。入选成果经过了同行专家严格评审，代表当前相关领域学术研究的前沿水平，体现我国哲学社会科学界的学术创造力，按照"统一标识、统一封面、统一版式、统一标准"的总体要求组织出版。

全国哲学社会科学规划办公室
2011 年 3 月

成果简介

　　本书的主要内容是阐述哲学的特殊的理论性质和独特的活动方式，并通过具体论证哲学对构成思想的基本信念、基本逻辑、基本方式、基本观念、哲学理念的前提批判，展现哲学发展的自我批判的活力和永不枯竭的理论空间。本书的重要意义是为理解哲学提供新的解释原则，并以这种解释原则展开对思想的前提批判，推进哲学在当代的发展。

　　本书的主要内容包括阐释何谓思想的前提批判的"导论"和论述思想的前提批判的"五章"：第一章，构成思想的基本信念的前提批判；第二章，构成思想的基本逻辑的前提批判；第三章，构成思想的基本方式的前提批判；第四章，构成思想的基本观念的前提批判；第五章，构成思想的哲学理念的前提批判。

一

　　"导论"部分以阐释"思想的前提批判"为主旨，论述了哲学的理论性质、思维方式、存在方式、工作方式和理论自觉。

　　关于哲学的理论性质，"导论"提出，哲学的"基本问题"与哲学的"前提批判"是相互规定的：只有在哲学的"前提批判"中，才把理论思维的"不自觉的和无条件的前提"——"思维和存在的关系"——作为自己的"基本问题"；只有作为哲学基本问题的"思维和存在的关系问题"，才决定哲学的本质是对"理论思维的前提批判"。哲学的"基本问题"与思想的"前提批判"二者之间的相互规定，既决定了哲学的特殊的理论性质，又决定了哲学在人类的全部活动中的特殊的社会意义。

关于哲学的思维方式，"导论"提出："思维和存在"之间具有无限丰富的矛盾关系，但是，从人类思想的"维度"上看，"思维和存在的关系"却可以归结为两个最基本的"维度"：一是"构成思想"的维度，也就是思维以人的认识活动和实践活动为中介而实现思维与存在相统一的维度；二是"反思思想"的维度，也就是思维把"思维和存在的关系"当作"问题"而予以"反思"的维度。"反思思想"是把"构成思想"中不予追问的"思维和存在的关系"当作了"问题"，也就是把"理论思维的不自觉的和无条件的前提"当作了"问题"，由此便构成了人类思想的"反思"的哲学维度。

关于哲学的存在方式，"导论"提出，哲学的前提批判不仅意味哲学具有自己的特殊的理论性质和特殊的思维方式，而且意味哲学具有自己的特殊的存在方式。真正的哲学作为马克思所说的"时代精神的精华"和"文明的活的灵魂"，既不是"表述"时代状况和人类文明的经验事实，也不是"表达"个人对时代状况和人类文明的情感和意愿，而是以自己的"表征"方式构成时代精神的"精华"和文明的活的"灵魂"。哲学的"表征"，主要是以自己提出的问题、自己的提问方式以及对问题的求索而实现的。

关于哲学的工作方式，"导论"提出，总体上可以把哲学的工作方式概括为时代精神主题化、现实存在间距化、流行观念陌生化和基本理念概念化，其中，最为重要的是流行观念陌生化，也就是具体地展开对思想的前提批判。流行观念陌生化，不仅需要揭示体现时代精神的流行观念，而且需要澄清它所具有的思想前提的意义，并且在前提批判中构成新的思想，因此流行观念陌生化必须实现为基本理念概念化。

关于哲学的理论自觉，"导论"提出，哲学作为社会的自我意识，它在自己的前提批判中，总是以历史的大尺度去观照和反省人类的思想和行为，从而在价值排序中选择某种历史的大尺度作为人的思想和行为的标准，引导人类不断地在自己的实践活动中把理想变为现实。正因如此，真正的哲学总是不仅反映和表达时代精神，而且塑造和引导新的时代精神。

二

本书的主体部分，是具体地展开对思想的前提批判。构成思想的前提，主要包括构成思想的基本信念、基本逻辑、基本方式、基本观念和哲学理念，因此，对思想的前提批判主要表现在下述五个方面：一是对构成思想的基本信念的前提批判，即对"思维和存在的同一性"的前提批判；二是对构成思想的基本逻辑的前提批判，即对思想的外延逻辑、内涵逻辑及其实践基础的前提批判；三是对构成思想的基本方式的前提批判，即对常识、宗教、艺术和科学等人类把握世界的基本方式的前提批判；四是对构成思想的基本观念的前提批判，即对存在、世界、历史、真理、价值等基本观念的前提批判；五是对构成思想的哲学理念的前提批判，即对哲学本身的前提批判。这五个方面的前提批判，从总体上体现了哲学对思想的前提批判，并构成了本书的基本内容。

第一章，构成思想的基本信念的前提批判。

承诺"我们的主观思维和客观的世界服从于同样的规律"，这是构成思想的基本信念；因此，对构成思想的"基本信念"的前提批判，直接地就是对"理论思维的不自觉的和无条件的前提"的批判。对构成思想的"基本信念"的前提批判，也就是对哲学自身的"基本问题"——思维和存在的关系问题——的前提批判。哲学对思想构成自己的"基本方式"、"基本观念"和"基本逻辑"的前提批判，都蕴含着对思想构成自己的"基本信念"的前提批判，从而使"思维和存在的关系问题"成为哲学自身的"重大的基本问题"。因此，对思想的前提批判，首要的是对构成思想的基本信念的前提批判，也就是对"思维和存在的同一性"的前提批判。

在对思维和存在的关系的理解中，需要批判地反思两种基本观念：一是思维和存在的抽象同一，二是思维和存在的抽象对立。二者既是对立的两极，又是两极相通的。在思维和存在的抽象同一中，就隐含着思维和存在的抽象对立。这具体地表现为：在感觉层面上，映象与对象的抽象同一，就隐含着不同主体的映象与对象的抽象对立；在理性层面上，表象与思想的抽象同一，就隐含着不同主体的表象与思想的抽象对立；在价值层面上，实然与应然的抽象同一，就隐含着不同主体的价值判断的抽象对立；在规律层面上，思维和存在的抽象同一，就隐含着思维规律与存在规律的抽象对立。抽象的同一与抽象的对立，是思维中的对立着的"正题"和"反题"。由对"正题"的前提批判而进入对"反题"的前提批判，就是从对"思维和存在的抽象同一"到对"思维和存在的抽象对立"的前提批判。正是在对思维和存在的"抽象同一"和"抽象对立"的前提批判中,形成了哲学史上的由"思维和存在的逻辑同一"而进展为"思维和存在的历史同一"的历史进程,不断地深化了对构成思想的基本信念的前提批判。

第二章,构成思想的基本逻辑的前提批判。

思维和存在的关系问题,从根本上说,是思维规律与存在规律的关系问题,也就是思维和存在是否"服从于同样的规律"的问题。因此,哲学对思想的前提批判,不仅指向对"思维和存在的同一性"的"基本信念"的前提批判,而且必然指向对构成思想的"基本逻辑"即"思维规律"的前提批判,并具体地表现为对思维的外延逻辑和内涵逻辑及其实践基础的前提批判。

在人类的思想活动中,概念不仅是思维的"细胞",而且是列宁所说的认识的"阶梯"和"支撑点"。由概念的外延所构成的外延逻辑或形式逻辑,由概念的内涵所构成的内涵逻辑或辩证逻辑,以及由概念的实践基础所构成的实践逻辑或生活逻辑,是构成思想的基本逻辑。对构成思想的基本逻辑的前提批判,主要是对形式逻辑、辩证逻辑和实践逻辑的前提批判。

第三章,构成思想的基本方式的前提批判。

人的思想活动不仅遵循思维规律,而且是以自己把握世界的各种基本方式而构成关于世界的思想。常识、宗教、艺术、科学和哲学等,就是人类在实践活动的基础上所形成的与世界发生真实关系的"中介",也就是人类"把握"世界的"基本方式"。人类的全部思想,都是由人类把握世界的各种基本方式所构成的,因此,哲学对思想的前提批判必然包括对构成思想的各种基本方式的前提批判。

人类把握世界的各种基本方式,在其直接性上,首先是为人类提供了丰富多彩的世界图景,而它们之所以能够提供各种各样的世界图景,则在于它们本身是人类把握世界的不同方式。这些基本方式不仅为人们提供各种各样的世界图景,而且为人们的思想和行为提供各自的思维方式和价值规范,因此,人类把握世界的各种基本方式,就以世界图景、思维方式和价值规范的三重内涵而构成哲学反思的对象。在思想的前提批判的意义上,哲学对人类把握世界的基本方式的前提批判,特别重要的是对常识、科学和哲学的三个层次的概念框架的前提批判。在对这三个不同层次的概念框架的前提批判中，构建了人类文明史上的新的"阶梯"和"支撑点"，实现了人的世界图景、思维方式和价值规范的历史性变革。

第四章，构成思想的基本观念的前提批判。

构成思想的前提，不仅包括构成思想的基本信念、基本逻辑和基本方式，而且更为普遍地表现为构成思想的基本观念即人们用以构筑思想的存在、世界、历史、真理和价值等基本观念。对构成思想的基本观念的前提批判，展现了哲学的思想前提批判的开阔的和开放的思想空间。

在思想的前提批判的理论空间中，具有直接的生成性和历史性的思想前提，就是构成思想的各种基本观念。但是，本书对构成思想的基本观念的前提批判有三个方面的局限性：一是具有选择性，即局限于对某些构成思想的基本观念的前提批判；二是具有历史性，即局限于我们时代所达到的对这些基本观念的前提批判；三是具有意见性，即局限于作者所把握到的我们时代对这些基本观念的前提批判。这表明对思想的前提批判是行进中的哲学活动，而不是完成了的哲学理论。

第五章，构成思想的哲学理念的前提批判。

每个时代的思想，都隐匿着构成其自身的基本观念，并深层地表现为该时代的哲学理念。因此，哲学对思想的前提批判，就不仅仅是对构成思想的基本信念、基本逻辑、基本方式和基本观念的前提批判，而且深层地指向对构成思想的哲学理念的前提批判。

对构成思想的哲学理念的前提批判，直接指向的是对哲学本身的前提批判，主要包括对哲学与哲学的基本问题、哲学与形而上学、哲学与哲学史、哲学与时代精神等重大问题的反思。尤为重要的是，哲学对自身构成思想的基本理念的前提批判，就是追究生活信念的前提，探寻经验常识的根据，反省历史进步的尺度，询问评价真善美的标准，从而变革人的世界图景、思维方式、价值观念、审美情趣和整个生存方式，塑造和引导新的时代精神。哲学的前提批判，是对思想构成自己的根据和原则的批判，因而必然指向对规范人的思想和行为的核心观念即世界观的前提批判。对世界观的前提批判是阐释哲学的理论性质的最为直接的切入点，也是展开哲学的前提批判的最为恰当的切入点。

三

　　本书的主要观点，是提出了一种理解哲学的解释原则，即哲学是对思想的前提批判。对思想的前提批判，既体现了哲学的特殊的理论性质和独特的社会功能，又展现了哲学发展的自我批判的活力和永不枯竭的理论空间。

　　本书所展开的对思想的前提批判，有五个被赋予新的内涵的范畴具有支撑点的意义，这就是"世界观"、"本体"、"反思"、"表征"和"批判"。它们的相互规定所构成的概念框架，形成了本书的总体性的解释原则和叙述逻辑。具体言之："世界观"并不是人站在世界之外而形成的关于整个世界的思想，而是人生在世和人在途中的人的目光；"本体"并不是构成世界的"本原"，而是人的思想和行为的根据、标准和尺度，因而是世界观理论的灵魂；"反思"并不是一般意义的反复思考，而是揭示作为本体的思想和行为的诸种前提，因而是辨析思想或思想辨析的哲学的思维方式；"表征"既不是"表述"经验事实，也不是"表达"情感意愿，而是呈现自己时代的时代精神和文明的活的灵魂，因而是体现存在论、真理论和价值论三者一致的哲学的存在方式；"批判"既不是徒然的否定，也不是玄思的内省，而是以概念批判和术语革命所实现的对人类文明史的反省，因而是构成思想的前提批判的哲学的工作方式。在批判的活动中展开对本体的反思和表征，就构成人生在世和人在途中的人的目光——世界观。被赋予新的内涵的"世界观"、"本体"、"反思"、"表征"和"批判"所支撑的对思想的前提批判，构成了本书所展现的前提批判的哲学理论。

　　需要强调指出的是：本书所展开的对思想的前提批判，就是思想以自身为对象反过来而思之的反思；但是，把哲学的"反思"定位为对思想的"前提批判"，并不是一般含义的"对思想的思想"，而是把构成思想的根据作为批判的对象。由于把哲学的反思定位为"思想的前提批判"，就不仅从理论性质、研究对象和社会功能上把哲学与人类把握世界的其他基本方式区分开来，而且从根本上改变了对哲学意义的世界观、本体论等基本理念的理解。哲学意义的"本体"，既不是构成万物的"始基"、"基质"或"本原"，也不是规定万物的"理念"或"逻辑"，而是规范人的思想和行为的根据、标准和尺度。"本体"既具有历史的、时代的规定性，又具有无限的、终极的指向性，因而既不是绝对之绝对，也不是绝对之相对，而是相对之绝对——历史意义的相对而时代意义的绝对。以"本体"观念为灵魂的"世界观"，就不是自然而然的、无始无终的非人的目光，而是人生在世和人在途中的人的目光。在这个意义上，对思想的前提批判，就是批判地反思人生在世和人在途中的人的目光——对世界观的前提批判。

本书所展开的思想的前提批判，直接源于对恩格斯的一个论断的理解。这个论断是："我们的主观的思维和客观的世界服从于同样的规律，因而，两者在自己的结果中不能互相矛盾，而必须彼此一致，这个事实绝对地统治着我们的整个理论思维。它是我们的理论思维的不自觉的和无条件的前提。"哲学以外的人类全部活动，都是以承诺这个"前提"而构成关于世界的全部思想；哲学则是以反思这个"前提"为使命而批判地考察关于世界的全部思想。马克思就是以其"革命的和批判的"辩证法而展开对"抽象理性"和"抽象存在"的双重批判，乃至"对现存的一切进行无情的批判"，因此，马克思主义哲学才真正成为"时代精神的精华"和"文明的活的灵魂"。在这个意义上，马克思主义哲学既是"思想的前提批判"的典范，也是深化"思想的前提批判"的理论源泉。本书在对构成思想的基本信念、基本逻辑、基本方式、基本观念、哲学理念的前提批判的过程中，具体地展现和深入地阐述了马克思主义哲学对思想的前提批判。

本书所展开的对思想的前提批判，是行进中的哲学活动，而不是某种完成了的哲学理论。因此，本书的主要工作包括三个方面：一是论证哲学活动何以是思想的前提批判；二是阐发哲学对思想的前提批判的理论空间；三是对构成思想的基本观念进行选择性的或案例性的前提批判。其中，本书着力探索和论述的首要问题是：哲学活动何以是思想的前提批判，或者反过来说，为何思想的前提批判才是真正的哲学活动。着力探索和论证这个首要问题的原因很简单：古往今来，人们对哲学的理解是大不相同的；把哲学理解为思想的前提批判，必须作出系统的和深入的阐释和论证。有说服力和有启发性地论证一种哲学的可能的活动方式，从而为人类的哲学活动敞开"令人神往"和"上下求索"的理论空间，是我对这部著作的最大的期待，也是我一生最大的欣慰。

目 录

序　哲学的基本问题与思想的前提批判 ……………………………（1）

导论　前提批判的哲学理论 ……………………………………………（1）
　　一　理论思维的前提与哲学的理论性质 …………………………（1）
　　二　反思:哲学的思维方式 …………………………………………（5）
　　三　表征:哲学的存在方式 …………………………………………（17）
　　四　批判:哲学的工作方式 …………………………………………（21）
　　五　思想的前提批判与哲学的理论自觉 …………………………（24）

第一章　构成思想的基本信念的前提批判 ………………………（29）
　第一节　思维和存在的抽象同一 ………………………………………（29）
　　一　表象思维:直观反映的抽象同一 ………………………………（30）
　　二　形式思维:形式推理的抽象同一 ………………………………（33）
　第二节　思维和存在的逻辑同一 ………………………………………（37）
　　一　反思与"思维和存在的同一性" ………………………………（38）
　　二　逻辑先在的同一性 ……………………………………………（40）
　　三　概念发展的同一性 ……………………………………………（47）
　　四　逻辑与历史的同一性 …………………………………………（51）
　第三节　思维和存在的历史同一 ………………………………………（55）
　　一　思维和存在服从同一规律 ……………………………………（56）
　　二　理论与实践的矛盾关系 ………………………………………（59）
　　三　理想与现实的矛盾关系 ………………………………………（64）

四　思维和存在矛盾关系的文化反省 …………………………（70）

第二章　构成思想的基本逻辑的前提批判 …………………………（77）
第一节　形式逻辑的前提批判 ……………………………………（77）
　　　一　形式逻辑的双重含义 ………………………………………（77）
　　　二　形式逻辑的两类前提 ………………………………………（79）
　　　三　哲学对形式逻辑的前提批判 ………………………………（82）
第二节　内涵逻辑的前提批判 ……………………………………（90）
　　　一　内涵逻辑解析 ………………………………………………（90）
　　　二　思想的内涵逻辑 ……………………………………………（92）
　　　三　历史的内涵逻辑 ……………………………………………（96）
第三节　实践逻辑的前提批判 ……………………………………（107）
　　　一　实践范畴的矛盾分析 ………………………………………（107）
　　　二　实践的内在矛盾与实践的逻辑 ……………………………（110）

第三章　构成思想的基本方式的前提批判 …………………………（116）
第一节　常识的前提批判 …………………………………………（117）
　　　一　常识的世界图景、思维方式和价值规范 …………………（117）
　　　二　常识的局限与超越 …………………………………………（122）
　　　三　常识的前提批判与哲学的常识化 …………………………（128）
第二节　宗教的前提批判 …………………………………………（132）
　　　一　哲学与宗教的历时态关系 …………………………………（132）
　　　二　哲学与宗教的同时态关系 …………………………………（135）
　　　三　宗教的哲学反思 ……………………………………………（137）
第三节　艺术的前提批判 …………………………………………（139）
　　　一　艺术的审美世界与哲学对美的追问 ………………………（140）
　　　二　人类把握世界的哲学方式与艺术方式 ……………………（142）
　　　三　艺术的哲学意蕴与哲学的艺术旨趣 ………………………（144）
　　　四　时代的敏感的神经与时代精神的精华 ……………………（146）

第四节 科学的前提批判 (148)
    一 理论思维的两种基本方式 (148)
    二 哲学对科学的反思关系 (152)
    三 哲学反思科学的主要内容 (155)
    四 对科学主义思潮的反思 (160)
    五 三个层次的概念框架的前提批判 (164)

第四章 构成思想的基本观念的前提批判 (166)
第一节 "存在"的前提批判 (166)
    一 存在与"纯在" (166)
    二 存在与"在者" (169)
    三 存在与"此在" (170)
    四 存在与"本体" (173)
第二节 "世界"的前提批判 (179)
    一 世界与存在 (179)
    二 物质世界与精神世界 (180)
    三 自在世界与文化世界 (181)
    四 现实世界与理想世界 (186)
    五 以"思维和存在的关系问题"为聚焦点的存在论、本体论和世界观 (188)
第三节 "历史"的前提批判 (191)
    一 历史与人的存在方式 (191)
    二 历史的前提与结果 (193)
    三 历史与"文化的水库" (197)
第四节 "真理"的前提批判 (204)
    一 "真"的概念解析 (204)
    二 "真理"和"思想的客观性" (208)
    三 思想客观性问题的扩展与深化 (211)
第五节 "价值"的前提批判 (218)
    一 价值与价值观 (218)

二　价值导向与价值取向 …………………………………… (221)
　　三　价值观与真理观 ………………………………………… (222)

第五章　构成思想的哲学理念的前提批判 ……………………… (226)
第一节　哲学与哲学基本问题 …………………………………… (226)
　　一　哲学的基本问题与哲学的前提批判 ………………… (227)
　　二　哲学的基本问题与哲学的理论空间 ………………… (228)
　　三　哲学的基本问题与哲学的时代主题 ………………… (231)
第二节　哲学与哲学史 …………………………………………… (232)
　　一　历史性的思想与思想性的历史 ……………………… (233)
　　二　哲学史与把握现实的哲学方式 ……………………… (235)
　　三　哲学史与哲学的理论创新 …………………………… (237)
第三节　哲学与形而上学 ………………………………………… (240)
　　一　表征人的形上本性的形而上学 ……………………… (240)
　　二　作为概念批判史的形而上学 ………………………… (243)
　　三　形而上学历险中的后形而上学 ……………………… (248)
第四节　哲学与本体论 …………………………………………… (252)
　　一　本体的概念解析 ……………………………………… (252)
　　二　本体论的三重内涵 …………………………………… (258)
　　三　本体论的自我批判 …………………………………… (263)
　　四　本体的反思与表征 …………………………………… (268)
第五节　哲学与辩证法 …………………………………………… (278)
　　一　辩证法的思维方式 …………………………………… (278)
　　二　辩证法的批判本质 …………………………………… (293)
　　三　辩证法、认识论和逻辑学 …………………………… (311)
　　四　实践智慧的辩证法 …………………………………… (340)
第六节　时代精神的精华与文明的活的灵魂 …………………… (351)
　　一　哲学的时代性与人类性 ……………………………… (351)
　　二　哲学演进的透视与反思 ……………………………… (359)
　　三　"从实践的观点看"哲学的范式转换 ……………… (369)

四　三组基本范畴与三种研究范式 …………………………（380）
　　五　塑造和引导新的时代精神 ……………………………（393）

附录1　当代中国的哲学观念变革 …………………………（400）
附录2　思想的前提批判与哲学的活动方式 ………………（420）
附录3　生命体验与理论想象——说说我的七十年 ………（430）

参考文献 ………………………………………………………（541）
索引 ……………………………………………………………（544）
后记 ……………………………………………………………（558）

Contents

Preface The Fundamental Question of Philosophy and the
　　　　　Prerequisite Critique of Thoughts ································· (1)
Introduction Prerequisite Critique in Philosophical Theories ············ (1)
　I　Prerequisite of Theoretical Thinking and Theoretical
　　　Properties of Philosophy ··· (1)
　II　Reflection: The Thinking Mode of Philosophy ····················· (5)
　III　Representation: The Existing Mode of Philosophy ················ (17)
　IV　Critique: The Working Mode of Philosophy ······················· (21)
　V　Prerequisite Critique of Thoughts and Theoretical
　　　Consciousness of Philosophy ·· (24)

Chapter One The Prerequisite Critique on the Basic
　　　　　　Belief of Constructing Thoughts ·························· (29)
　I　The Abstract Identity of Thinking and Being ······················· (29)
　II　The Logical Identity of Thinking and Being ························ (37)
　III　The Historical Identity of Thinking and Being ······················ (55)

Chapter Two The Prerequisite Critique on the Basic
　　　　　　Logic of Constructing Thoughts ·························· (77)
　I　The Prerequisite Critique of Formal Logic ·························· (77)
　II　The Prerequisite Critique of Intensional Logic ····················· (90)
　III　The Prerequisite Critique of Practical Logic ························ (107)

Chapter Three The Prerequisite Critique on the Basic Modes of Constructing Thoughts ……………… (116)

- I The Prerequisite Critique of Commonsense ……………… (117)
- II The Prerequisite Critique of Religion ……………… (132)
- III The Prerequisite Critique of Art ……………… (139)
- IV The Prerequisite Critique of Science ……………… (148)

Chapter Four The Prerequisite Critique on the Basic Concepts of Constructing Thoughts ……………… (166)

- I The Prerequisite Critique of Being ……………… (166)
- II The Prerequisite Critique of World ……………… (179)
- III The Prerequisite of History ……………… (191)
- IV The Prerequisite Critique of Truth ……………… (204)
- V The Prerequisite Critique of the Value ……………… (218)

Chapter Five The Prerequisite Critique on Philosophical Idea of Constructing Thoughts ……………… (226)

- I Philosophy and the Basic Problem of Philosophy ……………… (226)
- II Philosophy and Its history ……………… (232)
- III Philosophy and Metaphysics ……………… (240)
- IV Philosophy and Ontology ……………… (252)
- V Philosophy and Dialectics ……………… (278)
- VI The Essence of Zeitgeist and the Living Soul of Civilization ……… (351)

Appendix I The Change of Philosophical Ideas in Contemporary China ……………… (400)

Appendix II The Prerequisite Critique of Thoughts and the Mode of Activity in Philosophy ……………… (420)

Appendix III Experience of Life and Imagination of Theory: Some Words on My Life ……………… (430)

Bibliography .... (541)
Index .... (544)
Postscript .... (558)

序
哲学的基本问题与思想的前提批判

我把哲学"定位"为"思想的前提批判",主要是源于我对哲学"基本问题"的理解。作为本书的序言,我以《哲学的基本问题与思想的前提批判》为题,对"思想的前提批判"的哲学观作出总体性的"自我阐释"。

一 "三个追问"与"一个焦点"

从1982年到2015年,我这30多年的哲学研究,可以概括为"三个追问":一是对"哲学"本身的追问;二是对"马克思主义哲学"的追问;三是对"当代哲学理念"的追问。这种追问的最初成果,是我的博士学位论文,也就是《理论思维的前提批判》;这种追问的当下成果,就是这部《哲学:思想的前提批判》。前者表达了我对"哲学"的总体性理解,后者则展开了对思想的前提批判。

具体言之,我所展开的"思想的前提批判",主要包括五个方面:一是对构成思想的基本信念的前提批判,也就是对思维和存在的同一性的前提批判;二是对构成思想的基本方式的前提批判,也就是对常识、宗教、艺术和科学的前提批判;三是对构成思想的基本逻辑的前提批判,也就是对形式逻辑、内涵逻辑和实践逻辑的前提批判;四是对构成思想的基本观念的前提批判,也就是对存在、世界、社会、历史、生活、真理、价值、理想等观念的前提批判;五是对构成思想的哲学理念的前提批判,也就是对形而上学、本体论、辩证法、认识论、价值论、历史观、人生观的前提批判。这五个方面的"思想的前提批判",都是围绕着一个问题即"思维和存在的关系问题"

展开的,本质上都是对"思维和存在的关系问题"的追问,因此,上述的"三个追问"又构成"一个焦点",这就是"哲学的基本问题"与"思想的前提批判"的相互规定与相互阐释。

顽强地追问"哲学",这不仅是我的哲学研究的"主要问题",而且是我的哲学研究的"主旋律"。这种追问的直接诱因就在于:人们对"哲学"的理解是"大不相同"的,因而人们总是以"大不相同"的理解去言说"哲学";然而,在所有的"大不相同"的关于"哲学"的言说中,人们又总是能够明显地或隐约地感受到这些言说是否可以称为"哲学"。这意味着,尽管人们对"哲学"的理解是"大不相同"的,但追问哲学的总体思路却是"大致相同"的。因此我们在对"哲学"的追问中,可以形成的一个肯定性判断是:哲学是人类把握世界的一种独特方式,它具有自己的特殊的活动方式,并在人类文明中发挥自己的特殊的社会功能。由此,对"哲学"的追问,就不是抽象地、空泛地追问"哲学是什么"或"什么是哲学",而是落实为对哲学以何种方式把握世界的追问,也就是对哲学的特殊的活动方式以及它的独特的社会功能的追问。正是在这种追问中,我把哲学的活动方式理解为"思想的前提批判",也就是对"思维和存在的关系问题"的批判性反思。在这部著作中,我把这种批判性反思具体化为对构成思想的基本信念、基本逻辑、基本方式、基本观念和哲学理念的前提批判。

顽强地追问"哲学",又不只是一般性的对"哲学"的追问,而且必须指向对我们所研究的"马克思主义哲学"的追问。20世纪80年代以来的中国马克思主义哲学研究,大体上经历了三段历程:一是以反省通行的哲学原理教科书为聚焦点而重新理解和阐释"马克思主义哲学",这可以视为对"马克思主义哲学"的直接追问;二是超越孤立地探讨"马克思主义哲学"而把这种探讨诉诸对"哲学"本身的反省,这可以视为对"哲学"的追问;三是以对"哲学"的反省为前提而重新理解和论证"马克思主义哲学",这可以视为对"哲学"与"马克思主义哲学"的"相互审视"的追问。正是在这种"相互审视"的追问中,凸显了对"思维和存在的关系问题"的追问:它究竟是否是"全部哲学"的"重大的基本问题"?"实践转向"的马克思主义哲学是否是以它作为自己的"重大的基本问题"?如果肯定它是包括马克思主义哲学在内的"全部哲学"的"重大的基本问题",这意味着

"哲学"的特殊的活动方式和独特的社会功能到底是什么。正是在这种追问中，我形成的基本想法是："思维和存在的关系问题"之所以是哲学的"重大的基本问题"，并不是因为它是哲学中的"最主要"或"最重要"的问题，而在于它是决定哲学作为人类把握世界的一种基本方式的特殊的活动方式和独特的社会功能的问题；马克思主义哲学的"实践转向"，并不是改变了哲学的"重大的基本问题"，而是以实践观点的思维方式回答这个"重大的基本问题"。因此，我以"思维和存在的关系问题"为"基本问题"而阐释哲学的活动方式，又以哲学的独特的活动方式而反思"思维和存在的关系问题"，由此构成"思想的前提批判"与"哲学的基本问题"相互规定的哲学观。

顽强地追问"哲学"和"马克思主义哲学"，并不只是对"哲学史"的反省，更重要的是对哲学在当代人类文明中的历史使命的澄明，因此，对"哲学"和"马克思主义哲学"的追问，从根本上说是对"当代哲学理念"的追问，对当代哲学如何塑造和引导新的时代精神的追问，对当代哲学怎样成为"文明的活的灵魂"的追问。这种追问，不可避免地再次凸显了哲学的"基本问题"："思维和存在的关系问题"仍然是当代哲学的"重大的基本问题"吗？在当代哲学越来越关切现实的政治、经济、文化、科学、技术、管理诸多问题并因而形成越来越"分支化"、"部门化"的政治哲学、经济哲学、文化哲学、科技哲学、管理哲学的背景下，在当代哲学的诸多流派分别以"分析哲学"、"现象学"、"解释学"、"结构主义"、"解构主义"研究哲学并构成"互不理解"、"互不承认"甚至"互不介入"的背景下，当代哲学还有什么共同的"基本问题"可言呢？面对这种困惑和质疑，使我想起当代哲学家艾耶尔的一句话：当着我们认真思考时，就会发现，"每个时代的哲学都具有广泛而深刻的一致性"。对此，我不仅是深以为然的，而且要追加一句话：当着我们诉诸整个人类文明史时，就会发现，作为人类把握世界的一种基本方式，"全部哲学"都"具有广泛而深刻的一致性"。对此，我们需要自觉地把哲学的"时代主题"与哲学的"基本问题"既区别开来又联系起来。每个时代的哲学都具有自己的共同的"时代主题"，全部的哲学则具有自己的共同的"基本问题"。在各不相同的"时代主题"中，深层地蕴含着哲学共同的"基本问题"。正是作为"全部哲学"的"重大的基本问题"的"思维和存在的关系问题",决定了"哲学"的"广泛而深刻的一致性"。

纵观哲学史,不同时代的哲学,不同民族的哲学,不同派别的哲学,不同领域的哲学,它们之所以为"哲学",首先就在于它们是以一种区别于宗教、艺术和科学的哲学方式把握世界,也就是以意义的社会自我意识的方式把握世界,以人类文明的时代性问题的理论自觉把握世界。这是哲学的"同中之异"和"异中之同"。片面地以时代、民族、派别或领域之"异"而拒斥其作为哲学之"同",就会阉割哲学作为人类把握世界的一种基本方式的特殊性质和独特价值;反之,片面地以哲学之"同"而无视时代、民族、派别或领域之异,则会融化哲学作为历史性的思想的多样性、丰富性和创造性。只有在对哲学的"同中之异"和"异中之同"的辩证理解中,我们才能既深切地洞见"全部哲学"所具有的"广泛而深刻的一致性",又会真切地把握不同时代、不同民族、不同派别、不同领域乃至不同风格的哲学的多样性、丰富性和创造性。

在我看来,"全部哲学"的"异中之同",就在于它们的"重大的基本问题"都是"思维和存在的关系问题",就在于它们都是通过"思想的前提批判"而变革人们对构成思想的基本信念、基本逻辑、基本方式、基本观念和哲学理念的理解,从而塑造和引导新的时代精神;"全部哲学"的"同中之异",则在于它们以历史性的时代内涵、民族性的文化传统、个体性的生命体验展开"思想的前提批判",从而以多元性的和多样化的哲学去塑造和引导新的时代精神。因此,我在关于哲学的"异中之同"与"同中之异"的追问中,在对哲学的"基本问题"与哲学的"活动方式"的反思中,把哲学"定位"为"思想的前提批判"。这就是我在对"哲学"、"马克思主义哲学"和"当代哲学理念"的"三个追问"中所形成的关于"哲学"的"解释原则"。

二 怎样理解"思维和存在的关系问题"

我把哲学"定位"为"思想的前提批判",直接地源于我对哲学的"重大的基本问题"即"思维和存在的关系问题"的理解,因此,阐述"思想的前提批判",必须首先阐释我对"思维和存在的关系问题"的理解。

值得深思的是,在关于"思维和存在的关系问题"的讨论中,人们所关切的往往是它能否成为哲学的"重大的基本问题",而不是对这个问题本身的追问,即不是追问究竟什么是哲学意义的"思维和存在的关系问题"。然而,正是由于对这个问题本身的不同理解,不仅引发了对它能否构成哲学的"基本问题"的肯定或否定,而且导致了对"哲学"的迥然有别的理解。

首先,作为哲学的"重大的基本问题"的"思维和存在的关系问题",究竟是思维和存在的"关系问题",还是"思维和存在"的问题?这两者的区别是根本性的、原则性的。前者是把思维和存在的"关系"作为"问题"来研究,考察和追究"思维和存在"的"关系",反省思维的规定与存在的规定之间的"关系";后者则是把"思维"和"存在"作为研究对象,提供关于"思维和存在"的知识,也就是提供关于"自然、社会和思维"的知识,从而形成哲学的"知识论立场"。这种哲学研究的"知识论立场",模糊了"哲学"与"科学"的界限,从而模糊了哲学的特殊的理论性质和独特的活动方式。因此,重新理解"哲学",必须首先重新理解什么是作为哲学的"重大的基本问题"的"思维和存在的关系问题"。

把"思维和存在的关系问题"视为"思维和存在"问题的"哲学知识论立场",其本质是把"哲学"视为具有最高的概括性(最大的普遍性)和最高的解释性(最大的普适性)的"知识",从而以知识分类表的层次性来区分"哲学"与"科学",并因此把"哲学"视为"科学"的延伸和变形,也就是把哲学当作"科学的科学"或"全部知识的基础"。在这种哲学观中,哲学的"基本问题"并不是关于"思维和存在"的"关系问题",而是关于"思维和存在"(自然、社会和思维)的"整个世界"的"全部知识"的问题。按照这种理解,哲学就不是通过对包括科学在内的人类把握世界的各种方式及其历史性成果的"反思"而变革对"思维和存在的关系问题"的理解,而是通过对科学的"概括"而形成越来越丰富的"关于整个世界"的知识。因此,这种"知识论立场"的哲学观,就不是把"思维和存在的关系问题"作为哲学的"重大的基本问题",而是把关于"整个世界"的"全部知识"作为自己的"重大的基本问题"。"哲学的知识论立场"把"哲学"视为具有最高的概括性和最高的解释性的"科学",从根本上模糊了"思维和存在的关系问题"的真实的"哲学意义"。

在关于哲学基本问题的论述中,恩格斯强调指出,思维和存在的关系问题"只是"在近代哲学中"才被十分清楚地提了出来","才获得了它的完全的意义"①。恩格斯的这一"提示",对于理解究竟什么是哲学意义的"思维和存在的关系问题",它何以成为"全部哲学"的"重大的基本问题",具有重大意义。考诸哲学史,我们会发现,近代哲学以反省思想的客观性为聚焦点,围绕"思维和存在的关系问题",提出并探讨了客观世界与意识内容、意识内容与意识形式、对象意识与自我意识、分析判断与综合判断、思维规律与存在规律、理论理性与实践理性等一系列关于"思维和存在"的"关系问题",不仅从"内容"上考察了"对象与表象"、"思维规定与存在规定"的关系问题,而且从"形式"上考察了"对象意识与自我意识"、"知性思维与辩证思维"、"直觉与逻辑"的关系问题,揭示出对象与经验、经验与知觉、知觉与表象、表象与观念、观念与思维、思维与想象、想象与情感、情感与意志、意志与自我、小我与大我、历史与逻辑、理论与实践等极为错综复杂的"思维和存在的关系问题",从而使"思维和存在的关系问题""获得了完全的意义"。这表明,哲学的"重大的基本问题"并不是"思维和存在"的问题,而是"思维和存在"的"关系问题";以"思维和存在的关系问题"为"基本问题"的"哲学",并不是关于"思维和存在"(自然、社会和思维)的具有最高的概括性和最高的解释性的"知识"或"科学",而是通过反思"思维和存在"的"关系问题"而不断地变革和升华人类对人与世界关系的理解。

其次,作为哲学的"重大的基本问题"的"思维和存在的关系问题",究竟是把"思维和存在的关系"作为"问题"而予以"反思",还是把"思维和存在""如何统一"作为"问题"而进行"研究"?这两者的区别同样是根本性的、原则性的。前者是追究思维把握存在的"根据",探索思维把握存在的"可能性",因而是对"思维和存在的关系问题"的批判性反思;后者则是研究思维和存在"如何统一"的"机制"和"过程",展现思维和存在"如何统一"的"规律性",因而是对"思维和存在的关系问题"

---

① 《马克思恩格斯选集》第四卷,人民出版社1995年版,第224页。

的实证性描述。前者所要求的是反思性的哲学立场，后者所要求的则是实证性的科学态度。把"思维和存在的关系问题"当作思维和存在"如何统一"的"认识论"问题，就模糊了反思性的哲学与实证性的科学。现代哲学家卡尔纳普曾经尖锐地提出，应当把通常所说的"认识论"归入作为"科学"的"心理学"，这对于我们重新理解"思维和存在的关系问题"何以是"哲学"的"重大的基本问题"，是富有启发性的。

思维和存在的"统一性"问题，并不是思维和存在的"同一性"问题。前者是把思维和存在"服从于同样的规律"作为"不自觉的和无条件的前提"，致力于"构成思想"；后者则是把这个"不自觉的和无条件的前提"作为"反思"的对象，揭示思维和存在的内在矛盾。前者是展开思维和存在"如何统一"的现实过程，后者则是追究思维何以能够把握存在的可能性。前者是胡塞尔所说的"自然态度"，后者则是胡塞尔所说的"哲学态度"。把思维和存在的"统一性"问题与"同一性"问题区别开来，才能理解"思维和存在的关系问题"不是"实证"的"科学"问题，而是"反思"的"哲学"问题。

上述分析表明，无论是把"思维和存在的关系问题"视为"思维"和"存在"的问题，还是把"思维和存在的关系问题"当作"思维和存在""如何统一"的问题，其实质都是以"知识论立场"看待"哲学"及其"基本问题"，都是模糊了反思性的哲学与实证性的科学之间的原则性区别，把哲学与科学的关系归结为"最高的普遍性"与"特殊的普遍性"的关系。正因如此，在对"哲学"及其"基本问题"的理解中，我突出地、集中地探讨了"哲学"与"科学"的关系，并在这种探讨中阐发我对作为"哲学"的"重大的基本问题"的"思维和存在的关系问题"的理解。

在我看来，作为人类理论思维的两种基本方式，"哲学"与"科学"的根本性区别，并不是二者的"普遍性"程度的区别，而是二者对"思维和存在的关系问题"的"原则立场"的区别。"科学"作为人类把握世界的一种基本方式，是人类运用自己的理论思维探索自然、社会和思维的"规律"，也就是在"规律"的层次上实现"思维和存在"的统一。"哲学"作为人类把握世界的一种基本方式，则是把"思维和存在的关系"当作"问题"而予以"反思"，不断深入地揭示"思维和存在"的矛盾，激发人类思想的活力，引导包括科学在内的人类把握世界的各种方式批判地对待"思维和存在的关系"。

人类的认识活动是在观念中实现"思维和存在"的统一，人类的实践活动是在行动中实现"思维和存在"的统一，人类的全部活动就是以自己把握世界的各种方式实现"思维和存在"的统一，因此，"思维和存在的关系问题"是人类全部活动的根本问题。然而，人类在自己的认识活动和实践活动中，并不是把"思维和存在的关系"当作"问题"，而是把"思维和存在的统一"当作"前提"，历史性地展开自己的认识活动和实践活动。如果人们在自己的具体的认识活动和实践活动中，不是把"思维和存在的统一"当作"前提"而是当作"问题"，总是怀疑思维规律能否把握存在规律、思维规定能否符合存在规定，人类又如何展开自己的认识活动和实践活动？与此同时，"思维和存在的关系"又真实地构成人类全部活动中的"根本问题"，只有不断地反省"思维和存在的关系问题"，不断地变革对"思维和存在的关系问题"的理解，才能历史性地改变自己的"世界观"和"人生观"，更为合理地协调人与世界的关系，更为合理地塑造人自身的存在。"哲学"把握世界的特殊方式及其独特功能，就在于它不是把"思维和存在的统一"当作"前提"而是当作"问题"，对这个"前提"予以批判性反思，引导人类不断地变革对"思维和存在关系问题"的理解。正因为人类在自己的全部活动中既要以"思维和存在的统一"为"前提"而展开自己的认识活动和实践活动，又要以"思维和存在的关系"为"问题"而变革自己的认识活动和实践活动，因此才形成了人类把握世界的一种特殊的基本方式——以"思维和存在的关系"为"问题"的"哲学"。

哲学以"思维和存在的关系问题"作为自己的"重大的基本问题"，从人类把握世界的诸种方式的相互关系上看，具有双重含义：其一，这个"基本问题"是哲学的"专业"。哲学的独特的活动方式就在于它把"不是问题"的"思维和存在的关系问题"作为自己的"重大的基本问题"，通过对"思维和存在的关系问题"的批判性反思而使自己成为"时代精神的精华"和"文明的活的灵魂"；其二，这个"基本问题"不是哲学的"专利"。哲学的独特的社会功能就在于人类在自己的全部活动中、在自己把握世界的全部方式中，总会自觉或不自觉地思考"思维和存在的关系问题"，也就是以

"哲学"的方式反省"思维和存在"所达到的"历史性的统一"。就此而言，在包括科学在内的人类把握世界的各种基本方式中，总是隐含着"反思"的"哲学"，总要以"哲学"的方式"反思"思维和存在的关系问题。正因如此，"反思"才是哲学的"专业"而不是哲学的"专利"。从"专业"而非"专利"的双重含义去理解哲学的"重大的基本问题"，既能够真正理解"思维和存在的关系问题"何以是哲学的"重大的基本问题"，又能够真正理解"哲学"在人类把握世界的诸种方式中的特殊的活动方式和独特的社会功能——它以自己的"专业"而渗透于人类把握世界的全部方式之中，并以自己的"专业"而推进人类对人与世界关系的理解，从而塑造和引导新的时代精神。

三　怎样理解"思想的前提批判"

哲学意义的"思维和存在的关系问题"，是"思维"把思维和存在的"关系"作为"问题"而予以"反思"；离开"反思"的思维，就不能提出哲学意义的"思维和存在的关系问题"，也不能推进以"思维和存在的关系问题"为"基本问题"的"哲学"。正因如此，黑格尔不仅把哲学定义为"对思想的思想"的"反思"，而且在与"表象思维"和"形式推理"的对比中，深切地阐述了哲学思维何以只能是"反思"的思维。然而，究竟如何理解哲学是"对思想的思想"？究竟如何理解哲学意义的"反思"？在当代的哲学研究中，这应当是最值得追问的哲学问题。正是在对黑格尔的"对思想的思想"的"反思"中，我所提出的问题是：哲学"反思"的"思想"究竟是什么？正是对这个问题的探索，构成了我的"思想的前提批判"的"反思观"和"哲学观"。

"反思"思维和存在的关系，我们会发现，人类在自己的全部活动中，"思维和存在"的"关系"有两个最基本的"维度"：一是"构成思想"的维度，也就是实现思维和存在"统一"的维度；二是"反思思想"的维度，也就是黑格尔所说的"对思想的思想"的维度。从思想的两个基本"维度"上看，把所形成的"思想"作为"再思想"的对象，对"思想"进行"反复思考"，显然不是"哲学"所特有的"反思"。由此，我们必须予以追问的是：区别于"表象思维"和"形式推理"的"哲学反思"，究竟是一种怎样的"对思想的思想"呢？这就需要在黑格尔所阐述的"反思"的基础上，对哲学的"反思"作出新的规定。我所提出的"思想的前提批判"，正是在对黑格尔的"反思"的追问中形成的，也就是在对"反思"的重新理解和重新阐释中形成的。

我对哲学"反思"的理解，是同恩格斯所概括的哲学的"重大的基本问题"直接相关的。恩格斯在关于"思维和存在的关系问题"的论述中，不仅把它概括为哲学的"重大的基本问题"，而且提出了下述的论断："我们的主观的思维和客观的世界遵循同一些规律，因而两者在其结果中最终不能互相矛盾，而必须彼此一致，这个事实绝对地支配着我们的整个理论思维。这个事实是我们的理论思维的本能的和无条件的前提。"[①] 恩格斯的这个论断，具有重大的哲学意义。按照这个论断，我们的"整个理论思维"，都是以思维和存在"服从于同样的规律"为"前提"的。不仅如此，这个"前提"在我们的"整个理论思维"中，是作为"不自觉的和无条件的前提"而存在的。因此，"思维和存在的关系问题"之所以成为哲学的"重大的基本问题"，就不仅仅在于它是人类全部活动中的"根本问题"，而且在于它是人类理论思维的"不自觉的和无条件的前提"；对"思维和存在的关系问题"的"反思"，就不是一般意义的"对思想的思想"，而是特殊的对这个"不自觉的和无条件的前提"的"反思"。由此我所形成的基本观点是：对思想的"前提"批判，这才是哲学意义的"对思想的思想"，这才是哲学意义的"反思"，这才是真正意义的"哲学"。

思想的前提，就是思想构成自己的根据和原则，也就是思想构成自己的逻辑支点。构成思想的"前提"，有四个基本特性：一是它的"隐匿性"，二是它的"强制性"，三是它的"普遍性"，四是它的"可选择性"和"可批判性"。正是这些特性，决定了"思想的前提批判"的必要性和可能性。

作为构成思想的根据和原则，"思想前提"在思想的过程中，是一只"看不见的手"，也就是"幕后的操纵者"。这只"看不见的手"和"幕后的操纵者"，深层地规范着人们的所思所想和所作所为。这就是"思想前

[①] 《马克思恩格斯选集》第四卷，人民出版社1995年版，第364页。

提"的"隐匿性"和"强制性"。正是思想前提的这两个特性，决定了"思想的前提批判"的必要性。这是因为，只有通过哲学的"反思"，揭示出"隐匿"于思想之中的"前提"，并以哲学的批判方式"消解"已有"前提"的"逻辑强制性"，才能"构建"新的"前提"，并从而实现"思想解放"并展开新的实践活动。

作为构成思想的根据和原则，"思想前提"在思想的过程中，不仅具有"隐匿性"和"强制性"，而且具有"普遍性"和"可批判性"。前者构成"思想的前提批判"的必要性，后者则构成"思想的前提批判"的可能性。思想前提的"普遍性"，通俗地说，就是它在人的思想活动中"无处不在"和"无时不有"。构成思想，就要有构成思想的基本信念、基本逻辑、基本方式、基本观念和哲学理念，因此，从任何"思想"中都能够揭示出予以批判的"前提"。这些"前提"，都具有"二重性"：它在构成思想的特定的过程中是确定的，具有逻辑的强制性；它在思想的历史发展中又构成经验与思想之间的"外部矛盾"以及思想与思想之间的"内部矛盾"，因而构成思想前提的可选择性和可批判性。正是思想前提自身的可选择性和可批判性，构成了哲学对思想的前提批判的可能性和现实性。

究竟什么是"隐匿"于思想之中并对构成思想具有"强制"性的"不自觉的和无条件的前提"？我在自己的研究过程中，把构成思想的"前提"主要概括为五个方面。其一，构成思想的"基本信念"，也就是对于黑格尔所说的"思维和存在的同一性"的"基本信念"，对于恩格斯所说的"我们的主观的思维和客观的世界遵循同一些规律"[①]的"基本信念"。之所以称其为"基本信念"，就在于它是人类思想的"不自觉的和无条件的前提"，就在于否认这个"前提"人类就无法展开自己的认识活动和实践活动。其二，构成思想的"基本逻辑"，也就是思维把握存在的规律、规则和方法。它们"自在"地"隐匿"于人的思想活动之中，并"强制"地规范和制约人的思想活动。离开这个"基本逻辑"，思维就无法把握存在，思维就无法描述存在，思维就无法解释存在，人类的思想也就无法沟通和交流。其三，构成思想的"基本方式"，也就是人类把握世界的常识、宗教、艺术、科学

[①]《马克思恩格斯选集》第四卷，人民出版社1995年版，第364页。

和哲学等诸种方式。这些"方式"同样是"隐匿"于人的思想活动之中，并以其特有的方式而"强制"性地构成各不相同的"世界图景"。离开这些"基本方式"，人类同样无法把握、描述和解释世界，人们之间同样无法沟通和交流对世界的理解。其四，构成思想的"基本观念"，也就是人类把握世界的最为基本的概念、范畴。按照列宁的说法，概念、范畴并不是人类认识的"工具"，而是人类认识的"阶梯"和"支撑点"。大小、长短、上下、左右，存在、世界、社会、历史，利害、成败、得失、荣辱，这些"基本观念"同样是"隐匿"于人的思想活动之中，并"强制"性地规范人们的认识活动和实践活动。离开这些"基本观念"，人类同样无法把握、描述和解释世界，人们之间同样无法沟通和交流对世界的理解。其五，构成思想的"哲学理念"，也就是人类关于人与世界、自然与超自然、自由与必然、理想与现实等"形上"观念。源于自然而又超越自然的人的生命活动，不是动物式的"无意义"的"生存"，而是人类所特有的"有意义"的"生活"。赋予"生活"以"意义"，这是"隐匿"于人类思想之中并"强制"地规范人的生活的最根本、最深层的"理念"。"哲学理念"所蕴含的"生活意义"，是人类从事自己的全部活动的最为根本性的"不自觉的和无条件的前提"。它"不自觉"地"隐匿"于人的全部活动之中，作为每个人的"哲学"而规范其生活。没有"哲学"的人生是"生存"而不是"生活"，批判地反思规范生活的"哲学理念"，就是追求更为合理、更为理想、更为美好的生活。

综上所述，揭示"隐匿"于思想之中并"强制"性地规范人的全部活动的"不自觉的和无条件的前提"，这就是我所理解的"思想的前提批判"；"自觉"地从事"思想的前提批判"，从而历史性地变革构成思想的诸种"前提"，这就是我所理解的"思想的前提批判"的哲学活动方式；通过变革构成思想的诸种"前提"而塑造和引导新的时代精神，这就是我所理解的"思想的前提批判"的哲学的社会功能；具体地展开对构成思想的基本信念、基本逻辑、基本方式、基本观念和哲学理念的"前提批判"，这就是我所理解的哲学的开阔的和开放的"理论空间"。正是基于上述理解，我把"思想的前提批判"作为哲学研究的"解释原则"。

四 "辩证法"与"思想的前提批判"

思想的前提批判，是对"思维和存在"的"关系问题"的"反思"。这种"反思"的哲学内涵，就是"思维和存在的关系"的"辩证法"。因此，把"思想的前提批判"作为哲学的"解释原则"，内在地包含着把"思想的前提批判"作为辩证法的"解释原则"。然而，值得深思的是，在关于哲学"基本问题"的通常解释中，却把"思维和存在的关系问题"归结为二者"何为第一性"的"本体论问题"以及二者"有无同一性"的"认识论问题"，恰恰把"辩证法"拒斥于哲学的"基本问题"之外。这种"拒斥"，不仅向我们提出如何重新理解"思维和存在的关系问题"，而且向我们提出如何重新理解"辩证法问题"。

思维和存在的"关系"，就是思维和存在的"矛盾"；思维和存在的"关系问题"，就是思维和存在的"矛盾问题"；研究思维和存在的"矛盾关系"和"矛盾问题"，就是关于思维和存在的"辩证法"。因此，承诺"思维和存在的关系问题"是哲学的"重大的基本问题"，也就是承诺哲学的"重大的基本问题"是关于"思维和存在的关系问题"的"辩证法"。"辩证法"是哲学的最为真实的存在方式。

在通常的关于哲学"基本问题"的解释中，之所以把"辩证法"拒斥于"思维和存在的关系问题"之外，其根本原因仍在于把"思维和存在的关系问题"当作"思维和存在"的问题或者"思维和存在""如何统一"的问题，而不是将其视为"思维和存在"的"矛盾关系"，不是将其视为只有在批判的反思中才能自觉到的构成思想的"前提批判"。不是研究"思维和存在"的"矛盾关系"，不是反思构成思想的前提，"思维和存在的关系问题"就成了描述"思维和存在"及其"如何统一"的科学问题。哲学问题变成了科学问题，"辩证"的问题就变成了"实证"的问题。因此，表面上看，通常的关于哲学"基本问题"的解释是把"辩证法"拒斥于"思维和存在的关系问题"之外；深层地看，通常的关于哲学"基本问题"的解释是把"哲学问题"变成了"科学问题"，是把"辩证问题"变成了"实证问题"。

需要"辩证"的问题是"悖论"性问题。这具体地表现为如下问题：思维和存在"服从于同样的规律"，为什么思维关于存在的规定并不就是存在的规定？思维把握到的存在才构成思维的对象，思维又如何肯定自己尚未把握到的存在？人的"感性"只能把握个别性的、偶然性的、现象性的存在，人的"理性"只能把握普遍性的、必然性的、本质性的存在，思维又如何对待感性的存在与理性的存在？思维对存在的把握既是"按部就班"的"逻辑"进程，又是"突发奇想"的"直觉"过程，思维又如何对待"逻辑"与"直觉"的关系？思维的"每次的现实"都是有限的、"非至上的"，而思维的"目的"和"使命"又是无限的、"至上的"，思维又如何对待自己的有限性与无限性、"非至上性"与"至上性"？人的思维既是源于自然的又是超越自然的，思维又如何对待自己的自然性与超自然性？人的实践活动既是"目的性"的又是"对象性"的、既是"理想性"的又是"现实性"的，思维又如何对待自己的"目的"与"对象"、"理想"与"现实"？正是这些"悖论"性问题，才构成了"思维与存在"的"矛盾关系"；正是"反思"这些"矛盾关系"，才构成了哲学意义的"辩证法"。离开这些"悖论"性问题，离开对这些"悖论"性问题的"反思"，就构不成作为哲学的"重大的基本问题"的"思维和存在的关系问题"，也就构不成哲学意义的"辩证法"。

"悖论性"的问题是"无定论"的问题，"辩证"的问题是必须予以"辩证"地理解的问题，而不是给出某种"终极性"的答案的问题。思维的自然性与超自然性、思维把握存在的对象性与生成性、思维把握存在的个别性与普遍性、思维把握存在的逻辑性与直觉性、思维把握存在的"至上性"与"非至上性"，思维把握存在的"理想性"与"现实性"，都不是"是就是，不是就不是"的形而上学的思维方式能够把握的，而必须诉诸超越"两极对立"、"非此即彼"的辩证法的思维方式。对这些问题的辩证理解，并不是也不可能给出某种"确定性"的答案，而是不断深入地揭示和阐释这些问题的更深层次的矛盾。"悖论性"问题的"无定论"，并不是否定思维的"确定性"，而是肯定人类的全部认识的"中介性"——"在对现存事物的肯定的理解中同时包含对现存事物的否定的理解"。这就是马克思所说的"批判的和革命的"辩证法。

思想的前提批判，不仅是批判地反思"思维和存在"的"矛盾关系"，而且是把批判性的锋芒指向构成思想的"不自觉的和无条件的前提"，历史地变革构成思想的基本信念、基本逻辑、基本方式、基本观念和哲学理念，促使人类在"解放思想"的进程中塑造和引导新的时代精神，并使"哲学"真正成为"文明的活的灵魂"。"思想的前提批判"是哲学的"辩证法"，也是辩证法的"哲学"。哲学的辩证法实现于思想的前提批判之中。

导　论
前提批判的哲学理论

本书对思想的前提批判，主要包括五个方面：一是对构成思想的基本信念的前提批判，即对"思维和存在的同一性"的前提批判；二是对构成思想的基本逻辑的前提批判，即对形式逻辑、内涵逻辑和实践逻辑的前提批判；三是对构成思想的基本方式的前提批判，即对常识、宗教、艺术和科学等人类把握世界的基本方式的前提批判；四是对构成思想的基本观念的前提批判，即对存在、世界、真理、价值、历史等基本观念的前提批判；五是对构成思想的哲学理念的前提批判，即对哲学本身的前提批判。这五个方面的"前提批判"，构成了我所理解的哲学：对思想的前提批判。在我看来，对思想的前提批判，既体现了哲学的特殊的理论性质和独特的社会功能，又展现了哲学发展的自我批判的活力和永不枯竭的理论空间。

作为全书的导论，主要是从哲学的理论性质、思维方式、存在方式、工作方式和理论自觉等五个方面阐述思想的前提批判，也就是对前提批判的哲学理论作出一种自我阐释。

一　理论思维的前提与哲学的理论性质

在当代中国的哲学语境中，把哲学理解为"思想的前提批判"，直接的出发点是探索和辨析哲学与科学的关系，进而从理论性质上阐述对哲学的理解。这个出发点和聚焦点的形成，是同当代中国的哲学改革直接相关的。

通行的哲学原理教科书是从哲学和科学的关系出发来解释"哲学"：科学研究世界的"各个领域"，哲学则以"整个世界"为对象；科学发现各个领域的"特殊规律",哲学则概括关于整个世界的"普遍规律"。由此所形成的基本结论,就是科学为哲学提供知识基础,哲学则为科学提供"世界观"和"方法论"。对于这种解释,我向自己提出的追问是:如果哲学与科学是一种"普遍"与"特殊"的关系,"哲学"不就是一种具有最高的概括性和最大的普遍性的"科学"吗?在近代以来的以"科学"为"真理"的时代精神中,"哲学"还有什么独立的特性和独特的价值呢?正是在这种苦苦求索中,恩格斯的一段论述,使我感到豁然开朗。恩格斯的这段论述是:"我们的主观的思维和客观的世界遵循同一些规律,因而两者在自己的结果中不能互相矛盾,而必须彼此一致,这个事实绝对地统治着我们的整个理论思维。它是我们的理论思维的不自觉的和无条件的前提。"① 在我看来,正是恩格斯所指认的这个"理论思维"的"不自觉的和无条件的前提",深刻地揭示了作为哲学"基本问题"的"思维和存在的关系问题"的真实内涵,从而揭示了哲学与科学之间的真实关系,并规定了哲学与科学的特殊性质。

哲学和科学是人类把握世界的两种基本方式,也是人类理论思维的两种基本方式,二者的根本区别就在于:哲学之外的全部科学,都是把思维和存在所服从的"同一规律"作为"不自觉的和无条件的前提",运用理论思维去研究自然、社会和思维本身的规律,从而构成关于"整个世界"的"全部思想";哲学则把这个"不自觉的和无条件的前提"作为自己的对象,反思科学关于"整个世界"的"全部思想",探索科学活动中所隐含的"思维和存在的关系问题"。哲学对科学的关系,是"反思"的关系。哲学的反思,就是揭示和探索科学活动中所隐含的那个"不自觉的和无条件的前提",也就是揭示和探索科学活动中所隐含的"思维和存在的关系问题"。因此,我从哲学对科学的反思关系出发,把"理论思维的前提批判"确认为我对"哲学"的理解。

哲学对理论思维的前提批判,并不仅仅是对科学活动的反思和批判,而且是对人类全部活动中的"不自觉的和无条件的前提"——思维和存在的同一性——的前提批判。人类的全部活动——实践活动、认知活动、评价活动和审美活动——都隐含着一个"不自觉的和无条件的前提",这就是对思

---

① 《马克思恩格斯选集》第四卷,人民出版社1995年版,第364页。

维和存在的同一性的"悬设"或"承诺"。批判地反思人类全部活动中的这个"不自觉的和无条件的前提",也就是批判地反思人类全部活动中所"悬设"和"承诺"的这个根本性"前提"——思维和存在的关系问题。我所提出的"前提批判的哲学理论",从根本上说,是重新理解和阐释了作为哲学基本问题的"思维和存在的关系问题"。

恩格斯说:"全部哲学,特别是近代哲学的重大的基本问题,是思维和存在的关系问题。"[①] 关于这个论断,学界一直存在重大的分歧和争议。否认"思维和存在的关系问题"是哲学的"基本问题",有两条相反的路径:一是由否认哲学具有"基本问题"而否认"思维和存在的关系问题"是哲学的"基本问题";一是由否认"思维和存在的关系问题"是哲学的"基本问题"而否认哲学具有"基本问题"。这里的根本问题在于:"思维和存在的关系问题"在全部哲学问题中所具有的特殊意义究竟是什么?它是哲学中的最主要的问题,还是规定哲学的理论性质的问题?显然,只有在后者的意义上,才能称之为哲学的"基本问题"。在我看来,必须从理论思维的"不自觉的和无条件的前提"去理解"思维和存在的关系问题",才能理解哲学的理论性质,才能理解这个问题何以是哲学的"重大的基本问题"。

在通常的理解和解释中,思维和存在的关系问题,是人类全部活动中的根本问题。人类的认识活动是在观念中实现思维和存在的统一,人类的实践活动是在行动中实现思维与存在的统一,因此,思维和存在的关系问题就成为哲学的"重大的基本问题"。但是,在人类的实践活动和认识活动中,"思维和存在的关系"是作为"不自觉的和无条件的前提"而存在的,这个"前提"并不是作为自觉到的"问题"而存在的;只有在哲学的反思活动中,才把这个"不自觉的和无条件的前提"作为批判的对象,从而把人类全部活动中的根本问题即"思维和存在的关系"作为自己的"基本问题"。这表明,哲学的"基本问题"与哲学的"前提批判"是相互规定的:只有在哲学的"前提批判"中,才把理论思维的"不自觉的和无条件的前提"——"思维和存在的关系"——作为自己的"基本问题";只有作为哲学基本问题的"思维和存在的关系问题",才决定哲学的本质是对"理论思

---

① 《马克思恩格斯选集》第四卷,人民出版社1972年版,第219页。

维的前提批判"。哲学的"基本问题"及其"前提批判",既规定了哲学的特殊的理论性质,又决定了哲学在人类的全部活动中的特殊的社会意义。

人类的思想活动可以区分为两个基本的维度:一个是"构成思想"的维度,一个是"反思思想"的维度。哲学以外的人类的全部思想活动都是把思维和存在服从同一规律作为"不自觉的和无条件的前提",去"构成"关于世界的"思想";哲学则是把人类全部思想活动所构成的关于世界的思想作为批判对象,"反思"人类全部思想活动所构成的"思想",追究思想构成自己的"前提"。这表明,哲学的"反思",并不是一般意义的思想内容的推敲与修正,而是"反思"思想中所隐含的各种"前提"。这就是哲学对思想的前提批判。

思想的"前提",是思想构成自己的根据和原则,也就是思想构成自己的逻辑支点,它在人的思想活动中具有"隐匿性"和"强制性":其一,思想的前提是思想中的"一只看不见的手",是思想构成自己的"幕后操纵者",这就是它的"隐匿性";其二,隐匿于思想活动中的思想前提,它规范人的所思所想和所作所为,即规范人的思维方式和思想内容、行为方式和行为内容,这就是它的"逻辑强制性"。哲学对"思想"的"前提批判",就是揭示隐匿于思想中的各种"前提",并"解除"这些思想前提的"逻辑强制性",重新建构思想构成自己的根据和原则,从而变革人的思维方式、价值观念、审美意识和终极关怀,进而变革人的实践活动。这是作为人类把握世界的一种基本方式的哲学的特殊的社会功能,也是哲学的独特的社会意义。哲学的特殊的社会功能及其独特的社会意义表明,"思维和存在的关系问题"是哲学的"基本问题",对这个"基本问题"的"前提批判"则是哲学本身的"活动方式"。哲学的"基本问题"与哲学的"活动方式"是相互规定的。

在人类的全部思想活动中,思想的前提是"无处不在"和"无时不有"的,并主要体现在以下四个方面:其一,任何思想都有构成其自身的世界观、认识论、方法论以及价值观和审美观的思想前提,它们深层地规范人的所思所想和所作所为;其二,任何思想构成自己都要遵循思维的规则和方法,概念的"外延逻辑"和"内涵逻辑"在两个逻辑层面上规范人的思维方式和思想内容;其三,任何思想的构成又总是某种(某些)人类把握世界的基本方式（常识、宗教、艺术、伦理、科学、哲学等）的产物，这些"基本方式"及其相互关系成为思想构成自己的基本"前提"；其四，人的全部思想活动中所隐含着的"思维和存在的关系问题"是人的全部活动的最深层的"不自觉的和无条件的前提"。人类的全部活动，都以思想构成自己的"前提"为逻辑的支撑点。思想前提的"隐匿性"、"强制性"和"普遍性"，构成对思想的前提批判的必要性和可能性。构成思想的基本信念、基本逻辑、基本方式、基本观念和哲学理念"隐匿"于人类的全部活动之中，因此，哲学的"前提批判"具有极为广阔和开放的理论空间。

二 反思：哲学的思维方式

哲学的理论性质与哲学的思维方式是相互规定的。人们经常用"反思"来表述哲学思维的特性，然而，究竟何谓哲学反思？哲学思维为何是反思？哲学反思的根据、对象、方式、特性与功能到底是什么？是否或能否存在非反思的哲学？这些关乎哲学思维方式的根本特性的重大问题，是理解"思维和存在的关系问题"的主要症结，也是理解"思想的前提批判"的关键问题。

反思，在其最直接的意义上，就是思想以自身为对象反过来而思之，也就是黑格尔所说的"对思想的思想"。这表明，反思是思维对存在的一种特殊关系，即思维把"思维和存在"的"统一"所构成的"思想"作为"问题"而进行"反思"的关系。正是思维对存在的这种反思关系，构成了人类思想的哲学维度，决定了哲学思维方式的根本特性。然而，哲学自我理解中的最大问题，却莫过于以"非反思"的方式去理解和解释"哲学"及其"基本问题"。具体言之，哲学的"基本问题"是解决"思维和存在"的"统一"，还是思维把"思维和存在"的"关系"当作"问题"而进行"反思"？正是由于对哲学的"基本问题"即"思维和存在的关系问题"的不同理解，导致了对哲学及其思维方式的不同理解。

"思维和存在"的"统一"问题，是人类的全部活动——认识活动和实践活动——所要解决的共同的根本问题。认识活动是从观念上实现"思维和存在"的"统一"，实践活动是从行动上实现"思维和存在"的"统一"。

就此而言，"思维和存在的关系问题"并非只是哲学的"重大的基本问题"，而是人类全部活动的"根本问题"。由此，就引发出一个不能回避的重大问题：为什么仅仅把"思维和存在的关系问题"归结为哲学的"重大的基本问题"，而不是把它称作人类全部活动的"重大的基本问题"？对此，通常的解释是，正因为这个问题"既存在于人类全部活动之中，又贯穿于人类活动始终"，而哲学又是关于"整个世界的根本观点"的"世界观理论"，所以才把这个问题"提升为"、"概括为"哲学的"重大的基本问题"。这样的解释，正是以"非反思"的方式去理解哲学及其"基本问题"的产物。它混淆了人类思想的"构成思想"与"反思思想"的两个不同的"基本维度"，从而也就取消了人类思想的反思的"哲学维度"。

"思维和存在"之间具有无限丰富的矛盾关系，但是，从人类思想的维度看，"思维和存在的关系"却可以归结为两个最基本的维度：一是"构成思想"的维度，也就是思维以人的认识活动和实践活动为中介而实现思维与存在相统一的维度；二是"反思思想"的维度，也就是思维把"思维和存在的关系"当作"问题"而予以"反思"的维度。在"构成思想"的维度上，思想的任务就是实现"思维和存在"的"统一"，而不是把"思维和存在的关系"当作"问题"；与此相反，在"反思思想"的维度上，思想的任务并不是实现"思维和存在"的"统一"，而是把"思维和存在的关系"当作必须予以追究的"问题"。这正如胡塞尔所作的对比：在所谓"自然的思维态度"中，认识是深不可测的，而认识的可能性却是"自明"的；但在"反思"的哲学思维中，认识的可能性却成为理性批判的对象[①]。"反思思想"是把"构成思想"中不予追问的"思维和存在的关系"当作了"问题"，也就是把"认识的可能性"当作了"问题"，由此便构成了人类思想的"反思"的哲学维度。

具体地说，所谓"构成思想"的思想维度，就是人类以某种具体的方式（如常识的、神话的、宗教的、艺术的、伦理的、科学的方式）为中介而构成"思维和存在"之间的某种经验的、幻化的、直觉的、体悟的、审美的、价值的、逻辑的关系，并构成某种"属人的"常识的、神话的、宗

---

① 参见［德］胡塞尔《现象学的观念》，倪梁康译，上海译文出版社1986年版，第19—23页。

教的、艺术的、伦理的、科学的"世界图景",从而实现"思维和存在"的某种条件下的"统一"。与此相反,所谓"反思思想"的思想维度,则是把人类把握世界的诸种方式(常识的、神话的、宗教的、艺术的、伦理的、科学的方式)及其全部成果(知识形态的常识的、神话的、宗教的、艺术的、伦理的、科学的"世界图景")作为"反思"的对象,也就是把人类所"构成"的关于"存在"的全部"思想"作为"反思"的对象,追究"构成思想"的根据、探寻"评价思想"的标准,揭示隐含在"全部思想"之中的经验的、逻辑的、直觉的、审美的、价值的"前提",从而变革和更新人类已经"构成"的"思想",实现人类的"世界图景"、"思维方式"、"价值观念"和"终极关怀"的"飞跃"和"升华"。由此可见,这种"反思思想"的思想维度,是一种批判性的维度、理想性的维度、超越性的维度。人类哲学思维的全部特性,即源于它把"思维和存在的关系"当作"问题"而进行的"反思"。

显然,这里所说的"反思思想"的思想维度,或者说人类思想的哲学维度,是相当难以理解的。这是因为,在人们的日常意识甚至是科学意识中,总是把"构成思想"当作人类思想的"唯一"维度,而不是把它视为人类思想的"一个"维度。提出人类思想的另一个维度,即提出关于"反思思想"的思想维度,几乎总是被视为一个奇怪的问题:人的思想不是"构成"关于"世界"的"思想",那是一种什么思想?人的认识活动不是实现"思维和存在"的"统一",那是一种什么认识活动?正因如此,人们总是"合乎常识"地以"构成思想"的思想维度去理解和解释"哲学"及其"重大的基本问题",把作为哲学基本问题的"思维和存在的关系问题"解说为关于"整个世界"的"思想"(即所谓的"世界观"),而对于把"思维和存在的关系"当作"问题"进行的"反思",则感到困惑不解。

其实,人类"反思思想"的哲学思维并不神秘,它深深地植根于人类自身的存在方式——实践活动及其历史发展——之中。人类作为改造世界的实践—认识主体,其全部活动的指向和价值,在于使世界满足人类自身的需要,把世界变成对人来说是真、善、美相统一的世界。因此,具有理论思维能力的人类,不仅仅是把"思维和存在"的统一当作"理论思维的不自觉的和无条件的前提",去探索自然的、社会的和人生的奥秘,去形成关于

"世界"的各种"思想"，而且总是对这个"不自觉的和无条件"的"前提"提出质疑，把"思维和存在的关系"当作"问题"来进行"反思"。哲学的特殊性质就在于，它是人类的这种"反思思想"的思想维度的理论表达。哲学的独特价值就在于，它在反思理论思维前提的进程中，使人类不断地深化对思维和存在关系问题的认识，从而不断地更新人类的思维方式、价值观念和审美意识，并引导人类现实地变革自己的生存状态和生活方式。因此，只有深切地理解和真正地把握哲学的"反思"的特性，才能形成哲学的思维方式，并运用哲学的思维方式去"反思"人类创建的全部科学和人类把握世界的各种方式及其提供的全部"思想"。

上述分析表明，哲学反思并不是一般意义的"反复思考"，而是对构成思想的前提的"揭露"和"批判"。它是以一种特殊的思维——思辨思维——进行的"对思想的思想"。因此，如何理解和评价"思辨"，是"澄明"哲学的反思的思维方式的不可或缺和不容回避的关键问题。"思辨"，在其直接的意义上，就是"思想辨析"或"辨析思想"。对于这种辨析思想的哲学"思辨"，人们常常发出这样的责难：其一，把哲学反思的对象限定为"思想"，只对"思想"进行"辨析"，岂不是放弃哲学对世界、对现实的关注，而仅仅把哲学限定在"思想"之中吗？其二，离开哲学对世界、对现实的研究，所谓的"哲学思辨"，岂不是一种主观任意的"概念游戏"吗？正因如此，人们通常是在否定的意义上或讽刺、嘲笑的意义上使用"思辨"这个概念，并特别地以"思辨"特性诟病黑格尔哲学，以"非思辨"性去解说马克思对德国古典哲学的变革。对于这些责难"思辨"的"思想"是必须予以"辨析"的。

首先，对"思想"进行"辨析"的"思辨"，是否放弃了对世界、对现实的关注？进一步说，哲学究竟是以怎样的方式面对世界、面对现实？当我们把"反思"界说为"思想以自身为对象反过来而思之"的时候，我们实际上已经把"反思"即哲学的对象确认为"思想"。就此而言，以"辨析思想"的"思辨"来表征哲学的思维方式，只不过是一个合乎逻辑的结论而已。然而，当我们明确地把哲学的"反思"对象确认为"思想"的时候，就非常需要对作为"反思"、"思辨"对象的"思想"作出应有的解释。

"思想"，总是关于某种思想对象的思想；没有思想的对象，就不会有

"思想"。这正如马克思所说,"意识在任何时候都只能是被意识到了的存在"①,"观念的东西不外是移入人的头脑并在人的头脑中改造过的物质的东西而已"②。这表明,虽然哲学"反思"的是"思想",但"思想"本身却只能是关于"世界"的"思想"。在我们所说的"构成思想"的思想维度中,"思维和存在的关系"中的"存在",如果借用科学哲学家波普尔的"三个世界"的说法,就应当包括三个方面的"存在":其一,所谓"物理自然世界"即客观物质世界的存在;其二,所谓"人的意识世界"即精神世界的存在;其三,所谓"客观知识世界"即语言文化世界的存在。由此我们可以看到,作为"思想"对象的"存在",就是构成思想对象的全部的"存在"。把"反思"、"思辨"同"思想"和"思想对象"联系起来,我们就会发现:当着哲学把自己当作关于"世界"的"思想",直接地面对"世界",企图把"自然"、"社会"和"思维"作为自己的对象的时候,它越来越陷入"无能为力"和"无家可归"的窘境;反之,当着哲学被"驱逐"出它的全部"世袭领地"(自然、社会和思维),由科学去"构成"关于"世界"(自然、社会和思维)的"思想"的时候,"无家可归"的哲学却真正地实现了"四海为家"——关于"世界"的全部"思想"都是哲学"反思"、"思辨"的对象。这表明,"反思"的哲学并不是离开"世界"的玄想,而是以"思想"为中介所构成的对"思维和存在的关系"的理解。

其次,以"思想"为对象的哲学"反思"、"思辨",是否是一种主观任意的"概念游戏"?进一步说,对"概念"的"思辨"在哲学研究中究竟占有怎样的地位?关于哲学的"思辨的思维",黑格尔曾作过这样的解释:它"以思想的本身为内容,力求思想自觉其为思想"③。这就是说,哲学的"思辨",并不是脱离思想"内容"的"概念游戏",而恰恰是为了使思想"自觉"到它的"内容"。为了澄清"思辨思维"作为哲学思维的这个本质,黑格尔集中地考察和对比了"表象思维"、"形式思维"和"思辨思维",并在对前两种非哲学思维的批判中进一步阐述了哲学的"思辨思维"。

---

① 《马克思恩格斯选集》第一卷,人民出版社 1972 年版,第 30 页。
② 《马克思恩格斯选集》第二卷,人民出版社 1972 年版,第 217 页。
③ [德] 黑格尔:《小逻辑》,贺麟译,商务印书馆 1980 年版,第 39 页。

黑格尔提出，所谓的"表象思维"，"可以称为一种物质的思维，一种偶然的意识，它完全沉浸在材料里，因而很难从物质里将它自身摆脱出来的同时还能独立存在"；与此相反，所谓的"形式推理"，"乃以脱离内容为自由，并以超出内容而骄傲"①。与上述的"表象思维"和"形式推理"不同，"思辨思维"既不是以经验材料为对象而形成关于经验世界的各种知识的"表象思维"，也不是以思维的形式推理为对象而形成的关于思维的结构和规则的知识的"形式思维"，而是努力地把思想的"自由沉入于内容，让内容按照它自己的本性，即按照它自己的自身而自行运动，并从而考察这种运动"②。

黑格尔对哲学思维方式的探讨，表明了他"以最宏伟的形式概括了以往哲学全部发展"（恩格斯语）的高度的哲学自觉。黑格尔曾经颇有感触地指出，"一般人所说的哲学的难懂性"，一部分是由于他们"不惯于作抽象的思维"，另一部分是由于他们"亟欲将意识中的思想和概念用表象的方式表达出来"③。这就是说，人们之所以责难或拒斥"思辨思维"，主要是因为人们习惯于以关于世界的"表象"或某些流行的"观念"来理解世界，而难以自发地形成对哲学"反思"的体悟。对此，海德格尔同样深有感触地说，"就其本质而言，哲学决不会使事情变得浅易，而只会使之愈加艰深"，正因如此，"不熟悉哲学的表述方式"的"日常理性"就会认为哲学的反思"近乎痴呓"④。

区别于"表象思维"和"形式推理"的"思辨思维"，是以思想的"内容"即"概念"为对象的。对此，列宁曾摘录黑格尔这样一段论述："凡是没有思维和概念的对象，就是一个表象或者甚至只是一个名称；只有在思维和概念的规定中，对象才是它本来的那样。"⑤列宁还以黑格尔对古希腊哲学家芝诺的分析为例，深刻地阐发了哲学思维的特征。人们通常认为，芝诺提出的"飞矢不动"是典型的"形而上学"命题，即"否认事物

---

① [德]黑格尔：《精神现象学》（上），贺麟、王玖兴译，商务印书馆1979年版，第40页。
② 同上。
③ 参见[德]黑格尔《小逻辑》，贺麟译，商务印书馆1980年版，第40—41页。
④ [德]海德格尔：《形而上学导论》，熊伟、王庆节译，商务印书馆1996年版，第13页。
⑤ 《列宁全集》第38卷，人民出版社1959年版，第242页。

运动"的命题，黑格尔则认为，芝诺从来没有想到要否认作为"感觉确实性"的运动，问题仅仅在于"运动的真实性"，也就是如何以"概念"的方式来说明"运动"的问题。正因如此，列宁提出："问题不在于有没有运动，而在于如何在概念的逻辑中表达它。"[①]"有没有运动"的问题，是经验问题，是经验本身回答的问题；"如何在概念的逻辑中表达它"的问题，则是"思维和存在的关系问题"，是在反思中才能提出和回答的问题。这正是"哲学思维"与"表象思维"和"形式思维"的原则区别。

  理解以"概念"为反思对象的"思辨"，最为重要的是重新理解作为"思辨"对象的"概念"，即："概念"究竟是认识的"工具"，还是列宁所说的人类认识的"阶梯"和"支撑点"？概念、范畴，是人类认识的积淀和结晶，是历史文化和人类文明的"水库"，是人类用以掌握世界的"阶梯"和"支撑点"；对概念、范畴的"思辨"，既是对"思维的历史和成就"即人类文明史的"反思"，又是对"思维和存在的关系"的内在矛盾的"辨析"。正因如此，列宁曾经尖锐地提出："如果一切都发展着，那么这点是否也同思维的最一般的概念和范畴有关？如果无关，那就是说，思维和存在不相联系。如果有关，那就是说，存在着具有客观意义的概念的辩证法和认识的辩证法。"[②] 在"辩证法是什么？"的标题下，列宁还明确地提出，辩证法就是"概念的相互依赖"，"一切概念的毫无例外的相互依赖"，"一个概念向另一个概念的转化"，"一切概念的毫无例外的转化"，"概念之间对立的相对性"，"概念之间对立面的同一"[③]。这表明，只有升华为"概念性的认识"，才能达到哲学思维。

  概念、范畴作为历史文化的"水库"，对概念、范畴的"思辨"，就是对人类文明的反省，就是对时代精神的理论自觉。人们经常引用黑格尔关于哲学是"思想中所把握到的时代"的论述、马克思关于任何真正的哲学都是"自己时代精神的精华"的论述，那么，哲学究竟如何构成"思想中的时代"，怎样成为"时代精神的精华"？这集中地表现在不同的时代所形成

[①] 《列宁全集》第38卷，人民出版社1959年版，第281页。
[②] 同上书，第280页。
[③] 同上书，第210页。

的不同的哲学理念，集中地表现在这种哲学理念所具有的时代内涵。马克思在评论黑格尔的"绝对理念"即"无人身的理性"时，就极为深刻地揭示了黑格尔的"思辨"哲学与"现实"的关系，即：黑格尔是以最抽象的形式表达了最现实的人类状况："个人现在受抽象统治，而他们以前是互相依赖的。但是，抽象或观念，无非是那些统治个人的物质关系的理论表现。"①这就是说，黑格尔的"抽象"，既不是他个人的"偏爱"，也不是他个人的"编造"，而是根源于理论所表达的现实——现实被"抽象"所统治。在这个意义上，黑格尔哲学就不是远离了现实，恰恰相反，它是以"抽象"的理论形式而真实地表达了受"抽象"统治的现实。

哲学作为"思想中的时代"，它是以"理论"的方式所把握到的"时代"，而不是关于时代的种种"表象"。对"思想"的"思辨"，似乎是使哲学与现实拉开了"间距"，然而，正是由于这种"间距"，哲学才能够超越感觉的杂多性、表象的流变性、情感的狭隘性和意愿的主观性，从而全面地反映现实、深层地透视现实、理性地解释现实、理智地反观现实、理想地引导现实。在当代，正是在以"发展观"为对象的哲学"思辨"中，人们不断地深化了对"发展"的理解。从单纯的"经济发展"模式到"经济社会发展"模式，再从"经济社会发展"模式到"可持续发展"模式，"发展"被赋予了越来越深刻的思想内涵，从而不断地调整了人与世界之间的关系，塑造和引导了新的时代精神。

哲学作为人类思想的反思活动，从其产生开始，就具有反思的特性；但是，哲学的反思性，却是在哲学的发展进程中不断成熟和深化的。以"实践转向"和"语言转向"为标志的现代哲学，非但没有"拒斥"哲学反思，而是扩展和深化了哲学反思——对思想的前提批判。

近代哲学的"认识论转向"使哲学关注对"观念"的反思，现代哲学的"语言转向"则使哲学集中于对"语言"的反思。对比"观念"与"语言"，我们首先会发现对"语言"反思的广度、深度和力度。如果说"观念"具有内在性、主观性、私人性、自然性、非自主性和非批判性，那么，"语言"则具有外在性、客观性、公共性、超自然性、自主性和可批判性与

---

① 《马克思恩格斯全集》第46卷（上），人民出版社1979年版，第111页。

可解释性。因此，对语言的反思，是对人的文化性、社会性和历史性的存在的反思，也就是从"语言"出发的对人的实践的存在方式和发展方式的反思。

在人的存在方式的意义上，"转向观念"和"转向语言"，还显示出更深层的生存论意义的区别。这就是"观念"和"语言"在人的存在方式的意义上的区别：个体理性把握世界与社会理性把握世界；个体私德维系社会与社会公德维系社会；个体的审美愉悦与社会的审美共享；交往的私人性与交往的世界性；主体占有文化与文化占有主体；客体给予意义与主体创造意义；主体和客体的二元对立与主体间关系的突出；实践意志的扩张与实践意志的反省。这表明，在时代转换的意义上，以"观念"为对象的"认识论的反思方式"，是由前现代性向现代性转换过程中的反思方式；以"语言"为对象的"语言论的反思方式"，则是现代性的反思方式和对现代性本身进行反思的方式。

在现代西方哲学中，"拒斥形而上学"、"观察渗透理论"、"本体论承诺"、"存在的遗忘"以及"合法的偏见"等命题，可以说是整个20世纪的"世纪性命题"，它们以时代性的哲学理念表征了刚刚过去的那个世纪。有意思的是，当我们思考这些"世纪性命题"时就会发现，它们的哲学内涵正是成立于对某些重要"概念"的"哲学思辨"和"前提批判"。下面，让我们逐一地分析上述五个"世纪性命题"。

"拒斥形而上学"。在被M.怀特称之为"分析的时代"的20世纪，是以对"形而上学"的"分析"为前提的。作为逻辑实证主义重要代表人物之一的卡尔纳普，通过对"语言职能"的分析，尖锐地向"形而上学"发问：如果作为"形而上学"的哲学既不是充当语言的"表述"职能而像"科学"那样"表述"世界，又不是充当语言的"表达"职能而像"艺术"那样"表达"情感，这样的"形而上学"不是应当"拒斥"吗？我们并不赞同卡尔纳普的结论，但是，我们必须回应他对"形而上学"的"分析"，也就是说，我们只有更为深刻地反思"形而上学"，才能对"形而上学"作出当代"辩护"。事实上，当代的"形而上学复兴"，正是在对"形而上学"的深切反思中推进的。

"观察渗透理论"。这个命题直接针对的是如何理解"理论"与"观察"

的关系，但其深层却蕴含着对"拒斥形而上学"的"反拨"。我们并不赞同卡尔纳普的结论，正是因为在他的理论"前提"中就蕴含着深刻的矛盾：是否存在一种纯客观的"表述"经验事实的"科学"？现代科学哲学在它的发展过程中，以"观察渗透理论"这个"命题"否定了实证主义的幻想。"观察"总是作为历史文化存在的人的观察，人总是以自己的历史文化为背景而进行观察，因此，"没有中性的观察"，"观察总是负载理论"，"观察总是被理论'污染'"。对"观察"的"思辨"，变革了我们对"观察"及其所蕴含的主客关系、思存关系的理解。

"本体论承诺"。对于人们争论不休的"本体论"问题，逻辑实用主义创始人蒯因从对概念的分析即"思辨"入手，简洁明快地提出，所谓"本体论"问题就是"何物存在"的问题，而人们在讨论这个问题的时候，则必须区别两种不同的问题：一是何物实际存在的问题，一是我们"说"何物存在的问题；前者是"本体论的事实"问题，后者则是"本体论的承诺"问题①。蒯因在这里表达的对本体论问题的现代理解，触及了传统哲学本体论的症结所在，这就是把"本体论的承诺"当作了"本体论的事实"。我们同样并不完全赞同蒯因的观点，但是，我们不能不称赞蒯因对"本体论"问题的"思辨"。

"存在的遗忘"。这是在现代的哲学反思中，存在主义大师海德格尔在对"存在"的"思辨"中所提出的重大问题，它也许是更为激动人心的。在《形而上学导论》中，海德格尔劈头就问："究竟为什么在者在而无反倒不在？"② 在经验的意义上，这问题似乎并不存在：在者在，而无就是不在。对此，海德格尔以早就料到的口吻说，"绝大部分人根本就不会遇上这个问题"，因为要"对此问题提问"，首先就要"迫使自己进入这一发问状态中"③，而"不提这个问题，星球照样按照它的轨道运行"，"万物照样生机勃勃成长"④。既然如此，为何非提这个问题不可呢？海德格尔说，因为这个问题是"首要问题"：其一，它是"最广泛"的问题，"不仅涵括最广义

---

① 参见［美］蒯因《从逻辑的观点看》，江天骥等译，上海译文出版社1987年版，第1页。
② ［德］海德格尔：《形而上学导论》，熊伟、王庆节译，商务印书馆1996年版，第3页。
③ 同上。
④ 同上书，第7页。

的，现在的现成存在者，而且涵括以往的曾在者和未来的将在者"；其二，它是"最深刻"的问题，是问"在者由何根据而来？在者处于何根据之上？在者照何根据行事？"其三，它是"最原始"的问题，"唯有一种在者，即提出这一问题的人，总是不断在这一追问中引人注目"①。通过海德格尔对他称之为"首要问题"的"思辨"，我们是否可以感受到"哲学活动就是对超乎寻常的东西作超乎寻常的发问"②？海德格尔的"思辨"，最重要的是启发我们重新理解"哲学"。海德格尔十分自觉地指出，追问"无"的哲学必定是"不合时宜"的，因为"哲学或者远远超出它的当下现今，或者反过头来把这一现今与其先前以及起初的曾在联结起来"，从而"把时代置于自己的准绳之下"。但是，"这种不承认日常生活中的直接反响的东西，却能与民族历史的本真历程生发最内在的共振谐响。它甚至可能是这种共振谐响的先声"③。因此，海德格尔提出，"哲学的真正功用恰恰就在于加重历史性此在以及从根本上说是加重绝对的在。艰深使得万事万物，使得存在者重新获得凝重（在）"，而"沉重艰深是一切伟大事物出现的基本条件之一"，正因如此，海德格尔颇为激动地提出，"所有的伟大事物都只能从伟大开端，甚至可以说其开端总是最伟大的"④。我们是否能够在对"无"的"思辨"中，获得某种"凝重"和"伟大"呢？

　　"合法的偏见"。这更是一个值得深思的命题。在传统哲学的两极对立、非此即彼的思维方式中，"思想"只有"正确"与"错误"之分；但在伽达默尔的解释学"反思"中，却构成了一个振聋发聩的命题："合法的偏见。"把"偏见"视为"合法"，把"合法"视为"偏见"，这确实是对"合法"与"偏见"的现代理解。在哲学解释学看来，人所创造的"语言"并不是一种工具，而是人自己的存在方式，由"语言"构成的历史与现实之间、"历史视野"与"个人视野"之间，时时存在一种"张力"；人既在历史中接受，也在历史中更新"理解"的方式；历史文化对个人的占有与个人主体意识活动的统一，既构成理解方式的更新即历史的发展，也构成历史发展

---

① ［德］海德格尔：《形而上学导论》，熊伟、王庆节译，商务印书馆1996年版，第4—5页。
② 同上书，第15页。
③ 同上书，第10页。
④ 同上书，第17页。

中的"合法的偏见"。正因为人类的实践活动总是以某种"合法的偏见"为前提，因此，伽达默尔提出，"一切实践的最终含义，就是超越实践本身"，而"理论就是实践的反义词"，"对理论的赞美构成了对实践的反驳"。① 在这里，正是由"合法的偏见"而引申出对"理论"和"实践"及其相互关系的理解。这种理解对于我们反思"理论"和"实践"及其辩证关系是富有启发性的。

通过对"拒斥形而上学"、"观察渗透理论"、"本体论承诺"、"存在的遗忘"、"合法的偏见"这些"世纪性命题"的"思辨"，我们可以感受到"反思"的思维方式在现代哲学中的生命力。但是，在哲学发展史上，真正地"在人的实践中以及对这个实践的理解中"去"反思"全部理论问题的，则是由马克思和恩格斯创建的新哲学。这种新的哲学，为我们提供了实践论的反思方式。所谓实践论的反思方式，就是从人的思维的最本质最切近的基础——实践——出发，以实践观点的思维方式去揭示思维与存在、人与世界之间的矛盾关系，从而达到对思维与存在、人与世界之间的否定性统一的辩证理解。

首先，实践论的反思方式，是基于人的悖论性存在的反思方式。人依赖于自然又超越于自然，人创造自己的历史又不能随心所欲，人是现实的存在又总是以自己的理想去改变现实，因而人总是处于矛盾之中。实践论的反思正是以人的实践的存在方式和发展方式为基础，不断地揭示人的悖论性的存在，从而深化人对自身存在方式的理解。

其次，实践论的反思方式，是基于"为我关系"的反思方式。人的"生活"是"自己的意志和意识的对象"，人的"生产"是"用内在固有的尺度来衡量对象"的生产，因此，人的"生活"和"生产"是以"我"的"自我意识"为前提的活动过程，是在改造世界的活动中"实现自我"和"发展自我"的过程，是把自在的世界变成"人化了的自然"或"属人的世界"的过程。实践论的反思方式，既是基于人对世界的"为我关系"的反思，又是以这种"为我关系"作为实质内容的反思方式。

再次，实践论的反思方式，是基于人的存在方式和发展方式的"从后思

---

① [德]伽达默尔：《赞美理论》，夏镇平译，上海三联书店1988年版，第21、46页。

索"的方式。马克思说："对人类生活形式的思索,从而对它的科学分析,总是采取同实际发展相反的道路。这种思索是从事后开始的,就是说,是从发展过程的完成的结果开始的"①,是一种从发展了的形态去思索整体发展过程的方式。

最后,实践论的反思方式,是"对现存的一切进行无情的批判"的彻底的辩证法的思维方式。实践论反思的辩证法,就要在对事物的"肯定"的理解中,同时包含对它的"否定"的理解,也就是从历史的"暂时性"去看待现存的一切。实践论的反思方式也就是辩证法的思维方式。

在《资本论》的跋文中,马克思在谈到他的"方法"时说,当德国知识界的吹牛的后生小子们把黑格尔当作一条"死狗"抛掉的时候,他倒以作为黑格尔的"门生"而感到自豪,并在《资本论》中有意地"卖弄"了黑格尔的方法。马克思正是以实践论的思维方式改造黑格尔的辩证法,并在自己的宗教批判、德国古典哲学批判、英国古典政治经济学批判和英法空想社会主义批判中,为我们提供了实践论的(也就是辩证法的)反思方式的典范,并引导我们永远敞开人类自我批判和自我超越的空间。因此,"反思"和"思辨"并不是黑格尔的"专利",而是哲学的"天命"。反思思想的哲学必须诉诸辨析思想和追究前提的"思辨",而"拒斥思辨"则只能是陷入作为"表象思维"的"常识"。在思想的前提批判的意义上,"超越"黑格尔的思辨哲学,是哲学的进步;"阉割"黑格尔的哲学思辨,则只能是哲学的倒退。

三 表征:哲学的存在方式

哲学的前提批判不仅意味哲学具有自己的特殊的理论性质和特殊的思维方式,而且意味哲学具有自己的特殊的存在方式。对哲学的存在方式的前提批判,是理解哲学的世界观理论和哲学的反思的思维方式的不可或缺的重要内容,也是深入理解作为哲学基本问题的"思维和存在的关系问题"的重要方面。

---

① 《马克思恩格斯全集》第 23 卷,人民出版社 1972 年版,第 92 页。

在反思"哲学"的过程中，我碰到了一个巨大的理论难题。这就是：为什么20世纪的西方哲学要"拒斥形而上学"和"终结哲学"？正是在这种苦苦求索中，逻辑实证主义代表人物卡尔纳普关于"语言"的"两种职能"的论证，既向我敞开了"终结哲学"的"谜底"，也引发了我对哲学的特殊的存在方式的思索与论证。

按照卡尔纳普的思路，我们可以从语言的职能得出以下的观点：语言具有陈述经验事实的"表述"职能和表现情感意愿的"表达"职能；"科学"是以"表述"方式陈述经验事实，"艺术"则是以"表达"方式表现情感意愿；如果哲学履行语言的"表述"职能而又不能像"科学"那样陈述经验事实，那么哲学就是"给予知识的幻相而实际上不给予任何知识"，因而必须"拒斥"哲学的"形而上学"，并因此封闭了哲学的"科学化"道路；如果哲学履行语言的"表达"职能而又不能像"艺术"那样震撼人的心灵，那么哲学就是某种"蹩脚的诗"而不具有任何真理的意义，因而同样必须"拒斥"哲学的"形而上学"，并因此封闭了哲学的"文学化"道路。

正是对哲学的"表述"与"表达"两种职能的双重否定，对哲学的"科学化"和"文学化"两条道路的双重封闭，引发了我对哲学的存在方式的新的理解。这就是：作为存在论、真理论和价值论相统一的哲学，作为求索真善美即追寻"本体"的哲学，它既不是像"科学"那样"表述"经验事实及其规律，也不是像"艺术"那样"表达"人的情感和意愿，而是以"表征"的方式构成理论形态的人类自我意识，构成"思想中所把握到的时代"，构成"时代精神的精华"和"文明的活的灵魂"。"表征"，是哲学的特殊的存在方式。哲学在自己的"表征"的存在方式中实现了对真善美即"本体"的求索，实现了自己的存在论、真理论和价值论的统一，即求索真、善、美的统一。这就是我所理解的关于哲学的"表征"的存在方式的基本思想。

真正的哲学作为马克思所说的"时代精神的精华"和"文明的活的灵魂"，既不是"表述"时代状况和人类文明的经验事实，也不是"表达"个人对时代状况和人类文明的情感和意愿，而是以自己的"表征"方式构成时代精神的"精华"和文明的活的"灵魂"。所谓"表征"，并不是与"表述"和"表达"相对待的另一种"语言职能"，而是哲学寻求和展现"本体"的独特方式,哲学成为"精华"和"灵魂"的独特方式。哲学总是在"表述"什么或"表达"什么,然而,哲学"表述"或"表达"的思想,却既不是对"经验事实的陈述",也不是对"情愿意愿的传递",而是透过"表述"和"表达"而"表征"着哲学所体现的"精华"和"灵魂"。

哲学的"表征",主要是以自己提出的问题、自己的提问方式以及对问题的求索而实现的。哲学的"表征"方式,首先是以"提出问题"来实现的。古代哲学提出"万物的统一性问题",这既意味着人类试图以"万物的统一性"来确定人的生活意义的"最高支撑点",又意味着人类尚未达到从思维对存在的关系去反省人类生活的"意义";近代哲学提出"意识的统一性问题",这既意味着人类以反省的认识去寻求人的生活意义,又意味着人类是以"超历史"的即"抽象的"观念去看待人类生活的"意义"。哲学的"表征"方式,又是以"提问方式"的转换来实现的。整个传统哲学都以寻求某种"终极性"存在的方式提出问题,并以各自所确认的"终极性存在"来作为生活意义的"最高支撑点"。这既意味着对"意义统一性"的渴望与寻求,又意味着人类尚未达到对自身存在的历史性理解。现代哲学从人类活动的多样性、人类文化的多元性以及人类历史的选择性提出问题,试图从人类活动的基础统一性、人类文化的功能统一性以及人类历史的趋势统一性等方面去寻求和反思生活的"意义",这既意味着人类正在力图以"历史"的、"辩证"的方式理解人类的存在,也意味着人类在"自然的隐退"和"符号的世界"中所面临的新的"意义问题"。

从"表征"的意义看哲学,我们就会发现:亚里士多德寻求"最高原因的基本原理",其真实意义并不在于他所"表述"的对世界统一性的概括与解释,而在于这种哲学所"表征"的人类寻求生存的根基与意义的自我意识;笛卡儿以来的西方"后神学文化",其真实意义并不在于各种哲学流派所"表述"的对世界或人类意识的种种解释,而在于它们所"表征"的消解人在超人的"神圣形象"中的自我异化的人类自我意识;同样,现代哲学的"消解哲学"运动以及后现代主义思潮所倡言的"后现代文化",其真实意义也不在于它们所"表述"的哲学科学化要求或对哲学的拟文学理解,而在于它们所"表征"的消解人在超人的"非神圣形象"中的自我异化的人类自我意识。黑格尔之所以是"以最抽象的形式表达了人类最现实的生存状况",是因为黑格尔以"绝对精神"自我运动的形式"表征"着人类受"抽象"统治的自我意识;现代哲学之所以要激烈地"治疗"、"拒斥"、"消解"哲学,则是因为现代哲学以"取消哲学"的方式"表征"着人类挣脱"抽象"统治的自我意识。在所谓的后现代主义思潮中,以"边缘"颠覆"中心",以"断层"取消"根源",以"多元"代替"基础"的种种努力,以及这些努力所激烈地进行的反本质主义、反表象主义、反结构主义、反中心主义、反基础主义的种种哲学批判,其真实意义与价值,也仍然在于后现代主义思潮"表征"着"跨世纪"的人类自相矛盾的自我意识:挺立个人的独立性和追求文化的多样性与崇高感的失落和生存意义的危机的自相矛盾的自我意识。从"表征"的意义看哲学,我们就能够把握到哲学所体现的"时代精神",就能够理解哲学自身的存在论、真理论和价值论的统一。

从"表征"的意义反思哲学发展史上始终存在的唯物主义与唯心主义、经验主义与逻辑主义、绝对主义与相对主义等的派别冲突,我们就会发现,这些哲学层面的理论冲突,并非仅仅是哲学家之间的思想冲突,而是表征着人对自然的依赖性与对自然的超越性的冲突,人类的感性存在与理性追求的冲突,人类存在的有限性与人类理想的无限性的冲突。它们都是以理论的方式凸显和表征了人的存在的某个环节、部分或方面。哲学的"表征"的存在方式提醒我们,对于哲学来说,重要的是从人类存在的矛盾性去解释哲学理论的冲突,而不是把这些冲突视为哲学的自我冲突。在现代哲学中,本质主义与存在主义、理性主义与非理性主义、科学主义与人本主义、理想主义与功利主义、历史决定论与非历史决定论等的派别冲突,以错综复杂的理论冲突的方式,表征着现代人类在"上帝被杀死"之后所面对的意义危机的自我意识。从"表征"的意义看待哲学派别的理论冲突,既有助于我们理解哲学派别冲突的生活意义,也能使我们从理论层面透视人的存在意义的复杂矛盾。

从"表征"的意义看哲学,我们就能够从三重维度来透视哲学史:从哲学的基本问题即思维和存在的关系问题透视哲学史;从人的历史形态即人的存在方式的历史变革透视哲学史;从人类文明的文化内涵即人类对崇高的寻求透视哲学史。马克思提出,近代以前的哲学是"人在神圣形象中自我异化"的哲学，近代哲学是"揭露人在神圣形象中的自我异化"的哲学，而现代哲学则是"揭露人在非神圣形象中自我异化"的哲学。哲学的历史任务和历史形态的变革，正是以理论的方式"表征"了人在自然经济中的"人对人的依附性"的存在、人在市场经济中的"以物的依赖性为基础的独立性"的存在，以及在揭露"非神圣形象"的现代历史进程中所指向的"人的全面发展"的新的存在方式。哲学"表征"的实质，就是对人类文明的时代性内涵的理论自觉。正是哲学的"表征"的存在方式，表明真正的哲学不仅是"时代精神的精华"，而且是"文明的活的灵魂"。

四 批判：哲学的工作方式

哲学不仅具有自己的特殊的思维方式和存在方式，而且具有体现自己的思维方式和存在方式的特殊的工作方式。依据对哲学的"反思"的思维方式和"表征"的存在方式的理解，我把哲学的工作方式概括为"时代精神主题化、现实存在间距化、流行观念陌生化和基本理念概念化"，其中，最为重要的是"流行观念陌生化"，也就是具体地展开对思想的前提批判。"思想的前提批判"是哲学的工作方式。

首先是时代精神主题化。哲学源于生活，源于对"时代的迫切问题"的理论自觉。每个时代的人类都有自己的时代性的生存困境，因而也都有自己的时代性的迫切问题。真正的哲学之所以成为"自己时代的精神上的精华"，就在于它自觉地捕捉到自己时代的迫切问题，并使其凝练和升华为理论形态的人类自我意识。"时代精神主题化"的工作，是在哲学的批判性反思中展开的。如上所述，西方近代以前的哲学是以各种方式表征了人在"神圣形象"中的自我异化；近代哲学的根本任务是揭露人在"神圣形象"中的自我异化；现代哲学的使命则是揭露人在"非神圣形象"中的自我异化。所谓"拒斥形而上学"、"观察渗透理论"、"本体论承诺"、"存在的遗忘"以及"合法的偏见"这些20世纪的重要命题，其实质都是揭露人在"非神圣形象"中的自我异化。在马克思看来，这三种基本形态的哲学，实质上是以理论的方式表征了人的三种最基本的存在形态及其自我意识，即：人对人的依附性存在，以及表征这种存在形态的确立"神圣形象"的自我意识；

"以物的依赖性为基础的人的独立性"的存在,以及表征这种存在形态的消解"神圣形象"和确立"非神圣形象"的自我意识;变革"以物的依赖性为基础"的存在方式,以及表征人类存在新形态的消解"非神圣形象"的自我意识,即实现人的独立性和个性的自我意识。因此,对于当代的马克思主义哲学来说,所谓"时代精神主题化",就是塑造和引导一种新的时代精神——把人从"抽象"的"普遍理性"中解放出来,把人从"物"的普遍统治中解放出来,把"资本"的独立性和个性变为人的独立性和个性,从而推进以每个人的自由发展为条件的一切人的自由发展的人类解放事业。

其次是现实存在间距化。源于现实生活的哲学,并不是对现实生活的经验描述,而是对现实生活的批判性反思和理想性引导。哲学作为"思想中的时代",它的"现实性"并不是"表象"或"再现"现实,而是对时代精神的整体性把握、批判性反思和理想性引导。这就要求哲学研究中的"现实存在间距化",也就是超越感觉的杂多性、表象的流变性、情感的狭隘性和意愿的主观性,从而全面地反映现实、深层地透视现实、理智地反观现实和理想地引导现实。对于哲学研究来说,现实存在间距化,是因为作为理论形态的人类自我意识的哲学,并不是个人的自我意识的理论形态,而是社会的自我意识的理论形态,是以哲学家个人的理论形态所表征的人类(社会)的自我意识。从个体的自我意识与社会的自我意识的关系看,个体性的关于生活的自我意识,在其直接性上,总是呈现出不可穷尽的差别性和难以捕捉的任意性;然而,在个体性的自我意识的现实性中,则不可逃避地蕴含着作为社会自我意识的普遍性和规范性。这主要表现在三个方面:一是个体的自我意识总是具有社会内容的人生价值、社会正义、伦理道德、法律规范、历史规律和人类未来等问题,二是个体的自我意识中总是蕴含着具有社会性质的真理标准、价值尺度、审美原则和人性根据,三是个体的自我意识总是以具有社会性的社会意识形式(神话、宗教、艺术、科学和哲学)而形成其稳定性、自觉性、系统性、可解释性和可批判性。个体自我意识的社会内容、社会性质和社会形式,构成哲学反思的对象,并形成作为社会的自我意识的理论形态的哲学。正是在这个意义上,我们可以说,哲学既是哲学家以个人的名义讲述人类的故事,又是哲学家以人类的名义讲述个人的故事——以个性化的理论形态表征人类(社会)的自我意识。

再次是流行观念陌生化。塑造和引导时代精神，首先必然是对自己时代的批判性反思。哲学的批判，是以"清理地基"的方式进行的，是以"对自明性的分析"实现的，也就是以"流行观念陌生化"的方式实现的。把人们习以为常的观念"陌生化"，特别是把人们习以为常的哲学观念"陌生化"，从而实现对各种流行观念、特别是流行的哲学观念的批判性反思，这是哲学的基本的工作方式。这种"流行观念陌生化"的哲学工作方式，既包括传统观念的陌生化（如对"神圣形象"的反思）、时髦观念的陌生化（如对"发展"的反思）、日常观念的陌生化（如对"科学"的反思），更包括哲学观念的陌生化（如对"真理"、"规律"的反思，其中最重要的是对"哲学"本身的批判性反思）。"流行观念陌生化"，其真实的内容与意义就是对思想的前提批判。在哲学的发展史上，这种"流行观念陌生化"，对于近代哲学而言主要是追究"认识何以可能"及其所蕴含的"自由何以可能"，对于现代西方哲学而言主要是"从时代的话语方式中突围"，对于马克思主义哲学而言则是"对现存的一切进行无情的批判"。哲学的前提批判具体地体现为"流行观念陌生化"。

最后是基本理念概念化。"流行观念陌生化"，不仅需要"揭示"体现时代精神的"流行观念"，而且需要"澄清"它所具有的"思想前提"的意义，并且在"前提批判"中构成新的思想，因此"流行观念陌生化"必须实现为"基本理念概念化"。作为理论形态的人类自我意识，哲学力量是理论力量即逻辑力量。哲学的逻辑力量，是反思的力量，是揭示和澄明构成思想的诸种前提的力量，是抓住思想和行为的"根子"的力量。对此，马克思具有充分的理论自觉："理论只要说服人，就能掌握群众；而理论只要彻底，就能说服人。所谓彻底，就是抓住事物的根本。但人的根本就是人本身。"[①] 在这里，马克思表达了关于理论力量的三重内涵：其一，理论力量是说服力即逻辑力量；其二，理论的逻辑力量在于理论的彻底性；其三，理论的彻底性在于抓住事物的根本即人本身。深入思考理论力量的这三重内涵，关于推进马克思主义哲学研究，我们可以得出两个基本结论：一是必须把"人本身"作为马克思主义哲学的"基本理念"，二是必须把这个"基本

---

① 《马克思恩格斯选集》第一卷，人民出版社1972年版，第9页。

理念"展现为关于"现实的人及其历史发展"的逻辑化的概念体系。这就是马克思主义哲学研究中的"基本理念概念化"。

五 思想的前提批判与哲学的理论自觉

哲学是思想中的时代。对时代精神的哲学概括,对现代哲学的前提批判,并在这种"概括"和"批判"中深化对哲学的理论自觉,一直是我最为关切的重大问题。在20世纪80年代、90年代和21世纪初,我分别以《从两极到中介》、《从体系到问题》和《从层级到顺序》为题,概括了"现代哲学的革命"、"当代中国哲学研究的主流"和"当代哲学的趋向"。

传统哲学的根本特征是以两极对立的思维方式去寻求"绝对之真"、"至上之善"和"最高之美",把哲学所追求和承诺的"本体"视为永恒的终极真理。现代哲学的革命,首先是集中地表现在本体中介化这个共同出发点上。本体中介化的现代哲学,排斥对绝对确定性的追求。人类在自身的历史发展中所形成的具有时代特征的关于真善美的认识,既是一种历史的进步性,又是一种历史的局限性,因而它孕育着新的历史可能性。真善美永远是作为中介而自我扬弃的。它既不是绝对的绝对性,也不是绝对的相对性,而是相对的绝对性——自己时代的绝对,历史过程的相对。这就是"从两极到中介"的现代哲学革命。

在对黑格尔哲学的讨伐中所形成的现代哲学各主要流派,尽管其旨趣不同,观点各异,但在其理论出发点和发展趋向上,都试图找到某种扬弃自然与精神、客观与主观抽象对立的中介环节,并以这个中介环节作为统一性原理而提供现代人类的安身立命之本。马克思主义哲学认为,思维和存在的关系问题,在其现实性上,就是以人的实践活动所构成的人与世界之间的历史地发展着的关系问题,离开人对世界的否定性统一关系,离开实践观点的思维方式,只能是把理论导致神秘主义的神秘东西。因此,只有从"现实的人及其历史发展"去看待全部哲学问题,才能从"解释世界"的哲学变为"改变世界"的哲学。现代西方哲学的突出特征之一,是高度重视从哲学上研究语言。它们认为:虽然世界在人的意识之外(不依赖于人的意识而存在),但世界却在人的语言之中(人只能在语言中表述世界);语言既是人类存在的消极界限（语言之外的世界是存在着的无），又是人类存在的积极界限（世界在语言中对人生成为有）；正是在语言中才凝聚着自然与精神、客观与主观、真与善的深刻矛盾，才积淀着人类思维和全部人类文化的历史成果。因此，他们试图通过语言分析来"消解"传统哲学或"重建"哲学理论。从对立的两极出发，并以抽象的两极对立关系为基础而形成的传统哲学，被探索两极融合、过渡和转化的中介哲学——现代哲学——所取代了。这种取代，是迄今为止的最深刻的哲学革命。它改变了哲学的提问方式和追求方式，从而改变了人类的致知取向、价值取向和审美取向，即从深层改变了人类的思维方式。

现代哲学所提供的辩证思维方式提醒人们：在致知取向上，不是追求绝对的终极之真，而是探索时代的相对之真，把真理理解为过程；在价值取向上，不是追求绝对的至上之善，而是探索时代的相对之善，把价值尺度理解为过程；在审美取向上，不是追求绝对的最高之美，而是探索时代的相对之美，把审美活动理解为过程。诉诸人类历史活动的现代哲学，以中介的观点对待现存的一切事物。它把人类对自身全部活动最高支撑点的探索，由传统哲学对终极真善美的追求，改变为时代水平的相对性理解。这是现代哲学所实现的思维方式的深刻革命，也是现代哲学所实现的本体观念的深刻革命。

从两极到中介，这是人类的哲学思想及其所表现的人类的思维方式的空前革命。"传统哲学"之所以"传统"，是因为全部的传统哲学都是力图获得一种绝对的、确定的、终极的真理。这种两极对立、非此即彼的超历史的思维方式，理论地表征着前现代社会的人的存在方式。哲学所实现的"从两极到中介"的现代革命，经过了数百年的哲学历程。近代以来的西方哲学，它在使"上帝"自然化、物质化、精神化和人本化的过程中，逐步地"消解"了人在"神圣形象"中的"自我异化"，从而使人类文化从"神学文化"过渡到"后神学文化"，即"哲学—科学文化"。现代哲学"消解"人在"非神圣形象"中的"自我异化"，从根本上说，就是"消解"一切"超历史"的规范人的思想和行动的根据、标准和尺度，把哲学所寻求的真善美理解为自己时代水平的人类自我意识，把人类已经达到的认识成果理解为自己时代水平的"合法的偏见"，把人类自身的存在理解为"超越其所是"的开放性的存在。这是现代哲学实现的"从两极到中介"的转化，也是现代哲学理论地表征的现代人类所实现的"从两极到中介"的生存方式的变革。

在这种"从两极到中介"的哲学变革中，哲学一向所追寻的终极性的"本体"变成了历史性的"本体论的承诺"，超然于历史之外的种种"两极对立"都在"消解""非神圣形象"的现代哲学运动中被重新审视甚至重构。正是在这种"从两极到中介"的变革中，孕育并形成了一种21世纪的哲学走向——"从层级到顺序"。

从哲学的宏观历史上看，哲学对人类生存的关切，可以划分为两种基本方式：一种是以文化的"层级"性去关切人类存在，即以"深层"文化的基础性、根源性来规范人类的全部思想与行为，从而将"深层"文化作为人类的安身立命之本。这种"层级"性的关切，可以说是一种"解释"性的关切——以"深层"文化解释"表层"文化；另一种则是以文化的"顺序"性去关切人类存在，即把"重要"的文化选择为人的安身立命之本，以它来规范人的思想与行为。这种"顺序"性关切，可以说是一种"操作"（实践）性关切——以"重要"的规范"次要"的。这就是现代哲学的"从层级到顺序"的理论自觉。

"层级"性的关切，它先验地断定了文化样式的不同"层级"，并先验地承诺了"深层"文化对"表层"文化的基础性和根源性，因而它给自己提出的是非历史的任务——寻求超历史的、永恒的、终极的"本体"。与此相反，"顺序"性的关切，是以否定文化样式的先验的"层级"性为前提，并致力于"消解"文化样式"层级性"的先验原则，因而它给自己提出的是"历史"的任务——在自己时代的水平上对人的安身立命之本作出慎重的文化选择。

"层级"性的关切总是两极对立的。在"层级"性的关切中，哲学的核心范畴总是离开人的历史性存在，表现为本体对变体、共相对个别、本质对现象、必然对偶然等的两极对立。与此相反，在"顺序"性的关切中，则是以人的历史性存在为前提，构成表征人与世界、人与历史、人与社会、人与他人、人与自我之间关系的哲学范畴，诸如自然与超自然、能动与受动、理想与现实、公平与效率、真理与价值、标准与选择等对立统一、相辅相成的矛盾关系。在这种"顺序"性的哲学关切中，它的诸对范畴具有显著的

"平等"特性,其"主从"关系是"历史"性的。这表明,哲学从"层级"性关切转向"顺序"性关切,不只是从思维方式上体现了现代哲学的"从两极到中介"的变革,而且是从价值导向上实现了现代哲学的"从两极到中介"的变革。

在"层级"性的传统哲学的追求中,"本体"与"变体"的"层级"关系是永恒不变的;哲学的任务,只不过是寻找那个作为永恒真理的"本体",并用它来解释一切"变体"的存在。正因如此,以"层级"性的追求为使命的传统哲学,只能是"用不同的方式解释世界"。在"顺序"性的现代哲学的追求中,"顺序"既是对历史文化的一种承诺,更是对现实生活的一种"选择"和"安排",因而是一种"改变世界"的活动。

哲学从"层级"性追求到"顺序"性选择,它所改变的是以"层级"的先验性而确认的"标准"的永恒性、终极性,而不是取消人的历史性选择的"标准",即不是取消人对规范自己的思想和行为的"标准"的寻求。趋利避害,这是人类生存与发展的基本逻辑。然而,对于人类来说,究竟何为"利"、何为"害"?"利"与"害"的"标准"究竟如何"选择"?这是人类面对的永恒课题,也是哲学的前提批判的永恒课题。哲学作为社会的自我意识,它在自己的前提批判中,总是以"历史的大尺度"去观照和反省人类的思想与行为,把"历史的小尺度"所忽略的东西提升到"重要"的位置,从而在价值"排序"中"选择"某种"历史的大尺度"作为人的思想与行为的"标准",引导人类不断地在自己的实践活动中把理想变为现实。正因如此,哲学总是不仅反映和表达时代精神,而且塑造和引导新的时代精神。这是哲学的本体论追求的真实内涵之所在,也是思想的前提批判的真实意义之所在。

总结上述思想,我想以下面的这段论述表达我对"哲学"的理解:哲学,它不是抽象的名词、枯燥的条文和现成的结论,而是人类思想的批判性的反思的维度、理想性的创造的维度;它要激发而不是抑制人们的想象力、创造力和批判力,它要冲击而不是强化人类思维中的惰性、保守性和凝固性,它要推进而不是遏制人们的主体意识、反思态度和创造精神。"思维和存在的关系问题"之所以是哲学的"重大的基本问题",就在于它是隐藏于人类全部活动之中的"不自觉的和无条件的前提";"思想的前提批判"之所以是哲学的思维方式、存在方式和工作方式，就在于哲学以这种活动方式而表征自己的"时代精神"并作为"文明的活的灵魂"而塑造和引导新的"时代精神"。以理论的方式表征人类自我意识中的时代精神，以思想的前提批判构成文明的活的灵魂，这就是我所理解的作为世界观理论的哲学，也就是思想的前提批判的哲学。

第一章
构成思想的基本信念的前提批判

构成思想的前提，主要包括构成思想的基本信念、构成思想的基本方式、构成思想的基本逻辑、构成思想的基本观念和构成思想的哲学理念。对构成思想的基本信念的前提批判，是思想的前提批判的首要任务。

构成思想的基本信念，就是承诺"我们的主观的思维和客观的世界服从于同样的规律"。它是"我们的理论思维的不自觉的和无条件的前提"。正是秉持这个"基本信念"，人类才"能动"地认识世界和改造世界，才致力于把现实变为理想的现实。然而，究竟如何看待这个"基本信念"，究竟怎样对待这个"不自觉的和无条件的前提"，却是人类在自己的认识活动和实践活动中始终面对的根本性问题。它隐含于构成思想的"基本方式"、"基本逻辑"、"基本观念"和"哲学理念"之中，并且是其最深层的"不自觉的和无条件的前提"。因此，对思想的前提批判，首要的是对构成思想的基本信念的前提批判，也就是对"思维和存在的同一性"的前提批判。

在哲学发展史上，关于构成思想的基本信念，即关于"思维和存在的同一性"，大体上可以概括为"思维和存在的抽象同一"、"思维和存在的逻辑同一"、"思维和存在的历史同一"等"历时态"与"同时态"相互交错的诸种情况，因此，我以上述三种情况为主要对象来展开对构成思想的"基本信念"的前提批判。

第一节　思维和存在的抽象同一

人们对思想的基本信念，最为普遍和最为朴素的"不自觉"的前提，就是"不自觉"地承诺思维与存在的直接同一,也就是承诺思维与存在的抽象同一。因此,对构成思想的基本信念的前提批判,首先是对思维与存在的"抽象同一"的前提批判。

所谓思维与存在的抽象同一,就是非反思地看待思维与存在的关系,直接地承诺思维与存在的同一性。这具体地表现为两种基本的思维方式:一是表象思维,以客体的或者直观的思维方式去看待对象,它构成通常所说的直观反映论;二是形式思维,以撇开内容的纯粹形式去对待思维与存在的关系,它构成通常所说的形式推理。我们逐一地展开对这两种"抽象同一"的前提批判。

一 表象思维:直观反映的抽象同一

对于思维和存在的同一性,人们最为普遍、最为经常的提问方式是:有没有?是不是?这就是说,如果我在观念中认定有某物的存在,并且是某物的存在,而实际上确有某物的存在,并且就是某物的存在,那么就可以肯定思维与存在的同一性。这种"有"和"是"的同一性,就是在感觉中形成的"映象"与"对象"的同一性,也就是黑格尔所说的"感性确定性"。因此,我们就从黑格尔对"感性确定性"的反思来批判直观反映的思维和存在的抽象同一。

黑格尔《精神现象学》的第一章就是反思"感性确定性"。这个第一章的第一段,直截了当地、一针见血地提出如下的问题:"那最初或者直接是我们的对象的知识,不外那本身是直接的知识,亦即对于直接的或者现存着的东西的知识。我们对待它也同样必须采取直接的或者接纳的态度,因此对于这种知识,必须指向它所呈现给我们的那样,不加改变,并且不让在这种认识中夹杂有概念的把握。"[①] 这段话主要包含了两层意思:其一,人们的知识首先是关于直接的或者现存着的东西的知识;其二,对于这种东西和关于这种东西的知识,人们采取直接的或者接纳的态度,而且不让这种认识中有概念的把握。黑格尔提出,这种最初或者直接是我们的对象的知识,就是"感性确定性"。

---

① [德]黑格尔:《精神现象学》(上),贺麟、王玖兴译,商务印书馆1979年版,第63页。

对于感性确定性，黑格尔意味深长地用两个"好像"来概括人们对它的理解：其一，感性确定性"好像是最丰富的知识，甚至是一种无限丰富的知识"；其二，感性确定性"又好像是最真实的知识"，"因为它对于对象还没有省略掉任何东西，而让对象整个的、完备地呈现在它面前"。然而，正因为是"好像"，而不是"的确"，所以黑格尔笔锋一转，立即尖锐地指出："事实上，这种确定性所提供的也可以说是最抽象、最贫乏的真理。"那么，为什么"好像"是最丰富最真实的感性确定性反而是最抽象和最贫乏的真理？

"好像"是最丰富和最真实的感性确定性，之所以是最抽象、最贫乏的真理，黑格尔的论证是：一方面，"它对它所知道的仅仅说出了这么多：它存在着。而它的真理性仅仅包含着事情的存在"；另一方面，"在这种确定性里，意识只是一个纯自我"；因此，"在这种认识里，我只是一个纯粹的这一个，而对象也只是一个纯粹的这一个"。这表明，感性确定性中的思维和存在的同一性，只是两方面的纯粹的"这一个"的同一，也就是纯粹的"这一个的我"与纯粹的"这一个的事物"的同一。对此，黑格尔深刻地指出，这种纯粹的"这一个"的同一，排斥了两方面的最丰富和最真实的内容：其一，"作为意识的我并没有在确知这事情中发展了我自己，也没有使我通过各种方式开动脑筋去思索这事情"，因此，这一个的"我"在感性确定性中，并不是最丰富和最真实的，而是最抽象和最贫乏的；其二，作为意识的我"并没有把握到这事情的诸多不同的质及其本身具有丰富的自身关联，也没有把握到这件事情对别的事物的多方面的关系"，因此，这一个的"事物"在感性确定性中，同样不是最丰富和最真实的，而是最抽象和最贫乏的。正因为感性确定性中的"我"和"事物"、"思维"和"存在"都是最抽象和最贫乏的，因此，这个单纯的直接性所构成的感性确定性的真理性，只能"好像"是最丰富和最真实的，而实质上是最抽象和最贫乏的。深入地思考和体会"感性确定性"的"丰富"与"贫乏"、"真实"与"抽象"的矛盾，对于我们认识"表象思维"和"直观反映论"的实质、对于我们在哲学思考的开端就运用矛盾分析的辩证思维，是具有启发性的。

值得深思的是，黑格尔对"感性确定性"的分析，并不仅限于揭露它的"最抽象"和"最贫乏"的本质，而且由此揭示了"感性确定性"的内在矛盾,并从而为其整个的关于认识的矛盾分析奠定了坚实的起点。黑格尔指出,由于"感性确定性"分裂为两个"这一个",即"作为自我的这一个和作为对象的这一个",因此,"无论作为自我或者作为对象的这一个都不仅仅是直接的",而且"同时是间接的"。这种间接性就在于:"自我通过一个他物,即事情而获得确定性,而事情通过一个他物即自我而具有确定性。"①

感性确定性成立于"自我"与"事情"的关系之中,就既不能离开"自我"去理解"事物",也不能离开"事物"去理解"自我",因此黑格尔提出,"我们的目的并不在于反复思考对象真正地是怎样,而只要考察感性确定性所包含的对象是怎样"。这样,黑格尔就把单纯的关于"意识外的存在"的思考转化为关于"意识界的存在"的"反思",从而凸显了认识的内在矛盾性,从思维与存在的矛盾关系去看待人的认识,而不是直观地从"对象"与"映象"的关系去看待人的认识。正因如此,黑格尔深刻地揭露了"表象思维"的本质:"表象思维的习惯可以称为一种物质的思维,一种偶然的意识,它完全沉浸在材料里,因而很难从物质里将它自身摆脱出来而同时还能独立存在。"②

正是通过揭示"最丰富"、"最真实"的感性确定性的"最抽象"、"最贫乏",黑格尔极为深刻地揭示了认识和知识的内在矛盾,并因而极为深刻地揭露了表象思维的思维和存在抽象同一的本质。这深刻地表明,黑格尔在其哲学思想的开端,就形成了辩证法、认识论和逻辑学三者一致的理论自觉,并为后人提供了以矛盾分析为内容的辩证法的认识论。这表明,列宁所指认的"辩证法也就是(黑格尔和)马克思主义的认识论",不仅体现在黑格尔的《逻辑学》,而且首先是体现在黑格尔的《精神现象学》,并且直接地体现在精神现象学的开端对感性确定性的内在矛盾的揭示。

黑格尔对"表象思维"的批判,在哲学的意义上,就是对旧唯物主义的思维方式的批判。表象思维不只是人们的朴素的思维方式,而且是全部旧唯物主义的思维方式;或者更进一步说,正是旧唯物主义的思维方式,理论

---

① [德]黑格尔:《精神现象学》(上),贺麟、王玖兴译,商务印书馆1979年版,第64页。
② 同上书,第40页。

地表征了人们的朴素的思维方式。这正如马克思所说:"从前的一切唯物主义(包括费尔巴哈的唯物主义)的主要缺点是:对对象、现象、感性,只是从客体的或者直观的形式去理解,而不是把它们当作感性的人的活动,当作实践去理解,不是从主体方面去理解。"① 马克思所说的 "只是从客体的或者直观的形式去理解",正是以表象思维为实质的旧唯物主义的直观反映论;而马克思所强调的不是"当作感性的人的活动,当作实践去理解,不是从主体方面去理解",则显示了马克思对表象思维和以其为实质的直观反映论的实践论反思。马克思以实践观点的思维方式所展开的对旧唯物主义的批判,既深刻地表明了马克思主义哲学对德国古典哲学的真正的"继承"关系,又深刻地表明了马克思主义哲学对德国古典哲学的"革命"关系。

关于旧唯物主义的直观反映论,恩格斯从理论思维的"不自觉的和无条件的前提"指出,"18 世纪的唯物主义,由于其本质上的形而上学的性质,只是从内容方面研究这个前提。它只限于证明一切思维和知识的内容都应当来源于感性的经验,并且重新提出下面这个命题:感觉中未曾有过的东西,理智中也不存在"②。恩格斯的论断,深刻地揭露了旧唯物主义在"思维和存在的关系问题"中的局限性,这就是"只是"从"内容"方面而没有从"形式"方面去看待思维和存在的关系,只是承认"内容"来源于感性经验,而没有从"内容"与"形式"的矛盾去看待理论思维的"不自觉的和无条件的前提",没有从"思维和存在的关系"去批判地反思这个"前提"。因此,这种直观反映论的思维方式只能是以表象思维所构成的思维和存在的抽象的同一。这表明,无论是对旧唯物主义的批判,还是对德国古典哲学的批判继承,马克思和恩格斯是深刻一致的。

二 形式思维:形式推理的抽象同一

在反思"表象思维"的同时,黑格尔又批判地反省了"另一种思维,即形式推理"。对于"形式推理",黑格尔明确地指出,其实质是"以脱离

---

① 《马克思恩格斯选集》第一卷,人民出版社 1995 年版,第 54 页。
② 《马克思恩格斯选集》第四卷,人民出版社 1995 年版,第 364 页。

内容为自由，并以超出内容而骄傲"①。这就是"撇开"思维内容而构成的"纯粹"思维形式的思维和存在的抽象同一。

在《精神现象学》中，黑格尔对"形式推理"的批判，是在关于"哲学研究中的要求"中提出的，是在与"哲学思维"即其"思辨思维"的对比中展开的，因而有其特定的目的和内涵。黑格尔的针对性是，"哲学时常被人视为是一种形式的、空无内容的知识；人们完全没认识到，在任何一门知识或科学里按其内容来说可以称之为真理的东西，也只有当它由哲学产生出来的时候，才配得上真理这个名称；人们完全没认识到，其他的科学，它们虽然可以照它们所愿望的那样不要哲学而只靠推理来进行研究，但如果没有哲学，它们在其自身是不能有生命、精神、真理的"②。这就是说，黑格尔对"形式推理"的批判，直接针对的是人们把"哲学"当作"一种形式的、空无内容的知识"，其目的则是使人们理解"哲学研究中的要求"——必须改变"那种在非现实的思想里推论过来推论过去的形式思维"③。

以批判"形式思维"为立足点，黑格尔在《小逻辑》中提出，"哲学可以定义为对于事物的思维着的考察"，"在这种方式中，思维成为认识、成为把握对象的概念式的认识"④。这种哲学的"反思"，就是"以思想的本身为内容，力求思想自觉其为思想"的哲学思维。正是从哲学思维的"最高目的"出发，黑格尔反对形式推理的思维和存在的抽象同一，要求哲学思维的思维和存在的具体同一，从而在规律层面揭示"思维和存在的同一性"。

真正的思维规律究竟是怎样的？这是黑格尔对形式推理展开前提批判的出发点。黑格尔立足于"抽象的同一"与"具体的同一"的区别，批评形式逻辑的同一律只是抽象理智的规律，而不是真正的思维规律。他提出：同一律被表述为"一切东西和它自身同一"或"甲是甲"，这个命题的形式自身就陷于矛盾，因为一个命题总要说出主词与谓词之间的区别，而"甲是甲"的命题却没有做到它的形式所要求于它的。⑤ 与"抽象的同一"相区

---

① [德] 黑格尔：《精神现象学》（上），贺麟、王玖兴译，商务印书馆1979年版，第40页。
② 同上书，第46页。
③ 同上书，第40页。
④ [德] 黑格尔：《小逻辑》，贺麟译，商务印书馆1980年版，第38页。
⑤ 参见 [德] 黑格尔《小逻辑》，贺麟译，商务印书馆1980年版，第248页。

别,"具体的同一"是包含着差别的同一,是具有内在否定性的同一。黑格尔认为,思维与存在的同一,就包含着思维和存在的"差别的内在的发生",由这种具有内在差别的思维与存在的同一性所展开的思维运动的逻辑,是一个概念的自我否定的扬弃过程。这样,黑格尔在批判形式推理的出发点上,就把批判的锋芒指向了理论思维的前提,即"思维和存在的同一性"。

黑格尔对形式推理的批判,不只是对其形式脱离内容的批判,而且同时又是对形式逻辑的作为"已知判断"的前提的批判。这是由形式逻辑转换为内涵逻辑的关节点,也是理解形式逻辑与辩证逻辑的本质区别的关节点。黑格尔提出,"概念无疑地是形式,但必须认为是无限的有创造性的形式,它包含一切充实的内容在自身内,并同时又不为内容所限制或束缚"①。黑格尔认为,构成判断的概念不是僵死凝固的存在,而是一个自我展开的发展过程。这是因为,任何概念都同时既是规定又是否定,都是作为环节和中介而存在的。概念的自我否定,既是对自身的虚无性的否定(使自身获得更全面的规定性),又是对自身的固存性的否定(使自身在更高的逻辑层次上重新获得规定)。因此,作为"已知判断"的形式推理的诸种前提并不是抽象同一的概念,而是在自我否定中不断生成的概念。在黑格尔的《逻辑学》中,概念的自我发展表现为,从作为思想直接性的概念之间的相互过渡(存在论),进展到作为思想间接性的概念之间的相互映现(本质论),又进展到思想的直接性与间接性的统一的具体概念(概念论)。黑格尔以唯心主义的神秘形式,提供了思维运动的"一般逻辑"——概念发展的逻辑。在这个逻辑中,对作为"已知判断"的一切前提都在肯定的理解中同时包含着否定的理解,因而超越了思维和存在的抽象同一,构成了思想中的思维和存在的具体同一。

马克思主义哲学对思维和存在的抽象同一的前提批判,也是首先指向形式推理的同一律。恩格斯说:"旧形而上学意义下的同一律是旧世界观的基本原则:$a = a$。每一个事物和它自身同一。一切都是永久不变的,太阳系、星体、有机体都是如此。这个命题在每个场合下都被自然科学一点一点地驳倒了,但是在理论中它还继续存在着,……抽象的同一性,象形而上学的一

---

① [德] 黑格尔:《小逻辑》,贺麟译,商务印书馆1980年版,第328页。

切范畴一样，对日常应用来说是足够的，……但是，对综合的自然科学来说，即使在任何一个部门中，抽象的同一性是根本不够的，……"①很明显，恩格斯对同一律的批判，是对"旧世界观的基本原则"的批判，也就是要求世界观理论超越"抽象的同一性"，形成辩证法的世界观理论。列宁也提出，"在旧逻辑中，没有过渡，没有发展（概念的和思维的），没有各部分之间的'内在的必然的联系'，也没有某些部分向另一些部分的'过渡'"②。正是从这种批评出发，列宁非常赞赏黑格尔所要求的内容与形式相统一的逻辑，并提出"逻辑不是关于思维的外在形式的学说，而是关于'一切物质的、自然的和精神的事物'的发展规律的学说，即关于世界的全部具体内容的以及对它的认识的发展规律的学说。即对世界的认识的历史的总计、总和、结论"③。

尤其值得注意的是，列宁更为明确地把对旧逻辑的批判升华为对"思维和存在的关系"的批判反思，升华为对理论思维前提的批判反思。列宁提出，"如果一切都发展着，那么这是否也同思维的最一般的概念和范畴有关？如果无关，那就是说，思维同存在没有联系。如果有关，那就是说，存在着具有客观意义的概念辩证法和认识辩证法"④。在这里，列宁极为深刻地把作为世界观理论的辩证法与作为哲学基本问题的理论思维的前提联系起来。旧逻辑中没有过渡和发展，而辩证法则是关于发展的逻辑。它是关于思维与存在统一的逻辑，也就是具有客观意义的概念的辩证法和认识的辩证法。正因如此，辩证法、认识论和逻辑学才是列宁所指认的同一个东西——在理论思维的前提批判中所构成的关于思维和存在的关系问题的世界观理论。

辩证法理论作为关于思维和存在的统一与发展的学说，它不是把形式逻辑中作为"已知判断"的前提当作凝固的东西，而是当作发展着的东西。任何概念、范畴、命题都只是"认识世界的过程中的梯级，是帮助我们认识和掌握自然现象之网的网上纽结"⑤。所有的这些"梯级"、"网上纽结"，都

---

① 《马克思恩格斯选集》第三卷，人民出版社1972年版，第538—539页。
② 《列宁全集》第55卷，人民出版社1990年版，第81页。
③ 同上书，第77页。
④ 同上书，第215页。
⑤ 同上书，第78页。

蕴含着思维与存在的矛盾，都具有内在的自我否定性，从而构成人类认识发展的逻辑。

还应指出的是，在恩格斯和列宁对思维和存在抽象同一的前提批判中，特别突出地强调辩证法对一般与个别、共性与个性关系的批判反思。恩格斯说："同一性自身包含着差异性，这一事实在每一个命题中都表现出来，在这里述语是必须和主语不同的。百合花是一种植物，玫瑰花是红的，这里不论是在主语中或是在述语中，总有点什么东西是述语或主语所包括不了的。"① 列宁说："从最简单、最普通、最常见的等等东西开始；从任何一个命题开始，如树叶是绿的，伊万是人，茹奇卡是狗等等。在这里（正如黑格尔天才地指出过的）就已经有辩证法：个别就是一般，……个别一定与一般相联而存在。一般只能在个别中存在，只能通过个别而存在。""可见，在任何一个命题中，很象在一个'单位'（'细胞'）中一样，都可以（而且应当）发现辩证法一切要素的胚芽，这就表明辩证法本来是人类的全部认识所固有的。"② 在对形式推理的思维和存在的抽象同一的前提批判中，我们会深化对矛盾论的认识论的理解，会深化对思维和存在的具体同一的理解，也就是深化对列宁所说的"辩证法也就是（黑格尔和）马克思主义的认识论"的理解。

第二节　思维和存在的逻辑同一

思维和存在的抽象同一，与思维和存在的抽象对立，二者既是对立的两极，又是两极相通的。或者说，在思维和存在的抽象同一中，就隐含着思维和存在的抽象对立。在感觉层面上，映象与对象的抽象同一，就隐含着不同主体的映象与对象的抽象对立；在理性层面上，表象与思想的抽象同一，就隐含着不同主体的表象与思想的抽象对立；在价值层面上，实然与应然的抽象同一，就隐含着不同主体的价值判断的抽象对立；在规律层面上，思维和存在的抽象同一，就隐含着思维规律与存在规律的抽象对立。抽象的同一与

---

① 《马克思恩格斯选集》第三卷，人民出版社1972年版，第537页。
② 《列宁全集》第55卷，人民出版社1990年版，第307、308页。

抽象的对立，是思维中对立着的"正题"和"反题"。

针对思维和存在的"抽象同一"与思维和存在的"抽象对立"，或者说针对思维和存在的关系问题的"正题"和"反题"，黑格尔和马克思构建了思维和存在关系问题的"合题"：黑格尔构建了思维和存在的逻辑同一，这就是它的唯心主义的辩证法；马克思则构建了思维和存在的历史同一，这就是马克思的唯物辩证法和历史唯物主义。

一　反思与"思维和存在的同一性"

反思，就是"对思想的思想"，也就是思想以自身为对象反过来而思之。这是黑格尔对于自己的"反思"的"思辨哲学"的根本性解释。对于这种"思辨哲学"的根据，黑格尔认为起源于近代哲学的开端——思维的"不淳朴"。所谓思维的"不淳朴"，就是思维自觉到自己与存在的非同一，自觉到自己与存在并不是自然的、天然的、直接的"符合"。正是对思维与存在的矛盾的自觉，才凸显了哲学自身的"重大的基本问题"——"思维和存在的关系问题"。"思维和存在的关系问题"，是"思维"把"思维和存在的关系"当作了"问题"。这表明，哲学是在"思维"对自身的反思中，才自觉到"思维和存在的关系问题"，因此，自觉到"思维和存在的关系问题"的思维并不是一般的思维，而是"反思"。

反思，暴露了哲学的秘密——它不是构成关于世界（存在）的思想，而是批判（审查）关于世界（存在）的思想。"思想"是"反思"的对象，也就是"哲学"的对象。哲学以思想为对象，就是"审查"思想是否与存在相一致。但是，哲学的这种审查，并不是追究某个具体的思想是否与存在相一致，而是追究思维与存在相一致的根据。这就是黑格尔所说的思维和存在的同一性问题。反思思维和存在的关系问题而提供思维和存在的同一性的根据，这就是黑格尔所说的思维和存在的同一性问题。在黑格尔看来，通过反思思维和存在的关系问题而提供思维和存在的同一性的根据，这是为全部思想的客观性奠基，因此，黑格尔为哲学所下的定义是："关于真理的科学。"

"关于真理的科学"，这从哲学与其他一切科学的关系说，无疑是一种"科学的科学"。但是，黑格尔把哲学视为"关于真理的科学"，并不是后人所批评的凌驾于一切科学之上的科学，而是为一切科学奠基的科学。"关于真理的科学"不是在科学之上，而是在科学之下——一切科学得以建设的"地基"。在这个意义上，黑格尔并不是否定了康德哲学，而是继承了康德哲学——哲学的事业是为科学奠基的事业，是不断地"清理地基"的事业。

把哲学视为清理科学的"地基"，或者说把哲学视为对思想的"反思"，直接地与时代的思想状况（时代的科学精神）密切相关。按照恩格斯的概括，自15世纪后半期至19世纪初期的欧洲近代自然科学，可以从总体上划分为两大阶段，这就是从"搜集材料"的科学发展为"整理材料"的科学。在这个过程中，数学在各门自然科学中的普遍运用，实验方法在各门自然科学中的普遍确立，理论思维在各门自然科学中的日益重要，越来越凸显了思维和存在的关系问题——思维和存在是否具有同一性，思想是否有客观性，如何确保思想的真理性。而这个问题的最深层的症结，就是康德自觉到的问题：思维的规律只是思维把握存在的规律，还是思维和存在所服从的同一规律？如果是前者，如何保证自然科学的客观性？具体言之，数学公理的根据是什么？实验方法从个别到一般的根据是什么？理论思维所把握的普遍规律的根据又是什么？思维如何保证由现象到本质、由个别到一般、由偶然到必然的飞跃？这表明，思维和存在的关系问题，并不是经验意义上的思维与存在的关系问题，而是超验（规律）意义上的思维与存在的关系问题。思维规律与存在规律的关系问题，才是真正的思维和存在的关系问题，才是真正的"理论思维的不自觉的和无条件的前提"问题。

在规律层面上回答思维和存在的关系问题，就既不能局限于"表象思维"，也不能局限于"形式推理"，而必须是"思辨思维"。这是黑格尔对哲学思维的根本看法。这是因为，表象思维只是从现象上看待思维与存在的关系，而不是从规律上看待思维与存在的关系，所以黑格尔说表象思维不是合适的哲学思维；形式推理只是从形式上看待思维的规律与存在的规律，但无法从内容上说明思维的规律与存在的规律，所在黑格尔说形式推理也无法构成作为关于真理的科学的哲学。正是从合理的哲学思维中排除掉表象思维和形式推理，黑格尔明确地把合理的哲学思维确认为思辨思维——以思想为对象反过来而思之的反思。

由此可见，黑格尔的反思，并不是一般意义的对思想的思想，而是思想对自身的客观性的追问，也就是对思维规律是否与存在规律服从同一规律的追问。黑格尔把这个问题称为"思维和存在的同一性"问题。黑格尔对这个问题的理解，是深刻、睿智的；黑格尔对这个问题的回答，则是牵强的、神秘的。为了证明思维和存在的同一性，即思维规律和存在规律的同一性，他既不能走经验主义的路子（经验无法证明规律），也不能走先验主义的路子（康德已经在先验的意义上否定了思维和存在的同一性），他只能是以自己的思辨思维而另辟蹊径，这就是黑格尔所悬设的"逻辑先在性"：只有思维规律与存在规律在逻辑上自在地具有同一性，才能在自我运动和自我认识中实现自为的同一性。显然，黑格尔关于思维和存在同一性的结论，已经默默地包含在他的前提之中了。这当然是牵强的、神秘的。正是这种神秘性，决定了黑格尔哲学的唯心主义性质；与此同时，正是思维规律与存在规律在思维的自我运动和自我运动中的自为的统一，又构成了黑格尔的存在论、认识论和辩证法的"三者一致"。因此，对黑格尔的"思维和存在的同一性"的理解、阐释和评价，直接关系到对构成思想的"基本信念"的"前提批判"。

二　逻辑先在的同一性

思维和存在的同一性，在黑格尔那里就是"绝对理念"的自我运动和自我认识。对于黑格尔的绝对理念，人们的注意力通常集中在批判其唯心主义实质和吸收其辩证法思想上，而忽视了它在哲学发展史中的重要地位：系统总结了以往哲学的全部发展史并将其推到了最高峰，而现代哲学所反省的"形而上学"又开端于此。重新探索"绝对理念"的思想内涵及其真实意义，才能深入理解黑格尔的"思维和存在的同一性"。

绝对理念究竟是什么？就其要者，可以概括为全体的自由性、原理的统一性、逻辑的先在性、内在的否定性、概念的系统性和历史的思想性。黑格尔主要是从这六个方面把传统哲学推到了最高峰，而其核心理念则是"逻辑先在"的"思维和存在的同一性"。

黑格尔首先一是把传统哲学对思维全体自由性的追求上升为人类思维的反思活动。

人类思维面对复杂多变的世界，总是力图在最深刻的层次上把握其内在的统一性，并以这种统一性去解释世界上的一切现象以及关于这些现象的全部知识。这就是思维所追求的把握和解释世界的"全体自由性"。思维的这种追求以理论的形态表现出来，就构成了古往今来的各种形态的哲学。

在欧洲，古希腊哲学家亚里士多德最先对以全体自由性为目标的哲学作出明确的界说。他指出，形而上学（哲学）是一种研究"实是之所以为实是"，"寻取最高原因的基本原理"的学术①。这种"基本原理"可以使人类经验中的各种各样的事物得到统一性的解释，或者可以被解释为某种普遍本质的各种具体表现，从而也就使思维实现了把握和解释世界的全体自由性。黑格尔完全赞同亚里士多德所规定的哲学目标，但他认为，亚里士多德把各式各样现象提高到概念里面之后，却又使概念本身分解为一系列彼此外在的特定的概念，并没有实现哲学的目标。后来的哲学虽然力图以"实体"概念去统摄各种特殊概念，但由于这些哲学没有自觉到思维的追求必须以人类思维自身为对象，同样没有达到思维的全体自由性。黑格尔的"思维和存在的同一性"哲学，正是针对这一状况而提出的。

黑格尔认为，仅从思维的主观性上看，它作为一种普遍性的精神活动，其内部直接地就包含着全体的自由性；但由于这样的自由只不过是抽象的思想的自我联系，所以又只能是一种没有任何规定的虚幻的自由。而从思维的客观性上看，它必须在内容上包含有事物的各种规定，但如果思维只是按照自己的本性（而非事物的本性）去把握事物，则思维所实现的也只能是主观臆想的自由。因此黑格尔认为，哲学的"最高任务"在于确认思维本性与事物本性的一致性，进而达到理性与现实的"和解"。而要完成这个任务，就必须以思维本身为对象，通过思维的自我认识来确认思维和存在的同一性。

思维之所以能够进行自我认识，在于人同自然界的区别。"自然界不能使它所含蕴的理性得到意识，只有人才具有双重的性能，是一个能意识到普遍性的普遍者。"② 人不仅以外在世界为对象，把事物的规定自觉为思维的规定，从而使事物"所含蕴的理性得到意识"，而且以思维自身的规定为对

---

① ［古希腊］亚里士多德：《形而上学》，吴寿彭译，商务印书馆1959年版，第56页。
② ［德］黑格尔：《小逻辑》，贺麟译，商务印书馆1980年版，第81页。

象，从而反省思维规定与事物规定的一致性。

思维的自我认识不是一般的精神活动。黑格尔提出，精神作为感觉和直观，它以感性事物为对象；精神作为想象，它以形象为对象；精神作为意志，它以目的为对象。而精神作为相反于或仅是相异于它的这些特定存在形式和它的对象而言，则要求以它的最高的内在性——思维——为对象。这就是黑格尔所说的人类思维的反思活动，即人类思维反过来以自己为对象而思之。

在人类思维的反思活动中，作为感觉和直观、想象和意志的全部精神活动，以及这些精神活动的无限丰富的对象，就被人类思维的本性统摄起来，并在思维的统一性中得到解释。因此黑格尔认为，以思维的全体自由性为目标的哲学，既不能求助于对外在事物的研究（那只能把事物的具体规定自觉为思维的具体规定），也不能满足于对精神活动的考察（那只能使具体形式的精神活动得到发展），而必须集中于思维的自我认识。这样，黑格尔就把传统形而上学对思维全体自由性的追求上升为人类思维的反思活动。

黑格尔由此又把传统哲学追求的统一性原理归结为人类思想运动的逻辑。

思维反思自己的目的，在于认识思维把握全部现实（各种精神活动及其对象）的统一性原理。这种统一性原理能够把各种知识吸收进理性的形式之中，掌握并保持它们的本质，扬弃外在的东西，并以这种方式从它们之中抽出逻辑的东西，给逻辑东西的抽象基础充实任何真理的内容。因此，"要这样来理解那个理念，使得多种多样的现实，能被引导到这个作为共相的理念上面，并且通过它而被规定，在这个统一性里面被认识"①。可见，作为统一性原理的绝对理念，其实质就是人类思想运动的逻辑。

黑格尔把哲学的对象归结为绝对理念即人类思想运动的逻辑，既来源于他对自己的时代——建立科学体系的时代——的哲学反省，也是形成于他对以往哲学的批判总结。黑格尔以前的哲学家都把哲学分割为研究世界本原的本体论、探索人类认识的认识论和考察思维形式的逻辑学这三大部分。黑格尔则试图以绝对理念即人类思想运动的逻辑作为统一性原理，把本体论、认

---

① ［德］黑格尔：《哲学史讲演录》第2卷，贺麟、王太庆译，商务印书馆1960年版，第385页。

识论和逻辑学熔铸为统一的哲学理论。在这种哲学理论中，不仅没有认识论基础的本体论是无效的，而且没有思维自己构成自己的认识论也是无效的。本体论、认识论和逻辑学在黑格尔哲学中所实现的统一，并非如通常所解说的那样，仅仅是使绝对理念具有了本体论、认识论和逻辑学三个方面的意义，而是以思想运动的逻辑去展现思维和存在所服从的同一"原理"。

黑格尔的这种努力有其更深层的根据。以往的哲学或者把思维和存在的关系问题归结为意识内容与感性对象的统一，即黑格尔所说的作为感觉和直观的精神与其对象的统一（如18世纪的法国唯物论）；或者把思维的规律与存在的规律对立起来，否认思维规律具有客观逻辑的意义（如康德的先验论），而从来没有实现思维和存在在规律层次上的统一。以人类思想运动的逻辑去展现思维和存在所服从的同一规律，从而理论地表达思维把握和解释世界的全体自由性，就是绝对理念作为统一性原理的实质内容。它把全部哲学特别是近代哲学的重大的基本问题——思维和存在的关系问题——明确地提升到两个系列规律的统一问题，即思维规律与存在规律的统一问题。

在此基础上，黑格尔把传统哲学的本体论承诺归结为思维与存在同一的逻辑先在性。

传统形而上学对思维全体自由性的追求，总是以某种本体论承诺为前提的。从泰勒斯的"水"和毕达哥拉斯的"数"，到德谟克利特的"原子"和柏拉图的"理念"，从笛卡儿的"我思"和斯宾诺莎的"实体"，到康德的"物自体"和费希特的"自我"，都是如此。但是，在这些本体论承诺中，都是先把思维和存在分割开来，再以某种形式（关系）把它们统一起来（或否定它们的同一性）。黑格尔则认为，思维和存在必须首先是自在统一的，然后才能有自为的统一。或者说，在形而上学的本体论承诺中，就必须包含思维和存在的同一性。这就是黑格尔所说的逻辑先在性。

思维和存在的同一性的逻辑先在性，是指它首先自在地内蕴于人类思维和客观事物之中。不管人类思维是否自觉到自己的以及事物的本性，它们的本性都是存在的，并且是统一的。因此，逻辑上的先在，并不是超然于世界之上或游荡于世界之外的幽灵，而是相对于自为存在的自在存在。正因为绝对理念只有在人类思维的反思中才能被自觉到，所以在思维自觉到自己的本性之前，作为自在存在的绝对理念，又只能是一种逻辑上的即思维推断上的先在。这就是黑格尔的本体论承诺。

黑格尔的这种本体论承诺是极其深刻的。只要对逻辑先在性予以唯物主义的解释，其真实意义是显而易见的。恩格斯说："我们的主观的思维和客观的世界服从于同样的规律，因而两者在自己的结果中不能互相矛盾，而必须彼此一致，这个事实绝对地统治着我们的整个理论思维。它是我们的理论思维的不自觉的和无条件的前提。"① 显然，恩格斯同样是把思维和存在的自在的统一作为人类认识和理论思维的前提，并且强调了这个前提的无条件性。

在黑格尔看来，是否承认绝对理念的逻辑先在性（也就是理论思维的无条件的前提），对哲学理论来说是至关重要的。康德之所以否认思维与存在的同一性，就在于他把思想看作只是"我们的"思想，而与"物自体"之间有一个无法逾越的鸿沟隔开着。肯定思维与存在的同一性，则必须承认思想不仅是我们的思想，同时又是事物的自身。黑格尔强调绝对理念的逻辑先在性，其目的在于说明：第一，思维和存在之所以能够在人类思维的进程中自为地实现统一，其根源在于它们自在地就是统一的；第二，人类思维自为地实现的统一，是把自在的统一升华成自为的统一、把潜在的东西转化成现实的东西；第三，哲学的任务就在于使人们自觉到思维的本性，按照思维自己构成自己的道路去实现思维与存在的自在自为的统一。因此，绝对理念的逻辑先在性，或思维和存在的自在同一，并不是说思维先在地包含了存在的具体内容，而是说思维和存在在本质上服从于同一规律。哲学在对思维的反思中把思维与存在的自在同一性转化为自在自为的同一性，就以理论的形态表达了人类思想运动的逻辑。

正是以"思维和存在的同一性"的"逻辑先在性"为基点，黑格尔又把传统哲学的辩证法升华为思维自己构成自己的方法。

绝对理念为什么必然会由自在的存在转化成自为的存在，并最后达到自在自为的存在？黑格尔明确地回答：绝对理念具有内在的否定性，它是绝对理念自我发展的绝对方法。

绝对方法不是外在于绝对理念的附加物，而是绝对理念自身所具有的规

---

① 《马克思恩格斯选集》第三卷，人民出版社1972年版，第564页。

定性，即思维自己构成自己的方法。作为"逻辑学"开端范畴的"纯存在"，是一种"先于一切确定性之直接性"，因而也就是"纯思"。它是思维与存在的自在的或潜在的，即逻辑上先在的统一，因而是一种"一切皆有、外此无物"的"有"；然而，由于这种逻辑上先在的"有"还没有任何具体的规定性，所以它同时又是绝对的"无"。逻辑上先在的绝对理念既是有又是无，自己与自己相对立，因而具有内在的否定性。

这种内在的否定性，在思维自己构成自己的进程中，表现为双重的否定：一方面，思维不断地否定自己的虚无性，从而使自己获得越来越丰富的规定性，这就是思维自己建构自己的过程；另一方面，思维又不断地反思、批判、否定自己所获得的规定性，从而在更深刻的层次上重新构成自己的规定性，这又是思维自己反思自己的过程，思维在这种双重否定的运动中，既表现为思维规定的不断丰富，又实现了思维在逻辑层次上的不断转化，从而使人类思维运动的逻辑展现为建构性与反思性、渐进性与飞跃性的辩证统一。按照黑格尔的描述，其基本的进程就是：绝对理念在自我否定的运动中由自在的存在而获得不断丰富的规定性；规定性的不断丰富使绝对理念由抽象向具体发展；发展的进程是绝对理念在越来越高级的层次上的自我回复，从而构成思维进展的螺旋式上升的圆圈；这个发展进程所构成的最大圆圈，就是绝对理念由自在的存在到自为的存在，最后达到自在自为的存在。这样，黑格尔就把思维的全体自由性归结为人类思想自己构成自己的进程，并把传统哲学对思维全体自由性的追求归结为对思维自己构成自己的进程的辩证的、批判的反思活动。

正是以思维自己构成自己的辩证法为内容，黑格尔又把传统哲学的成果对象化为概念的有机组织。

绝对理念自我发展的进程是实现思维的全体自由性与各个环节的必然性的统一的过程。展现这一过程的哲学体系就不能是一种"散漫的整体性"，而必须是"作为概念的一种有机组织而出现"。

对此，黑格尔是这样论证的：由于传统哲学进程中的每种哲学都是绝对理念的特定表达，所以各种哲学都是一个哲学全体，但又由于这些哲学只表达绝对理念特殊的规定性，所以绝对理念又要打破这些特殊规定性的限制，使自己上升为一个更丰富的哲学全体；这样，绝对理念的每个环节就都不是孤立的、偶然的存在，而是处于普遍的联系和转化之中的必然的存在；这些必然的环节构成整个理念，理念也同样表现在每一个环节之中，因而体系便成为由抽象向具体发展的概念系统。

这个概念系统所表达的是人类思想运动的逻辑，因而是思维自我认识的对象。哲学通过对概念运动的研究，既认识了人类思维的本性，又认识了人类以概念所建构的世界，从而实现"自觉的理性与存在于事物中的理性的和解"。所以，黑格尔才把自己的哲学研究集中于"运用概念的艺术"上，努力运用经过琢磨的、整理过的、灵活的、能动的、相对的、相互联系的、在对立中是统一的概念去表达人类思想运动的逻辑。

在黑格尔看来，概念的逻辑进程与认识的历史进程是一致的，因此他把传统哲学的历史提升为概念圆圈运动的具体内容。

在黑格尔看来，哲学史是哲学思想发展的历史，哲学体系是历史发展的哲学思想，二者的实质内容都是表达绝对理念即人类思想运动的逻辑。二者的区别则在于：哲学史所表现的是绝对理念发展进程中的各个特殊的规定性或因素，而哲学体系则纯粹从思维的本性去展现思维运动的逻辑，它把哲学史上所积淀下来的绝对理念的各种规定性提升为概念圆圈运动中的各个环节。

黑格尔的这种理解表现了哲学史与哲学理论之间的双向关系：一方面，哲学史作为绝对理念的历史展开过程，它的实质内容是人类思想运动的逻辑，因而是历史服从于逻辑；另一方面，哲学理论作为摆脱了历史的外在性和偶然性的逻辑展开过程，每个环节都具有历史的规定性，因而又是逻辑服从历史。由此便造成这样一种结果：黑格尔实际上是通过总结思维的历史和成就而形成他的哲学理论（《哲学史讲演录》与《逻辑学》的相互关系就是证明），但他又把绝对理念的逻辑先在性归结为历史屈从于逻辑。应该说这是黑格尔以唯心主义的形式表达了人类思维运动的辩证法：人类按照自己的思维本性去建构思维的过程，与思维建构自己的结果推进思维自身发展的对立统一。

绝对理念作为人类思想运动的逻辑，它在自己建构自己与自己批判自己的矛盾运动中，把自己与对象世界的统一表现为依次渐进的概念系统，又以这些概念系统作为批判反思的对象，自觉地实现思维的全体自由性与各个环节的必然性之统一。这就是黑格尔以概念发展所构成的思维和存在的同一性，也就是黑格尔的概念辩证法的逻辑学。

三 概念发展的同一性

在对黑格尔概念辩证法的理解中，最大的问题是离开黑格尔哲学所体现的时代精神，把它说成某种神秘莫测或难以理喻的东西。因此，必须从黑格尔所处的时代去理解和阐释他的哲学思想。

黑格尔自己曾经说过，哲学总是"思想中所把握到的时代"。这个关于哲学的基本论断，既符合黑格尔哲学本身，也应当是研究黑格尔哲学的出发点。从黑格尔哲学所体现的"时代精神"上看，可以概括为三个方面的统一。其一，从其直接性上看，黑格尔哲学作为19世纪的"思想体系的时代"的"时代精神"，他的哲学集中地表现为以概念自我运动的形式即概念发展的辩证法而展示人类思想运动的逻辑，从而为恩格斯所说的"整理材料"的19世纪科学提供建立各门科学体系的"逻辑基础"。在哲学发展史上首次以"建立在通晓思维的历史和成就的基础上的理论思维"去展现"人类思想运动的逻辑"，这是黑格尔概念辩证法的"真实内容"和"真实意义"。其二，在其间接性上，黑格尔哲学作为"法国革命的德国理论"，他的哲学是以概念自我运动的方式而表现人类理性的自由运动，为人类"理性"的"自由"进行哲学论证。这可以说是现实生活激发黑格尔哲学追求的"政治关怀"。其三，在其深层的自我意识中，黑格尔哲学作为整个德国古典哲学"使人崇高起来"的哲学目标的集大成者，他的哲学是以概念自我运动的方式而实现"个体理性"与"普遍理性"的"辩证融合"，也就是把"个体理性"融合到作为"崇高"化身的"普遍理性"之中，因此在黑格尔看来，他的概念辩证法的自我运动和自我认识乃是人的"崇高"的自我认识和自我实现，这可以说是黑格尔辩证法的深层的"人文关怀"。这种"思想体系的时代"、"法国革命的德国理论"和"使人崇高起来"的三者统一，构成了黑格尔哲学的内涵丰厚而又形式神秘的概念发展的辩证法理论体系。

美国出版的"导师哲学家丛书"曾对欧洲中世纪以来的各个世纪的时代精神作出哲学概括，把中世纪称作"信仰的时代"，把文艺复兴时期称作"冒险的时代"，把17世纪称作"理性的时代"，把18世纪称作"启蒙的时代"，而把 19 世纪称作"思想体系的时代"。这个概括对于重新理解和阐释黑格尔概念辩证法与时代精神的关系，特别是黑格尔概念辩证法与 19 世纪的科学精神的关系，是富有启发性的。

作为"冒险的时代"，文艺复兴时期是恩格斯所说的"需要巨人而且产生了巨人"的时代，是科学的求真求实精神在近代重新开启的时代；作为"理性的时代"，17 世纪的欧洲是近代实验科学兴起、科学理性逐渐扩展和深化的时代；作为"启蒙的时代"，18 世纪的欧洲是逐渐盛行的崇尚理性力量的时代；作为"思想体系的时代"，19 世纪的欧洲则是恩格斯所说的由"搜集材料"的科学转向"整理材料"的科学，也就是建立各门科学的概念发展体系的时代。黑格尔的概念辩证法正是源于他对自己的时代——"思想体系的时代"（即建立科学体系的时代）——的理论自觉。

恩格斯指出，近代科学的发展经历了从"搜集材料"的科学到"整理材料"的科学的历程，到 19 世纪，"经验自然科学积累了如此庞大数量的实证的知识材料，以致在每一个研究领域中有系统地和依据材料的内在联系把这些材料加以整理的必要，就简直成为无可避免的。建立各个知识领域互相间的正确联系，也同样成为无可避免的"①。正因如此，人们把 19 世纪称作"思想体系的时代"。德国古典哲学的集大成者黑格尔正是适应了以概念发展的逻辑为各门科学提供逻辑基础的需要，以其创建的概念发展的辩证法，深刻地展现了人类思想运动的逻辑，集中地体现了这个"思想体系的时代"的时代精神。对此，列宁曾经明确地指出，黑格尔的逻辑学是关于思想的内容与形式相统一的逻辑，是关于思想"自己构成自己"的逻辑。不仅如此，在"辩证法是什么"的题目下，列宁还在探索黑格尔概念辩证法的真实意义的基础上，对辩证法的实质内容作出如下的论断：概念的相互依赖，一切概念的毫无例外的相互依赖，一个概念向另一个概念的转化，一切概念的毫无例外的转化，概念之间对立的相对性，概念之间对立面的同一，每一概念都处在和其余一切概念的一定关系中、一定联系中。② 这说明，黑格尔的概念辩证法不仅以理论的方式体现了"思想体系的时代"的时代精神，而且

---

① 《马克思恩格斯选集》第 3 卷，人民出版社 1972 年版，第 465 页。
② 列宁：《哲学笔记》，人民出版社 1974 年版，第 210 页。

把辩证法理论从自发形态升华为自觉的理论形态。

从辩证法史上看，黑格尔哲学的最突出和最重大的价值，在于它实现了辩证法从自发到自觉的理论形态的根本性转换，把辩证法展现为本体论、认识论和逻辑学相统一的人类思想运动的逻辑。黑格尔所自觉到的这个理论任务，既来源于他对"思想体系的时代"的哲学自觉，也是形成于他对以往哲学的批判总结。在哲学史上，黑格尔以前的哲学家都把哲学分割为研究世界本原的本体论、探索人类认识的认识论和考察思维形式的逻辑学这三大部分，黑格尔则试图以人类思想运动的逻辑作为统一性原理，把本体论、认识论和逻辑学熔铸为概念发展的辩证法体系。在这种概念辩证法体系中，不仅没有认识论基础的本体论是无效的，而且没有思维自己构成自己的逻辑学基础的认识论也是无效的。本体论、认识论和逻辑学在黑格尔哲学中所实现的统一，是以人类思想运动的逻辑去展现思维和存在所服从的同一"原理"，也就是把思维和存在所服从的同一"规律"展现为人类思想运动的逻辑即概念发展的辩证法。

以往的哲学或者把思维和存在的关系问题归结为意识内容与感性对象的统一，即黑格尔所说的作为感觉和直观的精神与其对象的统一（如18世纪的法国唯物论）；或者把思维的规律与存在的规律对立起来，否认思维规律具有客观逻辑的意义（如康德的先验论），而从来没有实现思维和存在在规律层次上的统一。在黑格尔看来，哲学的真正使命，是要实现"全体的自由性"与"各个环节的必然性"的统一，也就是要以逻辑的必然性去实现思维的"全体的自由性"。以人类思想运动的逻辑去展现思维和存在所服从的同一规律，从而理论地表达思维把握和解释世界的全体自由性，就是黑格尔的绝对理念作为统一性原理的实质内容。它把全部哲学，特别是近代哲学的重大的基本问题——思维和存在的关系问题——明确地提升到两个系列规律的统一问题，即思维规律和存在规律所服从的同一规律的问题。

黑格尔的概念辩证法作为人类思想运动的逻辑，既是思想内容发展的"内涵逻辑"，也是展现这种"内涵逻辑"的方法，因此在黑格尔这里，思想的"内容"与"方法"是统一的。然而，在哲学史上，哲学家却总是试图从其他科学去寻找方法。笛卡儿、斯宾诺莎、莱布尼兹、沃尔夫等人都曾从数学中去寻求建立哲学体系的方法。黑格尔认为这是"找错了路子"，因为哲学所研究的正是数学中不证自明的前提。黑格尔提出,哲学的方法应当是它自己的方法,"方法就是对于自己内容的内部自己运动的形式的觉识",即思维自己构成自己的方法。黑格尔对"方法"的这种规定,是基于这样的认识,即:哲学是"关于真理的客观科学,是对于真理之必然性的科学"①。方法作为"真理之必然性"的逻辑,它就是作为"全体的自由性"的真理的"各个环节的必然性"的展开过程,也就是思维自己运动、自己展开、自己发展的过程。离开绝对理念的自我认识就不存在表现这种自我认识进程的绝对方法;离开绝对方法的逻辑展开也不存在实现自我认识的绝对理念。这样,黑格尔就把他的本体论与辩证法统一起来了:他的逻辑学本体论就是概念自我发展的辩证法;他的概念发展的辩证法就是他的逻辑学本体论。黑格尔的本体论、认识论和逻辑学,是以辩证法为内容而实现的统一。就此而言,黑格尔哲学就是内容与形式、体系与方法、本体与逻辑相统一的辩证法。我们完全可以用一个词来表达黑格尔的全部哲学,这就是"辩证法"。在通常的解释中,把辩证法、认识论和逻辑学解释为"三个方面"、"三个部分"或"三个层次"的统一,并没有理解黑格尔辩证法的"真实意义"。

列宁把黑格尔的这种理解与前黑格尔哲学相比较,指出:"在旧逻辑中,没有过渡,没有发展(概念的和思维的),没有各部分之间的'内在的必然的联系',也没有某些部分向另一些部分的'过渡'"②;而"黑格尔则要求这样的逻辑:其中形式是富有内容的形式,是活生生的实在的内容的形式,是和内容不可分离地联系着的形式"③。因此,列宁非常重视黑格尔关于"只有沿着这条自己构成自己的道路……哲学才能成为客观的、论证的科学"的看法,提出"'自己构成自己的道路'=真正的认识的、不断认识的、从不知到知的运动的道路(据我看来,这就是关键所在)"④。

概念自我运动、自我发展、"自己构成自己"的根据何在?就在于概念

---

① [德]黑格尔:《哲学史讲演录》第1卷,贺麟、王太庆译,商务印书馆1983年版,第17—18页。
② 《列宁全集》第55卷,人民出版社1995年版,第81页。
③ 同上书,第77页。
④ 同上书,第73页。

自身的内在否定性。黑格尔十分欣赏斯宾诺莎关于"实体自因"、"规定即是否定"的看法，并把它视为"绝对方法"即概念自我发展辩证法的灵魂，贯穿于整个逻辑学本体论的建构与反思之中。就此而言，黑格尔的辩证法就是概念自我否定的辩证法。这是黑格尔的辩证法遗留给我们的最富启发性的理论遗产。

在黑格尔哲学中，这种内在的否定性，在思维自己构成自己的进程中，表现为双重的否定性：一方面，思维不断地否定自己的虚无性，使自己获得越来越具体、越来越丰富的规定性，这就是思维自己建构自己的过程；另一方面，思维又不断地反思、批判、否定自己所获得的规定性，从而在更深刻的层次上重新构成自己的规定性，这又是思维自己反思自己的过程。思维在这种双重否定的运动中，既表现为思维规定的不断丰富，实现内容上的不断充实，又表现为思想力度的不断深化，实现逻辑上的层次跃迁。这种思想运动中的思维规定的充实与逻辑层次的跃迁，就是人类思维运动的建构性与反思性、规定性与批判性、渐进性与飞跃性的辩证统一。

在人们的通常理解中，思维的否定性，只是对"错误"思想的否定，也就是把错误的思想转化成正确的思想。黑格尔的关于人类思想运动的逻辑的辩证法的深刻性则在于：他不是把思维的内在否定性仅仅理解和描写为对"虚无性"的否定，即不是把思维的内在否定性仅仅看作思维规定性的丰富和建构过程；而且尤其把思维的内在否定性理解和描述为对"规定性"的否定，即把思维的内在否定性看作规定性的批判和反思过程，把思维的否定性理解和描述为思想在逻辑层次上自我跃迁的过程。正因为思维自己构成自己的过程是建构与反思、规定与批判的辩证统一，所以作为"本体"的绝对理念不是某种凝固、僵化的存在，而是一个不断深化、发展的过程。本体论与辩证法的统一，或者说本体论就是辩证法，这才是黑格尔逻辑学本体论的真实意义之所在。它启发人们从本体论批判的角度去理解辩证法，又从辩证法的内在否定性的角度去理解本体论的自我批判和自我发展。

四 逻辑与历史的同一性

恩格斯曾经提出，黑格尔哲学的理论力量，在于它的"巨大的历史感"。正是在系统总结和深刻反思包括黑格尔哲学在内的人类思想史的基础上，恩格斯明确地指出，所谓"辩证哲学"就是一种"建立在通晓思维的历史和成就的基础上的理论思维"①。在《哲学笔记》中，列宁也向人们提出一个意义重大的理论问题：为什么"普遍运动和变化的思想"，在"未被应用于生命和社会以前"，就在黑格尔的逻辑学中"被猜测到了？"② 这就是说，为什么自觉形态的辩证法理论不是首先从生命自然领域和社会历史领域中总结出来，而是首先由研究概念逻辑运动的黑格尔把世界理解和描述为一个过程？这个问题的确是发人深省的。

在论述黑格尔哲学时，恩格斯一再强调指出，黑格尔的辩证法是以最宏伟的形式总结了全部哲学的发展，是两千五百年来的哲学发展所达到的成果，黑格尔的每个范畴都是哲学史上的一个阶段。同样，列宁也强调指出，黑格尔的辩证法是思想史的概括，黑格尔在哲学中着重地探索辩证的东西，黑格尔是把他的概念、范畴的自我发展和全部哲学史联系起来了。这就十分清楚地告诉我们，黑格尔之所以能够在人类认识史上第一个创立自觉形态的辩证法理论，就在于这个理论本身是全部人类认识史的成果，是从人类认识史的总结中产生出来的。一句话，黑格尔的概念辩证法之所以是自觉形态的辩证法理论，就在于它是恩格斯所说的"建立在通晓思维的历史和成就的基础上的理论思维"。

黑格尔的辩证法理论向我们提示了一个具有重大意义的哲学问题：人类思维所面对的世界具有无限丰富的规定性，人又如何以自己的思维去实现把握和解释思维和存在的"全体自由性"？这就构成了传统哲学无法解决的两大矛盾：一是哲学的宏伟目标与实证科学的历史成果的矛盾，即实证科学在其历史的发展中所取得的认识成果与哲学所指向的"终极存在"、"终极解释"和"终极价值"的矛盾；二是人类思维的至上性与非至上性的矛盾，即恩格斯所说的思维的"每次现实"和"个别实现"的"非至上性"以及思维按其"本性"、"使命"和"终极目标"来说的"至上性"的矛盾。值得深长思之的是，黑格尔的概念辩证法正是作为解决这两大矛盾的独特方式而产生的。黑格尔解决这两大矛盾的方式，就是在概念自我运动和自我认识

---

① 参见《马克思恩格斯选集》第三卷，人民出版社 1972 年版，第 533 页。
② 参见《列宁全集》第 38 卷，人民出版社 1959 年版，第 147 页。

的辩证法中,实现"全体的自由性"与"各个环节的必然性"的统一。因此,只有理解黑格尔哲学所面对的巨大的理论困难以及黑格尔解决这一困难的独特方式,才能深入地理解黑格尔的辩证法。

黑格尔认为,传统哲学之所以陷入这两大矛盾而不能自拔,是因为它们分属于两种错误的思维方式——表象思维和形式思维。"表象思维的习惯可以称为一种物质的思维,一种偶然的意识,它完全沉浸在材料里,因而很难从物质里将它自身摆脱出来而同时还能独立存在。与此相反,另一种思维,即形式推理,乃以脱离内容为自由,并以超出内容而骄傲。"[①] 这就是说,"表象思维"陷入"各个环节的必然性"中而无法实现"全体的自由性";与此相反,"形式推理"则使"全体的自由性"离开了它的根基即"各个环节的必然性";因此二者都无法解决黑格尔面对的理论困难。

黑格尔提出,哲学层次的思维方式,是一种必须把自由沉入内容,让内容按照它自己的本性而自行运动,并从而考察这种运动的思维方式。这就是不同于表象思维和形式思维的思辨思维。黑格尔的深刻而睿智的哲学思考把哲学的视角从表象思维的直观的客体性原则和形式思维的空洞的主体性原则,转换成思辨思维的主体性原则。

思辨思维的内容就是绝对理念,即人类思想运动的逻辑。把自由沉入内容,并让内容按照它自己的本性而自行运动,就是把哲学对全体自由性的追求,从对自在的外部世界和抽象的内心世界的关注,转移到既使外部世界逻辑化又使内心世界具体化的人类思维运动的过程上来;而考察这种运动,则是人类思维反过来以自己为对象而思之,即哲学层次的反思活动。这表明,黑格尔所强调的哲学的"反思",是同他所建构的本体论辩证法即人类思想运动的逻辑密不可分的。

在这种反思活动中,绝对理念既是主体又是客体。作为主体,它不是能思者,而是能思者的思维;作为客体,它不是自在的外部世界和抽象的精神活动,而是思维自己构成自己的进程。正是在这里,黑格尔对传统哲学的追求实行了两大转变:第一,把主体由个体的思维转换成人类的思维,用人类思维的普遍性来克服个体思维的有限性;第二,把客体由自在的外部世界和

---

① [德]黑格尔:《精神现象学》(上),贺麟、王玖兴译,商务印书馆 1979 年版,第 40 页。

精神世界转换成人类思维自为地把握精神活动及其全部对象的逻辑进程，用人类思想运动的逻辑来取代客观世界的外在性和精神活动的抽象性（主观性）。这样，人类思维就在自己的反思活动中实现了黑格尔自己所期待的思维的"全体的自由性与各个环节的必然性的统一"。

黑格尔的概念辩证法是自觉地解决传统哲学的巨大理论困难的产物。黑格尔解决这个问题的方式，以及由此而形成的理论成果，既是一种巨大的理论贡献，又是一种根本性的理论缺陷。黑格尔的理论贡献，就在于他以概念辩证法的方式展现人类思想运动的逻辑；黑格尔的理论缺陷，则在于他是以"无人身的理性"的自我运动的方式来展现人类思想运动的逻辑；这种理论贡献与理论缺陷在黑格尔哲学中的统一，就是黑格尔的唯心主义概念辩证法。

黑格尔哲学的出发点和归宿，是实现"全体的自由性"与"各个环节的必然性"的统一，因而他深刻地揭露了"表象思维"和"形式思维"的非哲学性，并以"思辨思维"的方式实现了"主体"和"客体"的两大转换：既把"主体"从"能思者"转换为"能思者的思维"，又把"客体"由自在的外部世界和抽象的精神活动转换为"思维自己构成自己"的概念运动。在这两大转换中，黑格尔既把现实的主体抽象为普遍性的思维，又把一切事物抽象为逻辑范畴、把各式各样的运动抽象为范畴的逻辑运动，因而是一种如马克思所批评的"无人身的理性"的自我运动。这表明黑格尔的思辨思维是一种彻底的唯心主义的思维方式。但它又是如同列宁所说的"聪明的唯心主义"即辩证的唯心主义，它以概念发展的辩证法展现了人类思想运动的逻辑，因此，它"比愚蠢的唯物主义更接近于聪明的唯物主义"[①]。它孕育着马克思的辩证法理论和整个现代哲学。

关于黑格尔概念辩证法的唯心主义性质，马克思曾作过精辟的论述。马克思提出，"在抽象的最后阶段"，"一切事物都成为逻辑范畴"；"正如我们通过抽象把一切事物变成逻辑范畴一样，我们只要抽去各种各样的运动的一切特征，就可得到抽象形态的运动，纯粹形式上的运动，运动的纯粹逻辑公

[①] 《列宁全集》第 55 卷，人民出版社 1990 年版，第 235 页。

式"。① 因此马克思提出，所谓的"绝对方法"，只不过是"运动的抽象"，"抽象形态的运动"。这种"纯理性的运动"，"从简单范畴的辩证运动中产生群"，"从群的辩证运动中产生系列"，"从系列的辩证运动中又产生整个体系"②。这就是黑格尔概念辩证法的唯心主义实质。

黑格尔把概念作为客观主观化和主观客观化的中介环节，以概念自身的生成和外化去实现思维与存在、主观与客观、真与善的统一，就把概念发展变成了"无人身的理性"的自我对置、自我运动，从而也就把人与世界的现实的辩证关系神秘化了。因此，马克思尖锐地指出，"黑格尔认为，世界上过去发生的一切和现在还在发生的一切，就是他自己的思维中发生的一切。因此，历史的哲学仅仅是哲学的历史，即他自己的哲学的历史"，"他以为他是在通过思想的运动建设世界；其实，他只是根据自己的绝对方法把所有人们头脑中的思想加以系统的改组和排列而已"。③ 这就要求我们必须把被黑格尔哲学神秘化了的概念辩证法扬弃为实践辩证法的内在环节，不是用概念的辩证运动去说明人类的实践活动，而是用人类的实践活动去解释概念的辩证发展。马克思的"实践转向"立足于人类实践活动的内在矛盾及其历史发展，既为概念辩证法奠定了坚实的实践基础，又为概念辩证法提供了作为"大写的逻辑"的《资本论》的范例，从而构成了"合理形态"的实践辩证法理论。这表明，黑格尔哲学是传统哲学向现代哲学转化的中介环节。它孕育着现代哲学，并不自觉地为现代哲学指出了一条走出传统形而上学的迷宫的现实道路。

第三节 思维和存在的历史同一

传统的唯物主义哲学和唯心主义哲学，分别从对立的两极去思考自然界与精神的关系问题，因而始终僵持于"本源"问题的自然本体与精神本体的抽象对立，并以还原论的思维方式去说明二者的统一。旧唯物论以自然界

---

① 《马克思恩格斯选集》第一卷，人民出版社 1972 年版，第 105、106 页。
② 同上书，第 107 页。
③ 同上书，第 108 页。

为精神的本原,力图把精神还原为自然,用自然来解释人类的精神活动,从而把物的尺度当作人类全部行为的根据,这就是旧唯物论的自然本体论;唯心论则以精神为自然界的本原,试图把自然还原为精神,用人类的精神活动来解释自然,从而把精神的尺度当作人的全部行为的根据,这就是唯心论的精神本体论。

由于旧唯物论以自然为本体,只是从被动的观点去理解人与世界的关系,取消了人的能动性,因此它所坚持的是一种单纯的、自在的客体性原则;由于唯心论以精神为本体,只是从能动的观点去理解人与世界的关系,抽象地发展了人的能动性,因此它所坚持的是一种单纯的、自为的主体性原则。这样旧唯物论和唯心论就不仅固执于"本原"问题上的自然本体与精神本体的抽象对立,而且造成了思维方式上的客体性原则与主体性原则的互不相容。它们把这种本原问题上的抽象对立和思维方式上的互不相容扩展到全部哲学问题,就使它们自身成为片面夸大两极的哲学理论。马克思在《关于费尔巴哈的提纲》中对全部旧哲学的批评,正是精辟地揭露了这种两极对立的哲学的根本缺陷,指出了在其原有的思维方式内无法解决的内在矛盾,开辟了以实践的、历史的思维方式去回答和解决全部哲学问题的哲学道路。这就是以"思维和存在的历史同一"为内容的"历史的内涵逻辑"。

一 思维和存在服从同一规律

思维和存在的同一性问题,从根本上说,是思维规律与存在规律是否服从同一规律的问题。18世纪末19世纪初的德国古典哲学,不仅自觉到了思存关系问题的这个根本问题,而且试图克服本原问题上的自然本体与精神本体的抽象对立,扬弃思维方式上的客体性原则与主体性原则的互不相容,以新的思维方式开拓新的哲学道路。

康德充分地意识到,与人无关的自然,对人来说只能是一种"有之非有"、"存在着的无",因而他把与人无关的自然设定为"自在之物"或"物自体"。于是他提出人对世界的认识必有自己的根据,这就是提供时空观念的感性形式和提供判断形式的知性范畴。感性形式和知性范畴使世界对人生成为"现象",即人所把握到的世界;而"物自体"则作为消极的界限而限定人类认识的可能性。这样康德就承诺了两种"本体"的存在:既把"自然本体"作为认识的对象性前提和认识的消极界限而承诺下来;又把"精神本体"作为认识的主体性根据和认识的积极界限而承诺下来。在认识领域内,与其说康德是消解了自然本体与精神本体的对立,毋宁说他是在证明这种对立的不可克服。

康德哲学的真实意义在于他证明了:不仅两极对立的本体(自然本体和精神本体)都是不可或缺的,而且它们之间是不能简单还原的;人的认识只能成立于对立两极的统一;统一的结果是使自在的世界变成自为的世界即属人的世界;属人的世界是实践理性领域,在这个领域中,人类行为所服从的"绝对命令"就是人类自我约束的"自律",因而是人类的自由领域。这样,康德就把实践理性作为人类全部行为的根据而确立为哲学的新出发点。

这个新出发点对于自觉形态辩证法理论的发展具有实质性意义。它要求从主体的活动出发去体认自然与精神、客体与主体的交互作用,阐发其间的辩证转化。费希特的"自我"就是作为一种能动性的活动,而实现为建构"非我"的过程。黑格尔则把实践理性的意义扩展到认识领域,实现了辩证法理论的本体论、认识论和逻辑学的统一。黑格尔认为,消解自然本体与精神本体的抽象对立,克服客体性原则与主体性原则的互不相容,必须诉诸把它们统一起来的中介环节——概念的世界。概念是自在的客观世界对自为的主观世界的生成,即外部世界转化成思维规定;同时,概念又是自为的主观世界对自在的客观世界的生成,即以观念的形态构成思维中的客观世界。自在的自然与自为的精神、单纯的客观性与单纯的主观性统一于自在自为的概念世界之中。

概念作为自然与精神双向生成的中介,它既是物的尺度与人的尺度的和解,又是合规律性与合目的性的统一,所以它首先是具有客观意义的主观目的性,即以"真"为根基的"善"的要求。这种"善"的要求是在思维中所达到的自然与精神、客观与主观的统一,它通过概念的"外化"、"对象化"即外部现实性活动而生成人所要求的世界。列宁说,在黑格尔逻辑学的概念论中包含着历史唯物主义的萌芽[①]。这个萌芽,就在于黑格尔对概念的实践理解中,具有把实践活动作为自然与精神、客观与主观统一的中介,并

[①] 列宁:《哲学笔记》,人民出版社 1974 年版,第 202 页。

通过这个中介来说明世界对人的生成的天才猜测。正是这种天才猜测使黑格尔哲学成为"聪明的"即辩证的唯心主义理论,并构成传统哲学向现代哲学转化的中介环节。它不自觉地为现代哲学指出了一条本体中介化的现实道路。开拓这条道路,则是现代哲学所实现的哲学革命。

马克思、恩格斯坚定不移地承认外部自然界对人及其精神的"优先地位",并以是否承认这种"优先地位"作为划分唯物主义哲学和唯心主义哲学的标准。但他们认为:(1)在自然界与精神谁为"本原"的意义上区分的唯物主义和唯心主义,不能"在别的意义上"使用;(2)抽象的、孤立的、与人分离的自然界,对人来说也是无,关于自然界"优先地位"的证明,必须诉诸实证科学和人类的全部实践活动;(3)包括科学活动在内的人类实践活动,以自身为中介而扬弃了自然与精神的抽象对立,并实现为人类历史发展中的具体统一;(4)正是由于旧唯物论和旧唯心论离开人类的实践活动和人类的历史发展去解决自然界与精神的关系问题,才把二者在"本原"问题上的抽象对立夸大、扩展和膨胀为整个哲学理论的互不相容,从而造成了各自无法克服的局限性(旧唯物论无法容纳能动性,旧唯心论则只能抽象地发展能动性);(5)其结果,是造成了自然本体与精神本体、客体性原则与主体性原则的抽象对立和互不相容,并构成了"非此即彼"的形而上学的思维方式;(6)因此必须"拯救"和改造德国古典哲学,特别是黑格尔的概念辩证法理论,在对实践的重新理解中创建新的哲学。

在马克思看来,黑格尔仅仅把概念作为客观主观化和主观客观化的中介环节,以概念自身的生成和外化去实现思维与存在、主观与客观、真与善的统一,就把概念发展变成了"无人身的理性"的自我对置、自我运动,从而也就把人与世界的现实的辩证关系神秘化了。因此,必须把被黑格尔哲学神秘化了的概念辩证法扬弃为实践辩证法的内在环节,不是用概念的辩证运动去说明人类的实践活动,而是用人类的实践活动去解释概念的辩证发展。

概念规定作为实践的内在环节,它既是实践主体对实践客体的规律性认识的结晶,又是实践主体对实践客体的目的性要求的体现,因而它才是合规律性与合目的性的统一。正是在这种统一中,物的尺度与人的尺度才熔铸成人给自己构成的客观世界的图画。才升华出人在观念中所创造的、要求世界满足自己的、对人说来是真善美相统一的新客体。而所谓概念的"外化"、

"对象化"，在其现实性上，也只能是实践作为外部现实性活动，把观念中的新客体（概念规定）转化成现实的新客体（满足主体需要的劳动产品）。因此，马克思不仅以实践范畴去扬弃旧哲学中的自然本体与精神本体、客体性原则与主体性原则的抽象对立，而且把实践活动本身视为人与世界对立统一的根据，用实践的观点去解决全部哲学问题。

二 理论与实践的矛盾关系

思维和存在的关系问题，就其真实意义而言，就是思维是否具有客观性的问题，也就是思维是否具有真理性的问题。对此，马克思明确地提出："人的思维是否具有客观的真理性，这不是一个理论的问题，而是一个实践的问题。人应该在实践中证明自己思维的真理性，即自己思维的现实性和力量，自己思维的此岸性。"[①] 思存关系问题在其现实性上，是理论与实践的关系问题。

关于理论，人们往往简单化地从"解释世界"的视域把它理解和表述为"各种知识体系"，而没有从"改变世界"的视域把它理解和表述为"规范人们思想和行为的概念系统"。因此，以实践的观点重新理解和阐释"思维和存在的关系问题"，需要重新探讨理论及其与实践的辩证关系。

任何一种真正的理论，都具有三重基本内涵：其一，它以概念的逻辑体系的形式为人们提供历史地发展着的世界图景，从而规范人们对世界的自我理解和相互理解；其二，它以思维逻辑和概念框架的形式为人们提供历史地发展着的思维方式，从而规范人们如何去把握、描述和解释世界；其三，它以理论所具有的普遍性、规律性和理想性为人们提供历史地发展着的价值观念，从而规范人们的思想与行为。理论的三重内涵表明：理论不仅是解释性的，而且是规范性的；理论不仅是实践性的，而且是超实践性的。

首先，理论为人们提供时代水平的世界图景，从而规范人们对世界的理解和对世界的改造。现代科学和现代哲学告诉人们："观察负载理论"，"观察渗透理论"，"观察受理论的'污染'"，"没有中性的观察"。人们所"看"到的世界，是经过理论中介的世界，而不是以"白板"的头脑"反

---

① 《马克思恩格斯选集》第一卷，人民出版社1995年版，第58页。

映"的世界；是镌刻着理论的历史性内容的世界，而不是与理论的历史发展无关的自在的世界。

这里的关键问题在于，人是历史文化的存在，而不是非历史非文化的存在。人们作为现实的（而不是抽象的）存在，不仅具有生物学意义上的遗传性的获得，更具有社会学意义上的获得性的遗传，即个人被历史文化所占有，并从而成为历史性的文化存在。正是历史文化为我们提供变化着的、发展着的世界图景，正是历史文化规范着我们对世界的理解。试想一下，如果没有哥白尼的"日心说"理论，我们能否在经验观察中建构起"地球围绕太阳旋转"的科学世界图景？如果没有爱因斯坦的"相对论"理论，我们能否在经验观察中建构起现代物理学的物质运动与时间空间关系的观念？更简单地说，如果没有相应的医学理论，在一张X光片或一张心电图上，我们究竟能"看"到什么？我们经常强调"一切从实际出发"，"实事求是"，然而却常常从消极、被动、直观的反映论出发（这同样是"观察渗透理论"），把这些根本性要求简单化、庸俗化地归结为认真的"看"和仔细的"听"，而很少反思理论对观察的规范作用，甚至把理论与观察对立起来。理论与观察、理论与现实、理论与实践的辩证关系，在关于理论的反思中占有突出的重要地位。

其次，理论为人们提供科学的思维方式，从而规范人们的思维逻辑和思维方法。"观察渗透理论"，这不仅是说观察受到作为知识体系的理论的制约，而且是说观察受到作为思维方式的理论的规范。它规范着观察和实践的主体怎样思考观察对象和如何进行实践活动。列宁曾经说过："辩证法是活生生的、多方面的（方面的数目永远增加着的）认识，其中包含着无数的各式各样观察现实、接近现实的成分……"[①] 人类正是凭借这些"方面的数目永远增加着的"认识成分，历史地扩展和深化对世界的认识，从而历史地变革和更新自己的世界图景。而认识成分的增加，则根源于科学理论的发展。

科学理论的进步，主要表现在下述几个方面：学科门类的增加；各门科学的发展；学科之间的相互渗透；科学的划时代发现及其引发的科学革命；

---

① 列宁：《哲学笔记》，人民出版社1974年版，第411页。

哲学对自己时代的科学精神的理论表征。正是在科学理论进步诸方面的交互作用和综合结果中，实现了人类思维方式的历史性变革。当代人类用以把握世界的认识系统，是一个由众多相互联系和相互作用的认识成分按照一定的层次结构组成的、不断扩展和深化的有机整体。离开当代科学理论所提供的认识系统和思维方式，就无法构成当代水平的科学世界图景。而离开这样的科学世界图景，又如何形成规范人的思想与行为的科学的"世界观"？

再次，理论为人们提供具有时代内涵的价值规范，从而塑造和引导人们的价值观念和价值追求。每个时代和每个社会都不可避免地具有相互抵牾的价值冲突。这种价值冲突，既表现为"我们到底要什么"的社会的价值规范和价值导向与"我到底要什么"的个人的价值取向和价值认同的冲突，又表现为该社会的相互矛盾的价值规范和价值导向的冲突以及个人之间的相互矛盾的价值取向和认同的冲突。

从表层看，个人的价值取向和价值认同具有极大的主观性、任意性和随机性；从深层看，个人的价值取向总是"取向"某种社会的价值导向，个人的价值认同总是"认同"某种社会的价值规范。因此，在现实的价值矛盾中，社会的价值导向和价值规范居于主导的和支配的地位。人们想什么和不想什么，怎么想和不怎么想，做什么和不做什么，怎么做和不怎么做，从根本上说，取决于社会的价值导向和价值规范。而社会的价值导向和价值规范之所以具有"导向"和"规范"的作用，首先在于这种"导向"和"规范"的理论性。它以"价值范式"的方式给出系统化的人类生活的价值坐标，确立价值坐标的正、负向度，提出价值评价的标准及其解释原则，因而对个人的价值判断、价值选择和价值理想等具有"导向"和"规范"的作用。

马克思主义理论所提供的价值坐标，其正向度是人类的解放和每个人的全面发展，其负向度则是马克思所说的人在各种"神圣形象"和"非神圣形象"中的"自我异化"。因此，马克思主义理论的价值目标和价值导向，不仅要求人类从人对人的"依附性"中解放出来，而且要求人类从人对物的"依赖性"中解放出来。盛行于当代的各种各样的科学主义思潮、人本主义思潮以及后现代主义思潮，也无不具有价值导向和价值规范的作用。从总体上看，这些思潮的价值指向，不仅是"消解"马克思所说的人在各种

"非神圣形象"中的"自我异化",而且也是"消解"价值坐标上的价值尺度,因而形成了相对主义的和虚无主义的价值导向,并造成了弥漫于整个社会的"存在主义的焦虑"。这种相对主义和虚无主义的理论思潮和社会思潮,在当代的中国也是不容忽视的。所谓"中止对立的是非判断"、"封闭一切的价值通道"、"从情感的零度开始"的理论思潮,与"耻言理想,蔑视道德,拒斥传统,躲避崇高,不要规则,怎么都行"的社会思潮相互呼应,使人们感受到一种"信仰失落"、"形上迷失"和"意义危机"的迷惘与困倦。当今的时代迫切需要"价值范式"的理论重建。

理论的三重内涵表明,理论不仅具有解释功能,而且在实践的意义上具有规范功能、批判功能和引导功能。因此,需要我们从理论的基本内涵及其功能重新探索理论与实践的辩证关系。

关于理论与实践的关系,我们经常强调的是理论对实践的"依赖",却往往忽视理论对实践的"超越",并因而在强化实践意识的同时却弱化了理论意识。源于实践的理论,并不仅仅是对实践经验的概括和总结,更重要的是对实践活动、实践经验和实践成果的批判性反思、规范性矫正和理想性引导。这就是理论对实践的超越。伽达默尔说:"一切实践的最终含义就是超越实践本身。"[①] 这个论断是意味深长的,值得深思的。实践活动作为追求自己的目的人类历史过程,人类的历史发展过程也就是实践活动的自我超越,即历史地否定已有的实践方式、实践经验和实践成果,又历史地创造新的实践方式、实践经验和实践成果。在实践自我超越的历史过程中,理论首先是作为实践活动中的新的世界图景、思维方式、价值观念和目的性要求而构成实践活动的内在否定性。这种内在否定性就是理论对实践的理想性引导。正因如此,伽达默尔又说,"理论就是实践的反义词"[②]。

理论作为实践的"反义词",并不仅仅在于理论的"观念性"和实践性的"物质性",更在于理论的"理想性"和实践的"现实性"。人是现实性的存在,但人又总是不满足于自己存在的现实,而总是要求把现实变成更加理想的现实。理论正是以其理想性的世界图景和理想性的目的性要求而超越

[①] [德]伽达默尔:《赞美理论》,夏镇平译,生活·读书·新知三联书店1988年版,第46页。
[②] 同上书,第21页。

于实践，并促进实践的自我超越。

理论对现实的超越，还在于它以自身与现实的"间距性"而批判性地反思实践活动和规范性地矫正实践活动。人类的任何一种实践活动都具有"二律背反"的性质，并因而表现出正、负"双重效应"。无论是当代人类所面对的"全球问题"，还是市场经济所形成的"以物的依赖性为基础的人的独立性"，都表现出了实践活动的二重性。因此，实践需要理论的"反驳"，即理论地批判反思实践活动并促进实践活动的自我超越。

理论之所以能够"反驳"实践并促成实践的自我超越，是因为理论自身具有三重特性：其一，理论具有"向上的兼容性"，即理论是人类认识史的积淀和结晶，因而它能够以"建立在通晓思维的历史和成就的基础上的理论思维"去反观现实的实践活动；其二，理论具有"时代的容涵性"，即理论是"思想中的时代"，因而它能够以对时代的普遍性、本质性和规律性的把握去批判地反思实践活动和规范地矫正实践活动；其三，理论具有"概念的体系性"，即理论是概念的逻辑系统，因而它能够在概念的相互规定和相互理解中全面地观照实践活动，并引导实践活动实现自我超越。

理论对实践的超越，更重要的在于它能够把握到实践的"规律"，从而像马克思所说的那样，"缩短"并且"减轻"实践过程中的"阵痛"。实践总是以"片面性"的形式而实现自己的发展，即总是以付出某种"代价"为前提而实现自己的发展。由此便不可避免地造成实践过程中的，特别是社会变革过程中的"阵痛"。理论不仅规范和引导人们"做什么"，而且规范和引导人们"不做什么"。人们总是以某种理论、观念去观察现实，并用这种理论、观念规范自己所要解决的问题，以及解决问题的途径与方式。马克思说："光是思想力求成为现实是不够的，现实本身应当力求趋向思想。"[①] 理论的价值，就在于它能够以其对实践活动的规律性认识而"缩短"并且"减轻"这种"阵痛"，促进实践的自我超越。

思维与存在的历史同一，是理论源于实践的同一，是实践经验升华为理论的同一，是理论反驳实践中的同一，也是实践受理论规范的同一。正是在理论与实践的辩证运动中，才构成思维与存在的历史的同一。深切地反思理

---

① 《马克思恩格斯选集》第一卷，人民出版社1995年版，第11页。

论与实践的辩证关系，是在当代推进实践发展和理论创新的重要课题。

三 理想与现实的矛盾关系

人既是现实性的存在，又是理想性的存在。但是，我们往往把理想与现实这对范畴想得很简单，似乎"现实"就是现在看到的这个样子，"理想"就是我们想让它成为一个什么样子。其实，"理想"是人的存在方式，"理想"是人的活动方式。我们需要从人的存在方式去思考理想与现实的关系。只有深入地理解理想与现实的关系，才能"现实"地理解思维和存在的关系。

世界就是自然。它存在得自然而然。但是从自然中生成的人类需要认识自然，改造自然，把自然变成对人来说是真善美相统一的存在。这就是人对世界的超越。人生也是自然。它自然地生，它自然地死，生和死都自然而然。但是，人却要认识人生的意义和价值，把人生变成"有意义"、"有价值"的人生，这就是人对于人生这个自然的超越。正是在这种双重的意义上，人要给自己创造一个人所理想的世界，人要给自己创造一个人所理想的人生，因此人是一种理想性的存在。

人是一种超越性的、创造性的、理想性的存在。人是理想性的存在，这不是一个空泛的、抽象的命题或者判断，它具有丰富的内涵，直接地表现为人类实践活动的超越性。实践活动的超越性，它内含着的是人类精神活动的超越性。实践活动、精神活动的超越性，它具体地表现出来的是文化活动的超越性，它构成的是人自身的生活境界的超越性。在人们的生活境界的超越性的过程中，它体现的是价值追求的超越性。所以，人的理想性，或者说理想与现实的关系，这就是实践活动的超越性、精神活动的超越性、文化活动的超越性、生活境界的超越性和人的价值追求的超越性所构成的思维与存在、人与世界之间的关系。

首先我们分析作为人的存在方式的实践活动的超越性。实践活动，它表现了人同世界的一种特殊的关系，这就是思维与存在、人与世界之间的否定性的统一关系。在这种否定性的统一关系中，它造成了世界本身的二重化，也造成了人自身的二重性，以及作为人的发展进程的历史的二象性。思维与存在的关系在本质上是人对世界的否定性统一关系。

动物是一种"生存"的生命活动,而人则是一种"生活"的生命活动。如果从"人与世界"的关系去看"生存"与"生活"的区别,就在于动物的"生存"活动是一种纯本能、纯自然的活动,所以它表现的是动物与世界的直接的肯定的关系,也就是动物在它的自然而然的活动中实现自身与世界的统一。与此相反,人的"生活"的生命活动,恰恰是一种超越自然的活动,改变自然的活动,把自然而然的世界变成人所要求的世界,把理想变成现实的活动。这种把现实变成人所要求的理想的现实的活动,就是对世界现状的否定。人与世界的统一,正是在人对世界的否定性活动中实现的。能不能理解人对世界的否定性统一,这是理解思维与存在、人与世界关系的根本问题之所在。

人在自己的活动中把世界"二重化"了：一方面,世界永远是自然的世界、自在的世界；另一方面,世界又变成了马克思所说的"人化了的自然"、"属人的世界"。"世界"在人的活动中被"二重化"了。同样,人在自己的活动中,人自己也被二重化了：一方面,人永远是自然的、自在的存在；另一方面,人又是超自然的、自为的存在。"人"在自己的活动中具有了"自然"与"超自然"、"自在"与"自为"的二重性。"人"在自己的活动中,既是按照自己的目的进行活动,是人创造自己的历史,同时人的创造历史的活动又构成历史的发展规律,这又是历史的"二象性"。

我们经常使用"实践"这个概念,认为实践是人们有意识的、有目的的、改造客观世界和探索客观世界的客观物质活动,它具有社会历史性,如此等等。但是,究竟怎样理解"实践"？实践,它是人的存在方式。人就是一个实践活动的过程。因此,我们对于人、对于人同世界之间关系的理解,说到底,是对于实践活动的理解。什么是实践活动？实践活动就是否定现存世界的活动。动物以本能的方式实现它同自然的统一,是一个肯定性的活动。而人的实践活动是一个人同世界的否定性的统一的活动的过程。这才能理解人是一个超越其所是的存在。为什么人是这样的？因为人是以实践的方式存在的。实践就是否定现存世界状态的活动,也就是实现人同世界的否定性统一的活动。

理解了人对世界的否定性统一关系,我们就能深刻理解辩证法了,就能深刻理解思维对存在、主体对客体、理想对现实、人对世界的辩证关系了。

辩证法就是源于人对世界的否定关系。没有否定关系，怎么能有辩证法呢？所以马克思说什么叫辩证法？辩证法就是在对事物的肯定理解当中，同时包含着对它的否定的理解，这才叫辩证法。为什么我们在对事物的肯定的理解当中，能够而且必须包含着否定的理解呢？因为人是以实践的方式存在的。人同世界的关系是一种否定性的统一关系。

我们生活的这个世界都是我们否定现存世界的结果和产物。实践活动，说到底是一种理想性的活动，就是把人的目的性要求、人给世界构成的客观图画取得现实性的过程。这个过程，它消灭了世界本身的现实性，而把人的目的性要求变成了现实性，从而实现了在否定性的关系中的人同世界的统一。这不就是理想与现实的辩证关系吗？这是最重要的，这是人同动物的根本性区别。人是一个什么样的存在？人是一个否定性的存在，或者说人是一个理想性的存在。人的全部的实践活动，不过是把人的目的性要求取得现实性。而人的目的性要求能够取得现实性，是否定了世界的现实性。这就是我们的人的全部的行为。只有理解了这一点，才能够真实地理解思维与存在、人与世界的关系。人不是站在世界之外，"看看"世界是什么样。认识事物，是因为对事物具有一种目的性要求，否则不会去认识那个事物。在人的认识活动中，已经具有了实践自身的否定性。所以人的认识是作为实践活动的内在环节而存在的。

人在自己的实践活动当中，把我们所生存的世界本身"二重化"了。我们生活的世界当然是一个自然的世界，它永远是一个自然而然的世界。但是人的实践活动，使这个自然而然的世界变成了马克思所说的"人化了的自然"。或者像马克思使用的另一个概念，"属人的世界"。人同世界的关系，是由人的实践活动构成的。实践活动是一个否定现实世界的过程。它否定了这个现实存在，人的世界图景对象化给这个自然而然的世界，世界本身被二重化了，人同世界的关系，是一种否定性的统一关系。在这种否定性的统一关系中，首先是世界本身被二重化了。这就是"自在世界"与"世界图景"的二重化，这就是思维与存在的历史的同一。如果只是把世界理解成自然而然的世界，就无法理解真实的、现实的人同世界的关系，也就无法理解真实的、现实的思维与存在的关系。

实践活动把我们所生存的世界二重化的同时，它使我们人本身具有了二重性。人的二重性是多方面的。我们可以说人既是一个自然性的存在，又是一个社会性的存在，人既是一个物质性的存在，又是一个精神性的存在。但是最深刻的是在于，人既是一个现实性的存在，又是一个理想性的存在。人是一个现实性与理想性的对立统一的存在，所以人是一个超越其所是的存在。认真体会一下自身的存在，就会理解人是怎样的存在。人是真正的辩证的存在。没有一个人不是辩证的存在。因为你永远不是你。你永远在否定性中存在。你既是你又不是你，你既是一个肯定性又是一个否定性，这才是真正的对立统一。你从昨天的你变成今天的你，而且你必然变成明天的你。这就是否定之否定，这就是人自身的二重性。人既是现实的存在，但人又是理想性的、超越性的、创造性的存在，这是人的最深层的二重性。只有理解了人的二重性，特别是理解了人的理想性与现实性的二重性，才能够理解思维与存在、人同世界的关系。

人的二重性的过程，构成了历史的二象性。人作为现实的存在，永远是历史的结果。历史给我们提供的条件，构成了我们每个人的现实的存在，所以我们永远是历史的结果和产物。同时，我们永远是在改变历史当中来接受历史的，所以我们又永远是历史的前提。我们作为历史的前提，给历史提供了一个又一个的结果，而历史的结果又构成了我们创建历史的前提，所以历史构成了规律性的存在。人的存在是实践的存在，这种实践的存在构成了一种历史性的存在。历史性的存在就是说，人既是现实的，又是理想的，所以人既是历史的结果，也是历史的前提。人既服从历史的规律，人又创造了自己的历史。人类的历史是一个发展的过程。在历史的发展的过程当中，思维与存在构成了历史的同一。

思维与存在的否定性统一不是抽象的。最直接的，它体现为人类精神活动的超越性。首先就是"表象"对于经验"对象"的超越。人的表象不光是反映了那个对象，而且还创造了没有的对象，那就是"想象"，想象又超越了经验对象的形象的存在。人又不仅仅是能够想象对象，还会构成关于对象的"思想"，这就是思想对表象的超越。不仅如此，人的"智力"又超越了给定了的"知识"，人的"智慧"又超越了形式逻辑所规范的"逻辑"。人在自身的精神活动中构成了一系列的超越，也就是思维对存在的否定性统一。

超越对象的表象，超越形象的想象，超越表象的思想，超越知识的智力和超越逻辑的智慧，这具体地体现了人类精神活动的理想性、超越性和创造性。无论是看过绚丽的朝霞还是闪烁的星空，我们常常会说，那美丽的景色在我们的"脑海中浮现"；无论是听过火爆热烈的打击乐还是如泣如诉的管弦乐，我们又常常会说，那动人的乐曲还在我们的"脑海中萦绕"；我们能够在"脑海中"背诵夏商周秦汉晋隋唐宋元明清历代王朝，让那远逝的尘封的历史"历历在目"；我们可以"在脑海中"运用加减乘除开方平方微分积分，让大千世界的万事万物成为计算的数字；我们甚至能够"在脑海中"构成玉皇大帝王母娘娘各路神仙妖魔鬼怪魑魅魍魉。这就是马克思所说的"不用想象某种真实的东西而能够真实地想象某种东西"，也就是思维对存在的超越性。

我非常欣赏联想集团的广告词："人类失去联想，世界将会怎样？"人类要是没有想象和联想，人的世界就不复存在了。然而，值得沉思的是，如果人类要是没有"思想"，人的世界就不复存在了。人的理性思维能力，把对象性的存在，变成了"概念"的存在。当我说"桌子"的时候，我是把桌子移进我的头脑了吗？当我说"火"的时候，我是把燃烧着的火放进我的头脑了吗？当我说"红色"的时候，我是把大脑染成红色了吗？都没有。因为我是以"概念"的方式去把握这个经验世界的。人不仅能够把握关于对象的表象，而且能够创造原来没有的关于对象的表象，能够驰骋自己的想象；人不仅能够想象世界上没有的形象，而且人能够构成关于对象的普遍性、本质性、必然性、一般性的概念，从而能够给自己构成一个概念系统的世界。什么是科学？科学就是各种逻辑化的概念体系。这样，人才能够以科学的方式去把握这个经验的世界。这就构成了人的科学的世界图景。卡西尔在《人论》中说，"科学是人的智力发展中的最后一步，并且可以被看成是人类文化最高最独特的成就"。"在我们现代世界中，再没有第二种力量可以与科学思想的力量相匹敌。它被看成是我们全部人类活动的顶点和极致，被看成是人类历史的最后篇章和人的哲学的最重要主题。""对于科学，我们可以用阿基米德的话来说，给我一个支点，我就能推动宇宙。在变动不居的宇宙中，科学思想确立了支撑点，确立了不可动摇的支柱。"正是科学的发展推进了思维与存在的历史的同一。

在任何一种比较成熟的科学概念框架中，我们都会发现，它总是从最为精练的初始概念和初始条件出发，以严密的逻辑手段推演出一系列的定理、定律、公式、方程，形成具有普遍性和预测性的结论，为思维理解、描述、刻画和解释世界提供强有力的逻辑。我们最为熟悉的欧几里得几何学，它的初始概念只有"点"、"直线"、"平面"、"在……之上"、"在……之间"、"叠合"，而它的整个理论从10条公设和10条公理出发，却用严谨的演绎方法推演出一个缜密的几何学体系。无怪乎后世的科学家们常常沉迷于欧几里得《几何原本》的逻辑美之中，并把它作为科学逻辑体系的样板而予以效仿。我记得国内的一位学者，曾经引证法国物理学家德布罗意的一句话来评论爱因斯坦的相对论。这句话是，广义相对论对万有引力现象"这种解释的雅致和美丽是不可争辩的。它该作为20世纪数学物理学的一个最优美的纪念碑而永垂不朽"。他还引证德国物理学家玻恩的一句话："广义相对论在我面前像一个被人远远观赏的伟大艺术品。"这些赞誉告诉人们，科学是对真的探索，也是对美的追求。在谈到人们对《资本论》的评论时，马克思说，不管这部著作存在这样或那样的毛病，但它作为一个"完整的艺术品"，却是可以引为自豪的。确实，凡是读过《资本论》的人，有谁能不深深地折服于这部巨著"由抽象上升到具体"的逻辑呢？有谁能不被这个逻辑引发思维的撞击并产生强烈的逻辑美感呢？列宁说，马克思为人类留下了一部"大写的逻辑"即《资本论》。正是在这部伟大著作中，深切地体现了展示思维和存在辩证统一的辩证法、认识论和逻辑学的"三者一致"。

古希腊的三位最伟大的哲学家苏格拉底、柏拉图、亚里士多德，他们在人类理论思维能力形成的过程中，分别探索了人类用以把握世界的概念、判断和推理，并在亚里士多德那里形成了系统化的演绎推理的逻辑，从而给我们构造了一个人类思维运动的逻辑的基本范式。德国古典哲学给予我们的是什么？从康德开始，费希特、谢林，到黑格尔，是在对传统的形式逻辑，特别是对它的A就是A的同一律的反思当中，给人类构成了一个人类思想运动的逻辑，这就是概念内涵运动的逻辑。黑格尔的《逻辑学》就是所谓的本体论、认识论和逻辑学相统一的人类思想运动的辩证逻辑。马克思批判地继承了德国古典哲学的理论遗产，把"思维的内涵逻辑"转化为以《资本论》为标志的"历史的内涵逻辑"，也就把"思维和存在的逻辑同一"转化为"思维和存在的历史的同一"。

四 思维和存在矛盾关系的文化反省

在对黑格尔哲学的讨伐中而形成的现代西方哲学各主要流派,尽管其旨趣不同,观点各异,但在其理论出发点和发展趋向上,都没有离开黑格尔哲学所提示的本体中介化的道路。特别是面对现代科学日益严峻的挑战(已经和正在把哲学从传统的世袭领地驱逐出去),以及现代社会生活对哲学的新的渴求(寻找人类现代社会生活的新的支撑点和人类对世界的新观念),它们都试图找到某种扬弃自然与精神、客观与主观抽象对立的中介环节,并以这个中介环节作为统一性原理而反省"思维和存在的关系问题"。

现代西方哲学的突出特征之一,是高度重视从哲学上研究语言。它们认为:虽然世界在人的意识之外(不依赖于人的意识而存在),但世界却在人的语言之中(人只能在语言中表述世界);语言既是人类存在的消极界限(语言之外的世界是存在着的无),又是人类存在的积极界限(世界在语言中对人生成为有);正是在语言中才凝聚着自然与精神、客观与主观、真与善的深刻矛盾,才积淀着人类思维和全部人类文化的历史成果。因此,他们试图通过语言分析来"消解"传统哲学或"重建"哲学理论。

但是,对于语言本身,现代西方哲学的各主要流派有迥然不同的理解。科学哲学认为,只有科学才是人性的最高表现和最高成果,只有科学理论(科学语言)才是构成人类活动支撑点的真理性认识。因此,逻辑实证主义试图用自然科学的理论和方法去改造哲学,并把哲学归结为科学的逻辑[①]。自波普尔的批判理性主义以来,包括库恩、拉卡托斯的历史主义,又把科学哲学的视野集中在科学知识增长问题上。他们认为,哲学作为认识论和方法论,主要的使命是研究知识的增长和思维方式的变革;而研究知识的增长,最好莫过于研究科学知识的增长;研究人类思维方式的变革,最好莫过于研究科学理论(科学问题、科学范式、科学研究纲领)的转换。因此他们又把科学哲学归结为科学发展的逻辑。瓦托夫斯基则认为,科学哲学的真正使

[①] 参见[美] M. 怀特《分析的时代——二十世纪的哲学家》,杜任之主译,商务印书馆1981年版,第207—208页。

命并不是建构科学理论的逻辑模型或历史模型,也不是提供科学研究的认识论和方法论,而是要批判性地反思科学思想的概念基础,对科学理论的概念框架作出深层的哲学解释。为此,科学哲学就必须超越科学对自身的理解,而达到对科学理解的理解,即对科学的人文学理解。在常识概念框架、科学概念框架和哲学概念框架的交互作用和相互转换中去把握人性的统一性,又在人性的统一性中实现对其最高表现——科学——的人文主义理解,从而使哲学成为沟通自然科学和人文科学的桥梁。这就是瓦托夫斯基所提示的"最美好意义"上的哲学[①]。

那么,究竟怎样从人文学的角度去理解科学理解?如何把握自然科学和人文科学中的人性统一性?卡西尔的文化哲学(符号哲学)是一种颇有启发意义的尝试。卡西尔提出,不应该从实体性的角度,而应该从功能性的角度去理解人性。因此,在对人性的理解中,必须用活动的统一性去代替结果的统一性,用创造过程的统一性去代替产品的统一性。这样,就可以用人类活动的体系规定和划定"人性的圆周"。作为这个圆的组成部分和各个扇面的语言、神话、宗教、艺术、科学和历史,就成为人的普遍功能的"同一主旋律的众多变奏",从而使我们把人的全部活动理解为一个有机整体[②]。如是,卡西尔就把科学哲学所强调的科学本体扩展成人类活动的文化本体。

卡西尔的文化哲学是要证明:人与动物虽然生活在同一个物理世界之中,但人的生活世界却是完全不同于动物的自然世界的;人只有在创造文化的活动中,才成为真正意义上的人;作为一个整体的人类文化,就是人不断解放自身的历程。这样,卡西尔就不仅把文化视为人与世界统一的中介,而且把人的世界归结为文化的世界。

如果说卡西尔为哲学研究提供了一个超越物理自然世界的"文化世界",那么,自海德格尔以来的存在主义,特别是伽达默尔的哲学解释学,则进一步为哲学研究提供了一个"意义世界"。海德格尔指出,哲学一直在探索"如何理解存在"的问题,特别是近代以来的哲学,更把哲学变成关于如何理解存在的认识论和方法论;但是,由于我们总是活动在对存在的某

---

① 参见［美］瓦托夫斯基《科学思想的概念基础》,范岱年译,求实出版社1982年版,第1章。
② 参见［德］卡西尔《人论》,甘阳译,上海译文出版社1985年版,第87—91页。

种领悟之中，因此，真正的问题在于"理解"是一种怎样的存在①。伽达默尔的回答是：人作为历史性的存在，不是个人占有历史文化，而是历史文化占有个人；不是个人选择某种理解方式，而是理解构成人的存在方式；理解首先不是个人的主体意识活动，而是历史文化进入个体意识的方式。理解作为历史文化对个人的占有和个人正在展开的可能性，它实现为"历史视野"与"个人视野"的融合②。这就是"意义世界"。

科学哲学把自然与精神的抽象对立扬弃为"科学世界"中的思想与实在的统一；文化哲学则把科学世界中的人性实现扩展成人性活动的圆周，构成扬弃人与自然抽象对立的"文化世界"；哲学解释学进而从历史文化对个人的占有出发，以理解作为人的存在方式而提出"意义世界"。可见，现代哲学在其发展和进程中越来越深入而具体地显现了人类存在的三重时空世界：人作为自然存在物，同其他存在物一样生存于"自然世界"；人作为超越自然的社会存在物，生活于自身所创造的"文化世界"；人作为社会——文化存在物，既被历史文化所占有，又在自己的历史活动中展现新的可能性，因而生活于历史与个人相融合的"意义世界"。这表明，人类不是以自己的自然存在而是以自己的历史活动所创造的社会存在为中介，而构成与世界的对立统一关系。现代哲学的根本特征，就在于以人类的社会存在为中介而扬弃了自然与精神、客观与主观的抽象对立，并把社会存在本身作为哲学所追寻的本体。

从对立的两极出发，并以抽象的两极对立关系为基础而形成的旧唯物论和旧唯心论，被探索两极融合、过渡和转化的中介哲学——现代哲学——所取代了。这种取代，是迄今为止的最深刻的哲学革命。它改变了哲学的提问方式和追求方式，从而改变了人类的致知取向、价值取向和审美取向，即从深层改变了人类的思维方式，改变了对"思维和存在的关系问题"的理解。

传统哲学在两极对立的思维方式中，总是力图获得一种绝对的、确定的、终极的真理性认识，即关于支配宇宙的最普遍原则的知识。因此，它把

---

① 参见［德］海德格尔《存在与时间》，陈嘉映、王庆节译，生活·读书·新知三联书店1987年版，第7页。

② 参见［德］伽达默尔《真理与方法》，王才勇译，辽宁人民出版社1987年版，第2版序言及导言部分。

哲学所追求和承诺的"本体"视为某种超出人类或高于人类的本质，把"本体"当作一种自我存在的、与人类状况（历史、科学、文化、语言、利益、需要和物质生产条件等）无关的实体。它向自己提出的问题是："什么是绝对的真？""什么是至上的善？""什么是最高的美？"在传统哲学看来，只有当哲学为人类揭示出这种绝对的真、至上的善和最高的美，人类才能得到关于世界的完整而正确的科学知识，才能在伦理社会生活中进行真实而有效的实践活动。这在致知取向上，就是固执于对绝对之真的追求；在价值取向上，就是执着于对至上之善的向往；在审美取向上，就是沉湎于对最高之美的幻想。而从根本的思维方式上看，则是把世界分裂为真与假、善与恶、美与丑的非此即彼、抽象对立的存在。这就是反历史（反现实）的形而上学的思维方式。

本体中介化的现代哲学，则站在历史主义的立场，排斥对绝对确定性的追求。马克思提出，辩证法在其合理的形态上，就是在对现存事物的肯定的理解中，同时包含着对它的否定的理解，它的必然灭亡的理解；因此辩证法对每一个已经生成的形态，都在运动的流中，从它的暂时经过的方面去理解[①]。人类在自身的历史发展中所形成的具有时代特征的关于真善美的认识，既是一种历史的进步性，又是一种历史的局限性，因而它孕育着新的历史可能性。就其历史的进步性而言，人们在自己的时代所理解的真善美，就是该时代的人类所达到的人与世界的统一性的最高理解，即该时代人类全部活动的最高支撑点，因此具有绝对性；就其历史的局限性而言，人们在自己的时代所理解的真善美，又只是特定历史时代的产物，它作为全部人类活动的最高支撑点，正是表现了人类作为历史的存在所无法挣脱的片面性，因而具有相对性；就其历史的可能性而言，人们在自己的时代所理解的真善美，正是人类在其前进的发展中所建构的阶梯和支撑点，它为人类的继续前进提供现实的可能性。真善美永远是作为中介而自我扬弃。它既不是绝对的绝对性，也不是绝对的相对性，而是相对的绝对性——自己时代的绝对，历史过程的相对。

对此，现代西方哲学表现出显著的一致性。波普尔等科学哲学家突出强

[①] 参见《马克思恩格斯选集》第二卷，人民出版社 1995 年版，第 112 页。

调科学的人性方面，即科学作为人性的体现，是可以犯错误的。波普尔提出，科学的历史是发现理论、摒弃错了的理论并以更好的理论取而代之的历史①。科学理论作为历史批判的对象，它的全部成果都是作为中介而存在的。同样，哲学解释学的根本目的就是激起人们的反省，向那些既定方向的假设确定性进行挑战。伽达默尔认为，理解作为人的存在方式，它首先是人的历史局限性，因此，"偏见"是不可避免的合法存在的。人类在理解中展现新的历史可能性，就实现为自我扬弃的辩证发展过程。

传统哲学从对立的两极去思考自然界与精神的关系问题，其实质是把人的自然属性和精神属性抽象地对立起来，从人的两极存在去寻求人类的安身立命之本；而从中介出发去思考自然界和精神的关系问题的现代哲学，其实质则是以人的历史活动为中介把人的感性存在和精神活动具体地统一起来，从人的历史活动去看待"思维和存在的关系问题"。现代哲学所提供的辩证思维方式提醒人们：在致知取向上，不是追求绝对的终极之真，而是探索时代的相对之真，把真理理解为过程；在价值取向上，不是追求绝对的至上之善，而是探索时代的相对之善，把价值尺度理解为过程；在审美取向上，不是追求绝对的最高之美，而是探索时代的相对之美，把审美活动理解为过程。诉诸人类历史活动的现代辩证法理论，以中介的观点去对待现存的一切事物。这就是它的革命的、批判的本质之所在。它把人类对"思维和存在的同一性"的探索，由传统哲学对终极真善美的追求，改变为时代水平的相对性理解。

人类作为物质世界链条上的特定环节，是自在的或自然的存在；人类作为认识世界和改造世界的主体，又是自为的或自觉的存在；因此。人类作为自在存在与自为存在的统一是自在自为的存在，即作为物质世界中达到自我认识和自我改造的能动性主体而存在。作为自在的或自然的存在，人类统一于物质世界，物质世界是人类生存和发展的根据即本体；作为自为的或自觉的存在，人的世界又只是世界对人的生成，人是自己的根据即本体；作为自在自为的存在，人类以自己的历史活动而实现物的尺度与人的尺度、客观规

---

① 参见［英］波普尔《科学知识进化论》，纪树立编译，生活·读书·新知三联书店1987年版，第1页。

律与主观目的的统一，这就是"思维和存在的历史的同一"。

从自在性、自为性和自在自为性这三个不同的视角去看待思维与存在、人与世界的关系，就形成了三种不同的哲学理论：从自在观点出发的旧唯物论，从自为观点出发的旧唯心论，以及从自在自为观点出发的现代哲学。由于旧唯物论和旧唯心论从自在和自为这两极去理解人与世界的关系，所以它们陷入非此即彼的形而上学的思维方式，并成为抽象对立、互不相容的哲学理论。现代哲学在扬弃传统哲学的两极对立的过程中，其视角则越来越聚焦在沟通两极的中介环节上，使实践哲学、科学哲学、文化哲学、意义哲学等成为现代哲学的多元形态。而透视现代哲学多元形态的深层统一性，就会发现，其实质都是以人类的社会存在（或其中的某个特征、部分、方面、环节）为本体的。可以说，整个现代哲学的产生和发展，都是以马克思的实践辩证法理论所实现的伟大哲学革命为实质内容和根本方向的，而不管现代哲学的其他流派是否自觉到或是否承认这一点。马克思是真正的现代哲学的奠基人。

以人的历史活动为中介而探索思维与存在、人与世界的关系问题，这是整个现代哲学的共同特征。但是，人的历史活动是以多种多样的中介环节而构成人与世界的对立统一关系的。从语言、科学、艺术、宗教、伦理等中介环节出发，都可以构成某种统一性原理去说明人与世界的统一。然而，正是由于现代西方哲学的各流派分别抓住某一环节并加以片面地夸大，才使之成为现代的唯心主义哲学。马克思的"历史的内涵逻辑"的辩证法，则不仅在于它把人与世界对立统一的诸种关系扬弃为人类实践活动的内在环节，而且在于它揭示了人类最基本的实践活动——物质生产活动——在思维与存在、人与世界关系中的基础地位。它以物质生产活动为基础去说明科学、文化、艺术、宗教和语言的历史，说明由它们的交互作用而构成的人类历史存在的进步性、局限性和正在展开的可能性，从而为回答"思维和存在的关系问题"奠定了现实基础。

马克思的哲学与现代西方哲学各种派别的这种重大分歧不是偶然的。哲学家"以何为本"，首先取决于哲学家"以谁为主"。现代西方科学哲学，从本质上看，是把科学家视为认识和改造世界的主体，所以它以科学家的科学活动及其成果为本体；现代西方文化哲学，从本质上看，是以较为宽泛的人文学者为主体，所以它以广义的文化活动及其成果为本体；而马克思主义哲学则以"社会化了的人类"或"人类的社会化"为主体，所以它以物质生产活动为基础的全部人类实践活动及其历史成果为本体。

马克思所理解的主体和本体，实质上是以扬弃的形态容纳了现代西方哲学的主体和本体。因此，我们应当从两个角度去理解马克思主义哲学与现代西方哲学的关系：一方面，如实地把现代西方哲学的研究成果视为马克思实践哲学的题中应有之义，自觉地使之转化和升华为实践哲学的具体内容；另一方面，则自觉地坚持马克思所开辟的哲学道路，用实践辩证法理论去批判现代西方哲学由片面夸大实践活动的某个环节而导致的错误倾向。而要实现这两个方面的统一，其根本前提，则是以实践的、历史的观点去把握"思维和存在的关系问题"。

第二章
构成思想的基本逻辑的前提批判

思维和存在的关系问题，从根本上说，是思维规律与存在规律的关系问题，也就是思维和存在是否"服从于同样的规律"的问题。因此，对思想的前提批判，不仅指向对"思维和存在的同一性"的基本信念的前提批判，而且必然指向对构成思想的基本逻辑即思维规律的前提批判。

第一节 形式逻辑的前提批判

在人类的思想活动中，概念不仅是思维的"细胞"，而且是列宁所说的认识的"阶梯"和"支撑点"，因此，概念的运演不仅是思维运动的"同时态"的逻辑，而且是思维运动的"历时态"的逻辑。由概念的外延所构成的外延逻辑或形式逻辑，由概念的内涵所构成的内涵逻辑或辩证逻辑，以及由概念的实践基础所构成的实践逻辑或生活逻辑，是构成思想的基本逻辑。对构成思想的基本逻辑的前提批判，主要是对形式逻辑、辩证逻辑和实践逻辑的前提批判。这里，首先展开对形式逻辑即外延逻辑的前提批判。

一 形式逻辑的双重含义

形式逻辑具有双重含义：其一是指人们在现实的思维活动中所运用的思维逻辑结构及其所遵循的思维规律和思维规则，这就是自在意义上的形式逻辑；其二是指关于思维的逻辑结构及其规律和规则的科学即通常所说的普通逻辑学，这就是自为意义上的形式逻辑。区分开"自在意义"的与"自为意义"的逻辑，是展开对形式逻辑的前提批判的"前提"。具体言之，对形式逻辑的前提批判,是以批判地反思自为意义上的形式逻辑为中介,进而揭示隐藏于自在意义上的形式逻辑的内在矛盾。在这种批判性的揭示过程中,蕴含于理论思维前提中的"思维和存在的关系问题"内在矛盾得到初步的显现。

在人们的现实的思维活动中,总是"不自觉"地承诺了双重的思维和存在的同一性:一是在"内容"上"不自觉"地承诺了"思维规定"与"存在规定"的同一性,也就是承诺了"我们的主观的思维和客观的世界服从于同样的规律,因而两者在自己的结果中不能互相矛盾,而必须彼此一致"的内容上的同一性;二是在"形式"上"不自觉"地承诺了"思维的逻辑"与"存在的逻辑"的同一性,就是承诺了"我们的主观的思维和客观的世界服从于同样的规律,因而两者在自己的结果中不能互相矛盾,而必须彼此一致"的形式上的同一性。正是由于人们在现实的思维活动中从"内容"和"形式"这两方面双重地承诺了思维和存在的同一性,才构成了"我们的理论思维的不自觉的和无条件的前提"。

作为"理论思维的不自觉的和无条件的前提",人们在现实的思维活动中所遵循的思维规律和思维规则,"自在"地存在于人们的思维活动之中。人们的"自在"意义的形式逻辑,并不需要学习"自为"意义上的"逻辑学"。这正如列宁在阅读黑格尔《逻辑学》时所指出的,黑格尔"关于逻辑学说得很妙:这是一种'偏见',似乎它是'教人思维'的(犹如生理学是'教人消化'的?)"[①]。这清楚地表明:"合乎逻辑"地思维是思维的本性;合乎思维本性的逻辑不是"教"出来的;因此逻辑学不是"教人思维"的。

谁都知道,人用不着学习"生理学"、"消化学",就会"自发"地咀嚼、吞咽、吸收、排泄;反之,如果有谁捧着"生理学"、"消化学"去"自觉"地吃饭,倒是滑天下之大稽。这个比喻生动地表明,如同"生理学"并不是"教人消化"的,"逻辑学"也不是"教人思维"的。因此,这个比喻深刻地表明,"自在"意义的形式逻辑是"我们的理论思维的不自觉的和无条件的前提",而"自为"意义的形式逻辑则是使人"自觉"到思维的本性,从而"自觉"地按照"逻辑"去思维。对"自在"意义的形式

---

① 列宁:《哲学笔记》,人民出版社 1974 年版,第 83 页。

逻辑的前提批判，就是揭示人们在现实的思维活动中所"不自觉"的"前提"，并从而使人们"自觉"到这个"不自觉"的前提。这个"自觉"到的逻辑就是作为普通逻辑学的形式逻辑，因此，对"自在"意义的形式逻辑的前提批判，必须诉诸对"自为"意义的形式逻辑即通常所说的普通逻辑学的前提批判。

人们凭借思维的本性去思维，也就是凭借"理论思维的不自觉的和无条件的前提"去思维，但人们并不能"自发"地掌握思维运动的规律，因而需要"自觉"地研究思维运动的规律。借用"生理学"不是"教人消化"的比喻，就如同人们凭借生理的本性去消化，但人们并不能"自发"地掌握消化运动的规律。掌握消化的运动规律，就要学习和研究"生理学"；掌握思维的运动规律，就要学习和研究"逻辑学"。不是"教人消化"和不是"教人思维"的生理学和逻辑学，其意义在于使人达到对"消化"和"思维"的"自觉"。因此，只有通过对"关于思维的规律和规则"的科学即"逻辑学"的前提批判，才能实现对"我们的理论思维的不自觉的和无条件的前提"的批判，对构成思想的基本逻辑——形式逻辑——的前提批判。

二　形式逻辑的两类前提

作为形式科学的形式逻辑是"暂时撇开思维内容"而专门研究"思维的形式结构"的科学。这表明，形式逻辑是关于概念"外延"的逻辑，而不是关于概念"内涵"的逻辑。作为概念的外延逻辑，在形式逻辑的论域内，有两类"前提"是不予讨论的：一是不讨论"推理中已知的判断"是否真实；二是不讨论形式逻辑本身何以可能。因此，对形式逻辑的前提批判，主要是对这两类前提的批判。

前提，在形式逻辑中被定义为"推理中已知的判断"。例如，在"凡金属都导电，铁是金属，所以铁导电"这个直言三段论中，"凡金属都导电"和"铁是金属"这两个直言判断，就是作为"已知的判断"而构成这个直言三段论的大、小前提。这种作为"已知判断"的前提，在形式逻辑中是不予讨论的。

在形式推理过程中，人们所要求的是从作为已知判断的前提推出结论，所关切的是推理过程是否符合思维的规则，而不是思考作为已知判断的"前提"是否真实。如果对作为"已知判断"的"前提"提出质疑，批判性地追问"前提"是否合理，那就超出了形式逻辑的论域。正因如此，逻辑学界一直对莱布尼兹的"充足理由律"表示怀疑，认为这种要求指向了推理的"前提"，不应该也不可能在形式逻辑范围内得到解决。

形式逻辑排斥对推理中的前提即"已知的判断"的质疑，也就是排斥对思维内容、概念内涵的批判性思考。这就是说，形式逻辑是以承诺或设定推理前提的已知性、真实性和确定性为前提的。即使形式逻辑并不作出这种承诺，它也是对前提的真实性采取"存而不论"或"置之不理"的态度。这两种态度其实是等值的：它们都以不考虑推理的前提为前提。

形式逻辑排斥对推理前提的质疑，符合形式逻辑自身的规定性。从自为意义的形式逻辑说，它已经预先声明自己"撇开思维内容"，专门研究"思维的形式结构及其规律和规则"。而如果不是"撇开思维内容"，抽取出思维的形式结构进行专门研究，就无法考察思维形式的规律和规则。这就如同数学一样，它要研究事物之间的数量关系和空间关系，就必须对具体的事物（手指头或建筑物）采取"存而不论"的态度。

从"自在"意义的形式逻辑说，虽然在现实的思维过程中并不能"撇开思维内容"，但人们同样是对"前提"采取预先设定或存而不论的态度。在上面例举的直言三段论中，人们只是要从"凡金属都导电"和"铁是金属"这两个前提推出"铁导电"的结论。至于是否金属都导电，以及铁是否是金属，在形式推理过程中是不予考虑的。如果去探讨"是否金属都导电"或"铁是否是金属"，那就变成了另外的推理过程。比如，要推论"凡金属都导电"，就可以在思维过程形成这样的直言三段论："凡是材料中有大量可以自由移动的带电粒子的材料就是导电材料，所有的金属都有大量可以自由移动的带电粒子，因此凡金属都导电。"但是，在这个形式推理过程中，又是以承诺"有大量可以自由移动的带电粒子的材料就是导电材料"为前提的。这就是说，只要是在形式逻辑的论域内思考问题就总是以承诺"前提"为前提。

由此提出的问题是：在人类的历史发展中，作为所有"已知判断"的各种前提（也就是作为思维内容的各种知识）并不是固定不变的，而是历史地变化着的。那么，这种"已知判断"的更新或"推理前提"的变革是怎样实现的？这正是形式逻辑不予讨论的第一类前提。从"思维和存在的关系问题"看，哲学所要探讨的恰恰是构成思想的概念是如何在自身的发展中实现思维和存在的统一，因此，形式逻辑不予讨论的作为"已知判断"的"前提"，也就是这里所说的形式逻辑不予讨论的第一类前提，恰恰是哲学对构成思想的形式逻辑的前提批判。这表明，哲学对形式逻辑的批判，其出发点是对"思维和存在的关系问题"的反思，而不是否定形式逻辑所揭示的思维运动的规律和规则。

进一步思考，我们还会发现另一类问题，即：形式逻辑不仅对作为"已知判断"的前提不予讨论，而且对形式逻辑本身何以能够成立的前提也同样不予讨论。这就是说，形式逻辑并不讨论它为什么能够抽取"思维的形式结构"和提供思维的"规律和规则"。这就是形式逻辑不予讨论的第二类前提。从"思维和存在的关系问题"或"理论思维的前提批判"看，形式逻辑本身何以能够成立的问题，更为直接地构成了哲学对构成思想的形式逻辑的前提批判。

从"自在"意义的形式逻辑说，如果人们在思维过程中违反了形式逻辑的规律和规则，就不能正确地表达思想。这正如人们通常所说，如果在思想活动中不遵守形式逻辑，那就根本无法实现思想的沟通与交流。因此，在违背形式逻辑的时候，人们就必须矫正自己的概念表达或推理过程，使之符合形式逻辑的规律和规则。但是，对于能够准确地交流思想的语言表达方式，以及蕴含于这种语言表达方式之中的思维的规律和规则，在形式逻辑的思维过程中，人们同样是不加反思的。就是说，人们在现实的思维过程中，并不提出这样的问题：我们为什么必须遵循一定的规律和规则进行思维活动？"自为"意义的形式逻辑即作为一门科学的形式逻辑，它向自己提出这样的问题，并作出了自己的回答。但是，形式逻辑所提出的问题是：各条具体的规律和各种具体的规则的根据是什么？与此相适应，形式逻辑所作出的回答是，具体地论证各条规律和各种规则的根据。比如，形式逻辑提出为什么直言三段论的中项在前提中至少要周延一次的问题，它就从中项与大项和小项的关系来加以论证。这就是说，作为一门科学的形式逻辑，它所研究的是推理过程中的各种具体的规则，而不是追问形式逻辑的规律和规则何以能够成立的前提问题。

问题在于，形式逻辑不仅是有前提的，而且是以它承诺的前提为前提的，这就是"理论思维的不自觉的和无条件的前提"——思维和存在服从于同样的规律。形式逻辑是以承诺思维运演与思维对象之间具有某种异质同构性为前提的。形式逻辑以自己所承诺的这个根本性前提为前提，去研究思维的形式结构及其运演的规律和规则。如果没有这种承诺，人们又如何"自信"地运用形式逻辑去思考和推论对象的复杂联系呢？

由此可见，在形式逻辑的论域内，有两类不予讨论的"前提"：一类是作为思维内容即"已知判断"的前提，另一类是作为思维形式即形式逻辑本身的前提。对形式逻辑不予讨论的这两类前提的批判性反思，就是对构成思想的形式逻辑的哲学反思。

三　哲学对形式逻辑的前提批判

形式逻辑在自己的论域内有两类不予讨论的前提，与此相对应，哲学对形式逻辑的反思也表现为双重的关切：一是关切作为思维内容的"已知判断"，批判地考察这些"已知判断"的合理性，也就是把形式逻辑设定为"已知"的前提作为批判的对象；二是关切作为思维形式的思维运演的规律和规则，批判地考察理论思维的前提，也就是把形式逻辑的不证自明的前提作为批判的对象。正是通过对作为思维内容的"已知判断"和作为思维运演"规律和规则"的批判性反思，哲学实现了以形式逻辑为中介的"理论思维的前提批判"。

哲学对形式逻辑的前提批判，直接地表现为对形式逻辑的基本规律的反思。形式逻辑有三条基本规律：同一律，不矛盾律和排中律。由于形式逻辑既不讨论作为思维内容的前提，也不反省自身何以能够存在的前提，而只是要求思维运演或思维操作的过程符合形式逻辑自洽的规律和规则，所以形式逻辑内部是无矛盾的，是排斥矛盾的。形式逻辑的同一律、不矛盾律和排中律，就其实质而言，都是要求思维的确定性（是就是，不是就不是，不能同时承认既是又不是）。在这个意义上，形式逻辑只要求人的思维运演过程遵循一条规律——A 就是 A 的同一律。形式逻辑的另外两条基本规律，不能同时肯定 A 和非 A 的不矛盾律，对 A 和非 A 必有所断定的排中律，都不过是同一律的逻辑延伸和补充说明。正因如此，哲学对形式逻辑的同一律表现出特殊的关切，并集中于对形式逻辑的同一律的前提批判。

同一律的前提是双重的：任一事物在现实中是与自身同一的；任一事物在思维中可以被思考为与自身同一。就是说，形式逻辑既承诺每一个别事物具有同一性，又承诺每一个别事物与相应的思维单位具有同一性。同一律的双重性前提又构成人的思维的双重性条件：它既是事物可以被思考的条件，又是保证思维运演中的论题、命题和概念的确定性和同义性的条件。问题在于：形式逻辑同一律所确定的思维条件，只是表象思维和常识思维的条件，而不是理论思维——科学思维和哲学思维——的条件（确切地说，不是理论思维的充分条件）。

表象思维是一种概念依附于表象、从属于表象的思维。"表象思维的习惯可以称为一种物质的思维，一种偶然的意识，它完全沉浸在材料里，因而很难从物质里将它自身摆脱出来而同时还能独立存在。"① 在表象思维中，概念对应于表象，而表象则对应于确定的对象。"词义三角"所表述的"概念"—"表象"—"事物"（例如"牛"的概念、"牛"的表象与"牛"的存在）的三角关系，这正是人们在表象思维中所形成的以概念为中介的"对象"与"映象"的相互对应的确定关系。在这种表象思维的确定关系中，思维被赋予了双重的确定性：对象的确定性以及概念的确定性。因此，形式逻辑的同一律构成表象思维的充分且必要条件。

常识思维是满足日常生活需要的经验思维。常识总是牢固地依附于经验，而经验总是同个别的事物、现象和体验相联系。在经验常识的范围内，人们只能以一种二值逻辑的方式进行思维：是就是，不是就不是，不能说"既是又不是"；A 就是 A，非 A 就不是 A，不能说"既是 A 又是非 A"。因此，形式逻辑的同一律也是常识思维的充分且必要条件。

问题在于，人的思维"一跨入广阔的研究领域"（恩格斯语），运用科学思维和哲学思维去进行理论思考，表象思维和常识思维"就会遇到最惊人的变故"。哲学对形式逻辑同一律（以及不矛盾律和排中律）的前提的关切，是一种超越表象思维和常识思维的对理论思维前提的关切，也就是对形式逻辑不予讨论的两类前提的关切。

---

① ［德］黑格尔：《精神现象学》（上），贺麟、王玖兴译，商务印书馆1979年版，第40页。

首先，我们讨论哲学对作为思维内容的"已知判断"的关切，也就是哲学对"概念内涵"或"知识内容"的关切。在形式逻辑中，作为"已知判断"的前提，就其具体内容来说是无限丰富的，就其知识内容来说则可以分为三个基本层次：作为已知判断的常识、作为已知判断的科学和作为已知判断的哲学。哲学对形式逻辑前提的关切，直接地表现在对作为推理前提的常识、科学和哲学的前提批判。这种批判的实质是概念的自我批判。

在形式逻辑推理过程中，作为"已知判断"的前提都是既定的、给予的，因而也是唯一的、确定的。从确定性的前提出发，必须也能够合乎逻辑地推出确定性的结论。因此，思维过程才必须和能够排除矛盾。反之，如果作为已知判断的前提是矛盾的、不确定的，它就根本无法充当形式逻辑推理的前提——因为它不能满足思维过程必须排除矛盾的要求。这种相互矛盾的和不确定的前提，只有转化为某种内容更丰富和更深刻，而同样具有非矛盾性和确定性的前提，它才能够充当形式逻辑推理中作为已知判断的前提。这样，在形式逻辑推理中，前提本身仍然是无矛盾的，因而也仍然要求思维运演过程的无矛盾性。哲学对形式逻辑的推理前提的关切，也就是对这种前提无矛盾性和确定性的批判反思。哲学所提出的问题是：作为前提的"已知判断"是确定的和无矛盾的吗？作为知识内容的常识、科学和哲学可以非批判地予以承认吗？

显而易见，哲学对形式逻辑前提的双重关切，是一种指向形式逻辑的前提而又超越形式逻辑的论域的关切，是批判性地思考理论思维前提的哲学层面的关切。因此，必须强调指出的是，哲学对形式逻辑的前提批判，是批判地反思理论思维的前提，而不是否定作为形式科学的逻辑学。作为一门形式科学的逻辑学，具有自己的独特的理论性质和社会功能。就其作为一门独立的科学而言，在其自身的论域内，并不需要提出理论思维的前提问题；就其以理论思维的前提为前提而展开自身，又为哲学对逻辑学的批判反思提供了理论空间。理解这二者之间的区别，才能展开对构成思想的形式逻辑的前提批判。

哲学对形式逻辑前提的关切，从具有实质性内容的角度看，始于18世纪末到19世纪初的德国古典哲学。这种实质性内容，就是辩证法对形式逻辑的前提批判。德国古典哲学创始人康德，在与其先验逻辑相对立的意义上去批判形式逻辑，认为形式逻辑割断认识的内容与形式的联系，也就取消了认识的真正的矛盾——认识内容与认识形式的矛盾。康德本人则从认识的内容与形式的矛盾入手，批判性地反思理论思维的前提——思维把握存在的逻辑。德国古典哲学的集大成者黑格尔，从存在论、认识论和逻辑学相统一的视野出发，认为逻辑不是关于思维的外在形式的学说，而是关于人类思维运动规律的科学。在人类思维运动的进程中，形式是具有内容的形式，是和内容不可分离地联系着的形式。黑格尔所要求的这种逻辑，是概念发展的逻辑，也就是概念辩证法。正是黑格尔所创建的自觉形态的概念辩证法，真正开始了辩证法对形式逻辑的前提批判。

在德国古典哲学的演进过程中，黑格尔立足于"抽象的同一"与"具体的同一"的区别，提出形式逻辑的同一律只是抽象理智的规律，而不是真正的思维规律。他具体地指出，同一律被表述为"一切东西和它自身同一"或"甲是甲"，这个命题的形式自身就陷于矛盾。黑格尔说，因为一个命题总要说出主词与谓词之间的区别，而"甲是甲"的命题却没有做到它的形式所要求于它的[1]。黑格尔认为，思维与存在的同一，就包含着思维和存在的"差别的内在的发生"，由这种具有内在差别的思维与存在的同一性所展开的思维运动的逻辑，是一个概念的自我否定的扬弃过程。这样，黑格尔在批判形式逻辑的出发点上，就把批判的锋芒指向了作为理论思维前提的"思维和存在的同一性"。

在批判地继承黑格尔辩证法的基础上，恩格斯深刻地指出："旧形而上学意义下的同一律是旧世界观的基本原则：$a = a$。每一个事物和它自身同一。一切都是永久不变的，太阳系、星体、有机体都是如此。这个命题在每个场合下都被自然科学一点一点地驳倒了，但是在理论中它还继续存在着，……抽象的同一性，象形而上学的一切范畴一样，对日常应用来说是足够的，……但是，对综合的自然科学来说，即使在任何一个部门中，抽象的同一性是根本不够的，……"[2] 恩格斯对形式逻辑同一律的批判，是对"旧世界观的基本原则"的批判，也就是要求世界观理论超越"抽象的同一

---

[1] 参见［德］黑格尔《小逻辑》，贺麟译，商务印书馆1980年版，第248页。
[2] 《马克思恩格斯选集》第三卷，人民出版社1972年版，第538—539页。

性",形成辩证法的世界观理论。

列宁非常赞赏黑格尔所要求的内容与形式相统一的逻辑,并提出"逻辑不是关于思维的外在形式的学说,而是关于'一切物质的、自然的和精神的事物'的发展规律的学说,即关于世界的全部具体内容以及对它的认识的发展规律的学说,即对世界的认识的历史的总计、总和、结论"①。尤其值得注意的是,列宁更为明确地把对旧逻辑的批判升华为对理论思维前提的批判反思。列宁提出,"如果一切都发展着,那么这是否也同思维的最一般的概念和范畴有关?如果无关,那就是说,思维同存在没有联系。如果有关,那就是说,存在着具有客观意义的概念辩证法和认识辩证法"②。在这里,列宁极为深刻地把作为世界观理论的辩证法与作为哲学基本问题的理论思维的前提联系起来。辩证法理论作为关于思维和存在的统一与发展的学说,它不是把形式逻辑中作为"已知判断"的前提当作凝固的东西,而是当作发展着的东西。任何概念、范畴、命题都只是"认识世界的过程中的梯级,是帮助我们认识和掌握自然现象之网的网上纽结"③。所有的这些"梯级"、"网上纽结",都蕴含着思维与存在的矛盾,都具有内在的自我否定性,从而构成人类认识发展的逻辑。

上述分析表明,无论是黑格尔,还是恩格斯和列宁,他们对形式逻辑的批判,都是对形式逻辑的"哲学"批判,都是对"思维和存在的关系问题"的反思,都是要回答"人类认识发展"的问题。正是这种反思和批判,才超越了形式逻辑的论域,构成了哲学意义的辩证法。

其次,我们讨论哲学对形式逻辑何以可能的关切。思维和存在的同一性作为理论思维的前提,它直接地包含两个基本层次的问题:在其表层,是作为思维规定的概念、范畴、命题以及由它们的逻辑联结所构成的诸种理论体系是否表述存在的本质和规律的问题;在其深层,则是作为思维运演逻辑的思维形式、思维范畴、思维规律和思维规则所构成的思维运动能否描述存在运动规律的问题,也就是思维的"逻辑的式"何以具有客观性的问题。

---

① 《列宁全集》第55卷,人民出版社1990年版,第77页。
② 同上书,第215页。
③ 同上书,第78页。

马克思主义以前的旧哲学，离开人的实践活动及其历史发展，都无法正确地回答这个问题。恩格斯说，18世纪的唯物主义只限于证明一切思维和知识的内容都应当来源于感性的经验，而没有从"形式"方面去思考思维和存在的关系问题[①]。这就是说，旧唯物主义还没有向自己提出"逻辑的式"的客观性问题。与旧唯物主义相反，唯心主义虽然从"形式"方面去思考思维和存在的关系问题，但是，他们所说的"存在"只是"意识界的存在"，因此，他们又把"逻辑的式"归结为思维自我运动的逻辑。康德在批判近代哲学的过程中，把思维运动的逻辑与存在运动的逻辑对立起来，认为思维把握存在的逻辑只具有主观逻辑的意义，而不具有客观逻辑的意义。黑格尔反对康德把思维的逻辑与存在的逻辑对立起来，提出二者"自在地"就是"同一的"，并以这种自在的同一性为前提去展开思维的自我运动，而没有回答为什么思维与存在自在地就是"同一的"问题。因此恩格斯说，黑格尔"要证明的东西已经默默地包含在前提里面了"[②]。

　　很明显，在全部旧哲学对思维和存在的关系问题的哲学思考中，都只是从"思维"对"存在"或"存在"对"思维"的二者关系中去思考，因此，在思考"逻辑的式"的时候，也仍然没有跳出"思维"和"存在"的二者关系。这种思考的结果只能是或者直接断言"逻辑的式"就是存在的逻辑，或者断然否定"逻辑的式"表达存在的逻辑。问题恰恰在于，思维的最本质最切近的基础既不是思维本身，也不是与思维相对立的存在，而是构成思维和存在的"关系"的人类自身的实践活动。马克思说，人的"五官感觉的形成是迄今为止全部世界历史的产物"，"人对世界的任何一种人的关系——视觉、听觉、嗅觉、味觉、触觉、思维、直观、情感、愿望、活动、爱，——总之，他的个体的一切器官，正像在形式上直接是社会的器官的那些器官一样，是通过自己的对象性关系，即通过自己同对象的关系而对对象的占有，对人的现实的占有；这些器官同对象的关系，是人的现实的实现"[③]。与人的"五官感觉"的形成一样，离开人的实践活动的思维和存在

[①] 参见《马克思恩格斯选集》第四卷，人民出版社1995年版，第364页。
[②] 同上书，第225页。
[③] 马克思：《1844年经济学—哲学手稿》，人民出版社2000年版，第87、85页。

的"关系"，无法作为现实的"关系"而存在，因此，离开人的实践活动去思考思维和存在的"关系"问题，也只能把二者的"关系"或者看作是"感性直观"的关系（旧唯物主义），或者看作是思维"自我认识"的关系（唯心主义）。在这两种思考方式中，都丢弃了"逻辑的式"的现实基础。

"逻辑的式"的现实基础也是人类的实践活动。人的和人类的历史的实践是思维和存在的"交错点"。在论述"逻辑的范畴和人的实践"时，列宁明确地从实践论的视野提出了"逻辑的式"的问题。他说："人的实践活动必须亿万次地使人的意识去重复各种不同的逻辑的式，以便这些式能够获得公理的意义。"① 又说："人的实践经过亿万次的重复，在人的意识中以逻辑的式固定下来。这些式正是（而且只是）由于亿万次的重复才有着先入为见的巩固性和公理的性质。"② 列宁的这些论述具有丰富的内涵和重大的意义。

列宁提出了"逻辑的式"的来源问题。对这个问题，列宁十分明确地指出，"逻辑的式"来源于人类的实践活动。人类的实践活动也是一种"逻辑"，是一种表现为"感性活动"的逻辑、外部操作的逻辑。实践操作的逻辑，既受外部存在的制约，又受意识活动的制约；同时，它既改变外部存在，又变革意识活动。在这种既受思维和存在的制约、又改变思维和存在的"亿万次"的实践活动中，实践形成了自己的"逻辑"。与此同时，实践又使意识也"亿万次"地重复"各种不同的逻辑的式"，从而把实践的、外部操作的逻辑转化成意识的、思维运演的逻辑。

讨论"逻辑的式"的来源问题，有必要引入皮亚杰的发生认识论。20世纪80年代以来，国内许多学者开始重视研究瑞士心理学家和哲学家皮亚杰的发生认识论。这个理论的最基本的观点，是以"图式"、"同化"、"顺应"和"平衡"四个基本范畴为支点去论述人的（首先是儿童的）认识结构的形成和发展的基本过程。皮亚杰所说的"图式"是指动作的结构，"同化"和"顺应"是指个体适应环境的两种机能，"平衡"则是指这两种机能的平衡。在皮亚杰看来，婴儿具有本能性的"遗传性的图式"（如吸吮奶头

---

① 《列宁全集》第55卷，人民出版社1990年版，第160页。
② 同上书，第186页。

的运动结构），在以后的适应环境的过程中，个体或者把客体纳入到主体的图式之中（同化），或者调整原来的图式或创立新的图式（顺应），使"同化"和"顺应"这两种机能从某一水平的平衡达到另一较高水平的平衡，从而实现认识结构的发展。对于皮亚杰发生认识论的得与失，这里不去评论。我在这里只想指出，皮亚杰以大量的观察材料和实验材料为基础所提出的"图式"转换理论，从某种程度或某个侧面证明了外部操作的逻辑向思维运演的逻辑的"内化"过程。而列宁关于"人的实践经过亿万次的重复，在人的意识中以逻辑的式固定下来"的论断，则是在最广阔、最深刻的意义上说明了"逻辑的式"的真实来源。

列宁关于实践与"逻辑的式"的关系的论述，不仅回答了"逻辑的式"的来源问题，而且进一步说明了"逻辑的式"为何具有"先入之见的巩固性和公理的性质"。列宁认为，"逻辑的式"既不是自己产生的，也不是突然形成的，而是"亿万次的"实践的产物。因此，"逻辑的式"的先入之见的巩固性和公理的性质，必须而且只能从人的"亿万次的"实践来说明。实践活动面向着客观世界，受到客观世界的制约和规范，并在改变客观世界的过程中不断地得到自我调整和自我实现。经过"亿万次"的调整与实现的实践活动的逻辑，与客观世界自在运动的逻辑构成了列宁所说的"相合线与相离线的彼此相接触的圆圈"，具有了按照客观世界的逻辑而改变客观世界的意义。而在人的实践活动中，又同时使人的意识"亿万次"地重复各种不同的逻辑的式，并使这些逻辑的式以思维规则、思维方式、思维运演的逻辑的形式固定下来。反过来，这种来源于人的实践活动的思维运演的逻辑，又成为调节、控制、规范人的实践活动的逻辑。这样，"逻辑的式"就获得了"先入之见的巩固性和公理的性质"。

列宁的论述，以实践的观点回答了形式逻辑何以可能的"前提"，也以实践的观点回答了思维规律与存在规律"服从同样的规律"的现实基础，因而以实践的观点回答了"理论思维的不自觉和无条件的前提"问题。因此，列宁在《哲学笔记》中关于"逻辑"的实践基础的论述，不仅是对构成思想的基本逻辑的前提批判，也是对构成思想的基本信念的前提批判。深入地研究列宁《哲学笔记》的哲学思想，才能深化对"思维和存在的关系问题"的理解。

第二节　内涵逻辑的前提批判

关于外延逻辑的形式逻辑，是一门独立的形式科学；对外延逻辑的前提批判，是哲学对作为一门科学的形式逻辑的前提批判。与此不同，关于内涵逻辑的辩证逻辑，并不是通常意义的逻辑学，而是作为辩证法的哲学；对内涵逻辑的前提批判，并不是对作为一门科学的逻辑学的前提批判，而是哲学对自身的前提批判。在这个意义上，展开对内涵逻辑的前提批判，就不仅仅是对构成思想的基本逻辑的前提批判，而且是对哲学自身的辩证法理论的前提批判。

一　内涵逻辑解析

概念、范畴是人类文明的总结、积淀和升华，既构成人类理论思维的真实内容，又构成人类认识的"阶梯"和"支撑点"。因此，哲学对思想的前提批判，必须直接地诉诸对概念、范畴的前提批判，诉诸对概念、范畴发展的"内涵逻辑"的前提批判。

概念具有内涵和外延，因此，在人的思想活动中不仅要遵守作为外延逻辑的形式逻辑，而且要遵守作为内涵逻辑的辩证逻辑。但是，在逻辑学界，通常是不赞同把辩证逻辑称为逻辑学，甚至也极少使用"内涵逻辑"这个提法。即使是在哲学界，人们对于"内涵逻辑"的提法也是陌生的、质疑的。因此，对内涵逻辑的前提批判，首先需要阐释何谓"内涵逻辑"。

在众多的逻辑家和科学哲学家看来，"辩证逻辑"是根本不成立的。逻辑学家们认为，"辩证逻辑"要么是混乱的，要么是非正统、非标准的变异逻辑。如果是前者，当以它宣扬赤裸裸的矛盾为由而抛弃之；如果是后者，它在逻辑家族自有一席之地，但它和标准逻辑在概念上并不能相互定义。这种论断的根本依据就在于，"接受矛盾是很荒谬的事情，如果连矛盾都可以接受，那么还有什么荒谬的事情不能接受呢"？同样是在否认"矛盾"的意义上，科学哲学家们也往往是以"排除矛盾"为由而拒斥"辩证法"或"辩证逻辑"。波普尔的《辩证法是什么》、邦格的《辩证法批判》，就是否定"辩证法"的现代哲学中的"代表作"。

无论是逻辑学家还是科学哲学家,他们对"辩证逻辑"的质疑,主要是集中在以下几个方面:其一,"辩证矛盾"究竟是什么东西?矛盾能否客观存在?辩证矛盾与逻辑矛盾究竟是什么关系?其二,"辩证逻辑"与"形式逻辑"是否是"高等数学"与"初等数学"的关系?能否认为"辩证逻辑"对"形式逻辑"具有深层的解释力?其三,逻辑规律是否可以分为"动态"的与"静态"的?能否认为"辩证逻辑"克服了"形式逻辑"只注重静态的局限?针对上述问题,我们首先讨论对"辩证矛盾"的理解。

把"辩证"和"矛盾"合在一起而称作"辩证矛盾",对于理解"辩证逻辑"是具有"前提性"的。辩证矛盾是一种双向的规定:"辩证"的是"矛盾","矛盾"才需要"辩证"。这就是说,离开"矛盾",就无须"辩证";离开"辩证",就把握不到、理解不了"矛盾"。"辩证逻辑",是以必须"辩证"的"矛盾"为前提的,又是以"矛盾"的"辩证"为内容的。"辩证逻辑"就是关于思维的矛盾运动的辩证法的逻辑。

在人的思维运动中,对任一事物的把握和理解,都"同时态"地具有缺一不可的两个方面:其一,肯定事物自身的同一性,是就是,不是就不是,A就是A,A就不是非A,这是对事物的"知性"的把握和理解,由此所构成的就是思维运动所遵循的"形式逻辑";其二,"在对现存事物的肯定的理解中同时包含对现存事物的否定的理解"①,将事物理解为自我否定的过程,A既是A,A又是非A,这就是对事物的"辩证"的把握和理解,由此所形成的就是思维运动所遵循的"辩证逻辑"。

这个"分析"表明:其一,肯定"辩证逻辑"并不是以否定"形式逻辑"为前提,而恰恰是以肯定"形式逻辑"为前提;其二,肯定"形式逻辑"并不是认为它是思维运动的"唯一"的逻辑,而恰恰是要在对"形式逻辑"的前提批判中阐释"辩证逻辑";其三,阐释"辩证逻辑"并不是认为它是所谓的"高级"的逻辑,而恰恰是在这种"阐释"中展开对"辩证逻辑"的前提批判。

在阐释"辩证逻辑"时,恩格斯作出这样的对比:"辩证逻辑和旧的纯粹的形式逻辑相反,不像后者那样只满足于把思维运动的各种形式,即各种

---

① 《马克思恩格斯选集》第二卷,人民出版社 1995 年版,第 112 页。

不同的判断形式和推理形式列举出来并且毫无联系地并列起来。相反，辩证逻辑由此及彼地推导出这些形式，不是把它们并列起来，而是使它们互相从属，从低级形式发展出高级形式。"① 我们需要在深切地思考恩格斯的论述的基础上，深入地阐发"辩证逻辑"。

二 思想的内涵逻辑

辩证逻辑，是概念的内涵逻辑、思想的内涵逻辑，是关于概念、思想发展的逻辑。辩证逻辑所要解决的根本问题是：人类思维所面对的世界具有无限丰富的规定性，人又如何以自己的思维去实现把握和解释世界的全体自由性？这就构成了传统哲学无法解决的两大矛盾：一是哲学的宏伟目标与实证科学的历史成果的矛盾，二是人类思维的至上性与非至上性的矛盾。作为德国古典哲学集大成者的黑格尔自觉到了这两大矛盾，他的思想内涵逻辑就是作为解决这两大矛盾的独特方式而出现的。

黑格尔认为，传统哲学之所以陷入这两大矛盾而不能自拔，是因为它们分属于两种错误的思维方式——表象思维和形式思维。"表象思维的习惯可以称为一种物质的思维，一种偶然的意识，它完全沉浸在材料里，因而很难从物质里将它自身摆脱出来而同时还能独立存在。与此相反，另一种思维，即形式推理，乃以脱离内容为自由，并以超出内容而骄傲。"② 表象思维之所以沉浸在物质材料里，从思维方式上看，是以外物作为思维的尺度，因而是一种消极的客体性原则。客观世界作为各个环节彼此联结在一起的整体，它自在地就是全体，却无自由可言。表象思维虽然能够不断地把外在世界的规定性转化成思维的规定性，却根本无法实现思维的全体自由性。因此，表象思维不是哲学层次的思维方式。形式思维以超出内容而骄傲，从思维方式上看，是以抽象的精神活动来实现思想的自我联系，因而是一种空洞的主体性原则，精神作为一种活动性，它自在地就是自由，却与环节的必然性相脱离。因此，形式思维虽然可以在内心中得到现实中所得不到的满足，却根本达不到真正的自由。形式思维也不是哲学所要求的思维方式。黑格尔由此提

---

① 《马克思恩格斯文集》第九卷，人民出版社2009年版，第487页。
② [德]黑格尔：《精神现象学》（上），贺麟、王玖兴译，商务印书馆1979年版，第40页。

出，哲学层次的思维方式，是一种必须把自由沉入内容，让内容按照它自己的本性而自行运动，并从而考察这种运动的思维方式。这就是不同于表象思维和形式思维的思辨思维。它把哲学的视角从表象思维的直观的客体性原则和形式思维的空洞的主体性原则，转换成思辨思维的主体性原则。

思辨思维所反思的是人类思想运动的逻辑。把自由沉入内容，并让内容按照它自己的本性而自行运动，就是把哲学对全体自由性的追求，从对自在的外部世界和抽象的内心世界的关注，转移到既使外部世界逻辑化又使内心世界具体化的人类思维运动的过程上来；而考察这种运动，则是人类思维反过来以自己为对象而思之，即哲学层次的反思活动。在这种反思活动中，黑格尔对传统哲学的追求实行了两大转变：第一，把主体由个体的思维转换成人类的思维，用人类思维的普遍性来克服个体思维的有限性；第二，把客体由自在的外部世界和精神世界转换成人类思维自为地把握精神活动及其全部对象的逻辑进程，用人类思想运动的逻辑来取代客观世界的外在性和精神活动的抽象性（主观性）。在这两大转换中，黑格尔既把现实的主体抽象为普遍性的思维，又把一切事物抽象为逻辑范畴、把各式各样的运动抽象为范畴的逻辑运动，因而是一种如马克思所批评的"无人身的理性"的自我运动。

在这种"无人身的理性"的自我运动中，作为思维对象的思维，既不是自在的外部世界，也不是抽象的精神世界，而是人类按照自己的思维本性去把握全部的精神活动及其对象所生成的人的特有世界——概念的世界。这样，黑格尔就把传统哲学对外部世界的统一性或精神世界的统一性的寻求，转换成对外部世界与精神世界的统一，即概念世界的研究。

概念世界是外部世界对人类思维的生成，因而是客观世界的主观化；概念世界又是精神世界对外部世界的生成，因而是主观世界的客观化。概念世界作为客观世界主观化和主观世界客观化的产物，它不仅以观念的形态构成思维把握对象的工具，而且以千姿百态的形式构成人类的文化世界。在现代哲学中，卡尔·波普尔引人注目地提出的"三个世界"，恩斯特·卡西尔《人论》中所论述的神话、宗教、语言、艺术、历史和科学，从某种意义上说，就是对黑格尔所提示的概念世界的引申和发挥。这种引申和发挥更加深刻地提醒现代哲学：人与动物虽然生活在同一个物理世界（自然世界）之中，但人的生活世界却完全不同于动物的世界，人只有掌握人类所创造的各种概念系统，才能成为真正意义上的人，并在运用和创造概念的活动中，去获得思维的全体自由性。

人对概念的学习有两种不同的方式：一是学习概念本身，即掌握关于对象的各种各样的知识，并运用这些概念去把握世界和指导自己的行为；二是以概念为对象，通过对概念的研究来考察人类的思维本性，探索思维把握精神活动及其对象的逻辑，揭露各种概念系统的狭隘性、片面性和历史的暂时性，促成概念系统之间的渗透和综合，推动概念系统的扩展和深化，从而实现人类的思维运动由旧逻辑向新逻辑的转化、人类的思维方式由旧模式向新模式的跃迁。这种对概念本身的考察，就是黑格尔所说的"对思想的思想"、"对认识的认识"，由此构成的就是概念运动的内涵逻辑。

黑格尔把哲学规定为思维的自我反思，实质上是将哲学把握世界的方式同人类把握世界的其他方式既联系起来，又区别开来。人类通过神话的、宗教的、常识的、艺术的和科学的等各种方式去把握世界，从而形成关于世界各个领域的不同层次的概念系统。这些概念系统取得"外部现实性"，构成人类的物质态文化；这些概念系统凝聚积淀成人的思维模式、价值观念、审美意识等，构成人类的心理态文化；这些概念系统客观化为各种各样的符号系统，则构成人类的理论态文化。由此便构成了属人的世界——文化世界。黑格尔所说的概念对象化而生成世界，其实质就是指世界对人的概念的生成，即真正的人的世界——文化世界——的生成。在黑格尔看来，文化世界的灵魂就是概念，所以人的自我认识的实质内容只能是概念的自我认识。

概念的自我认识以概念系统的存在为前提，所以哲学必须通过对哲学史的总结（恩格斯把这种总结概括为"通晓思维的历史和成就"、"沿着实证科学和利用辩证思维对这些科学成果进行概括的途径"；列宁把这种总结具体化为对"各门科学的历史"、"儿童智力发展的历史"、"动物智力发展的历史"、"语言的历史"、"心理学"和"感觉器官的生理学"的研究）来实现概念的自我认识。同时，由于哲学以概念本身为对象，所以它研究的是人类把握世界的各种方式及其成果，而不是这些方式所把握的对象。这样，哲学的使命就不是通过对外在世界或内心世界的研究而形成概念和发展概念（那是包括数学、自然科学、社会科学和思维科学在内的各门科学的任务），而是通过对发展着的各种概念系统的研究而展现人类思维运动的逻辑；哲学的功能就不是为人类提供各种具体的知识和方法（那是科学的功能），而是对各种概念系统进行批判性的反思，启发人类从新的视角去观察世界和理解世界，从世界中获得新的"意义"。对此，美国当代科学哲学家瓦托夫斯基曾作出这样的总结：哲学是"表达和分析各种概念"，"对科学的概念和概念框架进行系统研究的事业"，"理解科学理解的事业"，"对科学的人文主义理解"的事业。[1]

黑格尔把哲学对象由外在世界和精神世界转换成概念世界，这对现代哲学的产生和发展具有深远的影响。第一，它引发现代哲学将人类把握世界的哲学方式同其他方式既联系起来，又区别开来，从而把哲学的视角彻底地引向了属人的世界——人的文化世界及其灵魂即概念的世界。现代的哲学文化学、科学人类学、哲学符号学等，就是沿着这条道路发展的。第二，它引发现代哲学将人的文化世界的各个侧面、各个层次、各种形式的概念系统综合起来考察，并从而形成某种说明人的文化世界的统一性原理。现代的现象学、解释学、语言分析哲学以及科学哲学所提供的科学结构的逻辑模型和科学发展的历史模式等，在本质上都是如此。第三，它引发现代哲学在对科学、艺术、语言、历史、伦理、法律以及宗教等的反思中，形成关于人类把握世界的各种方式的哲学，诸如科学哲学、艺术哲学、语言哲学、历史哲学、人生哲学、法哲学以及宗教哲学等。第四，它引发现代哲学在对人的世界的反思中重新考察哲学本身，形成现代意义的、逐步深化的各种"元哲学"理论。这就是黑格尔的"思想的内涵逻辑"即概念辩证法不自觉地为现代哲学所提示的道路。

在黑格尔看来，人类思想运动的逻辑既是人类思维本性的表达，也是人类思维所自觉到的思维和存在所服从的同一规律体系。所以，哲学通过对人类思想运动的逻辑的反思，不仅仅是达到对世界统一性的哲学解释，更重要的是使人自觉到自己的思维本性，从而按照思维的本性去观察世界和理解世界，去认识自己和规范自己的行为。思维在历史与逻辑相统一的发展进程中，不断地把概念变成目的性要求，给自己构成不断更新的客体图景，并把

---

[1] ［美］瓦托夫斯基：《科学哲学的概念基础》，范岱年等译，求实出版社1989年版，第20—21页。

这种"善"的要求,"通过扬弃外部世界的各个规定来使自己获得具有外部现实性形式的实在性"①。这就提示后来的哲学从人类的角度来理解人的世界,从人类的角度来理解人类个体,从人类活动的过程来理解人与世界的统一,因此孕育着哲学发展史上伟大的革命。它是马克思主义哲学和整个现代哲学的理论先导。

三 历史的内涵逻辑

在哲学发展史上,有两种基本的内涵逻辑:黑格尔的概念辩证法的内涵逻辑和马克思的历史辩证发展的内涵逻辑。前者是以"概念"自身为内容的内涵逻辑,后者则是以"历史"为内涵的内涵逻辑。历史的内涵逻辑,就是人自身发展的逻辑,就是人类文明史的逻辑。以《资本论》为主要标志马克思主义哲学揭示和展现了历史的内涵逻辑。

马克思主义哲学的"新世界观"与旧哲学的本质性区别到底是什么?对此,马克思、恩格斯在《德意志意识形态》中作出明确回答:"德国哲学从天国降到人间;和它完全相反,这里我们是从人间升到天国。这就是说,我们不是从人们所说的、所设想的、所想象的东西出发,也不是从口头说的、思考出来的、设想出来的、想象出来的人出发,去理解有血有肉的人。我们的出发点是从事实际活动的人,而且从他们的现实生活过程中还可以描绘出这一生活过程在意识形态上的反射和反响的发展。"② 这明确地告诉我们,马克思主义的新"世界观"与以往的全部"哲学"的根本性区别就在于,作为"新世界观"的马克思主义哲学是以"实际活动的人"为自己的出发点,而以往的"哲学"则是以"想象出来的人"为出发点。后者所能达到的哲学最高成果就是黑格尔的"思想的内涵逻辑",而前者所创建的则是"关于现实的人及其历史发展"的"历史的内涵逻辑"。

正是以"实际活动的人"而不是以"想象出来的人"为出发点,马克思、恩格斯进一步明确地指出:"在思辨终止的地方,在现实生活面前,正是描述人们实践活动和实际发展过程的真正的实证科学开始的地方。关于意

---

① [德]黑格尔:《小逻辑》,贺麟译,商务印书馆1980年版,第290页。
② 《马克思恩格斯选集》第一卷,人民出版社1995年版,第73页。

识的空话将终止,它们一定会被真正的知识所代替。对现实的描述会使独立的哲学失去生存环境,能够取而代之的充其量不过是从对人类历史发展的考察中抽象出来的最一般的结果的概括。这些抽象本身离开了现实的历史就没有任何价值。"① 这就更为明确地告诉我们,区别于"独立的哲学"的马克思主义哲学,它的实质内容是"从对历史的发展的考察中抽象出来的最一般的结果的概括",也就是关于"历史规律"的理论。正因如此,恩格斯在晚年所著的《路德维希·费尔巴哈和德国古典哲学的终结》中,对马克思主义哲学作出了这样的论断:"关于现实的人及其历史发展的科学。"②

恩格斯的这个论断,不是一般性的论断,而是关于马克思主义哲学的根本性论断。恩格斯在《在马克思墓前的讲话》中明确地提出,马克思的一生有两个伟大的发现,一是"发现了人类历史的发展规律",一是"发现了现代资本主义生产方式和它所产生的资产阶级社会的特殊的运动规律"。这"两大发现",是马克思"毕生研究"的"伟大成果",并凝结为马克思的《资本论》。因此,如何看待马克思的"两大发现"与恩格斯所指认的"关于现实的人及其历史发展的科学"的关系,特别是如何看待马克思所研究的"资本"与"关于现实的人及其历史发展的科学"的关系,就成为如何理解马克思主义哲学的根本性问题。

关于《资本论》所研究的"资本",马克思明确地指出,"资本不是物,而是一定的、社会的、属于一定历史形态的生产关系,它体现在一个物上,并赋予这个物以特有的社会性质"③。对于为何必须以"资本"为对象,马克思说,"在一切社会形式中都有一种一定的生产关系决定其他一切生产的地位和影响,因而它的关系也决定其他一切关系的地位和影响。这是一种普照的光,它掩盖了一切其他色彩,改变着它们的特点。这是一种特殊的以太,它决定着它里面显露出来的一切存在的比重"④。"资本是资产阶级社会的支配一切的经济权力。它必须成为起点又成为终点。"⑤ 正因为"资本"

---

① 《马克思恩格斯选集》第一卷,人民出版社 1995 年版,第 73—74 页。
② 《马克思恩格斯选集》第四卷,人民出版社 1998 年版,第 241 页。
③ 《马克思恩格斯选集》第二卷,人民出版社 1995 年版,第 577 页。
④ 同上书,第 24 页。
⑤ 同上书,第 25 页。

是决定现代生产关系以及由此构成的人的全部社会关系的"普照的光"、"特殊的以太"和"支配一切的经济权力",并因而决定"现实的人"及其"现实的历史",所以必须以"资本"为对象才能构建"关于现实的人及其历史发展的科学"。

在马克思这里,从"物和物的关系"中揭示"人和人的关系",就是从"资本"的逻辑中揭示"现实的人及其历史发展的"逻辑。由此我们可以得出相互规定的两个结论:马克思主义的"关于现实的人及其历史发展的科学"就集中地、系统地体现为《资本论》;《资本论》所揭示的"人类历史的发展规律"和"资产阶级社会的特殊的运动规律"就集中地、系统地展现了马克思主义的"关于现实的人及其历史发展的科学"。因此,离开马克思主义的"关于现实的人及其历史发展的科学"就不能真正理解和把握《资本论》;离开《资本论》就不能真正理解和把握"关于现实的人及其历史发展的科学"。作为"关于现实的人及其历史发展的科学",《资本论》就是"改变世界"的"世界观","改变世界"的马克思主义的"世界观"就集中地体现在《资本论》。

首先,"关于现实的人及其历史发展的科学"从根本上改变了哲学研究的出发点:不是从"抽象的人"出发,而是从"现实的人"出发。因此,如何理解和阐释"抽象的人"与"现实的人",就成为对马克思主义哲学与《资本论》进行"互释"的根本性问题。什么是"抽象的人"和"现实的人"?马克思在《关于费尔巴哈的提纲》中提出:"人的本质不是单个人所固有的抽象物,在其现实性上,它是一切社会关系的总和。"[①] 那么,马克思所指认的人的本质即"一切社会关系的总和"体现在哪里?就体现在《资本论》所揭示的"商品"、"货币"、"资本"的"物和物的关系"中的"人和人的关系"。离开这些"经济范畴",离开这些"经济范畴"所体现的人的社会关系,人就是"抽象的人",而不是"现实的人"。"历史的内涵逻辑",就是以体现"人和人的关系"的系列范畴所构成的关于"现实的人及其历史发展"的逻辑。

关于"现实的人",恩格斯在《在马克思墓前的讲话》中指出,这个

---

① 《马克思恩格斯选集》第一卷,人民出版社 1995 年版,第 56 页。

"现实"在于"人们首先必须吃、喝、住、穿",因此"直接的物质的生活资料的生产",构成"现实的人及其历史发展"的"基础"。反映并把握这个"基础"的"经济范畴",就成为把握"现实的人"的最为根本和最为重要的"哲学"范畴。对此,马克思在《〈政治经济学批判〉导言》中作出这样的说明:"抛开构成人口的阶级,人口就是一个抽象。如果我不知道这些阶级所依据的因素,如雇佣劳动、资本等等,阶级又是一句空话。而这些因素是以交换、分工、价格等等为前提的。比如资本,如果没有雇佣劳动、价值、货币、价格等等,它就什么也不是。因此,如果我从人口着手,那么,这就是关于整体的一个混沌的表象,并且通过更切近的规定我就会在分析中达到越来越简单的概念;从表象中的具体达到越来越稀薄的抽象,直到我达到一些最简单的规定。于是行程又得从那里回过头来,直到我最后又回到人口,但是这回人口已不是关于整体的一个混沌的表象,而是一个具有许多规定和关系的丰富的总体了。"① 马克思的论述表明,从人本身出发而考察人,只能是从抽象的人出发而形成对人的抽象的理解;只有从关于人的各种规定——首先是最重要的经济范畴——出发,才能形成对人的具体的理解;只有展现经济范畴所构成的"具体",才能揭示"现实的人"的"本质"即"一切社会关系的总和"。

构成《资本论》的出发点的经济范畴是"商品",而《资本论》所揭示的商品的本质则是商品的二重性。"商品首先是一个外界的对象,一个靠自己的属性来满足人的某种需要的物。"② "物的有用性使物成为使用价值",因此"商品体本身""就是使用价值"③。商品的使用价值是其交换价值的物质承担者,而"交换价值"则表现为"一种使用价值同另一种使用价值相交换的量的关系或比例"④。由此就构成了商品的使用价值与交换价值如下的矛盾:"作为使用价值,商品首先有质的差别;作为交换价值,商品只能有量的差别。"⑤ 商品作为用来交换和出卖的劳动产品,它的使用价值与交

---

① 《马克思恩格斯选集》第二卷,人民出版社1995年版,第18页。
② 《马克思恩格斯全集》第44卷,人民出版社2001年版,第47页。
③ 同上书,第48页。
④ 同上书,第49页。
⑤ 同上书,第50页。

换价值的二重性的根据何在？它的使用价值的质的差别和交换价值的量的差别的根据何在？这就是《资本论》所揭示的"理解政治经济学的枢纽"即劳动的二重性。正是这个"枢纽"点，构成《资本论》破解"现实的人及其历史发展"的秘密的切入点。

马克思提出："如果把商品体的使用价值撇开，商品体就只剩下一个属性，即劳动产品这个属性。""随着劳动产品的有用性质的消失，体现在劳动产品中的各种劳动的有用性质也消失了，因而这些劳动的各种具体形式也消失了。各种劳动不再有什么差别，全都化为相同的人类劳动，抽象人类劳动。"[①] 在马克思对商品的分析中，人类的"现实的历史"——劳动——在商品的二重性中凸显了自己的二重性，这就是创造商品使用价值的"具体劳动"和商品作为劳动产品的"抽象劳动"。正是《资本论》所揭示的劳动的二重性，为理解"现实的人"提供了现实的而不是抽象的切入点——人自身的自然性与社会性的二重性。人自身的二重性，构成"历史的内涵逻辑"的出发点。

人首先是自然的存在。作为自然的存在，人需要自然的满足，而这种自然的满足是通过人自身的对象化活动——劳动——实现的。商品的使用价值，就在于商品是"靠自己的属性来满足人的某种需要的物"。人的具体劳动，就是以各种具体形式创造出满足人的各种需要的"物"，也就是把外部自然变成"合目的性"的存在。因此，商品的使用价值和人的具体劳动，正是在"现实的历史"中体现了人是"对象性的存在物"。这表明，在商品中所体现的人的自然性，已经不再是抽象的与历史无关的自然性，而是以劳动创造使用价值的自然性。由商品的二重性和劳动的二重性而形成的对人的存在的理解，其重大的理论意义在于：那种"把人对自然界的关系从历史中排除出去"并因而"造成了自然和历史之间的对立"的旧哲学，在《资本论》的烛照下，它对"存在"（包括人和自然）的理解的非现实性被暴露出来；与此同时，人的自然性的历史性即"现实的人及其历史发展"的真实基础，也在《资本论》的"商品"分析中被确定下来。这是马克思的"经济范畴"的深刻的"哲学内涵"。

[①] 《马克思恩格斯全集》第44卷，人民出版社2001年版，第50—51页。

人的自然的历史性或人的历史的自然性，表明人既是自然的存在，又是社会的存在。这就是人的存在的二重性。人的存在的二重性，即人的自然性和社会性，深刻地体现为商品的二重性及其所蕴含的劳动的二重性。从商品的交换价值上看，商品只是表示"在它们的生产上耗费了人类劳动力，积累了人类劳动"①，商品价值就是"作为它们共有的这个社会实体的结晶"②。"把劳动产品表现为只是无差别人类劳动的凝结物的一般价值形式，通过自身的结构表明，它是商品世界的社会表现。因此，它清楚地告诉我们，在这个世界中，劳动的一般的人类的性质形成劳动的独特的社会的性质。"③ 劳动的社会性质表明，人的社会性与人的自然性一样，并不是抽象的存在，而是首先体现在商品的交换价值及其所蕴含的人的抽象劳动之中。商品的交换，本质上是劳动的交换；劳动的交换，则构成人的"全部社会关系"的基础。由此我们可以看到，马克思在《关于费尔巴哈的提纲》中所提出的关于"人的本质不是单个人所固有的抽象物，在其现实性上，它是一切社会关系的总和"④ 这个著名论断，正是并且只是在《资本论》所阐述的"理解政治经济学的枢纽点"即劳动的二重性中才获得了真实的思想内涵。《资本论》的"劳动二重性"理论为破解"现实的人及其历史发展"的秘密奠定了现实的基础，也为构建"历史的内涵逻辑"奠定了理论基础。

马克思破解"现实的人及其历史发展"秘密的现实基础是劳动，而马克思破解劳动的秘密的直接对象却不是劳动而是劳动所创造的商品。通过阐发商品的二重性而揭示劳动的二重性，通过揭示劳动的二重性而凸显人的存在的二重性，从而揭示物和物的关系中所掩盖的人和人的关系，这深切地体现了马克思的睿智的哲学思想："感性具体"只是"关于整体的一个混沌的表象"，从"感性具体"出发无法直接达到把握现实的"理性具体"；与此相反，只有从"理性抽象"即"最简单的规定"出发，才能达到"理性具体"即"具有许多规定和关系的丰富的总和"。因此，只有通过对具体的"经济范畴"的分析去理解全部的历史，才能真实地展现物和物的关系掩盖

---

① 《马克思恩格斯全集》第 44 卷，人民出版社 2001 年版，第 51 页。
② 同上。
③ 同上书，第 83—84 页。
④ 《马克思恩格斯选集》第一卷，人民出版社 1995 年版，第 60 页。

下的人和人的关系，从而破解"现实的人及其历史发展"的秘密。这深刻地体现了马克思的存在论、认识论和逻辑学相统一的理论自觉，深刻地体现了《资本论》的唯物史观与辩证法的统一，并因而深刻地体现了《资本论》的"经济范畴"的"哲学内涵"。对此，西方马克思主义的重要人物之一科西克曾指出："如果经济范畴是社会主体的'存在形式'或'生存的决定因素'，那么对这些范畴的分析和辩证的系统化就能揭示社会存在，就能在经济范畴的辩证展开中把社会存在精神地再现出来。这又从另一个角度也说明，《资本论》的经济范畴不能以事实性历史的演进或形式逻辑推衍的方式加以系统化，说明辩证的展开是社会存在的唯一可能的逻辑结构。"① 这个"唯一可能的逻辑结构"就是"历史的内涵逻辑"。

从存在论、认识论和逻辑学的"三者一致"看，《资本论》直接呈现给人们的是由一系列经济范畴所构成的理论体系，离开这些经济范畴及其逻辑关系，就不存在《资本论》的理论体系；构成《资本论》的经济范畴及其逻辑体系，又是马克思自觉地以思维的规定把握现实的规定的产物，离开思维对现实的认识论自觉，就不可能真正地理解和把握《资本论》的经济范畴及其逻辑体系；《资本论》以思维的规定所把握的现实的规定，是在商品、货币、资本、地租、利润等的"物与物"的关系中所掩盖的"人和人"的关系，它的"经济范畴只不过是生产的社会关系的理论表现"②，离开"人们的现实生活过程"，就不可能真正地理解商品、货币、资本、地租、利润等全部经济范畴及其逻辑关系。这是《资本论》所实现的存在论、认识论和逻辑学的统一，也是《资本论》所实现的历史与逻辑的统一。正是在这种"统一"中，马克思以对"经济范畴"的分析而把旧哲学的"抽象的人"转化成作为"一切社会关系的总和"的"现实的人"。这表明，以"经济范畴"构成的《资本论》，本质上是关于"现实的人及其历史发展的科学"，也就是马克思主义的"历史的内涵逻辑"。

其次，"关于现实的人及其历史发展的科学"不仅从根本上改变了哲学研究的出发点，而且以"现实的人"为出发点变革了哲学研究的基本内容：

---

① [捷]科西克：《具体的辩证法》，傅小平译，社会科学文献出版社1989年版，第140页。
② 《马克思恩格斯选集》第一卷，人民出版社1995年版，第141页。

不是"抽象的人"与"抽象的存在",而是"现实的人"和"现实的历史"。由"现实的人"所构成的"现实的历史"是马克思主义哲学的真实"对象",由"现实的人"的实践活动所形成的"历史规律"是马克思主义哲学的真实"问题",创建"关于现实的人及其历史发展的科学"则是马克思主义哲学的根本任务。那么,马克思主义所揭示的"人类历史的发展规律"在哪里?这就是《资本论》。

关于"历史",马克思指出:"人们自己创造自己的历史,但是他们并不是随心所欲地创造,并不是在他们自己选定的条件下创造,而是在直接碰到的、既定的、从过去承继下来的条件下创造。"[①] "每一代都利用以前各代遗留下来的材料、资本和生产力;由于这个缘故,每一代一方面在完全改变了的环境下继续从事所继承的活动,另一方面又通过完全改变了的活动来变更旧的环境。"[②] 在"现实的人"的"历史发展"中,人既是历史的经常的"前提",又是历史的经常的"结果",而人只有作为历史的经常的"结果",才能成为历史的经常的"前提"。人作为历史的"前提"与"结果"的辩证运动,就构成了"人们自己创造自己的历史"的"人类历史的发展规律"。因此,马克思、恩格斯明确指出,他们的"历史观就在于:从直接生活的物质生产出发阐述现实的生产过程,把同这种生产方式相联系的、它所产生的交往形式即各个不同阶段上的市民社会理解为整个历史的基础,从市民社会作为国家的活动描述市民社会,同时从市民社会出发阐明意识的所有各种不同理论的产物和形式,如宗教、哲学、道德等等,而且追溯它们产生的过程"[③]。"这种历史观和唯心主义历史观不同,它不是在每个时代中寻找某种范畴,而是始终站在现实历史的基础上,不是从观念出发来解释实践,而是从物质实践出发来解释观念的形成。"[④]

关于经济范畴与历史过程之间的关系,马克思提出:"比较简单的范畴可以表现一个比较不发展的整体的处于支配地位的关系或者一个比较发展的整体的从属关系,这些关系在整体向着以一个比较具体的范畴表现出来的方

[①] 《马克思恩格斯选集》第一卷,人民出版社 1995 年版,第 585 页。
[②] 同上书,第 88 页。
[③] 同上书,第 92 页。
[④] 同上。

面发展之前，在历史上已经存在。在这个限度内，从最简单上升到复杂这个抽象思维的进程符合现实的历史过程。"①"比较简单的范畴，虽然在历史上可以在比较具体的范畴之前存在，但是，它在深度和广度上的充分发展恰恰只能属于一个复杂的社会形式，而比较具体的范畴在一个比较不发展的社会形式中有过比较充分的发展。"② 由此马克思提出："资产阶级社会是最发达的和最多样性的历史的生产组织。因此，那些表现它的各种关系的范畴以及对于它的结构的理解，同时也能使我们透视一切已经覆灭的社会形式的结构和生产关系。"③

马克思所阐释的经济范畴之间的关系，以及经济范畴与历史过程之间的关系，对于把握历史规律的重大意义在于，"对人类生活形式的思索，从而对这些形式的科学分析，总是采取同实际发展相反的道路。这种思索是从事后开始的，就是说，是从发展过程的完成的结果开始的"④。在《资本论》中，马克思正是把"人体解剖"作为"猴体解剖"的"钥匙"，通过分析"比较具体的范畴"而把握"比较简单的范畴"，通过考察"比较发展的整体"而透视"比较不发展的整体"。因此，关于"资本"的《资本论》，并非仅仅是揭示资本主义的发展规律，而且是通过揭示"一个复杂的社会形式"即资本主义的社会形式而实现对全部"人类生活形式"即"历史过程"的揭示，也就是对"人类历史的发展规律"的揭示。

"现实的人"是在劳动的过程中形成的，"现实的历史"是在劳动的历史中展开的，人的全部社会关系是在用以交换的劳动产品——商品——的历史性的交换过程中构成发展的。商品价值的实现方式及其历史发展，在对人的存在及其历史发展的理解中具有重大意义。商品的使用价值与交换价值的二重性表明，作为"制造使用价值的有目的的活动"，劳动"是为了人类的需要而对自然物的占有，是人和自然之间的物质变换的一般条件，是人类生活的永恒的自然条件，因此，它不以人类生活的任何形式为

---

① 《马克思恩格斯选集》第二卷，人民出版社 1995 年版，第 20 页。
② 同上书，第 21 页。
③ 同上书，第 23 页。
④ 《马克思恩格斯全集》第 44 卷，人民出版社 2001 年版，第 93 页。

转移,倒不如说,它为人类生活的一切社会形式所共有"①。这就是说,创造使用价值的具体劳动,是构成"一切"社会形式的"自然条件";与创造使用价值的具体劳动的性质相反,形成交换价值的抽象劳动,则是构成各种"不同"的社会形式的基础。因此,只有揭示抽象劳动的交换得以实现的存在方式及其历史转换,才能揭示人的存在方式及其历史形态的变革,才能揭示人类历史的发展规律。正是《资本论》对"交换方式"及其历史的揭示,构成了马克思主义哲学的"关于现实的人及其历史发展"的重要内容。

关于交换方式与"现实的人及其历史发展"的内在关联,马克思指出:"毫不相干的个人之间的互相的和全面的依赖,构成他们的社会联系。这种社会联系表现在交换价值上,因为对于每个个人来说,只有通过交换价值,他自己的活动或产品才成为他的活动或产品;他必须生产一般产品——交换价值,或本身孤立化的,个体化的交换价值,即货币。另一方面,每个个人行使支配别人的活动或支配社会财富的权力,就在于他是交换价值的或货币的所有者。他在衣袋里装着自己的社会权力和自己同社会的联系。"② 这表明,"不管活动采取怎样的个人表现形式,也不管活动的产品具有怎样的特性,活动和活动的产品都是交换价值,即一切个性,一切特性都已被否定和消灭的一种一般的东西"③。这表明,货币的秘密就在于,它不是一般的商品,而是特殊的商品,即固定地充当一般等价物的特殊商品。由此所形成的商品社会的现实是,"其他一切商品只是货币的特殊等价物,而货币是它们的一般等价物"④,货币成为"每个个人行使支配别人的活动或支配社会财富的权力"。⑤ 这深刻地表明,人们的普遍联系在普遍交换中被异化为物与物的关系,由此便构成了马克思所指认的"以物的依赖性为基础的人的独立性"的人的存在方式。这就是"现实的历史"中的"现实的人"。

正是基于对价值形态的历史性的考察与分析,马克思对人的存在的历

---

① 《马克思恩格斯全集》第 44 卷,人民出版社 2001 年版,第 215 页。
② 《马克思恩格斯全集》第 30 卷,人民出版社 1995 年版,第 106 页。
③ 同上书,第 106—107 页。
④ 《马克思恩格斯全集》第 44 卷,人民出版社 2001 年版,第 109 页。
⑤ 《马克思恩格斯全集》第 30 卷,人民出版社 1995 年版,第 106 页。

史形态作出如下的著名论断："人的依赖关系（起初完全是自然发生的），是最初的社会形式，在这种形式下，人的生产能力只是在狭小的范围内和孤立的地点上发展着。以物的依赖性为基础的人的独立性，是第二大形式，在这种形式下，才形成普遍的社会物质变换、全面的关系、多方面的需要以及全面的能力的体系。建立在个人全面发展和他们共同的、社会的生产能力成为从属于他们的社会财富这一基础上的自由个性，是第三个阶段。第二个阶段为第三个阶段创造条件。"① 由此我们可以看到，马克思所揭示的人的存在，绝不是"独立的哲学"所说的"抽象的人"的存在，而是"现实的人及其历史发展"的存在。正因为马克思关于人的历史形态的论断是基于对"最发达的和最多样性的历史的生产组织"即资本主义社会的"元素形式"——商品——的价值实现方式的分析，即对"货币"所表现的"人的社会关系转化为物的社会关系"的分析，因此，马克思关于人的存在的历史形态的论断，就不仅是描述性地概括了人的存在的历史，而且是反思性地揭示了人的现实存在的秘密：人的社会关系体现为物的社会关系，因此人的存在成为"以物的依赖性为基础的人的独立性"的存在。这就是"现实的历史"中的"现实的人"的存在，即现代社会的人的存在。

对于"以物的依赖性为基础的人的独立性"，马克思不仅作出上述论断，而且对这个论断作出如下的哲学阐释："个人现在受抽象统治，而他们以前是互相依赖的。但是，抽象或观念，无非是那些统治个人的物质关系的理论表现。"② 正是在这个意义上，马克思指出，作为"思想中所把握到的时代"的黑格尔哲学，其"抽象"的哲学理念并不是超然于时代之外的玄思和遐想，而是以"最抽象的形式"表达了人类"最现实的生存状况"——"个人现在受抽象统治"，即"人的独立性"以对"物的依赖性为基础"。值得深思的是，哲学界经常引证的马克思关于人的存在的历史形态的论断及其解释，恰恰是在似乎与"哲学"风马牛不相及的《资本论》手稿的"货币章"中作出的。这表明，离开马克思的"对现实的描述"的

---

① 《马克思恩格斯全集》第30卷，人民出版社1995年版，第107—108页。
② 同上书，第114页。

《资本论》，离开《资本论》的"政治经济学批判"，就不可能真正地理解马克思的哲学批判以及在这种批判中所构成的马克思主义的"世界观"在马克思这里，历史与逻辑的统一，不是黑格尔的以"无人身的理性"所构成的"思想的内涵逻辑"，而是以"现实的人及其历史发展"为内容的"历史的内涵逻辑"。由此我们可以进一步理解，马克思、恩格斯为什么强调他们的哲学只是"从对人类历史发展的考察中抽象出来的最一般的结果的概括"，也就是"关于现实的人及其历史发展的科学"。

第三节 实践逻辑的前提批判

实践是人的存在方式。人类用以把握世界的形式逻辑和内涵逻辑，都是以人的实践活动为基础的。对构成思想的基本逻辑的前提批判，必须诉诸对实践逻辑的前提批判。

一 实践范畴的矛盾分析

"实践"这个范畴集中地体现了人对世界的特殊关系——人对世界的否定性的统一关系，也就是人把自己的"目的性"要求以"对象化"的方式变为现实的人与世界的关系。正是人对世界的否定性的统一关系，构成了人类思维的实践逻辑。

人类存在的矛盾性，从根本上说，就是人类存在的实践性；或者说，人类存在的实践性，是人类存在的全部矛盾性的根源。因此，对人类存在的矛盾性的认识，必须诉诸对人类存在的实践性的理解；以理论的方式反思人类存在的矛盾性，必须升华为对人类存在的实践性的反思；对"思维和存在的关系问题"的前提批判，必须深化为对实践逻辑的前提批判。

人是世界上最奇异的存在：人创造了人自己，人创造了人的世界；人永远创造着自己，人永远创造着人的世界；人永远是未完成的存在，人的世界永远是未完成的存在。人类的创造性、未完成性和无限的开放性，就是人类存在的实践性。实践，"就是人类为了自己的生存和发展所进行的能动地改造世界的一切社会性的客观物质活动"。"实践的基本特点是客观现实性、自觉能动性和社会历史性。"① 在人类的实践活动中，蕴含着人与世界之间的全部矛盾关系；在人的实践逻辑中，蕴含着"思维和存在"的全部的"关系问题"。

实践活动，首先是物质生产的实践活动，使人类成为认识世界和改造世界的主体，并使世界成为人类认识和改造的对象。这意味着，实践是主体与客体关系、主观与客观关系的基础。同时，人在自己的实践活动中，使自在的自然变成"属人的自然"、"人化了的自然"，也就是使自然的世界变成"属人的世界"。实践使世界二重化为"自在的世界"（自然的世界）和"自为的世界"（属人的世界）。

实践活动使世界二重化为"自在的世界"和"自为的世界"，也使人类自身二重化为"自然性"与"社会性"的对立统一，即人自身的"自在性"与"自为性"的对立统一。人的自然性或自在性，表明了自然对人的"本原性"；而人的社会性或自为性，则表明了人对自然的"超越性"。因此，在人类自身的实践活动中，蕴含着人自己的自然性与社会性、自在性与自为性的矛盾，并从而构成了哲学反思中的自然对人的"本原性"与人对自然的"超越性"的矛盾。

实践活动是人类有意识、有目的、能动地改造世界的客观物质活动，因此，由人类的实践活动所构成的人类历史，也表现出显著的二重性：一方面，历史是人们的有目的的活动过程，是人们自己创造自己的历史；另一方面，历史是一个有规律的发展过程，人们无法改变历史的发展规律。所以，在人类自身的实践活动中，蕴含着人的创造性与历史的规律性的"二律背反"，蕴含着人们经常争论的"环境决定人"与"人决定环境"的"二律背反"。这些历史观中的"二律背反"，恰恰构成了哲学反思的理论前提。

由人类的实践活动所构成的世界的二重性、人的二重性和历史的二重性，其根源在于实践活动本身的二极性。人类实践活动的二极性，主要表现在下述方面：

其一，实践主体的自然性与超自然性。实践活动是人以自己的感性的自

---

① 李秀林等主编：《辩证唯物主义和历史唯物主义原理》，中国人民大学出版社1990年版，第231页。

然（肉体组织），并通过感性的中介（物质工具），去改造感性的对象（物质世界）。离开实践主体的自然的感性存在，就没有感性的实践活动。"但人不是简单的自然存在物，而是具有理智的人的自然存在物。人不像动物那样无意识地适应自然界，而是在适应自然界的同时使自然界适应自己，满足自己的需要。""正是这种双重的适应性，即环境对人和人对环境的不断作用与反作用，决定了人的活动的本质。"[①] 离开超自然性的自然性，人只能像动物一样去适应自然；反之，离开自然性的超自然性，人的超自然性只能是一种神秘的、抽象的特性。因此，作为实践主体的人，其自然性是具有超自然性（自为性）的自然，其超自然性是具有自然性（自在性）的超自然性。只有辩证的哲学反思，才能超越把人的自然性与超自然性分割开来的知性思维，达到对人的自在自为的辩证理解。

其二，实践活动的合目的性与合规律性。实践是人的有目的的自觉活动，是人把自己的目的和要求变成现实的活动。作为实践主体的人，自己给自己构成人所要求的世界图景，并以自己的实践活动使世界变成自己理想的世界。但同时，实践作为人的客观物质性活动，又必须面对客观世界，以客观世界为转移。因此，一方面，实践主体要按照自己的欲望、目的、要求去改变世界；另一方面，实践主体的目的性要求又必须积淀着关于世界的规律性认识，这种目的性要求才能得以实现。由此便构成了实践活动中的"合目的性"与"合规律性"的矛盾。这种矛盾也只有在辩证哲学的反思中才能得到合理的理解。

其三，实践活动的"人的尺度"和"物的尺度"。人类实践活动的特殊性，在于人类是依据"两种尺度"来进行自己的生命活动。实践活动的"合目的性"，本质上是以"人的尺度"去要求客观世界；实践活动的"合规律性"，则是以"物的尺度"去规范人的目的与活动。因此，实践活动的"合目的性"与"合规律性"的矛盾，深层地看，是"人的尺度"与"物的尺度"的矛盾。关于这个深层矛盾，马克思曾经指出："动物只是按照它所属的那个物种的尺度和需要来进行塑造，而人则懂得按照任何物种的尺度来进行生产，并且随时随地都能用内在固有的尺度来衡量对象；所以，人也

[①] ［法］科尔纽：《马克思的思想起源》，王瑾译，中国人民大学出版社1987年版，第75页。

按照美的规律来塑造。"① 这就是说：动物只有一个"尺度"，即它所属的那个"物种"的尺度；人则有两种"尺度"，即"任何物种"的尺度和人的"内在固有"的尺度；人的实践活动既是以"人的尺度"去改变世界，又是按照每种"物的尺度"去规范自己的思想与行为；正是在这两个"尺度"的对立统一中，实践活动实现为"合目的性"与"合规律性"的对立统一。

其四，实践活动中的客体主体化与主体客体化。实践活动是一个双重化的过程：一方面，实践主体以"人的尺度"去要求实践客体，把自己的"目的性要求"变成现实的存在，这就是所谓的主体客体化（客体变成主体所要求的客体）；另一方面，实践主体又以"物的尺度"去规范自己的思想与行为，按照"客观规律"去进行实践活动，这就是所谓的客体主体化（主体成为掌握客体规律的主体）。正是在这种主体客体化与客体主体化的对立统一中，人实现了改造世界与改造自身的对立统一。在人类的实践活动中，这种主体客体化与客体主体化的过程是不断扩展与深化的。因此我们可以说，"实践既是消除主观性与客观性各自的片面性、使主体与客体达到统一的活动，又是发展主观性与客观性的对立、造成主体与客体新的矛盾的活动。总之，在实践活动中不仅蕴藏着人类社会生活的一切秘密，也蕴藏着人的对象世界的一切秘密；它是人类面对的一切现实矛盾的总根源，同时又是人类能够获得解决这一切矛盾的力量和方法的源泉和宝库"②。

实践作为人的存在方式，它不仅蕴含着实践主体的自然性与超自然性、实践活动的合目的性与合规律性、实践过程的人的尺度与物的尺度、实践结果的主体客体化与客体主体化的诸多矛盾，而且还蕴含着实践活动的现实性与普遍性、现实性与理想性、现实性与无限性的矛盾。这些矛盾更为深刻地构成了人类思维的实践逻辑。

二 实践的内在矛盾与实践的逻辑

实践的逻辑既源于实践的内在矛盾，又是实践的内在矛盾的逻辑化。因此，反思实践的逻辑，就是具体地探讨实践的内在矛盾。

---

① 马克思：《1844年经济学—哲学手稿》，人民出版社1979年版，第50—51页。
② 高清海：《论实践观点作为思维方式的意义》，《社会科学战线》1988年第1期。

首先，我们分析实践活动的现实性与普遍性的矛盾关系。

哲学反思，是把"思维和存在的关系"作为"问题"来进行理论思考；而"思维和存在的关系"及其所蕴含的全部问题，则根源于人类的实践活动。思维的最本质、最切近的基础既不是思维本身，也不是与思维相对立的存在，而是构成思维和存在的关系的人类实践活动。以实践为基础的人类思维活动，既包括实现思维与存在具体统一的"构成思想"的活动，也包括把思维与存在具体统一的"思想"作为再思想的对象的"反思思想"的活动。这种"反思思想"的活动，从根本上说，是由实践活动的现实性与超现实性（普遍性、理想性、无限性）的矛盾所决定的。因此，我们需要具体地分析实践活动的现实性与超现实性的矛盾，从而深切地把握哲学反思的生活基础。

在对实践的通常解释中，往往侧重于强调它的现实性，而忽视分析它的普遍性。列宁在解释实践与理论的关系时，曾作出这样的论断："实践高于（理论的）认识，因为它不但有普遍性的品格，而且还有直接现实性的品格。"① 实践具有"直接现实性"的品格，即"使主观见之于客观"的品格，把主观目的变成客观现实的品格，这种品格是"理论"所不具有的，因而是实践"高于"理论的地方；但这并不是否认实践具有"普遍性"的品格，恰恰相反，实践的"普遍性"品格正是理论的"普遍性"的基础。而在探寻哲学反思的生活基础时，我们会发现，实践自身所具有的"直接现实性"与"普遍性"的矛盾关系，从人类的生存方式上决定了人类思想的哲学维度——反思。

人类思维，以及由人类思维活动所构成的理论，具有人所共知的把握和解释世界的"普遍性"品格。思维的"普遍性"品格，从最深层上看，就是思维的"逻辑"的普遍性。而对于思维的"逻辑"，列宁曾明确地从实践论的视野提出"逻辑的格"的问题。列宁说："人的实践活动必须亿万次地使人的意识去重复各种不同的逻辑的格，以便使这些格能够获得公理的意义。"② 又说，"人的实践经过千百万次的重复，它在人的意识中以逻辑的格

---

① 列宁：《哲学笔记》，人民出版社 1974 年版，第 230 页。
② 同上书，第 203 页。

固定下来。这些格正是（而且只是）由于千百万次的重复才有着先入之见的巩固性和公理的性质"①。

思维的"逻辑"源于人类的实践活动，这意味着，人类的实践活动本身是一种具有"普遍性"的"逻辑"。实践的"逻辑"，直接地表现为是一种"感性活动"的逻辑、外部操作的逻辑。实践的"感性活动"的逻辑，既受外部存在的制约，又受意识活动的制约；既改变外部存在，又变革意识活动。正是在这种双重制约（外部的和内在的制约）与双向变革（外部的和内在的变革）的"亿万次"的实践活动中，实践形成了自己的"感性活动"的"逻辑"，并使人类的意识（思维）也"亿万次"地重复"各种不同的逻辑的格"，从而使实践的"感性活动"的逻辑转化成意识的（思维的）运演的逻辑，并使思维的逻辑"获得公理的意义"。

思维的逻辑以思维规律、思维规则、思维方法和思维运算与逻辑运演的方式去抽象和表述事物的"普遍性"、"必然性"和"规律性"；反过来，思维的逻辑又以这种"普遍性"、"必然性"和"规律性"去调节、控制、规范人类的实践活动，从而使这种"普遍性"、"必然性"、"规律性"的认识获得"直接现实性"。我们应当看到，正是实践活动的"普遍性"与"现实性"的矛盾，构成了人类存在的矛盾性：从实践活动的"每次现实"和"个别实现"来说，实践总是具体的思想获得现实性的过程；而从实践活动的"总体性"和"过程性"来说，实践又是人类所形成的全部思想获得现实性的过程。因此，人类的实践活动既要实现思维与存在、主观与客观的具体的统一，即"构成思想"，使这种思想获得具体的现实性；人类的实践活动又要求反省思维与存在、主观与客观的具体的统一，即"反思思想"，使思想跃迁到新的逻辑层次，并在新的逻辑层次上进行新的实践活动。这表明，实践活动自身所具有的普遍性与现实性的矛盾，决定了人类思想的反思的维度。这个问题，是值得我们深长思之的。

其次，我们分析实践活动的现实性与理想性的矛盾关系。

现实性与理想性，是蕴含在实践活动之中的又一对矛盾。列宁说："人

---

① 列宁：《哲学笔记》，人民出版社1974年版，第233页。

的实践=要求（1）和外部现实性（2）。"① 关于人的实践的"要求"，列宁解释说："世界不会满足人，人决心以自己的行动来改变世界。"② 而关于人的实践对世界的"改变"，列宁则更为深刻地指出："人给自己构成世界的客观图画，他的活动改变外部现实，消灭它的规定性（=变更它的这些或那些方面、质），这样，也就去掉了它的假象、外在性和虚无性的特点，使它成为自在自为地存在着的（=客观真实的）现实。"③

人的实践的"要求"或"目的"，是"非现实"的观念性的存在，即作为实践活动的动力与指向的"理想性"的存在；人的实践的"外部现实性"，则是把这种"理想性"的要求或目的变成"现实"的客观存在。这表明，实践的本质在于：现实的人总是不满足于自己的现实，总是要把现实变成理想的现实。

人把理想变成现实的实践活动，是以"人给自己构成世界的客观图画"，并"决心以自己的行动来改变世界"为前提的。这就是说，在实践活动的前提中，已经包含着理想性（"人给自己构成"的关于"世界的客观图画"，以及把这种"图画"变成现实的"决心"）与现实性（世界自己的"客观图画"，即尚未被人的"决心"改变的世界）的深刻矛盾。而人的实践过程，则是这样的一种双重化过程，即：一方面是使世界的"现实性"（世界自己的"客观图画"）变成"非现实性"（"变更"世界的"这些或那些方面、质"）；另一方面是使人的"理想性"（"人给自己构成"的关于"世界的客观图画"）变成客观存在的"现实性"［使世界成为"自在自为地存在着的（=客观真实的）现实"］。这样，实践活动就使自在世界的"现实性"变成了"非现实性"，而使自为的人的"理想性"变成了真正的"现实性"，并从而使世界变成了"自在自为"的现实——按照人的理想所创造的客观存在。

实践活动的"理想性"与"现实性"的矛盾，使人与世界之间构成了一种独特的否定性的统一关系，即：人以"理想性"的要求而"现实"地

---

① 列宁：《哲学笔记》，人民出版社1974年版，第229页。
② 同上。
③ 同上书，第235页。

"否定"世界的现存状态，使世界变成人所要求的现实，并在这种现实中实现人与世界的统一。正是在实践活动的"理想性"与"现实性"的矛盾中，构成了思想自我反思的生活基础：人与世界之间究竟是怎样的关系？人应当如何对待理想与现实？是现实规范理想，还是理想塑造现实？在人的思想活动中，"是"（现实）与"应当"（理想）如何统一？人类思想的"逻辑支撑点"究竟是什么？

再次，我们分析实践活动的现实性与无限性的矛盾关系。

实践活动中的又一对矛盾，是现实性与无限性的关系。人类实践活动的"每次现实"和"个别实现"是有限的，而人类实践活动本身却是一个无限的历史展开过程。实践活动作为思维与存在、主观与客观、人的尺度与物的尺度、合目的性与合规律性、自然的世界与属人的世界、人的自然性与人的自为性、人们创造历史与历史发展规律等人与世界之间全部矛盾的"交错点"，它并不是一个凝固的、静止的、孤立的"点"，而是聚集在这个"交错点"上的全部矛盾的历史展开过程。

按照黑格尔的说法，无限就是有限的展开过程。在实践的展开过程中，表现了实践的无限的指向性和无限的过程性。人类的实践活动，是由于"世界不会满足人，人决心以自己的行动来改变世界"的活动[①]，是把世界变成人所希望的世界的活动，也就是把理想变成现实的活动。人类的实践活动中所蕴含的理想性是一种无限的指向性。因此，基于人类实践的人类思维，总是表现为对无限的寻求：寻求作为世界统一性的"终极存在"、寻求作为知识统一性的"终极解释"、寻求作为意义统一性的"终极价值"。正是人对世界的否定性统一的实践逻辑，决定了人类思维的无限的指向性，并进而决定了哲学的"终极关怀"。

从人类的实践的存在方式出发，并且更为直接地从实践的现实性与无限性的矛盾出发，我们就会懂得：哲学追寻作为世界统一性的"终极存在"，这是人类实践和人类思维作为对象化活动所无法逃避的终极指向性。这种终极指向性促使人类百折不挠地求索世界的奥秘，不断地更新人类的世界图景和思维方式；哲学追寻作为知识统一性的"终极解释"，这是人类思维在对

---

① 列宁：《哲学笔记》，人民出版社 1974 年版，第 229 页。

终极存在的反思性思考中所构成的终极指向性。对终极解释的关怀，就是对"思维与存在的关系问题"的关怀，就是对思维规律能否与存在规律相统一的关怀，也就是对人类理性的关怀。这种关怀促使人类不断地反思"思维和存在的关系问题"，从而历史地发展了人类思想的反思的哲学维度；哲学追寻作为意义统一性的"终极价值"，这是人类思维反观人的自身存在所构成的终极指向性。对终极价值的关怀，就是对人与世界、人与社会、人与自我的相互关系的关怀。这种关怀促使人类不断地反思自己的全部思想与行为，并寻求评价和规范自己的思想与行动的标准和尺度。

由此可见，作为哲学基本问题的"思维和存在的关系问题"是以人类实践活动的现实性与普遍性、现实性与理想性、现实性与无限性的矛盾为实质内容的，古往今来的哲学对世界统一性（终极存在）、知识统一性（终极解释）和意义统一性（终极价值）的寻求，并不是与人类实践活动无关的或超然于人类历史活动之外的玄思和遐想，而恰恰是植根于人类的实践的存在方式。实践具有无限的指向性，哲学则试图通过对世界统一性（终极存在）的确认、对知识统一性（终极解释）的占有、对意义统一性（终极价值）的规定，来奠基人类自身在世界中的安身立命之本，即人类存在的"最高支撑点"。因此，从哲学与人类存在的矛盾性的关系中，从哲学与人类存在的实践性的关系中，我们应当得出这样的基本结论，即：对于改造世界和认识世界的主体来说，哲学是人类把握世界的不可或缺和不可替代的基本方式；而哲学的存在与发展，则深深地植根于人类自身的存在方式——实践。实践的逻辑应当成为反思哲学及其"基本问题"的现实基础。

第三章
构成思想的基本方式的前提批判

　　人类在实践活动中所形成的关于整个世界的全部思想，不仅是以思维规律把握存在规律所形成的认识成果，而且是以自己把握世界的诸种方式所构成的认识成果。离开人类把握世界的基本方式，就无法构成现实的"思维和存在的关系"，就无法形成"属人的世界"。因此，对思想的前提批判，不仅要诉诸对构成思想的基本信念和基本逻辑的前提批判，还必须诉诸对构成思想的基本方式的前提批判。

　　人的思想活动不仅遵循思维规律，而且是以自己把握世界的各种基本方式而构成关于世界的思想。所谓"人类把握世界的基本方式"，简洁地说，就是人类把"自在世界"变成自己的"属人世界"的方式。人类在其漫长的形成和演进的过程中，逐渐地形成了人与世界之间的特殊关系，即人类不仅是以其自然器官与世界发生自然的"关系"，而且特殊地以自己的"方式"为"中介"而与世界发生"属人"的"关系"。常识、宗教、艺术、科学和哲学等，就是人类在实践活动的基础上所形成的与世界发生真实关系的"中介"，也就是人类"把握"世界的"基本方式"。人类的全部思想，都是由人类把握世界的各种基本方式——常识、宗教、艺术、科学和哲学——所构成的；因此，哲学对思想的前提批判，必然指向对构成思想的各种"基本方式"的前提批判。

　　人类把握世界的各种基本方式，在其直接性上，首先是为人类提供了丰富多彩的"世界图景"，即常识的、宗教的、艺术的、科学的和哲学的"世界图景"；而它们之所以能够提供各种各样的"世界图景"，则在于它们本身是人类把握世界的不同方式，即宗教的、艺术的、常识的、科学的和哲学的"基本方式";这些基本方式不仅为人们提供各种各样的"世界图景",而且为人们的思想和行为提供各自的"思维方式"和"价值规范",即宗教的、艺术的、常识的、科学的和哲学的思维方式和价值规范。这样,人类把握世界的各种基本方式,就以"世界图景"、"思维方式"和"价值规范"的三重内涵而构成哲学反思的对象。

第一节 常识的前提批判

常识是人类把握世界的最基本和最普遍的方式,是包括哲学在内的其他各种方式得以形成和发展的坚实基础。正因如此,人们往往习惯性地以常识方式去理解和解释包括哲学在内的其他各种方式,以至于把"哲学"当作常识的延伸和变形,即把"哲学"变成某种冠以哲学名词的常识。这是对哲学的最具普遍性的也是最为严重的误解。这种误解的后果在于,人们不是用"哲学"去化"常识",即不是把人们的思维从常识上升为哲学,而是用"常识"去化"哲学",即把哲学变成了依附于经验的常识。因此,在哲学对构成思想的基本方式的前提批判中,应当特别地提出和探索哲学对常识的前提批判。

常识的本质特性在于其经验性。常识来源于经验,符合于经验,适用于经验,但其自身无法超越于经验。从人类把握世界的基本方式所构成的世界图景、思维方式和价值规范看,常识的世界图景,是以人们的经验的普遍性和共同性为中介而构成的世界图景;常识的思维方式,是以经验的确定性为基础而形成的非此即彼的思维方式;常识的价值规范,是以共同经验所形成的普遍信念来规范人们的思想与行为。常识对人类的生存与发展具有最重要的生活价值,但又总是由于其本质的经验性而成为哲学批判性反思的对象。

一 常识的世界图景、思维方式和价值规范

常识就是普通、平常但又持久、经常起作用的知识。它是人类世世代代的经验的产物,是人类在最实际的水平上和最广泛的基础上对人类生存的自然环境、社会环境和一般文化环境的适应。人类的常识犹如动物的保护色,是人类生存的一种重要手段,对人类的生存具有重要价值。

常识是每个健全的正常人普遍认同和普遍遵循的知识。人人都在生活经验中分享常识、体验常识、重复常识和贡献新的常识。在常识概念框架中，人们的经验世界得到最广泛的相互理解，人们的思想感情得到最普遍的相互沟通，人们的行为方式得到最直接的相互协调，人们的内心世界得到最便捷的自我认同。常识是人类把握世界和自我及其相互关系的最具普遍性的基本方式。

常识的最本质的特性，就是它的经验性，因此，常识概念总是依附于经验表象，并围绕着经验表象旋转，由此而形成的常识的世界图景，就是经验的世界图景，也就是以人们的经验的普遍性为中介的世界图景。这就是说，常识的世界图景是由人们的共同经验构成的。在"共同经验"中，人们形成了共同的"世界图景"。这种"共同经验"的"世界图景"，具有直观性或给予性、凝固性或非批判性等特征。

首先，由"共同经验"构成的常识的世界图景，具有显著的直观性或给予性。人们以常识去观察、描述和解释世界，其实质是以经验的普遍性去把握世界，去形成具有经验的共同性的世界图景。正是由于这种常识的世界图景以经验的共同性为实质内容，所以它符合于经验主体的直接经验，并适合于对这种直接经验的解释。由经验直观而形成的世界图景，又直观地呈现给经验的主体。因此，对于经验主体来说，这种直观的世界图景，具有双重意义：一方面，"世界"以经验的普遍性和共同性为内容而给予经验主体；另一方面，经验主体又以经验的普遍性和共同性为中介而直观"世界"的存在。在"世界"、"主体"和"经验"的三者关系中，"经验"既是构成主体的世界图景的中介，又是"世界"在主体的表象和思想中的"图景"，因此，经验的普遍性与共同性，是常识的世界图景的构成中介与实质内容的统一。经验主体就是在常识概念与经验直观的统一中，既达到对经验世界的自我理解，又实现了经验主体之间的相互理解，由此便构成了人们的常识的世界图景。

其次，由"共同经验"构成的常识的世界图景，又具有显著的凝固性和非批判性。在常识自身的延续与积累的意义上，由常识构成的世界图景，总是不可逃避地依附于经验的共同性，因而无法超越经验而构成具有科学意义的世界图景。这种常识的世界图景以其经验的给予性和直接性为前提，而表现为经验的延续性和非批判性。

常识的世界图景以共同经验的历史性遗传为中介，而实现其世世代代的延续，因此它在本质上是一个僵化的、凝固的世界图景，即永远是共同经验的世界图景。作为经验个体来说，以分享常识为基础而构成的经验世界图景，由于概念对经验表象的依附性，概念总是围绕不断流变的表象旋转，概念自身只不过是表述经验的名称，因此常识的世界图景总是一个混沌的整体。更为重要的是，由于常识概念依附于经验表象，超越经验即是对常识的挑战，所以常识自身是非批判的和非反思的，由常识所构成的经验的世界图景也是非批判的和非反思的。

常识的世界图景与常识的思维方式密不可分。常识的思维方式，就是形成于人们的日常生活又适用于人们的日常生活的思维方式，常识的世界图景就是由常识的思维方式所构成的世界图景。在日常生活中，人们的经常的提问方式是："有"还是"没有"？"是"还是"不是"？"真的"还是"假的"？"对的"还是"错的"？"美的"还是"丑的"？"善的"还是"恶的"？"好的"还是"坏的"？如此等等。与这种提问方式相对应，人们的经常的回答方式是："有"或者"没有"；"是"或者"不是"；"真的"或者"假的"；"对的"或者"错的"；"美的"或者"丑的"；"善的"或者"恶的"；"好的"或者"坏的"；如此等等。如果我们分析一下日常生活中的提问方式和回答方式，就会发现，在这种提问方式和回答方式中隐含着一个思维公式：要么 P，要么 Q。这个思维公式表达了一种非此即彼、两极对立、互不相容的思维公式。这就是以日常生活为基础的常识的思维方式。

人们的日常生活，是一种依据"共同经验"的生活，也是一种遵循"共同经验"的生活。在这种依据和遵循"共同经验"的日常生活中，"共同经验"是把人与世界联系起来、统一起来的"中介"。在这种以"共同经验"为中介的人与世界的关系中，人作为既定的经验主体，以"直观"的方式把握世界；世界作为既定的经验客体，以"给予"的方式而呈现给认识的主体（人）。在这种"直观—给予"的主—客体关系中，主体的经验与经验的客体之间具有确定的、稳定的、一一对应的、非此即彼的经验关系。在这种经验关系中，人的"共同经验"是确定的，因此，它要求经验主体的思维必须保持非此即彼的确定性，首先是保持对"有"与"无"、"存在"

与"非存在"、"真"与"假"、"是"与"非"、"善"与"恶"、"美"与"丑"等具有最大普遍性的对应范畴的非此即彼的断定。所以，在常识的思维方式中，白的就是白的，黑的就是黑的，男人就是男人，女人就是女人，太阳就是太阳，月亮就是月亮，有利就是有利，有害就是有害，美的就是美的，丑的就是丑的，一切都是泾渭分明、非此即彼的存在。"两极对立"，"非此即彼"，这是以日常生活为基础的常识思维方式的根本特性，也是人们平常所说的"形而上学"的思维方式的本质特征。

作为思维方式的"形而上学"，是指一种以否认矛盾的观点看待世界的哲学理论，是指一种在"绝对不相容的对立中思维"的思维方式。马克思和恩格斯曾经深刻地阐述了形而上学思维方式的本质、特征和根源，恩格斯还具体地阐述了这种"形而上学"的思维方式与"常识"的关系。恩格斯指出，所谓"形而上学"的思维方式，就是"在绝对不相容的对立中思维"。恩格斯还具体地提出，"是就是，不是就不是；除此以外，都是鬼话"，这就是形而上学的"思维公式"[1]。那么，为什么这种形而上学的思维方式和"思维公式"会在人们的思维活动中占有牢固的地位？为什么人们常常是在"绝对不相容的对立中思维"？对于这个人们常常感到困惑的问题，恩格斯作出了非常明确的回答："初看起来，这种思维方式对我们来说似乎是极为可信的，因为它是合乎所谓常识的。"[2]

人的生活，最基本的和最普遍的是"日常生活"。日常起居，日常劳作，日常交往，日常娱乐，构成了人们的最普通、最平常但又最基本、最普遍的"日常生活"。在"日常生活"中，在日常活动的范围内，"常识"是"极可尊敬的"。这具体地表现为：简单推论的常识可以满足人们日常活动中的形式逻辑推理；一般的生活常识可以作为技术格言和道德箴言，既满足日常活动中的处理各种事物的需要，又满足日常交往中的调节人际关系的需要；模糊的自然常识，在并非要求对自然现象作出精确解释的日常活动中，可以基本满足人的活动适应自然规律的需要；警世格言式的政治常识，使人们在日常活动中持有一种可以得到某种相互认同的对政治的评论、解释和期

---

[1] 参见《马克思恩格斯选集》第三卷，人民出版社1995年版，第361页。
[2] 同上。

待，从而满足人们在日常活动中关注天下大事、体现人心向背的需要。而所有这些满足日常生活需要的"常识"，都是从世世代代的个体经验中积淀出来的"共同经验"。它适用于人们的"日常生活"，但却只能是适用于人们的日常生活。一旦超出人们的日常生活，"常识"以及常识的思维方式，就会遭到恩格斯所说的"最惊人的变故"。所以，要变革人们的常识的、形而上学的思维方式，即改变人们在"绝对不相容的对立中思维"，首要的是拓宽、深化和转换人们的"活动范围"。一旦人们进入"广阔的研究领域"，就需要超越这种常识的、形而上学的思维方式。

我们还应看到，常识既具有描述和解释世界的功能，又具有约束和规范人们的思想和行为的功能即价值规范的功能。常识是作为世界图景、思维方式和价值规范三者的统一而存在的。它规范着人们的所思所想和所作所为。在人们的"日常生活"中，常识既是人们的思想和行为的根据，也是人们的思想和行为的限度。常识对人的思想和行为具有规定和否定的双重规范作用。这就是作为价值规范的常识。

常识作为最普通、最平常但又最普遍、最持久的知识，它的规范作用也是最为普遍和最为持久的。正是在常识的价值规范中，人们的价值观念得到最广泛的相互理解，人们的价值标准得到最普遍的相互认同，人们的价值取向得到最深层的相互调整，人们的价值理想得到最持久的相互激励。因此，常识的价值规范是人们的日常生活的最坚实的根基，也就是人的存在方式的最深厚的根基。它在最实际的水平上和最广泛的日常生活中，发挥其对人类维持自身存在的生活价值。它还以其独特的隐喻形式（如谚语、格言、箴言等）而拓展和延伸其适用范围和使用价值。这样，常识的价值规范就以"文化传统"、"民族心理"等形式得以世代延续，并由此构成人类的、民族的普遍性的价值规范。

常识的价值规范，正如常识的世界图景和常识的思维方式，同样是经验的普遍性的产物。在常识的价值观念中，人们的思想与行为的根据和标准、范围与限度，都是经验的普遍性。人们的所思所想和所作所为，直接受到常识的世界图景和常识的思维方式的制约，任何超越普遍经验的思想与行为，都是对常识价值规范的亵渎与挑战，都会被视为"荒诞不经"和"胡作非为"。经验性的价值观念，决定了常识价值规范的三大特性：一是它的狭隘性，即无法超越"共同经验"；二是它的保守性，即倾向于墨守既定的价值规范；三是它的极端性，即习惯于在两极对立的思维方式中进行价值判断。

常识的价值观念，从根本上说，是以常识的思维方式去进行价值判断。因此，在常识的价值判断中，总是习惯于"定性"地作出判断，而不是"定量"地进行分析；总是"孤立"地评价经验的具体对象，而不是"系统"地考察对象的诸种关系；总是着眼于"当下"的利弊得失，而不是着重于"长远"的根本利益；总是在"两极"的对立中进行判断，而不是以"中介"的观点去寻求"必要的张力"。在常识的两极对立、非此即彼的思维方式的制约下，常识的价值判断也具有两极性的特征。是非，好坏，善恶，美丑，福祸，荣辱，君子小人，崇高渺小，被常识的价值观念泾渭分明地断定成非此即彼的存在。

以上分析表明，常识的经验性决定了由常识构成的世界图景、思维方式和价值规范的经验性、表象性、有限性和非批判性。对常识的前提批判，就是对常识的世界图景、思维方式和价值规范的超越。

二　常识的局限与超越

常识来源于经验，适用于经验，但不能超越经验。对经验的依附性是常识的本质特性。与此相反，虽然哲学的最终来源也是人类实践活动中所积累起来的经验，并且在最终的意义上也要经由人类实践的检验而适用于经验，但哲学的本质特性之一，却正在于它的"超验"（超越经验）的特性。常识的经验性与哲学的超验性，从最深层上决定哲学不是常识的"延伸"或"变形"，而是对常识的"超越"。在这个意义上，哲学就是在批判地反思常识中形成和发展的。

在原始人那里，是以某种幻化的方式去把握世界，自然现象总是按照人的经验来设想，而人的经验又按照宇宙的事件来设想，因而总是以种种臆想的原因来"解释"人类的经验及其经验的对象。这意味着人类的理论思维及其基本方式（科学和哲学）尚未形成。人类理论思维方式的形成，是以系统化的概念体系去描述和解释经验世界为标志的。这种用以描述和解释世界的系统化的概念体系，它所表述的已不是既定的、直观的经验事实，而是用以解释经验事实的关于"本质"、"共性"、"规律"、"必然"的认识，即是一种关于"普遍必然性"的知识。这种"普遍必然性"的知识，是关于超越经验对象的并用以解释经验对象的知识，因而是一种源于经验但又超越经验的知识。超越常识的哲学和科学作为人类理论思维的基本方式，都具有这种"超验"的特性。

从对常识的超越说，哲学的"超验"性特别充分地表现在它的研究对象和研究方式上。人类思维概括和解释的对象，不仅包括具体的事物，而且包括整体的世界。哲学思维就是从寻求对世界的统一性解释而萌发和形成的。古代哲学就已经从寻求现实的因果关系而逐步地转向探寻世界的现象与本质的逻辑关系，从而把世界的统一性视为超越经验而为思维所把握的"本体"。这就是整个传统哲学的"形而上学"的本质，也是全部哲学的"超验"的特性。

哲学的"超验"特性，更为深刻地表现在哲学的基本问题是"思维和存在的关系问题"。在常识思维中，"思维"作为经验内容，"存在"作为经验对象，二者的关系是确定的、对应的，是没有"问题"的。而在哲学思维中，却不仅是把"思维和存在的关系"当作"问题"来研究，而且是作为自己的"重大的基本问题"来研究。这样，作为经验内容的"思维"和作为经验对象的"存在"，它们在常识中的确定的关系就成了"问题"。这个"问题"的实质，是哲学对经验的常识的"超越"。就是说，哲学不再像常识那样，在经验的层面上去看待"思维和存在的关系"，而是在超越经验的层面上去反思"思维和存在的关系"。在这种哲学的超验的反思中，"思维和存在的关系"成为研究的"问题"：经验的对象与经验的内容是何关系？经验的对象如何成为经验的内容？经验对象的现象与本质是何关系？人的认识如何把握经验对象的现象与本质？人的感性和理性与经验对象的现象与本质是何关系？人的感性所把握到的现象是真实的，还是人的理性所把握到的本质是真实的？如此等等的问题，就是哲学在超验的反思中所提出和追究的问题。如果把哲学视为常识的"延伸"和"变形"，把哲学变成冠以某些哲学名词的常识，那么，作为哲学基本问题的"思维和存在的关系问题"就失去了它的哲学内涵，也就是把超验的哲学变成了经验的常识。

常识对经验的依附性，集中地体现在常识思维的表象性；哲学的超验性，则显著地表现在哲学思维的概念性。

常识和哲学都需要以概念的方式来描述和解释世界，但是，概念在常识与哲学中的性质与功能却是迥然不同的。在常识思维中，概念是围绕表象旋转的，概念是以表象为转移的，概念是为表象服务的。而在哲学思维中，概念与表象的关系则颠倒过来，即：表象围绕概念旋转，表象以概念为转移，表象为概念服务。常识中的概念，它的内涵与外延的统一，是"共同经验"与"经验对象"的统一，是"共同经验"依附于"经验对象"的统一。在这个意义上，常识中的概念只不过是区分表象的"名称"。例如，人们在常识中以"太阳"、"月亮"、"星星"等概念去描述经验的对象，在这种描述中，"太阳"等概念是围绕着作为人的经验表象的"太阳"旋转的；如果失去关于"太阳"的经验表象，"太阳"这个概念就变成了纯粹的"名称"。所以，列宁曾引证黑格尔下边的论述，来说明表象和思想的关系："凡是没有思维和概念的对象，就是一个表象或者甚至只是一个名称；只有在思维和概念的规定中，对象才是它本来的那样。"[①]

在概念围绕表象旋转的常识思维中，人们既可以形成"朴素的"唯物论——肯定经验对象独立于人的意识之外，并不以人的意识为转移；也可以形成"朴素的"辩证法——肯定经验对象的流变（运动），并肯定经验对象之间的联系。但是，这种常识思维的"朴素的"唯物论和辩证法，既无法驳倒哲学唯心主义，也不可能真正地达到辩证思维。这是因为，人类的认识活动存在一个难以解决的悖论：如果人的认识全部来源于经验，那么，要问在经验之外还有没有某种不依赖于经验而独立存在的东西，便只能是请教于经验；然而，经验却在这里沉默了，而且它也不得不沉默，因为经验无法回答超越经验的问题。如果把这个问题讲得更明白些，就是：既然我们是通过自己的认识而知道外部世界的存在，那么如果我们断言外部世界先于我们的认识而独立存在，那就等于承认有一种先于认识的认识，也就是陷入了先验主义的独断论；然而，如果我们满足于"通过认识才知道外部世界的存在"，那又等于我们陷入了"存在就是被感知"的主观唯心主义[②]。这表明，以常识思维为基础的"朴素的"唯物主义，在概念围绕表象旋转的表象思

[①] 列宁:《哲学笔记》，人民出版社1974年版，第242页。
[②] 参见朱德生《关于思维与存在同一性问题的思考》，《哲学研究》1997年第3期。

维中，不可能真正地驳倒唯心主义，因而也无法彻底地坚持哲学唯物主义。在哲学层面上坚持唯物主义，必须在思维的层面上超越表象思维。

同样，以常识的表象思维为基础的"朴素的"辩证法，也不可能真正地达到辩证思维。在常识的表象思维中，人们可以在感觉、知觉的水平上承认事物的运动与联系，当然也能够在感、知觉的水平去驳斥否认事物的运动与联系的"形而上学"。然而，在常识的表象思维中，却无法理解运动与联系的"本质"；恰恰相反，人们在常识的表象思维中，总会在"本质"的层面上曲解或否认事物的运动与联系。例如，人们常常把古希腊哲学家芝诺所说的"飞矢不动"作为典型的"形而上学"命题而予以驳斥。这种驳斥，就是在表象思维的感、知觉的水平上进行的：明明箭在飞，却硬说箭不动，这不是最典型的否认事物运动的"形而上学"吗？然而，作为辩证法大师的黑格尔早就指出，芝诺从没有想到要否认作为"感觉的确实性"的运动，问题仅仅是在于"运动的真实性"。这就是说：在"感觉的确实性"上，或者说"眼见为实"上，芝诺同其他人一样，都承认"飞矢"在运动；然而，芝诺的哲学思考是表现在，他不满足于在感觉、知觉的水平上承认运动，而且要追究"运动的真实性"，也就是如何以概念的方式去表达运动的本质。这才是超越常识的哲学思考。对此，列宁曾作过如下的评论："问题不在于有没有运动，而在于如何在概念的逻辑中表达它。"① 这是因为："有没有运动"，这是在经验中可以解决的问题，因而它属于常识问题，而不是哲学问题；"如何在概念的逻辑中"去表达运动，则是超越经验的反思的问题，因而它是哲学问题，而不是常识问题。哲学问题是属于超越经验常识的概念的问题，也就是"如何在概念的逻辑中"去解决的问题。

为了深入理解这个问题，我们还可以分析古希腊哲学家芝诺的另一个命题："阿基里斯永远追不上乌龟。"芝诺提出：假如让乌龟先爬一段路，然后再让阿基里斯去追它，那么阿基里斯永远也追不上乌龟。阿基里斯是古希腊神话中的善跑的英雄。一位疾走如飞的英雄却追不上缓缓爬行的乌龟，这岂不是一个荒唐可笑的命题吗？然而，让我们在概念的层面上思考一下这个命题：阿基里斯在追上乌龟之前，必须首先到达乌龟的出发点；可是，这时

---

① 列宁：《哲学笔记》，人民出版社1974年版，第281页。

乌龟已经又向前爬了一段，阿基里斯又必须赶完这段路；由于阿基里斯与乌龟之间的距离可以依次分成无数小段，因此阿基里斯虽然越追越近，但却永远追不上乌龟。毫无疑问，"阿基里斯永远追不上乌龟"这个命题在"经验"中是不可能存在的（阿基里斯肯定会追上乌龟），因而的确是荒唐可笑的；然而，这个命题在"逻辑"上却是无懈可击的（在概念的逻辑分析中阿基里斯不可能追上乌龟），因而它揭示了人的表象思维与理性思维之间、经验常识与哲学反思之间的矛盾。哲学是在超越经验的概念层面上去"反思"经验常识，而不是在表象思维的层面上去重复和论证经验常识。

依附于经验的常识，总是面向有限性的经验，并以有限性的表象思维去看待经验所无法达到的无限，因而无法达到超验的无限性；与此相反，超越经验的哲学理性，总是面向无限的超验的存在，并以超验的无限性去看待有限的经验，因而在有限与无限的对立统一中形成辩证的哲学智慧。在人的有限的经验中，既无法确认时间的无始无终，也无法确认空间的无边无际；与此同时，在人的世世代代的经验的扩展中，人又总是感受到时间的无始无终和空间的无边无际。于是，在经验的常识中，人们总是以有限去叠加无限，用有限去追逐无限，或者是以无限去嘲弄有限，用无限去亵渎有限。作为前者，在常识的观念中，人们总是把无限视为有限的无限叠加，也就是把经验的无限扩展作为无限性的证明。对此，辩证法大师黑格尔曾深刻而尖锐地指出，把无限视为有限的叠加，把无限看成对有限的包容，就是把无限当成一种在有限事物彼岸的东西。黑格尔把这样理解的无限性称作"恶的无限性"。作为后者，在常识的观念中，又总是把对无限的不可企及折射为对社会、历史、人生的某种悲观主义的或虚无主义的理解。在经验常识的意义上，时间的无始无终确实把有限的生命反衬得几乎是无法形容其短暂，空间的无边无际确实把有限的生命反衬得无法形容其渺小。即使是使用"匆匆过客"、"沧海一粟"这样的说法，也不足以表明有限生命的短暂与渺小。以这种经验常识的有限性去看待人生，人生的确是"前不见古人，后不见来者"，"寄蜉蝣于天地，渺沧海之一粟"。

无论是以有限去追逐无限，还是以无限去嘲弄有限，在人的经验常识中，都无法达到超越经验的对有限与无限的辩证理解。因此，从经验常识中衍生出的神话和宗教，总是把无限性的存在设想为某种与"此岸世界"相对的"彼岸世界"的存在,把人的有限性的存在设想为"前世"与"来世"的无限性的存在。这表明,如果人的认识仅仅局限于经验常识,而又不能以超验的哲学作为必要的补充和升华,那么就会以神话的或宗教的方式来填补"无限性"的空缺。在人类的发展史上,通俗文化与神秘文化总是相互补充和相互支撑的。这种补充和支撑,在其最深层上,是"有限性"与"无限性"在经验常识中所实现的互补。超越经验常识对"有限性"与"无限性"的理解,就进入理论思维对"有限性"与"无限性"的理解,即对"有限性"与"无限性"的矛盾的辩证理解。哲学思维(特别是黑格尔和马克思的辩证哲学),是以过程的无限性去看待有限与无限的对立统一,因而超越了常识的表象思维,变革了常识的世界图景、思维方式和价值规范。应当看到,哲学的辩证思维对有限与无限的对立统一的理解,不仅具有"自然观"、"世界观"或"宇宙观"的意义,而且更为直接地具有"社会观"、"历史观"、"人生观"以及如何观照和体验人生的"生活观"、"价值观"和"美学观"的意义。人创造了人自己,人创造了人的世界;人永远创造着自己,人永远创造着人的世界;人永远是未完成的存在,人的世界永远是未完成的存在。这是人的无限性,也是人的世界的无限性。创造既是永恒,又是无限。人在自己的创造活动中实现生命的永恒与无限。这是哲学的辩证智慧的无限观。

常识的经验性、表象性和有限性,决定常识具有非批判的特性,即常识不具有自我批判、自我反思和自我超越的能力;与此相反,哲学的超验性、概念性和无限性,则决定哲学具有批判的特性,即哲学具有自我批判、自我反思和自我超越的能力。

依附于经验的常识,它是对经验事实的描述,而不是对经验事实的反省;它只是运用概念去描述经验事实,而不去反省描述经验事实的概念;它总是零散地、外在地、含混地表述"共同经验",而不是系统地、内在地、明确地陈述某种知识,因此,常识不具有自我批判的可批判性。作为可以批判的知识,必须是以某种稳定的形式,使思想内容得到明确阐述的系统化的概念体系。显然,这样的系统化的概念体系,已经不是依附于经验的常识,而是超越经验的理论。以概念体系形式构成的思想理论,才具备自我批判、自我反思和自我超越的条件。在人类把握世界的诸种基本方式中,科学和哲学是人类理论思维的两种基本形式，也是以概念体系形式构成的思想理论的两种基本形式。科学和哲学都具备可批判性。它们都产生于对常识的批判，并在对常识的批判和自我的批判中实现自身的发展。

在哲学的历史发展中，常识始终是哲学思想得以形成和发展的重要的批判对象。哲学总是不断地批判性地"澄清"常识，即：各种各样的常识究竟表述的是什么？常识是以何种方式而构成自己的思想内容？常识所解释的和所相信的到底是什么？常识的世界图景是如何形成，又是怎样改变的？常识的思维方式到底是一种怎样的思维方式？常识的价值规范又是一种怎样的价值规范？人类思想如何超越常识而形成科学思想？科学与常识是何关系？常识与人类把握世界的其他方式——神话、宗教、艺术、伦理等——又是何关系？人类如何实现非常识的常识化？非常识的常识化在人类自身的发展中起着何种作用？如此等等。在哲学与常识的关系中，常识始终是哲学批判、反思的对象。因此，哲学不是常识的"延伸"或"变形"，而是对常识的"超越"；哲学不是常识的另一种形式，而是关于常识的思想；哲学不是对常识的世界图景、思维方式和价值规范的"哲学"表述，而是对构成常识的世界图景、思维方式和价值规范的批判性反思。

三 常识的前提批判与哲学的常识化

通过对常识与哲学的比较来理解哲学，并不是否定哲学的常识化，而是为了克服用常识去看待和对待哲学的简单化倾向，克服用常识去看待"思维和存在的关系问题"的庸俗化倾向。这里要着重论述的是，常识的哲学化与哲学的常识化不是一回事情。

哲学的常识化，正如科学的常识化，是以哲学或科学去变革和更新常识。具体地说，主要是以哲学的或科学的世界图景、思维方式和价值规范去变革和更新常识的世界图景、思维方式和价值规范，也就是使哲学和科学成为人们普遍认同的和普遍遵循的常识。这也可以广义地称作"非常识的常识化"。这种非常识的常识化，是人类文明的实质性内容和时代性标志。在现代化的进程中，人的存在方式的变革和人的素质的提高，从其最具基础性和普遍性的内容和方式上看，就是非日常生活的日常化。这包括日常经验的科学化，日常消遣的文化化，日常交往的社交化，日常行为的法治化以及农村生活的城市化等方面。而从深层上看，非日常生活的日常化过程，则是人的世界图景、思维方式和价值规范的变革与重建的过程。这个过程就是现代化进程中的非常识的常识化。它主要包括艺术的常识化、科学的常识化和哲学的常识化。这种非常识的常识化，变革了人们的世界图景、思维方式和价值规范，也变革了人们的生活方式、审美情趣和终极关怀。因此，在现代社会中，非常识的常识化对于人和社会的现代化的同步发展，对于实现人自身的全面发展，具有最基础性的和最普遍性的规范、协调和支撑的重大历史作用。

由于科学和哲学是常识的超越而不是常识的延伸和变形，特别是由于哲学思维的超验性、概念性、无限性和批判性，因此，人们很难真正地从哲学层面去理解哲学以及哲学与常识的关系。恰恰相反，正因为人们总是在经验常识中生活，总是局限于"日常活动的范围"而不去涉及"广阔的研究领域"，缺乏对哲学反思的必要的体验和思考，因而常常是从相反的方向去看待和对待哲学的常识化，即：不是用哲学去"化"常识，而是用常识去"化"哲学，把"哲学常识化"变成了"常识哲学化"。所谓"常识哲学化"，就是用经验常识去看待哲学，用经验常识去理解哲学，用经验常识去解释哲学，用经验常识去运用哲学，把哲学变成冠以某些"哲学"名词的常识。

为了理解所谓"常识哲学化"，我们先来分析"常识科学化"。在科学常识化的过程中，最为突出的问题是，由于仅仅是从"知识"甚至是"技能"的视野去看待科学，因而把科学常识化简单地归结为"科学知识"甚至是"科学技能"的"普及化"。这样，就忽视甚至是失落了科学常识化的实质性内容——用科学的世界图景、科学的思维方式和科学的价值规范去变革和更新常识的世界图景、思维方式和价值规范。其结果，由于人们仍然是以常识的思维方式去看待科学，人们虽然获得了某些科学"知识"或"技能"，却没有实现思维方式的变革，因而也难以形成科学的世界观和价值观。

由于哲学不仅是对常识的超越，而且也是对科学的超越，因此"哲学究竟是什么"更是一个难以理解的根本问题。也正是由于哲学的难于理解，所以人们就更容易从常识去理解哲学，把"哲学常识化"变成"常识哲学化"，即用常识去"化"哲学，而不是用哲学去"化"常识。这突出地表现在两个方面。其一，人们往往是站在"健全的常识"即"素朴实在论"的立场去看待哲学，而不是站在人类思想的特殊维度——反思的维度——去看待哲学，因而总是把哲学视为某种既定的"知识"（如具有最大普遍性的知识）。结果，这种常识化的哲学就失去了自己的超验特性、反思态度、批判精神和创新意识，因而也就失去了哲学的不可或缺和不可替代的独特的社会功能。其二，人们往往把哲学视为某些现成的"原理"或"结论"，以教条主义的态度去对待哲学，以贴标签的方式去"应用"哲学。结果，就不是以哲学的思维方式去变革常识的世界图景、思维方式和价值规范，而只不过是把某些哲学名词套用到常识的世界图景、思维方式和价值观念上。

"常识哲学化"与"哲学常识化"，其根本区别在于：哲学是常识的延伸和变形，还是对常识的批判和超越？我们说，哲学不是常识的"延伸"或"变形"，而是对常识的"批判"和"超越"。这里所说的"批判"和"超越"，主要是指性质与功能的改变；而这里所说的"延伸"或"变形"，则是否认性质和功能的改变。就哲学与常识的关系而言，这里的"超越"，主要是指哲学改变了常识的世界图景、思维方式和价值规范，为人类提供了一种"哲学的"世界图景、思维方式和价值规范；与此相反，这里所说的"延伸"或"变形"，主要是指以常识的观点去看待哲学，从而把"哲学的"与"常识的"世界图景、思维方式和价值规范混为一谈，把"哲学"变成冠以哲学名词的"常识"。如果以"延伸"和"变形"的观点去看待哲学与常识的关系，就必然导致"常识哲学化"，也就是用常识去"化"哲学；如果以"批判"和"超越"的观点去看待哲学与常识的关系，就能够实现"哲学常识化"，也就是用哲学去"化"常识。

哲学以超越常识的思维方式去建构哲学的世界图景和价值规范，为人们提供哲学层面的世界观和价值观，历史性地以哲学的思维方式及其世界观和价值观去批判地反思常识的思维方式及其所建构的世界图景和价值规范，并历史性地使哲学的思维方式及其世界观和价值观成为人们普遍认同的思想观念和行为准则。这就是哲学的常识化。这种哲学的常识化，具体地表现在三个方面，即哲学的世界图景、思维方式和价值规范的常识化。

哲学世界图景的常识化，并不是为人们提供某种区别于常识的凝固的"世界图景"，而是把常识以及科学所提供的世界图景作为批判反思的对象，揭示构成这些世界图景的诸种前提，启发人们以历史的和辩证的态度去看待和理解这些世界图景，为人们寻求和形成新的可能的世界图景敞开自我批判和自我超越的空间。因此，在变革常识世界图景的过程中，哲学的常识化，就是反思态度、批判精神和创新意识的自觉化和普遍化，即人们普遍地、自觉地以历史的和辩证的态度去看待常识和科学所提供的世界图景，从而使科学世界图景的常识化处于生生不已的历史转换之中。

哲学思维方式的常识化，一方面是使哲学的反思态度、批判精神和创新意识自觉化和普遍化，另一方面则是把科学发现、科学发展所引起的人类思维方式的变革升华为时代的自我意识，促成人们以时代水平的思维方式去认识世界。以现代科学为基础的现代哲学，深刻地变革了以素朴实在论为代表的直观反映论的思维方式，变革了以机械决定论为代表的线性因果论的思维方式，变革了以抽象实体论为代表的本质还原论的思维方式。这不仅在哲学层面上有力地推进了现代科学思维方式的常识化，而且有力地推进了现代哲学思维方式的常识化。

哲学价值规范的常识化，也不是直接地提出和给予人们某种特殊的价值判断，而是把常识的和科学的价值判断作为反思的对象，批判地揭示隐含在这些价值判断中的诸种"前提"，即批判地揭示常识和科学作出这些价值判断的根据、标准和尺度，从而启发人们以批判的精神和开放的态度去对待自己的价值观念。哲学的价值态度的突出特征，是以理想的应然性和历史的大尺度，去观照和反思常识和科学所给予的现实的价值观念，从而使人们在理想与现实、历史的大尺度与小尺度之间保持"必要的张力"，也就是使人们以辩证智慧去对待价值问题。因此，哲学层面的价值观是历史的和辩证的价值观。在现代化的进程中，哲学价值观致力于寻求科学精神与人文精神、科学理性与价值理性、功利主义与理想主义的辩证统一。它引导人们自觉地超越绝对主义或相对主义的价值态度，不断地提升人们的人生境界。哲学价值规范的常识化，就是辩证的价值态度和人生境界的普遍自觉化。

在对常识的前提批判中，我们应当看到，常识既是哲学反思的重要对象，又是防止哲学反思陷入脱离生活的幻觉之中的重要基础。我们强调用哲学去"化"常识，从而实现"哲学的常识化"，这主要是从如何理解"哲学"的角度论述的，而不是否定常识的生活价值及其对哲学的意义。源于常识而又超越常识,反思常识而又化为常识,这是常识与哲学的"良性循环"。达到这种哲学自觉,就要认真地展开对常识的前提批判;认真地展开对常识的前提批判,才能切实地达到对哲学思维的理论自觉。

第二节 宗教的前提批判

哲学是关于人与世界相互关系的"大智慧"和"大聪明",即"世界观"理论;而在人类把握世界的基本方式当中,还有另一种作为"世界观"而发挥作用的基本方式,这就是宗教。

在人类文明史上,无论是在"历时态"的"纵向"关系上,还是在"同时态"的"横向"关系上,哲学与宗教的关系都是十分密切的。从"纵向"即"历时态"上看,世界哲学史的一个普遍现象就是哲学脱胎于宗教;从"横向"即"同时态"上看,哲学和宗教是关于人与世界相互关系的两种"世界观"。正是这样"纵"、"横"两种关系,既显示了哲学与宗教之间的密切联系,也显示了对宗教的前提批判的必要性和可能性。

一 哲学与宗教的历时态关系

在《路德维希·费尔巴哈和德国古典哲学的终结》这部哲学名著中,恩格斯作出了关于"全部哲学,特别是近代哲学的重大的基本问题,是思维和存在的关系问题"的著名论断。这个论断告诉人们,所谓"哲学",是以"思维和存在的关系问题"作为自己的"重大的基本问题";因此,我们应当从"思维和存在的关系问题"去理解"哲学"。而在作出哲学的"基本问题"是"思维和存在的关系问题"这个论断之后,恩格斯紧接着就从这个问题的形成与演变向人们阐述了它的哲学内涵。正是在这段著名的阐述中,恩格斯为我们从"纵向"上揭示了哲学与宗教的关系,并从而揭示了哲学及其"基本问题"的内涵。

恩格斯说:"在远古时代,人们还完全不知道自己身体的构造,并且受梦中景象的影响,于是就产生一种观念:他们的思维和感觉不是他们身体的活动,而是一种独特的、寓于这个身体之中而在人死亡时就离开身体的灵魂的活动。从这个时候起,人们不得不思考这种灵魂对外部世界的关系。既然灵魂在人死时离开肉体而继续活着，那末就没有任何理由去设想它本身还会死亡；这样就产生了灵魂不死的观念，这种观念，在那个发展阶段上决不是一种安慰，而是一种不可抗拒的命运，并且往往是一种真正的不幸，例如在希腊人那里就是这样。到处引起这种个人不死的无聊臆想的，并不是宗教上的安慰的需要，而是由普遍的局限性所产生的困境：不知道已经被认为存在的灵魂在肉体死后究竟怎么样了。同样，由于自然力被人格化，最初的神产生了。随着宗教的向前发展，这些神愈来愈具有了超世界的形象，直到最后，由于智力发展中自然发生的抽象化过程——几乎可以说是蒸馏过程，在人们的头脑中，从或多或少有限的和互相限制的许多神中产生了一神教的唯一的神的观念。""因此，思维对存在、精神对自然界的关系问题，全部哲学的最高问题，象一切宗教一样，其根源在于蒙昧时代的狭隘而愚昧的观念。"①

原始思维的一个突出特征，在于意识的整体性，即由于知情未分的意识状态而导致的物我不分。这种知情未分和物我不分，表现为人以"幻化"的方式去把握世界，从而造成人与世界的双重幻化，即：一方面是以宇宙事件去看待人的行为，另一方面又以人的行为去解释宇宙事件。这样，就构成了人与世界之间相互渗透的神秘感应关系。原始人的自然崇拜和万物有灵的宗教观念就产生于这种神秘的"互渗"，并形成了幻化的意义世界。比如，风调雨顺或旱涝成灾，风和日丽或电闪雷鸣，在这种幻化的意义世界中，或是神灵的恩赐，或是神灵的惩罚，宇宙（自然）事件被拟人化为情感或意志的表达。而"由于自然力被人格化，最初的神产生了。随着宗教的向前发展，这些神愈来愈具有了超世界的形象，直到最后，……在人们的头脑中，从或多或少有限的和互相限制的许多神中产生了一神教的唯一的神的观念"②。

由此我们可以看到，作为一种文化现象的宗教，虽然它具有超自然的性质，但却是产生于人对自然界的依赖与掌握的双向适应关系。这正如恩格斯所说，"一切宗教都不过是支配着人们日常生活的外部力量在人们头脑中的

---

① 《马克思恩格斯选集》第四卷，人民出版社1972年版，第219—220页。
② 同上书，第220页。

幻想的反映，在这种反映中，人间的力量采取了超人间力量的形式"①。西文的"宗教"（religion）一词，出自拉丁文 religare 或 religio，前者意为"联结"，指人与神的联结；后者意为"敬重"，指人对神的敬重。汉语的"宗"字，原意是对祖先神的尊崇。"宗，尊祖庙也。从宀从示。""示，天垂象见吉凶示人也。"而汉语的"教"字，本为"上所施，下所敬"之意，"圣人以神道设教，而天下服矣"。由此可以看到"宗"和"教"与"神"的联系。②

　　脱胎于宗教的哲学，它作为一种文化现象，也是人对自然界的依赖与掌握的双向适应关系的一种表现。"思维对存在、精神对自然界的关系问题，全部哲学的最高问题，象一切宗教一样，其根源在于蒙昧时代的狭隘而愚昧的观念。"③ 然而，从宗教中脱胎出来的哲学，却不仅仅是以"思维对存在、精神对自然界的关系问题"作为自己的"重大的基本问题"，而且更主要的是以"理论思维"的方式去探索自己的"重大的基本问题"即"思维和存在的关系问题"。这表现了哲学与人类把握世界的另一种基本方式——科学——的密切关系。正是这种密切关系，使哲学在自己的历史演进中，愈来愈获得了区别于宗教的特殊性质，并成为人类把握世界的一种特殊的文化样式——哲学。

　　人类的理论思维起源于对幻化的神话思维的超越，并形成于对经验的常识思维方式的超越。正是在对神话的思维方式和常识的思维方式的双重超越中，形成了人类理论思维的两种基本方式——哲学和科学；而在相当长的时期内，科学还以未分化的形式蕴含在哲学母体之中，以至于人们往往在"科学"的意义上去看待"哲学"，也在"哲学"的意义上去理解"科学"。

　　人类理论思维的形成过程，首先是逻辑思维的形成过程，即形式逻辑的形成过程。这是因为，人的认识由幻化的思维方式和常识的思维方式进展为理论思维方式，就是由对认识对象的幻化的或经验的把握，进展为对认识对象的超越经验的逻辑把握。思维的逻辑化，或者说，思维的合乎逻辑，是理

---

① 《马克思恩格斯选集》第三卷，人民出版社1972年版，第354页。
② 参见何光沪《多元化的上帝观》，贵州人民出版社1991年版，第1—2页。
③ 《马克思恩格斯选集》第四卷，人民出版社1972年版，第220页。

论思维的首要前提。而思维的逻辑化，则是源于思维"解释"世界的需求。科学和哲学是作为对世界的"理论解释"而产生的，因而它们最初表现为同一种形式即关于世界的"物理思辨"。这种力求在单一的或统一的解释原理中来概括整个自然界的尝试，逐步地使人们相信，世界在其本性上是可以理解的，是可以被"科学"地解释的。理性，在人类把握世界的科学方式和哲学方式中，获得了理论的思维方式，也形成了特定的文化样式。这样就构成了人类把握世界的宗教方式与哲学方式在"纵向"关系中的分化。由此我们可以看到，在对哲学与宗教的"纵向"关系的理解中，引进人类把握世界的另一种基本方式——科学——是极为重要的。由此我们还可以看到，在对"哲学"的理解中，不能孤立地从某种二元关系（哲学与宗教或哲学与科学）出发，而必须从哲学与人类把握世界的各种基本方式的复杂关系出发去理解哲学，其中特别重要的是从哲学、科学与宗教的三者关系中去理解哲学。

二　哲学与宗教的同时态关系

作为两种文化现象的哲学与宗教，是理解和解释人与世界关系的两种不同性质的"世界观"。这集中地体现了哲学与宗教的"同时态"或者说"横向"关系。

哲学和宗教，都是人对自然界的依赖与掌握的双向适应关系的表现方式，但却是两种不同的表现方式。由于人要依赖自然界才能生活，因而人对自然界有依赖性；同时，人对自然界的依赖，又是通过人对自然界的掌握来实现的；因此，人对自然界的依赖与掌握的双向适应关系，就构成了作为世界观的哲学和宗教的基本内容。宗教的本质特征，在于对神的信仰。当人们感到对自然界异己的力量不能掌握并因而无法依赖时，便会转向对超自然的宗教世界的信仰和依赖。这正如马克思所说，"宗教是那些还没有获得自己或是再度丧失了自己的人的自我意识和自我感觉"[①]。与宗教不同，作为理论思维的哲学，在其历史演变的过程中，越来越"理性"地、"现实"地理解人对自然界的依赖与掌握的双向适应关系。在马克思主义哲学中，更是

[①]《马克思恩格斯选集》第一卷，人民出版社1972年版，第1页。

"从现实的人及其历史发展"出发，为人们提供了实践唯物主义的世界观。

在对哲学和宗教这两种世界观的理解中，我们还必须看到，就哲学与宗教的文化价值说，它们都是人类所创造的"意义世界"，都表现了人对生命意义的寻求。人无法忍受自己只是浩渺宇宙中的匆匆过客式的存在，更无法忍受自己只能无声无息、一了百了地死去。生命的无所归依的毁灭，是无法接受的，也是无法忍受的。于是，在神话的意义世界中，生命活动具有了宇宙事件的意义，生命消逝具有了灵魂转移的再生的意义。宗教，它以"神"的形象使人的存在获得"神圣"的意义。宗教中的神圣形象，把各种各样的力量统一为至高无上的力量，把各种各样的智能统一为洞察一切的智能，把各种各样的情感统一为至大无外的情感，把各种各样的价值统一为至善至美的价值。这样，宗教中的神圣形象，就成为一切力量的源泉，一切智能的根据，一切情感的标准，一切价值的尺度，人从这种异在的神圣形象中获得存在的根本意义。这就是马克思所说的"人在神圣形象中的自我异化"。

人创造了宗教，是为了从宗教中获得存在的神圣的意义。然而，对人来说，宗教的神圣意义，却恰恰表明了人的悖论性存在：生活的意义来源于宗教的神圣意义，这意味着人把自己的本质力量异化给了宗教的神圣形象，是人还没有获得自己或再度丧失了自己的自我感觉和自我意识；消解掉宗教的神圣意义，这意味着生活本身不再具有神圣的意义，生活失落了规范和裁判自己的最高的根据、标准和尺度。如果存在宗教的神圣意义，人的生活就具有宗教赋予的神圣意义；如果不存在宗教的神圣意义，人就是宇宙中的匆匆过客，死亡就是不可再生的永逝。意识到神圣形象的存在，会感受到人的全部思想和行为都被一种洞察一切的力量监视，因此生活变得"不堪忍受之重"；意识到神圣形象的消逝，会感受到人的一切思想与行为都只不过是自己在思想和行为，因此生活变得"不能承受之轻"。这就是人在宗教世界中所感受的和承受的不可解脱的"矛盾"。

超越人在宗教世界中所承受的这种"矛盾"，就必须超越对人的生活意义的单一的宗教理解，而诉诸人的多种文化样式所创建的丰富多彩的意义世界。人的意义世界，在"同时态"上表现为人类把握世界方式的多样性、人类文化形式的多样性，以及这种多样性的统一性。神话的世界、宗教的世界、常识的世界、艺术的世界、伦理的世界、科学的世界、哲学的世界，构成了五彩缤纷的人的意义世界。各种文化形式作为"同一主旋律的多重变奏",就如同赤橙黄绿青蓝紫合成的阳光,又构成统一的意义世界。哲学作为人类把握世界的一种基本方式,它的特殊作用和独特价值,在于它是"意义"的"普照光"。

任何时代的生活世界的"意义",都是人类以其把握世界的全部方式创造出来的。然而,这种创造活动的结晶——生活世界的"意义"——却像经过三棱镜的太阳光,被这些不同的方式分解为赤、橙、黄、绿、青、蓝、紫的"七色光谱","意义"的"普照光"反而黯然失色了。哲学的巨大的生活价值,首先就在于它把人类以各种方式所创造的"意义""聚焦"为照亮人的生活世界的"普照光"。作为文化哲学家的恩斯特·卡西尔,曾经深刻地指出:"我们全神贯注于对种种特殊现象的丰富性和多样性的研究,欣赏着人类本身的千姿百态。但是哲学的分析给自己提出的是一个不同的任务。它的出发点和它的工作前提体现在这种信念上:各种各样表面上四散开的射线都可以被聚集拢来并且引向一个共同的焦点。"① 他还具体地指出:"它能使我们洞见这些人类活动各自的基本结构,同时又能使我们把这些活动理解为一个有机整体。语言、艺术、神话、宗教决不是互不相干的任意创造。它们是被一个共同的纽带结合在一起的。""在神话想象、宗教信条、语言形式、艺术作品的无限复杂化和多样化现象之中,哲学思维揭示出所有这些创造物据以联结在一起的一种普遍功能的统一性。神话、宗教、艺术、语言,甚至科学,现在都被看成是同一主旋律的众多变奏,而哲学的任务正是要使这种主旋律成为听得出的和听得懂的。"② 由此所构成的"真正的哲学",就成为马克思所说的"时代精神的精华"和"文明的活的灵魂"。

三 宗教的哲学反思

哲学与宗教的"历时态"关系和"同时态"关系表明,二者之间既具有复杂的联系,又具有显著的区别。分析这些联系与区别,既有助于厘清哲学与宗教的关系,也直接地有助于对哲学本身的理解。

---

① [德] 卡西尔:《人论》,甘阳译,上海译文出版社1985年版,第281页。
② 同上书,第87、91页。

哲学与宗教的密切联系，首先表现在哲学脱胎于宗教，哲学的最初萌芽包含在宗教之中，探寻哲学就不能不追溯它与宗教的渊源关系。其次，从哲学和宗教作为意识形态上看，都是以间接的和抽象的方式表现着经济基础的要求。再次，从哲学与宗教的历史演进的过程上看，哲学不仅脱胎于宗教，而且曾为宗教服务并纳入宗教之中，并且始终受到宗教的重大影响。最为重要的是，哲学与宗教都是理解和解释人与世界关系的"世界观"，人们在对宇宙、历史、人生的总体思考中，总是或者诉诸宗教，或者诉诸哲学，并且往往是在哲学与宗教的冲突中而形成自己的世界观、历史观、人生观和价值观。

哲学与宗教的主要区别，首先直接地表现在哲学只是一种观念的上层建筑，即只是一种意识形态，而宗教则不仅仅是一种观念的上层建筑，而且是一种体制的上层建筑，它不仅包括各种教条、教规、仪式等构成要素，而且包括具有约束权力的宗教机构和具有权威性的专职宗教领袖的组织形式。其次，哲学与宗教是以不同的方式发挥其世界观功能。作为理论思维的哲学，主要是通过抽象思维的逻辑力量来表现它对人与世界关系的理解，而宗教则不仅诉诸抽象的理论，而且借助于各种直观的表象和艺术性的再现。再次，宗教总是以其"通俗逻辑"而渗透和影响到社会的各个阶层，而作为理论思维的哲学则需要自觉地学习，因而它的影响力总是受到人们的文化水平的制约。哲学与宗教的最大区别，在于宗教的本质是对神的信仰，而哲学的本质则在于它的批判性的理性思考。由于宗教是对神的信仰，所以它诉诸盲目的信从和情感的狂热，以达到对神的依赖。由于哲学是批判性的理性思考，所以它诉诸人与世界的现实关系。在西方的近代哲学中，就形成了"先理性而后信仰、先自我而后上帝"的哲学批判精神。在马克思主义哲学中，则把哲学的思考更为鲜明地聚焦于"现实的人及其历史发展"。早在19世纪40年代，马克思就明确地提出，"反宗教的斗争间接地也就是反对以宗教为精神慰藉的那个世界的斗争"，"因此，彼岸世界的真理消逝以后，历史的任务就是确立此岸世界的真理。人的自我异化的神圣形象被揭穿以后，揭露非神圣形象中的自我异化，就成了为历史服务的哲学的迫切任务。于是对天国的批判就变成对尘世的批判，对宗教的批判就变成对法的批判，对神学的批判就变成对政治的批判"。在马克思这里"对宗教的批判是其他一切批判的前提"①。

从人类文化的角度看,虽然宗教世界是虚幻的,但宗教信徒对宗教世界的虔诚信仰却是一种真实的心理状态。"人们通过对宗教世界的信仰所表现出来的对宗教世界的依赖,虽然不会产生人对自然界的依赖所具有的现实内容,却是人依赖和掌握自然界的一种迂回的方式,因而也迂回地反映了人对真善美相统一的理想境界的追求","从人与自然界的关系的角度来说,宗教虽然具有超自然的性质,却也是人对自然界的一种通过虚构想象所表现出来的加工。这种加工当然是一种神化,但实际上是在想象中升华了的人化。如果人本身是一种绝对的不依赖于自然界的独立存在物,因而根本没有对自然界的关系,也就不会有宗教。但在这种情况下,人本身就成为神了。宗教作为人的一种意识形式,同人的心理上的依赖感是密切相关的。而人在心理上的依赖感,又首先来源于人对自然界的依赖性。所以宗教也以虚假的形式反映了人与自然界的本质的统一"。② 正因如此,迄今为止的哲学与宗教仍然具有错综复杂的矛盾关系,我们需要在对这些矛盾关系的深入思考中去真切地理解哲学。

在对哲学与宗教的关系的理解中,冯友兰先生从民族精神提出的看法是值得深思的。冯先生说,一个民族要么是宗教的,要么是哲学的,中华民族不是宗教的,而是哲学的。哲学是中华民族的"安身立命之本"。这是值得深长思之的。

第三节 艺术的前提批判

人是寻求意义的存在,人无法忍受无意义的生活。人创造了宗教,是为了从宗教中获得存在的神圣意义。然而,由于人在宗教中把自己的本质异化给了神的存在,结果人又在宗教中造成了自身存在意义的失落。这就是人所创造的宗教的意义世界的悖论。而人之所以能够超越这种生存意义的悖论,是由于人类以各种各样的基本方式去把握世界,从而为自己提供了多重的文

---

① 《马克思恩格斯选集》第一卷,人民出版社1972年版,第1—2页。
② 夏甄陶:《自然与文化》,《中国社会科学》1999年第5期,第98—99页。

化意义世界。哲学作为人类存在意义的"普照光",它与人类把握世界的各种方式及其所创造的多重文化意义世界发生复杂的密切联系。哲学与艺术的关系,就是最值得人们沉思和探索的这种复杂关系之一;对艺术的前提批判,是哲学对构成思想的基本方式的前提批判的不可或缺的重要内容。

一 艺术的审美世界与哲学对美的追问

关于艺术的起源与本质,有种种不同的观点,其中影响广泛与深远的有"模仿说"、"想象说"、"显现说"、"表现说"、"象征说"、"存在说"、"反映说"等。"模仿说"认为艺术是对自然的模仿;"想象说"认为艺术是人的想象力的产物;"显现说"认为艺术是对理念的感性显现;"表现说"认为艺术是情感的对象化存在;"象征说"认为艺术是苦闷的宣泄;"存在说"认为艺术是人诗意地生活的方式,"反映说"认为艺术是以感性形式的塑造来反映生活……但是,不管对艺术有多少不同的理解,艺术总是为人类展现了一个审美的世界,一个表现人的感觉深度的世界,一个深化了人的感觉与体验的世界。在艺术世界中,情感体验本身获得了自足的意义。艺术使个人的感受条理化,使个人的体验和谐化,它调整和升华了人的感受与体验。艺术又使人的情感对象化、明朗化,在想象的真实中获得真实的想象。在艺术的世界中,人的生活获得了美的意义与价值。而正是对"美"的追问,构成了哲学与艺术的密切联系。

"美"是什么?这是把"美"作为主词而进行的哲学追问。在哲学的发展史上,古今中外的哲人总是像追问"真"和"善"一样,特别关注对"美"的追问。而他们对"美"的追问,又总是突出地诉诸对"艺术美"的追问。在西方哲学史上,从古希腊的柏拉图、亚里士多德到德国古典哲学的康德、黑格尔,从马克思主义哲学的创始人马克思、恩格斯到拉法格、卢卡奇,从现代西方哲学的海德格尔和伽达默尔到所谓"后现代主义"的德里达、福克和罗蒂,无不对"美"表现出极大的哲学关注。同样,在中国哲学史上,从先秦诸子到近现代的哲学大师,或具有艺术气质、或探寻美的问题,总是致力于对"天人合一"、"情景合一"、"知行合一"的真善美的统一的寻求。柏拉图曾提出"美"是对"美的理念"的"分有",康德提出"美"是"善"的象征,黑格尔提出"美"是具体化的"理念",叔本华认为"美"是"意志"的客体化，弗洛伊德提出"美"是"性"的升华，克罗齐提出"美"是"直觉"的成功，车尔尼雪夫斯基提出"美"就是"生活"……美的本质、美的存在、美的发现与创造，构成了以"美"为聚焦点的哲学问题，也构成了哲学家对艺术所创造的审美世界的追问。

艺术世界是美的世界，艺术创造是美的创造。艺术直接地、鲜明地、集中地体现着人是马克思所说的"按照美的规律来塑造"。艺术确证着人类心灵的复杂性、丰富性和创造性，确证着人与世界之间的丰富多彩的矛盾关系。哲学对艺术的审美世界的追问，从根本上说，是哲学对人的存在方式的追问，是哲学对人与世界的相互关系的追问。艺术是作为人类把握世界的一种基本方式及其所体现的人与世界的相互关系而成为哲学反思的对象。艺术美不仅是人的创造性的结晶，而且它本身就是生命活动的体现。美学家苏珊·朗格曾对艺术美作出这样的阐释："你愈是深入地研究艺术品的结构，你就会愈加清楚地发现艺术结构与生命结构的相似之处。"① 她还具体地指出，"这里所说的生命结构包括着从低级生物的生命结构到人类情感和人类本性这样一些高级复杂的生命结构（情感和人性正是那些最高级的艺术所传达的意义）"。"正是由于这两种结构之间的相似性，才使得一幅画，一支歌或一首诗与一件普通的事物区别——使它们看上去像是一种生命的形式；使它们看上去像是创造出来的，而不是用机械的方法制造出来的；使它们的表现意义看上去像是直接包含在艺术品之中（这个意义就是我们自己的感性存在，也就是现实存在）。"② 对此，我国现代美学家宗白华也认为，艺术的"节奏"、"旋律"、"和谐"等，"它们是离不开生命的表现，它们不是死的机械的空洞的，而是具有丰富的内容，有表现、有深刻意义的具体形象"③。

艺术美的根基，在于艺术本身是"生命的形式"。艺术把人们带入美的境界，是因为表现了充满创造活力的生命。齐白石的"虾"不能在江河湖海中嬉戏，徐悲鸿的"马"不能在草原大漠上奔驰；然而，人们却在这"虾"或"马"中感受到了生命的活动与创造，体验到了强烈的艺术创造的

---

① ［美］苏珊·朗格：《艺术问题》，滕守尧、朱疆源译，中国社会科学出版社1983年版，第55页。
② 同上。
③ 参见宗白华《美学散步》，上海人民出版社1981年版，第15页。

生命之美。艺术，只有显示生命的欢乐与悲哀，生命的渴望与追求，生命的活力与创造，才有艺术之美；欣赏艺术作品，只有体验到生命的广大与深邃，生命的空灵与充实，才能进入艺术的世界，才能以艺术滋润生命，涵盖生命，激发生命的创造，创造美的生活。因此，对哲学来说，只有把艺术当作"生命的形式"，揭示艺术创造所蕴含的人性的奥秘，进而阐发艺术所体现的人与世界之间的丰富关系，才是真正地把艺术作为哲学反思的对象。

二 人类把握世界的哲学方式与艺术方式

艺术是生命创造活动的形象体现，而哲学则是对艺术的审美世界所蕴含的人性以及人与世界相互关系的追问。这体现了人类把握世界的哲学方式与艺术方式的各自特性。

哲学是人类把握世界的"理论方式"，艺术是人类把握世界的"审美方式"。它们作为人类创造能力的特殊表现，哲学以理论方式为人类创造的是概念的世界，艺术则以审美的方式为人类创造形象的世界。文学家雨果有一句名言：科学——这是我们，艺术——是我。科学所要"表述"的是不以人的意志为转移的客观规律，它所表述的真理性认识需要取得人们的共识，因而是"我们"；艺术所要"表达"的是个体感受到的强烈的审美体验，它所表达的审美体验需要具有鲜明的个性，因而是"我"。科学和哲学是人类把握世界的两种理论思维方式，当然也可以被理解成"我们"，并与作为"我"而存在的艺术相区别。

作为"我"的艺术，是以艺术形象的方式而成为人类把握世界的一种特殊方式。理论要通过逻辑论证来"以理服人"，艺术则要通过艺术形象来"以情感人"。艺术形象以其所具有的审美意义来激发人们的美感，因而艺术形象必须具有艺术美的典型性、理想性和普遍性，也就是"艺术性"。作为"我们"的理论，是以概念的逻辑体系去表述世界的运动规律，它需要以逻辑论证的方式去阐述事物的普遍性、必然性和规律性，这就是理论的"逻辑性"。

然而，作为"我们"的理论与作为"我"的艺术并不是截然分开的。事实上，人类把握世界的两种方式——理论方式和艺术方式——都是"我"与"我们"的对立统一。在理论活动中，"我们"是"画内音"，而"我"

则是"画外音",即:理论以"我们"的声音发言,而作为理论家个体的"我"则致力于追求某种具有"一致性"、"客观性"的"我们"的共同声音;与此相反,在艺术活动中,"我"是"画内音",而"我们"则是"画外音",即:艺术以"我"的声音发言,而艺术所表达的"我们"共同的情感与意愿则蕴含于"我"的艺术表现之中。这表明,表述"我们"的理论离不开"我"的"发现",表达"我"的艺术也离不开对"我们"的"表现"。伟大的科学家爱因斯坦曾经指出,"这个世界可以由乐谱组成,也可以由数学公式组成"。人类把握世界的全部方式都是为了实现人对世界的把握,而人对世界的任何一种把握方式都必须通过一个个的"我"来实现。因此,对于"我"与"我们"的关系、"理论"与"艺术"的关系,都应予以辩证的理解。

在对哲学的理解中,尤为重要的是,哲学不仅区别于艺术,而且区别于科学,因此,哲学的理论方式表现了"我"与"我们"之间的更为复杂的关系。如果借用"科学是我们"而"艺术是我"的说法,那么,我们可以说"哲学"是直接地表现了"我"与"我们"的统一,即:任何真正的哲学,都是以时代性的内容、民族性的形式和个体性的风格去求索人类性的问题。哲学是经由哲学家思维着的头脑创造出来的,它体现着哲学家对世界、历史、人生、自我的独到的体验和独特的理解,"无我"的哲学是不存在的。由于哲学家所求索的是关于人与世界、人与历史、人与社会、人与他人、人与自我的人类性问题,离开"我们"的哲学也是不存在的。

哲学中所实现的"我"与"我们"的统一,不仅仅是作为"我"的哲学家与作为"我们"的理论内容的统一,而且更为重要的是达到"是"与"应当"的统一,"合规律性"与"合目的性"的统一。也就是"真善美"的统一。以真善美的统一为旨趣的哲学,既不是单纯地求"真",又不是单纯地求"善",也不是单纯地求"美",因而它区别于人类把握世界的科学方式、伦理方式和艺术方式。哲学是以哲学家的强烈的自我意识去表征各个时代的人类自我意识。

现代西方学者曾从语言的基本职能出发去区分科学与艺术,提出"科学"是以语言的"表述"职能去描述和解释经验世界,而"艺术"则是以语言的"表达"职能去表现人的情感和意愿。"科学"所"表述"的是可以被验证的经验事实,当然能够取得"我们"的共识,"艺术"所"表达"的是个体的情感和意愿,当然与"我"的感受和体验密切相关。这样的解释,对于我们区分人类把握世界的不同方式,是具有启发性的。然而,有的学者却因此而向哲学发难:如果哲学要充当语言的"表述"职能,就应当像"科学"那样去陈述经验事实;如果哲学要充当语言的"表达"职能,就应当像"艺术"那样去表现人的情感或意愿;如果哲学既不是"表述"事实也不是"表态"情感,那么就应当取消传统意义的哲学,而使哲学成为"科学化"的科学或"拟文学化"的艺术。应当说,对哲学的这种发难,有助于我们深切地思考"哲学究竟是什么",并通过对人类把握世界各种方式的比较研究,来达到对哲学的切实的、真实的理解。

三 艺术的哲学意蕴与哲学的艺术旨趣

一部发人深省的小说,或一首震撼心灵的诗歌,人们常常称赞其富于"哲理";而对于一位独具匠心的艺术家,或一位妙语连篇的文学家,人们又常常称赞其具有"哲学"头脑。这似乎是说,"哲理"是艺术的深层底蕴,"哲学"是艺术家的深层教养。有人说,对于文学家和艺术家来说,必须向"哲学"要"发现",向"文学"要"表现"。艺术不是简单地反映世界,而是反映艺术家眼里的世界。文艺创作所反映的现实并不是现实世界的自然状态,而是心灵化的现实。在艺术中,感性的东西是经过心灵化的,而心灵的东西也借感性化而显现出来。在文艺创作中,心灵的现实化和现实的心灵化一直在交错进行。艺术家的"心灵"状态与艺术品的"艺术性"、"思想性"是密不可分的。

我国有的学者曾针对当前文学界的状况提出,"深刻的哲学背景和世界文学背景是文学的深厚依托,有没有深刻的形而上的哲学思考和人类高度的精神背景,是区别'名家'和'大家'的标志,没有这种背景和依托,文学永远只能作低空飞行,而不能实现真正的飞翔"[1]。这个评论,是值得玩味的。古人说,"石蕴玉而山辉,水怀珠而川媚"。哲学是使艺术"辉"与"媚"的深厚底蕴。

---

[1] 参见余平《文学,还有人爱你吗?》,《新华文摘》1999 年第 9 期。

在对哲学与艺术相互关系的理解中，我们还应看到，求索真善美的哲学，需要创造审美意义世界的艺术旨趣。"美"是"是"与"应当"的统一、"合规律性"与"合目的性"的统一、"真"与"善"的统一，"美"的境界是人类所追求的自由的境界。按照"美"的规律去塑造，这才是人的生活。这就启发我们从真善美的统一去看待哲学与艺术的关系。

关于真善美的关系，许多哲学家都作过深入的探讨。当代法国美学家米盖尔·杜夫海纳在他的《美学与哲学》中，曾分别地谈论康德和黑格尔对真善美关系的理解。杜夫海纳认为，康德是把美视为善的象征。"美不告诉我们善是什么，因为，作为绝对的善只能被实现，不能被设想。但是，美可以向我们暗示。而且美特别指出：我们能够实现善，因为审美愉快所固有的无利害性就是我们道德使命的标志，审美情感表示和准备了道德情感。"关于黑格尔对真善美的看法，杜夫海纳认为，"在黑格尔的思想中，不再有美的理念，他认为，美就是理念自身，是具体化了的理念"，是"在感性形式下的真理本身"。这样，"哲学不得不辛辛苦苦才能获得的这个真理，在审美经验中却几乎是直接地被提供了出来：理念在其中是以感性形式呈现出来的"①。杜夫海纳对康德、黑格尔上述思想的阐释，凸显了"美"的哲学意义。

在当代，"诗化哲学"正在成为哲学关注和讨论的一个焦点。不管人们对哲学的"诗化"或"诗化哲学"持有怎样不同的理解，并持有怎样不同的态度，但有一点是无可争议的，这就是：以理想性为特征的哲学，它表现的是对人的完美社会的诗性向往。李大钊说："哲学者，笼统的说，就是论理想的东西。"②哲学是创造人生意义的智慧，是创造社会理想的智慧，它以自己对社会、人生的诗意体验和诗意向往去塑造和引导新时代的时代精神。

哲学作为人类心灵的最深层的伟大创造，它不是冷冰冰的逻辑，不是超然世外的玄想。它要为人类提供生活的理想，并促进世界成为人所理想的世界。对人类进步的关注，对人类命运的沉思，对人类未来的憧憬，对人类理

---

① [法]杜夫海纳：《美学与哲学》，孙非译，中国社会科学出版社1985年版，第16页。
② 《李大钊文集》，人民出版社1984年版，第345页。

想的追求，这应该是哲学的内在的艺术旨趣——把世界变成"美"的世界。

四 时代的敏感的神经与时代精神的精华

在谈论哲学的时候，人们经常引证马克思的一句名言：任何真正的哲学都是"自己时代精神的精华"；在思考文艺的时候，人们则深切地感受到文学艺术是"时代的敏感的神经"。正是在表征"时代精神"的聚焦点上，更为深层地体现了哲学与艺术的密切关系。

哲学之所以能够成为"时代精神的精华"，是因为任何一种真正的哲学理论，都凝聚着哲学家所捕捉到的该时代人类对人与世界相互关系的自我意识，都贯穿着哲学家用以说明人与世界相互关系的独特的解释原则和概念框架，都熔铸着哲学家用以观照人与世界相互关系的价值观念、审美意识和终极关怀。每个时代的哲学精神，既是"聚焦"人类把握世界的各种方式所创造的具有时代内涵的生活世界的"意义"的"普照光"，又是对该时代的普遍性的、倾向性的"意义"的个体自我意识的理论升华。哲学最为集中地、最为深刻地、最为强烈地表现了每个时代的时代精神，因而成为"时代精神的精华"。

每个时代的时代精神，都是人类把握世界的各种基本方式在该时代所创造的意义世界的结晶。而在每个时代的意义世界中，文学艺术又总是该时代的敏感的神经；因此，寻求真善美的哲学，总是与自己时代的科学和艺术血肉相连的。科尔纽在《马克思的思想起源》中，把德国古典哲学家费希特、谢林和黑格尔称作"浪漫唯心主义哲学家"，并且认为"德国浪漫唯心主义哲学"是从德国伟大诗人歌德开始的。他提出，"歌德的这种新的充满活力的、有机的世界观，为浪漫主义通过把基本现实归结为精神而力图实现精神和物质、人和世界的统一开辟了道路"[①]。我国现代哲学家贺麟在《黑格尔的时代》一文中，也专门地论述了黑格尔与歌德、席勒的关系。贺麟说："德国的文学和哲学是互为补充的。它们是同一时代精神的不同方式的体现。当时德国的文学家借助于形象思维的语言所描绘的情景和理想，哲学家们则用抽象思维的逻辑语言加以系统的论证。因此，单是了解德国的文学而不了

[①] 参见［法］科尔纽《马克思的思想起源》，王瑾译，中国人民大学出版社1987年版，第8页。

解德国的哲学，就会陷于直观性，缺乏理论的彻底性。反过来，单是了解德国的哲学，而不了解德国的文学，就会看不见德国抽象的哲学理论中所反映的德国的文学中的诗的、形象的、热烈的、感人的具体内容。"① 当代著名小说家米兰·昆德拉曾经提出，"评价一个时代精神不能光从思想和理论概念着手，必须考虑到那个时代的艺术，特别是小说艺术。十九世纪蒸汽机车问世时，黑格尔坚信他已经掌握了世界历史的精神，但是福楼拜却在大谈人类的愚昧。我认为这是十九世纪思想界最伟大的创见"②。

关于哲学与艺术在体现时代精神中的作用，恩格斯和列宁的论述是更为深刻的。他们分别以巴尔扎克和托尔斯泰为例，阐述了文学艺术作为时代的敏感的神经的重大的意义。在关于文学的"现实主义"的通信中，恩格斯说，"巴尔扎克，我认为他是比过去、现在和未来的一切左拉都要伟大得多的现实主义大师，他在《人间喜剧》里给我们提供了一部法国'社会'特别是巴黎'上流社会'的卓越的现实主义历史，……在这幅中心图画的四周，他汇集了法国社会的全部历史，我从这里，甚至在经济细节方面（如革命以后动产和不动产的重新分配）所学到的东西，也要比从当时所有职业的历史学家、经济学家和统计学家那里学到的全部东西还要多。……巴尔扎克就不得不违反自己的阶级同情和政治偏见；他看到了他心爱的贵族们灭亡的必然性，从而把他们描写成不配有更好命运的人；他在当时唯一能找到未来的真正的人的地方看到了这样的人，——这一切我认为是现实主义的最伟大胜利之一，是老巴尔扎克最重大的特点之一"③。同样，在评论列夫·托尔斯泰的时候，列宁提出："托尔斯泰主要是属于一八六一至一九〇四年这个时代的；他作为艺术家，同时也作为思想家和说教者，在自己的作品里惊人地、突出地体现了整个第一次俄国革命的历史特点，它的力量和它的弱点。"④ 作为伟大的作家，他是"俄国千百万农民在俄国资产阶级革命快到

---

① 贺麟：《黑格尔的时代》，转引自《外国哲学史研究集刊》第1辑，上海人民出版社1978年版，第57页。
② [捷] 米兰·昆德拉：《生命中不能承受之轻》，韩少功、韩刚译，作家出版社1991年版，第342页。
③ 《马克思恩格斯选集》第四卷，人民出版社1972年版，第462—463页。
④ 《列宁全集》第16卷，人民出版社1959年版，第322页。

来的时候的思想和情绪的表现者"[①]。恩格斯和列宁的论述，深刻地揭示了文学艺术所体现的"时代精神"，深刻地阐发了文学艺术对哲学的"真实意义"。

人类以自己把握世界的全部方式去创造对人来说是真善美相统一的世界，因此，我们应当从人类的创造活动出发去理解哲学对艺术的前提批判，从而达到对艺术的独特方式及其特殊价值的理解。

第四节　科学的前提批判

在人类把握世界的各种基本方式当中，哲学与科学的关系既是最密切的，又是最复杂的。从一定的意义上说，如何理解哲学，就是如何理解哲学与科学的关系。因此，在对人类把握世界各种方式的前提批判中，需要突出地、集中地探索哲学对科学的前提批判。

一　理论思维的两种基本方式

在关于哲学与常识的比较中，我们已经明确，科学和哲学都不是常识的延伸和变形，而是对常识的超越。这种超越性主要表现在：常识具有经验性、表象性、有限性和非批判性等特征，科学和哲学则具有超验性、概念性、无限性和可批判性等特征；依附于经验的常识总是围绕着表象旋转，并以表象为转移，因而常识是以表象思维的方式去把握世界；与此相反，超越经验的科学和哲学则是表象围绕概念旋转，并以概念的方式创造表象（人所需要的世界图景），因而是以理论思维（概念思维）的方式去把握世界，而不是以表象思维的方式去把握世界。科学和哲学与常识的根本区别，就在于科学和哲学是理论思维（概念思维）的两种基本方式，而常识则是一种依附于经验的表象思维方式。正因如此，我们只有首先懂得科学和哲学的"理论"特征，才能深刻地理解科学和哲学不是常识的延伸或变形，而是对常识的超越。

"理论"这个名词，人们经常挂在嘴边；但是，人们经常挂在嘴边的名

[①]　《列宁全集》第 2 卷，人民出版社 1972 年版，第 371 页。

词却往往是人们最无知的东西。在各种各样的"词典"或"辞海"中，人们可以看到关于"理论"的各种各样的定义，诸如理论是"人们由实践概括出来的关于自然界和社会的知识的有系统的结论"，理论是"指概念、原理的体系，是系统化了的理性认识"，等等。关于"理论"的这些定义，仅仅着眼于理论作为知识的体系性，难以表达作为理论的科学和哲学的深刻内涵，因而也难以把科学和哲学同常识真正地区别开来。

作为"理论"的科学和哲学，它们都具有三重基本内涵：其一，它们都是由一系列的概念、范畴和原理构成的知识体系。这些知识体系既为人们提供了关于世界的相应的图景，又为人们解释这种世界图景提供了某种"原理"或"公理"；其二，它们的知识体系中都蕴含着构成该种知识体系及其相应的世界图景的思维方式；其三，作为知识体系和思维方式的科学和哲学，规范着人们的所思所想和所作所为，即规范着人们的价值评价和价值选择。因此，简洁地说，科学和哲学的三重基本内涵，就是知识体系、思维方式和价值规范的统一。

正因为作为理论的科学和哲学具有知识体系、思维方式和价值规范的三重内涵，所以它们才能够在理论的层面上规范人们的思想和行为。具体地说，作为理论的科学和哲学，以概念的逻辑体系规范着我们想什么和不想什么、怎么想和不怎么想、做什么和不做什么、怎么做和不怎么做，也就是以概念的逻辑体系规范着我们的思想内容和思维方式、行为内容和行为方式。在这个意义上，作为理论的科学和哲学，就是规范人们的思想和行为的概念逻辑体系。

在任何一种比较成熟的科学概念框架中，我们都会发现，它总是从最为精练的初始概念和初始条件出发，以严密的逻辑手段推演出一系列的定理、定律、公式、方程，形成具有普遍性和预测性的结论，为思维理解、描述、刻画和解释世界提供强有力的逻辑。科学正是以其各种不同的概念框架来系统地构筑人类的科学世界图景，并通过这些概念框架来实现科学概念的自我理解和相互理解。我们也正是在科学的概念框架中，感受到人类把握世界的逻辑力量之美，感受到思维把握存在的统一之美，感受到科学概念自我否定与发展的理论创新之美。同样，作为理论的哲学，也以其逻辑的展开性而构成自己独特的逻辑力量与逻辑之美。这正如马克思所说："理论只要说服人，就能掌握群众；而理论只要彻底，就能说服人。"① 作为理论的科学和哲学，都具有解释性功能、规范性功能、批判性功能和理想性功能。

然而，值得我们着重思考的是，科学和哲学是人类理论思维的两种基本方式。这句话具有两层含义：其一，它们作为理论思维，具有高度的相关性和复杂的相似性；其二，它们作为两种不同的理论思维方式，又表现为两个既相互对立又相互补充的思想维度。

从"历时态"的角度看，人类的理论思维起源于对幻化的神话思维方式的超越，并形成于对经验的常识思维方式的超越。科学思维和哲学思维是在超越神话思维方式和常识思维方式的过程中同步形成的。在相当长的时期内，科学还以未分化的形态而蕴含在哲学母体之中，"科学"和"哲学"这两个概念往往是内涵和外延均在模糊的意义上被使用，以至于人们常常在"哲学"的意义上使用"科学"这个概念，也在"科学"的意义上使用"哲学"这个概念。

思维的逻辑化，或者说思维的合乎逻辑，是理论思维即概念思维的首要前提。科学思维和哲学思维作为理论思维的两种基本方式，都是运用概念的逻辑，都是以运用概念的逻辑去把握世界、描述世界和解释世界，都试图为解释世界而提供某些"原理"或"公理"。正因如此，科学思维和哲学思维都具有"类概念"的困惑（感性与理性、经验与超验的矛盾），都具有"思维规则"的困惑（直觉与逻辑、内涵逻辑与外延逻辑的矛盾），都具有"概念定义"的困惑（意义的绝对性与相对性、人类性与时代性的矛盾），如此等等。正是这些"困惑"，推动着科学思维和哲学思维不断地超越经验的常识思维，使人类的理论思维获得历史性的进步。因此，从"历时态"的角度看哲学与科学的关系，我们不仅应当看到哲学与科学的高度相关性和密切的相似性，还要看到哲学与科学的差别、分化和矛盾。

人们常常把哲学的发展史描述为如下的总体过程，即：古代哲学是一种包罗万象的"知识总汇"；近代哲学是一种企图凌驾于科学之上的"科学的科学"；而现代哲学则表现为马克思主义哲学、科学主义思潮和人本主义思潮，并因而对科学有三种不同的关系。在对哲学发展史的总体过程的这种概

---

① 《马克思恩格斯选集》第一卷，人民出版社 1995 年版，第 9 页。

括中，既表述了哲学在不同的历史时代与科学的不同的关系，也表述了同一时代的不同的哲学与科学的不同的关系。

应当看到，虽然后人把古代哲学称作包罗万象的"知识总汇"，即各种各样的知识都包容在"哲学"之中，但古代哲人却一直力图使"哲学"与非哲学的其他知识区别开来。把哲学视为"爱智"，而把其他学科的知识称为"智慧"，已经显示了哲学的特性。亚里士多德在关于知识的分类中，把"哲学"定义为"寻取最高原因的基本原理"的学术，更是明确地确认了哲学是全部知识的基础的基本理念。

哲学和科学的成熟过程，就是哲学和科学分化的过程，也就是科学从哲学母体中分化出来的过程。当科学尚在哲学母体的怀抱中，作为"知识总汇"的哲学必然是以"整个世界"为对象，因而哲学还不可能明确地提出和探讨自己的基本问题——思维和存在的关系问题。当科学成长起来，纷纷从哲学母体中独立出去，哲学被"驱逐"出自己的"世袭领地"的时候，它才能够把包括科学的认识成果在内的人类认识作为自己再思想、再认识的对象，从而明确地提出和探讨自己的基本问题——思维和存在的关系问题，试图为包括科学认识在内的全部人类认识提供理论根据，并因而具有"科学的科学"的性质。由于现代科学的迅猛发展及其技术的广泛应用，日益深刻地变革了人与世界的相互关系，因而形成了对哲学与科学相互关系的现代多元理解。这种现代的多元理解，深刻地显示了哲学与科学之间的密切的相关性，也深刻地揭示了哲学与科学之间的复杂的矛盾性。

从"同时态"的角度看，作为理论的科学和哲学，都具有知识体系、思维方式和价值规范的三重内涵，都具有向上的兼容性、时代的容涵性和逻辑的展开性的三方面特征，都具有解释性、规范性、批判性和理想性的四种基本功能。科学和哲学的这些共同特点，表现了科学与哲学之间的高度的相关性和相似性。

那么，如何从"同时态"上来区分科学与哲学？概括地说，通常是以下述三种方式来解释科学与哲学的区别：一是区分二者的"对象"，二是剥离二者的"职能"，三是划清二者的"领地"。所谓区分科学和哲学的"对象"，就是认为科学是以世界的各种不同的领域、不同的方面、不同的层次或不同的问题为对象，而哲学则以"整个世界"为对象。这是一种以"对象"的特殊性与普遍性的区分为出发点的思考方式。所谓剥离二者的"职能",就是认为科学提供关于世界的不同领域或不同方面的"特殊规律",而哲学则提供关于整个世界的"普遍规律"。这仍然是一种以"职能"的特殊性与普遍性的区分为出发点的思考方式。所谓划清二者的"领地",就是在哲学不断地被"驱逐"出其"世袭领地"的背景下,试图为哲学寻找一块科学无力问津的"领域"或科学无力解决的"问题"。这是一种以申辩哲学的现代生存权利为出发点的思考方式。

从普遍性与特殊性的关系中区分科学与哲学的"对象",以及在普遍性和特殊性的关系中剥离科学与哲学的"职能",这是对科学与哲学相互关系的最普遍的思考方式。因此,在对哲学与科学相互关系的理解中,最重要的问题是:(1)哲学是否是具有最大的普遍性和最大的普适性的知识?(2)哲学与科学的关系是否是特殊性与普遍性的关系?(3)哲学的发展方向是否是哲学的"科学化"?(4)能否跳出哲学与科学的二元关系,在更为广阔的视野中去理解二者的关系,并从而重新理解哲学?

二 哲学对科学的反思关系

哲学和科学是人类理论思维的两种不同方式。它们之间的根本区别,在于它们分别地集中地表现着人类理论思维的两个基本维度,即:科学集中地表现着思维和存在高度统一的维度,哲学则集中地表现着反思思维和存在关系的维度。因此,哲学对科学的关系,从根本上说,既不是普遍性对特殊性的关系,也不是一种特殊性对另一种特殊性的关系,而是以"思维和存在的关系问题"为中介所构成的哲学对科学的反思关系。这是我对哲学和科学的关系的总体认识。

科学是人类的一种活动,是人类运用理论思维能力和理论思维方法去探索自然、社会和精神的奥秘,获得关于世界的规律性认识,并用以改造世界、造福人类的活动。科学活动的本质,是实现人类对世界的规律性把握,也就是实现"思维和存在"在规律层次上的统一。

科学集中地代表着人类理性的进步,在思维与存在的规律层面的统一中为人类提供科学的世界图景。科学不仅以各种首尾一贯、秩序井然的符号系统和概念框架去理解和解释经验世界,而且它自身表现为科学思维方式和科学概念系统的形成和确定、扩展和深化、更新和革命的过程。科学发展过程中所编织的科学概念和科学范畴之网，构成了越来越深刻的世界图景，也构成了人类认识世界的越来越坚实的"阶梯"和"支撑点"。这种越来越深刻的世界图景，越来越坚实的"阶梯"和"支撑点"，表明科学概念和科学范畴实现了思维和存在在规律层面上的高度统一。

现代科学的迅猛发展不仅深刻地变革了人们的世界图景和思维方式，而且深刻地变革了人们的价值规范和生活方式。科学在现代人类的社会生活中占有极其重要的地位，并发挥着其他任何文化形式难以匹敌的巨大作用。然而，无论科学如何发达，无论科学在社会生活和历史发展中占有怎样重要的地位和发挥怎样重要的作用，它作为人类把握世界的科学方式，总是致力于实现思维和存在的统一，而不是反思"思维和存在的关系问题"。这是科学与哲学作为人类理论思维的两种基本方式的根本区别。

科学作为人类的一种活动，是以理论思维去抽象、概括、描述和解释思维对象（存在）的运动规律，也就是在理论思维的层面上实现思维与存在的统一。科学活动和科学理论所要解决的根本问题，是实现思维和存在在规律层面上统一的问题，而不是追究诸如"思维能否表述存在"、"思维表述的存在是否是自在的存在"、"思想的客观性如何检验"、"概念的运动怎样反映事物运动的本质"、"思维主体的知情意如何在反映存在的过程中实现统一"、"科学的发展如何变革人的思维方式"等"思维和存在的关系问题"。科学活动及其科学理论，是把"思维和存在"的"统一性"当作"理论思维的不自觉的和无条件的前提"[①]，而去探索和表达"存在"的规律即自然的规律、社会的规律和思维的规律（这里的"思维"是作为思维活动对象的"存在"）。

与科学活动不同，人类的哲学活动是反思"思维和存在的关系问题"，也就是把"思维和存在的关系"作为"问题"进行"反思"。在哲学的"反思"中，人类的科学活动及其理论成果成为被反思的对象。这就是哲学对科学的"反思"关系。需要指出的是，如果科学活动的主体——科学家——也去"反思"作为"理论思维的不自觉的和无条件的前提"的"思

---

① 参见《马克思恩格斯选集》第三卷，人民出版社1972年版，第564页。

维和存在的关系问题",那么,他就是超越了科学的研究活动而进入了哲学的反思活动。科学活动中的这种"超越"性的活动,不仅是时常出现的,而且是极其重要的。科学家在科学研究活动中,总要"超越"关于经验对象的思考,而深究"思维和存在的关系问题",从而"超越"既定的科学理论,作出新的科学发现或提供新的科学理论。这就是说,科学家的科学活动及其科学成果,是实现"思维和存在"的统一,而不是反思"思维和存在的关系问题";科学家在科学活动中把"思维和存在的关系问题"作为对象来思考,这意味着他超越了科学活动而进入了哲学反思。科学与哲学、科学的认知活动与哲学的反思活动,是人类理论思维的两种不同的基本方式,是人类思想的两个不同的基本维度,它们在人类的思想活动中是对立的统一。

作为人类理论思维两种基本方式的科学和哲学,科学致力于在规律的层面上实现"思维和存在"的统一,为人类提供科学的世界图景、思维方式和价值规范,哲学则把"思维和存在的关系"作为"问题"而进行"反思",从而使作为人类活动及其成果的"科学"成为哲学反思的对象。按照这种理解,哲学与科学的关系就不是普遍性与特殊性的关系,就不能以"区分对象"、"剥离职能"和"划清领地"的方式去区分哲学与科学,就不能简单地以"提升"、"引进"和"更新"等方式去进行对科学成果的"概括和总结",就不能把哲学视为具有最大普遍性和最大普适性的"科学"。哲学不是科学的延伸和变形,而是对科学的反思,也就是对科学的超越。

哲学与科学的内在联系在于,实现"思维和存在"的统一与反思"思维和存在的关系",具有既相互区别又相互联系的性质,而不是因为存在着研究对象的普遍性与特殊性的关系。人们都知道,自然、社会和思维的矛盾运动都可以用数学模型来表述,哲学界普遍关注的系统论、控制论、信息论、协同学、突变论、耗散结构论、自组织理论等,在某种意义上都是以"整个世界"为对象;与此相反,自然辩证法、认识辩证法、思维辩证法、历史辩证法和美学等,更不用说数学哲学、天文哲学、经济哲学、管理哲学、法哲学等,在某种意义上都是以"特殊领域"为对象。那么,为什么前者属于"科学",而后者却属于"哲学"?这就是因为,前者所提出和探索的问题,是关于研究对象的运动规律的问题,也就是实现研究成果中的"思维和存在"在规律层面上的统一,而不是追究研究活动及其研究成果中的"理论思维的不自觉的和无条件的前提"——"思维和存在的关系问题";与此相反,后者则专门反思各种思想活动及其思想成果中的"理论思维的不自觉的和无条件的前提"——"思维和存在的关系问题",而不是具体地研究各种"存在"的运动规律。这表明,在哲学与科学之间,存在着一条"逻辑的鸿沟":科学的逻辑是实现"思维和存在"的统一的逻辑,哲学的逻辑是反思"思维和存在的关系"的逻辑。哲学的逻辑使科学的逻辑成为哲学反思的对象。在哲学的反思中,实现了哲学与科学的逻辑沟通。

三 哲学反思科学的主要内容

人类的科学活动,从根本上说,是以思维的规律去描述和解释存在的规律,也就是实现思维和存在在规律层面上的统一。人类科学活动的进步与发展,则在于思维以越来越丰富的认识成分、认识方式、认识环节、认识中介去拓展和深化对存在规律的把握。因此,隐含在全部科学活动中的根本性的、基础性的问题就是"思维和存在的关系问题"。具体地说,科学活动中的思维和存在的关系问题,体现为主体与客体问题、观察与理论问题、逻辑与直觉问题、真理与价值问题、理解与解释问题等。哲学对科学的反思,首先就是对以思维和存在的关系问题为实质内容的科学活动的基础性问题的反思。

科学活动是以思维的规律去把握和描述存在的规律,从而形成关于经验对象的"普遍必然性"的知识。那么,思维的规律与存在的规律是何关系?它们是服从各自不同的规律,还是服从一个共同的规律?思维的规律如何把握存在的规律?思维所描述的存在规律是否就是存在本身的规律?如此等等,关于思维规律与存在规律的关系问题,德国古典哲学的奠基人康德和集大成者黑格尔曾进行过深入的探讨,马克思主义哲学的创始人马克思和恩格斯则作出了深刻的概括和总结。这些深沉而睿智的哲学反思,需要我们在哲学史的学习中进行具体的研讨。反思科学活动基础中的诸种矛盾,会使我们感受到"思维和存在"之间的极其复杂的矛盾关系,会使我们懂得哲学反思科学的极其丰富的理论内容和极为重要的理论意义,当然也会使我们更为深入地理解科学,创造性地进行科学研究活动。

哲学对科学的反思,最为直接的是对科学研究成果的反思。在这种反思中，哲学不断深入地揭示了蕴含在科学成果之中的思维和存在的丰富的矛盾关系，不断深刻地展现蕴含在科学成果之中的思维与存在所服从的同一规律，不断深刻地阐发蕴含在科学成果之中的各种新的认识成分的哲学意义。哲学对科学成果的反思，并不是一般地把科学成果作为再认识、再思想的对象。在科学研究的过程中，科学研究的主体也总是把已有的科学成果作为再思想、再认识的对象，揭露已有的科学成果与新的经验事实之间的矛盾，以及科学成果自身内在的矛盾，从而推进科学的发展。哲学对科学成果的反思，是从哲学层面向科学研究成果提出问题。这种哲学层面的问题包括：在科学成果中蕴含着怎样的研究方法、概念框架、解释原则和价值观念？它从何种角度推进了哲学对思维与存在、人与世界相互关系的理解？它怎样变革了人类的世界图景、思维方式和价值观念？它表达着怎样的时代精神？它要求哲学塑造和引导什么样的时代精神？哲学如何以这种时代的科学精神去重构自己的范畴体系以实现自身的发展？这种对科学成果的哲学反思，不仅意味着哲学对科学的超越，即把科学成果转化为哲学理论，而且意味着哲学的自我超越，即随着科学的发展而变革哲学自身。恩格斯说，"随着自然科学领域中每一个划时代的发现，唯物主义也必然要改变自己的形式；而自从历史也被唯物主义地解释时候起，一条新的发展道路也在这里开辟出来了"[①]。我们应该从超越科学和哲学自我超越的双重意义上，去理解哲学对科学研究成果的反思。

对科学成果的哲学概括，主要地并不是寻求科学理论提供了哪些新的、具有"普适性"的范畴和原理，而是寻找时代的"科学精神"，并阐发这种"科学精神"所要求的思维方式的变革和价值观念的更新。这就要求哲学的超越和反思具有深沉的历史感和敏锐的洞察力，站在比科学更广阔的背景下和更基本的原则上去理解自己时代的科学精神，比科学已经获得的成果走得更远些（概括它所蕴含的新的时代精神），促进科学的发展，并塑造和引导新的时代精神。

科学活动是以思维的规律去描述和解释存在的规律，也就是在规律的层面上实现思维和存在的统一；科学的发展史则是在规律的层面上扩展与深化

[①] 《马克思恩格斯选集》第四卷，人民出版社1972年版，第224页。

思维和存在统一的历史。这说明，科学的发展史最集中、最深刻地体现了人类认识的发展史。反思科学发展的逻辑，就是对人类认识史的深刻反思。因此，哲学反思科学的一个重要内容，是反思科学发展的逻辑。

在对科学发展的逻辑的哲学反思中，美国当代哲学家瓦托夫斯基的观点是颇具启发性的。他赞同哲学认识论以科学知识的增长为主要对象，但他强调的是，从人类的一般认识活动去理解科学认识活动，从科学以前的认识方法去探索科学的认识方法，从人类的一般性概念去透视科学的基本概念，也就是把认识论作为人类活动的一般规律去沟通科学认识与其他认识之间的联系。他在科学思想的起源及其方法的概念基础上，系统地论证了科学活动与人类其他活动的连续性与间断性的对立统一。他认为，科学代表着人类的一项最高成就，它不是某种置身于人类之外的事物。在人类的发展史上，科学是经过漫长而又艰难的过程才发展成为一种独特的认识方式。它根源于人类的共同理解和普通的认识方式之中，"在科学本身的基础上，铭刻着它同普通经验、普通的理解方式以及普通的交谈和思维方式的历史连续性的印记，因为科学并不是一跃而成熟的"[1]。从用某种臆想的原因来解释观察到的事实，进展为用某种单一的或者统一的解释原理来概括整个自然现象领域；从以共同的经验概括而形成描述和规范实践的常识概念框架，进展为具有明确性、可反驳性和逻辑解释力的科学概念框架；从对经验事实的理性反思，进展为针对描述和规定实践的各种规则和原理的批判；——科学活动与人类其他活动的连续性与间断性统一于人类自身的历史发展。因此，要对科学有比较充分的理解，首先应当把科学作为一项"特殊的人类事业"来理解。

反思科学发展的逻辑，不仅有助于理解科学乃至整个人类认识活动的发展规律，而且直接地有助于理解哲学发展的逻辑。美国当代哲学家 M. 怀特说："当我们一旦弄清楚学科之间没有明确的分界线，而且没有一门学科可以称得起在认识分类表中占有一个唯我独尊的位置时，当我们弄清楚了人类各种经验的形式也和认识同样重要时：只有到那个时候才算打通最广义的、

---

[1] ［美］瓦托夫斯基：《科学思想的概念基础》，范岱年等译，求实出版社1982年版，第11页。

关于人的哲学研究的道路。"① 他还针对近代以来哲学与科学相割裂的状况，以及20世纪以来西方哲学家"把哲学看成是各部分截然隔开的学科"的状况，富于幽默感地提出，当着哲学与科学以及哲学的各部分实现"和解"之后，"科学就不再是吓唬哲学的妖魔或哲学的部属，而只是一个不太靠得住的同伴。哲学家会通过其他学科的知识丰富自己，更不用说通过吸收其他经验来丰富自己了"；同样，"豪放的哲学家们就会放弃无需认识或者感知许多小事物就能认识一个大事物的思想；而小哲学家们也就会努力去认识大事物了"，哲学"刺猬"（指欧陆人文哲学）与哲学"狐狸"（指英美分析哲学）就会实现某种"融合"了②。应当说，从反思科学发展逻辑所引发的对哲学的这种展望，是令人鼓舞的。

每个时代的时代精神，都在不同的程度上表现为该时代的科学精神；特别是随着近代以来的实证科学的发展以及科学在社会生活中的越来越重大的作用，近代以来的时代精神更为突出地表现为该时代的科学精神。哲学作为时代精神的精华，总是以哲学的方式集中地体现着该时代的科学精神。因此，哲学对科学的反思，特别集中地表现为对时代的科学精神的反思。

科学是一种人类活动，是一种体现人类智力最高成就的人类活动，在这个意义上，科学精神就是在科学活动中凝聚和升华了的人类精神。它集中地表现为探索真理的求真精神、尊重事实的求实精神、自我扬弃的批判精神和超越现状的创造精神。在人类文明的不同历史时代，科学精神也具有不同的内容和不同的形式。美国出版的"导师哲学家丛刊"对欧洲中世纪以来的各个世纪的特征的概括，比较鲜明地显示了这些世纪的不同的时代精神，以及这些时代精神中所蕴含的科学精神。这套丛刊把欧洲中世纪称作"信仰的时代"，这正是哲学和科学成为宗教的"婢女"的时代；它把文艺复兴时期称作"冒险的时代"，这正是恩格斯所说的"需要巨人而且产生了巨人"的时代，是科学的求真求实精神在近代重新开启的时代；它把17世纪称作"理性的时代"，这正是近代实验科学兴起、科学理性逐渐扩展和深化的时

---

① ［美］M. 怀特：《分析的时代——二十世纪的哲学家》，杜任之主译，商务印书馆1981年版，第243页。
② 参见［美］M. 怀特《分析的时代——二十世纪的哲学家》，杜任之主译，商务印书馆1981年版，第243页。

代;它把18世纪称作"启蒙的时代",这正是逐渐盛行的崇尚理性力量的时代;它把19世纪称作"思想体系的时代",这正是恩格斯所说的由"搜集材料"的科学转向"整理材料"的科学,也就是建立各门科学的概念发展体系的时代;它把20世纪称作"分析的时代",这正是在现代科学既高度分化又高度整体化的背景下,科学迅猛发展和自我反省的时代。

德国哲学家恩斯特·卡西尔曾对西方近代以来的科学精神与时代精神及其相互关系进行过深刻的哲学反思。他提出,"理性"是标志近代以来的时代精神的核心概念,但它在近代以来的几个世纪中发生了深刻的变化。他认为,在17世纪,理性是"永恒真理"的王国,它试图从某种直觉地把握到了的最高的确定性出发,然后以演绎的方式将可能的知识的整个链条加以延长;18世纪则摒弃了这种演绎和证明的方法,"按照当时的自然科学的榜样和模式树立了自己的理想",不是把理性看作知识、原理和真理的"容器",而是把理性看成是一种"引导我们去发现真理、建立真理和确定真理的独创性的理智力量"[①]。由此我们可以看到,近代以来的西方哲学——无论是文艺复兴时期的"冒险"精神,还是17世纪的"理性"精神和18世纪的"启蒙"精神——正是集中地表达和塑造了以"理性"为核心的时代的科学精神。这种时代的科学精神,就是弘扬人的理性权威,确立人的主体地位,发挥人的主观能动作用。正因为近代哲学以理性思辨的形式而恢复了古希腊哲学的探索精神,所以这是一场否定之否定意义上的古希腊精神的"复兴"。

恩格斯曾经深刻地指出,近代科学的发展经历了从"搜集材料"的科学到"整理材料"的科学的历程,到19世纪,"经验自然科学积累了如此庞大数量的实证的知识材料,以致在每一个研究领域中有系统地和依据材料的内在联系把这些材料加以整理的必要,就简直成为无可避免的。建立各个知识领域互相间的正确联系,也同样成为无可避免的"[②]。正因如此,人们把19世纪称作"思想体系的时代"。德国古典哲学的集大成者黑格尔正是以其创建的概念发展的辩证法,深刻地阐释了人类思想运动的逻辑,集中地表

[①] 参见[德]卡西尔《启蒙哲学》,顾伟铭等译,山东人民出版社1988年版,第5、11页。
[②] 《马克思恩格斯选集》第三卷,人民出版社1972年版,第465页。

现了这个"思想体系的时代"的时代精神。

与人们从总体上把近代以来的科学精神称为"理性"精神相呼应，人们常常在多元的理解中来概括现代的科学精神。有的把20世纪称作"分析的时代"（如美国哲学家M.怀特），有的把20世纪称作"综合的时代"（如美国未来学家阿尔温·托夫勒），有的把20世纪称作"相对主义的时代"（如美国哲学家J.宾克莱）等。反思当代的科学精神，是当代哲学反映和表达、塑造和引导时代精神的重要前提。当代科学技术的最显著的特点，是它的发展呈指数增长的趋势。20世纪60年代以来人类所取得的科技成果的数量，比过去的两千余年的总和还要多。在当代科学技术的发展呈指数增长的过程中，科学的分支化与整体化同步展开。研究的完整性，研究对象的多学科性，学科的多对象性，科学研究的信息化，成为当代科学研究的认识论特征。与此相适应，"当代科学技术发展形成的思维方式的特点是：从绝对走向相对；从单义性走向多义性；从精确走向模糊；从因果性走向偶然性；从确定走向不确定；从可逆性走向不可逆性；从分析方法走向系统方法；从定域论走向场论；从时空分离走向时空统一"[①]。

当代科学的认识论特征，以及与此相适应的思维方式的变革，意味着当代的科学精神发生了重大变化，从而也意味着由这种科学精神所表征的时代精神发生了深刻的变化。当代的科学精神，虽然蕴含着一般的求真精神、求实精神、批判精神和创造精神，但它更明显地具有"从绝对走向相对"、"从单义性走向多义性"的宽容精神，即真正的激励批判与创造的精神；它也更明显地具有"从精确走向模糊"、"从确定走向不确定"、"从分析方法走向系统方法"的历史意识，即真正地从人的实践活动及其历史发展的观点去看待人所理解的世界。因此，我们应当从"反思"的立场去看待"时代精神的精华"（哲学）与"时代的科学精神"（科学）之间的关系。

四 对科学主义思潮的反思

在对哲学与科学的关系的理解中，当代的最突出的问题，就是盛行于哲

[①] 参见宋健主编《现代科学技术基础知识》，科学出版社、中共中央党校出版社1994年版，第48页。

学之中的"科学主义思潮"。在对科学主义思潮的反思中,会使我们在当代的水平上深化对哲学及其发展趋向的理解。

所谓哲学中的科学主义思潮,是指 19 世纪中叶以来的盛行哲学之中的一种理论思潮。近代以来的科学发展及其广泛的技术应用,使一些自然科学家和哲学家认为:科学是伟大的而哲学是渺小的;只有忽视甚至侮辱传统哲学,才能从传统哲学的束缚中解放出来;新哲学的出路只能是使自己变为实证科学或实证科学的"副产品"。因此,他们试图以实证科学的理论和方法来改造哲学,把哲学从凌驾于科学之上的"科学的科学"变为从属于科学的"关于科学的哲学"。由此可见,科学主义思潮的实质,是"拒斥"传统意义的哲学,把哲学变为科学的附庸。

现代科学主义思潮的主要代表人物之一,德国哲学家汉斯·赖欣巴哈曾对哲学及其与科学的关系作出这样的解释:知识的本质是概括,概括是科学的起源;大量的观察的事实不能满足求知的欲望,求知欲超越观察而要求普遍性解释;当科学解释由于当时的知识不足以获致正确概括而失败时,想象就代替了它,提出一类朴素类比法的解释来满足要求普遍性的冲动;这样,普遍性的要求就被"假解释"所满足了,而"哲学"就是从这个土地上兴起的①。正是从对"哲学"与"科学"的相互关系的这种理解出发,赖欣巴哈的结论是:"新哲学是作为科学研究的副产品而发生的","他们的哲学是企图找到在科学研究中碰到的一些问题的答案的结果","这种集中精力进行逻辑分析的目的是澄清问题,而不是发现规律"。②这样,他们就把"科学的哲学"归结为"对科学的逻辑分析",也就是把哲学变成了科学的"副产品"。这充分地表现了哲学中的科学主义思潮的实质。

早在一百多年前,当着科学主义思潮刚刚在哲学和科学中兴起的时候,恩格斯就曾尖锐地指出,"自然科学家相信:他们只有忽视哲学或侮辱哲学,才能从哲学的束缚中解放出来",然而,他们却"完全作了哲学的奴隶,遗憾的是大多数都作了最坏的哲学的奴隶,而那些侮辱哲学最厉害的恰好是最坏哲学的最坏、最庸俗的残余的奴隶";所以,"不管自然科学家采取什么

---

① 参见[德]赖欣巴哈《科学哲学的兴起》,伯尼译,商务印书馆1983年版,第9、11页。
② 同上书,第98页。

样的态度，他们还是得受哲学的支配。问题只在于：他们是愿意受某种坏的时髦哲学的支配，还是愿意受一种建立在通晓思维的历史和成就的基础上的理论思维的支配"。[①] 然而，在现当代科学迅猛发展的背景下，人们却往往以"科学"去理解哲学和要求哲学，并试图把哲学变成某种形态的"科学"；在现代哲学的百年来的进程中，人们总是以"弱化"科学的"科学性"或"强化"哲学的"科学性"的方式去申辩哲学的现代生存权利和寻找哲学的现代发展道路。哲学与科学的关系问题，越来越成为哲学自我理解的最重要的问题。

对于"科学"，人们普遍存有广义和狭义的两种理解。从狭义上说，人们把通过实证（或实验）研究而形成的，并被经验（或实验）所证实的理论称作"科学"；从广义上说，人们已经习惯地把"正确的"、"真理性的"思想、学说、理论等统称为"科学"。在反思哲学中的科学主义思潮的过程中，我们应当重新探讨这种"狭义"的和"广义"的科学观。

在狭义的科学观的意义上，把"科学"作为唯一的标准去审视哲学，认为"抽象的"、"思辨的"哲学尚未达到科学的水准，并试图以实证科学的理论和方法去"改造"哲学，其结果就混淆以至于阉割了哲学作为人类把握世界的特殊方式的独特性质与功能，因而也就失去了具有独立意义的"哲学"。对此，现代西方哲学在其演进的过程中，已经愈来愈深刻地意识到了这个问题。通过对逻辑实证主义的反省，现代西方哲学的众多流派都致力于"缓和"与"形而上学"的关系。当代的西方哲学正在改变以科学"改造"哲学的观念，也就是正在"弱化"哲学中的科学主义思潮。当代的中国哲学不能重蹈科学主义思潮的覆辙。

在广义的科学观的意义上，即在把"科学"视为"正确的"、"真理性的"思想、学说、理论的意义上，也不能把"科学"作为唯一的标准去看待哲学。这是因为，虽然理论思维的两种方式——科学和哲学——都具有知识体系、思维方式和价值规范的三重内涵，但是，这三重内涵在科学和哲学中的作用方式和表现形式却是不同的。科学在其直接的意义上，就是一种单纯的求真（追求、发现和坚持真理）的活动，因此它以"真理性"为目的。

---

① 参见《马克思恩格斯选集》第三卷，人民出版社1972年版，第533页。

在间接的意义上，科学活动又塑造人的科学的思维方式，并以科学的世界图景和科学的思维方式规范人们的思想与行为。与科学不同，哲学理论自身直接地就是事实判断、价值判断和审美判断的统一，就是存在论、真理论和价值论的统一，它的目的不只是"求真"，而且是"求善"和"求美"，是寻求真善美的统一。在这个意义上，哲学理论又是实然判断（是怎样）、必然判断（会怎样）和应然判断（应怎样）的统一。在哲学理论中，既表达了某种知识，更体现着人的某种意向和对理想的追求。哲学理论既是人在时代的水平上对人与世界关系的理解，同时又是对如何推进这种关系的自觉导向，既是"反映和表达"时代精神，更要"塑造和引导"时代精神。如果仅仅用广义的"科学"去看待和评价哲学，把哲学归结为单纯的"求真"的活动，就会忽视甚至是扭曲哲学的真善美相统一之理，特别是会忽视甚至是丢弃哲学的理想性特性，从而失去哲学塑造和引导时代精神的社会功能。

哲学和科学是人类把握世界的两种基本方式，把哲学归结为科学，就是对具有独立存在意义的哲学的否定。当然，我们可以用"科学的"或"不科学的"概念来区分不同的哲学，这正像我们可以用"善的"或"恶的"、"美的"或"丑的"概念来区分不同的哲学一样。哲学寻求真善美的统一，因此，广义的"科学"概念（"正确的"、"真理性的"）可以用来区分不同性质的哲学，但却不能把"科学"当作"哲学"的标准。

哲学和科学作为人类把握世界的两种不同基本方式，还在于哲学不仅与科学具有"双向"关系，而且与人类把握世界的各种基本方式具有"多向"关系。哲学的反思对象包括科学、艺术、宗教、伦理、语言、历史等在内的全部文化现象。哲学从人类把握世界各种方式的相互关系中去理解科学，又从人类文化的整体关系中去审度科学，因此哲学才能批判性地反思科学，并推进科学的发展。

哲学与科学作为人类把握世界的两种不同的基本方式，最深层的区别是在于：科学是把"思维和存在"的统一当作理论思维的"不自觉的和无条件的前提"，从而现实地实现"思维和存在"的统一，为人类提供认识和改造世界的科学成果；与此相反，哲学是把理论思维的这个"不自觉的和无条件的前提"作为自己的根本的反思对象，也就是把"思维和存在的关系"作为"问题"而进行反思，并通过这种反思而推进科学和整个人类文明的发展。

五　三个层次的概念框架的前提批判

在对思想的前提批判的意义上，哲学对人类把握世界的基本方式的前提批判，特别重要的是对常识、科学和哲学的三个层次的概念框架的批判。

人是认识世界和改造世界的主体。在人与世界的关系中，"概念"占有特殊重要的地位。概念既是人类思维的形式，又是人类认识的成果。概念以内涵与外延相统一的方式构成主体对客体的规定性的把握。因此，在人与世界的现实关系中，作为主体的人既要以概念的方式去把握、描述、解释和反思人与世界及其相互关系，又要以概念的方式去理解、解释、规范和反思人自己的思想与行为，还要以概念的方式去建构关于世界的规律性图景以及对世界的理想性、目的性要求。概念是人在思想中构筑经验世界的方式，也是将思想中的世界世世代代传递下去的社会遗传方式。概念是人类历史文化的"水库"，也是人类文明发展的"阶梯"和"支撑点"。人们从历史上承继下来的各种概念体系，直接地和深层地制约着和规范着人们的历史性创造活动，制约着和规范着人们对世界的理解，以及人们之间的相互理解和每个人的自我理解。在这个意义上，人类的文明史也就是概念的形成、演化、变革、更新和发展的历史。因此，哲学对人类把握世界的基本方式的前提批判，集中地表现为对人类把握世界的概念方式的前提批判。

人类把握世界的概念体系既是纷繁复杂的，又是历史发展的。但是，从人类用以把握世界的概念框架的层次性上看，却可以从总体上区分为三个最基本的层次，这就是常识性质的概念框架、科学性质的概念框架和哲学性质的概念框架。所谓"概念框架"是指人们用以构筑思想中的经验世界并用以整理思想中的概念的方式。人类用以把握和解释世界的任何一个概念，都不可能是孤立地构成思想中关于世界的规定，都不可能独立地使思想获得对世界的理解。恰恰相反，任何一个概念，它的"内涵"与"外延"，它的"演化"与"发展"，都必须（和只能）是在特定的"概念框架"中获得与实现。这就是说，概念必须是"彼此联系的，并且联系于一个概念网络，依靠这个概念网络，它们依次得以理解，形成我们可以称之为概念框架或概念结构的东西"①。因此，人们如何描述和解释世界，人们怎样理解和规范自己，从深层上看，总是取决于人们所占有和使用的概念框架的不同性质以及所达到的不同水平。

必须明确的是，概念框架的"性质"和"水平"具有不同的含义。所谓概念框架的"性质"，是指不同层次的概念框架所具有的特殊的性质。据此，可以把概念框架分为三个基本层次，即常识性质的概念框架、科学性质的概念框架和哲学性质的概念框架。在不同层次的概念框架中，概念具有不同的性质。例如，人们经常使用物质这个概念，但它在常识的、科学的和哲学的三个不同层次的概念框架中，却具有不同的性质。在常识的概念框架中，物质是指各种具体的东西；在科学的概念框架中，物质是指构成世界的要素；而在哲学的概念框架中，物质则是指不依赖于人的意识而又为人的思想所把握的客观实在。同样，真善美和假恶丑等，无不在不同层次的概念框架中具有不同的性质。例如，常识中的真与假直接指向的是经验对象的"有"或"无"；科学中的真与假则不仅仅是指向经验对象的"有"或"无"，更重要的是指向关于经验对象的思想的"对"或"错"；哲学中的真与假则不仅仅是指某个经验对象的是否存在，也不仅仅是指关于经验对象的某种思想是否成立，而且更为重要的是指思维和存在是否具有同一性，即思想是否具有客观性。不仅如此，哲学中的真善美是联系在一起的，哲学关于真的理解，总是某种真理观、价值观和历史观的统一。这表明，虽然人们都在使用"真"这个概念，但在不同的概念框架中，概念本身却具有不同的性质。与概念框架的"性质"可以区分为三个层次不同，概念框架的"水平"是指各层次的概念框架自身的发展程度。作为"常识"的"普遍经验"在人类文明史上有不同的水平，作为"科学"的研究成果在人类文明史上有不同的水平，作为"哲学"的反思在人类文明史也有不同的水平。区分概念框架的不同性质，才能从总体上区分开人类把握世界的常识方式、科学方式和哲学方式。这深刻地表明了，人类把握世界的基本方式的多样性，以及哲学反思人类把握世界的基本方式的重大意义。

---

① ［美］瓦托夫斯基：《科学思想的概念基础》，范岱年等译，求实出版社1986年版，第6页。

第四章
构成思想的基本观念的前提批判

构成思想的前提，不仅包括构成思想的基本信念、基本逻辑和基本方式，而且更为普遍地表现为构成思想的基本观念，即人们用以构筑思想的存在、世界、历史、人生、真理、价值等基本观念。对构成思想的基本观念的前提批判，展现了哲学的思想前提批判的开阔的和开放的思想空间。

第一节 "存在"的前提批判

如果我们承诺"思维和存在的关系问题"是哲学的"重大的基本问题"，就不能不首先关切什么是哲学意义上的"思维"和"存在"。对"思维"和"存在"的理解，直接关系到对"思维和存在的关系问题"的理解；或者反过来说，对"思维和存在的关系问题"的理解，直接地取决于对"思维"和"存在"的理解。

一 存在与"纯在"

"存在"，从概念的外延和内涵上看，是一个最具矛盾性的概念：它的外延是最宽泛的———一切皆在；它的内涵又是最稀薄的———一切皆无。外延最宽泛而内涵又最稀薄、一切皆在而又一切皆无的"存在"，被黑格尔解说为"无确定性的直接性，先于一切确定性之直接性，最原始的无确定性"[1]。这种"最原始的无确定性"，显然不是对"存在"本身而言的，而只能是对

---

[1] ［德］黑格尔：《小逻辑》，贺麟译，商务印书馆1980年版，第220页。

"思维"而言的，因此，黑格尔在《逻辑学》的开端，用三个"纯"字来解释作为"最原始的无确定性"的"存在"："纯有"、"纯无"和"纯思"。理解哲学意义的"思维和存在的关系问题"，不能不首先反思"纯思"对"纯在"的关系。

"存在"作为"一切皆在"，就是"纯有"——没有任何规定性的纯粹的"有"；"存在"作为"一切皆无"，就是"纯无"——没有任何规定性的纯粹的"无"；"存在"作为"一切皆在"和"一切皆无"的"纯有"和"纯无"，就是"纯思"——"先于一切确定性之直接性"的纯粹的"思"。因此，"最原始的无确定性"的"思维"和"存在"，具有自在的"同一性"——"纯有"就是"纯思"，"纯思"就是"纯有"。这就是黑格尔的"最原始的无确定性"意义上的"思维和存在的同一性"。

黑格尔在自己的《逻辑学》的"开端"，把"思维和存在的关系问题"首先揭示为"纯思"与"纯有"的"关系问题"，这并不是唯心主义的"臆想"，而是哲学思维的理论自觉，也就是对"思维和存在的关系问题"的理论自觉。这种理论自觉，在"开端"的意义上，也就是在黑格尔所说的"最原始的无确定性"的意义上，既揭示了人类认识史和个体认识史的"开端"，又揭示了"思维"的能动性的"开端"，从而为理解"思维和存在的关系问题"奠定了"先于一切确定性之直接性"的哲学基础。

作为"最原始的无确定性"，与"纯思"相对待的"纯有"和"纯无"，"纯有"就是"纯无"，"纯无"就是"纯有"，这里的"思"与"在"、"有"与"无"，是"没有区别"和"直接同一"的。然而，把"存在"区分为"思"与"在"、"有"与"无"，这本身不就是"有区别"、"非同一"的吗？因此，在"纯存在"的意义上，"思维和存在的关系"就构成了一种根本性的矛盾：应该有区别，实际无区别。这表明，在《逻辑学》的"开端"，已经提出了辩证法的"两个基本的要求：（1）'联系的必然性'和（2）'差别的内在的发生'"[①]。"纯存在"是"纯思"与"纯在"、"纯有"与"纯无"的差别中的同一、同一中的差别，因此，它必然不断地否定自己，从而形成"自己构成自己的道路"。

[①] 列宁：《哲学笔记》，人民出版社1993年版，第95页。

在黑格尔看来，思维和存在的"差别的内在的发生"，并不只是一种"逻辑"上的推断，而且是一种"历史"上的存在。他从"在科学上是最初的东西，也一定是历史上最初的东西"[①]这个基本思想出发，揭示了人类认识史和个体认识史的"开端"，也揭示了作为哲学的"重大的基本问题"的"思维和存在的关系问题"的"开端"。这个"开端"，就是"存在论"的"辩证法"，或"辩证法"的"存在论"。

作为人类认识史的开端，"纯存在"所体现的乃是人类的思维从无到有（即从动物的意识到人类的思维）的演变过程。在这个演变的过程中，人类思维处于萌芽的、潜在的状态。它的内容和形式都是极其贫乏的，但同时又包含了人类认识运动的所有矛盾的胚芽。所以，以"纯存在"为开端，就是以人类思维的萌芽状态为开端。它显示了人类思维的矛盾本性，构成了"思维和存在的关系问题"的人类性根据。

作为个体认识史的开端，"纯存在"所体现的乃是个体天赋的思维能力在其未进行具体的认识活动之前的潜在状态。在这种状态下，个体的思维能力作为天赋的生理—心理机能，只是一种单纯的、没有表现出来的认识能力。它的内容和形式同样是极其贫乏的，但是，这种天赋的思维能力却是其后来的丰富多彩的思想活动的基础。所以，以"纯存在"为开端，也是以个体天赋的思维能力为开端。它显示了个体思维的矛盾本性，构成了"思维和存在的关系问题"的个体性根据。

"纯存在"所包含的思与在、有与无的直接同一和潜在差别，正是萌芽状态的人类思维和潜在状态的个体思维的逻辑表现。在这种状态下，人类已经萌发了区别于动物的思维能力，个体已经在类的遗传中具有了天赋的思维能力，所以说它是"有"；但是，人类形成过程中的思维还没有取得完全独立的地位，个体在遗传中获得的思维能力还没有通过具体的认识活动而显示其现实性，所以又说它是"无"。亦此亦彼，既有又无，这就是"纯存在"这个哲学范畴所表现的人类思维和个体思维的萌芽或潜在状态的本质特征。它构成"思维和存在的关系问题"的全部矛盾的"胚芽"，也就是"思维和存在"的"潜在关系"的辩证法。因此，以"纯存在"为"开端"的《逻

---

① ［德］黑格尔：《逻辑学》（上），杨一之译，商务印书馆1982年版，第77页。

辑学》，不仅显示了作为哲学基本问题的"思维和存在的关系问题"的人类性根据和个体性根据，而且显示了"思维和存在的关系问题"的辩证本质。

二 存在与"在者"

作为"纯有"、"纯无"、"纯思"的"纯存在"，只是黑格尔所说的"思维"和"存在"的"最原始的无确定性"，也就是没有任何"规定性"和"区别性"的"存在"。对此，黑格尔指出，"我们说这个世界一切皆有，外此无物，这样我们便抹煞了所有特定的东西，于是我们所得到的，使只是绝对的空无，而不是绝对的富有了"①。与"纯粹的存在"相反，"所有特定的东西"，都是具有"规定性"和"区别性"的存在，也就是"规定"自己而又"区别"于他者的存在。这就是黑格尔所说的"定在"即"在者"。

"存在"被区分为"纯在"（无规定性的存在）与"在者"（有规定性的存在），由此就构成了"思维和存在"的双重关系：一是"思维"与"纯在"的关系，这是"潜在"的思维和存在的关系的辩证法；一是"思维"与"在者"的关系，这是"现实"的思维和存在的关系的辩证法。因此，理解"思维和存在的关系问题"，就需要诉诸"思维"与"存在"的双重关系，既不能以"思维"与"纯在"的关系取代"思维"与"在者"的关系，也不能以"思维"与"在者"的关系取代"思维"与"纯在"的关系。

"纯在"是"思维"对全部规定性的存在即"在者"的最高抽象。在这种最高抽象中，"在者"被"蒸发"掉了全部的规定性，变成了没有任何规定性的"纯粹的存在"。思维以这种"纯在"为出发点去把握全部的"在者"，不仅显示了"思维"的最具根本性的"能动性"——在思维中构成全部的具有规定性的"在者"或构成"在者"的全部规定性，而且显示了"思维"的最具根本性的"现实性"——思维以概念及其逻辑运动展现"在者"及其运动的逻辑。对此，马克思作出自己的唯物主义解释："在抽象的最后阶段，一切事物都成为逻辑范畴"，"正如我们通过抽象把一切事物变成逻辑范畴一样，我们只要抽出各种各样的运动的一切特征，就可得到抽象

---

① ［德］黑格尔：《小逻辑》，贺麟译，商务印书馆1980年版，第194页。

形态的运动，纯粹形上的运动，运动的纯粹逻辑公式"①。因此，从根本上说，范畴逻辑运动的根据，就在于它是现实的事物运动的抽象，是以逻辑公式表现出来的事物运动。黑格尔"颠倒"了这个关系，把范畴的逻辑运动引向了"神秘主义"；但是，黑格尔所揭示的"思维"与"纯在"的关系，可以启发我们重新理解"思维"把握和展现"存在"的"能动性"。

在"思维"对"存在"的关系中，一切有规定性的存在即"在者"，并不是"自在"的存在，而是"自为"的存在，即被思维赋予内涵（规定性）的存在，即"概念"、"范畴"的存在。因此，"思维和存在的关系"意义上的"思维"对"存在"的关系，直接地体现在"思维"对"概念"的关系以及"思维运动"与"概念运动"的关系。在自己的《哲学笔记》中，列宁在摘录黑格尔关于"理解运动，就是用概念的形式来表述运动的本质"之后，进而作出这样的论断："问题不在于有没有运动，而在于如何在概念的逻辑中表达它。"②对此，列宁又引证黑格尔的话说，"从来造成困难的总是思维，因为思维把一个对象的实际上联结在一起的各个环节彼此分割开来考察"③。因此，列宁在"辩证法是什么"的标题下作出如下的论断："概念之间的对立面的同一。"④在这里，列宁不仅在"思维和存在的关系"上理解"存在"，也不仅在"思维和存在的关系"上把握"存在"的"概念"，而且在"思维和存在的关系"上实现了以概念为中介的"辩证法"与"存在论"的统一。在黑格尔和列宁的意义上，"存在论"就是"思维和存在的关系"的辩证法，就是辩证法、认识论和逻辑学"三者一致"的存在论。这是哲学意义的"存在论"的实质。

三 存在与"此在"

对"存在"的分析表明，思维所把握的"存在"具有双重含义：一是赋予规定性的存在，这就是"在者"；二是没有规定性的存在，这就是"纯在"。前者构成思想的内容，后者则是作为"纯思"的抽象力。然而，无论

---

① 《马克思恩格斯选集》第一卷，人民出版社1972年版，第105—106页。
② 列宁：《哲学笔记》，人民出版社1974年版，第281页。
③ 同上书，第285页。
④ 同上书，第210页。

是构成思想内容的"在者",还是作为"纯思"的"纯在",都意味着有一个特殊的"存在":意识到存在的存在——具有自我意识的存在,向存在发问的存在。借用海德格尔的说法,这就是"此在"。

海德格尔提出,如果我们要探寻"存在",就必须首先向自己发问:"我们应当在哪种存在者身上破解存在的意义?我们应当把哪种存在者作为出发点,好让存在开展出来?出发点是随意的吗?抑或在拟定存在问题的时候,某种确定的存在者就具有优先地位?这种作为范本的存在者是什么?它在何种意义上具有优先地位?"① 对于这个问题,海德格尔自己的回答是:"观看、领会和理解、选择、通达,这些活动都是发问的构成部分,所以它们本身就是某种特定的存在者的存在样式,也就是我们这些发问者本身向来所是的那种存在者的存在样式。因此,彻底解答存在问题就等于说:就某种存在者——即发问的存在者——的存在,使这种存在者透彻可见。……这种存在者,就是我们自己向来所是的存在者,就是除了其它存在的可能性外还能够发问存在的存在者,我们用此在这个术语来称呼这种存在者。"② 海德格尔的设问与回答表明,他所规定的在存在论上具有优先地位的"此在",就是意识到自身存在的存在,也就是人的存在。

"此在"不是某个个体的存在,而是"类"的存在。在论述"我"的时候,黑格尔说:"就思维被认作主体而言,便是能思者,存在着的能思的主体的简称就叫做我。"③ 对于作为主体的"我",黑格尔又进一步提出,"因为每一个其他的人也仍然是一个我,当我自己称自己为'我'时,虽然我无疑地是指这个个别的我自己,但同时我也说出了一个完全普遍的东西"④。这就是说,"我"作为独立的个体的存在,"我"就是我自己;"我"作为类分子而存在,"我"又是我们。"我"是个别与普遍的对立统一。

"我们"的存在,使"存在"自身区分为"主体"的存在与"客体"的存在。主客体关系的存在,是以人作为主体的"此在"为前提的。这就

---

① [德]海德格尔:《存在与时间》,陈嘉映、王庆节译,生活·读书·新知三联书店1987年版,第9页。
② 同上书,第9—10页。
③ [德]黑格尔:《小逻辑》,贺麟译,商务印书馆1980年版,第68页。
④ 同上书,第81页。

是主体之于客体的逻辑上的先在性。对此，马克思、恩格斯曾极为深刻地指出："凡是有某种关系存在的地方，这种关系都是为我而存在的；动物不对什么东西发生'关系'，而且根本没有'关系'；对于动物来说，它对他物的关系，不是作为关系而存在的。"① 这就是说，"关系"之所以作为"关系"而存在，"思维和存在"之所以作为"关系问题"而存在，必须以"我"的存在为前提，必须在"我"的自我意识中构成主客体关系。这种主客体关系，就是"此在"对"存在"的关系，也就是"我们"的"思维"对"存在"的关系。这表明，"主体与客体的关系"，就是现实的"思维与存在的关系"。

主体对客体的关系，是以主体的逻辑上的先在为前提的。在主客体关系中，"思维"对"存在"具有逻辑的先在性：存在作为思维的对象，是被思维把握到的存在。被思维把握到的存在，既包括具有规定性的"在者"，又包括没有规定性的"纯在"。思维对存在的规定性即对"在者"的把握是一个不可穷尽的过程，而思维对没有规定性的存在即对"纯存在"的把握则意味着思维和存在的统一的无限的可能性——思维自身所具有的能动性。

思维以自身的能动性把握存在，是实现思维与存在、主体与客体统一的内在根据；思维把存在把握为具有规定性的存在，则必须诉诸创造和变革概念、范畴的历史过程。概念、范畴是思维所把握到的"存在"的规定性，是人类文明在人类思维中的总结、积淀和升华，并因而构成列宁所说的认识的"阶梯"和"支撑点"。人类思维以概念、范畴作为认识的"阶梯"和"支撑点"，不断地拓展和深化对存在的规定性的认识，就实现了"思维和存在"的具体的、历史的"同一"。黑格尔把思维和存在的同一视为"全体的自由性"与"环节的必然性"的统一，并以概念辩证法展现思维和存在从"自在"到"自为"再到"自在自为"的统一，在其合理性上，就是思维的能动性与认识的现实性的统一。

通过对"存在"、"在者"和"此在"的反思与分析，我们可以得出的基本结论是：哲学意义的"存在论"，既不是单纯的关于"纯在"之论，也不是单纯的关于"在者"之论，而是以"此在"的逻辑上的先在性为前提

---

① 《马克思恩格斯选集》第一卷，人民出版社1972年版，第35页。

所构成的"思维"对"存在"的双重关系：一是揭示思维能动性的"思维"对"存在"的关系，一是揭示思维现实性的"思维"对"在者"的关系。这两种关系在其现实性上实现为"主体和客体的关系"，本质上则是"思维和存在的关系"。这表明，哲学意义的"存在论"，并不是离开"思维"的"存在"之论，而是以"存在"为反思对象的"思维和存在的关系问题"，也就是以"思维和存在的关系问题"为内容的辩证法。"存在论"与"辩证法"是"同一个东西"。

四 存在与"本体"

在"思维和存在的关系"中，思维的能动性，不仅在于它不断地构成关于"在者"的规定性，而且在于它总是追究"在者"何以存在的根据。这种"追究"，显示了哲学意义的"存在论"的特殊内涵——本体论。

这样提出问题，有强烈的针对性。在当代哲学中，有这样两种值得关切的观点：一种是把"存在论"等同于"本体论"，以"存在论"之名而阐述"本体论"；另一种则是把"存在论"与"本体论"对立起来，以"存在论"之名而讨伐"本体论"。然而，这两种似乎截然相反的观点，却隐含着一系列未揭示出来的共同的前提。

1. "本体"是"有"还是"无"？

在当代哲学中产生广泛而深远影响的蒯因的观点，表明了讨论这个问题的重要性和艰巨性。在《论何物存在》一文中，蒯因提出，关于本体论问题，必须区分为"本体论事实"与"本体论承诺"这样两个问题，前者是"何物存在"的问题，后者则是"我们说何物存在"的问题[①]。蒯因的这种"区分"，不仅承续了西方近代哲学的"没有认识论的本体论为无效"的原则立场，而且凸显了主客体关系中的"思维和存在的关系问题"，因而是对"本体论"的一种现代哲学意义的"反思"。然而，进一步"反思"这种"区分"，我们对蒯因提出的问题是：无论是"何物存在"还是"说何物存在"，这里的"何物"究竟是什么？"何物"是有规定性的"在者"，还是没有规定性的"纯在"？如果"何物"就是"在者"，它在什么意义上是

---

① 参见［美］蒯因《从逻辑的观点看》，江天骥等译，上海译文出版社1987年版，第1—18页。

"本体论"？如果"何物"是指"纯在"，它又在什么意义上是"何物"？毋庸置疑的是，蒯因所说的"何物"，只是有规定性的"在者"，而不是无规定性的"纯在"。在蒯因这里，作为"本体"的"存在"，并不是哲学反思所构成的存在，而只是日常语言中的存在。蒯因把常识的存在与哲学的存在混为一谈，因而也把作为"何物"的"在者"与作为"根据"的"本体"混为一谈了。蒯因的"我们说何物存在"的"本体论承诺"，并不是对作为"根据"的"本体"的"承诺"，而只是对"何物存在"的认识论反省。

作为"本体"的"存在"，并不是存在着的"在者"，而是对"在者"何以存在的追问。在《形而上学导论》中，海德格尔极为深刻地揭示了这个问题。他所揭示的问题是："究竟为什么在者在而无反倒不在？"① 海德格尔在这里所说的"无"，按照他本人的解释，主要包括三层含义：一是涵括"现在的现成存在者"、"以往的曾在者"和"未来的终在者"；二是追问"在者由何根据而来"、"在者处于何根据之上"和"在者照何根据行事"；三是"唯有一种在者，即提出这一问题的人，总是不断在这一追问中引人注目"②。这就是说，海德格尔所说的"无"，就是"提出这一问题的人对"在者"的"根据"的"追问"，而不是"在者"的"存在"。在海德格尔这里，"本体"不是"有"而是"无"，不是"在者"之"在"，而是"在者"之为"在者"的"根据"。海德格尔已经自觉地确认，本体论是关于"无"的哲学理论，也就是关于"何以可能"的哲学理论。

由此提出的关键问题在于，人为何要追究作为"无"的"本体"？人是现实的存在，人的认识对象都是具有规定性的存在，人与世界的现实关系只能是"此在"与"在者"的关系，而不是"纯思"与"纯在"的关系。在这个意义上，"思维和存在的关系问题"，就是"思维和存在"如何统一的问题，也就是"构成思想"的问题，而不是"反思思想"的"何以可能"的问题。然而，人类是以思维的能动性而实现思维与存在的统一，因此，"思维"对"存在"的追问，就不仅包括"思维"对"在者"的"规定性"的追问，而且包括"思维"对"在者"何以存在的追问。对"何以存在"

---

① [德] 海德格尔：《形而上学导论》，熊伟、王庆节译，商务印书馆1996年版，第4页。
② 同上书，第4—5页。

的追问，就构成了具有特殊内涵的存在论——追问"存在"之"根据"的"本体论"。在"本体论"中，成为"问题"的就不是"存在"的"规定性"，而是思维把握存在的"根据"。因此，在"思维和存在的关系问题"中，就不仅包含关于"存在"的"存在论"，而且包含追问"存在"何以存在的"本体论"。

2. "本体"是不是"本原"或"本质"？

在哲学史上，追寻"本体"有两种最基本的思路：一种是寻求万物所由来和万物所复归的"始基"和"基质"，并以此来解释"万物的统一性"，这就是把"本体"视为"本原"的路子；另一种则是寻求现象背后的本质，从逻辑关系上把"本体"视为"本质"的路子。前一种路子试图以某一种"在者"而解释全部的"在者"，也就是以一种特殊的存在而解释全部的特殊的存在，这就必然转向以"质"的同一性而解释"量"的多样性，因此必然导致第二种路子——把"本质"作为"本体"。这就是传统哲学意义上的"本体论"。

把"本质"作为"本体"的"本体论"，有三个根本性的思想前提：其一，就其思想本质来说，是把存在本身同存在的现象割裂开来、对立起来，认为经验观察到的现象并非存在本身，存在本身是那种隐藏在经验现象背后的超验的存在；其二，就其思想原则来说，是把主观和客观、主体和客体对立起来，把哲学所追求和承诺的"本体"视为某种超出人类或高于人类的本质、与人类的历史状况无关的自我存在的实体，力图剥除全部主观性，归还存在的本来面目；其三，就其追求目标来说，是把绝对与相对分割开来，企图从某种直觉中把握了的最高确定性即作为支配宇宙的最普遍的原则或原理出发，使人类经验中的各种各样的事物得到最彻底的统一性解释，从而为人类提供一种终极的永恒真理。

从上述三个思想前提可以看到，以"本原"或"本质"作为"本体"的"本体论"，其哲学意义并不在于把"本原"或"本质"视为"本体"，而在于它以寻求"本原"或"本质"的方式，把本质与现象分离开来、主观与客观割裂开来、相对与绝对对立起来。它的实质，是要求哲学为人类揭示出宇宙的绝对之真、至上之善和最高之美。这就是传统哲学关于"存在本身"的"本体论"。当哲学家从对"本体"的追究而转向对人类认识的反省时，哲学研究的"理论硬核"发生了变革。"没有认识论的本体论为无效"，这是近代哲学的立足点和出发点。由于近代哲学的发展，以探寻存在本身为理论硬核的本体论哲学模式，就被以反省人类认识为理论硬核的认识论哲学模式所取代；以追求纯粹客观性为目标，并把主观性与客观性绝对对立起来的形而上学的思维方式，就被探索思维与存在、主观与客观如何统一的辩证法理论所扬弃。独立存在的本体论哲学及其所代表的形而上学的思维方式，已经被德国古典哲学及其所代表的辩证法的思维方式所否定。

在黑格尔的逻辑学中，思维自己构成自己的进程，表现为双重的否定性：一方面思维不断地否定自己的"虚无性"，使自己获得越来越丰富的"规定性"，这就是思维自己"建构"自己的过程；另一方面则是思维不断地否定自己的"规定性"，使自己在越来越深刻的层次上"重构"自己的规定性，这又是思维自己"反思"自己的过程。思维在这种双重否定的过程中，既实现了思想内容的不断充实，又实现了思想内涵的层次跃迁。这就是黑格尔逻辑学的建构性与反思性、规定性与批判性、渐进性与飞跃性相统一的存在论的辩证法或辩证法的存在论。值得深思的是，黑格尔的存在论的辩证法或辩证法的存在论，并不只是关于思维的"规定性"的存在论，而且是否定思维的"规定性"的存在论，也就是"对思想的思想"的存在论，追究思维规定的"根据"的存在论。后者构成黑格尔意义上的"本体论"。

马克思对黑格尔的"扬弃"，是从实践的观点看思维的自我否定的矛盾运动，是从实践的观点看人类思维的"本体论追求"。恩格斯明确地指出，以人的实践为基础的人的思维，是"至上"与"非至上"的辩证统一，"按它的本性、使命、可能和历史的终极目的来说，是至上的和无限的；按它的个别实现和每次的现实来说，又是不至上的和有限的"[①]。哲学的本体论追求，正是植根于人类思维的"本性、使命、可能和历史的终极目的"，即植根于人类思维的"至上"性。马克思主义哲学认为，人类的社会实践活动，以及实践基础上的人类认识活动，是一个不断发展的历史过程。在这个历史过程中，人类所获得的全部认识成果，包括哲学层面的本体论追求，总是具有相对的性质；但同时，人类的实践和认识又永远不会停留在一个水平上，

---

① 《马克思恩格斯选集》第三卷，人民出版社1972年版，第126页。

总是向着全体自由性的目标迈进。因此，马克思主义哲学否定传统本体论占有绝对真理的幻想，但并不拒绝基于人类实践本性和人类思维本性的本体论追求。

3. 本体论与本体论追求。

基于人类实践本性的人类思维，总是渴求在最深刻的层次上或最彻底的意义寻求"何以可能"的"根据"，从而为人自身确立"安身立命之本"。因此，哲学的"本体论"，并不是某种"本体之论"，而是对"本体"的"追求"。本体论作为一种追根溯源式的意向性追求，作为一种对人和世界及其相互关系的终极关怀，它的可能达到的目标，并不是它所追求的"本原"或"本质"。本体论追求的合理性是在于，人类总是悬设某种基于现实而又超越现实的理性目标，否定自己的现实存在，把现实变成更加理想的现实。本体论追求的真实意义就在于，它启发人类在理想与现实、终极的指向性与历史的确定性之间，既永远保持一种"必要的张力"，又不断打破这种"微妙的平衡"，从而使人类在自己的全部活动中始终保持生机勃勃的求真意识、向善意识和审美意识，永远敞开自我批判和自我超越的空间[①]。

基于人类思维"至上性"的本体论追求，在本质上是批判的、辩证的。"本体"的寻求即是矛盾：首先，"本体论"指向对人及其思维与世界内在统一的"基本原理"的终极占有和终极解释，力图以这种"基本原理"为人类的存在和发展提供永恒的"最高支撑点"，而人类的历史发展却总是不断地向这种终极解释提出挑战，动摇它所提供的"最高支撑点"的权威性和有效性，由此构成哲学本体论与人类历史发展的矛盾；其次，"本体论"以自己所承诺的"本体"或"基本原理"作为判断、解释和评价一切的根据、标准和尺度，从而造成自身无法解脱的解释循环，因此，哲学家们总是在相互批判中揭露对方的本体论的内在矛盾，使本体论的解释循环跃迁到高一级层次，这又构成哲学本体论的自我矛盾。诉诸哲学史，我们会发现，正是在如何对待哲学本体论的内在矛盾这个根本问题上，使哲学从原则上区分为"传统哲学"与"现代哲学"。"传统哲学"之所以"传统"，"传统哲

[①] 参见孙正聿《终极存在、终极解释和终极价值——作为终极关怀的本体论》，《社会科学战线》1991年第4期。

学"之所以是"形而上学",就在于全部的传统哲学总是力图获得一种绝对的、终极的"本体",并因而把世界分裂为真与假、善与恶、美与丑的非此即彼、抽象对立、永恒不变的存在。这是一种统治人类几千年的非历史的、超历史的、僵化的本体论的思维方式,也就是当代哲学所自觉到的"形而上学的恐怖"。与此相反,"现代哲学"之所以"现代","现代哲学"之所以"拒斥形而上学",就在于现代哲学从思维方式上实现了"从两极到中介"的变革,从研究路径上实现了"从体系到问题"的变革,从基本理念上实现了"从层级到顺序"的变革,也就是从人类的历史发展出发去理解哲学所追寻的"本体"和哲学的本体论追求。

在现代哲学中,马克思主义哲学从"现实的人及其历史发展"出发去看待哲学,哲学的"本体论"就发生了真正的革命:人类在自身的历史发展中所形成的判断、解释和评价一切事物并规范自己思想和行为的"本体"观念,既是一种历史的进步性,又是一种历史的局限性,因而它孕育着新的历史可能性。就其历史的进步性而言,人们在自己的时代所承诺的"本体",就是该时代的人类所达到的关于人与世界的统一性的最高理解,它成为规范和评价该时代人的全部思想和行为的根据和标准,即该时代人类全部活动的最高支撑点,因此具有绝对性;就其历史的局限性而言,人们在自己时代所承诺的"本体",又只是特定历史时代的产物,它作为人类全部活动的最高支撑点,即作为规范和评价人的全部思想和行为的根据和标准,正是表现了人类作为历史的存在所无法挣脱的片面性,因而具有相对性;就其历史的可能性而言,人们在自己时代所承诺的"本体",它作为规范和评价人的全部思想和行为的根据和标准,正是人类在其前进的发展中所建构的阶梯和支撑点,它为人类的继续发展提供现实的可能性。这深切地表明,"本体"作为规范人的思想和行为的根据和标准,它永远是作为中介而自我扬弃的;"本体论"作为"本体论追求",它就是本体论批判的辩证法。

上述分析表明,"本体论"不是关于"在者"的学问,而是对"存在"的"追问",也就是对"在者之在"、"是其所是"、"何以可能"的追问。这种追问,是基于人类思维的"至上"性的追问,也就是基于人类思维的"本性"、"使命"、"可能"和"历史的终极目的"的追问。对"本体"的追问和追寻,是人类思维的追根溯源的意向性追求,是人类为自己的思想和行为寻求根据、标准和尺度的不懈追求。这表明,以"思维和存在的关系问题"为实质内容的"本体论",既是以"思维"的"至上性"去追寻和构建规范人的全部思想和行为"最高的支撑点",也是以"思维"的"至上性"去反思和批判它所构建的"最高的支撑点"。这种追寻和反思"最高支撑点"的对立统一,就是本体论批判的辩证法,也就是以思维的辩证本性所展开的"思维和存在的关系问题"的辩证法。

第二节 "世界"的前提批判

在人类把握世界的基本观念中,"世界"无疑是最值得反思的基本理念;把哲学定义为理论化、系统化的世界观,"世界观"无疑是最需要反思的基本观念。由对"存在"的反思而进展到对"世界"和"世界观"的反思,无疑是对构成思想的基本观念的最为重要的前提批判。

一 世界与存在

在哲学研究中,人们不仅经常不加区别地使用"存在论"和"本体论",而且经常不加区别地使用"存在论"、"本体论"和"世界观",或者把"世界观"解说为"存在论",或者把"世界观"解说为"本体论"。在辨析"存在论"与"本体论"二者关系的基础上,进一步厘清"世界观"与"存在论"、"本体论"的关系,对于深入地理解"思维和存在的关系问题",从而深切地把握哲学的特殊的理论性质和独特的社会功能,是十分必要和重要的。

"世界"不等于"存在"。"世界"是规定性的存在,而不是无规定性的"存在"。"存在"是无规定性的"纯思","世界"则是被思维赋予规定性的"在者"。关于"存在",可以区分为无规定性的"存在"与有规定性的"在者";关于"世界",则必须以某种规定性为标准而区分为各类不同的"世界"。这是"世界"与"存在"的原则性区别。

"世界"是规定性的存在,因而是具有特定内涵的观念。由"存在"的观念而转换为"世界"的观念,"存在"就由"纯在"而转换为被思维把握到的存在、被思维赋予规定的存在、被思维划分为"界"的存在。"世界"

是"有界"的，而"存在"是"无界"的。"有界"的"世界"，被区分为不同的"世界"。探讨被"思维"划分为"界"的"世界"的"存在"，既有助于深化对"思维和存在的关系问题"的理解，也有助于厘清存在论、本体论和世界观的三者关系。

二　物质世界与精神世界

在这种划界中，把"存在"区分为"物质"的存在和"精神"的存在。然而，在这种以"物质"和"精神"来划界的"世界"观念中，有两个重要问题是必须予以反思的：一是"物质"的规定性，二是"精神"的规定性。

在常识的观念中，"物质"就是看得见、摸得着的各种各样的"东西"。这个意义的"物质"，也就是常识观念中的"存在"。因此，常识观念中的"物质"、"存在"和"世界"这三个概念往往是混用的。与常识观念不同，自然科学的"物质"观念，是指物质的基本形态、构成要素和层次结构。这个意义的"物质"，仍然是经验的对象，但却是以各种实验方法、手段为中介而构成的经验对象。这个意义的"物质"，是被限定了的"存在"和"世界"，因而明确地区别于常识的"物质"概念。与经验常识和经验科学不同，哲学观念中的"物质"范畴，是对"精神"之外的全部"在者"的抽象。对此，列宁作出了最为明确的回答："物质是标志客观实在的哲学范畴"，物质的唯一特性就是它的"客观实在性"。上述分析表明，在常识的、自然科学的和哲学的观念中，"物质"作为人类把握世界、构成思想的基本观念，各有不同的规定性。哲学视域中的"物质"，只成立于与"精神"的关系之中。这个意义的"精神与物质的关系"，是"思维"在对"存在"的反思中，对"世界"作出的一种基本的"划界"——把"世界"区分为"意识界的存在"（精神）与"意识外的存在"（物质）。这种"划界"，奠定了回答"思维和存在的关系问题"的唯物论基础。

与"物质"相对待的"精神"，通常指的是"意识"，即"意识"是人脑这种特殊"物质"的机能和属性，也是"物质"在人脑中的"反映"。在这个意义上，作为"意识"的"精神"就是"观念"的存在，而"观念的东西不外是移入人的头脑并在人的头脑中改造过的物质的东西而已"①。作为"观念的东西",既包括观念的形式,又包括观念的内容。从观念的形式上看,"精神"包括感觉与知觉、表象与抽象、归纳与演绎、分析与综合、联想与想象、直觉与逻辑等多种形式;而"精神"作为"社会意识",则又包括神话、宗教、艺术、科学、哲学等多种"社会意识形式";由不同的观念形式所构成的观念内容,又构成以人的"神话世界"、"宗教世界"、"艺术世界"、"科学世界"和"哲学世界"为内容的"有意义"的"文化世界"。"文化世界"已经不再是"物质"与"精神"二分的两个世界,而是与"自在世界"相区分的"属人世界"。这就要求我们,不仅要从"精神世界"与"物质世界"的关系去反思"思维和存在的关系问题",而且要从"属人世界"、"文化世界"、"意义世界"去理解"思维和存在的关系问题"。

三 自在世界与文化世界

在这种划界中,把"世界"区分为"自在"的世界和"文化"的世界,因此,在这种划界方式的"世界"观念中,又必须引入人如何把"自在"的世界变为"文化"的世界的人类把握世界的"基本方式"。从人类把握世界的"基本方式"看"世界",会深化我们对"世界观"所蕴含的"思维和存在的关系问题"的认识,也会深化我们对世界观与存在论、本体论相互关系的理解。

"自在的世界"就是自然而然地存在着的世界,处于生生不息的运动和变化中的世界。把它称作"自在的世界",既是因为它外在于人而存在,并不以人的意志为转移地存在,更是因为我们在这里还没有从人对世界的关系去看世界。一旦我们从人对世界的关系去看世界,世界,就成了人的"对象世界",就成了人的"世界图景"。"世界图景",是世界显现给人的图景,是人以自己的方式把握到的图景,也就是人在自己的历史发展中所形成的关于世界的图景。人的关于世界的图景,当然是关于"自在世界"即世界本身的图景;但是,人的关于世界的图景,却只能是人以自己把握世界的各种

---

① 《马克思恩格斯选集》第二卷,人民出版社1995年版,第112页。

方式为中介所形成的关于世界的图景。因此，人的"世界图景"具有不可或缺的双重内涵：其一，"世界图景"是关于世界本身的图景，而不是虚构的图景；其二，"世界图景"并不是"自在的世界"，而是人以自己的方式所形成的关于世界的图景。这表明，人类形成怎样的"世界图景"，是同人类把握世界的基本方式密不可分的；只有搞清楚人类把握世界的基本方式，才能懂得人类关于世界的图景。因此，"世界图景"意义上的"思维和存在的关系问题"，又必须引入"人类把握世界"的各种"基本方式"的问题。

"人类把握世界的基本方式"，就是人类把"自在世界"变成自己的"世界图景"的方式。人类把握世界的基本方式，最为直接地是为人类提供了丰富多彩的、日新月异的"世界图景"，即常识的、宗教的、艺术的、伦理的、科学的和哲学的"世界图景"。在"常识的世界图景"中，我们会看到一种源于经验而又适用于经验的"世界图景"；在"宗教的世界图景"中，我们会看到一个与"现实世界"、"世俗世界"、"此岸世界"相分裂的"天国世界"、"神灵世界"、"彼岸世界"；在"艺术的世界图景"中，我们会看到一个"诗意的"、"审美的"、"象征的"世界；在"科学的世界图景"中，我们会看到一个首尾一贯、秩序井然的"符号系统"和"概念框架"所表述的世界；而在"哲学的世界图景"中，我们会看到人类思维在反思"思维和存在的关系"的历史进程中所构成的"存在论"、"本体论"和"世界观"。

在《客观知识——一个进化论的研究》一书中，波普尔标新立异地提出了他的三个世界理论，明确地把"世界"区分为三个"亚世界"："第一，物理客体或物理状态的世界；第二，意识状态或精神状态的世界，或关于活动的行为意向的世界；第三，思想的客观内容的世界，尤其是科学思想、诗的思想以及艺术作品的世界。"[①] 为了说明他所指认的"世界3"，波普尔在与"主观知识"和"客观精神"的对比中，阐述了作为"客观知识"的"世界3"的内容和特征。

波普尔首先是区分了两类知识，即主观意义的知识与客观意义的知识。

[①] [英]卡尔·波普尔：《客观知识——一个进化论的研究》，舒炜光等译，上海译文出版社1987年版，第114页。

波普尔提出：所谓"主观知识"，是由以一定方式行动、相信一定事物、说出一定事物的"意向"所组成，因此它包括作为"世界2"的思想过程以及与之相关的作为"世界1"的大脑过程；所谓"客观知识"，则是由理论、推测、猜想的逻辑内容构成。由于区分了"主观知识"和"客观知识"，波普尔具体地"称物理世界为'世界1'，我们的意识经验世界为'世界2'，称书、图书馆、计算机存储器以及诸如此类事物的逻辑内容为'世界3'"[①]。以承诺"世界3"的存在为前提，波普尔批判了"常识知识论"："常识知识论没有认识到世界3，因此，它忽视了客观意义上的知识的存在。"[②] 波普尔的这种承诺和批评，应当引发文化哲学研究中对"客观知识"的关注。

在与"主观知识"对比的基础上，波普尔又阐述了他的"客观知识"与黑格尔的"客观精神"的区别。波普尔提出，黑格尔的"客观精神"和"绝对精神"与其"第三世界"之间的最重要区别在于以下三点："（1）根据黑格尔的理论，尽管客观精神（包括艺术创作）和绝对精神（包括哲学）两者都由人类的成果组成，人却不是创造者。……与此相反，我断言，个人的创造因素、个人和他的工作之间的平等交换关系是最重要的。在黑格尔的理论中，这一点退化为这样的教条：伟大人物是时代精神借以表现自身的中介。""（2）我的图式是通过清除错误，并在探索真理这一调节的观念下通过有意识的批判而在科学的水平上起作用的。""（3）我的第三世界与人类意识毫无相似之处；并且尽管它的第一批成员是人类意识的产物，但是它们完全不同于有意识的观念或主观意义上的思想。"[③] 在这种区分中，波普尔强调了三个方面：其一，人是"世界3"的创造者；其二，人的理性批判是"世界3"自主发展的机制；其三，人所创造的"世界3"是客观性的而不是主观性的存在。波普尔所阐述的这种区别，不仅有助于我们对"客观知识"的理解，而且直接引发我们对"客观知识"的基本内容——科学——的哲学关切。

在人的文化世界中，科学具有特殊的重要地位。科学不仅构成我们的具

---

① ［英］卡尔·波普尔：《客观知识——一个进化论的研究》，舒炜光等译，上海译文出版社1987年版，第78页。
② 同上书，第79页。
③ 同上书，第134—135页。

有时代内涵的"世界图景",而且构成我们的具有时代内涵的"思维方式",还构成我们的具有时代内涵的"价值观念"。特别重要的是,科学所构成的世界图景、思维方式和价值观念,它以"客观知识"的存在方式,构成了现实的"文化"、可批判的"文化"。对科学的前提批判,就其时代内涵而言,就是对每个时代的世界图景、思维方式和价值观念的前提批判,也就是对该时代的文化的前提批判。值得注意的是,在通常的文化哲学研究中,往往忽视甚至拒绝对科学、特别是对自然科学的哲学反思。尤其是在对"科学主义"的哲学反思中,往往容易导致忽视对作为文化的科学本身的哲学关切。这样,就把关于文化的"文化哲学"与关于科学的"科学哲学"割裂开来,从而把"科学文化"与"人文文化"对置起来。而在科学哲学家瓦托夫斯基把科学哲学解释为对科学的人文主义理解的意义上,科学哲学则构成文化哲学的重要内容,对文化的前提批判应当包含对作为"客观知识"的科学的前提批判[1]。因此,波普尔所指认的以"科学"为"世界3"的基本内容的"客观知识",在对"文化"的前提批判中,具有不可或缺的重要意义。

还应指出的是,在波普尔的"世界3"中,不仅包括"科学思想",而且包括"诗的思想以及艺术作品的世界"。这实际上是承诺了两种文化——科学文化和人文文化——的存在。因此,在"世界3"的视域中,对文化的前提批判,理所当然地应当包括对科学文化和人文文化及其相互关系的前提批判。仅就科学自身说,德国物理学家普朗克曾经指出:"科学是内在的统一体,它被分解为单独的部门不是由于事物的本质,而是由于人类认识能力的局限性。实际上存在着从物理到化学,通过生物学、人类学到社会科学的连续链条。"[2] 但是,波普尔在他的"进化论的研究"中,凸显的只是对"科学思想"、特别是对自然科学的探索,而忽视了对"人文文化"的阐释。然而,这却启发我们在对两种文化的反思中,深化对作为哲学基本问题的思维和存在的关系问题的理解,深化对文化的前提批判。

---

[1] 参见孙正聿《对科学的人文主义理解——瓦托夫斯基的科学哲学观述评》,《中国社会科学》1990 年第 4 期。

[2] 转引自夏禹龙等编著《科学学基础》,科学出版社 1983 年版,第 5 页。

作为"客观知识"的"世界3"的哲学意义，首先在于它凸显了作为哲学基本问题的思维和存在的关系问题的历史性，即把抽象的思存关系问题实现为以"客观知识"为中介的思存关系问题。以"客观知识"为中介的思存关系，不仅是以"科学思想"为内容的"科学世界"中的思存关系，而且是以"历史文化"为内容的"文化世界"中的思存关系；这种"文化"视域中的思存关系，又不仅是深化了对作为哲学基本问题的思存关系的反思，而且又是在思存关系问题的意义上展开了对"文化"的哲学反思。在文化的视域中反思思存关系，又在思存关系中反思文化，这应当是文化哲学研究中的不容忽视的重大问题。

作为"客观知识"的"世界3"的哲学意义，还在于它为文化的前提批判提供了极为重要的"可批判"的对象。瓦托夫斯基曾这样对比常识与科学："常识的特点就其真正的本质而言，是非批判的……批判的出现成为由常识向科学转变中的关节点。"① 常识的非批判性，在于它不具备可批判的条件。批判的前提是经验能够成为反思的对象。用一种语言公开表述的"有组织的和系统性的知识体"，才能构成批判和公开反思的对象。"科学和常识之间最重要的区别就在于科学命题的明确性和可反驳性，在于科学的目标理所当然具有自觉的和审慎的批判性。"② 对"世界3"的文化批判，不只是对作为一种文化的科学的反思，而且是对各种文化活动的反思。瓦托夫斯基提出，仅仅以科学方式来构筑人类的经验世界，埋伏着一种巨大危险："科学与常识、科学活动与人类的基本活动、科学理解与平常的理解的连续性被打断了。"③ 如果从瓦托夫斯基的"对科学的人文主义理解"去看待波普尔的"世界3"，进而从科学文化和人文文化及其关系中去理解"文化"，无疑会有力地拓展文化哲学的视域并推进对文化的前提批判。

人类以自己把握世界的"基本方式"为中介而与世界发生关系，并不仅仅是为人类提供了"丰富多彩"和"日新月异"的世界，而且是使人自己生活于具有不同"意义"的"世界"之中。从人类把握世界的"基本方

---

① ［美］瓦托夫斯基：《科学思想的概念基础》，范岱年等译，求实出版社1982年版，第87页。
② 同上书，第89页。
③ 同上书，第33页。

式"去看人与世界的关系,"世界观"就不再是马克思所批评的"从客体的或者直观的形式"所形成的关于"整个世界"的"根本观点",而是人以自己的"基本方式"所构成的"世界图景"。这个"世界图景",是人生在世和人在途中的人的目光所构成的"世界图景";构成这个"世界图景"的人生在世和人在途中的人的目光,才是人的历史性的"世界观"。

值得深思的是,人给自己构成的"世界图景",既包括思维关于存在的"规定性",也就是"现实的"世界图景,又包括思维对存在的"否定性",也就是"理想的"世界图景。因此,哲学意义的"世界观",既是关于"存在"如何存在的"存在论",又是关于"存在"何以可能的"本体论"。"世界观"具有"存在论"和"本体论"的双重内涵。

四 现实世界与理想世界

在这种划界中,凸显了人对世界的否定性的统一关系,凸显了以实践为基础的人的思维的"至上性",因而凸显了"世界观"的"本体论"意义。

人的实践活动把世界"分化"为"自在的世界"与"自为的世界"或"自然的世界"与"属人的世界"。这种世界的"分化"或"二重化",当然不是说世界自身分裂为两种根本不同的存在,即不是在宗教的方式中把世界分裂为神的"彼岸的世界"与人的"此岸的世界",而是说人的实践活动使"自然而然"的世界具有了二重属性。具体地说,人作为实践的主体,世界作为实践的客体,二者在"本原"的意义上永远是自然的存在;然而,人作为实践的主体,世界作为实践的客体,在人与世界的"主客体关系"的意义上,人和世界又都是人自己的实践活动的结果和产物,都属于人类自己创造的"属人的世界"。这就是人类的实践活动所造成的世界的"二重化"。

在对人与世界关系的理解中,我们不仅应当看到人类的实践的存在方式造成了现实世界的二重化,而且应当看到人类的实践的存在方式所形成的人类生活的"三重世界":人作为自然存在物,同其他生物一样生存于"自然世界";人作为超越自然的社会存在物,生活于自己所创造的"文化世界";人作为社会—文化存在物,既被历史文化所占有,又在自己的历史活动中展现新的可能性,因而生活于历史与个人相融合的"意义世界"。对人来说,

"世界"并不是纯粹"自然"的存在,而是人以自己的全部活动历史地创造的"有意义"的"意义世界"。"世界"的"意义",就在于它是人类创造的、实现人自身发展的"世界"。因此,人的"世界观",并不是关于"自在世界"之观,而是关于"意义世界"之观。这样的"世界观",是"从实践的观点看"的"世界观",也就是马克思的实践论的"世界观"。

实践是人的有目的的自觉活动,是人把自己的目的和要求变成现实的活动。作为实践主体的人,自己给自己构成人所要求的世界图景,并以自己的实践活动使世界变成自己理想的世界。实践作为人的存在方式,它不仅蕴含着实践主体的自然性与超自然性、实践活动的合目的性与合规律性、实践过程的人的尺度与物的尺度、实践结果的主体客体化与客体主体化的诸多矛盾,还蕴含着实践活动的现实性与普遍性、现实性与理想性、现实性与无限性的矛盾。列宁说:"人的实践=要求(1)和外部现实性(2)。"[①] 关于人的实践的"要求",列宁解释说:"世界不会满足人,人决心以自己的行动来改变世界。"[②] 人的实践的"要求"或"目的",是"非现实"的观念性的存在,即作为实践活动的动力与指向的"理想性"的存在。因此,实践的本质就在于:现实的人总是不满足于自己的现实,总是要把现实变成理想的现实。

人的实践过程,是一种双重化的过程,一方面是使世界的"现实性"变成"非现实性";另一方面是使人的"理想性"变成客观存在的"现实性"。实践活动的"理想性"与"现实性"的矛盾,使人与世界之间构成了一种独特的否定性的统一关系,即:人以"理想性"的要求而"现实"地"否定"世界的现存状态,使世界变成人所要求的现实,并在这种现实中实现人与世界的统一。

人类实践活动的"每次现实"和"个别实现"是有限的,而人类实践活动本身却是一个无限的历史展开过程。在实践的展开过程中,表现了实践的无限的指向性和无限的过程性。人类的实践活动是把世界变成人所希望的世界的活动,因此,基于人类实践的人类思维,总是表现为对无限的寻求:

---

① 《列宁全集》第38卷,人民出版社1956年版,第229页。
② 同上书,第235页。

寻求作为世界统一性的"终极存在"、寻求作为知识统一性的"终极解释"、寻求作为意义统一性的"终极价值"。从人类的实践的存在方式出发，并且更为直接地从实践的现实性与无限性的矛盾出发，我们就会懂得：哲学追寻作为世界统一性的"终极存在"，这是人类实践和人类思维作为对象化活动所无法逃避的终极指向性，它促使人类百折不挠地求索世界的奥秘，不断地更新人类的世界图景和思维方式；哲学追寻作为知识统一性的"终极解释"，这是人类思维在对终极存在的反思性思考中所构成的终极指向性，它促使人类艰苦卓绝地进行科学研究，不断地变革人类认识世界的"阶梯"和"支撑点"；哲学追求作为意义统一性的"终极价值"，这是人类思维反观人的自身存在所构成的终极指向性，它促使人类绞尽脑汁地反思人与世界的关系，不断地"对假设质疑"、"向前提挑战"，为自己的全部思想和行为奠定"最高的支撑点"。实践具有无限的指向性，哲学则试图通过对世界统一性（终极存在）的确认、对知识统一性（终极解释）的占有、对意义统一性（终极价值）的规定，来奠基人类自身在世界中的安身立命之本。这就是作为"本体论"的"世界观"，或作为"世界观"的"本体论"。

五 以"思维和存在的关系问题"为聚焦点的存在论、本体论和世界观

哲学意义的存在论、本体论和世界观，是人类思维以自己的能动性"反思"思维和存在的关系问题所构成的哲学理论。厘清三者关系，不仅需要分别地探讨它们与"思维和存在的关系问题"之间的关系，而且必须以"思维和存在的关系问题"为聚焦点，深入地反思存在论、本体论和世界观构成自己的"前提"。

"存在论"的前提，是人的"存在"的特殊性——人的"思维"对"存在"的"反思"。因此，"存在论"并不是离开"思维"的"存在"问题，而恰恰是在思维的反思中所构成的"思维和存在的关系问题"。由此我们可以对"存在论"作出三点规定：其一，存在论是思维以存在为对象的反思，离开反思的自觉就构不成哲学意义的存在论；其二，思维反思存在的存在论，它的"基本问题"是"思维和存在的关系问题"，离开这个"基本问题"就构不成哲学意义的存在论；其三，以"思维和存在的关系问题"为"基本问题"的存在论，是反思思维与存在的矛盾关系，离开辩证思维

就构不成哲学意义的存在论。这三点规定表明，哲学意义的"存在论"就是关于"思维和存在的关系问题"的辩证法。

在《逻辑学》中，黑格尔把存在论的辩证法展现为思维和存在由"自在"到"自为"再到"自在自为"的辩证运动，展现为由"存在论"到"本质论"再到"概念论"的辩证发展，由此构成了黑格尔的存在论、认识论和逻辑学"三者一致"的辩证法。在《资本论》中，马克思则把"存在"视为"现实的历史"的存在，从"物和物的关系"中揭示"人和人的关系"，从经济范畴的"逻辑关系"中揭示人们之间的现实的"社会关系"。马克思的"存在论"，是把黑格尔的"思想的内涵逻辑"的存在论变革为"历史的内涵逻辑"的存在论，是把整个传统哲学的追究"世界何以可能"的存在论变革为追究"解放何以可能"的存在论。因此，马克思的存在论不仅是黑格尔意义的存在论、认识论和逻辑学"三者一致"的辩证法，而且是马克思意义的存在论、真理论和价值论"三者一致"的辩证法，"对现存的一切进行无情的批判"的辩证法。马克思的"批判的和革命的"辩证法，是关于"现实的历史"的存在论，也是关于"解放何以可能"的本体论。

"本体论"的前提，不仅在于思维的"能动性"，而且在于思维的"至上性"；不仅在于思维不断地"肯定"自己，而且在于思维不断地"否定"自己。思维对自己的"肯定"，就是在思维的运动中获得越来越丰富的"规定性"；思维对自己的"否定"，就是在思维的运动中不断深入地追究存在的"可能性"。追究存在的"可能性"，就是追究"规定性"的"根据"，就是追究思想构成自己的"前提"。思想构成自己的"根据"或"前提"，既不是"无规定性"的"纯在"，也不是"有规定性"的"在者"，而是"隐匿"于思想之中的"存在"。它制约和规范人们的所思所想和所作所为，但却是思想中的"看不见的手"和"幕后的操纵者"。思想中的这个既是"有"又是"无"的"存在"，就是"本体"的"存在"——规范人的全部思想和行为的"存在"，作为人的全部思想和行为的根据、标准和尺度的"存在"，也就是构成思想的前提的"存在"。由此我们又可以对"本体论"作出三点规定："本体论"不是关于思维规定的"存在论"，而是反思思维规定的"存在论"；不是"肯定性"的"存在论"，而是"否定性"的"存在论"；不是"现实性"的"存在论"，而是"理想性"的"存在论"。理解这种"否定性"、"理想性"和"批判性"的"存在论"即"本体论"，必须深切地理解两个问题：其一，构成"本体论"的"反思"，不是一般意义的"反思"，而是特殊意义的对构成思想的"前提"的反思；其二，构成"本体论"的"反思"，不是一般意义的"对思想的思想"，而是特殊意义的"对思想的前提批判"。"对思想的前提批判"，才是哲学意义的"本体论"，也就是本体论批判的辩证法。

"世界观"的前提，集中地体现在"人给自己构成世界的客观图画"。因此，在对"世界观"的理解中，必须深切地思考两个不容回避的重大问题：其一，不能"只是从客体的或者直观的形式"去理解"世界观"，而必须"从主体方面去理解"，从"思维和存在的关系"去理解，把"世界观"理解为思维与存在辩证运动的产物；其二，不能只是从"现实性"去理解世界观，而且必须从"可能性"去理解世界观。"世界"不仅是作为思维所把握到的"在者"而存在，而且是作为思维的目的性要求的"非存在"而存在。这是思维的"现实性"与"可能性"的对立统一，更是思维的实践基础的"现实性"与"可能性"的对立统一。实践是人对世界的否定性统一，这意味着人不仅是"现实"的存在，而且是"理想"的存在，也就是把"理想"变为"现实"的存在，把"现实"变为"理想"的存在。因此，"世界观"不只是反思存在的"存在论"，而且是反思"思想前提"的"本体论"。这个"世界观"，是"此在"的人生在世和人在途中的人的目光，是把理想变为现实的人的目光。作为"人的目光"的"世界观"，它的"重大的基本问题"是"思维和存在的关系问题"，它的实质性的理论性质和理论内容是"存在论"和"本体论"的统一，它的根本性的社会功能是引导人们"在对现存事物的肯定理解中同时包含否定的理解"，为人类的理想性追求敞开广阔的空间。这就是以"思维和存在的关系问题"为"基本问题"的存在论、本体论和世界观"三者一致"的辩证法。

哲学是历史性的思想，哲学史是思想性的历史，这就要求我们以"历史"的、"发展"的"目光"去看待哲学，不断地赋予哲学理念以新的时代内涵。探索哲学意义的存在论、本体论和世界观，我们可以深切地体会，哲学史是探索和反思"思维和存在的关系问题"的历史，是塑造和引导新的时代精神的历史，因而是变革和重构人的世界图景、思维方式、价值观念和终极关怀的历史。以"思维和存在的关系问题"为聚焦点，重新理解哲学意义的存在论、本体论和世界观，并赋予其以新的时代内涵，才能不断地深化对"哲学"本身的理解，真实地使其成为"时代精神的精华"和"文明的活的灵魂"。

第三节 "历史"的前提批判

人是历史性的存在，"历史"是构成思想的基本观念。然而，究竟什么是历史？历史是否具有客观性？人的历史活动与历史的发展规律是何关系？历史主义是否是相对主义？如何理解"历史"，直接关系到我们对人与世界关系的理解，关系到我们对"思维和存在的关系问题"的理解。在批判地反思"存在"和"世界"的基础上，我们把批判的目光转向"历史"。

一 历史与人的存在方式

人是超越性的、创造性的、理想性的存在，人是在自己的创造性的活动过程中，把现实的世界变成人的理想的现实。这就是人对世界的否定性的统一关系，也就是理想对现实的否定性统一关系。人就是在这种人对世界、理想对现实的否定性统一的活动过程中，构成了人自身的具体的、真实的、现实的存在——历史的、文化的存在。历史和文化，是人的真实的存在方式，是人的真实的生活世界。

人与动物的区别在于二者的生命活动的不同性质。动物的生命活动是"生存"的生命活动，人的生命活动是"生活"的生命活动。但是，在理解这两种生命活动的时候，我们往往只是把"生存"和"生活"当成是动物与人的两种不同的"维持"生命的活动，而没有把"生存"和"生活"当成是动物与人的两种不同的"延续"生命的活动。我们只有从"延续"生命的角度去看动物的"生存"与人的"生活"，才能理解人类存在的"历史"与"文化"。而只有理解了人类存在的"历史"与"文化"，我们才能真实地、深刻地理解"思维和存在的关系问题"。

动物在它的生存活动中，怎样延续其种类？马克思说，动物只有一个

"尺度",即它所属的那个"物种的尺度",因此,动物只能是按照它所属的那个"物种的尺度"本能地适应自然,并实现它所属的那个物种的纯粹自然的物种繁衍,从而形成世代相传的本能的生命存在。这就是动物的"复制"式的延续其种类的生命活动。人在自己的生命活动中,是按照"任何物种的尺度"与人的"内在固有的尺度"的统一来进行生产,也就是以"合规律性"与"合目的性"的统一来进行生产,因而人的生命活动不仅仅是改造环境的过程,也是改造人本身的过程。在这个双重性的改造过程中,人类的生命延续超越了非历史的生命个体的"复制",从而实现了人所特有的"历史"。

人类的"历史",是以人类的双重性的遗传实现的。人类的遗传具有双重性,是"获得性的遗传"与"遗传性的获得"的统一,即"自然的遗传"与"文化的遗传"的统一。人是历史性的存在,就是"文化"的存在。人的生命活动,不仅是改变生活环境的活动,使自然"人化"的活动,把"人属的世界"变成"属人的世界"的活动,而且是改变人类自身的活动,使自身"文化"的活动,把"属人的世界"变成"文化世界"的活动。

文化是人类的遗传方式。在《遗传学与物种起源》这部著作中,杜布赞斯基对人类的遗传方式作出这样的概括:"在动物和植物中,现实形成对环境的适应性,是通过其基因型的变异。只有人类对环境刺激的反应,才主要是通过发明、创造和文化所赋予的各种行为。现今文化上的进化过程,比生物学上的进化更为迅速和更为有效","获得和传递文化特征的能力,就成为在人种内选择上最为重要的了"。[①] 人类是在文化的遗传与进化中实现自身的历史发展的。

在人类的"文化遗传"中,"语言"占有极为重要的地位。生物学家认为,遗传密码和语言结构之间有着惊人的相似之处。比如,两种符号都必须在特定的系统中才获得某些意义,孤立的单位本身没有任何价值。遗传密码也跟语言符号一样,表现为层次结构,一个层次中的单位,只有经过组合上升到更高层次的单位中以后,方能确定其同一性。染色体基因的 DNA 碱基,也同语言中的音位一样,形成各种区别特征。有些结构主义语言学家认为,

---

[①] [美] 杜布赞斯基:《遗传学与物种起源》,谈家桢译,科学出版社 1964 年版,第 288、289 页。

这样惊人的相似绝非偶然，而是因为人类的祖先传递到后代有两大类基本的信息系统，即由细胞染色体传递的生物遗传密码和由神经—生理及社会—心理机制传递的语言能力。① 人类的"文化遗传"表明，人的"生命的生产"表现为"双重关系"：一方面是"自然关系"，另一方面是"社会关系"。人类的文化遗传构成人类存在的"历史性"。

二　历史的前提与结果

是"社会存在"决定"社会意识"，还是"社会意识"决定"社会存在"，这是历史观的基本问题。然而，回答这个问题，并不在于断言二者谁"决定"谁，而在于解决人的实践活动所构成的矛盾：如果只是"人们自己创造自己的历史"，那么就是"社会意识"决定"社会存在"，就要从根本上否定历史发展的规律性；如果历史只是"按照自己的规律"运行，那么就是"社会存在"决定"社会意识"，这又从根本上否定了"人们自己创造自己的历史"。这是历史观的"二律背反"。如何理解和对待这个"二律背反"，就构成迥然不同的历史观；"合理"地理解和对待这个"二律背反"，就是马克思主义的历史唯物主义。我们应当从这样的视野去检视和反省教科书的历史观。

正是在社会历史的二象性问题上，也就是在"人的历史活动"与"历史的客观规律"的"二律背反"的问题上，旧唯物主义陷入了不可解脱的"二律背反"，并作出了唯心主义历史观的回答。18世纪的法国唯物主义者曾以"人与环境"关系问题的形式探讨这个问题：一方面，他们认为人及其观念都是环境的产物，提出要改变人及其观念应该首先改变环境；另一方面，他们又认为环境的改变只能依靠天才人物的智慧的创造，提出要改变环境必须首先创造天才的人物和天才的思想。其结果，他们便把社会的人分为两部分，一部分人是伟大的天才，他们以其天才的思想来改变环境，而其他人则通过环境的改变而改变自己和自己的观念。这样，他们就从唯物主义的自然观而走向了唯心主义的历史观。这正如马克思和恩格斯在《德意志意识形态》一书中批评费尔巴哈时所说的："当费尔巴哈是一个唯物主义者的时

---

① 参见陈明远《语言学和现代科学》，四川人民出版社1984年版，第113页。

候，历史在他的视野之外；当他去探讨历史的时候，他决不是一个唯物主义者。在他那里，唯物主义和历史是彼此完全脱离的。"①

在旧唯物主义陷入"二律背反"并由此而导向历史唯心主义的地方，马克思以辩证的思维方式作出了历史唯物主义的回答。对于人类社会历史的二象性，马克思从人类的现实存在及其历史发展出发，提出"人的存在是有机生命所经历的前一个过程的结果。只是在这个过程的一定阶段上，人才成为人。但是一旦人已经存在，人，作为人类历史的经常前提，也是人类历史的经常的产物和结果，而人只有作为自己本身的产物和结果才成为前提"②。在这里，马克思正是针对困扰着哲学家们的历史观的"二律背反"，深刻地阐发了人作为历史的前提和结果的辩证关系。

人作为"历史的经常前提"，总是"前一个过程的结果"，他们的历史活动总是决定于在他们以前已经存在、不是由他们创立而是由前一代人创立的历史条件。因此，人们的历史活动并不是"随心所欲"的，人们的历史活动的结果表现为不以人们的意志为转移的历史发展规律。人作为"人类历史的经常的产物和结果"，获得了创造历史的现实条件和现实力量，并凭借这种现实条件和现实力量去改变自己和自己的生存环境，实现社会历史的进步，为自己的下一代创造新的历史条件。因此，人们又是自己创造自己的历史，历史就是追求自己的目的的人的活动过程。现实的人既是历史的前提又是历史的结果。他作为历史的结果构成新的历史前提，他作为历史的前提又构成新的历史结果。人作为历史的前提与结果的辩证运动，就是人及其历史的辩证法，就是由人的"历史活动"所构成的"历史规律"。

对此，马克思作出的精辟概括是："人们自己创造自己的历史，但是他们并不是随心所欲地创造，并不是在他们自己选定的条件下创造，而是在直接碰到的、既有的、从过去承继下来的条件下创造。"③ 这表明，"历史"既是"追求着自己目的的人的活动"，又是在人的活动中所形成的不以人的意志为转移的客观进程。离开这种辩证思维，既不可能形成历史的唯物主义，

---

① 《马克思恩格斯选集》第一卷，人民出版社1972年版，第50页。
② 《马克思恩格斯全集》第26卷第三册，人民出版社1974年版，第545页。
③ 《马克思恩格斯选集》第一卷，人民出版社1995年版，第585页。

也无法"合理"地理解和阐释历史的唯物主义。教科书的历史观的"主要缺点",就在于它只是"从客体的或者直观的形式"去看待人与世界的关系,而没有"以实践的观点"揭示历史观的"二律背反",没有达到"从实践的观点"阐发历史唯物主义的辩证思维。

马克思主义的历史观,是以"感性的人的活动"或"历史中行动的人"为出发点看待历史,从而形成了以"历史"为解释原则、以"生活决定意识"为核心理念、以"历史的内涵逻辑"为基本内容、以"人类解放"为价值诉求、以"改变世界"为理论指向的历史唯物主义。历史唯物主义的"历史"概念,远不只是"活动"或"过程"的概念,更是"文明"和"发展"的概念。在黑格尔的历史与逻辑相一致的"思想的内涵逻辑"中,把"规律"变成某种"逻辑先在"的神秘力量,因而把"历史"演绎为逻辑的自我实现。与此相反,马克思的"历史的内涵逻辑"则是把"历史"视为"追求自己的目的的人的活动",因此,历史规律的客观性就在于人的历史活动的客观性,历史规律就表现为人的活动本身所实现的人类文明的进步。究竟是"现实的人及其历史发展"构成历史规律,还是某种"先在的"、"神秘的"逻辑支配历史,这是马克思的辩证法与黑格尔的辩证法的根本分歧,也是马克思的历史观与黑格尔的历史观的根本分歧。只有"从实践的观点看"马克思的唯物论和辩证法,才能深刻地理解马克思的"历史观"。

首先,马克思的论述启发我们深刻地理解"人"是怎样的存在。

人类作为物质世界链条上的特定环节,是"自在"的或者说"自然"的存在,人类的产生是自然演化的结果,物质世界是人类存在的前提和根据。正因如此,马克思认为,"人的存在是有机生命所经历的前一个过程的结果,只是在这个过程的一定阶段上,人才成为人"。

然而,人类作为认识世界和改造世界的"主体",又是"自为"的或者说"自觉"的存在,人类是在认识和改造世界的过程中而实现自身的存在和发展。正因如此,马克思又提出,"一旦人已经存在,人,作为人类历史的经常前提,也是人类历史的经常的产物和结果,而人只有作为自己本身的产物和结果才成为前提"。"历史"是人类存在与发展的真正"前提"。

上述的"正题"和"反题"表明,需要从"合题"去理解人的存在:

作为"自在"的或"自然"的存在，人类统一于物质世界，物质世界是人类生存和发展的根据和前提，人类永远是"自然"的存在；作为"自为"的或"自觉"的存在，人的存在又只能是自己创造自己的过程，人类的历史是人类生存和发展的根据和前提，人类永远是"超自然"的存在；作为既"自在"又"自为"、既"自然"又"自觉"的存在，人类以自己的历史活动而实现"自然性"与"超自然性"、"物的尺度"与"人的尺度"、"合规律性"与"合目的性"的统一，从而构成人类的"历史"并实现自身的"发展"。

其次，马克思的论述启发我们深刻地理解"历史"是怎样的过程。

人作为"历史的经常前提"，总是"历史的经常的产物和结果"，他们的历史活动总是决定于在他们以前已经存在、不是由他们创立而是由前代人创立的历史条件。就此而言，"历史条件"又成为人们创造历史的"前提"，而每代人又都是作为历史的"产物"和"结果"而存在。这样，人们的历史活动就不是"随心所欲"的，人们的历史活动的结果总是表现为不以人们的意志为转移的历史发展规律。历史的"发展"成为人的"发展"的前提。

作为"前提"的"历史条件"，包括"物质"的和"精神"的两大方面。马克思和恩格斯说："历史的每一阶段都遇到有一定的物质结果、一定数量的生产力总和，人和自然以及人与人之间在历史上形成的关系，都遇到有前一代传给后一代的大量生产力、资金和环境，尽管一方面这些生产力、资金和环境为新的一代所改变，但另一方面，它们也预先规定新一代的生活条件，使它得到一定的发展和具有特殊的性质。"① 与此同时，作为"前提"的"历史条件"还包括种种的"文化条件"。人类的语言是历史文化的"水库"，历史的文化积淀占有个人。人们使用语言，就是被历史文化所占有。语言的历史变化，规定着人们对世界的理解，因而也就体现着人的历史性变化和规范着人的历史性发展。

人作为"历史的经常的产物和结果"，人又获得了创造历史的现实条件和现实力量，并凭借这种现实条件和现实力量去改变自己和自己的生活世

---

① 《马克思恩格斯选集》第一卷，人民出版社1972年版，第43页。

界，实现历史的进步，并为自己的下一代创造新的"历史条件"。因此，人们又是自己创造自己的历史，人们自己是自己的历史的"前提"，历史就是追求自己的目的的人的活动过程，历史就是实现人的自身发展的特殊方式。

三 历史与"文化的水库"

人类的"历史"和"文化"，与人类的"语言"是密不可分的。马克思说："语言和意识具有同样长久的历史"；"语言是一种实践的、既为别人存在并仅仅因此也为我自己存在的、现实的意识"[1]。语言作为"现实的意识"，它不仅仅是把个人的当下的意识变成可以沟通和交流的言语行为，而且能够把人的世世代代的意识活动的产物"储存"于历史文化的"水库"之中。反思作为"文化的水库"的语言，对于理解"历史"是十分重要的。

在论述语言的时候，文化哲学家卡西尔提出，语言的"具有决定意义的特征并不是它的物理特性而是它的逻辑特性。从物理上讲，语词可以被说成是软弱无力的；但是从逻辑上讲，它被提到了更高的甚至最高的地位：逻各斯成为宇宙的原则，并且也成了人类知识的首要原则"；"在这个人类世界中，言语的能力占据了中心的地位。因此，要理解宇宙的'意义'，我们就必须理解言语的意义"[2]。

语言的力量，在于它是沟通人与世界的"中介"，是把世界变成人的世界的"中介"。虽然"世界"在人的"意识"之外，即"世界"不依赖于人的"意识"而存在，然而"世界"却在人的"语言"之中，即人只能在"语言"中表述"世界"；"语言"既是人类存在的消极界限，即"语言"之外的"世界"对人来说只能是一种"有之非有"或"存在着的无"，"语言"又是人类存在的积极界限，即"世界"在"语言"中从"有之非有"转化成对人来说的真正的存在；正是在人的"语言"中凝聚着人类认识的全部成果、人类文化的全部结晶，因而"语言"成为人的历史文化的"水库"。离开"语言"，就是离开人的"历史文化"，因而也就把人与世界的现实的、真实的"关系"变成了虚幻的、抽象的"关系"。对"思维和存在的

---

[1] 《马克思恩格斯选集》第一卷，人民出版社1972年版，第35页。
[2] ［德］卡西尔：《人论》，甘阳译，上海译文出版社1985年版，第143页。

关系"的前提批判,对"历史"观念的前提批判,都离不开对"语言"的前提批判。

"语言"保存着历史的文化积淀,历史的文化积淀由语言去占有个人。使用语言,就是理解历史文化、理解历史和理解人自身的过程。语言的历史变化,规定着人的"前理解",因而也就体现着人的历史性变化和规范着人的历史性发展。人从属于历史,也就是从属于语言;人只有从属于语言,才能实现自我理解和相互理解。对此,哲学解释学提出了一种新颖的看法,即:人创造了语言,但人却从属于语言;人创造的不是一种工具,而是人自己的存在方式[①]。从这种角度看,就不是人在使用语言,而是语言构成人的存在。

"语言"作为历史文化的"水库"而占有世世代代的个人,这意味着,人既是在"语言"中去接受和理解"历史文化",又是通过"语言"去解释和更新"历史文化"。这深层地意味着,"语言"使"历史"与"现实"之间、"历史视野"与"个人视野"之间存在一种"张力"——历史文化对个人的"占有"与个人"解释"历史文化的对立统一。正是这种"张力"中的"历史"与"个人"的统一,构成了每个人的独特的"意义世界"。

人的观念是内在的,而人的语言则是可表达的,因而观念必须以语言的形式而确定为思想,也就是说"语言是思想的寓所"。不仅如此,观念还必须以语言的方式而实现对世界的把握、理解和描述,因而又可以说"语言是世界的寓所"。进而言之,观念只能是"意识"这一极的存在,语言则消解观念与存在的二元对立,成为"思想与世界相统一的寓所"。更为重要的是,观念必须以语言(文字)的方式而实现其历史性的社会遗传,并积淀为人类的"文化",因此又可以说"语言是历史文化的水库"。作为历史文化的"水库",语言形式是丰富多彩的,它表现为日常语言、艺术语言、科学语言等,从而实现以语言形式的多样性去展现人的世界的丰富性。这样,人类意识就以语言为中介而照亮了人的世界。

作为历史文化的"水库",人类的词语并不是孤立的存在。现代语言学大师索绪尔告诉我们,关于语言,在我们所能设想的一切比拟中,最能说明

[①] 参见殷鼎《理解的命运》,生活·读书·新知三联书店1988年版,第268页。

问题的莫过于把语言的运行比之于下棋。首先，下棋的状态与语言的状态相当。棋子的各自价值是由它们在棋盘上的位置决定的，同样，在语言里，每项要素都由于它同其他各项要素对立才能有它的价值。其次，系统永远只是暂时的，会从一种状态变为另一种状态。再次，从一个平衡过渡到另一个平衡，从一个共时态过渡到另一个共时态，局部性的变化可能产生全局性的影响①。这说明，"语言"是系统性的存在、历史性的存在。它系统性地显现人类意识和人类文明的丰富多彩，它历史性地显示人类意识和人类文明的发展变化。

索绪尔在《普通语言学教程》中深入地辨析了"语言"与"言语"的关系。这应该引起我们的特别关注。他提出："语言活动有个人的一面，又有社会的一面；没有这一面就无从设想另一面。在任何时候，言语活动既包含一个已定的系统，又包含一种演变；在任何时候，它都是现行的制度和过去的产物。""把语言和言语分开，我们一下子就把（1）什么是社会的，什么是个人的；（2）什么是主要的，什么是从属的和多少是偶然的分开来了。"②

通过辨析语言与言语，我们可以得到这样一些基本认识："语言"表述的是外在于个人的社会性存在，它作为制约人的存在的"制度"而存在，作为人的存在的"规则"而存在。在这个意义上，是"语言"占有个人，个人是历史的"结果"。"言语"表述的是历史性存在的个人的语言实践，它作为个人的物理的、生理的和心理的统一性活动而存在，作为个人活动而存在。在这个意义上，是个人占有"语言"，言语是语言的现实。正是在这种语言占有个人与个人占有语言的双重化过程中，人类意识超越了它的内在性、一极性、单一性和非历史性，获得了多样性的表现形态，取得了历史文化的现实性，实现了人类文明的进步和发展。

语言的重要特点，还在于它具有逻辑的与人文的双重属性。在现代哲学的"语言转向"中，所谓的"分析哲学"突出语言的逻辑特性，所谓的"人文哲学"则突出语言的人文特性。通过对语言的逻辑特性的研究，分析

---

① 参见［瑞］索绪尔《普通语言学教程》，高名凯译，商务印书馆1980年版，第128页。
② 同上书，第35页。

哲学凸显了"语义的单义性"、"概念的确定性"和"意义的可证实性"。与此相反，人文哲学通过对语言的人文性的研究，则凸显了"语义的隐喻性"、"概念的非确定性"和"意义的可增生性"。分析哲学与人文哲学的研究结果，既是从两个极端凸显了语言的特性，又是在它们的相互融合中显现了语言的多侧面、多层次的"张力"。正是语言的这种"张力"，才能表现多姿多彩、变幻万千的人类意识，才能构成源远流长、内涵丰厚的历史文化。

为了从哲学层面上深化对语言的历史文化意义的理解，我们可以进一步讨论现代西方哲学"语言转向"的根据与意义。对此，国内学者曾作出如下四个方面的分析。

第一，现代西方哲学之所以高度重视从哲学上研究语言，首先是因为，它们形成了这样的一种基本认识：虽然世界在人的意识之外（世界不依赖于人的意识而存在），但世界却在人的语言之中（人只能在语言中表述世界）；语言既是人类存在的消极界限（语言之外的世界对人来说只能是存在着的无），又是人类存在的积极界限（世界在语言中使自己成为对人来说的真正的存在）；正是在语言中才凝聚着自然与精神、客观与主观、存在与思维、真与善等的深刻矛盾，才积淀着人类思维和全部文化的历史成果（语言是历史文化的"水库"）。这就要求我们从语言出发去反省人与世界的关系。

这种"语言转向"的出发点表明，它是以"倒退"的形式推进了哲学的自我认识。"古代"哲学离开对人类意识的反省，直接地从认识对象出发去寻求"万物的统一性"，因此它所达到的只能是素朴的实在论或"野蛮"的理念论，也就是把"万物的统一性"归结为德谟克利特的"原子"或柏拉图的"理念"。"近代"哲学从古代哲学直接断言"万物的统一性"而"倒退"回对人类意识的认识论反省，从思维与存在的二元对立中去寻求二者的统一性即追究"思想的客观性"，因此，近代哲学以"倒退"的形式而自觉地提出了哲学的基本问题——思维和存在的关系问题，从而实现了哲学发展史上的"认识论转向"。"现代"哲学又把近代哲学的认识论反省"倒退"到对人类语言的"分析"或"解释"，从人类文化的多样统一性去寻求人的自我理解，因此，现代哲学是以"倒退"的形式把思维和存在相统一的诸种中介环节凸显出来，在语言的批判中深化对人的存在及其与世界的相互关系的理解。

第二，现代西方哲学之所以高度重视从哲学上研究语言，是因为他们试图通过对语言的反省来"治疗"传统哲学。在20世纪初，许多著名的现代西方哲学家如罗素、维特根斯坦、石里克、卡尔纳普等就明确地提出，哲学问题从根本上说是语言问题。他们的见解可以大致归纳如下：其一，在"本原"的意义上，哲学并不提供知识或理论，而只是"分析"和"澄清"人们表达的含义。他们认为，苏格拉底的"诘问法"为后世一切真正的哲学树立了榜样，即追究语言的含义的榜样；其二，古往今来的思辨哲学家们制造了种种无法解决的哲学问题，原因就在于他们"错误地使用语言"；其三，由于现代逻辑的发展，人们已经能够正确地把握语言的本质和结构，从而能够厘清由于"误用语言"而产生的"形而上学困惑"[①]。在这种概括中，比较明确地表达了现代哲学语言转向所要回答和解决的三个主要问题：哲学是什么；传统哲学的误区何在；现代哲学转向的根据。

第三，现代西方哲学之所以高度重视从哲学上研究语言，是因为他们不仅从批判传统哲学和实现"哲学科学化"的视角去看待哲学中的"语言转向"，而且越来越深切地从"文化批判"和"人文研究"的视角去看待哲学中的"语言转向"。现代的哲学解释学认为，人类运用语言来理解世界和表达人类对世界的理解，反过来看，语言又是对人的理解方式和理解程度的表达。因此，对于语言的分析，就不仅仅是分析人所理解的世界，而且首先是分析人对世界的理解。这后一种分析，就是对理解的理解。正是从这种认识出发，哲学解释学给自己提出的任务是，在谈论人如何理解世界和人如何理解自己之前，必须首先考察理解本身和理解的可能性条件。

第四，现代西方哲学之所以高度重视从哲学上研究语言，是因为"语言"与"观念"相比，具有更为广阔和深切的哲学反思价值。近代哲学的"认识论转向"是从"观念"出发去反省"思维"与"存在"的关系问题，因此"观念"是近代哲学研究的重心和出发点。在这个意义上，近代哲学的"认识论转向"，也可以称作"观念论转向"。与近代哲学不同，现代哲学的"语言转向"是从"语言"出发去透视"思维"与"存在"的关系，

[①] 参见徐友渔《评"哲学中的语言转向"》，《哲学研究》1991年第7期。

"语言"是现代哲学研究的重心和出发点。对比"观念"和"语言",我们可以发现,对"语言"的分析或解释,具有更为广阔和深切的哲学反思价值:观念必须以语言的形式而确定为思想,因此可以说"语言是思想的寓所";观念以语言的方式而实现对世界的把握、理解和描述,因此又可以说"语言是世界的寓所";在观念与存在的关系中,观念和存在各是对立的一极,语言则是消解观念与存在的二元对立,实现观念与存在的统一的中介,因此也可以说"语言是思想与世界相统一的寓所",观念必须以语言(文字)的方式实现其社会遗传,并从而积淀为"文化",因此又可以说"语言是历史文化的水库";观念必须以语言的方式而实现主体间的思想交流,因此可以说语言是交往实践的中介;语言形式是丰富多彩的,它表现为日常语言、艺术语言、科学语言等,从而实现观念以语言形式的多样性而达到对世界的丰富性的把握;语言作为观念的客观载体,它构成思想批判的对象,从而使观念以语言为中介而实现其自我批判;观念作为心理过程,它的超自然性(社会性)是以自然性过程表现出来的,语言则不仅以符号化的方式实现其超自然性,而且以其"客观知识"的存在方式而构成逻辑分析的基础;观念自身无法实现其社会遗传,因而也无法实现其自主发展。语言作为历史文化的"水库",它的演化与发展具有某种"不以人的主观意志为转移"的自主性,并因而构成人与社会发展的重要前提。通过上述对比,我们可以深化对"语言"的理解,并由此深化对人的"历史"的理解。

由近代哲学的"认识论转向"到现代哲学的"语言转向",这并非仅仅是某种"逻辑"的结果,从根本上说,这种"转向"是理论地表征了人的存在方式的变革。从哲学形态上看,"观念"与"语言"何者成为人的存在方式的理论表征,是表现了人的存在方式的划时代性的变革。我们来作具体的分析。其一,"观念"体现的是个体理性把握世界的英雄主义时代,"语言"则体现的是社会理性把握世界的英雄主义时代的隐退。这是因为,以公共性的"语言"表征人的存在方式,意味着社会理性的普遍化,它代替了"观念"所表征的某些"英雄人物"对理性的垄断与统治。其二,"观念"体现的是个人私德维系社会的精英社会,"语言"则体现的是社会公德维系社会的公民社会。这是因为,历史性和公共性的"语言"表征的人的存在方式,意味着社会公德的普及化,它代替了以"观念"所表征的某些"精英人物"的私德的表率作用。其三,"观念"体现的是个体的审美愉悦的精英文化,"语言"则体现的是社会的审美共享的大众文化。这是因为,"语言"所表征的人的存在方式,是主体间性的普遍化和多样性,它代替了以"观念"所表征的某些"精英文化"的文化垄断。其四,"观念"体现的是交往的私人性的封闭社会,"语言"体现的则是交往的世界性的开放社会。这是因为,"语言"所表征的人的存在方式,是主体间的开放性的广泛交流与沟通,它代替了以"观念"所表征的狭隘的交流空间。其五,"观念"体现的是主体占有文化的教育的有限性,"语言"体现的则是文化占有主体的教育的普及性。这是因为,"语言"所表征的人的存在方式,是人被历史文化的"水库"所占有,而这种"占有"的前提则是教育的普及,它代替了以"观念"所表征的有限的教育及其对主体的占有。其六,"观念"体现的是客体给予意义的对"思想的客观性"的寻求,"语言"则体现的是主体创造意义的对"人的世界的丰富性"的寻求。其七,"观念"体现的是"人类征服自然"的"实践意志的扩张","语言"则体现的是"人与自然的和谐"的"实践意志的反省"。

上述分析表明,从"观念"到"语言"的"转向",深刻地表现了近代哲学与现代哲学的重大区别。在"观念论"中,"意义"是客体给予主体的,因此近代的观念论的根本问题是寻求"思想的客观性"。在"语言转向"中,"意义"离不开主体的创造活动,因此现代哲学诉诸人的存在方式及其所创造的人与世界之间的丰富关系;近代哲学的"观念论",它的突出特征是张扬人的理性的能动性,表现了人类征服自然的欲望与能力。"语言"所表征的人的存在方式,则是以对语言的批判性反思而反省人与世界的关系、反省人类实践的结果,从而促进人类的新的世界观的形成。

在现代哲学的"语言转向"中,人类存在的矛盾性以"语言"为载体而获得深刻的揭示。这对于我们理解人的存在的"历史性",是非常有意义的。语言的社会性与言语的个体性的矛盾,使社会与个人、传统与现实、共性与个性的矛盾获得了具体内容。"语言"表述的是外在于个人的社会性存在,它作为制约人的存在的"制度"而存在,作为人的存在的"规则"而存在。在这个意义上,是"语言"占有个人,个人是历史的"结果"。"言语"表述的是历史性存在的个人的语言实践,它作为个人的物理的、生理的和心理的统一性活动而存在,作为个人活动而存在。在这个意义上,是个人占有"语言",言语是语言的现实。在语言与言语的关系中,语言的共时性与言语的历时性、语言的结构性与言语的事件性、语言的形式性与言语的实质性、语言的系统性与言语的过程性、语言的规则性与言语的事实性、语言的齐一性与言语的多样性、语言的内在性与言语的外在性、语言的自主性与言语的受制性、语言的潜在性与言语的现实性、语言的静态性与言语的动态性等关系,为深切反思人的存在方式提供了丰富的理论内容。人们通常把语言视为交流的"工具",而不是把语言视为人的存在方式,因而总是离开人的存在方式去看待语言。在现代哲学的"语言转向"中,突出地探讨了语言与历史文化的关系、语言与人的思想方式和行为方式的关系、语言与人类文化的多样性和统一性的关系,这为批判地反思"历史"观念提供了重要的思想内容。

第四节 "真理"的前提批判

人类行为的根据,是"合规律性"与"合目的性"的统一,也就是"真理"与"价值"的统一。真理的观念,是规范人的思想和行为的基本观念;对真理的前提批判,就是对规范人的思想和行为的基本观念的前提批判。

一 "真"的概念解析

人们经常对自己提出的问题是:"这是真的吗?"如果对这个问题稍加分析,我们就会发现,人们是在几种不同的意义上使用"真"这个概念。分析这些在不同的意义上所使用的"真"的概念,对于批判地反思"真理"观念具有"前提"意义。

在最直接的意义上,"这是真的吗"所追问的是,"这"(例如这个人或这件事)是否"存在"。这里的"真"的含义是"有"或"存在",而对"真"的否定则是"无"或"非存在"。由此我们可以知道,哲学对"在"的寻求,直接地就是对"真"的寻求。"真"的第一层含义,是在"有"与"无"、"存在"与"非存在"的关系中得以成立的。"真"就是"有"或者说"存在"。

"这是真的吗"又不只是在是否"存在"意义上的追问，而是对具体的"在者"的规定性的追问。或者说，在这种追问中，被追问的对象的"存在"不成问题，成为问题的是被追问的对象是否具有某种特定的规定性。任何特定的事物即"在者"，总是具有某种（某些）特定规定性的存在；具有这种（这些）特定的规定性的事物，便是这种"在者"，而不具有这种（这些）特定的规定性的事物，则不是这种"在者"；因此，对于特定事物来说，具有该事物的规定性的"在者"是"真的"，不具有该事物的规定性的"在者"则是"假的"。例如，我们面前有"一个东西"，别人说这是"一张桌子"，而我们提问说"这是真的吗"，就是在这个"东西"是否具有"桌子"的规定性的意义上提出问题。由此可见，"真"的第二层含义，是在"真实的"与"虚假的"关系中成立的。"真"就是"真实的"。"真"的这层含义不同于"有"或"存在"的含义。

无论是关于事物是否"存在"或关于事物是否具有某种（某些）规定性的追问，总是关于"对象"的追问，而"这是真的吗"的第三层含义，则不是对"对象"的追问，而是对关于"对象"的表象和思想的追问。或者说，在这种追问中，认识"对象"的存在及其"真实性"不成问题，成为问题的是关于"对象"的"表象"和"思想"，即，在认识主体的表象和思想中是否符合对象本身地再现了对象。这是明确地对主体的认识提出的问题，即所谓认识论问题。认识的对象外在于认识的主体而存在，对象的存在对认识主体来说具有客观性。但是，认识的对象只有成为主体的"映象"，即由外在于主体的"对象"变成内在于主体的"映象"，主体才能认识"对象"。而"对象"变为"映象"的过程，即是主体对客体的认识过程。在认识的过程中，主体既可能"正确地"再现了对象，也可能"错误地"再现了对象。在认识论上提出"真"的问题，是对"映象"是否符合"对象"的追问。由此可见，"真"的第三层含义，是在人的认识"正确的"与"错误的"关系中成立的。"真"就是"正确的"认识。正是在"真"的认识论意义上，即人的认识是否"正确"的意义上，才构成了"真理"的问题。

"这是真的吗"又不只是对"对象"与"映象"的关系的追问，而是对作为"映象"的"表象"和"思想"的关系的追问。或者说，在这种追问中，成为问题的是"表象"与"思想"的关系。这种追问，具有更为深刻的哲学认识论意义。作为认识主体的人，既具有"表象"对象的"感性"机能，又具有"思想"对象的"理性"机能，人的认识活动就是在"感性"与"理性"、"表象"与"思想"的矛盾中进行的。人的"感性"机能所构成的关于对象的"表象"，只能是"表象"对象的"感性存在"即"现象"，人的"理性"机能所构成的关于对象的"思想"，则是"思想"对象的"内在规定"即"本质"。人的"理性"无法"思想"对象的"现象"，人的"感性"无法"表象"对象的"本质"。那么，究竟是"理性"所"思想"的对象的"本质"是真实的，还是"感性"所"表象"的对象的"现象"是真实的？从人的"感性"与"理性"、"表象"与"思想"的矛盾中提出"真"的问题，是对感性经验与理论思维何者为真的追问。由此可见，"真"的第四层含义，是在"感性"与"理性"、"表象"与"思想"、"经验"与"超验"的关系中成立的。正是由于对这个层次上的"真"作出了各异其是的回答，才构成了哲学中的"经验论"与"唯理论"的长期的派别冲突。由此可见，在真理观的哲学视野中，"真"和"真理"的问题，深层地表现为人的"感性"与"理性"、"表象"与"思想"、"经验"与"超验"的矛盾关系问题。而对这个层次上的"真"的辩证理解，则意味着对"真"的理解必须从属于对人的存在方式——实践——的理解。

"这是真的吗"又不只是对认识结果的"真"或"假"的追问，而是对认识主体关于认识对象的评价的追问。或者说，在这种追问中，成为问题的已经不是"存在论"和"认识论"问题，而是"价值观"和"审美观"的问题。关于这个问题，黑格尔曾经作过生动而又深刻的论述。他说："譬如我们常说到一个真朋友。所谓一个真朋友，就是指一个朋友的言行态度能够符合友谊的概念。同样，我们也常说一件真的艺术品。在这个意义下，不真即可说是相当于不好，或自己不符合自己本身。一个不好的政府即是不真的政府，一般说来，不好与不真皆由于一个对象的规定或概念与其实际存在之间发生了矛盾。对于这样一种不好的对象，我们当然能够得着一个正确的观念或表象，但这个观念的内容本身却是不真的。"[①] 一个对象可以是"真实

---

① ［德］黑格尔：《小逻辑》，贺麟译，商务印书馆1980年版，第86页。

地""存在着",并且我们的表象和思想也"正确地"构成了关于它的"映象",但是,我们仍然可以发问:"这是真的吗?"这表明,这里所追问的"真",已经不是对象是否"存在"的真,也不是映象是否"正确"的真,而是我们关于"对象"及其"映象"的"评价":"好的"或"美的"才是"真的","坏的"或"丑的"则是"假的"。这是超越关于"真"的存在论和认识论追问的价值论追问。

总结关于"真"的上述五层含义,我们可以把"真"的问题概括为三个方面:一是"有没有"的问题,即所谓"存在论"或"本体论"问题;二是"对不对"的问题,即所谓"认识论"或"逻辑学"问题;三是"好不好"的问题,即所谓"价值论"或"伦理学"问题。

经过这样的分析、总结与概括,我们就会发现,"真"的概念是一个多义性的概念,"真"的问题是一个复杂的问题。从哲学上看,"真"的问题当然主要是"对不对"的问题,也就是人的认识(表象和思想)是否"正确地"把握到对象的存在(现象和本质)的问题,因此人们通常主要是从"认识论"或"逻辑学"去看待和研究"真"的问题。但是,从"真"的概念的多义性去看待"真"的问题,就需要把"有没有"、"对不对"、"好不好"这三个方面的问题联系起来,从存在论、认识论和价值论的统一中去理解"真",也就是从人与世界、思维与存在之间的整体关系中去理解"真"。

从哲学史上看,近代以来的哲学已经在哲学反思的层面去探索"真"的问题。这集中地体现在,近代哲学"一开始便具有一种远非古代哲学和中世纪哲学所能相比的高度自觉性:凡属为人日常所称道的事物,实质上亦即凡属对人显现着的事物,都是以人的感官为基础而由人的意识呈现出来的;认识的对象,必须一开始便是意识,人是不能脱离意识而有自己的认识对象的"[1]。在对人的认识的哲学反思中,近代哲学家发现了一个深刻的悖论:如果人的认识只能是来源于"经验",那么,要问在经验以外还有没有某种不依赖于经验而独立的东西,便只能是请教于经验,但是经验在这里沉默了,而且它也不得不沉默。这是因为:既然我们是通过自己的认识而知道外

---

[1] 参见邹化政《〈人类理解论〉研究》,人民出版社1987年版,第51页。

部世界的存在的，那么，如果我们断言外部世界先于我们的认识而独立存在，那就是承认了一种先于认识的认识，也就是"先验主义独断论"；而如果我们承认"只有通过认识才知道外部世界的存在"，那就等于我们承认了贝克莱的"存在就是被感知"的"主观唯心主义"①。近代哲学家已经发现的这个人类认识的悖论，不仅仅是摒弃了离开认识论的本体论，从而确定了"没有认识论的本体论为无效"的思想，而且深刻地揭示了人类的"求真"意识中的深刻矛盾，从而要求人们改变对"真理"问题的简单化理解。

二 "真理"和"思想的客观性"

"真"和"真理"这两个概念，既具有密切的相关性，又具有重要的差异性。在关于真理的认识中，既不能把它同"真"割裂开来，也不能把它同"真"混为一谈。

在通常的理解中，主要的倾向是把"真"和"真理"混为一谈，既把"真"的问题说成是"真理"问题，又把"真理"问题视为"真"的问题。这种通常理解表现在哲学理论中，则是往往既把"存在论"问题与"认识论"问题混为一谈，又把"存在论"问题与"认识论"问题割裂开来。

"真"的问题，首先是一个"存在论"问题，即"存在"与"非存在"、"有"与"无"的问题。但同时它又是一个"认识论"问题，即关于对象的映象的"正确"与"错误"的问题。而这里的"存在论"问题与"认识论"问题又是密切相关的：一方面，"意识在任何时候都只能是被意识到了的存在"②，没有相应的"存在"就没有相应的"意识"；另一方面，意识中的存在，又只能是"被意识到了的"存在，没有被意识到的存在，对意识来说又只能是"非存在"。因此，"真"的问题需要在"存在论"与"认识论"的统一中去思考。不仅如此，由于"真"的问题是"有没有"、"对不对"、"好不好"等存在论、认识论和价值论问题的统一，所以，"真"的问题需要从人与世界、思维与存在的总体关系中去思考。

与"真"的概念不同，对"真理"概念的通常解释是，"对客观事物及

---

① 参见朱德生《关于思维与存在同一性问题的思考》，《哲学研究》1997年第3期。
② 《马克思恩格斯选集》第一卷，人民出版社1972年版，第30页。

其规律的正确反映。同'谬误'相对,真理与谬误的区别在于是否正确地反映着客观实际"[1]。关于"真理"的这种解释,首先是表明,"真理"的问题不是认识的对象自身如何的问题,而是人的认识(表象和思想)与认识的对象的关系如何的问题,即"真理"的问题不是"存在论"问题,而是"认识论"问题。与"真理"不同,"真"的问题则首先是确认对象是否存在的"存在论"问题。

如果对"真理"概念作进一步的辨析,我们就会发现,把"真理"解释为"对客观事物及其规律的正确反映",非常容易混淆一个重要问题,这就是:"真理"是关于"客观事物及其规律"的正确认识,还是关于"规律"本身的正确认识?这个问题对于如何理解"真理"来说是至关重要的。把"真理"定义为关于"客观事物及其规律"的正确认识,这意味着,"真理"既是对"客观事物"的正确认识,又是对事物的"规律"的正确认识。人的认识是以感性和理性的双重机能去把握对象,从而形成关于对象的现象形态的"表象"和关于对象的内在本质的"思想"。如果把"真理"说成是关于"客观事物及其规律"的正确认识,那就是说,"真理"可以分解为关于对象的现象形态的"表象"真理,以及关于对象的内在本质的"思想"真理。这是对真理的庸俗化理解。

"真理"是关于"普遍必然性"的认识,是能够对某种(某些)纷繁复杂的现象作出理论性解释的认识,因而可以简洁地定义为"关于事物的规律性的正确认识"。这就是说,被称之为"真理"的认识只能是指关于事物的共性、本质、必然、规律的认识,而不能是指关于事物的现象形态的认识。恩格斯曾经辛辣地嘲讽那种随意地使用"真理"这个概念的做法。他说,如果把"巴黎在法国"、"人不吃饭就会饿死"等称作永恒真理,那只能被认为是喜欢对"极简单"的事物使用"大字眼"[2]。

真理是关于"普遍必然性"的认识,因此,真理的问题是"思想的客观性"问题。思想的客观性问题,就其实质而言,是思维和存在、人的认识和客观世界在规律层次上的统一问题。对此,恩格斯在论述哲学基本问题时

---

[1] 《辞海》,上海辞书出版社1980年版,第141页。
[2] 参见《马克思恩格斯选集》第三卷,人民出版社1972年版,第126—127页。

提出："我们关于我们周围世界的思想对这个世界本身的关系是怎样的？我们的思维能不能认识现实世界？我们能不能在我们关于现实世界的表象和概念中正确地反映现实？用哲学的语言来说，这个问题叫做思维和存在的同一性问题，绝大多数哲学家对这个问题都作了肯定的回答。"[1] 分析恩格斯的论述，我们可以把"思维和存在的同一性问题"即"思想的客观性"问题概括为三个基本层次的关系问题：一是人的表象意识与经验对象的关系问题；二是人的思维规定与对象本质的关系问题；三是人的表象意识与思维规定的关系问题。

人的表象意识与经验对象的关系问题，即表象的客观性问题，它所探讨和回答的是，作为人的感性映象的表象是否"摹写"、"复写"、"复制"、"复现"经验对象的现象形态的问题，也就是人的表象是否与对象的现象相符合的问题。这个问题是回答"思想的客观性问题"的一个重要前提，而不是"思想的客观性问题"本身。就是说，要回答"思想"的客观性问题，需要首先解决"表象"的客观性问题；但是，回答了"表象"的客观性问题，还没有解决"思想"的客观性问题，而"真理"的问题则主要是"思想"的客观性问题。

思想的客观性问题，主要地包括两个基本层次的问题：在其表层，是思维规定（指关于对象的概念、范畴、命题以及由它们的逻辑联结所构成的各种理论体系）是否表述经验对象的共性、本质、必然和规律的问题；在其深层，则是思维运演的逻辑（指由思维形式、思维范畴、思维规则、思维方法所构成的思维运动）能否描述存在运动规律的问题，也就是思维和存在在规律层次上的统一问题。由此我们可以知道，作为"思想的客观性"问题的真理问题，既是一个"思维规定"与"对象本质"是否和如何统一的"认识论"问题，又是一个"思维逻辑"与"事物逻辑"能否以及如何统一的"逻辑学"问题。哲学意义的"认识论"与"逻辑学"是不能分割的。

"真理"问题首先是"思想的客观性"问题，理解这个问题，是十分重要的。正因为"真理"是在规律的层次上实现"思维和存在"的统一，所以黑格尔、马克思、恩格斯和列宁都强调如何以概念的逻辑运动去把握和描

---

[1] 《马克思恩格斯选集》第四卷，人民出版社 1972 年版，第 221 页。

述事物的运动规律的问题；正因为"真理"是在规律的层次上实现"思维和存在"的统一，所以不能以"直观"的方式去检验真理，而必须诉诸人类的实践活动。

哲学对思想客观性问题的追问与回答，经历了漫长、曲折、复杂的发展过程，提出了发人深省的多角度、多层次的重大理论问题，积累了启迪后人深入思索的经验教训。回避这些重大的理论问题而简单化地断言思想的客观性，就会丢弃理论应有的彻底性和说服力；无视哲学史上的经验教训而直接地论证思想的客观性，则会丧失哲学真理观所具有的丰富深邃的理论内容。因此，我们需要在"史"与"论"的结合中批判地反思真理问题。

三　思想客观性问题的扩展与深化

人对自己提出"思想的客观性"问题，是以人意识到"表象"与"思想"的分裂为前提的。在哲学史上，对思想客观性问题的关注与追问，发端于古代哲学寻求"本体"的困惑之中；具体地说，就是发端于关于"本体"的经验与超验、表象与思想的理论困惑之中。这种理论困惑的具体表现形式，就是人的表象（经验）与思想（概念）同万物的"存在"与"非存在"、"本体"与"变体"的关系问题。

在人对世界的认识关系中，一方面是人作为现实的认识主体，以感性与理性、表象与思想的对立统一的方式"自为"地把握世界；另一方面是世界作为不依赖于人的意识的客观存在，以现象与本质、偶然与必然的对立统一的方式"自在"地存在。然而，当着人们以反思的方式去寻求万物的"始基"、"基质"、"本原"、"本体"，并进而反思把握世界的人的意识以及人的意识所把握的世界时，却首先是惊愕于人的意识的自我分裂以及世界的自我分裂。

人们在反思中所发现的人的意识以及世界的自我分裂是：对人的"表象"（经验）所显现的世界，总是个别性的、流变性的、偶然性的、杂多性的、现象性的存在，对人的思想即理性认识所显现的世界，则是普遍性的、不变性的、必然性的、规律性的、本质性的存在；对人的表象所显现的事物感性存在，对人的思想是非存在（思想无法把握事物的感性存在）；对人的思想所显现的事物本质存在，对人的表象又是非存在（表象无法把握事物的内在本质）；经验对象只对经验表象而存在，超验本质只对超验思想而存在。由此便形成了人的意识自我分裂的哲学意识——表象世界与概念世界的分裂。把这种人的意识自我分裂的哲学意识对象化给意识所把握的世界，则形成世界自我分裂的哲学意识——世界的感性存在与内在本质的分裂。

这种分裂意识及其对象化的哲学表达，在古希腊哲学中是"变体"与"本体"的分裂，并具体地表现为柏拉图的"影像世界"与"理念世界"的分裂。追究万物"本原"的古代意义的本体论问题，就是在表象与思想自我分裂的哲学意识的基础上展开的：究竟是对人表象意识所显现的感性世界的存在是真实的，还是对人的思维规定所显现的本质世界的存在是真实的？意识到表象与思想的自我分裂，并使之获得具体的哲学理论内容，思想的客观性问题就凸显出来了：（1）人能否认识"看不见"的存在？人类思维运演的逻辑能否描述存在运动的规律？（2）人如何认识"看不见"的存在？是以表象为基础并通过对表象的归纳、分析、抽象、概括来实现，还是通过超越表象的"理性直观"？（3）人所认识到的"看不见"的存在，究竟是自在之物的本质（宇宙为理性立法），还是思维赋予存在的规定（理性为宇宙立法）？正是对这些问题的不同回答，构成了哲学论争的重要理论内容，也正是在这种哲学论争的历史发展中，展现了真理问题内在的复杂环节。

以近代实验科学为基础的近代西方哲学，它要解决的根本问题，是思维能否和怎样表达思维对象的本质和规律的问题，也就是思想的客观性问题。这正如黑格尔所说，近代西方哲学的原则并不是"淳朴的思维"，并不是"如实地思维各个对象"，而是"思维那个对于这些对象的思维和理解"[①]。思维把自己关于对象的思维和理解作为对象，这样的思维当然就不是"淳朴的"，而是黑格尔所说的"对认识的认识，对思想的思想"，也就是"反思"。在这种"反思"中，近代哲学愈来愈明确地自觉到：凡属对象在人类思维中的规定性，都是人的思维关于对象的规定；这些规定是否具有客观性，不仅需要考察关于对象的思维内容，而且必须探究形成思维内容的思维运动。这样，近代哲学所探究的思想的客观性问题，就不是简单的思想和表象同对象的关系，而是以思想的客观性问题为核心，具体地提出和研究了自

---

① ［德］黑格尔：《哲学史讲演录》第4卷，贺麟、王太庆译，商务印书馆1959年版，第7页。

然世界与人类意识、意识内容与意识形式、感性认识与理性认识、对象意识与自我意识、外延逻辑与内涵逻辑、知性思维与辩证思维,以及归纳与演绎、分析与综合、表象与抽象等丰富的理论内容。正因如此,近代哲学才"十分清楚"地提出了思维和存在的关系问题,并使之获得了"完全的意义"。

前德国古典哲学的近代西方哲学,站在经验论或唯理论的立场上,分别把思想的客观性问题诉诸感觉的认识论分析(如唯物论哲学家洛克和唯心论哲学家贝克莱、休谟)或理性的超验直观(如唯物论哲学家斯宾诺莎和唯心论哲学家笛卡儿、莱布尼兹)。其共同特征则在于分别从思维的内容或形式出发,而去思考表象和思想及其与对象的关系。

近代唯物论哲学认为,思想的客观性在于,思想源于表象,表象是对象的映象,思维通过归纳、分析、抽象和概括表象所形成的思想,就是思维对象的规定性。这种思维方式,一方面是在认识论上鲜明地形成了列宁所说的"从物到感觉和思想"的唯物主义认识路线,确认了唯物主义认识论的反映论原则,另一方面则是把思想的客观性问题仅仅诉诸思想内容的经验来源,而没有从思维运动的"形式"方面去探究思想的客观性问题。因此,对于近代唯物论哲学来说,它必须回答这样一个问题:思想映象不仅仅是关于对象的映象,而且只能是经过思维主体的思维活动所形成的映象;思想映象的客观性就不仅仅要求思想来源的客观性,而且要求主体的思维活动的客观性;那么,主体的思维活动具有客观性吗?进一步说,主体的思维活动即是以思维"形式"去分析、抽象表象,那么,思维形式具有客观性吗?恩格斯说,18世纪的唯物主义只限于证明一切思维和知识的内容都应当起源于感性的经验,而没有从"形式"方面去思考思想的客观性问题[1]。因此,近代唯物论哲学并没有真正从思维及其与存在的关系中解决思想的客观性问题。

近代唯心论哲学认为,思想的客观性在于,思想的对象即是思想内容(意识界的存在),思想通过自我认识而形成的思维规定,也就是关于思维对象的规定。这种思维方式,一方面是在认识论上明确地形成了列宁所说的

---

[1] 参见《马克思恩格斯选集》第三卷,人民出版社1972年版,第564页。

"从思想和感觉到物"的唯心主义认识路线，另一方面则鲜明地凸显了对思想本身的认识论考察。对于近代唯心论哲学来说，它必须回答这样一个问题：把思想的对象限定为意识界的存在，那么，意识界的存在又从何而来？意识界的存在与意识外的存在是何关系？如果不解决意识界的存在与意识外的存在的统一性问题，又如何确认思想的客观性？近代唯心论哲学把意识外的存在作为在认识论上无意义的问题而排除在思想客观性问题之外，就只能如马克思所说的"抽象地"发展思维的能动性。而不可能真正解决思想的客观性问题。

以上分析表明，近代的唯物论哲学和唯心论哲学，各自从一个方面去思考思维和存在的关系问题，并以此为基础去回答思想的客观性问题。在近代唯物论哲学看来，思维和存在的关系问题，就是思想内容与思维对象的关系问题，而不去反思思维本身的根据；在近代唯心论哲学看来，思维和存在的关系问题，则是思维活动与思想内容的关系问题，认为存在任何时候都只能是意识到的存在。因此，在近代的唯物论哲学和唯心论哲学相互对立的意义上，又都没有使思维和存在的关系问题获得"完全的意义"。德国古典哲学奠基人康德认为，近代唯物论哲学没有反思认识形式而断定思想的客观性，近代唯心论哲学回避意识外的存在而断定思想的客观性，因此二者都是对思想客观性的"独断论"解释。

康德在思想客观性的哲学探索中占有特别引人注目的地位。他改变了前德国古典哲学的提问方式，即：不是直接追究思想的客观性，而是反过来追问人的"认识何以可能"。这种追问显示出德国古典哲学探索思想客观性的两个标志性的基本特征：一是把思维和存在的关系问题聚焦在思维把握存在的规律问题，二是集中于对人类精神活动的深切反思。

针对近代唯物论哲学和唯心论哲学分别从认识的"内容"和"形式"出发追究思想的客观性，康德从认识的"内容"与"形式"的矛盾提出和思考问题。在康德看来，这二者的矛盾在于：作为意识之外的"物自体"或"自在之物"是世界的本来面目，但它不转化成人的意识界的存在，就无法构成人的认识内容；作为意识界存在的认识内容是人对世界的认识，但这种认识只能是人的认识形式把握世界的产物，而不是作为自在之物的世界本来面目；人类要认识自在之物即世界的本来面目，就只能是超越认识内容即意识界的存在；而超越认识内容即意识界的存在，自在之物即世界的本来面目又无法构成人类的认识对象。因此康德认为，人类试图以理性把握"物自体"必然陷入理性的"二律背反"。那么，如何理解和评价人类对世界的认识呢？康德认为，人类认识世界的根据，在于人类自身先验地（先于经验地）具有提供时空观念的感性形式和提供判断形式的知性范畴。人类的感性形式和知性范畴使自在之物对人生成为"现象"，这就是人所把握到的世界；而自在之物或物自体只是作为消极的界限限定人类认识的可能性；人的认识只能达到"现象界"，而永远不可能达到自在之物或物自体。这就是哲学史上的康德式的"不可知论"。

在康德的这种理解中，既把"自在之物"作为认识的对象性前提和认识的消极界限承诺下来，又把"先验逻辑"作为认识的主体性根据和认识的积极界限承诺下来。这种认识的对象性前提与认识的主体性根据的对立、认识的消极界限与认识的积极界限的对立，既宽容地肯定了人类认识不断地拓展与深化的可能性（人类不断地构成人所理解的世界），又断然地否定了人类认识自在之物即世界本来面目的可能性（人类只是建构人所理解的世界）。由此可见，在康德哲学中，对人类认识的肯定也就是对人类认识的否定——人类认识世界的根据（先验逻辑）同时又是人类认识世界的界限（现象界）。它的深层底蕴是：人类思维把握存在的逻辑，只是思维用以把握存在的逻辑，它只具有主观逻辑的意义，而不具有客观逻辑的意义，它只能构成人所理解的世界，而不能表述世界的本来面目。

康德所提出的"认识何以可能"的问题及其所作出的"理性为宇宙立法"的结论，构成了主观逻辑与客观逻辑、思维规律与存在规律相分裂的哲学意识。以这种哲学意识为理论前提去回答思想客观性问题，就必须在本体论、认识论和逻辑学相统一的意义上探索"思维把握存在的逻辑"，并证明这种逻辑所具有的客观性。黑格尔哲学和马克思主义哲学，分别作出了辩证唯心论的回答和辩证唯物论的回答。

黑格尔批判康德的根本出发点是：思维把握存在的逻辑，就是思维和存在所服从（所遵循）的同一逻辑，因此它不仅具有主观逻辑的意义，而且具有客观逻辑的意义。这就是黑格尔的"思维与存在的同一性"的本体论承诺。在黑格尔看来，思维和存在必须首先是自在同一的，然后才能有自为的同一。这种自在的同一性是说，不管人类思维是否自觉到自己的以及事物的本性，它们的本性都是存在的，并且是统一的。这种同一性只有在人类思维的反思活动中才能被自觉到，所以在思维自觉到这种同一性之前，它又只能是一种思维推断上的"逻辑先在性"。

黑格尔以思维和存在的自在同一性或逻辑先在性为出发点，其目的在于说明：（1）思维和存在之所以能够在人类思维的进程中自为地实现统一，其根源在于它们自在地就是统一的；（2）人类思维自为地实现的统一，是把自在的统一升华成自为的统一，把潜在的统一转化成现实的统一，因此思维与存在的统一又是一个辩证的发展过程；（3）哲学的任务就在于使人类自觉到思维的本性，按照思维自己构成自己的道路去实现思维与存在的自在自为的统一。因此，黑格尔所说的思维和存在的自在同一性或逻辑先在性，并不是说思维先在地包含了存在的具体内容，而是说思维和存在服从于同一规律。哲学在对思维的反思中逻辑地展现思维和存在从自在的同一到自为的同一再到自在自为的同一，就以理论的形态表现了人类思维运动逻辑。

黑格尔以思维和存在的自在同一性或逻辑先在性的本体论承诺为前提去论证思想的客观性，这正如恩格斯所指出的，"要证明的东西已经默默地包含在前提里面了"[1]。这表明黑格尔是以彻底的唯心主义方式去批判康德和解释思想的客观性。但是，在黑格尔关于思想客观性的唯心主义解释中，却蕴含着某种列宁所说的"天才猜测"。如果对黑格尔的思维和存在的自在同一性予以唯物主义解释，其真实意义是显而易见的。恩格斯在论述思维和存在的关系问题时提出，"我们的主观的思维和客观的世界服从于同样的规律，因而两者在自己的结果中不能互相矛盾，而必须彼此一致，这个事实绝对地统治着我们的整个理论思维。它是我们的理论思维的不自觉的和无条件的前提"[2]。这就是说，辩证唯物主义地回答思想客观性问题，也必须把思维和存在"服从于同样的规律"作为"理论思维的不自觉的和无条件的前提"。而辩证唯心论与辩证唯物论的根本区别则在于，前者是把这种本体论承诺视为由思维推演存在的出发点，后者则既把这种本体论承诺视为论证世界的物

---

[1] 《马克思恩格斯选集》第四卷，人民出版社1972年版，第221页。
[2] 《马克思恩格斯选集》第三卷，人民出版社1972年版，第564页。

质统一性以及思想的客观性的出发点,又把这种论证首先诉诸人类的实践活动以及科学认识的历史发展。

在黑格尔关于思想客观性的辩证唯心论解释中,以概念自我运动的形式展现了人类认识的辩证发展,这对于思想客观性的辩证唯物论理解,具有直接的和重大的借鉴意义。

首先,探索思想的客观性是否必须同概念的逻辑运动联系起来?列宁就是这样提出问题的:"如果一切都发展着,那末这点是否也同思维的最一般的概念和范畴有关;如果无关,那就是说,思维和存在不相联系。如果有关,那就是说,存在着具有客观意义的概念的辩证法和认识的辩证法。"① 列宁还由此而特别强调指出:"问题不在于有没有运动,而在于如何在概念的逻辑中表达它。"② 因此,对思想客观性的辩证唯物论理解,必须回答概念的逻辑运动的客观意义问题。

其次,怎样理解概念及其逻辑运动的客观意义?列宁认为,黑格尔的概念辩证法已经蕴含了两个方面的重要启示:其一,"(抽象的)概念的形成及其运用,已经包含着关于世界客观联系的规律性的看法、信念、意识。把因果性从这个联系中分出来,是荒谬的。否定概念的客观性、否定个别和特殊之中的一般性的客观性,是不可能的。由于黑格尔探讨客观世界的运动在概念的运动中的反映,所以他比康德等人深刻得多。……在这里必须探求黑格尔逻辑学的真实的涵义、意义和作用"③。其二,"概念(认识)在存在中(在直接的现象中)揭露本质(因果律、同一、差别等等)——整个人类认识(全部科学)的真正的一般进程就是如此。……所以,黑格尔的辩证法是思想史的概括"④。"从逻辑的一般概念和范畴的发展与运用的观点出发的思想史——这才是需要的东西!"⑤ 这就是说,探讨思想的客观性,必须把概念及其逻辑运动的客观意义同概念对规律的反映以及概念发展与思想史的统一这两个方面联系起来。

---

① 《列宁全集》第 38 卷,人民出版社 1959 年版,第 280 页。
② 同上书,第 281 页。
③ 同上书,第 189—190 页。
④ 同上书,第 355 页。
⑤ 同上书,第 188 页。

再次，如何验证概念及其逻辑运动所具有的思想客观性？列宁说："理论的认识应当提供在必然性中、在全面关系中、在自在自为的矛盾运动中的客体。但是，只有当概念成为实践意义上的'自为存在'的时候，人的概念才能'最终地'把握、抓住、通晓认识的这个客观真理。也就是说，人的和人类的实践是认识的客观性的验证、准绳。黑格尔的意思是这样的吗？"① 列宁又说："黑格尔通过人的实践的、合目的性的活动，接近于概念和客体的一致的'观念'，接近于作为真理的观念。极其接近于下述这点：人以自己的实践证明自己的观念、概念、知识、科学的客观正确性。"②

黑格尔的辩证法思想是马克思主义哲学的重要理论来源。对思想客观性的辩证唯物论理解，其重要的理论出发点之一，是黑格尔在总结哲学史的过程中所提出的一系列重大理论问题，特别是马克思、恩格斯、列宁在批判地研究黑格尔哲学的过程中所提出的重大理论问题及其所作出的重要结论。

第五节 "价值"的前提批判

人的思想总是面对两大类问题：一是"对不对"的问题；二是"好不好"的问题。由此构成了两个基本观念：表达"对不对"的"真理"问题和表达"好不好"的"价值"问题。然而，问题的复杂性恰恰在于，对于人来说，"合规律性"与"合目的性"是不能分开的，"对不对"与"好不好"也是不能分开的。这正如黑格尔所说，一个"真"的政府就是一个"好"的政府。从"真理"与"价值"的统一中，才能深切地把握构成思想的"真理"观念和"价值"观念。

一 价值与价值观

作为"价值"的"善"或"应当"的问题，总是具有某种思想和行为的规范作用；而"善"或"应当"之所以具有这种规范作用，是因为它蕴含着某种被人认同或接受的价值尺度或价值标准。人们正是以某种价值尺度

---

① 《列宁全集》第38卷，人民出版社1959年版，第227页。
② 同上书，第203—204页。

或价值标准为依据，而形成某种道德理念和伦理规范。因此，在对"善"的哲学追问中，在对"应当"的哲学思考中，必然会凸显出以"价值"范畴为出发点的价值论问题。

价值论问题是现代哲学越来越关注的重大问题。20世纪80年代，我国学者曾把价值论问题分列为"价值的本体论研究"、"价值的认识论研究"和"价值与真理的辩证法研究"，并具体地探讨了"价值的基础"、"价值的本质"、"价值的特征"、"价值的类型"、"价值意识"、"评价的本质"、"评价标准"、"社会评价"以及"价值与真理"等问题。近年来，国内学者不断地拓宽和深化了价值论研究，并主要是围绕着"价值是什么"、"价值在哪里"、"价值判断的根据何在"、"价值判断与事实判断是何关系"等难点和热点问题，展开了持久的热烈争论。思考这些问题，会深化我们对"价值"的哲学追问。

关于"价值的本质"即"价值是什么"这个问题，学界有各种不同的理解与解释，并在各种解释模式的论争中推进了人们对"价值"的理解。从总体上看，学界主要是从"主体—客体"的逻辑关系来思考和界说"价值"。具体地说，主要是从三个角度来解释"价值"：一是以客体自身的功能或属性来规定价值，即突出和强调价值的"客观性"；二是以主体和主体需要来规定价值，即突出和强调价值的"主观性"；三是以主体与客体的关系来规定价值，即突出和强调价值的"关系性"。由于学界注重以"主体—客体"的逻辑关系来思考和解释价值问题，所以，虽然有些学者突出或强调了价值的主观性或客观性，但在总体上都强调价值成立于主体与客体的统一。关于价值的基本提法是：价值是指"客体的存在、作用以及它们的变化对于一定主体需要及其发展的某种适合、接近或一致"；价值是"主体和客体之间的一种特定的关系，即客体以自身属性满足主体需要和主体需要被客体满足的一种效益关系"。[①] 这可以说是通行的关于价值的表述。

这种关于价值的解释模式，一是突出了从主体与客体的"关系"中去理解价值；二是强调了价值的本质在于客体对主体的"效用"，因而可以说

[①] 参见李秀林等主编《辩证唯物主义和历史唯物主义原理》，中国人民大学出版社1990年版，第293页。

是一种"主客效用关系"的解释模式。近年来，一些学者又提出了不同于这种"效用价值"的"社会规范价值"、"人道价值"等解释模式。所谓"社会规范价值"，是作为个体主体与社会主体之间的价值关系而存在的；所谓"人道价值"，是人作为人、人作为主体存在本身所拥有的内在价值。

在关于"价值的本质"或"价值是什么"的理论解释中，蕴含着"价值的存在"或"价值在哪里"的问题，即：如果我们肯定价值是客体对主体的效用性，那么，我们就应当合乎逻辑地得出结论，价值是客体属性，而不是主体属性。但是，这样的结论显然不符合从"主体—客体"的逻辑关系去定义价值的初衷，因此，许多学者强调，价值本身并不是"实体"性的存在，而只是"关系"性的存在，即：价值只存在于主体与客体的特定关系之中；离开主体与客体的关系，客体本身的属性并不具有价值意义。

从主体与客体的关系去看价值的本质和价值的存在，就会提出一个深层的理论问题，即：如果价值是客体的属性或功用对主体需要的满足，那么，任何价值的存在都要以主体对这种"满足"关系的评价为逻辑前提；或者说，离开主体对这种"满足"关系的评价，就无法作出客体的属性或功用是否满足主体需要的价值判断。因此，"评价"问题就成为价值论的重要问题。从主体的"评价"出发，就提出了"评价主体的心理背景系统"、"评价的心理运用过程"、"评价的心理运作机制"、"评价的社会运用"和"评价的合理性"等一系列"评价论"问题。在这个意义上，"评价论"不仅是"价值论"的题中应有之义，而且深化了人们对"价值"的理解以及关于"价值论"的研究。

价值判断作为评价活动的一种结果，意味着价值判断与另一种基本判断——事实判断——的区别与联系。价值判断与事实判断的关系，以及这两种判断所蕴含的"善"与"真"的关系，构成了价值论的更深层的理论问题。对此，有的学者提出，价值判断的特殊性是在于，"在价值判断中必然地包含两大类信息。其一是关于价值客体本身的以及它与其他相关客体之间关系的信息，其二是关于价值主体需要的信息。这两者对于价值判断而言缺一不可。而事实判断中仅仅包含第一类信息，即关于客体本身是什么和客体与其相关客体之间关系的信息。在事实判断的形成过程中，包含了作出这一判断者的情感、追求、价值愿望，但这一判断的内容本身，并不包含关于形成这一判断之主体的需要的信息"。"价值判断所揭示的是主体的需要与客体的性质、功能之间的关系,事实判断所揭示的是客体本身的性质和特点。这两者不是等同的。价值判断所对应的是主体与客体之间的一种价值关系,即客体与主体需要之间的关系,客体是否满足主体需要的关系,而事实判断所对应的是客体各要素之间与客体之间的关系。""价值判断与事实判断的本质区别在于:在价值判断中多了一种对于价值判断而言是决定其质的因素:人的需要。这就是价值判断之精灵。"[①] 而价值判断与事实判断又有着密切的联系,它们在人类的社会生活中是不可或缺的。

二 价值导向与价值取向

价值观问题并不是纯粹的理论问题,而是人类始终面对的重大的现实问题。任何一个社会的价值体系中,都存在着相互矛盾的两个基本方面,这就是社会的价值理想、价值规范和价值导向与个人的价值目标、价值取向和价值认同之间的矛盾。通俗地说,就是社会所引导的"我们到底要什么"与个人所追求的"我到底要什么"之间的矛盾。

社会中的每个人的价值目标和价值取向总是千差万别、千变万化的,具有极大的主观性、任意性和随机性,似乎仅仅是依据个人的利益、欲望、需要、兴趣甚至是情绪进行价值选择。然而,透过个人的千差万别和千变万化的价值选择,我们会看到,个人的价值目标总是取决于社会所指向的价值理想,个人的价值取向总是"取向"某种社会的价值导向,个人的价值认同总是"认同"某种社会的价值规范。因此,在社会的价值体系中,社会的价值理想、价值规范和价值导向总是处于主导和支配的地位,总是起着决定性的作用。

社会的价值导向对个人的价值取向的决定性作用,首先是表现在个人的价值取向中的社会内容、社会性质和社会形式这样三个方面:其一,从个人的价值取向的内容上看,总是具有社会内容的社会正义、法律规范、政治制度、人生意义等问题,而决不是没有社会内容的纯粹个人问题;其二,从个人的价值取向的性质上看,总是具有社会性质的真善美与假恶丑、理想与现

---

① 冯平:《评价论》,东方出版社1995年版,第254页。

实、历史的大尺度与小尺度、集体利益与个人利益、整体利益与局部利益、长远利益与暂时利益等问题，而绝不是与社会无关的所谓纯粹的个人问题；其三，从个人价值取向的形式上看，总是通过具有社会形式的科学、哲学、艺术、伦理、宗教等方式体现出来，而绝不是没有社会形式的纯粹的个人表现。

个人的价值取向所具有的社会内容、社会性质和社会形式，表明了社会价值导向对社会成员的价值取向的支配地位和决定作用。现实生活一再告诉我们，个人的价值取向的总体倾向，总是取决于社会的基本的价值导向；个人的价值取向的困惑，总是根源于社会的价值坐标的震荡；而解决个人的价值取向的矛盾，首先必须解决社会的价值导向的矛盾。

在社会的价值导向中，需要健全的、合理的社会赏罚机制。这可以说是社会的价值规范得以实现的"硬约束"。同时，社会价值导向的实现，又有赖于个人的价值认同，即行为主体的良知。良知是"个人理解和把握自己置身于其中的各种关系，以及自己须得处理的各种道德问题的一种特殊能力，也是个人自我监督、审视和自我把握的能力。这是人类较早发现的影响行为主体一切活动的内部稳定机制。在人类社会生活中，良知隐秘地然而又顽强地、普遍地在人们处理对己、对人、对社会、对外部环境的关系中发生作用"。"良知实现着对个人的指导、推动和对其精神世界的监护；人们在良知的水平上表现出来的符合道德的行为，是真实地面对自我的结果和忠实于自我的表现。个人在这个水平上通过对道德的践履同时也就发展着自身的高级属性并体现着人的尊严。"[①] 在社会转型的过程中，必然伴生着价值范式的重建，由此便引起普遍性的价值观念的震荡与困惑。我们需要在"善"的哲学追问中，辩证地看待和对待理想与现实、道德与利益、统一与选择等诸种关系，并在理想主义与功利主义、期待道德与义务道德、统一规范与多样选择等之间保持一种"必要的张力"。

三 价值观与真理观

在关于事实判断与价值判断、真理与价值关系的反思中，引发我们重新

[①] 参见肖雪慧《新伦理文化良性运行的条件》，《江海学刊》1995年第2期。

思考人与世界的关系。人对世界的关系，之所以不是动物式的肯定性的统一关系，而是人所特有的否定性的统一关系，就在于人的实践活动既是依据"物的尺度"的"合规律性"的活动，又是依据"人的尺度"的"合目的性"的活动，"合规律性"与"合目的性"在人的实践活动中是相互规定、对立统一的。从实践的观点看，人所追求的真理，就不仅仅是"对客观事物及其发展规律的正确反映"，而且必然包含着人的"合目的性"的追求。对此，高清海先生不仅以人对世界的否定性统一去解释"实践"，而且以人对世界的否定性统一去揭示"真理"，从而突破了"真理论的传统狭隘视界"。

事实与价值的关系问题，"合规律性"与"合目的性"的关系问题，或者通俗地说，"对不对"与"好不好"的关系问题，一直是哲学中莫衷一是、争论不休的问题，并经常被分割为关于"对不对"的真理问题与关于"好不好"的价值问题。这就是高清海先生所指认的"真理论的传统狭隘视界"。正是针对这个"狭隘视界"，高先生振聋发聩地提出："人们不懈地追求真理，究竟是在追求着什么、要去追求什么？"[①] 这个追问把对真理的理解引向对人与世界关系的追问。

人们为何要追求真理？高先生颇具深意地提出："人们通常所说求真、讲真、叫真，以及'要为真理而奋斗终生'这些话，决不仅仅是要使自己去适应或符合于外在的客观、客体和对象的意思，它们具有的内涵明显都超出了科学认知真理的那种意义。一种需要并值得人们为之奋斗终生、甚至不惜贡献生命而去争取的真理，是一个神圣而伟大的目标，其中必然体现着人们的某种理想和追求，寄托着人们对于未来莫大的美好期望。这样的真理，只能属于人自身创造本性的实现，不可能仅仅是回到事物已有的预先规定。"[②] 由此，高先生提出要从哲学的理论特性去重新理解哲学意义的真理："哲学本是来自于生活的，理应去表现生活、理解生活、说明生活、批判生活、引导生活。哲学的真理论是教人分辨真假、追求真理的专门性理论，它应当具有宽广的视野和高超的意境，全面去表现生活中的求真活动，不仅要说明实然性的、手段性的、理论性的真理活动，也应说明应然性的、目的性

[①] 高清海：《高清海哲学文存》第 2 卷，吉林人民出版社 1997 年版，第 98 页。
[②] 同上书，第 100 页。

的、实践性的真理追求以及它们之间的相互关系,决不能够也不应该把自己的视野仅仅局限于某一种真理的问题上面。"①

在高清海先生看来,在哲学的意义上理解真理,从根本上说,就是从人的存在方式去理解真理,也就是从人对世界的否定性统一关系去理解真理。在《哲学笔记》中,列宁深刻地指出,"人给自己构成世界的客观图画","世界不会满足人,人决心以自己的行动来改变世界"②。正是基于列宁的上述思想,高清海先生提出,"实践本性意味着,人是一种自我创造性的存在"③,"人在自身的创造性活动中,通过本性外投的方式,在把自身本质对象化于外部存在的同时,也就使对象人化,把自然事物变成了'为我的存在'"④。由此,高清海先生富于洞察力地提出与"真理"相对的"假理"问题:"人之所以需要追求真理,这意味着人能制造一种假理,而且人也总在那里不断制造着假理。由于人经常为假理所诱导,又为假理所迷惑,常常是假中有真真中有假,假假真真真假难分,所以才需要去追求真理、分辨真假。"⑤"事情往往是这样,真中有假假中有真,假的可以变真真的也可变假,正所谓真变假时假即真、假作真时真亦假。如果不是这样,人就失去了创造能力,也就不再是人。"⑥ 高清海先生说,"按照这样的理解,人的求真就不简单是一种认知活动,而且是一种实际的创造活动;人所追求的真理也不单纯是为了适应自然、认同客观,而是贯注着人的理想、追求的一个创造性目标。为此,我们就不能不去调整、改变过去从单纯认知真理所形成的那种真理观念和理论框架"⑦。高先生提出,从人对世界的否定性统一的实践观点去看"真理","人所追求的真理,在它身上所体现的统一性就决不只是单纯趋向客观性的那种客体本有的统一性,而应是以人的方式所建立的人与客观、人与对象、人与世界的新的更高的统一性,这样的真理必然是体现

---

① 高清海:《高清海哲学文存》第 2 卷,吉林人民出版社 1997 年版,第 101 页。
② 列宁:《哲学笔记》,人民出版社 1974 年版,第 229 页。
③ 高清海:《高清海哲学文存》第 2 卷,吉林人民出版社 1997 年版,第 101 页。
④ 同上书,第 101—102 页。
⑤ 同上书,第 102 页。
⑥ 同上书,第 104 页。
⑦ 同上。

着人的理想和追求的真善美的统一性"①。这就是高先生的人与世界否定性统一的真理观,也就是高清海先生的真善美相统一的哲学真理观和价值观。

追求真善美的哲学,既不是单纯的关于"有没有"的存在论,又不是单纯的关于"对不对"的真理论,也不是单纯的关于"好不好"的价值论,而是以某种价值诉求为出发点的对存在的反思和对真理的追求,因此,任何真正的哲学都是存在论、真理论和价值论的统一。把哲学的存在论、真理论和价值论割裂开来,就会把哲学视为"表述"的科学或"表达"的艺术,而不可能使哲学以"表征"的方式而成为"时代精神的精华"和"文明的活的灵魂"。这种思考,引导我们从对构成思想的基本信念、基本逻辑、基本方式和基本观念的前提批判,进展到对构成思想的哲学理念的前提批判。

---

① 高清海:《高清海哲学文存》第 2 卷,吉林人民出版社 1997 年版,第 108 页。

第五章
构成思想的哲学理念的前提批判

每个时代的思想,都隐匿着构成其自身的基本观念,并深层地表现为该时代的哲学理念。因此,哲学对思想的前提批判,就不仅仅是对构成思想的基本信念、基本逻辑、基本方式和基本观念的前提批判,而且深层地指向对构成思想的哲学理念的前提批判。

第一节 哲学与哲学基本问题

在对"哲学"的理解和阐释中,最为根本的是对"哲学"的理论性质的理解和阐释;而对"哲学"的理论性质的理解和阐释,最为根本的则对哲学的"基本问题"的理解和阐释。

关于"思维和存在的关系问题",恩格斯提出两个著名论断:其一,这个问题是"全部哲学,特别是近代哲学的重大的基本问题";其二,"思维和存在的一致",这是"理论思维的不自觉的和无条件的前提"。从表层看,这两个论断似乎是自相矛盾的:如果"思维和存在的关系问题"是"理论思维的不自觉的和无条件的前提",即在人们的理论思维中并不把"思维和存在的关系"当作"问题",它为什么是哲学的"重大的基本问题"?反之,如果"思维和存在的关系问题"是"全部哲学"的"重大的基本问题",为什么又断言这个问题是"理论思维的不自觉的和无条件的前提"?正是这两个似乎自相矛盾的论断,深刻地揭示了哲学作为人类把握世界的一种基本方式的特殊的理论性质和独特的社会功能:把"不是问题"的思维和存在的关系问题作为自己的"基本问题",自觉地反思"理论思维的不自觉的和无条件的前提"。这是哲学之为哲学的根本特性,也是哲学之为哲学的根本价值。

一 哲学的基本问题与哲学的前提批判

在人的思想活动中,是否把理论思维的"不自觉的和无条件的前提"即思维和存在"服从同样的规律"作为"问题",原则上把人类的思想活动区分为两个基本维度:一是"构成思想"的维度,也就是人在自己的认识活动中实现思维和存在的统一的维度;二是"反思思想"的维度,也就是思想以自身为中介反过来而思之的维度。哲学以外的人类的全部思想活动都是把思维和存在服从同一规律作为"不自觉的和无条件的前提",去"构成"关于世界的"思想";哲学则把人类全部思想活动所构成的关于世界的思想作为批判对象,"反思"人类全部思想活动所构成的"思想",也就是追究思想构成自己的"前提"。

思想的"前提",是思想构成自己的根据和原则,也就是思想构成自己的逻辑支点,它具有"隐匿性"和"强制性":其一,思想的前提是思想中的"一只看不见的手",是思想构成自己的"幕后操纵者",这就是它的"隐匿性";其二,隐匿于思想活动中的思想前提,它规范人的所思所想和所作所为,即规范人的思维方式和思想内容、行为方式和行为内容,这就是它的"逻辑强制性"。哲学对思想的"前提批判",就是揭示隐匿于思想中的各种"前提",并"解除"这些思想前提的"逻辑强制性",重新建构思想构成自己的根据和原则,从而变革人的思维方式、价值观念、审美意识和终极关怀,进而变革人的实践活动。这表明,哲学的"反思",并不是一般意义的思想内容的推敲与修正,而是"反思"思想中所隐含的各种"前提"。这就是哲学对思想的前提批判。

反思"前提"的哲学决定人类思想的哲学维度在本质上是批判的。对此,哲学大师们有明确的论断。德国古典哲学的奠基人康德把哲学视为一种"清理地基"的工作,并以其"批判哲学"揭示了人类理性固有的诸种矛盾;德国古典哲学的集大成者黑格尔更为明确地把哲学定义为"思维自觉其本性"的事业,并在与"表象思维"和"形式推理"相区别的意义上,把哲学思维界说为"思辨思维",即思想以自身为对象反过来而思之,从而实现思维对自己本性的自觉；现象学大师胡塞尔提出，在所谓的"自然的思维态度"中，认识是深不可测的，而认识的可能性却是"自明"的，但在反思的哲学思维中，认识的可能性却成为哲学的基本问题。他们都把哲学批判的锋芒指向了人类思想构成自己的"前提"，并迫使这个"前提"由"幕后"走上"前台"，从而遭到哲学反思的无情的批判。就此而言，康德的先验论、黑格尔的辩证法和胡塞尔的现象学都是对"思维和存在的关系问题"的"前提批判"。

思想以自身为对象的哲学"反思"表明，哲学的"基本问题"与哲学的"前提批判"是相互规定的：只有在哲学的"前提批判"中，才把理论思维的"不自觉的和无条件的前提"——"思维和存在的关系"——作为自己的"基本问题"；只有作为哲学基本问题的"思维和存在的关系问题"，才决定哲学的本质是对"理论思维的前提批判"。哲学的"基本问题"及其"前提批判"，既规定了哲学的特殊的理论性质，又决定了哲学的理论空间及其在人类的全部活动中的特殊的社会意义。

二 哲学的基本问题与哲学的理论空间

思想构成自己的"前提"，主要包括构成思想的"基本方式""基本观念""基本逻辑"和"基本信念"这四个方面，因此，哲学对"思维和存在的关系问题"的前提批判，一是对构成思想的"基本方式"——常识、宗教、艺术、科学和哲学自身——的前提批判，二是对构成思想的"基本观念"——世界观、自然观、历史观、人生观、价值观、理性观、正义观、自由观等——的前提批判，三是对构成思想的"基本逻辑"——外延逻辑和内涵逻辑——的前提批判，四是对构成思想的"基本信念"——思维和存在的同一性——的前提批判。对思想的前提批判，为哲学展现了开阔的和开放的理论空间。

对构成思想的"基本方式"的前提批判，是哲学的前提批判的最为直接的理论内容。人类的全部思想，都是由人类把握世界的各种基本方式——常识、宗教、艺术、科学和哲学——所构成的；因此，哲学对思想的前提批判，首先是对构成思想的各种"基本方式"的前提批判。"常识"是人类世世代代的经验的产物，人们的经验世界在常识中得到最广泛的相互理解，人们的思想感情在常识中得到最普遍的相互沟通，人们的行为方式在常识中得到最直接的相互协调，人们的内心世界在常识中得到最便捷的自我认同，因而常识是规范人的思想与行为的最普遍的"前提"，并构成哲学的"前提批判"的直接对象。"宗教"的本质特征，在于对神的信仰。宗教中的神圣形象，把各种各样的力量统一为至高无上的力量，把各种各样的智能统一为洞察一切的智能，把各种各样的情感统一为至大无外的情感，把各种各样的价值统一为至善至美的价值。这样，宗教中的神圣形象，就成为一切力量的源泉，一切智能的根据，一切情感的标准，一切价值的尺度，人只有从这种异在的神圣形象中才能获得存在的根本意义。哲学对宗教的前提批判，就是对宗教所构成的"颠倒的世界观"的批判。"艺术"表现人类心灵的复杂性、丰富性和创造性，表现人与世界之间的丰富多彩的矛盾关系，表现人按照美的规律来塑造人和人的世界，哲学则把艺术活动及其产品作为反思的对象，揭示艺术所蕴含的人性的奥秘，论证艺术所表现的生活的意义与价值，阐发艺术所体现的人与世界之间的丰富关系，从而达到对世界与人生的深层把握。哲学对"科学"的前提批判，主要是对科学活动中的"思维和存在的关系问题"的反思，揭示科学活动及其研究成果所隐匿的世界观、认识论和方法论问题，进而实现对时代的科学精神和科学的社会功能的反思。哲学对自身的前提批判，主要是揭露哲学自身前提的内在矛盾，展现哲学前提自身的狭隘性、片面性和暂时性，论证它的历史进步性、历史局限性和新的历史可能性，促使人类以批判的、革命的态度去对待自己的全部思想和行为，以新的理论思维方式和价值观念体系去反观人类的历史和现实存在，从而塑造和引导新的时代精神。

对构成思想的"基本观念"的前提批判，是古今中外和古往今来的哲学的最主要的内容。每个时代的思想，都隐匿着构成其自身的基本观念，并深层地表现为该时代的哲学理念。求索天、地、人的人与自然之辨，探寻你、我、他的人与社会之辨，反省知、情、意的人与自我之辨，追寻真、善、美的人与生活之辨，凝结成作为理论思维的哲学范畴。西方哲学的存在与非存在、本体与变体、主体与客体、感性与理性、经验与超验、思维与存在、自由与必然，中国哲学的天与地、内与外、体与用、道与器、理与欲、人与己、义与利、仁与智、知与行，无不凝聚了对"思维和存在的关系问题"的深层把握与理解。现代哲学对真理、规律、科学、文化、历史、语言、理性、价值、正义的批判性反思，对构成思想的基本观念展开了不断深化的前提批判，并由此构成了被称为"部门哲学"的科学哲学、逻辑哲学、文化哲学、语言哲学、价值哲学、政治哲学以及法哲学、经济哲学、技术哲学、工程哲学、管理哲学、教育哲学等。对构成思想的基本观念的前提批判，就是追究生活信念的前提，探寻经验常识的根据，反思历史进步的尺度，询问评价真善美的标准，从而变革人类的世界图景、思维方式、价值观念、审美情趣和整个生活方式。

对构成思想的"基本逻辑"的前提批判，就是对思想构成自己的规律和规则的前提批判，并具体地表现为对外延逻辑和内涵逻辑的前提批判。作为外延逻辑的形式逻辑，它在自己的论域内有两类不予讨论的前提：其一是作为思想内容即概念内涵的"已知判断"何以可能；其二是作为思维形式即形式逻辑的"思维规则"何以可能。哲学对外延逻辑的前提批判，正是把形式逻辑的不证自明的前提作为自己的批判对象，为"思维和存在的同一性"探寻其逻辑基础。作为内涵逻辑的辩证逻辑，则是把概念内涵的历史发展作为反思对象，揭示思维自己构成自己的逻辑。黑格尔的辩证法就是揭示思维构成自己的双重否定性，即思维否定自己的虚无性而形成自己的规定性的否定性，以及思维否定自己的规定性而在更深刻的层次上重构自己的规定性的否定性。思维构成自己的双重的否定性，展现了人类思维在建构性与反思性、规定性与否定性、渐进性与飞跃性的辩证统一中所实现的"思维和存在的一致"。马克思、恩格斯和列宁的辩证法则以"思维的最本质最切近的基础"——实践——为核心范畴和解释原则，揭示了思维逻辑何以具有"先入之见的巩固性和公理的性质"。

对构成思想的"基本信念"的前提批判，直接地是对"理论思维的不自觉的和无条件的前提"的批判。人类的实践活动、认知活动、评价活动和审美活动都隐匿着一个"不自觉的和无条件的前提"——对"思维和存在的一致"的"悬设"或"承诺"。这是思想构成自己的"基本信念"，也是思想何以可能的"基本问题"。哲学对构成思想的"基本信念"的前提批判，也就是对哲学自身的"基本问题"——思维和存在的关系问题——的前提批判。哲学对思想构成自己的"基本方式""基本观念"和"基本逻辑"的前提批判，都蕴含着对思想构成自己的"基本信念"的前提批判，从而使"思维和存在的关系问题"成为哲学自身的"重大的基本问题"；而哲学对思想构成自己的"基本信念"的前提批判，则具体地展现为对思想构成自己的"基本方式""基本观念"和"基本逻辑"的前提批判，从而为哲学的前提批判提供了开阔的和开放的理论空间。

三 哲学的基本问题与哲学的时代主题

哲学对思想的前提批判，是以人类文明史的各个时代的"思想"为对象而展开的前提批判，因此，每个时代的哲学都有自己的时代内涵，并从而构成不同时代的哲学主题。哲学的"基本问题"在其历史演进的"时代主题"中而获得自己的时代性内涵；哲学的"时代主题"则以其时代性内涵而深化哲学的"基本问题"。

关于哲学的时代主题，马克思曾在《〈黑格尔法哲学批判〉导言》中作出这样的论断："真理的彼岸世界消逝以后，历史的任务就是确立此岸世界的真理。人的自我异化的神圣形象被揭穿以后，揭露具有非神圣形象的自我异化，就成了为历史服务的哲学的迫切任务。于是，对天国的批判变成对尘世的批判，对宗教的批判变成对法的批判，对神学的批判变成对政治的批判。"[①] 在这里，马克思为反思哲学的历史演进和把握哲学的时代主题，提供了极其重要的透视角度：近代以前的哲学，从本质上看是塑造"神圣形象"的过程；近代哲学本身，则是一个消解"神圣形象"并以种种"非神圣形象"取而代之的过程；一个半世纪以来的现代哲学，则是在消解"神圣形象"的基础上，进而消解诸种"非神圣形象"的过程。

如果把哲学塑造"神圣形象"、消解"神圣形象"和消解"非神圣形象"的发展过程，同马克思的关于人的存在形态的"人的依赖关系""以物的依赖性为基础的人的独立性"和以"每个人的自由发展"为条件的"一切人的自由发展"过程联系起来，就会更为深切地理解哲学的时代主题：在"人的依赖关系"的历史形态中，作为理论形态的人类自我意识的哲学，它的时代主题是确立"神圣形象"；在"以物的依赖性为基础的人的独立性"

[①] 《马克思恩格斯选集》第一卷，人民出版社 1995 年版，第 2 页。

的历史形态中，人对人的依赖变成了人对物的依赖，因此，哲学的时代主题就转变为消解人在"神圣形象"中的"自我异化"并以哲学方式确立"非神圣形象"；而在以"人的全面发展"为价值诉求的现代性反省中，哲学的历史进程就由消解"神圣形象"而演进为消解"非神圣形象"。哲学的演进过程，正是理论地表征着人类社会从人对人的依赖性走向人对物的依赖性，并进而改变人对物的依赖性的历史进程。

哲学作为理论形态的人类自我意识，它在理论地表征人类存在形态的历史变革中，始终是以对真理的追求即对思想的前提批判而构成自己的历史发展。在确立"神圣形象"、消解"神圣形象"乃至消解"非神圣形象"的哲学发展历程中，哲学本身实现了自己的从"认识论转向"到"实践转向"和"语言转向"的重大变革。这种变革的哲学内涵，正是由对"思维和存在的关系问题"的独断论到对这个"基本问题"的认识论反省，再到对这个"基本问题"的实践论理解的过程，也就是以哲学的"时代主题"的历史转换而深化哲学的"基本问题"的历史与逻辑相统一的过程。

哲学的"基本问题"决定哲学的理论性质，即哲学是对思想的前提批判；哲学的"时代主题"则是哲学所反思的思想的时代内涵，即哲学的前提批判是对时代性思想的前提批判。以哲学的"时代主题"代替哲学的"基本问题"，就会模糊乃至阉割哲学的独特性质和特殊功能；以哲学的"基本问题"代替哲学的"时代主题"，则会把哲学变成失去生机和活力的"抽象的思想"。以"基本问题"的理论自觉而寻求"时代主题"，又以"时代主题"的理论自觉而反思"基本问题"，从而在"基本问题"与"时代主题"的统一中展开哲学对思想的前提批判，才能使哲学真正成为"时代精神的精华"和"文明的活的灵魂"。

第二节　哲学与哲学史

构成思想的哲学理念，既是在历史中形成的，又是在历史中变革的。哲学与哲学史，是历史性的思想与思想性的历史的统一。在这个意义上，我们可以说"哲学就是哲学史"。然而，对于这个命题本身，学界一直存在争议。因而，对这个命题的辨析，就是对构成思想的哲学理念的前提批判。

在哲学史上，任何一个有价值的哲学命题，都不是空穴来风，而是有其鲜明的针对性；同样，对于任何一个哲学命题的诘难和反驳，也不是无病呻吟，而是有感而发。批判"哲学就是哲学史"，其针对性和积极意义是明显的：哲学研究应当以理论的方式面向现实、回应现实，从而形成具有时代感和创造性的思想，而不是钻进故纸堆中当"秦二世"；然而，被批判的"哲学就是哲学史"是否亦有其针对性和积极意义？这个命题的真实含义和真正意义究竟是什么？具体言之，能否离开哲学史而专业地研究哲学？能否离开哲学史而以哲学方式面向现实？能否离开哲学史而实现哲学的理论创新？我们逐一地讨论这三个问题。

一 历史性的思想与思想性的历史

"哲学就是哲学史"这个命题有两层含义：其一，哲学是历史性的思想；其二，哲学史是思想性的历史。"哲学就是哲学史"这个命题的真实含义，在于哲学活动中的"历史"与"思想"的内在关联。

哲学是由哲学家思维着的头脑所形成的理论形态的人类自我意识，任何一种哲学理论都与哲学家所生活的时代、所继承的文化传统、所具有的个性特征和所思考的人类性问题密不可分。对于任何一个哲学家来说，他总是以人类的名义讲述个人的故事，又是以个人的名义讲述人类的故事。个人的体悟和思辨，与人类的思想和文明，与时代的特征和潮流，是水乳交融、密不可分的。就此而言，全部的哲学都是以时代性的内容、民族性的形式和个体性的风格去求索人类性问题，因而总是一种历史性的而非超历史性的思想。

哲学本身作为历史性的思想，由古往今来的哲学所构成的哲学史，就是思想性的历史。这个思想性的历史，是"思想英雄较量"的历史，是"高尚心灵更迭"的历史，是"时代精神变革"的历史。它以哲学史的形式展现了"历史性的思想"，展现了这些"历史性的思想"所思考和求索的问题，展现了这些"历史性的思想"所提供给后人的"理论形态的人类自我意识"，因而构成哲学发展的"阶梯"和"支撑点"。每个时代的哲学家及其哲学研究，都必须借助于这个"阶梯"或"支撑点"；离开这个"阶梯"和"支撑点"，无论怎样的"天才"都无法在哲学研究的道路上攀登和前行。

在论述黑格尔哲学时，恩格斯曾经一再强调地指出，黑格尔的辩证法是以最宏伟的形式总结了全部哲学发展，是两千五百年来的哲学发展所达到的成果，黑格尔的每个范畴都是哲学史上的一个阶段。正因如此，恩格斯明确地提出，"理论思维无非是才能方面的一种生来就有的素质。这种才能需要发展和培养，而为了进行这种培养，除了学习以往的哲学，直到现在还没有别的办法"①；恩格斯还"预警"式地提出，在理论的胜利史中，往往非常明显地显示出对哲学史缺乏认识。哲学史上几百年前就已经提出，并且在哲学界中往往早已被抛弃。而一些命题，在理论自然研究家那里却常常作为崭新的知识而出现，甚至在一段时间里成为时髦。② 恩格斯又针对"坏的时髦哲学"指出，"官方的黑格尔学派从老师的辩证法中只学会搬弄最简单的技巧，拿来到处应用，而且常常笨拙得可笑。对他们来说，黑格尔的全部遗产不过是可以用来套在任何论题上的刻板公式，不过是可以用来在缺乏思想和实证知识的时候及时搪塞一下的词汇语录"③；由此，恩格斯又以结论性的论断提出，所谓辩证的哲学，就是一种"建立在通晓思维的历史和成就的基础上的理论思维"④。

哲学史作为思想性的历史，哲学史上的任何一种哲学——历史性的思想——都不是某个哲学家的"独白"，而是哲学家之间的"历时态"的和"同时态"的"对话"。离开哲学"对话"的哲学"独白"是不存在的，而哲学"对话"的前提则是了解、熟悉和研究各种各样的"历史性的思想"。探讨任何一个哲学问题，如果不以哲学史——思想性的历史——为前提，这种"探讨"都会由于离开"思维的历史和成就"，而把某种"历史性的思想"当作"用来套在任何论题上的刻板公式"，甚至把早已"被废弃了的哲学命题"，"当作全新的时髦的东西拿了出来"。正因如此，在研究任何一个哲学问题时，以"思想性的历史"（哲学史）中的各种各样的"历史性的思想"（哲学）为"背景"或"参照系"，就不是可有可无而是不可或缺的前提。

---

① 《马克思恩格斯选集》第四卷，人民出版社1995年版，第284页。
② 同上书，第285页。
③ 《马克思恩格斯选集》第二卷，人民出版社1995年版，第40页。
④ 《马克思恩格斯选集》第三卷，人民出版社1972年版，第533页。

尽管人们在自己的思想活动中都会使用各种各样的哲学名词，但是，这些哲学名词对于专业性的哲学研究和非专业的哲学爱好是完全不同的。对于专业性的哲学研究来说，这些哲学名词是积淀着全部哲学史——"思想性的历史"的概念，是研究哲学的"阶梯"和"支撑点"。对于非专业的哲学爱好者，这些哲学名词则往往是离开"思想性的历史"的名称，难以构成哲学思考的"阶梯"和"支撑点"。例如关于"哲学"，在专业性的哲学研究中，并不是某种给定的"定义"，并不是某种僵化的"结论"，而是古往今来的哲学家关于"哲学"的多样化的理解和解释，需要在"纵向"和"横向"的比较中思考"哲学"本身，因而"哲学"才构成批判反思的对象。与此相反，在非专业的哲学爱好中，"哲学"往往是一个给定的"定义"和僵化的"结论"，因而只能是从这种"定义"或"结论"出发去思考哲学。阅读一篇或一部非专业的"哲学"论文或著作，我们常常会发现一种"惊人的相似性"：其论点是"独创的"，其论据却是"教科书的"，其论证则是"独白"的和"不能追问"的。这种惊人相似的根源，就在于这种非专业的论者不了解作为"思想性的历史"的哲学史，缺少进行哲学研究的"阶梯"和"支撑点"。问题的严重性在于，不仅仅是非专业的哲学爱好者，甚至是一些"专业"的哲学工作者，同样是以这种"非专业"的方式进行"专业"的哲学研究。因此，真正地理解"哲学"和"哲学史"是"历史性的思想"和"思想性的历史"，从而把哲学史作为哲学研究的"阶梯"和"支撑点"，就显得特别重要了。这是倡言"哲学就是哲学史"的最为明确和最为直接的针对性。

二 哲学史与把握现实的哲学方式

以理论的方式面向现实，是以占有理论为前提的；对于哲学来说，所谓的"理论"并不是某种或某些枯燥的条文和现成的结论，而是由"历史性的思想"（哲学）所构成的"思想性的历史"（哲学史）；离开由"历史性的思想"所构成的"思想性的历史"，就失去了面向现实的哲学，因而也就无法（无力）达到以"哲学"的方式面向现实。

现代科学和现代哲学所取得的一个基本共识是：观察渗透理论，观察负载理论，没有中性的观察，观察总是被理论"污染"的。人们对"现实"

的理解和解释，总是自觉或不自觉地"渗透""负载"着理论。因此，真正的问题就在于：在人们对现实的"观察"和"把握"中究竟"渗透"和"负载"着什么样的"理论"？是一种"通晓思维的历史和成就"的理论，还是某种"过时"的或"褊狭"的或"独创"的理论？对于哲学来说，它究竟是一种以"思想性的历史"为"阶梯"和"支撑点"所形成的"历史性的思想"，还是某种离开"思想性的历史"而形成的"非历史性的思想"？

人们对现实的"观察"和"把握"，主要是"经验"和"理论"这两种基本方式。理论对现实的观察和把握，不仅以"经验"为中介，而且以"理论"本身为中介，因此理论地把握现实，总是与现实之间具有并保持一定的"间距"。正是由于这种"间距"，理论才能超越黑格尔所批评的"表象思维"和"形式推理"，即超越感觉的杂多性、表象的流变性、情感的狭隘性和意愿的主观性，才能全面地反映现实、深层地透视现实、理性地面对现实、理想地引导现实和理智地反观现实，才能实现哲学的"思想中所把握到的时代"，才能使哲学成为"时代精神的精华"。

在对当前哲学研究状况的反思和批评中，对"脱离现实"的批评是重要的和必要的；但是，究竟以何种方式"面向现实"，即究竟是以"经验"方式还是以"哲学"方式面向现实，却往往是被人们忽视甚至是忽略的。直面哲学研究现状，我们不难发现一种比较普遍的现象，这就是以研究"现实"之名，其实是在非哲学的层面上提出问题、思考问题和回答问题，也就是在"经验"的层次上提出问题、思考问题和回答问题。这种"非批判的实证主义"，缺少哲学研究的"阶梯"和"支撑点"，缺少真正的理论思维和艰苦的理论探索，把"现实"变成"数据的堆砌"和"实例的总和"，因而无法（无力）对"现实"作出应有的理论把握。例如，究竟如何看待"中国问题"？离开"思想性的历史"，特别是离开马克思恩格斯的历史唯物主义，我们能否真实地达到对"中国问题"的理论把握？马克思和恩格斯在《德意志意识形态》中就指出，在"我们的时代"，"历史"已经成为"世界历史"；在《共产党宣言》中则更为明确地指出，在"我们的时代"，"民族的片面性和局限性日益成为不可能"。因此，"中国问题"并不只是"中国的问题"，而是当代中国所面对的世界性问题，以及当代中国以何种方式解决世界性问题。从"世界历史"的视野看"中国问题"，我们就会十分亲切地感受到马克思所提供给我们的"历史性的思想"的巨大的理论力量。马克思认为,区分一个历史时代,不在于它"生产什么",而在于它"用什么生产";马克思提出,市场经济的本质,在于它是一种"以物的依赖性为基础的人的独立性"的存在方式;马克思指出,近代哲学的任务是"揭露人在神圣形象中的自我异化",而现代哲学的任务则是"揭露人在非神圣形象中的自我异化";马克思所理解的理论与现实的关系是,"光是思想力求成为现实是不够的,现实本身应当力求趋向思想"。马克思的上述的"历史性的思想",对于我们观察和把握"现实",对于我们理解和解释科学发展观,理解和解释转变经济发展方式,理解和解释理论与现实的复杂关系,理解和解释中国现实的经济建设、政治建设、文化建设和理论建设,理解和解释中国现实的技术创新、体制创新、文化创新和理论创新,不是具有不可或缺的重大的"理论"中介作用吗?或者反过来说,离开这种"历史性的思想",离开这种理论的中介作用,我们又如何去观察和把握"现实"?"面向世界,面向现代化,面向未来"的当代中国哲学,不只是要"面向"世界、现代化和未来,而且必须是以哲学的方式"面向"世界、面向现代化和面向未来,从而在哲学的意义上反映和表达中国的现实、塑造和引导中国的未来。

三 哲学史与哲学的理论创新

理论创新有两个基本前提:一是获取理论资源,二是发现理论困难。这两个前提是相辅相成的:只有获取相应的理论资源,才有可能发现相应的理论困难;只有发现相应的理论困难,才能活化相应的理论资源。正是在获取理论资源和发现理论困难的双重互动中,才有可能实现真正的理论创新。

哲学创新的艰难,首先在于哲学必须以理论方式把握到自己时代的人类性问题。人类生活的每个时代,都充满着错综复杂的矛盾。人与自然之间、人与社会之间、人与自我之间的矛盾,个人之间、群体之间、阶层之间、阶级之间、民族之间、国家之间的矛盾,以及由这些矛盾所构成的社会制度问题、政治理想问题、伦理道德问题、价值观念问题、社会心理问题和社会思潮问题,使得哲学总是在神圣与世俗之间、理性与非理性之间、标准与选择之间、必然与自由之间、理想与现实之间、历史的"大尺度"与"小尺度"

之间徘徊。这种关于人类生存与发展的哲学思考，既不能凭借某个人的"体验"和"思辨"来回答，也不能依靠"数据的堆砌"和"实例的总和"来论证，而只有运用恩格斯所说的"建立在通晓思维的历史和成就的基础上的理论思维"，也就是以积淀着整个人类文明史的"思想性的历史"，才能在哲学的层面上达到对时代性的人类问题的深层的理解、全面的把握和批判性的反思，从而使哲学真正成为"思想中所把握到的时代"。离开以"思想性的历史"为"阶梯"和"支撑点"的"哲学创新"，既经受不住"思想性的历史"的追问，也经受不住时代性的人类问题的诘难。

哲学创新的艰难，又在于哲学对时代问题的理解和把握，并不仅仅取决于理论与经验之间的"外部困难"，而且取决于各种理论之间的"内部困难"。恩格斯说："在社会历史领域内进行活动的，是具有意识的、经过思虑或凭激情行动的、追求某种目的的人；任何事情的发生都不是没有自觉的意图，没有预期的目的的。"① 这些各不相同甚至是截然相反的"意图"和"目的"，总是经由哲学家的思维着的头脑而构成作为理论形态的人类自我意识的各种不同的哲学，并从而成为人们观察和把握现实的相互冲突的理论。离开对相互冲突的理论的深入研究和批判反思，就会只把某种"历史性的思想"作为观察所负载的理论，从而失去理论创新的批判力。例如，当代哲学在讨论特别关切的"正义"问题时，不仅不能回避罗尔斯、诺齐克和哈耶克这些哲学家的论著，不仅不能绕开新自由主义、新左派和新保守主义这些哲学思潮，而且不能不面对这些哲学论著和哲学思潮中的自柏拉图、亚里士多德到霍布斯、洛克再到康德、黑格尔的"幽灵"。一个中国学者探讨这个问题时，不仅不能回避这些西方的"幽灵"，更无法回避从孔孟、老庄到朱熹、王阳明再到康有为、梁启超的"幽灵"。美国学者宾克莱在《理想的冲突》一书中提出，"一个人在对他能够委身的价值进行探索时，要遇到许多竞相争取他信从的理想，他若要使这种探索得到满足，就必须对各种理想有所了解"②。离开这些理论资源，离开对这些理论资源的批判性反思，就不能深刻地提出问题和探索问题，当然也就谈不到哲学创新了。

---

① 《马克思恩格斯选集》第四卷，人民出版社 1995 年版，第 247 页。
② ［美］宾克莱：《理想的冲突》，马元德、王太庆译，商务印书馆 1986 年版，第 1 页。

哲学创新的艰难，还在于发现理论资源中的真正的理论困难，从而以新的理论去回答和解决这些理论困难。哲学的发展，是在不断地发现和解决这些理论困难的进程中实现的。离开作为"思想性的历史"的哲学史，离开这个"思想性的历史"所构成的哲学发展的"阶梯"和"支撑点"，离开对"思想性的历史"中所蕴含的真正的理论困难的发现，所谓的"哲学创新"是不真实的。发现真实的理论困难，不仅需要长期的、艰苦的"文献积累"，更需要持久的、艰辛的"思想积累"，消化理论资源、活化理论资源、突破理论资源。理论资源的突破口，就是理论资源中的真正的理论困难。例如，对于黑格尔的辩证法，马克思、恩格斯和列宁都在钻研黑格尔哲学的过程中，深切地揭示了黑格尔辩证法的真实的理论困难，从而创建和推进了马克思主义的辩证法理论。马克思认为，"第一个全面地有意识地叙述了辩证法的一般运动形式"的黑格尔的辩证法之所以是"神秘的"，不仅是由于他把思维过程当作"现实事物的创造主"，而且是由于辩证法在其"合理形态"上会"引起资产阶级及其夸夸其谈的代言人的恼怒和恐怖"[①]；恩格斯提出，"彻底否定了关于人的思维和行动的一切结果具有最终性质的看法"的"黑格尔的辩证法"[②]，之所以"竟产生了极其温和的政治结论"，是因为黑格尔"拖着一根庸人的辫子"，即德国古典哲学作为"法国革命的德国理论"只是发生了一场"睡帽中的革命"；列宁则从辩证法是活生生的、多方面的（方面的数目永远增加着的）认识这种理论视野出发，揭示了包括黑格尔哲学在内的唯心主义哲学的认识论根源，即"哲学唯心主义是把认识的某一个特征、方面、部分片面地、夸大地""发展（膨胀、扩大）为脱离了物质、脱离了自然的、神化了的绝对"[③] 在哲学史的意义上，正是由于真切地获取了黑格尔辩证法的理论资源，真实地发现了黑格尔辩证法的理论困难，以"改变世界"的理论自觉面向现实，才形成了马克思主义的"合理形态"的、"革命的和批判的"辩证法——"对现存的一切进行无情的批判"的辩证法。

综上所述，"哲学就是哲学史"这个命题的真正含义，并不是把哲学归

---

① 《马克思恩格斯选集》第二卷，人民出版社 1995 年版，第 112 页。
② 《马克思恩格斯选集》第四卷，人民出版社 1995 年版，第 216 页。
③ 列宁：《哲学笔记》，人民出版社 1972 年版，第 411 页。

结为哲学的历史，更不是把哲学研究限定为对哲学历史的研究，而是强调哲学与哲学史是"历史性的思想"和"思想性的历史"；"哲学就是哲学史"这个命题的真正意义，并不是要凸显对"哲学史"的研究，更不是要以"历史"冲淡乃至代替"现实"和"未来"，而是把"哲学"合理地理解为"历史性的思想"即不是把哲学当成枯燥的条文、现成的结论和"终极的真理"，把"哲学史"合理地理解为"思想性的历史"即不是把哲学史当成人物的罗列、文本的堆砌和"厮杀的战场"。哲学思想的开放和创新，从根本上说，就是以"历史性的思想"的理论自觉不断地创新"思想性的历史"。就此而言，只有理解"哲学就是哲学史"这个命题的"历史性的思想"构成"思想性的历史"的真实含义和真正意义，才能达到这个命题的批评者所要达到的目的——以哲学的方式面向现实与未来。这需要从事哲学研究的人深长思之。

第三节 哲学与形而上学

在哲学发展史上，哲学一直被视为一种"形上之学"，即"形而上学"。然而，现代以来的哲学的主导倾向则是所谓的"后形而上学"。因此，在当代的"后形而上学"思潮中，对构成思想的哲学理念的前提批判，首当其冲的就是对"形而上学"的前提批判。这种前提批判，会直接地深化对当代的哲学理念的反思。

一 表征人的形上本性的形而上学

哲学是人类把握世界的一种基本方式。这个命题具有双重含义：其一，不能用哲学方式代替其他方式；其二，不能以其他方式代替哲学方式。因此，对哲学的理解，就是对哲学以何种方式把握世界的理解。从这种思路出发，本书的基本观点是：区别于宗教、艺术和科学的"哲学方式"的特殊性质和独特价值，在于它是人性的理论自觉，是一种表征人的形上本性的"形而上学"，即作为理论形态的人类自我意识的"形而上学"。

哲学的形而上学，根源于人类的实践的存在方式。人的存在就是人的生命活动。然而，人的生命活动并不是动物式的本能的"生存"活动，而是

"使自己的生命活动本身变成自己意志的和自己意识的对象"[①]的"生活"活动。"世界不会满足人,人决心以自己的行动来改变世界。""人给自己构成世界的客观图画,他的活动改变外部现实,消灭它的规定性(=变更它的这些或那些方面、质)","使它成为自在自为地存在着的(=客观真实的)现实"[②]。人的实践活动使世界的"现实性"变成"非现实性",也就是使人的"理想性"成为真正的"现实性",这就是人与世界之间的否定性的统一关系。在人的实践活动及其历史发展中,人永远以自己的"对象性"活动而实现自己的"目的性",人永远创造着自己和自己的世界,人本身和人所创造的世界永远是未完成的存在。因此,人是世界上最奇异的存在——理想性的、超越性的、创造性的存在,即与世界否定性统一的存在,也就是把现实变成理想的现实的存在。否定现实和追求理想,是人的"形上"本性;以理论形态表征人对现实的否定和对理想的追求,则构成哲学的"形而上学"。哲学的形而上学正是以理论方式表征了人类关于自身存在的理想性、超越性和创造性的自我意识。

　　实践是人的思维的"最本质最切近的基础"。实践活动的理想性与现实性的矛盾决定了思维的"至上性"与"非至上性"的矛盾。"人的思维是至上的,同样又是不至上的,它的认识能力是无限的,同样又是有限的。按它的本性、使命、可能和历史的终极目的来说,是至上的和无限的;按它的个别实现情况和每次的现实来说,又是不至上的和有限的。"[③] 基于人类实践本性的人类思维,总是渴求在最深刻的层次上或最彻底的意义上把握世界、解释世界和确认人在世界中的地位和价值,这就是人类思维指向终极存在、终极解释和终极价值的"终极关怀"[④]。哲学的形上追求,从人类把握世界的一种基本方式上说,正是以理论的方式表征了以实践为基础的人类思维的"本性、使命、可能和历史的终极目的",也就是理论地表征了人类思维"仰望星空"的"终极关怀"。因此,哲学的形而上学,始终是一种追本溯源的意向性追求,是一种自我超越的理想性追求,是一种以理想关照现实和

---

① 《马克思恩格斯选集》第一卷,人民出版社1995年版,第46页。
② 列宁:《哲学笔记》,人民出版社1972年版,第183页,第187页。
③ 《马克思恩格斯选集》第三卷,人民出版社1995年版,第427页。
④ 参见孙正聿《哲学通论》,复旦大学出版社2007年版,第224—228页。

反省现实的"形上之思",是一种塑造和引导时代精神的"文明的活的灵魂"。

否定现实和追求理想,是人类的"现实的生活过程"。人类文明的历史进程,始终充满着理想的冲突与搏斗、社会的动荡与变革、历史的迂回与前进。由此构成的人类自己创造自己、自己发展自己的扑朔迷离、色彩斑斓的文明史画卷,展现的是人类发展过程的否定现实和追求理想的历险。以理论的方式表征人类发展过程的历险,追究世界、历史和人生的奥秘,反思思想构成自己的根据、标准和尺度,探求政治理想、社会正义、道德基础、价值诉求的"抑制不住的渴望",则构成哲学发展过程的形而上学历险。因此,哲学的形而上学历险,从根本上说,是以理论的形态表征了人类文明的历险。

在人类文明的历险中,人类的实践活动始终存在着理想性与现实性的矛盾,以实践为基础的人的思维始终存在着"至上性"与"非至上性"的矛盾,因此,作为理论形态的人类自我意识,哲学在自己的形而上学历险中,始终存在两个基本矛盾:其一,作为人类思维"至上性"的理论表征,它力图以"绝对真理"的化身为人类提供永恒的"安身立命"之本,而人类历史的发展和人类思想的变革却不断地否定"绝对真理"的权威性和有效性;其二,哲学把自己的"绝对真理"作为判断、解释和评价一切的根据、标准和尺度,而哲学自身的发展却实现为哲学挣脱自我解释循环的自我批判,也就是实现为哲学自身的变革。因此,在哲学的形而上学历险中,从其对待"形而上学"的根本理念上看,可以区分为三种基本的理论形态:一是"不知其不可而为之",即把哲学当作"绝对真理"化身的"传统形而上学",它成为今人所诟病和"拒斥"的"形而上学的恐怖";二是"知其不可而不为之",即以"科学"取代"哲学"的"拒斥形而上学",它成为今人所反思和批判的"科学主义思潮";三是"知其不可而为之",即把哲学视为人的"形上"本性的理论表征的"形而上学追求",它成为今人所倡言或拒绝的"形而上学的复兴"。从哲学的形而上学历险看哲学史,"现代哲学"对"传统哲学"的革命,本质上是实现了形而上学由"不知其不可而为之"到"知其不可而为之"的革命性变革,即把"形而上学的恐怖"变革为"形而上学的追求",把作为"绝对之绝对"的超历史的传统形而上学变革为作为"相对之绝对"的"时代精神的精华"和"文明的活的灵魂"。

形而上学历险中的三种理论形态，从根本上说，是以理论的方式表征了人类文明的历险，因而成为理论形态的人类自我意识即哲学。通过对人类文明史的总结和概括，马克思把人的存在概括为"人的依赖性"、"以物的依赖性为基础的人的独立性"和以"每个人的自由发展"为条件的"一切人的自由发展"这三种历史形态。作为理论形态的人类自我意识的哲学，它对人的存在的历史形态的理论表征，构成了哲学的形而上学历险的总体进程：以自然经济中的人的存在方式为根基，确立表征"人的依赖性"的"神圣形象"，以"绝对真理"的化身规范人的全部思想和行为，这就是"形而上学的恐怖"；以市场经济中的人的存在方式为根基，揭露人在"神圣形象"中的"自我异化"和表征"以物的依赖性为基础的人的独立性"，以"无限理性"的化身规范人的全部思想和行为，这就是西方近代以来的"理性形而上学"；以人的未来的或理想的"全面发展"的存在方式为指向，揭露人在诸种"非神圣形象"中的"自我异化"和表征人对自己的"自由而全面的发展"的向往和追求，以"有限理性"的化身批判地反思人的全部思想和行为，这就是现代性反省中的"后形而上学"。确立"神圣形象"、消解"神圣形象"和消解"非神圣形象"，构成哲学形而上学历险的根本性的文化内涵，因而以理论形态表征了人类关于自身存在的自我意识。

二　作为概念批判史的形而上学

形而上学作为理论形态的人类自我意识，它既不是通常所说的以"整个世界"为对象而观之的"世界观"，也不是通常所理解的凌驾于科学之上的"科学的科学"，而是对人类文明的"反思"，即以思想自身为对象反过来而思之的"反思"，也就是以概念（思想）为对象的"形上之思"。概念作为人类文明史的积淀和"文化的水库"，它构成人类文明进程中的"阶梯"和"支撑点"；对概念的批判性反思，就是以理论方式表征人的否定现实和追求理想的"形上"本性，就是以时代性内涵求索人类性问题，也就是对人类文明的反省和引导。这种以对概念（思想）的批判性反思为内容的形而上学历险，从其理论旨趣、思维方式、社会功能和历史演进上看，是作为概念（思想）的批判史而存在的；能否从概念批判史看待哲学的形而上学历险，从根本上制约着人们对"形而上学"的理解。

其一，就形而上学的理论旨趣而言，是寻求超越各种具体的"物理"的"统一性原理"。亚里士多德提出，形而上学就是"寻求最高原因的基本原理"[①]；对此，黑格尔作出如下解释："要这样来理解那个理念，使得多种多样的现实，能被引导到这个作为共相的理念上面，并且通过它而被规定在这个统一性里而被认识"[②]；总结形而上学史，瓦托夫斯基提出："不管是古典形式还是现代形式的形而上学思想，其驱动都在于力图把各种事物综合成一个整体，提供出一种统一的图景或框架，使我们经验中的事物多样性能够在这个框架内依据某些普遍原理而得到解释，或可以被解释为某种普遍本质或过程的各种表现。"[③] 在哲学的形而上学历险中，如何看待形而上学所寻求的"统一性原理"——是"不知其不可而为之"还是"知其不可而为之"——则把全部哲学区分为"传统形而上学"与"后形而上学"。"传统形而上学"把自身视为它所指向的"统一性原理"的化身，而"后形而上学"则把作为"统一性原理"化身的"传统形而上学"作为自己的最为根本的批判对象，从而把"不知其不可而为之"的"形而上学的恐怖"革命性地变革为"知其不可而为之"的"形而上学追求"。

其二，就形而上学的思维方式而言，寻求"统一性原理"的形而上学，是以超越表象思维和形式推理的思辨思维所展开的概念的反思与批判。对此，黑格尔曾提出：所谓"表象思维"，"可以称为一种物质的思维，一种偶然的意识，它完全沉浸在材料里，因而很难从物质里将它自身摆脱出来的同时还能独立存在"；所谓"形式思维"，"乃以脱离内容为自由，并以超出内容而骄傲"；所谓"思辨思维"，则是努力地把思想的"自由沉入于内容，让内容按照它自己的本性，即按照它自己的自身而自行运动，并从而考察这种运动"[④]，以实现"全体的自由性"与"环节的必然性"的统一。这种"思辨思维"，就是以对"概念"的批判性反思，展现人类思想运动的逻辑，并从而展现人类文明历险的逻辑。瓦托夫斯基提出："形而上学的历史是一

---

① ［古希腊］亚里士多德：《形而上学》，吴寿彭译，商务印书馆1959年版，第56页。
② ［德］黑格尔：《哲学史讲演录》第2卷，贺麟、王太庆译，商务印书馆1960年版，第385页。
③ ［美］瓦托夫斯基：《科学思想的概念基础》，范岱年等译，求实出版社1989年版，第19页。
④ ［德］黑格尔：《精神现象学》（上），贺麟、王玖兴译，商务印书馆1979年版，第40页。

部关于这种普遍的或一般类别的概念的批判史,是一部致力于系统表述这些概念的体系的历史……我们也许可以这样总结这种历史,即把形而上学定义为'表述和分析各种概念、对存在的原理及存在物的起源和结构进行批判性、系统性探究的事业'。"[1] 因此,能否从概念批判史的视域看待形而上学历险,而不只是单纯地从对"统一性"原理的寻求看待形而上学历险,从根本上制约着人们对形而上学的理解与解释。在概念批判史的视域中看"后形而上学",所谓的"后形而上学"不仅不是对形而上学所承担的概念批判的否定,而恰恰是对形而上学所承担的概念批判的深刻的理论自觉——它自觉地把为人类思想和人类文明奠基的理性、真理、进步、规律等基本概念(思想)作为自己批判反思的对象。

其三,就形而上学的社会功能而言,这种以对概念(思想)的批判性反思为内容的形而上学,是以超越经验常识和实证科学的某种统一性原理规范人们的全部思想和行为,或把人们的全部思想和行为归结为某种统一性原理的自我实现。罗蒂提出:"自希腊时代以来,西方思想家们一直在寻求一套统一的观念,……这套观念可被用于证明或批评个人行为和生活以及社会习俗和制度,还可为人们提供一个进行个人道德思考和社会政治思考的框架。""它成为这样一个文化领域,在这里人们可以脚踏根基,……从而可以发现其生命的意义。"[2] 具体言之,传统形而上学的社会功能在于:一是以寻求"万物之理"的形上之思而推进理论思维和科学技术的发展,推进人类对自身的生活意义的反思,并为这种"发展"和"反思"提供"抑制不住的渴望";二是以"普遍理性"的方式而确认诸种"神圣形象"或"非神圣形象",为社会的价值规范提供"最高的支撑点";三是以"万物之理"和"普遍理性"的方式表征自然经济中的"人的依赖性"和在市场经济中的对"物的依赖性"的存在方式。传统形而上学具有"科学的"和"哲学的"双重内涵:就其作为关于"万物之理"的物理主义,它是以"真正的科学"或"科学的科学"自期自许的;就其以人的"形上本性"而追究

---

[1] [美] 瓦托夫斯基:《科学思想的概念基础》,范岱年等译,求实出版社1989年版,第20—21页。
[2] [美] 理查德·罗蒂:《哲学和自然之镜》,李幼蒸译,生活·读书·新知三联书店1987年版,中文版序,第1、2页。

"统一性原理"并达成人的"安身立命之本",它又是"哲学的",即以理论形态的人类自我意识而存在的。因此,能否从价值理想的视域看待形而上学历险,而不只是从某种知识论的立场看待形而上学历险,不仅从根本上制约人们理解形而上学的立场与态度,而且从根本上制约着人们如何理解形而上学历险中的"后形而上学"。在概念批判史的视域看"后形而上学",所谓的"后形而上学",不仅不是对形而上学所承担的价值诉求的否定,而恰恰是对形而上学所承担的价值诉求的深刻的理论自觉——它自觉地把为人类思想和人类文明奠基的价值、自由、正义、发展等基本概念(思想)作为自己批判反思的对象。

其四,就形而上学的历史演进而言,表征"人的依赖性"、"以物的依赖性为基础的人的独立性"和以"每个人的自由发展"为条件的"一切人的自由发展"的形而上学历险,即确立"神圣形象"、消解"神圣形象"和消解"非神圣形象"的形而上学历险,它经历了由"古代哲学"到"近代哲学"再到"现代哲学"的变革,并从总体上实现了从"传统形而上学"到"后形而上学"的变革。因此,能否从理论形态的人类自我意识,即理论地表征人的存在形态的历史变革去理解和把握哲学的形而上学历险,不仅从根本上制约人们对形而上学历程的理解,而且从根本上制约着人们在何种程度上把握到形而上学历险的深层的文化内涵,特别是从根本上制约着人们能否从形而上学历险的视域把握到"后形而上学"的深层的文化内涵。

在西方哲学史上,一直占有统治地位的传统形而上学,就是柏拉图—黑格尔主义。传统形而上学最初的表现形态是客体主义的形而上学,即作为理念世界的柏拉图主义;中世纪的表现形态是一神教的形而上学,即以人的本质的异化形态(上帝)所表现的客体主义的形而上学;自笛卡儿、培根以来的近代哲学表现为反"独断论"的即认识论反省的形而上学,也就是具有主体性特征的形而上学;作为传统形而上学的总结与超越,黑格尔哲学既是把客体主义逻辑化的形而上学,又是把客体主义历史化的形而上学,即历史与逻辑相统一的形而上学,也就是以概念辩证法为内容的形而上学。辩证法形态的形而上学,深刻地体现了被阉割的形而上学的根本性的特质与功能——作为概念批判史的形而上学。因此,传统形而上学的最高形态,就是黑格尔的存在论、认识论和逻辑学相统一的形而上学,即以概念批判为内容的辩证法的形而上学。它既反对单纯主观性的"全体的自由性",又反对单纯客观性的"环节的必然性",而要求实现"全体的自由性"与"环节的必然性"的统一。这是主客统一或思存同一的形而上学。

作为理论形态的人类自我意识,哲学所表征的人类自我意识,从来不只是"外向"地指向"万物之理",而且"内向"地指向人的全部精神世界。卡西尔说:"走向人的理智和文化生活的那些最初步骤,可以说是一些包含着对直接环境进行某种心理适应的行为。但是在人类的文化进展方面,我们立即就遇见了人类生活的一个相反倾向。从人类意识最初萌发之时起,我们就发现一种对生活的内向观察伴随着并补充着那种外向观察。人类的文化越往后发展,这种内向观察就变得越加显著。"[①] 在古希腊哲学的"人是万物的尺度"的命题中,已经蕴含对人的理性与非理性的矛盾的思考。在哲学的形而上学历险中,一直存在着物理主义与心理主义的矛盾纠缠。作为自然主义的唯物主义,始终表现出对人作为生理存在的关切;而以精神为本体的唯心主义,则从未离开对作为精神现象的心理的关切。黑格尔的思存同一的形而上学,把人的全部精神活动——情感、意志、表象——"复归于"思维,因而是"无人身的理性"(马克思)的自我运动的形而上学。反叛黑格尔,就是反叛"无人身的理性"的自我运动,因而也就是把"主体"——人——"复归"为精神的多样性和丰富性。由此构成的形而上学就是现代意义的心理主义的形而上学。而无论是作为概念批判史的物理主义的形而上学,还是作为精神分析史的心理主义的形而上学,都不可逃避地在"文化"的视域中展开其形而上学,都不可逃避地构成其"在思想中所把握到的时代"。自笛卡儿以来的对概念内涵的形上反思,在近代哲学的终结处构成了作为思想的内涵逻辑的黑格尔哲学,并开启了马克思的作为历史的内涵逻辑的现代哲学。

作为概念批判史的形而上学,它的概念批判具有双重内涵:一方面是对构成思想的基本观念的前提批判,其中主要的是对规范人的思想和行为的真、善、美等基本观念的前提批判;另一方面则是对这些基本观念所蕴含的"思维和存在的一致"即"思想的客观性"的前提批判。前者是形而上学直

[①] [德]卡西尔:《人论》,甘阳译,上海译文出版社1985年版,第5页。

接指向的"基本观念",后者则是形而上学在对"基本观念"的批判中所揭示的哲学的"重大的基本问题"——"思维和存在的关系问题"。因此,形而上学的概念批判史,既是对思想构成自己的基本观念的批判史,也是哲学展开其"基本问题"——思维和存在的关系问题——的历史。在对构成思想的基本观念的批判中而深化对构成思想的基本信念——思维和存在的关系问题——的前提批判,又在对构成思想的基本信念——思维和存在的关系问题——的前提批判中而展开对构成思想的各种时代性的基本观念的前提批判,这就是作为概念批判史的形而上学。

三 形而上学历险中的后形而上学

哲学形而上学历险中的最具革命性的"转向",是由"不知其不可而为之"的"形而上学恐怖"转向"知其不可而为之"的"形而上学追求"。这种"转向"的根本标志和基本形态,就是所谓的"后形而上学"。

"后形而上学"的"后",集中地体现在两个方面:其一,不是"断言"或"表述"关于"思维和存在"的"统一性原理",而是展现为对构成思想的各种基本观念——思想的客观性或真理性、历史的必然性或规律性、价值的一元性或绝对性、发展的单一性或单向性、文化的层级性或根基性——的前提批判,从而使哲学自觉地成为"知其不可而为之"的批判活动;其二,不是把理论思维的两种基本方式——哲学和科学——当作"理性"的化身而奉为一切文化的圭臬,而是"反其道而行之",以对哲学和科学的批判而实现对"理性"本身的具有颠覆性的前提批判——从"无限理性"到"有限理性"的革命性转变。简言之,以"有限理性"的理论自觉而深切地展开对构成思想的各种"基本观念"的前提批判,并由此实现对构成思想的基本信念——思维和存在的同一性——的前提批判,这是真正意义的"后形而上学",也是"后形而上学"的真实意义。因此,"后形而上学"是形而上学历险中的"现代哲学",而不是"终结哲学"的"非形而上学"。

西方哲学史上的黑格尔哲学,是全部传统形而上学的集大成;批判黑格尔哲学及其集大成的传统形而上学,则是整个现代哲学的出发点。在《分析的时代——二十世纪的哲学家》一书的开头,美国哲学家 M. 怀特就以"绝对理念之衰微与没落"而提出"几乎二十世纪的每一种重要的哲学运动都是以攻击那位思想庞杂而声名赫赫的十九世纪的德国教授的观点开始的"[1]；英国哲学家艾耶尔则用"叛离黑格尔"这个极具刺激性的口号而阐发《二十世纪哲学》；德国哲学家赖欣巴哈更以《科学哲学的兴起》为题而批判基于人的"不幸的本性"的形而上学。"拒斥形而上学"，不仅成为20世纪哲学的最为时尚的"关键词"，而且真实地构成了20世纪占有主导地位的"哲学理念"。"拒斥形而上学"的"真实意义"，首先是暴露了传统形而上学的"理性的狂妄"，即暴露了传统形而上学"不知其不可而为之"的"哲学"本质，也就是暴露了传统形而上学把"哲学"当作"无限理性"的化身的本质。这具体地表现在对传统形而上学的集大成的黑格尔哲学的三个方向的前提批判。

一是对黑格尔哲学的马克思主义批判。针对传统哲学以思辨的方式实现思维把握和解释世界的全体自由性的"幻想"，恩格斯提出，"如果世界模式不是从头脑中，而仅仅是通过头脑从现实世界中得出来的，如果存在的基本原则是从实际存在的事物中得来的，那么为此所需要的就不是哲学，而是关于世界以及关于世界中所发生的事情的实证知识；由此产生的也不是哲学，而是实证科学"[2]。因此，"就哲学是凌驾于其他一切科学之上的特殊科学来说，黑格尔体系是哲学的最后的最完善的形式。全部哲学都随着这个体系没落了"[3]。正因如此，恩格斯提出，作为"现代唯物主义"的马克思主义哲学"已经根本不再是哲学，而只是世界观"[4]。关于这种不再是"哲学"的"世界观"，马克思本人的最为精辟的论断是："社会生活在本质上是实践的。凡是把理论导致神秘主义的神秘东西，都能在人的实践中以及对这个实践的理解中得到合理的解决。"[5]

二是对黑格尔哲学的科学主义批判。赖欣巴哈在系统阐述其"科学哲学"与"思辨哲学"原则对立的著作中提出，人类的一大"不幸"在于，

---

[1] [美] M. 怀特：《分析的时代——二十世纪的哲学家》，杜任之主译，商务印书馆1981年版，第7页。
[2] 《马克思恩格斯选集》第三卷，人民出版社1972年版，第75页。
[3] 同上书，第63页注。
[4] 《马克思恩格斯选集》第三卷，人民出版社1995年版，第481页。
[5] 《马克思恩格斯选集》第一卷，人民出版社1995年版，第60页。

"总是倾向于甚至在他们还无法找到正确答案时就作出答案"。这样,"当科学解释由于当时的知识不足以获致正确概括而失败时,想象就代替了它,提出一类朴素类比法的解释来满足要求普遍性的冲动","普遍性的寻求就被假解释所满足了"。由此他提出,形而上学就是"努力想获致一种关于普遍性的、关于支配宇宙的最普遍原则的知识"①。卡尔纳普则更为明确地说:"我将把所有那样的一些命题都叫做形而上学的,即这些命题宣称了某种在全部经验之上或之外的东西的知识,例如,表述了事物真实本质的知识,表述了自在之物、绝对者以及诸如此类的东西的知识。""这些命题都不是可证实的……也就使这些命题失去了任何意义。"由此他得出结论,形而上学"给予知识的幻相而实际上并不给予任何知识。这就是我们为什么要拒斥它的理由"②。正是由于科学主义不仅"拒斥"传统形而上学的基本理念和思维方式,而且"拒斥"传统形而上学的追求目标和历史成就,因此,科学主义就由传统形而上学的"不知其不可而为之"而"转向"了"知其不可而不为之"的"终结形而上学"。

三是对黑格尔哲学的人本主义批判。在现代西方人本主义思潮看来,黑格尔的"无人身的理性"是一种"冷酷的理性",它把人的情感、意志、想象、体验、个性等人的全部丰富性都异化给了非人的或超人的思维,这种"冷酷的理性"是敌视个人存在的。他们认为,黑格尔以这种"冷酷的理性"去描述思维与存在的同一性,去展现历史必然性的逻辑,不仅是纯粹的虚构,是与人的生存状态相悖谬的,而且是对个人生存价值的否定。人本主义思潮把它对传统哲学的批判诉诸包括人的情感、意志、想象、人格以及"潜意识"等在内的人生体验和关于人的生存状态、人的"生活世界"的"人学"。在他们的理论中,凸显了人的自在性与自为性、理性与非理性、意识与潜意识、生与死、个人与社会、人生的意义与价值等矛盾,从而把传统形而上学对"绝对真理"的寻求转变为对人的存在的关切。

从总体上说,西方现代哲学所理解的"形而上学",就是对世界的普遍

---

① [德] 赖欣巴哈:《科学哲学的兴起》,伯尼译,商务印书馆1983年版,第9—11页。
② 转引自 [美] M. 怀特《分析的时代——二十世纪的哲学家》,杜任之主译,商务印书馆1981年版,第215、216、223页。

性作超科学的、不可证实的"假解释"。正因如此,他们不仅"拒斥"传统形而上学的纯思辨的研究方式,而且"拒斥"传统形而上学的追求目标及其历史成就。现代西方哲学的两大思潮,都否认理性的权威性、确定性和统一性,并力图动摇人类生存的合理性、必然性和规律性信念。与追求思维把握和解释世界的全体自由性的传统形而上学相比,它们从对人类理性的鲸吞宇宙的幻想,变成了对人类理性深感忧虑的怀疑;从对人类未来的满怀激情的憧憬,变成了对人类未来的惴惴不安的恐惧;从对真善美的雄心勃勃的追求,变成了对真善美的黯然失色的叹息。这种基本观念是对现代社会生活的理论折射,是对现代人类面临的"文化危机"的敏感反应,也是对当代全球问题的消极回答。因此,这种基本观念具有二重性:一方面,它通过对传统形而上学的批判而启发人们对人类理性及其对象化活动进行深刻的、全面的反省;另一方面,则在哲学层面向人类生存的合理性及历史过程的进步性提出严峻的挑战。"后形而上学"的本质特征就在于,它集中地揭示了形而上学的"普遍理性"的内在矛盾性:其一,它揭露了从柏拉图到黑格尔的"理性主义的放荡"所造成的"形而上学的恐怖",即"普遍理性"对"人"的"偏离"所构成的"本质主义的肆虐";其二,它对形而上学的"层级性"追求的"拒斥",凸显了"顺序性"的选择与安排的生存论意义,从而"终结"了以"普遍理性"扼杀实践的选择性、文化的多样性的"同一性哲学";其三,它在"瓦解"主体形而上学的进程中,凸显了"主体间性"、"交往理论"、"商谈"、"对话"、"有机团结"在人类历史活动中的现实意义;其四,它在否定"同一性哲学"的进程中,试图构建以"非同一性"为前提的、超越绝对主义和相对主义的新的哲学理念,从而使得"必要的张力"成为当代哲学的基本理念。这种"后形而上学"思想,对于深入地审视真理—规律—客观性观念,把"对现存的一切进行无情的批判"的哲学理念贯彻到全部社会生活,从而不断深入地"揭露人在非神圣形象中的自我异化",具有重要的理论意义和实践意义。[1]

以批判"形而上学"为理论聚焦点的"后形而上学",从根本上说,是以"哲学"本身为对象的批判活动,也就是以"理论形态的人类自我意识"

---

[1] 参见孙正聿《理论思维的前提批判》,中国人民大学出版社2010年版,第307—308页。

为对象的批判活动。这种批判活动的实质是变革人类关于自身存在的自我意识，这种批判活动所诉诸的基本方式是各种文化样式之间的"对话"，而在"对话"中所展开的则是"形而上学"的概念批判。"后形而上学"所展开的各种最为重要的"对话"——哲学与其他文化样式的对话、各种哲学理论或哲学思潮之间的对话、哲学与"现实的历史"或"生活世界"的对话——其基本方式和根本内容都是对概念（思想）的前提批判。这包括对"哲学"与"宗教"、"艺术"、"科学"的前提批判，对"哲学"与"文化"、"经济"、"政治"的前提批判，对"哲学"与"理性"、"真理"、"规律"的前提批判，对"哲学"与"自由"、"正义"、"平等"的前提批判，对"哲学"与"专制"、"民主"、"协商"的前提批判。正是在这种现代意义的概念批判中，"后形而上学"承担起了"揭露人在非神圣形象中的自我异化"的历史使命，转化成了以概念（思想）为对象的"思的事情"，实现了"知其不可而为之"的"形而上学追求"。因此，"后形而上学"是形而上学历险中的关于当代人类自我意识的理论形态，而不是放弃以理论形态表征人类自我意识的"哲学的终结"。这应当是在当代反思"形而上学"的最重要的结论。

第四节 哲学与本体论

对哲学的"形而上学"的不同理解，直接地体现为对哲学的"本体论"的不同理解。如何理解哲学的"本体论"，不仅制约着对哲学的"形而上学"的理解，而且深层地规范着当代哲学的"形而上学追求"。

一 本体的概念解析

"本体"和"本体论"，是哲学理论中使用最广泛而又歧义性最大的范畴。人们在学习或研究哲学的过程中，总是不可避免地被"本体"和"本体论"困扰着。阅读哲学理论著作和哲学史著作，人们就会发现一个引人注目和发人深省的重大问题：在各种不同的哲学理论框架中，"本体"都有其特殊的理论内涵和历史的规定性；或者反过来说，有多少种关于"本体"的观念，也标志着有多少种不同的哲学理论框架。因此，从一定的意义上说，对"哲学究竟是什么"的追问与回答，也就是对"本体究竟是什么"的追问与回答；如何回答"本体究竟是什么"，也就是在回答"哲学究竟是什么"。这表明，关于"本体"和"本体论"的概念解析，对于哲学的自我理解是至关重要的。

在探析作为哲学概念的"本体"和"本体论"之前，先来简要地分析一下作为日常用语的"本"这个概念，是会引发某些哲学思考的。"本"是与"末"相对待的。"物有本末，事有始终"。"本"为事物的根源或根基。因此，人们在思想和行为中总是喜欢"溯本穷源"，反对"本末倒置"或"舍本求末"。由"本"与"末"的相互对待，则又引申出"本"的一系列重要含义：（1）重要的，中心的，如"本部"、"本题"等；（2）自己的或自己方面的，如"本人"、"本国"、"本乡本土"等；（3）本来的或原来的，如"本意"、"本质"等。分析"本"这个概念的日常含义，我们能够感受到，不管人们（包括古今中外的哲学家）在多少种不同的含义上使用"本体"这个概念，"本体"概念总是具有寻求最根本的东西的意义，总是具有以"本"释"末"的意义，总是具有为自己的思想和行为寻找最终根据的含义。

在1980年出版的《辞海》中，曾简单化地把"本体论"定义为"哲学中研究世界的本原或本性的问题的部分"，并强调这一概念"至今仍在资产阶级哲学界流行"[①]。应当说，这种解释不仅武断地否定了本体论的现代哲学意义，而且取消了哲学本体论的丰富的理论内涵，并把它曲解为单一的"世界的本原或本性的问题"。超越对"本体论"的这种简单化理解，是探索"本体论"问题的必要的出发点。

在1996年出版的《马克思主义哲学全书》中，对"本体论"作出了历史与逻辑相统一的解释，这对于人们理解"本体论"的理论内涵及其历史演化是有帮助的。这种解释的内容如下：本体论是关于一般存在或存在本身的哲学学说。形成于古希腊哲学。德国哲学家P. 戈科列尼乌斯1613年首先使用"本体论"这个术语。本体论的思想在18世纪德国哲学家沃尔弗那得到了较为完备的表述。他把本体论确定为一种关于一般存在、关于世界本质

---

① 《辞海》，上海辞书出版社1980年版，第1246页。

的哲学学说，认为不必求助于经验，无须依靠自然科学，只要通过纯粹的抽象的途径，借助于对概念的逻辑分析就可以实现。这就使本体论成为关于脱离具体存在的超验存在的学说。18世纪法国唯物主义依靠当时的自然科学对本体论进行了批判。德国古典哲学，特别是黑格尔哲学，以唯心主义的形式提出了本体论、认识论和逻辑学统一的思想。辩证唯物主义在物质与精神关系问题的意义上，有时用本体论一词来表达物质对精神的本原性。现代西方哲学对本体论持有不同的态度：科学主义"拒斥形而上学"，认为研究一般存在的本体论是无意义的假问题；人本主义则以研究人的存在为其本体论；当代美国哲学家蒯因提出"本体论许诺"，认为本体论只是哲学家对"何物存在"的"承诺"。

在这种解释中，下述几点是值得重视的：（1）本体论作为"关于一般存在或存在本身的哲学学说"，"本体"与"存在"是何关系？（2）本体论作为"关于脱离具体存在的超验存在的学说"，"具体存在"与"超验存在"是何关系？怎样理解"本体"是"超验存在"？（3）马克思主义哲学是否仅仅"用本体论一词来表达物质对精神的本原性"？究竟应当如何对"本体论"作出马克思主义的哲学解释？

首先，我们分析"本体"与"存在"的关系。

"存在"，这是一个外延最广大（无所不包）、内涵最稀薄（毫无内容）的概念。黑格尔说，存在，这是"无规定性的直接性，先于一切规定性的无规定性，最原始的无规定性"①。黑格尔还具体地解释说："如果我们试观察全世界，我们说在这个世界中一切皆有，外此无物，这样我们便抹煞了所有的特定的东西，于是我们所得的，便只是绝对的空无，而不是绝对的富有了。"② 这就是说，"存在"是一个"最抽象也最空疏"的概念。

世界上的一切事物（包括物质和精神），都不仅仅是"存在"着，而且是具有某种"规定性"的存在，即具有某种特定的内容与形式的存在。黑格尔说，"规定性中已包含有'其一'与'其他'"③，"一个具体事物总是

---

① ［德］黑格尔：《小逻辑》，贺麟译，商务印书馆1980年版，第190页。
② 同上书，第194页。
③ 同上书，第190页。

不同于一个抽象规定本身的。当我们说'存在'时，我们并没有说到具体事物，因为'存在'只是一个纯全抽象的东西"①。而任一事物作为有规定性的存在，它就是黑格尔所说的"定在"即特定的、特殊的存在。

如果我们把抽象的或纯粹的"存在"称作"在"，那么，我们就可以把具有规定性的所有事物都称作"在者"。显然，世界上只存在具有规定性的"在者"，而不存在没有任何规定性的纯粹的"在"。然而，人类的思维却不仅仅是抽象事物的各种规定性，将事物把握为各种具有规定性的"在者"，而且还舍象掉事物的各种各样的规定性，寻求一切"在者"的"在"。对"在"的反思性的寻求，就是哲学的本体论；而哲学所寻求的"在"，就是所谓的"本体"。

"本体"作为抽象的"在"，并不是某种现实的存在物，而只是一种人类思维的指向性。马克思主义认为，哲学反思的现实基础是人类自己的社会生活。因此，对哲学所寻求的"本体"，对寻求"本体"的哲学本体论，都需要从人类自己的社会生活出发去予以解释；或者反过来说，只有从人类自己的社会生活出发，才能合理地解释哲学的"本体"观念和哲学的"本体论"。

哲学的"本体"观念和哲学的"本体论"的产生与发展，首先是与人类独特的生存方式联系在一起的。人类作为改造世界的实践—认识主体，其全部活动——无论是实践活动还是认识活动——的指向与价值，都在于使世界满足人类自身的需要，把世界变成对人类来说是真善美相统一的世界。具有历史展开性的实践活动是人类全部思维的最本质最切近的基础，当然也是人类的哲学反思的最本质最切近的基础。

人类的实践活动不仅具有现实性，而且具有理想性，不仅具有有限性，而且具有无限的指向性。基于人类实践本性的理论思维，总是渴求在最深刻的层次上或最彻底的意义上把握世界、解释世界和确认人在世界中的地位与价值。理论思维的这种渴求，是一种指向终极性的渴求，或者说，是一种终极性的关怀。理论思维的这种终极性的渴求或关怀的理论表征，构成了贯穿古今的哲学本体论。

哲学的"本体"观念，是一种对终极性的存在的渴求或关怀；哲学的

---

① [德]黑格尔：《小逻辑》，贺麟译，商务印书馆1980年版，第199页。

"本体论",是一种追本溯源式的意向性追求,是一种理论思维的无穷无尽的指向性,是一种指向无限性的终极关怀。哲学的"本体"观念和哲学的"本体论",最为深刻地显示了人类存在的现实性与理想性、有限性与无限性、确定性与超越性、历史的规定性与终极的指向性之间的矛盾。在这个意义上,关于"在"或"本体"的哲学本体论,是表征人类自身存在的矛盾性或悖论性的理论。

其次,我们分析"本体"与"超验存在"的关系。

作为"本体"的"在",就是"超验的存在",而不是"经验的存在"。任何经验的存在,都是"定在",即有规定性的存在,也就是"在者"。所有经验的存在即"在者",都可以成为科学研究的对象。而作为"本体"的"在",则是纯粹思维抽象的产物,因而是超越经验的存在。理解这个问题,是理解"本体论"的根本问题,因而也是理解"哲学"的根本问题。反过来说,正是由于这个问题的不易理解,因而人们经常曲解"本体论"和"哲学"。

人作为现实的存在,却要寻求超验的存在,这是因为人对世界的认识总是处于感性与理性的矛盾之中,"认为我们感官所观察到的事物并非存在本身,隐藏在它的后面、作为它的基础的那个超感官的对象,才是真正的存在,即所说的'本体'。经验存在与本体存在是一种决定论的演绎关系:经验现象中的一切都来源于本体的规定,所以只有从后者才能使前者得到理解和说明。相反,本体却不受经验现象的规定,它本身是一个绝对自在的、具有终极始因性的存在。把存在的事实和存在的本体分离开来、对立起来,是本体论思维的基本前提。所谓的本体论哲学,在这里也可以说就是从某种超对象的绝对实在去理解对象的一种理论认识方式"。而"本体论作为对象的解释原则完全是属于人的,它表现的是人从人的观点以理解和把握对象世界的一种方式。抛开可见的现存世界,去追求一个不可见的本体世界,这是只有人才会具有的特性。人是一种从不满足于既有存在,总在追求未来理想存在的一种存在。这通常被称作人的'形而上学'本性。本体论就是以探寻对象之外和之上的本真存在这种方式,来表达人的形而上学追求的"[①]。

[①] 参见《高清海哲学文存》第1卷,吉林人民出版社1996年版,第141—142页。

由此我们可以看到，把研究"在"或"本体"作为哲学的立足点和出发点的本体论哲学，有三个根本性的思想前提：其一，就其思想本质来说，是把存在本身同存在的现象割裂开来、对立起来，认为经验观察到的现象并非存在本身，存在本身是那种隐藏在经验现象背后的超验的存在；其二，就其思想原则来说，是把主观和客观、主体和客体对立起来，把哲学所追求和承诺的"本体"视为某种超出人类或高于人类的本质、与人类的历史状况无关的自我存在的实体，力图剥除全部主观性，归还存在的本来面目；其三，就其追求目标来说，是把绝对与相对分割开来，企图从某种直觉中把握了的最高确定性即作为支配宇宙的最普遍的原则或原理出发，使人类经验中的各种各样的事物得到最彻底的统一性解释，从而为人类提供一种终极的永恒真理。

从这种思想前提可以看到，以本体论为解释原则或理论硬核的哲学模式，是由于把本质与现象分离开来、主观与客观割裂开来、相对与绝对对立起来而产生的。它的实质，是要求哲学为人类揭示出宇宙的绝对之真、至上之善和最高之美。

再次，我们分析马克思主义哲学与"本体论"的关系。

本体论的哲学模式既把哲学追求永恒真理、探寻终极原因、表述世界本体的渴望推向了高峰，同时也就使本体论哲学走向了自我否定。离开存在的现象，人们如何认识存在本身？存在作为人类认识的对象，它能否排斥认识的主观性？人类关于存在本身的认识，能否具有绝对的、至上的、终极的真理性质？当着哲学家从对"本体"的追究而转向对人类认识的反省时，哲学研究的理论硬核便发生了变革。"没有认识论的本体论为无效。"这就是近代认识论哲学的立足点和出发点。

由于认识论哲学的发展，以探寻存在本身为理论硬核的本体论哲学模式，就被以反省人类认识为理论硬核的认识论哲学模式所取代；以追求纯粹客观性为目标、并把主观性与客观性绝对对立起来的形而上学的思维方式，就被探索思维与存在、主观与客观如何统一的辩证法理论所扬弃。独立存在的本体论哲学及其所代表的形而上学的思维方式，已经被德国古典哲学及其所代表的辩证法的思维方式所否定。这表明：本体论哲学作为一种世界观和理论思维方式，它本身只是人类思维在一定历史发展阶段上的产物，没有任何理由或根据把它当作永恒的解释原则或理论硬核去建构当代的哲学模式。

马克思主义认为，人类的社会实践活动，以及实践基础上的人类认识活动，是一个不断发展的历史过程。在这个历史过程中，人类所获得的全部认识成果，包括哲学层面的本体论追求，总是具有相对的性质；但同时，人类的实践和认识又永远不会停留在一个水平上，总是向着全体自由性的目标迈进。因此，马克思主义哲学否定传统本体论占有绝对真理的幻想，但并不拒绝基于人类实践本性和人类思维本性的本体论追求。

在对哲学本体论的当代理解中，我们应当达到这样一种认识：本体论作为一种追本溯源式的意向性追求，作为一种对人和世界及其相互关系的终极关怀，它的可能达到的目标，并不是它所追求的"本"或"源"；它的真实的意义，也不在于它是否能够达到它所指向的终极存在、终极解释和终极价值；本体论追求的合理性是在于，人类总是悬设某种基于现实而又超越现实的理性目标，否定自己的现实存在，把现实变成更加理想的现实；本体论追求的真实意义就在于，它启发人类在理想与现实、终极的指向性与历史的确定性之间，既永远保持一种"必要的张力"，又不断打破这种"微妙的平衡"，从而使人类在自己的全部活动中保持生机勃勃的求真意识、向善意识和审美意识，永远敞开自我批判和自我超越的空间。

二 本体论的三重内涵

本体论作为一种追本溯源式的意向性追求，一种理论思维的无穷无尽的指向性，一种指向无限性的终极关怀，它所寻求的"在"或"本体"，既是无规定性的纯粹的存在，又是解释一切有规定性的"在者"的"在"，还是规范人的全部思想与行为的"在"，因此，哲学本体论具有三重基本内涵，即：追寻作为"世界统一性"的终极存在（存在论或狭义的本体论）；反思作为"知识统一性"的终极解释（知识论或认识论）；体认作为"意义统一性"的终极价值（价值论或意义论）。

一是探究作为世界统一性的"终极存在"。

把本体论界说为"存在论"即关于"存在"的理论，这是一种有哲学史根据的通行看法。但是，作这种解释时必须注意，存在于哲学史上的本体论，它所指向和寻求的"存在"，并非各种具体事物或经验对象的存在，即不是"在者"，而是总体性的存在或存在的总体性，即"在"本身。它对于把握"存在"的思维主体来说，是一种统一性的抽象或抽象的统一性。思维主体寻求这种抽象的统一性，是企图以此为根据去说明全部"在者"的生成、演化和复归。因此，这种"存在"对于思维主体所把握的世界来说，具有"终极存在"的意义。

亚里士多德提出，哲学的探索始于对大自然的惊异。人类思维面对千差万别、千变万化的世界，试图寻求一种"万物都由它构成，最初从它产生、消灭后又复归于它"的存在物，把它作为"实是之所以为实是"的最终原因，这就是哲学思维在其童年时代所指向的"终极存在"。

这种哲学思维所关注和指向的终极存在，是经验世界的多样统一性，是万物所由来和万物所复归的某种感性存在物。但在哲学思维的这种追求中，已经蕴含着自我否定和自我超越。古希腊哲学家赫拉克利特以"火"为万物的本原，并提出宇宙是燃烧的活火，并不只是把某种确定的存在物（火）作为万物所由来和万物所复归的"始基"和"基质"，还是把过程的必然性（逻各斯）视为万物流变中的不变的"本体"。在赫拉克利特这里，作为万物本原或世界统一性的"火"，既是某种可感的现实存在物，又是一种象征意义的"逻各斯"。它启发哲学家沿着另一种思路——对"逻各斯"的逻辑把握——去寻求世界的统一性即终极存在。

这种哲学思路就是探寻对象世界的现象与本质的逻辑关系，把"本体"或"终极存在"视为超越经验而为思维所把握的理性存在物即"共相"的存在。柏拉图认为：现实存在的任何事物或现象，总是以其特殊性的存在或存在的特殊性而表现出诸种不完善性；从经验对象所获得的任何观念或知识，总是以其特殊性的内容或内容的特殊性而丧失其解释的统一性；因此，应该而且必须存在一个高于物理事物并且规范物理事物的"理念世界"；这个作为共相的"理念世界"给予并且显现"物理世界"的意义，因而也构成对"物理世界"的统一性理解和解释。这样，在柏拉图关于终极存在的探索中，已经显示出本体论的另一重基本内涵——关于世界的知识性的终极解释。

二是探究作为知识统一性的"终极解释"。

哲学家们对"世界本原"或"终极存在"的追寻和确认，不能把自己所承诺的"本原"或"本体"只作为一种抽象的观念，而必须对其进行逻辑论证，使之具体化，获得知识形态。本体观念的具体化和知识化就是对本体的解释。

本体观念指向的是世界的终极存在，本体观念的展开和论证，具有对世界进行"终极解释"的意义。值得注意的是，作为终极解释的本体论，它是以知识论的形态为中介而指向世界的终极存在，或者说，在其直接的理论形态上，不是表现为关于世界统一性的存在论，而是表现为关于知识统一性的认识论。

亚里士多德在总结古希腊哲学的基础上提出，哲学本体论所寻求的是关于"最高原因的基本原理"①。这种"基本原理"可以使人类经验中的各种各样的事物得到统一性的解释，或者可以被解释为某种普遍本质的各种具体表现，从而达到思维把握和解释世界的全体自由性。黑格尔完全赞同亚里士多德所规定的寻求"最高原因的基本原理"的哲学目标，并指出整个哲学史所指向的正是这个目标。但他认为：第一，亚里士多德及其后来的哲学家们把各式各样的现象提高到概念里面之后，却又使概念本身分解为一系列彼此外在的特定的概念，而没有给出作为"终极解释"的"统一性原理"；第二，作为终极解释的统一性原理，只能形成于对人类所创建的全部知识和整个人类认识史的"反思"，而不是直接地形成于对各种各样经验对象的认识。

正是从这种理解出发，黑格尔提出：一是"要这样来理解那个理念，使得多种多样的现实，能被引导到这个作为共相的理念上面，并且通过它而被规定，在这个统一性里面被认识"②；二是要把哲学理解为"对认识的认识，对思想的思想"，即"反思"，并通过反思而使哲学的"统一性原理"获得系统化的逻辑规定。

在黑格尔看来，本体论所追求的"统一性原理"之所以具有对世界进行终极解释的意义，并不是因为它对世界作出最深层次的知识性解释，而是因为它能够把全部知识和整个认识史扬弃为思维把握存在的逻辑，即人类思想运动的逻辑。由于这个逻辑具有充实任何真理性内容的功能，因而是人类的全部知

---

① ［古希腊］亚里士多德：《形而上学》，吴寿彭译，商务印书馆1983年版，第56页。
② ［德］黑格尔：《哲学史讲演录》第2卷，贺麟、王太庆译，商务印书馆1983年版，第385页。

识得以生成和得以解释的统一性根据。黑格尔的这种理解和追求，是对整个传统哲学本体论的深刻总结。他以本体论、认识论和逻辑学相统一的哲学形式，唯心主义地实现了本体论所指向的终极存在与终极解释的统一。

三是探究作为意义统一性的"终极价值"。

本体论寻求作为世界统一性的终极存在和作为知识统一性的终极解释，并不是超然于人类历史活动之外的玄思和遐想，而是企图通过对终极存在的确认和对终极解释的占有，来奠定人类自身在世界中的安身立命之本，即人类存在的最高支撑点。人类对终极存在和终极解释的关怀，植根于对人类自身终极价值的关怀。

"自然是人的法则"，"人是万物的尺度"，"上帝是最高的裁判者"，"理性是宇宙的立法者"，"科学是推动宇宙的支点"，"人的根本就是人本身"，这些表达特定时代精神的根本性的哲学命题，就是哲学本体论历史地提供给人类的安身立命之本或最高的支撑点。它们历史地构成人类用以判断、说明、评价和规范自己的全部思想和行为的根据、标准和尺度，即作为意义统一性的终极价值。

在西方哲学史上，从被黑格尔称为"具有世界史意义的人物"苏格拉底开始，就试图引导人们离开各种特殊的事例而去思索普遍的原则，追究人们用以衡度自身言行的真善美到底是什么。这种苏格拉底式的追究，就是对人的终极价值的寻求，它贯穿于自柏拉图、亚里士多德至康德、黑格尔和费尔巴哈的整个西方传统哲学。当代美国哲学家理查德·罗蒂指出："自古希腊时代以来，西方思想家们一直在寻求一套统一的观念，……这套观念可被用于证明或批评个人行为和生活以及社会习俗和制度，还可为人们提供一个进行个人道德思考和社会政治思考的框架。""因此，作为一门学科的哲学，把自己看成是对由科学、道德、艺术或宗教所提出的知识主张加以认可或揭穿的企图。""哲学相对于文化的其它领域而言能够是基本性的，因为文化就是各种知识主张的总和，而哲学则为这些主张进行辩护。""它成为这样一个文化领域，在这里人们可以脚踏根基，……从而可以发现其生命的意义。"①

---

① ［美］理查德·罗蒂：《哲学和自然之镜》，李幼蒸译，生活·读书·新知三联书店1987年版，中文版序，第1—2页。

寻求生命意义的根基，也就是寻求对人类具有普遍适用性或普遍约束性的终极价值。这种终极价值是衡度人类全部思想和行为的最高标准，而人类所追求的一切较小的目标都只是达到这种终极价值的途径或手段。对终极价值的关怀，构成本体论最激动人心的终极关怀。

这里必须说明的是，由于一些学者沿用18世纪德国唯心主义哲学家沃尔弗等人的说法，把本体论简单化地界说为"关于世界本原"的理论，而未去审视和体认本体论所蕴含的关于终极存在、终极解释和终极价值的三重内涵，因而断言中国传统哲学没有"真正意义上"的本体论。例如，张东荪就曾以汉语中没有系词（be）而得出这样的结论。

其实，"究天人之际，通古今之变"，"判天地之美，析万物之理"，"为天地立心，为生民立命"的中国传统哲学，它所表达的对终极存在、终极解释和终极价值的渴求与关怀，不正是中国古典式的、博大精深的本体论追求吗？现代新儒家所张扬的传统精粹及其"以孤往的大勇"所探寻的"自家无尽宝藏"，不也正是这种中国式的本体论追求吗？冯友兰先生说，"中国的儒家，并不注重为知识而求知识，主要的在求理想的生活。求理想生活，是中国哲学的主流，也是儒家哲学精神所在"[①]。我国当代学者也提出："二十世纪的西方哲学，无论是现象学、存在主义、符号学，还是哲学人类学、解释学和西方马克思主义等，从根本上来说，是为了解决现代人精神的惶惑、形上的迷失、人生的危机和人与神、人与人、人与自我情感、自我意识的疏离。熊冯金贺[②]哲学发挥了传统本体论关于人在天、地、人、我之中的地位和人生的义务、责任、价值和终极意义的学说，并加以重新解释，把传统的儒、释、道的世界观、宇宙观、人生观、价值观的有益成分加以重新建构，并介绍到国外，这是具有世界意义的贡献，是中国哲学走向世界的可贵尝试。"[③] 从求寻"终极价值"的意义上去重新理解"本体论"和中外哲学史，既会深化对"本体论"的理解，也会深化对哲学史的认识。

[①] 冯友兰：《儒家哲学之精神》，载《三松堂学术文集》，北京大学出版社1984年版，第497页。
[②] 指熊十力、冯友兰、金岳霖、贺麟。——引者注
[③] 参见郭齐勇《熊冯金贺合论》，《哲学研究》1991年第2期，第62页。

三 本体论的自我批判

由于本体论指向终极存在、终极解释和终极价值，是一种"终极性"的关怀，特别是由于传统哲学在其本体论的追求中，往往把"本体论"变成某种不可变易的存在，因而人们往往把本体论视为一种阉割掉内在的否定性、僵死凝固的哲学理论。这其实是一种误解。本体论所追求和承诺的终极存在、终极解释和终极价值，既是理论思维指向的永恒目标，又是理论思维公开反思和自我批判的对象，因而具有自我否定的内在根据。

作为理论思维指向的永恒目标，本体论是在哲学层面上表达了人类思维及其所建构的全部科学对确定性、必然性、简单性和统一性的寻求。众所周知，化学寻求基本元素，物理学寻求基本粒子，生物学寻求遗传基因，这不正是对"终极存在"的关怀吗？自然科学、社会科学、思维科学和数学都要寻求"基本原理"，这不正是对"终极解释"的关怀吗？就全部科学的直接指向性而言，不都是企图以某种终极存在为基础而对自己的研究对象作出统一性的终极解释吗？有谁否认科学对"终极存在"和"终极解释"的这种"关怀"或"追求"呢？恩格斯说，人的思维是"至上"与"非至上"的辩证统一，"按它的本性、使命、可能和历史的终极目的来说，是至上的和无限的；按它的个别实现和每次的现实来说，又是不至上的和有限的"[①]。哲学的本体论追求正是植根于人类思维的"本性、使命、可能和历史的终极目的"，即植根于人类思维的"至上"性。对此，当代美国哲学家 M. W. 瓦托夫斯基也指出，"不管是古典形式和现代形式的形而上学思想的推动力都是企图把各种事物综合成一个整体，提供出一种统一的图景或框架，在其中我们经验中的各式各样的事物能够在某些普遍原理的基础上得到解释，或可以被解释为某种普遍本质或过程的各种表现"[②]。而这种本体论的形而上学渴望之所以是不可"拒绝"的，是因为人类"存在一种系统感和对于我们思维的明晰性和统一性的要求——它们进入我们思维活动的根基，并完全可能进入

[①] 《马克思恩格斯选集》第三卷，人民出版社 1972 年版，第 126 页。
[②] [美] 瓦托夫斯基：《科学思想的概念基础》，范岱年等译，求实出版社 1982 年版，第 14 页。

到更深处——它们导源于我们所属的这个物种和我们赖以生存的这个世界"①。在这个意义上,哲学的本体论追求既是不可回避的,也是无法取消的。

作为理论思维公开反思和自我批判的对象,本体论所寻求的确定性、必然性、简单性和统一性,及其所承诺的终极存在、终极解释和终极价值,总是隐含着内在的否定性,并表现为历史性的自我扬弃过程。哲学作为思想中的时代,它所承诺的"本体"及其对"本体"的理解和解释,都只能是自己时代的产物;而哲学本体论却总是要求最高的权威性和最终的确定性,把自己所承诺的"本体"视为毋庸置疑和不可变易的"绝对"。正因如此,哲学本体论从其产生开始,就蕴含着两个基本矛盾:其一,它指向对人及其思维与世界内在统一的"基本原理"的终极占有和终极解释,力图以这种"基本原理"为人类的存在和发展提供永恒的"最高支撑点";而人类的历史发展却总是不断地向这种终极解释提出挑战,动摇它所提供的"最高支撑点"的权威性和有效性,这就是哲学本体论与人类历史发展的矛盾。其二,哲学本体论以自己所承诺的"本体"或"基本原理"作为判断、解释和评价一切的根据和尺度,也就是以自身为根据,从而造成自身无法解脱的解释循环。因此,哲学家总是在相互批判中揭露对方的本体论的内在矛盾,使本体论的解释循环跃迁到高一级层次。这又是哲学本体论的自我矛盾。在哲学史上,哲学家们总是立足于新的时代精神,不断地揭示隐含于本体论承诺之中的诸种前提,展现它们所提供的终极存在、终极解释和终极价值的狭隘性、片面性和暂时性,从而促使人类不断地反省自己的安身立命之本,以自觉的批判意识去对待自己的全部思想和行为,用新的理论思维方式和新的价值观念体系去观照人类的历史与现实,在更高的层次上进行新的本体论追求。由此,我们可以懂得,正是本体论的终极关怀和本体论的自我批判的相互推动,构成哲学的本体论追求自身的矛盾统一。

对于本体论追求的矛盾性,作为辩证法大家的黑格尔有深刻的理解,并作过生动的阐述。他说:"诚然,每一个哲学出现时,都自诩为:有了它,此前的一切哲学不仅是被驳倒了,而且它们的缺点也被补救了,正确的哲学最后被发现了。但根据以前的许多经验,倒足以表明新约里的另一些话同样

---

① [美] 瓦托夫斯基:《科学思想的概念基础》,范岱年等译,求实出版社1982年版,第13页。

地可以用来说这样的哲学，——使徒彼得对安那尼亚说：'看吧！将要抬你出去的人的脚，已经站在门口。'且看那要驳倒你并且代替你的哲学也不会很久不来，正如它对于其他的哲学也并不会很久不去一样。"① 这段议论十分清楚地表明，哲学及其本体论追求具有不可逃避的历史性。然而，正如哲学史所表明的，对哲学的自我否定具有如此清醒认识的黑格尔，却也如同他的历代前辈一样，把自我批判的本体论追求变成非批判的本体论信仰，企图在他所建构的本体论、认识论和逻辑学相统一的唯心主义哲学体系中，"完成那只有全人类在其前进的发展中才能完成的事情"，其结果正如恩格斯所说，"全部以往所理解的哲学也就终结了"②。

那么，传统哲学为什么总是把自我批判的本体论变成非批判的本体论信仰？传统哲学的终结是否也意味着本体论追求的终结？现代哲学是否需要和能否重建自己时代的本体论？本体论所指向的终极存在、终极解释和终极价值的现代意义何在？这是本体论研究的现代重大课题。

关于"本体论问题"，当代美国哲学家蒯因认为，我们可以用英语的三个单音节的词来提出这个问题："What is there？"（"何物存在？"）③，但他同时又提示人们，在讨论本体论问题时，必须注意区别两种不同的问题：一是何物实际存在的问题，二是我们说何物存在的问题；前者是关于"本体论的事实"问题，后者则是在语言中对"本体论的许诺"问题。蒯因的这种区分，表达了对本体论问题的现代理解，触及了传统哲学本体论的症结所在。总结哲学本体论的发展史，我们会发现，虽然传统哲学家们一直是在"说何物存在"，即在语言中承诺自己所确认的终极存在、终极解释和终极价值，但他们却总是把"说何物存在"的问题视为"何物实际存在"的问题，也就是把自己的"承诺"当作毋庸置疑和不可变易的绝对。正因如此，传统哲学家总是把自我批判的本体论变成非批判的本体论信仰。

一旦自觉到本体论是一种"承诺"，便会提出如下的问题：本体论承诺了什么？这种承诺的根据和意义何在？对此，德国哲学家赖欣巴哈在 20 世

---

① [德] 黑格尔：《哲学史讲演录》第 1 卷，贺麟、王太庆译，商务印书馆 1983 年版，第 22 页。
② 《马克思恩格斯选集》第四卷，人民出版社 1972 年版，第 215 页。
③ [美] 蒯因：《从逻辑的观点看》，江天骥等译，上海译文出版社 1987 年版，第 1 页。

纪50年代初提出:"思辨哲学努力想获致一种关于普遍性的、关于支配宇宙的最普遍原则的知识。"他还具体地指出:"思辨哲学要的是绝对的确定性。如果说预言个别事件是不可能的,那末,支配着一切事件的普遍规律至少应被视为是知识所能知道的;这些规律应该可以用理性的力量推导出来。理性,宇宙的立法者,把一切事物的内在性质显示给人的思维——这种论纲就是一切思辨哲学的基础。"① 赖欣巴哈的观点代表了现代西方分析哲学和科学哲学的基本看法,即:都把本体论所承诺的实质内容归结为关于世界的绝对确定性的终极解释;又把本体论追求的根源归结为错误地夸大了人类理性的力量——把理性视为"宇宙的立法者"。现代西方的科学主义思潮,正是以否认对理性至上性的承诺为出发点,进而否认本体论式的意向性追求——"拒斥形而上学"。

与科学主义思潮不同,以存在主义为代表的现代西方人本主义思潮,一方面是把整个传统哲学归结为与存在主义相对立的"本质主义",拒绝本体论对终极存在和终极解释的追求;另一方面又把本体论式的意向性追求聚焦于反思人自身的存在,潜心于构建现代的"此在"本体论。德国哲学家马丁·海德格尔认为,如果我们要探寻关于"存在"的本体论,就必须首先向自己发问:"我们应当在哪种存在者身上破解存在的意义?我们应当把哪种存在者作为出发点,好让存在开展出来?出发点是随意的吗?抑或在拟定存在问题的时候,某种确定的存在者就具有优先地位?这种作为范本的存在者是什么?它在何种意义上具有优先地位?"② 对于这个问题,海德格尔自己的回答是:"观看、领会和理解、选择、通达,这些活动都是发问的构成部分,所以它们本身就是某种特定的存在者的存在样式,也就是我们这些发问者本身向来所是的那种存在者的存在样式。因此,彻底解答存在问题就等于说:就某种存在者——即发问的存在者——的存在,使这种存在者透彻可见。……这种存在者,就是我们自己向来所是的存在者,就是除了其它存在的可能性还能够发问的存在者,我们用此在这个术语来称呼这种存在者。"③

---

① [德] 赖欣巴哈:《科学哲学的兴起》,伯尼译,商务印书馆1983年版,第234、235页。
② [德] 海德格尔:《存在与时间》,陈嘉映、王庆节译,生活·读书·新知三联书店1987年版,第9页。
③ 同上书,第9—10页。

海德格尔的设问与回答表明，他所规定的在存在论上具有优先地位的"此在"就是意识到自身存在的存在，也就是人的存在。他把对存在问题的研究归结为对"此在"的考察，也就是把传统哲学的本体论归结为关于人的生存状态的本体论。法国哲学家保罗·萨特进一步明确地从本体论上把全部的存在区分为"自在的存在"和"自为的存在"，凸显"自为的存在"的特殊性——"存在先于本质"，并把考察"自为的存在"——人的生存结构——置于哲学的核心地位。

剖析西方哲学对本体论的现代理解，可以使我们比较清楚地看到，尽管现代西方哲学的各流派对本体论持有各异其是甚至恰相反对的态度（诘难或辩护，拒斥或重建），但都把传统本体论的目标理解为对绝对确定性的终极解释的寻求，都把传统本体论的根基归结为对理性至上性的承诺。在这个意义上，整个现代西方哲学——无论是科学主义思潮还是人本主义思潮——都是反本体论的：拒斥传统本体论的绝对主义和理性主义，张扬相对主义和非理性主义。而二者的区别则在于：科学主义思潮从反对绝对主义和理性主义出发，把本体论追求视为"无意义"的"假问题"而予以"拒斥"；人本主义思潮则从关注人自身的存在出发，剔除本体论对世界统一性（终极存在）和知识统一性（终极解释）的追求，而把本体论归结为对人的生存状态的关怀。

应当承认，现代西方哲学对传统本体论的解析与批判不乏深刻之处，对本体论的现代重建也不乏睿智之见。但是，我们更应清醒地看到，现代西方哲学所张扬的相对主义和非理性主义，表明它从近代哲学对人类未来满怀激情的憧憬变成了对人类未来惴惴不安的恐惧，从近代哲学对人类理性力量鲸吞宇宙的幻想变成了对理性力量深感忧虑的怀疑。消解、拒斥、烦恼、焦虑，代替了大一、统一、和谐、全体。许多现代西方哲学家都认为，生活是根据下一步必须要解决的具体问题来考虑的，而不是根据人们会被要求为之献身的终极价值来考虑的，并把当今的时代概括为"相对主义时代"[①]。这种本体论追求的拒斥与丧失，从对人类理性的理解角度看，是从传统哲学片面夸大人类思维的至上性，走向了片面地夸大人类思维的非至上性；而从理

[①] 参见［美］宾克莱《理想的冲突——西方社会中变化着的价值观念》，马元德等译，商务印书馆1986年版，第19页。

论与现实关系的角度看，则是理论地折射出现代资本主义社会的文化危机和精神危机。

我们把终极存在、终极解释和终极价值称作本体论终极关怀的"三重内涵"，而不是称作终极关怀的"三种历史形态"，这就意味着，它们之间的关系并不是此消彼长、依次更迭的，而是互为前提、始终并存的。具体地说，我们可以对哲学本体论所追寻的"终极存在"、"终极解释"和"终极价值"作出如下的总体说明：追寻作为世界统一性的终极存在，这是人类实践和人类思维作为对象化活动所无法逃避的终极指向性，这种终极指向性促使人类百折不挠地求索世界的奥秘，不断地更新人类的世界图景和思维方式；追寻作为知识统一性的终极解释，这是人类思维在对终极存在的反思性思考中所构成的终极指向性，对终极解释的关怀就是对思维规律能否与存在规律相统一的关怀，也就是对人类理性的关怀，这种关怀促使人类不断地反思"思维和存在的关系问题"，引导人类进入更深层次的哲学思考；追寻作为意义统一性的终极价值，这是人类思维反观人自身的存在所构成的终极指向性，对终极价值的关怀就是对人与世界、人与人、人与自我的关怀，这种关怀促使人类不断地反思自己的全部思想与行为，并寻求评价和规范自己的标准和尺度。显而易见，无论是对世界统一性和知识统一性的关怀，还是对意义统一性的关怀，对于作为实践主体和认识主体的人类来说，都不是一个是否"应当"的问题，而只能是一个"如何"关怀的问题。哲学对"在"或"本体"的指向与追求，是哲学思维的一个突出特征，也是哲学对人类的重要社会功能。

四 本体的反思与表征

追问哲学，并不是一般性地考察哲学的研究对象、理论内容、体系结构和社会功能，而是对哲学的存在根据和存在方式的追问：哲学为何存在？哲学如何存在？在我看来，追寻本体是哲学存在的根据，对本体的反思与表征则是哲学存在的方式，因而可以把《哲学通论》所提供的追问和理解哲学的思路概括为"本体的反思与表征"。

（一）追寻本体

哲学为何存在？这是对哲学的最朴实无华而又最切中要害的追问。这个追问不仅直指哲学存在的根据，而且直接把哲学存在的根据诉诸人类的存在。

哲学是人类把握世界的一种基本方式。在人类创造自己的生活世界并实现人类的自我发展的各种基本方式中，哲学的不可或缺和不可替代的特殊作用和独特价值何在？这就是对哲学存在的人类性根据的追问。这种追问，把对"哲学为何存在"的追问诉诸对"人是怎样的存在"的追问。

人的存在就是人的生命活动。人的生命活动不是动物式的"生存"活动，而是人所独有的"生活"活动。人的"生活"活动是一种"实践"活动，也就是马克思所说的"把自己的生活活动本身变成自己的意志和意识的对象"的活动。这种"实践"活动的全部指向与价值，在于使世界满足人类本身的需要，把世界变成对人来说是"真善美"相统一的世界。具有历史展开性的实践活动是人类思维的最切近最本质的基础。基于人类实践本性的人类思维，总是渴求在最深刻的层次上或最彻底的意义上把握世界、解释世界和确认人在世界中的地位与价值，这就是恩格斯所说的"按它的本性、使命、可能和历史的终极目的来说的"思维的"至上"性的要求。

人类思维的"至上"性渴求，不仅是基于人类存在的实践本性，而且是实现人类存在的实践本性。人的实践活动是把"目的"对象化、使"理想"变为"现实"的活动，即：一方面是使世界的"现实性"（世界自己的"客观图画"）变成"非现实性"（变更世界自己的"客观图画"），另一方面则是使人的"理想性"（列宁所说的"人给自己构成"的关于世界的客观图画），变成真正的"现实性"（使"要求"变成"外部现实性"），从而使世界变成按照人的理想所创造的现实。人类的这种变"理想"为"现实"的实践活动是一个无限的历史展开过程，人类的实践活动中所蕴含的理想性是一种无限的指向性，因此，基于人类实践的人类思维，总是渴求在最深刻的层次上或最彻底的意义上把握世界、解释世界和确认人在世界中的地位与价值。这就是人类思维的哲学追求——对"本体"的追求。

哲学对"本体"的寻求，是一种追本溯源式的意向性追求，是一种理论思维的无穷无尽的指向性，是一种指向无限性的终极关怀。本体论的终极关怀具有三重基本内涵：追寻作为世界统一性的终极存在；寻求作为知识统一性的终极解释；探索作为意义统一性的终极价值。追寻作为世界统一性的终极存在，这是人类实践和人类思维作为对象化活动所无法逃避的终极指向性。这种终极指向性促使人类百折不挠地求索世界的奥秘，不断地更新人类的世界图景和思维方式。追寻作为知识统一性的终极解释，这是人类思维在对终极存在的反思性思考中所构成的终极指向性。对终极解释的关怀，就是对思维规律能否与存在规律相统一的关怀，也就是对人类理性的关怀。这种关怀促使人类不断地反思"思维和存在的关系问题"，引导人类进入更深层次的哲学思考。追寻作为意义统一性的终极价值，这是人类思维反观人自身的存在所构成的终极指向性。对终极价值的关怀，就是对人与世界、人与人、人与自我的关怀。这种关怀促使人类不断地反思自己的全部思想与行为，并寻求评价和规范自己的标准和尺度。显而易见，无论是对世界统一性和知识统一性的关怀，还是对意义统一性的关怀，对于作为实践主体和认识主体的人类来说，都不是一个是否"应当"的问题，而只能是一个"如何"关怀的问题。

值得深思的是，在哲学的意义上，本体论的三重内涵既不是相互割裂的，也不是相互并列的。如果把本体论的三重内涵割裂开来、并列起来，就会导致三种不同的哲学立场：其一，孤立地把哲学的本体论追求归结为对"终极存在"的寻求，就会把哲学所寻求的本体"经验化"，以至造成实体论的本体论，即把哲学所寻求的"本体"当作某种"始基"、"基质"或"原子"、"基因"式的"实体"性的存在；其二，孤立地把哲学的本体论追求归结为对"终极解释"的寻求，就会把哲学所寻求的本体"科学化"，以至造成知识论的本体论，即把哲学所寻求的"本体"当作具有最大的普遍性和最大的普适性的"普遍理性"或"普遍原理"；其三，孤立地把哲学的本体论追求归结为对"终极价值"的寻求，就会把哲学所寻求的本体"艺术化"，以至造成诗化的本体论，即把哲学所寻求的"本体"当作某种主观意愿的表达。这三种哲学立场所导致的共同后果，就是在哲学寻求"本体"的根基上造成存在论、真理论和价值论的分裂。

哲学对终极存在、终极解释和终极价值的寻求，它所关注的不是何者为真、何者为善、何者为美，而是把"真"、"善"、"美"作为主词来探寻和追究，这集中地体现了哲学本体论的真实意义：为人类的思想和行为提供判断、解释和评价真、善、美的"根据"、"标准"和"尺度"。哲学意义的

"本体",既不是某种实体性的"终极存在",又不是某种知识性的"终极解释",也不是某种主观化的"终极价值",而是以寻求"终极存在"、"终极解释"和"终极价值"的方式,为人类的全部思想和行为追寻"根据"、"标准"和"尺度"。哲学本体论所具有的这种真实意义,使其在人类把握世界的各种方式(宗教的、伦理的、艺术的、科学的、常识的等)中,在人类创建的全部知识体系(数学、自然科学、社会科学、人文科学、思维科学等)中,扮演了一种独特的角色,即:以其所承诺的"本体"作为最高的或最终的根据、标准和尺度,批判地反思人类一切活动和全部知识的各种前提,为人类的存在和发展提供自己时代水平的"安身立命之本"或"最高的支撑点"。在这个意义上,本体论就是哲学世界观。

在对哲学本体论的理解中,另一个值得深思的问题是:"本体"的寻求即是矛盾。哲学作为思想中的时代,它所承诺的"本体"及其对"本体"的理解和解释,都只能是自己时代的产物;而哲学本体论却总是要求最高的权威性和最终的确定性,把自己所承诺的"本体"视为毋庸置疑和不可变易的"绝对"。因此哲学本体论从其产生开始,就蕴含着两个基本矛盾:其一,它指向对人及其思维与世界内在统一的"基本原理"的终极占有和终极解释,力图以这种"基本原理"为人类的存在和发展提供永恒的"最高支撑点";而人类的历史发展却总是不断地向这种终极解释提出挑战,动摇它所提供的"最高支撑点"的权威性和有效性。这就是哲学本体论与人类历史发展的矛盾。其二,哲学本体论以自己所承诺的"本体"或"基本原理"作为判断、解释和评价一切的根据、标准和尺度,也就是以自身为根据,从而造成自身无法解脱的解释循环。因此,哲学家们总是在相互批判中揭露对方的本体论的内在矛盾,使本体论的解释循环跃迁到高一级层次。这又是哲学本体论的自我矛盾。

如何对待哲学本体论的内在矛盾,使哲学从原则上区分为"传统哲学"与"现代哲学"。"传统哲学"之所以"传统",就在于全部的传统哲学——无论是旧唯物主义哲学还是唯心主义哲学——都是力图获得一种绝对的、确定的终极"本体"。它向自己提出的问题是:什么是绝对的真?什么是至上的善?什么是最高的美?这样,它就把世界分裂为真与假、善与恶、美与丑的非此即彼、抽象对立、永恒不变的存在。这是一种统治人类几千年的非历史的、超历史的、僵化的本体论的思维方式。与此相反,"现代哲学"之所以"现代",就在于现代哲学从思维方式上实现了"从两极到中介"的变革,从人类的历史发展出发去理解哲学的本体论追求。

需要特别指出的是,由于马克思主义哲学从"现实的人及其历史发展"出发去看待哲学,也就是以实践观点的思维方式去看待哲学,哲学的"本体论"就发生了真正的革命:人类在自身的历史发展中所形成的判断、解释和评价一切事物并规范自己思想和行为的"本体"观念,既是一种历史的进步性,又是一种历史的局限性,因而它孕育着新的历史可能性。就其历史的进步性而言,人们在自己的时代所承诺的"本体",就是该时代的人类所达到的人与世界的统一性的最高理解,即该时代人类全部活动的最高支撑点,因此具有绝对性;就其历史的局限性而言,人们在自己时代所承诺的"本体",又只是特定历史时代的产物,它作为人类全部活动的最高支撑点,正是表现了人类作为历史的存在所无法挣脱的片面性,因而具有相对性;就其历史的可能性而言,人们在自己时代所承诺的"本体",正是人类在其前进的发展中所建构的阶梯和支撑点,它为人类的继续发展提供现实的可能性。"本体"永远是作为中介而自我扬弃的。这种以实践观点的思维方式所展开的本体论追求,正是一种为人类提供"辩证智慧"的辩证法理论。

(二) 反思本体

人们"想什么",是同人们"怎样想"密不可分的;人们对"本体"的理解,是同人们怎样理解"本体"密不可分的。怎样寻求、理解和阐释"本体",就是"哲学如何存在"的问题。

关于哲学的存在方式,人们经常用"反思"这个概念来表述它的特殊性。然而,正如人们对哲学所寻求的"本体"具有不同的理解,人们对哲学的"反思"也具有不同的理解;进而言之,正是由于人们对哲学的特殊的活动方式——反思——具有不同的理解,则必然导致对哲学的特殊的寻求对象——本体——形成不同的理解。"反思",应当是最值得反思的对象。

反思,在其最直接的意义上,就是思想以自身为对象反过来而思之,也就是黑格尔所说的"对思想的思想"。然而,作为传统哲学的集大成者和辩证法大师的黑格尔似乎早已洞悉理解"反思"的艰难,他在提出哲学的反思的活动方式的同时,就自觉地考察和对比了"表象思维"、"形式思维"

和"思辨思维"这三种不同的思维方式。所谓"表象思维","可以称为一种物质的思维,一种偶然的意识,它完全沉浸在材料里,因而很难从物质里将它自身摆脱出来的同时还能独立存在";所谓"形式思维","乃以脱离内容为自由,并以超出内容而骄傲";所谓"思辨思维",则是努力地把思想的"自由沉入于内容,让内容按照它自己的本性,即按照它自己的自身而自行运动,并从而考察这种运动"。值得深思的是,在对哲学所寻求的"本体"的理解中,我们恰恰可以发现三种不同的思维方式(虽然不能简单地比附黑格尔所说的三种思维方式)。

把哲学所寻求的"本体"视为某种"经验"的存在,而不是"超验"(超越经验)的存在,这就是把经验的对象误作"反思"的对象,把"表象思维"误作"反思"的思维。在这种误解中,不是把"反思"理解为"思想以自身为对象反过来而思之",而是把"反思"当成关于某种经验对象的"思想"。这种误解的结果,混淆了作为经验对象的"在者"与作为哲学对象的"在",也混淆了作为经验思维的"反映"与作为哲学思维的"反思"。毫无疑问,人类是以"反映"的方式而形成关于经验对象的"表象",这是辩证唯物主义认识论的唯物论基础。然而,哲学所要寻求的"本体",却不是作为经验对象的"在者",而是作为超验对象的"在"——规范人类的思想与行为的根据、标准和尺度。这种作为"本体"的根据、标准和尺度,蕴含于(隐藏在)人们的思想之中,因此,只有"以思想自身为对象反过来而思之",才能够"反思"到哲学所寻求的"本体"。因此,我们首先应当从"常识"与"哲学"的区分中去理解哲学的"反思"及其所寻求的"本体"。

常识的基本特性是它的经验性、表象性和有限性,依附于经验的常识,它是对经验事实的描述,而不是对经验事实的反省,它只是把概念作为名称去描述经验事实,而不是反思描述经验事实的概念(思想)。以追寻"本体"为存在根据的哲学,并不是常识的"延伸"或"变形",而是对常识的"超越",它把常识作为"反思"的对象,揭示人们常识观念中所隐含着的规范人的思想与行为的根据、标准和尺度即"本体"。

把哲学所寻求的"本体"视为某种关于经验对象的普遍性的"思想"(知识),并把哲学的"反思"视为从特殊性的"思想"(知识)总结、概括出具有最大的普遍性和最大的普适性的"思想"（知识），这就是哲学研究中的知识论立场，或者说哲学研究中的科学主义思潮。这种哲学研究中的知识论立场或科学主义思潮，不是从哲学存在的人类性根据去追问哲学，而是简单化地从哲学与科学的二元关系中去界说哲学，从知识分类表的层级关系去解说哲学，因而把哲学与科学的关系解说为普遍与特殊、深层与表层的关系，从而把哲学的"本体"视为具有最大普遍性和最大普适性的亘古不变的"普遍原理"。在这种解释模式中，哲学只是科学的"延伸"或"变形"，只是具有最大普遍性的"科学"，而不是对科学的"超越"，即不是区别于"科学"的人类把握世界的另一种基本方式——哲学。

哲学对科学的关系，是一种"反思"的关系。科学以世界的全部领域和人类的全部活动为对象，从而构成关于世界的各种"思想"（知识）；哲学则以科学所提供的关于世界的全部"思想"（知识）为对象，对这些"思想"进行"反思"。这就是哲学对科学的"反思"关系。在哲学对科学的"反思"关系中，蕴含着的是世界—科学—哲学的三者关系，而不是单纯的哲学与科学或哲学与世界的二者关系。科学以"世界"为对象而构成关于世界的全部"思想"，哲学则以科学关于世界的全部"思想"为对象反过来而思之，从而构成哲学对科学的"反思"关系。正是在这个意义上，当着哲学被"驱逐"出它的全部"世袭领地"而"无家可归"时，哲学才真正实现了"四海为家"——把科学关于世界的全部"思想"都作为自己"反思"的对象，从而在对"思想"的"反思"中寻求"本体"。

"思想"与"反思"的区别，意味人类的思维有两个相互区别的基本"维度"：一是"构成思想"的维度，也就是思维以人的认识活动为中介而实现了"思维和存在"相统一的维度；二是"反思思想"的维度，也就是思维把"思维和存在"的关系当作"问题"而进行"反思"的维度。在"构成思想"的维度上，思想的任务是实现"思维和存在"的统一，而不是把"思维和存在的关系"当作"问题"；与此相反，在"反思思想"的维度上，思想的任务不是实现"思维和存在"的统一，而是把"思维和存在的关系"当作必须予以追究的"问题"。恩格斯不仅明确地提出"思维和存在的关系问题"是哲学的"基本问题"，而且明确地提出思维和存在服从同样的规律是"理论思维的不自觉的和无条件的前提"。因此，哲学的"反思"

的使命就是要寻求和揭示隐含在理论思维之中的这个"不自觉的"和"无条件"的"前提"。

思想的"前提"并不是一般的思想"内容",而是思想构成自己的根据和原则,也就是思想构成自己的逻辑支撑点。思想的"前提"作为思想中的"一只看不见的手"和思想构成自己的"幕后操纵者",既具有规范思想的逻辑强制性,又具有"看不见"、"摸不着"的"隐匿性"。思想的"前提"作为思想构成自己的根据和原则,它就是哲学所寻求的规范人的思想与行为的"本体";哲学的"反思"则是以思想自身为对象反过来而思之,揭示和"审讯"构成思想的"前提",即发现和批判哲学所寻求的"本体"。

哲学所寻求的"本体"最普遍地、最深层地制约、规范和引导人的全部生活活动,但它又是作为隐匿在思想中的"前提"——规范人的思想和行为的根据、标准和尺度——而隐含在人的全部生活活动之中,因此,寻找"本体"的哲学的活动方式是批判的反思。超越"表象思维"和"形式思维",超越哲学的知识论立场和科学主义思潮,对"假设"质疑,向"前提"挑战,这就是哲学的批判性反思的理论方式。理论思维的前提批判,就是"反思"哲学所寻求的"本体"。

(三) 表征本体

哲学以"反思"的方式寻求"本体",哲学又以何种方式展现由"反思"而构成的"本体"?这可以说是哲学研究中的重大理论难题。

"本体"作为构成思想的"前提",具有显著的普遍性:其一,任何思想都有构成其自身的经验的、直觉的、审美的、逻辑的诸种"前提";其二,任何思想都要依据自身运动的"逻辑",在规范人的思想与行为的意义上,思想所要遵循的展现自身发展的"内涵逻辑"具有更为明显的哲学意义;其三,任何思想的构成又总是某种(某些)人类把握世界的基本方式(宗教、艺术、伦理、科学、哲学等)的产物,这些"基本方式"及其相互关系又成为构成思想的基本"前提";其四,人的全部思想中隐含着的"不自觉的和无条件的前提"即"思维和存在的同一性"。

这些思想"前提"构成哲学"反思"的对象,哲学从对这些"前提"的"反思"中而形成自己所寻求的"本体"。哲学所寻求的"本体",不是关于各种"前提"的"知识",而是容涵于这些"前提"之中而又统摄这些

"前提"的"哲学理念"。对于这种作为"本体"的"哲学理念",黑格尔曾经借用"神"与"庙"的关系来予以说明。黑格尔提出"一个有文化的民族"如果没有哲学,"就像一座庙,其他方面都装饰得富丽堂皇,却没有至上的神那样"。"神"是使"庙"成其为"庙"的"灵光","哲学"则是使人类的"文化殿堂"和"精神家园"成其为"文化"和"家园"的灵光。这就是说,哲学,就像普照大地的阳光一样,照亮了人类生活;如果失去了哲学,人类的生活就会黯然失色,不成其为"生活"。正因如此,黑格尔认为"人应尊敬他自己,并应自视能配得上最高尚的东西"。在黑格尔看来,这个"最高尚的东西",就是规范人类生活的"普遍理念",即作为"绝对理念"的"本体"。

对于这种作为"普照光"的"哲学理念"或"本体",人们总是感到难以理解和难以接受。以"拒斥形而上学"为旗帜的现代科学主义思潮,是在以黑格尔哲学为主要讨伐对象的批判整个传统哲学的过程中提出的,核心问题就是对哲学的寻求的"本体"的质疑,特别是对哲学寻求和展现"本体"的"方式"的质疑。逻辑经验主义者赖欣巴哈提出,整个传统哲学都是根源于人类的"不幸"的本性,即"总是倾向于甚至在他们还无法找到正确答案时就作出答案",因此哲学只不过是"提出一类朴素类比法的解释来满足要求普遍性的冲动","普遍性的寻求就被假解释所满足了"。而作为逻辑实证主义的重要代表人物的卡尔纳普,则以区分语言的两种职能——"表述"和"表达"——为前提而展开他的哲学批判。卡尔纳普的哲学批判,以最明确和最尖锐的方式向哲学的存在方式提出挑战;回应这种哲学批判,应当是阐释哲学的独特的存在方式的最好方式。

卡尔纳普提出:语言的"表述"职能构成关于经验事实的命题,因而"科学"充当语言的"表述"职能;语言的"表达"职能则构成关于人的情感或意愿的种种看法,因而"艺术"充当语言的"表达"职能。通过对"语言职能"及其与"科学"和"艺术"的关系的分析,卡尔纳普尖锐地向"形而上学"即哲学发问:如果作为"形而上学"的哲学既不是充当语言的"表述"职能而像"科学"那样"表述"经验世界,又不是充当语言的"表达"职能而像"艺术"那样"表达"情感或意愿,这样的"形而上学"不是"理性的狂妄"和"语言的误用"吗?这样的"形而上学"不是应当和必须予以"拒斥"吗？

如果我们承诺卡尔纳普关于语言的两种职能及其与科学和艺术的关系，那么我们就无法否认卡尔纳普对"形而上学"的"拒斥"。耐人寻味的是，在回应卡尔纳普的批判的过程中，现代哲学却往往或者就范于卡尔纳普所说的语言的"表述"职能的自我申辩，或者屈就于卡尔纳普所说的语言的"表达"职能的自我承诺，即寻求"哲学科学化"或"哲学文学化"。

卡尔纳普问题逼迫我们回答：哲学是否必须充当语言的"表述"职能而使自己"科学化"？或者哲学是否必须充当语言的"表达"职能而使自己"文学化"？由此而构成的最深层的问题则是：哲学是否既不是以"表述"的方式也不是以"表达"的方式，而是以自己的特殊方式去实现自己？在回应卡尔纳普问题的思考中，我逐渐地形成了自己的一种看法，这就是：哲学作为马克思所说的"时代精神的精华"和"文明的活的灵魂"，既不是"表述"时代状况和人类文明的经验事实，也不是"表达"个人对时代状况和人类文明的情感和意愿，而是以自己的"表征"方式构成时代精神的"精华"和"文明的活的灵魂"。所谓"表征"，并不是与"表述"和"表达"相对待的另一种"语言职能"，而是哲学寻求和展现"本体"的一种独特方式。哲学总是在"表述"什么或"表达"什么，然而，哲学"表述"或"表达"的"意义"或结论，却既不是对"经验事实的陈述"，也不是对"情愿意愿的传递"，而是透过"表述"和"表达"而"表征"着哲学所寻求的"本体"。

哲学对"本体"的"表征"，主要是以自己所提出的问题、自己的提问方式以及对问题的求索而实现的。哲学的"表征"方式，首先是以"提出问题"来实现的。提出"万物的统一性问题"，这既意味着人类试图以"万物的统一性"来确定人的生活意义的"最高支撑点"，又意味着人类尚未达到从思维对存在的关系去反省人类生活的"意义"。提出"意识的统一性问题"，这既意味着人类以反省的认识去寻求人的生活意义，又意味着人类是以"超历史"的即"抽象的"观念去看待人类生活的"意义"。哲学的"表征"方式，又是以"提问方式"的转换来实现的。整个的传统哲学都以寻求某种"终极性"的存在的方式提出问题，并以各自所确认的"终极性存在"来作为生活意义的"最高支撑点"。这既意味着对"意义统一性"的渴望与寻求，又意味着人类尚未达到对自身存在的历史性理解。现代哲学则从人类活动的多样性、人类文化的多元性以及人类历史的选择性提出问题，试图从人类活动的基础统一性、人类文化的功能统一性以及人类历史的趋势统一性等去寻求和反思生活的"意义"。这既意味着人类正在力图以"历史"的、"辩证"的方式理解人类的存在，也意味着人类在"自然的隐退"和"符号的世界"面前所面临的新的"意义问题"。

从"表征"的观点看，我认为哲学始终是"表征"着人类对自己的"安身立命之本"或"最高的支撑点"的寻求，也就是对人类精神生活坐标上的"崇高"的寻求。哲学寻求"崇高"的过程，理论地"表征"着人类生存方式及其意义的历史性转换。从总体上看，哲学的演化经历了塑造"神圣形象"、"消解神圣形象"到"消解非神圣形象"的过程，这理论地"表征"着人类在"神圣形象中的自我异化"到"消解人在神圣形象中的自我异化"再到"消解人在非神圣形象中的自我异化"的过程，也是理论地"表征"着人从"依附性的存在"到"独立性的存在"再到"自由人联合体"的过程。

哲学的"反思"活动，是以反思前提的方式而追寻"本体"；哲学的"表征"方式，则要求人们透过各种各样的哲学命题而把握到时代精神的"精华"和文明的活的"灵魂"。本体的反思与表征，构成人类的哲学活动。

第五节　哲学与辩证法

"反思"的哲学，不是"表述"关于世界的经验事实，而是"揭示"人与世界、主体与客体、感性与理性、理想与现实、真理与价值、自由与必然的内在矛盾，因此，辩证法不仅是哲学反思的"方法"，而且是哲学反思的"内容"。从"内容"与"方法"的统一去理解"辩证法"，是对构成思想的哲学理念的前提批判的重要内容。

一　辩证法的思维方式

"坚持辩证法"和"反对形而上学"，是人们经常挂在嘴边的一种提法。然而，究竟什么是辩证法，到底什么是形而上学？怎样坚持辩证法，如何反对形而上学？当然，无论是在各类辞典中，还是在各种教材中，我们都可以找到关于"辩证法"和"形而上学"的解释，因而也可以根据这些解释来回答"怎样坚持"和"如何反对"的问题。但是，在我们作出这些"解释"和"回答"的时候，我们首先必须正视这样一种现实，即：为什么人们在"坚持辩证法"的同时，又常常把"辩证法"讥讽为"变戏法"？人们在"反对形而上学"的同时，又经常责备自己"陷入"了"形而上学"？这是现实向理论提出的严峻课题，因而也是理论必须面对和回答的问题。

辩证法和形而上学，这既是哲学理论中的一对基本范畴，也是人们在生活中经常使用的一对范畴。在思考现实向理论提出的这个严峻课题的时候，我总是想起恩格斯关于"辩证法"和"形而上学"的论述。1859年，在评论马克思的《政治经济学批判》时，恩格斯针对如何研究经济学这个问题，作出这样一段论述："自从黑格尔逝世之后，把一门科学在其固有的内部联系中来说明的尝试，几乎未曾有过。官方的黑格尔学派从老师的辩证法中只学会搬弄最简单的技巧，拿来到处应用，而且常常笨拙得可笑。在他们看来，黑格尔的全部遗产不过是可以用来套在任何论题上的刻板公式，不过是可以用来在缺乏思想和实证知识的时候及时搪塞一下的词汇语录。"[①] 如此这般地套用"辩证"词句，怎么能不是"讲套话"、"说空话"呢？又怎么能责怪人们把"辩证法"讥讽为"变戏法"呢？

恩格斯的这段论述是辛辣的、犀利的，也是中肯的、切实的，会使我们向自己发问：我们是否也像恩格斯所揭露和批评的"官方的黑格尔学派"那样，把"辩证法"当成"可以用来套在任何论题上的刻板公式"，把"辩证法"变成"在缺乏思想和实证知识的时候及时搪塞一下的词汇语录"？当我们毫无例外地把一些问题简化为"一方面"和"另一方面"的时候，当我们论证一些问题空洞地强调其"作用"与"反作用"的时候，当我们谈论现实状况习以为常地指出其"成绩主要"和"问题不少"的时候，当我们评论各种人物及其理论都千篇一律地分解为"贡献"与"局限"的时候，我们是否会联想到恩格斯所批评的"官方的黑格尔学派"？我们是否会警惕自己把"辩证法"变成了"变戏法"？

品味恩格斯的论述，我们可以深切地体会到，"辩证法"之所以被人们

[①] 《马克思恩格斯选集》第二卷，人民出版社1972年版，第119页。

嘲讽为"变戏法",是因为"辩证法"变成了"可以用来套在任何论题上的刻板公式",变成了"可以用来在缺乏思想和实证知识的时候及时搪塞一下的词汇语录",也就是把"辩证法"变成了没有思想内容的"辩证词句"。因此,从学理上说,我们必须对"辩证法"提出的首要问题就是:"辩证法"是不是一种可以脱离思想内容而到处套用的"方法"?

"辩证法",我们习惯性地把它理解为一种"方法",一种可以用来解释任何问题的最根本的、最重要的"方法"。在这种习惯性的理解中,我们淡化甚至是遗忘了"辩证法"的生命根基和根本要求——"具体问题具体分析",因而走向了"辩证法"自身的反面——脱离思想内容的"变戏法"。恩格斯批评"官方的黑格尔学派"从"老师的辩证法"中"只学会搬弄最简单的技巧",那么,"老师的辩证法"即黑格尔本人的辩证法究竟是什么?大家都知道,黑格尔的辩证法集中地展现在他的《逻辑学》一书中;如何理解黑格尔的"逻辑",也就会如何理解黑格尔的"辩证法"。列宁在《黑格尔〈逻辑学〉一书摘要》中,首先鲜明地从黑格尔的"逻辑"中引发出如下三个重要论断:其一,"思维的范畴不是人的用具,而是自然的和人的规律性的表述"[1];其二,针对人们把"逻辑"当成"外在的形式",列宁提出,"黑格尔则要求这样的逻辑:其中形式是具有内容的形式,是活生生的实在的内容的形式,是和内容不可分离地联系着的形式"[2];其三,正是基于上述认识,列宁得出了关于"逻辑"的论断:"逻辑不是关于思维的外在形式的学说,而是关于'一切物质的、自然的和精神的事物'的发展规律的学说,即关于世界的全部具体内容及对它的认识的发展规律的学说,即对世界的认识的历史的总计、总和、结论。"[3] 这个内容与形式相统一的"逻辑",就是黑格尔的辩证法。

黑格尔的内容与形式相统一的辩证法,不是偶然形成的。自古希腊哲学家亚里士多德到近代西方哲学家培根,曾经分别探索和提出了关于思维运动的演绎逻辑和归纳逻辑。这两种被称为"形式逻辑"的思维运动的逻辑,

---

[1] 《列宁全集》第55卷,人民出版社1990年版,第87页。
[2] 同上书,第89页。
[3] 同上书,第89—90页。

都是要求"暂时撇开思维的具体内容，而专门研究人的思维结构及其运动的规律和规则"。这种专门研究思维形式结构的逻辑学，从概念角度看，可以称为"外延逻辑"即关于概念的"外延"关系的逻辑。与此相反，自笛卡儿以来，西方近代哲学在对人类思想的越来越深入的反思中，则形成了以概念的思想内容及其发展为对象的逻辑，这就是"内涵逻辑"。作为整个西方传统哲学、特别是近代以来的西方哲学的集大成，黑格尔的《逻辑学》正是关于概念的"内涵逻辑"的辩证法，也就是关于人类思想运动的逻辑的辩证法。这个以概念内涵或思想内容为对象的辩证法，并不是外在于内容的纯粹的形式，并不是"撇开"思想内容的"方法"；恰恰相反，黑格尔的辩证法是关于思想运动的辩证法，是关于概念发展的辩证法，因而是黑格尔自己所说的关于"真理"的辩证法。

人们对"辩证法"的最大误解，就在于把思想的内容和形式割裂开了，把概念的内涵和外延割裂开了，把哲学的理论与方法割裂开了，从而把作为世界观理论的辩证法、作为关于真理学说的辩证法，变成了没有思想内容、没有概念内涵、没有实证知识的纯粹的"方法"，似乎辩证法像某种"工具"一样，需要的时候可以拿出来用在各种对象上，用过之后，也可以收起来以备再用。正是由于把"辩证法"当作可以脱离思想内容的纯粹的"工具"或"方法"，因而就像恩格斯所批评的那样，把"辩证法"变成了"可以套在任何论题上的刻板公式"，甚至把"辩证法"变成了"可以用来在缺乏思想和实证知识的时候及时搪塞一下的词汇语录"。

理解辩证法的内容与形式、理论与方法的统一，首先需要重新理解我们每时每刻都在使用的"概念"、"词汇"和"范畴"。列宁从黑格尔的辩证法中形成的基本认识，就是"思维的范畴不是人的用具，而是自然的和人的规律性的表述"，"范畴是区分过程中的一些小阶段，即认识世界的过程中的一些小阶段，是帮助我们认识和掌握自然现象之网的网上纽结"[①]，因而"范畴"构成了人类认识的"阶梯"和"支撑点"。这就是说，"概念"、"词汇"、"范畴"，它们不仅仅是人类认识的"积淀"、"结晶"和文明的"水库"，而且正是这个文明的"水库"为人类自身的发展提供了不断前进

[①] 《列宁全集》第55卷，人民出版社1990年版，第90页。

的"网上纽结"、"阶梯"和"支撑点"。离开这个文明的"水库"以及对这个"水库"的反思,"辩证法"就会成为没有思想内容的"刻板公式",就会成为"变戏法"的"词汇语录"。

通过上述分析,我们可以理解,人们之所以会把"辩证法"变成"变戏法",这正如恩格斯尖锐地指出的,是由于"缺乏思想和实证知识"。我们必须注意的是,恩格斯这里所说的"思想",不仅仅是泛指各种具体的思想内容,而且是特指关于思想史的"思想"。在批评"官方的黑格尔学派"之后,恩格斯就对"老师的辩证法"作出这样的解释:"黑格尔的思维方式不同于所有其他哲学家的地方,就是他的思维方式有巨大的历史感作基础";"何况黑格尔不同于他的门徒,他不象他们那样以无知自豪,而是所有时代中最有学问的人物之一"[①]。正是从对黑格尔辩证法的反思和对"官方的黑格尔学派"的批评中,恩格斯得出了一个关于"辩证哲学"的基本论断,这就是:所谓的"辩证哲学"是"一种建立在通晓思维的历史和成就的基础上的理论思维"。这就是说,能否掌握和运用"辩证法",从根本上说,就在于能否"通晓思维的历史和成就",能否掌握人类自身的思想史。对此,恩格斯还进一步提出,理论思维仅仅是一种天赋的能力。这种能力必须加以发展和锻炼,而为了进行这种锻炼,除了学习以往的哲学,直到现在还没有别的手段。这是值得我们深长思之的。

"辩证法"与"形而上学"是相比较而存在的。对"辩证法"的种种误解,总是同对"形而上学"的种种误解密不可分的,甚至也可以这样说,正是由于简单化地、庸俗化地误解了"形而上学",从而也简单化地、庸俗化地误解了"辩证法",所以,我们从恩格斯关于"形而上学"的论述出发,反思我们对"形而上学"和"辩证法"的理解。

关于"辩证法",马克思曾经这样概括它的"本质",即"辩证法"是"在对现存事物的肯定的理解中同时包含对现存事物的否定的理解,即对现实事物的必然灭亡的理解;辩证法对每一种既成的形式都是从不断的运动中,因而也是从它的暂时性方面去理解;辩证法不崇拜任何东西,按其本质来说,它

[①] 《马克思恩格斯选集》第二卷,人民出版社1972年版,第121页。

是批判的和革命的"①。与此相反，所谓的"形而上学"，恩格斯把它的思维方式概括为"在绝对不相容的对立中思维"。恩格斯还具体地指出，"是就是，不是就不是；除此以外，都是鬼话"，这就是"形而上学"的"思维方式"②。对于马克思和恩格斯关于"辩证法"和"形而上学"的上述论述，一些论著和教材曾作出这样的引申，即："辩证法"认为"A也是非A"，"存在也是非存在"；而"形而上学"则认为"A就是A"，"A不能是非A"。这样的引申，不仅模糊了马克思和恩格斯的论述，模糊了辩证法与形而上学的真实关系，而且由这种简单化的引申而造成了对辩证法和形而上学的曲解。

就对"辩证法"的理解而言，"辩证法"是否也要保持思维的确定性？如果回答是肯定的，它怎么能同时肯定"A"是"非A"、"存在"也是"非存在"呢？有谁能说太阳也是月亮，白天也是黑夜，真的也是假的，美的也是丑的？这正好表明，不能离开具体的思想内容去理解辩证法；如果把辩证法当作脱离思想内容的纯粹的"方法"，就会把"辩证法"变成否认思维确定性的"变戏法"，就会把"辩证法"变成被人嘲弄的、神秘莫测的东西。

我们这里着重讨论的是对"形而上学"的理解，即：究竟怎样看待"形而上学"的"是就是，不是就不是"的"思维公式"？只要我们从实际出发，而不是从抽象的原则出发，我们都会承认，这种"思维公式"正是我们日常生活中的"思维方式"：太阳就是太阳，月亮就是月亮，白天就是白天，黑夜就是黑夜，真的就是真的，假的就是假的，美的就是美的，丑的就是丑的，如此等等。这就是我们每个人都必须遵守的思维的确定性。如果有谁违背了这种思维的确定性，谁就会无法与他人交流思想和沟通情感，甚至无法正常地生活。既然如此，为什么我们还要"坚持辩证法"、"反对形而上学"？对此，恩格斯十分亲切、深刻地作出了回答。

恩格斯首先向人们说明了"形而上学"这种"思维方式"的"合理性"，即："初看起来，这种思维方式对我们来说似乎是极为可取的，因为它是合乎所谓常识的。"③ 所谓"常识"，就是普通、平常但又经常、持久起

---

① 《马克思恩格斯选集》第二卷，人民出版社1972年版，第218页。
② 《马克思恩格斯选集》第三卷，人民出版社1972年版，第61页。
③ 同上。

作用的知识。"常识"是来源于经验、依附于经验、适用于经验的人类的"共同经验"。人们的日常生活，正是一种依据"共同经验"、遵循"共同经验"的生活。在这种作为"共同经验"的"常识"中，人们的世界图景得到普遍认同，人们的思想情感得到相互沟通，人们的行为方式得到相互规范，因此，"常识"在人们的日常生活中是"极为可取"的，它对人的存在具有明显的生存价值。而这种"极为可取"的和具有"生存价值"的"常识"，恰恰要求我们遵循"形而上学"的"思维方式"。

在以"常识"即"共同经验"为中介的人与世界的关系中，"人"作为既定的经验主体，是以"直观"的方式把握世界；"世界"作为既定的经验客体，是以"给予"的方式呈现给主体；在这种"直观—给予"的主—客体关系中，人和世界都是既定的、稳定的、确定的存在，人与世界之间的关系也是一一对应的。在这种"确定"的人与世界的关系中，"A"就是"A"，"A"不能是"非A"，"存在"就是"存在"，"存在"不能是"非存在"。这就要求经验主体在思维中保持"是就是，不是就不是"的确定性。正因如此，这种思维"对我们来说似乎是极为可取的"。

既然如此，为什么要"反对形而上学"的"思维方式"？恩格斯明确地提出，"常识在它自己的日常活动范围内虽然是极可尊敬的东西，但它一跨入广阔的研究领域，就会遇到最惊人的变故"[1]。在这里，恩格斯明确地以"活动范围"和"研究领域"的区分，向我们提示了"形而上学"这种"思维方式"的合理性与局限性。接着，恩格斯就具体地指出："形而上学的思维方式，虽然在相当广泛的、各依对象的性质而大小不同的领域中是正当的，甚至必要的，可是它每一次都迟早要达到一个界限，一超过这个界限，它就要变成片面的、狭隘的、抽象的、并且陷入不可解决的矛盾，因为它看到一个一个的事物，忘了它们互相间的联系；看到它们的存在，忘了它们的产生和消失；看到它们的静止，忘了它们的运动；因为它只见树木，不见森林。"[2]

对此，只要我们不只是"生活"，而且对"生活"进行"思考"，或者说对"生活"进行"反思"，也就是使"生活"进入"研究领域"，我们立

---

[1] 《马克思恩格斯选集》第三卷，人民出版社1972年版，第61页。
[2] 同上。

刻就会发现，那种"形而上学"的"思维方式"就会像恩格斯所说的那样"遇到最惊人的变故"：是非、好坏、善恶、美丑、福祸、荣辱，是否可以作出"非此即彼"的判断？"小我"与"大我"、"局部"与"整体"、"暂时"与"长远"、"理想"与"现实"是否能够"泾渭分明"地分开？反思"生活"，我们就会发现，"天上的太阳"与"水中的月亮"谁亮，"山上的大树"与"山下的小树"谁大，"心中的恋人"与"心外的世界"谁重要，绝不是可以"形而上学"地断言"是就是，不是就不是"，而是"你中有我"，"我中有你"，"错综复杂"、"扑朔迷离"，只能是运用辩证智慧去"保持必要的张力"和"达到微妙的平衡"。辩证法植根于人类生活。

植根于人类生活的辩证法，不仅在对"生活"的反思中是不可或缺的，而且在恩格斯所说的"广阔的研究领域"即科学研究和哲学反思中，更是具有特殊的重要意义，而且离开辩证法的科学研究和哲学反思在现代是难以为继的。从 19 世纪初开始，人类的自然科学研究，正如恩格斯所概括的那样，已经由主要是"搜集材料"的科学，关于"既成事物"的科学，发展为"整理材料"的科学，关于"过程"即"事物的发生和发展"以及"这些自然过程结合为一个伟大整体"的科学。正是针对自然科学的这种基本状况，恩格斯提出，"正如今天的自然科学家，不论自己愿意与否，都不可抗拒地被迫考察理论的一般结论一样，每个研究理论问题的人，也同样不可抗拒地被迫研究近代自然科学的成果。在这里发生一定的相互补偿。如果理论家在自然科学领域中是半通，那么今天的自然科学家在理论领域中，在直到现在被称为哲学的领域中，事实上也同样是半通"[1]。"经验自然科学积累了如此庞大数量的实证的知识材料，以致在每一个研究领域中有系统地和依据材料的内在联系把这些材料加以整理的必要，就简直成为无可避免的。建立各个知识领域互相间的正确联系，也同样成为无可避免的。因此，自然科学便走进了理论的领域，而在这里经验的方法就不中用了，在这里只有理论思维才能有所帮助。"[2] 因此，恩格斯强调指出："一个民族想要站在科学的最

---

[1] 《马克思恩格斯选集》第三卷，人民出版社 1972 年版，第 465 页。

[2] 同上。

高峰，就一刻也不能没有理论思维。"① 那么，自然科学家迫切需要怎样的"理论思维"？恩格斯明确地指出："然而恰好辩证法对今天的自然科学来说是最重要的思维形式，因为只有它才能为自然界中所发生的发展过程，为自然界中的普遍联系，为从一个研究领域到另一个研究领域的过渡提供类比，并从而提供说明方法。"② "自然科学家自己感觉到，这种纷扰和混乱如何厉害地统治着他们，现在流行的所谓哲学如何绝对不能给他们以出路。除了以这种或那种形式从形而上学的思维复归到辩证的思维，在这里没有其他任何出路，没有达到思想清晰的任何可能。"③ 同样，在恩格斯看来，哲学也只有成为"一种建立在通晓思维的历史和成就的基础上"的"辩证哲学"，才能成为有生命力的现代哲学。恩格斯说："自然科学家满足于旧形而上学的残渣，使哲学还得以苟延残喘。只有当自然科学和历史科学接受了辩证法的时候，一切哲学垃圾——除了关于思维的纯粹理论——才会成为多余的东西，在实证科学中消失掉。"④ 恩格斯的告诫是意味深长的。我们需要从现代科学和现代哲学的发展去理解辩证法与形而上学的对立，去理解"辩证思维"和"辩证哲学"在当代的重大价值与意义，并从而在当代的意义上去掌握作为"辩证思维"的"辩证哲学"。

在对"辩证法"和"形而上学"的理解中，最为根本的问题是在于，通常总是在经验常识的意义上去理解和解释二者的区别，这就是把"辩证法"解释成"认为世界上一切事物都是发展、变化的，事物发展的原因在于它的内部矛盾性"，而把"形而上学"解释成"用孤立的、静止的和片面的观点去看世界，把一切事物看成彼此孤立的和永久不变的，如果说到变化，也只是限于数量的增减和位置的变更，而不承认事物的实质的变化；并且硬说一切变化的原因在于事物外部的力量的推动"。这种关于"辩证法"和"形而上学"及其相互关系的通常解释，不是把人们的思维从常识层面上升到哲学层面，而是把哲学层面的理论问题下降为经验常识问题，以致误导人们总是停留在经验常识中理解"辩证法"和"形而上学"。应当说，能

---

① 《马克思恩格斯选集》第三卷，人民出版社 1972 年版，第 467 页。
② 同上书，第 466 页。
③ 同上书，第 467 页。
④ 同上书，第 533 页。

否超越在经验层面上理解"辩证法"和"形而上学"及其相互关系，是在当代坚持和发展马克思主义辩证法理论的首要问题。

为了便于对问题本身的理解，我们在这里仍然首先讨论对"形而上学"的理解。这里的最为直接的问题是：人们能否在"感觉的确实性"上或"表象"的意义上"把一切事物看成彼此孤立的和永久不变的"？能否在"感觉的确实性"上或"表象"的意义上"不承认事物的实质的变化"？就是说，人们能否对事物之间的"联系"和事物本身的"变化"采取"视而不见"、"听而不闻"、"掩耳盗铃"、"自欺欺人"的态度？我们"看见"骏马在草原上奔驰，"看见"雄鹰在蓝天上翱翔，有谁能否认骏马与草原、雄鹰与蓝天的"联系"？有谁能否认骏马在奔驰、雄鹰在翱翔即否认骏马和雄鹰的"运动"和"变化"？如果有谁否认这种"联系"和"变化"，那不是"瞪着眼睛说瞎话"吗？同样，有谁能否认生物从"生"到"死"的"实质的变化"？有谁能否认人的知识从"无"到"有"的"实质的变化"？对于这样的"质变"，有谁能够否认呢？既然如此，怎么还会有否认"联系"、"变化"和"发展"的"形而上学"呢？这才是值得人们深思的哲学问题。

我们还可以从相反的角度提出问题。这就是：即使我们"承认"骏马与草原的"联系"，雄鹰与蓝天的"联系"，并且我们"承认"骏马在"奔驰"、雄鹰在"翱翔"，甚至我们承认骏马和雄鹰由"生"到"死"的"质变"，我们是否就是用"辩证法"的观点看世界？是否就是形成了"辩证法"的"思维方式"？这应当是更值得深思的问题。似乎是针对上面提出的问题，列宁在分析人们所熟知的古希腊哲学家芝诺的"飞矢不动"的哲学命题时，作出了两个极其重要的论断：其一，列宁借用黑格尔的论述，提出"芝诺从没有想到要否认作为'感觉的确实性'的运动"，而"问题仅仅是""在于运动的真实性"；其二，又是针对如何理解"运动的真实性"，列宁提出，"问题不在于有没有运动，而在于如何在概念的逻辑中表达它"[①]。列宁的这两个论断是振聋发聩的。通常总是以"是否承认"运动、变化、联系和发展为依据来区分"辩证法"和"形而上学"，似乎只要"承认"运动、变化、联系和发展就是"辩证法"。而列宁则针锋相对地指出，由于无人否

[①] 列宁：《哲学笔记》，人民出版社1974年版，第281页。

认作为"感觉的确实性"的运动,因而"问题不在于有没有运动"。这样,列宁就把经验层面的常识问题跃迁为超验层面的哲学问题。这个超验层面的哲学问题,就是"如何在概念的逻辑中表达"运动的问题。

在"感觉的确实性"的意义上,或者说在人的"感觉"、"知觉"和"表象"的意义上,谁也不可能否认事物之间的"联系"以及事物本身的"运动"、"变化"和"发展"。因此,问题只在于对"运动"的理解和解释。从现象上看,"运动"就是物体在某一瞬间在一个地方,在接着而来的另一瞬间则在另一个地方;但是,这种解释所描述的是运动的结果,而绝不是运动自身;它没有指出运动的可能性,而把运动描写为一些静止状态的总和、联结;因此,在肯定或描述运动的经验事实的意义上,芝诺的"飞矢不动"的命题是错误的。然而,芝诺的错误,是由于他试图从运动的本质上去理解"运动的真实性",也就是试图运用概念去解释"运动",但却又不能以概念的辩证法去把握运动的结果,而绝不是由于他在"感觉的确实性"上否认运动,即绝不是由于他在人的"感觉"、"知觉"和"表象"的经验层面上否认"运动"。正因如此,列宁由对芝诺的"飞矢不动"这个命题的分析,得出了"问题不在于有没有运动,而在于如何在概念的逻辑中表达它"①的哲学论断。这是列宁关于如何理解"辩证法"和"形而上学"及其相互关系的极为重要的哲学结论。

用概念的逻辑去表达运动,这就是辩证法问题。恩格斯指出,"运动"就是"矛盾"。"运动"是不间断性与间断性的统一,是事物在每一瞬间既在某一点又不在某一点,是事物存在的每一瞬间都既是它自身又不是它自身,因而"运动"就是"矛盾"。正是"矛盾"造成了"如何在概念的逻辑中"表达"运动"的困难,并因此构成了辩证法与形而上学的对立。

我们可以在"感觉的确实性"上承认运动,但是我们却难以在思维中以概念的逻辑去表达运动。这是因为,"从来造成困难的总是思维,因为思维把一个对象的实际上联结在一起的各个环节彼此分隔开来考察"。而"如果不把不间断的东西割裂,不使活生生的东西简单化、粗糙化,不加以割

---

① 列宁:《哲学笔记》,人民出版社1974年版,第281页。

碎，不使之僵化，那末我们就不能想象、表达、测量、描述运动"①。因此，人们需要以概念层次的辩证法去把握、描述、理解和解释事物的"联系"、"运动"和"发展"。在经验的层面上承认"联系"、"运动"和"发展"，这当然也可以说是"辩证法"，但这只不过是"朴素的"辩证法。正是由于这种"朴素的"辩证法无力解决概念中的矛盾，因而它在回答"运动的真实性"等"思维和存在的关系问题"时，往往又陷入"形而上学"的思维方式，即以"是就是，不是就不是；除此以外，都是鬼话"的思维方式去理解和解释各种问题。例如，我们能够承认骏马在草原上奔驰，雄鹰在蓝天上飞翔，但是，当我们试图用概念去解释骏马的奔驰和雄鹰的飞翔时，却仍然是给予马是在跑还是不跑、鹰是在飞还是不飞的"是就是，不是就不是"的回答，而难以在"肯定的理解中同时包含否定的理解"，即在"运动"与"静止"的统一中去"表达"马和鹰的"运动"。因此，在对辩证法的理解中，我们首先需要超越经验层面的常识思维方式，而跃迁到概念层面的哲学思维方式。

从经验层面跃迁到哲学层面去理解"辩证法"和"形而上学"，在最深层的理论问题上，是能否从恩格斯所概括的"哲学基本问题"即"思维和存在的关系问题"去理解"辩证法"与"形而上学"的对立。

所谓"形而上学"的思维方式，它并不是一般地否认"联系"和"变化"，甚至也不是一般地否认"矛盾"和"发展"；它所否认的是"思维和存在"之间的矛盾，是"思维和存在"的矛盾关系的发展。"形而上学"的"思维公式"之所以是在"绝对不相容的对立中思维"，认为"是就是，不是就不是；除此之外，都是鬼话"，就是因为它不理解"思维和存在"是矛盾中的统一、发展中的统一，而把"思维和存在"看成是直接的统一、不变的统一。这应该是更值得深思的。在人的"经验"之中，"思维"所反映的"存在"，就是"存在"本身。被"思维"所反映的"存在"，既包括"存在"的"联系"和"变化"，也包括"存在"的"矛盾"和"发展"。如果人们在经验中发觉"思维"与"存在"的"矛盾"，也是把这种"矛盾"看成是直接的不统一，即所谓"歪曲"地反映了"存在"。例如，我们

---

① 列宁：《哲学笔记》，人民出版社1974年版，第285页

如其所是地肯定了骏马的奔驰和雄鹰的飞翔，这就"正确"地反映了存在，反之，则是"歪曲"地反映了存在。这就是把思维与存在之间的关系看成是直接的统一或直接的不统一。因此，这种"经验"中的"思维和存在"的"矛盾"，仍然是由"是就是，不是就不是"的"形而上学"的思维方式构成的。

所谓"辩证法"的思维方式，则在于它从"思维和存在的关系问题"出发，不断地发现、揭示和深化人类认识的"阶梯"和"支撑点"——概念、范畴——中所蕴含的"思维和存在"之间的矛盾，用"概念的逻辑"去表达"运动"、"矛盾"、"发展"的本质。例如，在现代的社会发展理论中，"发展"就是一个在反思中被不断发展的概念，人们对"发展"的理解，已经从单纯的经济增长发展为经济与社会的协调发展，又发展为已经被人们普遍认同的可持续发展。而"辩证法"所运用的"概念的逻辑"，就是恩格斯所说的"建立在通晓思维的历史和成就的基础上的理论思维"；在对"发展"的反思中，就是通过对"发展"的概念内涵的历史演进的哲学反思来推进人们对"发展"的理解。

这样理解的辩证法和形而上学及其相互关系，不是神秘的，而是现实的，不是抽象的，而是真实的。这里的关键问题，是对"概念"与"名称"的反思。把"概念"混同为"名称"，这是在经验层面理解和解释辩证法，并从而造成对辩证法的种种曲解的认识论根源。

在人们的经验意识中，"概念"只不过是关于某种对象的"名称"，这些"名称"与它所指示的"对象"是确定的、稳定的对应关系，因此作为"名称"的"概念"既是无矛盾的，也是非发展的。例如，在人们的经验意识中，"人"也好，"物"也好，"规律"也好，"真理"也好，它所指称的对象，它对所指称的对象的理解，都是确定的，不变的，因此，"人"、"物"、"规律"、"真理"这些概念本身也是确定的，不变的，无矛盾的，非发展的。正是这种把"概念"当作"名称"的经验意识，构成了"是就是，不是就不是；除此之外，都是鬼话"的形而上学的思维方式。超越这种形而上学的思维方式，就必须超越经验意识，在对"概念"的矛盾的、发展的理解中构成辩证法的思维方式。

这里首先以"人"为例来予以说明。"人"是历史的存在，文化的存在，具有特定的历史、文化的内涵，即"人"本身是矛盾的、发展的存在。但是，在人们的经验意识中，"人"就是"人"，"人"自身并无矛盾；即使人们在经验意识中承认"人"是矛盾的存在，也难以自觉地意识到用以指称"人"的"人"这个概念的内在矛盾。其实，我们对"人"的理解是在揭示"人"的内在矛盾中不断深化的。例如，在哲学史上，费尔巴哈把"人"理解为"感性的存在"，马克思则把人理解为"感性的活动"和"一切社会关系的总和"。这种概念理解中的深化，反过来又深化了对概念所指称的对象的理解，即深化了对"人"本身的理解。在这种对概念的内在矛盾的理解中，"人"不再是某种既定的、不变的存在，而是矛盾的、发展的存在。这就是对"人"的辩证理解。

对"物"的理解也是如此。如果我们把"概念"只当成指称对象的"名称"，被指称的对象就是既定的、不变的；只有在科学研究中深化对"概念"的内在矛盾的认识，才能深化对"物"的辩证理解。对此，科学家们有深刻的理解。爱因斯坦说，"物理学是从概念上掌握实在的一种努力"[1]。海森堡说，"物理学的历史不仅是一串实验发现和观测，再继之以它们的数学描述的序列，它也是一个概念的历史"[2]。人类科学的发展史，就是科学概念的形成和确定、扩展和深化、更新和革命的历史。科学所编织的概念之网，构成人类"认识世界的过程中的一些小阶段，是帮助我们认识和掌握自然现象之网的网上纽结"[3]。试想一下，一个不懂得物理学的人，他除了把指称"物"的"概念"当作"名称"，又能把"概念"当成什么呢？他没有物理学的知识，又怎么发现物理学的概念与对象之间的矛盾呢？他除了把"物"视为"是就是，不是就不是"之外，他又怎么能达到对"物"的"辩证"理解呢？

再以我们经常挂在嘴边的"规律"和"真理"为例。我们经常说，"规律"是"看不见"、"摸不着"的，但又是可以"被认识"、"被利用"的。既然"看不见"、"摸不着"，为何能够"被认识"，怎么能够"被利用"？这就提出了感性与理性、个别与一般、现象与本质、必然与偶然等一系列

---

[1] 《爱因斯坦文集》第1卷，商务印书馆1994年版，第36页。
[2] 转引自《现代物理学参考资料》第3集，科学出版社1978年版，第9页。
[3] 参见《列宁全集》第38卷，人民出版社1959年版，第90页。

"矛盾"问题。我们只有在对"规律"的内在矛盾的辩证理解中，才能真正认识"规律"。同样，究竟什么是"真理"？在人们的经验意识中，"真理"的问题是一个极为简单的问题，即概念与对象的符合问题，也就是我所使用的概念指称的就是它应当指称的对象，或者说"正确地反映"了"客观对象"。然而，在对"真理"这个概念的辩证理解中，却引发出了层层深入的矛盾：在最直接的意义上，"真理"的问题就是概念所指称的对象是否存在的问题，即"有没有"的问题；然而，进一步我们就会发现，"真理"的问题并不只是回答概念所指称的对象"有没有"的问题，而主要是回答概念是否表达了对象的"本质"，即"对不对"的问题；在"对不对"的问题中，又可以分为"表象"之真与"思想"之真的问题，即"表象"是否"正确地反映"了对象的"现象"，以及"思想"是否"正确地反映"了对象的"本质"；如果进一步追问，我们又可以发现，"真理"的问题并不仅仅是"有没有"、"对不对"的问题，而且还是"好不好"的问题。作为辩证法大师的黑格尔有一段精彩的论述："譬如我们常说到一个真朋友。所谓一个真朋友，就是指一个朋友的言行态度能够符合友谊的概念。同样，我们也常说一件真的艺术品。在这个意义下，不真即可说是相当于不好，或自己不符合自己本身。一个不好的政府即是不真的政府，一般说来，不好与不真皆由于一个对象的规定或概念与其实际存在之间发生了矛盾。对于这样一种不好的对象，我们当然能够得着一个正确的观念或表象，但这个观念的内容本身却是不真的。"[①] 黑格尔的这段论述把一个看似简单的问题复杂化了，也就是把一个本来复杂的问题复杂化了。这应当说是一种真实的辩证思考。如果我们从哲学层面去看"真理"的"有没有"、"对不对"、"好不好"的问题，其实就是要求我们从存在论、认识论和价值论的统一中去理解"真理"。这样的真理观只能是辩证法的真理观。

由此我们可以理解，辩证法是把研究对象复杂化，是把本来复杂的研究对象复杂化，也就是"具体问题具体分析"，分析出研究对象本身复杂的内在矛盾，以及由这些复杂的矛盾所引发的事物自己的发展。这就要求我们发现、揭示和分析概念与经验之间的矛盾，以及由概念与经验之间的外在矛盾

---

① [德] 黑格尔：《小逻辑》，贺麟译，商务印书馆1980年版，第86页。

所引发的概念自身的内在矛盾，并用概念的内在矛盾去深化对事物的内在矛盾的理解，用概念自身的发展去深化对事物自身的发展的理解。由此可见，辩证法绝不是可以套在任何论题上的"刻板公式"，绝不是用以搪塞无知的"词汇语录"，而是对"具体问题"的"具体分析"，是以概念的运动去表达事物的矛盾、运动和发展。正是在这个意义上，列宁曾经在"辩证法是什么"的标题下提出，"概念的相互依赖"，"一切概念的毫无例外的相互依赖"，"一个概念向另一个概念的转化"，"一切概念的毫无例外的转化"，"概念之间对立的相对性"，"概念之间对立面的同一"①。辩证法是运用概念的艺术，辩证法是必须努力学习才能掌握的。

辩证法，用恩格斯的话说，它是一种"建立在通晓思维的历史和成就的基础上的理论思维"。这种"通晓思维的历史和成就"的辩证法，是以人与世界的现实关系为基础的。人对世界的关系，思维对存在的关系，从根本上说，是一种否定性的统一关系。正是这种否定性的统一关系，构成了人与世界之间的无限丰富的矛盾关系；而在人类思想关于人与世界的矛盾关系的自我意识的历史发展中，则构成了"通晓思维的历史和成就"的辩证法。

人对世界的关系，按照马克思的观点，是人以"任何物种的尺度"和人的"内在固有的尺度"去改造世界，把世界变成人所期待的世界，让世界满足人的需要。因此，在人与世界、思维与存在的关系中，一方面是人以自己的认识活动在观念中否定世界（存在）的现存状态，并在观念中建构人所要求的现实；另一方面，则是人在自己的实践活动中现实地否定世界（存在）的现存状态，把观念中的目的性要求和理想性图景变成现实的存在。这种人与世界、思维与存在之间的否定性统一性关系，构成了人以否定的、批判的态度去看待现存的一切的辩证法。马克思说，辩证法不崇拜任何东西，按其本质来说，它是批判的和革命的。这就要求我们从马克思对人与世界关系的实践论的理解中去反思和发展马克思的辩证法。

二 辩证法的批判本质

辩证法在本质上是批判的、革命的，这是马克思关于辩证法的著名论

---

① 参见列宁《哲学笔记》，人民出版社1974年版，第210页。

断。但是，对于这个论断的理论内涵及其真实意义，却是必须深切反思的，特别是在"后形而上学"的视域中重新理解辩证法，有三个重要的理论前提是不容回避的：其一，黑格尔的辩证法与形而上学的"合流"；其二，马克思的辩证法对形而上学的"终结"；其三，黑格尔和马克思的辩证法在后形而上学视域中的"澄明"。

（一）黑格尔对"抽象理性"的批判

以辩证法重建形而上学，实现辩证法与形而上学的"合流"，这是黑格尔为自己确立的哲学使命；把形而上学变成辩证法，并以辩证法构成形而上学，黑格尔的这个哲学使命是以关于概念的逻辑学来完成的。"概念"作为黑格尔哲学的主体和实体，也就是黑格尔以概念所达成的辩证法与形而上学的"合流"。这是人类思想史上关于形而上学的一次里程碑式的尝试。它是形而上学的"完成"，而不是哲学的"终结"——它开启了超越形而上学的辩证法的哲学道路。

关于自己的哲学，黑格尔明确地提出："我的哲学的劳作一般地所曾趋赴和所欲趋赴的目的就是关于真理的科学知识。""哲学的最高目的就在于确认思想与经验的一致，并达到自觉的理性与存在于事物中的理性的和解，亦即达到理性与现实的和解。"[①] 这就是黑格尔的关于"思存同一"的"真理"的哲学。由此黑格尔提出："哲学可以定义为对于事物的思维着的考察。"[②] 而哲学之所以能够承担自己的使命，则在于"哲学乃是一种特殊的思维方式，——在这种方式中，思维成为认识，成为把握对象的概念式的认识"[③]。概念是思想的规定性，而思想的规定是关于事物的规定，因此，概念是思想关于事物的规定。这就是概念的思存同一性。超越对"概念"的知性理解，达到对"概念"的"思存同一性"的具体把握，这就是黑格尔所说的哲学思维方式。黑格尔正是以这种特殊的思维方式改造形而上学，构成了辩证法与形而上学的"合流"。

作为哲学的形而上学，它的根本特征是以思维（概念）规定感性（事

[①] ［德］黑格尔：《小逻辑》，贺麟译，商务印书馆1980年版，第43页。
[②] 同上书，第38页。
[③] 同上。

物），在概念中确认哲学所追求的"最高原因的基本原理"。这种"基本原理"可以使人类经验中的各种各样的事物得到统一性的解释，或者可以被解释为某种普遍本质的各种具体表现，从而使思维实现其把握和解释世界的"全体的自由性"。黑格尔完全赞同这种哲学目标，但他认为，以往的哲学或者是在把各种现象提高到概念里面之后，却又使概念分解为一系列彼此外在的特定的概念，或者是以"实体"概念去统摄各种特殊概念，但却没有自觉到对"基本原理"的追求必须以思维自身为对象，因此都没有实现"全体的自由性"。

黑格尔以辩证法改造形而上学，是通过对构成旧形而上学的抽象理性的批判，以概念的辩证运动实现思维规定感性的形而上学，把"全体的自由性"与"环节的必然性"统一起来，从而把形而上学构建成本体论、认识论和逻辑学相统一的辩证法。这就是黑格尔所实现的辩证法与形而上学的"合流"。这个"合流"的实质，是以概念自身的由"抽象的同一性"（抽象的普遍性）到"具体的同一性"（具体的普遍性）的矛盾运动而展现"最高原因的基本原理"。把形而上学变成概念辩证法，这是形而上学所能达到的最高境界，因而是形而上学的"完成"。

黑格尔概念辩证法的出发点是双重的：一是思维与存在的同一性，即概念是思维和存在同一的规定性；二是思维与存在的差别的内在的发生，即概念是在自身的辩证运动中所达到的思存同一性。因此，黑格尔所描述的辩证法，是概念由抽象的同一性逐次地升华（跃迁、飞跃）到具体的同一性的运动过程。这是形而上学作为"最高原因的基本原理"自己构成自己的辩证法，因而是辩证法与形而上学的"合流"。

黑格尔以辩证法构成的形而上学，既是"概念"作为主体和实体所实现的思存同一性与具体普遍性的统一，也是全体的自由性与环节的必然性的统一，更是个体理性与普遍理性的统一。首先，概念所实现的思存同一性，无论是在抽象的同一性的水平上，还是在具体的同一性的水平上，都只能是一种"普遍性"，而不可能是一种"个别性"。因此，概念由抽象的同一性到具体的同一性的升华（跃迁、飞跃）的过程，也就是概念由抽象的普遍性（作为名称的思想）到具体的普遍性（作为概念的思想）的运动过程。这是思存的同一性与具体的普遍性的统一过程。其次，概念由抽象的普遍性到具体的普遍性的运动过程，是一个双重的否定过程：一方面，思想否定自己的抽象性或虚无性，由自在走向自为，获得越来越具体、越来越丰富的规定性；另一方面，思想又不断地否定自己的作为"正题"和"反题"的各种片面的规定性，在新的逻辑层面重新构建自己的作为"合题"的规定性。这就是概念的肯定与否定、渐进与飞跃的矛盾运动。这是全体的自由性与环节的必然性的统一。再次，概念由抽象的普遍性到具体的普遍性的运动过程，又是一个个体理性认同普遍理性、个体理性与普遍理性的辩证融合过程，是一个普遍理性融入个体理性、个体理性自觉为普遍理性的过程。这是个体理性与普遍理性的统一。黑格尔的概念辩证法，就是概念作为主体和实体所实现的思存同一性与具体普遍性、全体自由性与环节必然性、个体理性与普遍理性的统一的运动过程，即思想的历史与逻辑相统一的运动过程。

在哲学史的意义上，黑格尔的概念辩证法，构成了一种双重的"何以可能"的逻辑：一是"认识何以可能"的逻辑，二是"自由何以可能"的逻辑。就前者说，黑格尔以思存同一性的逻辑先在和思存差别的内在发生为双重前提，把认识的可能性归结为概念的辩证运动，即思维与存在的统一展现为概念由抽象的同一到具体的同一的运动过程；就后者说，黑格尔以全体的自由性与环节的必然性为双重前提，把自由何以可能的问题同样归结为概念的辩证运动，即概念由抽象的普遍性（自在的全体的自由性）到具体的普遍性（环节的必然性）的运动过程，这就是"自由"由自在到自为再到自在自为的运动过程。

在黑格尔的概念辩证法中，"认识何以可能"和"自由何以可能"的双重逻辑，实现在个体理性认同普遍理性的运动过程之中，即：个体理性对普遍理性的认同过程，既是由抽象的同一性到具体的同一性的认识过程，又是由抽象的普遍性到具体的普遍性的自由过程。黑格尔哲学的个体理性认同普遍理性的认识过程和自由过程，对于黑格尔的辩证法的形而上学来说，具有极为重要的意义。在黑格尔看来，之所以必须把形而上学改造成辩证法，是因为作为真理的哲学必须是使"心灵深入于这些内容，借它们而得到教训，增进力量"[①]，"引导一个个体使之从它的未受教养的状态变为有知识，这是

[①] [德]黑格尔：《小逻辑》，贺麟译，商务印书馆1980年版，第5页。

个任务"，"每个个体，凡是在实质成了比较高级的精神的，都是走过这样一段历史道路的"，"都必须走过普遍精神所走过的那些发展阶段"[①]。对此，科尔纽曾深刻地指出："不幸和努力是结合在一起的，没有这种结合，就没有深刻的生活。基督的形象就是这种结合的象征。这一思想构成了黑格尔体系的基础。"[②] 个体理性认同普遍理性，融入普遍理性，自觉为普遍理性，这才是黑格尔以辩证法改造形而上学、实现辩证法与形而上学"合流"的"真谛"。

黑格尔所达成的辩证法与形而上学的"合流"，既是传统形而上学的否定，又是传统形而上学的完成。作为传统形而上学的否定，它在思维规定感性的形而上学传统中，揭示了概念——思维规定感性的主体和实体——的内在的矛盾性，迫使形而上学与辩证法合流，也就是把形而上学变成辩证法；作为传统形而上学的完成，它在思维规定感性的形而上学传统中，确认了概念（普遍理性）作为唯一的主体和实体的地位，又把辩证法变成了概念形而上学。

黑格尔的概念辩证法及其所构成的概念形而上学，是黑格尔"在思想中所把握到的时代"。从直接的理论动机上看，黑格尔自觉到了以市场经济代替自然经济之后的"现代性困境"——"普遍理性"的失落所表征的"伦理总体性"的丧失。黑格尔认为，"放弃对真理的知识"，"走到对于理性的绝望"，"却被我们的时代推崇为精神上最高的胜利"[③]。因此，他力图以"具体的"、"普遍的"理性的辩证法，改造由"抽象理性"所构成的旧形而上学，通过辩证法与形而上学的"合流"构成"关于真理的科学知识"。从深层的社会根源上看，黑格尔则是以哲学的方式表征了他所生活于其中的资本主义社会的内在矛盾性：一方面，资产阶级除非使全部社会关系不断地革命化便不能生存下去，"否定"构成资本主义生产方式的内在要求；另一方面，资产阶级社会的商品交换原则的"同一性"构成全部社会生活的根本模式，"概念"成为规范一切生活领域的意识形态。这就是黑格尔的概念形而上学的现实基础。马克思说，黑格尔的哲学是以"最抽象"的形式表达

[①] ［德］黑格尔：《精神现象学》（上），贺麟、王玖兴译，商务印书馆1979年版，第17—18页。
[②] ［法］科尔纽：《马克思的思想起源》，王瑾译，中国人民大学出版社1987年版，第17页。
[③] ［德］黑格尔：《小逻辑》，贺麟译，商务印书馆1980年版，第34页。

了人类"最现实"的生存状态，这就是人们正在受"抽象"的统治——"以物的依赖性为基础的人的独立性"——的生存状态。黑格尔的与形而上学"合流"的辩证法，正是理论地表征了人们的社会存在——由"资本"的逻辑所构成的人们的社会存在。这表明，统治人们社会生活的抽象存在——资本——才是黑格尔的辩证法与形而上学"合流"的"秘密"。

（二）马克思对"抽象存在"的批判

在哲学的意义上，黑格尔所实现的是辩证法与形而上学的"合流"；在历史的意义上，黑格尔则是以辩证法与形而上学的"合流"，理论地表征了资本主义的存在方式。这是马克思所理解的黑格尔哲学，也是马克思批判黑格尔的立足点和出发点。正是通过对黑格尔的批判，马克思构成了自己的以人的历史活动为内容、以抽象的存在——资本——为批判对象的辩证法，并以自己的辩证法实现了双重的"终结"：既终结了超历史的形而上学，又终结了资本主义的非历史性的神话。

在批判黑格尔的出发点上，马克思深刻地揭示了黑格尔的哲学与现实之间的关系，即：黑格尔体系的第一个因素是"形而上学地改了装的、脱离了人的自然"，第二个因素是"形而上学地改了装的、脱离了自然的精神"，第三个因素是"形而上学地改了装的上两个因素的统一，即现实的人和现实的人类"。马克思认为，对"自然"、"精神"、"现实的人和现实的人类"进行"形而上学"的"改装"，这并不是出于黑格尔的"思辨"的"偏好"（与马克思不同，现代哲学家却往往是从黑格尔的"偏好"去解释和批判黑格尔的"思辨"），而是由于"个人现在受抽象统治"。因此，马克思对黑格尔的批判，是透过黑格尔的"形而上学"的"思辨"，致力于批判构成这种"思辨"的"形而上学"的"抽象"的"存在"。

"存在"是一切哲学思考的根本出发点；哲学家如何理解"存在"，他的思考聚焦于怎样的"存在"，则构成区别各种哲学的分水岭。包括黑格尔在内的所有形而上学家，他们所理解的真正的"存在"是作为"最高原因的基本原理"的存在，他们思考的聚焦点是某种构成"思存同一性"的存在。正因如此，所谓哲学的"形而上学"，就是寻求"最高原因的基本原理"的"同一性哲学"；所谓"形而上学"的"改装"，就是把全部的"存在"（自然、神、现实的人和现实的人类）以思维规定感性的方式"改装"

成思维的规定——概念——的自我运动。这在本质上只能是一种超历史的、非历史的"存在"。正是在批判黑格尔哲学的出发点上,马克思以自己所关切的"存在",展开了对"形而上学"的具有"终结"意义的批判。

历史学家柯林伍德说,"也许历史是马克思极感兴趣的唯一事物"①。"历史"成为马克思的"极感兴趣的唯一事物",这在全部哲学史的意义上,标志着马克思"发现"了超越黑格尔的辩证法的形而上学、从而终结全部形而上学的真正的"存在"。它构成马克思批判全部"抽象存在"的基本前提。

关于"历史",马克思、恩格斯曾明确地指出,"'历史'并不是把人当做达到自己目的的工具来利用的某种特殊的人格。历史不过是追求着自己的目的的人的活动而已"②。在马克思、恩格斯这里,"历史"就是"人们的存在",就是"他们的现实生活过程"③,"先于人类历史而存在的那个自然界",对人来说"也是不存在的自然界"④。这清楚地表明,"历史"才是马克思所关切的"存在"。

作为"人的活动"的"历史",它是人的存在方式。人与动物的根本区别,在于人是"历史"的存在。由于"全部人类历史的第一个前提无疑是有生命的个人的存在"⑤,因此马克思的"出发点是从事实际活动的人"⑥,是"现实的个人,是他们的活动和他们的物质生活条件"⑦。马克思说:"人的存在是有机生命所经历的前一个过程的结果。只是在这个过程的一定阶段上,人才成为人。但是一旦人已经存在,人,作为人类历史的经常前提,也是人类历史的经常的产物和结果,而人只有作为自己本身的产物和结果才成为前提。"⑧ 人自身作为历史的"前提"和"结果",以自己的活动构成自己的"历史",以自己的历史构成自身的"存在"。离开人的"历史",就会把人的"存在"抽象化,把人与世界的现实关系抽象化。人们的"存在",就

---

① 参见〔英〕柯林伍德《历史的观念》,何兆武译,商务印书馆1997年版,第186页。
② 《马克思恩格斯全集》第2卷,人民出版社1957年版,第118—119页。
③ 《马克思恩格斯选集》第一卷,人民出版社1995年版,第72页。
④ 同上书,第77页。
⑤ 同上书,第67页。
⑥ 同上书,第73页。
⑦ 同上书,第67页。
⑧ 《马克思恩格斯全集》第26卷第三册,人民出版社1974年版,第545页。

是人们的"现实的生活过程";人们的"现实生活"的根基,则是人们的物质生活资料的生产——劳动。"劳动"是人的"存在"。

马克思的以"劳动"为根基的"现实生活"的存在论,为"否定"的辩证法注入了"存在"的真实内容。这首先就在于:概念的差别的内在发生,或概念的内在否定性,其根源究竟何在?在黑格尔那里,一是根源于思存同一性所内在的差别性,二是根源于个体理性中的个体意识与普遍理性的内在的差别性。因此,黑格尔试图以概念的自己运动来达成二者的统一:一是概念由思存的抽象的同一性上升为思存的具体的同一性,二是概念在自己的运动中实现个体理性与普遍理性的融合。与黑格尔不同,马克思的"否定"的辩证法是奠基于人对世界的否定性的统一关系——人自身的实践活动。马克思以人类的物质生活资料的生产——劳动——作为出发点,以"劳动"的内在矛盾构成"存在"的辩证法。在《资本论》中,马克思从资产阶级社会"经济的细胞形式"——"劳动产品的商品形式,或商品的价值形式"——入手,逐次深入地揭示了商品的使用价值与交换价值的矛盾、构成商品的使用价值和交换价值的具体劳动与抽象劳动的矛盾,从而把对资产阶级社会的全部矛盾的分析聚焦于对"活劳动"与"死劳动"(资本)的矛盾分析,进而揭示出"抽象的存在"——资本——统治和支配一切"具体的存在"的资产阶级社会的"存在"。正是由于"抽象存在"统治和支配一切"具体存在",才构成黑格尔对"自然"、"精神"、"现实的人和现实的人类"进行"形而上学""改装"的现实基础。因此,马克思的辩证法绝不仅仅是批判"抽象理性"的辩证法,而是批判"抽象存在"(资本)的辩证法,是通过这种批判把资本的独立性和个性变为人的独立性和个性的辩证法。

作为当代哲学的一种重要思潮的"后形而上学",它对"形而上学"的批判,首先是对思维规定感性的"概念"的批判,即对"概念"的思存同一性的批判,因此,阿多诺所说的"确保概念中的非概念物",是批判"同一性哲学"的"后形而上学"的根本出发点。在这种"后形而上学"的视域中,我们可以发现,马克思的批判"抽象存在"的辩证法,真正是阿多诺所说的"对概念中的非概念物的基本特性的洞见"[①]。这突出地表现在:

[①] 参见[德]阿多诺《否定的辩证法》,张峰译,重庆出版社1993年版,第11页。

其一，马克思的哲学批判，是从思想中透视出现实，以现实来揭示思想，"不是意识决定生活，而是生活决定意识"①，构成了马克思的历史唯物主义的根本命题，并由此把黑格尔对"抽象理性"的批判转变成对"抽象存在"的批判；其二，马克思的经济学批判，是从"物与物的关系"中揭示其掩盖的"人与人的关系"，通过对"把人变成帽子"的英国古典经济学家李嘉图和"把帽子变成观念"的德国古典哲学家黑格尔的批判，把对"抽象存在"的批判展现为对"死劳动"（资本）的批判；其三，马克思的空想社会主义批判，是从"人的异化"中揭示"劳动的异化"，并从"劳动的异化"揭露"人的异化"，把对现实的"不合理"的批判转化为对"不合理"的现实的批判。这种批判，真正地"洞见"到了"概念中的非概念物"，即"洞见"到了现实与思想的矛盾、活劳动与死劳动的矛盾、现实的批判与思想（"词句"）的批判的矛盾，从而使辩证法从"思想"的否定走向"现实"的否定。这是马克思的历史唯物主义的"否定的辩证法"。

"后形而上学"对"概念"的"同一性"的批判，蕴含着它对"同一性哲学"的"体系"的批判，即：批判"概念"的"同一性"，就是批判这种"同一性"所构成的"宏大叙事"的思想体系。在这种"后形而上学"视域中，我们同样可以发现马克思对"体系"的极其深刻的"洞见"。马克思不仅明确地指出"我的辩证方法，从根本上来说，不仅和黑格尔的辩证方法不同，而且和它截然相反"②，并且深切地揭露了黑格尔的"体系"的实质："正如我们通过抽象把一切事物变成逻辑范畴一样，我们只要抽去各种各样的运动的一切特征，就可得到抽象形态的运动，纯粹形式上的运动，运动的纯粹逻辑公式。"③ 不仅如此，马克思进而深刻地揭露了"历史"屈从"体系"（逻辑）的根源："黑格尔认为，世界上过去发生的一切和现在还在发生的一切，就是他自己的思维中发生的一切。因此，历史的哲学仅仅是哲学的历史，即他自己的哲学的历史。"④ 这表明，马克思所批判的是"体系"的"形而上学"，而不是"概念"的"思想体系"。

---

① 《马克思恩格斯选集》第一卷，人民出版社1995年版，第73页。
② 《马克思恩格斯选集》第二卷，人民出版社1995年版，第111—112页。
③ 《马克思恩格斯选集》第一卷，人民出版社1995年版，第139页。
④ 同上书，第141页。

在马克思这里,"思想"构成"体系"的问题,不仅具有一般的认识论意义,而且具有如何以"思想"把握"现实"的重大的方法论意义。就前者说,马克思提出思想构成自己的"两条道路",即:"在第一条道路上,完整的表象蒸发为抽象的规定;在第二条道路上,抽象的规定在思维行程中导致具体的再现。"① 就后者说,马克思在探讨"范畴"与"历史"的关系的基础上提出,"人体解剖对于猴体解剖是一把钥匙。反过来说,低等动物身上表露的高等动物的征兆,只有在高等动物本身已被认识之后才能理解。因此,资产阶级经济为古代经济等等提供了钥匙"②。马克思由此得出的重要结论是:"把经济范畴按它们在历史上起决定作用的先后次序来排列是不行的,错误的。它们的次序倒是由它们在现代资产阶级社会中的相互关系决定的"③,"资本是资产阶级社会的支配一切的经济权力。它必须成为起点又成为终点,必须放在土地所有制之前来说明"④。正是由于马克思在现代思想史上把"资产阶级社会的支配一切的经济权力"——资本——作为自己的批判对象,从而极为深刻地揭示了现代人的"以物的依赖性为基础的人的独立性",揭示了"个人正在受抽象统治"的存在,才构成了马克思"对现实的一切进行无情的批判"的革命的辩证法。离开这种关于"思想"构成"体系"的自觉,马克思又如何实现其对"抽象存在"——资本——的批判?同样,离开这种自觉,"后形而上学"又如何实现其对"同一性哲学"的批判?因此,冲破"体系"的辩证法,并不是反对"思想"构成"体系",而是"拒斥"体系的"形而上学"。

正是立足于对"抽象存在"——资本——的批判,马克思在《〈黑格尔法哲学批判〉导言》中这样提出哲学的"迫切任务",即:"人的自我异化的神圣形象被揭穿以后,揭露具有非神圣形象的自我异化,就成了为历史服务的哲学的迫切任务。"⑤ "揭穿"人的自我异化的"神圣形象",特别是"揭露"人的自我异化的"非神圣形象",这不仅是对思维规定感性的"形

---

① 《马克思恩格斯选集》第一卷,人民出版社1995年版,第18页。
② 同上书,第23页。
③ 同上书,第25页。
④ 同上。
⑤ 同上书,第2页。

而上学"的终结,也是对"形而上学"的人格化的历史的终结——英雄创造历史的英雄主义时代的终结。这是在"历史"的意义上对形而上学的终结。对于这种"终结",值得我们深思的是,"人们自己创造自己的历史",既要求"英雄主义时代"的隐退,又需要取而代之的"英雄主义精神"的兴起。"英雄主义时代"的"英雄",是黑格尔的"普遍理性"及其人格化;"英雄主义精神"的"英雄",则是马克思的"自己创造自己的历史"的"现实的个人"。以"英雄主义精神"取代"英雄主义时代",就是以"现实的个人"取代"普遍理性"的人格化,也就是让"个人"成为真正的"现实"——具有个性和独立性的"个人",全面发展的"个人"。这是历史的辩证法,也就是马克思所揭示的"历史规律"。这个由人的历史活动所构成的历史规律,蕴含着人的"理性"、人的"目的"、人的"理想"、人的"追求"。这是一种"反形而上学"的形上追求,是一种蕴含着"形上追求"的关于人的"存在"的辩证法。

(三)后形而上学与辩证法

辩证法是对"抽象"的批判。在黑格尔的意义上,"抽象"就是"抽象的理性",因而黑格尔的辩证法是通过对"抽象理性"的批判,达到"普遍理性"的自觉。这是一种构成思想的内涵逻辑的辩证法,即思想的自我批判和自我超越的辩证法。这种辩证法构成概念形而上学,即辩证法与形而上学的"合流"。在马克思的意义上,"抽象理性"是根源于"抽象存在"的"抽象",因而马克思的辩证法就远不止于对"抽象理性"的批判,而是通过对"抽象理性"和"抽象存在(资本)"的双重批判,达到对思想和实践的双重批判。这是"对现存的一切进行无情的批判"的辩证法,因而是辩证法对形而上学的"终结"。由此我们提出的问题是:"后形而上学"所批判的"抽象"是什么?黑格尔和马克思的辩证法在这种批判中的历史命运是怎样的?这种批判在何种意义上构成当代的辩证法理论?

"后形而上学"所批判的"抽象",通常是被指认为"同一性哲学"及其"宏大叙事"。作为哲学的形而上学,是一种以思维规定感性而达成的思存"同一性"的哲学范式。所谓"后形而上学",则是一种"拒斥"思维规定感性的哲学视域,即以"非同一性"代替"同一性"的哲学视域。作为"形而上学"的"同一性哲学"之所以遭到"后形而上学"的讨伐,哈贝马斯在《后形而上学思想》中的解释是："真正使这种思维方式成了问题的是从外界向形而上学发起攻击，并具有社会原因的历史发展过程。"关于这种"社会原因"，哈贝马斯作了 4 个方面的概括：其一是"追求一和全的整体性思想受到了新型程序合理性的质疑"；其二是"现代社会中新的时间经验和偶在经验"，"形成了一股对传统的基本概念加以解先验化的潮流"；其三是"对交往方式和生活方式的物化和功能化的批判，以及科学技术的客观主义自我理解的批判"，"促进了对把一切都用主客体关系加以概念化的哲学基础的批判"；其四是"理性对于实践的经典领先地位不得不让位于越来越清楚的相互依存关系"[①]。关于"形而上学"的根源与实质，I. 伯林在《自由论》中提出，"能在历史事件进程中发现大的模式或规则"的观念"不仅影响着对人类活动及特征的观察与描述方式，而且影响着对待这些活动及特征的道德、政治与宗教态度"，"在描述人的行为的时候，忽略个体的性格、意图与动机问题，肯定是刻意的和太苛刻的"。这就是他所指认的"存在着人格的或非人格的历史理论"。他认为，"对历史变化作这种非人解释"，"便把所发生的事情的最终责任，推到这些'非人的'、'超人的'、'高于个人的'实体或'力量'的行动或行为上了，而这些实体或力量，便等同于人的历史"。因此，他对"形而上学"的批判，就是对"历史服从自然或超自然的规律"的观念的批判。[②] 这表明，"后形而上学"所批判的"抽象"，从根本上说，是关于"规律"、特别是"历史规律"的观念。

在这种"后形而上学"的视域中，辩证法所接受的"挑战"是双重的。这就是关于"思想"的和"历史"的逻辑问题。后形而上学对辩证法的挑战，首先是对"思想"的真理—规律—客观性的逻辑的挑战，同时又是对"历史"的真理—规律—客观性的逻辑的挑战。这个挑战同样不仅是指向黑格尔的，更是指向马克思的。

形而上学作为"同一性"哲学，它的实质是为人类思想的"真理"观念奠基，即以"规律"的"客观性"为"真理"观念奠基。黑格尔之所以致力于把形而上学构建成本体论、认识论和逻辑学相统一的辩证法，就是力

[①] 参见［德］哈贝马斯《后形而上学思想》，曹卫东等译，译林出版社 2001 年版，第 32—33 页。
[②] 参见［英］伯林《自由论》，胡传胜译，译林出版社 2003 年版，第 106—107、109、115 页。

图通过辩证法与形而上学的"合流",实现"真理"的由"抽象的普遍性"到"具体的普遍性"的跃迁,实现"真理"的"全体的自由性"与"环节的必然性"在概念辩证运动中的统一,即以概念辩证法所实现的"思存同一"为"真理"奠基。

黑格尔的概念辩证法作为"完成"的形而上学,它为"真理"观念的奠基,在当代乃至未来的哲学发展中,始终具有其独立的和独特的价值与意义。对黑格尔的辩证法的形而上学的当代意义的评价,主要关涉到4个问题:一是关于"形而上学的历史"的评价;二是关于黑格尔的辩证法作为人类思想运动的逻辑的评价;三是关于黑格尔的辩证法作为现代性的逻辑的评价;四是关于黑格尔的辩证法对马克思的辩证法的"真实意义"的评价。这是"后形而上学"视域中的黑格尔辩证法问题,也是这种视域中的马克思辩证法问题。

对黑格尔辩证法的评价,这首先是对"形而上学的历史"及其真实意义的评价问题。按照科学哲学家瓦托夫斯基的理解,"不管是古典形式还是现代形式的形而上学思想,其驱动都在于力图把各种事物综合成一个整体,提供出一种统一的图景或框架,使我们经验中的事物多样性能够在这个框架内依据某些普遍原理而得到解释,或可以被解释为某种普遍本质或过程的各种表现"[①]。这种"形而上学"思想的根源是在于,"为了概念的明晰性和体系的一致性而进行哲学分析的强烈愿望太根深蒂固了……存在着一种系统感和对于我们思维的明晰性和统一性的要求——它们进入我们思维活动的根基,并完全可能进入到更深处——它们导源于我们所属的这个物种和我们赖以生存的这个世界"[②]。形而上学的生存论根源表明,人类的形而上学的冲动或追求是不可逃避的,它是人类的"宿命",是人类寻求和实现理想性的生存方式的理论表征。与此同时,我们不仅要看到"形而上学"对"同一性"的承诺,而且要看到"形而上学的历史是一部关于这种普遍的或一般类别的概念的批判史,是一部致力于系统表述这些概念的体系的历史……我们也许可以这样总结这种历史,即把形而上学定义为'表述和分析各种概

[①] [美]瓦托夫斯基:《科学思想的概念基础》,范岱年等译,求实出版社1982年版,第21页。
[②] 同上书,第18页。

念,对存在的原理及存在物的起源和结构进行批判性、系统性探究的事业'"①。如果以这样的角度去重新审视"形而上学的历史",特别是以这种角度去重新审视黑格尔所实现的辩证法与形而上学的"合流",我们首先就会重新发现黑格尔哲学的"真实意义",即:黑格尔所承诺的思存同一的逻辑先在性,黑格尔对思存同一性的"批判性、系统性探究",在唯物主义的意义上,就是恩格斯所指认的理论思维的"本能的和无条件的前提"问题,即:"我们的主观的思维和客观的世界遵循同一些规律,因而两者在其结果中最终不能互相矛盾,而必须彼此一致,这个事实绝对地支配着我们的整个理论思维。这个事实是我们的理论思维的本能的和无条件的前提。"② 是否承诺理论思维的这个"前提",是否承诺对这个"前提"的"批判性、系统性探究",既关系到是否承诺黑格尔和马克思对"规律"的"发现",也关系到"后形而上学"能否避免陷入相对主义的泥潭——在否认"理论思维的本能的和无条件的前提"的基地上,不可能形成任何真正的"共识"。

由此提出的第二个问题,是黑格尔的辩证法所揭示的人类思想运动的逻辑问题。作为19世纪的"思想体系的时代"的时代精神,黑格尔所达到的哲学思维的理论自觉,直接地是对人类思想运动的逻辑的理论自觉。这种理论自觉构成黑格尔的概念辩证法,即思想的内涵逻辑。在黑格尔的概念辩证法中,思想的内涵逻辑就是"真理"的逻辑。

以真理即思想的客观性为主题的西方近代哲学,它的重大的基本问题是作为思维规定的概念是否具有思存的同一性问题。黑格尔以承诺思存的同一性的逻辑先在性为前提,其主要的哲学工作是致力于探索概念自身的辩证运动,即概念由抽象的同一性到具体的同一性的辩证运动。这个哲学工作的直接的理论成果,就是由抽象到具体的概念辩证法,也就是存在论、认识论和逻辑学"三者一致"的辩证法。这个概念辩证法,在四重意义上展现了人类思想运动的"内涵逻辑":其一,它是人作为"类"的思想由抽象到具体的运动逻辑;其二,它是人作为"个体"的思想由抽象到具体的运动逻辑;其三,它是"科学"构成自己、发展自己的逻辑;其四,从根本上说,它

---

① [美] 瓦托夫斯基:《科学思想的概念基础》,范岱年等译,求实出版社1982年版,第16页。
② 《马克思恩格斯选集》第四卷,人民出版社1995年版,第364页。

是理论思维的"本能的和无条件的前提"——思存同一性——的自我实现的逻辑。它为人类"自觉"到"思维的本性"提供了作为概念辩证法的"内涵逻辑"。尽管黑格尔是以历史"屈从"逻辑的方式来展现人类思想运动的逻辑，但却为全部科学构成自己提供了一种存在论、认识论和辩证法相统一的概念的内涵逻辑。马克思的《资本论》作为列宁所说的"大写的逻辑"，深刻地体现了概念辩证法的逻辑。正因如此，马克思说他有意识地"卖弄"了黑格尔的辩证法，[①] 列宁说，"不钻研和不理解黑格尔的全部逻辑学，就不能完全理解马克思的《资本论》"。[②] 黑格尔的辩证法，是关于人类思想运动的宝贵的哲学遗产。是否承诺人类思想由抽象到具体的运动逻辑，这同样不仅关系到是否承诺黑格尔的《逻辑学》所展现的概念运动的内涵逻辑、马克思的《资本论》所展现的人类历史的内涵逻辑，而且关系到"后形而上学"能否避免陷入相对主义的泥潭——在"非逻辑"的思想基地上不可能形成具有"文明史"内涵的任何真正的"共识"。

由此提出的第三个问题，是黑格尔的辩证法所体现的在对现代性的反省中所提出的"个体理性"与"普遍理性"的关系问题。作为"现代性困境"的理论自觉，黑格尔辩证法的真实目的，是以"普遍理性"重建伦理的总体性，从而实现人同自己的世界的"和解"。在黑格尔那里，作为主体和实体的"概念"是伦理实体，概念辩证法是总体性的伦理观念的自我实现。通过对"抽象理性"的批判，在黑格尔的辩证法中，不仅包含着个体理性认同普遍理性的问题，而且包含着个体理性之间的"斗争"与"承认"问题，"主体间性"构成个体理性认同普遍理性的真实内容。尽管黑格尔是以个体理性"屈从"普遍理性的方式而构成其"全体的自由性"，但是，必须以某种方式实现个体理性与普遍理性、人同自己的世界的"和解"，并不只是黑格尔对"现代性困境"的理论自觉，而且是当代人类所面对的最为严峻的现实问题——"普世伦理"何以可能。因此，如何理解和看待黑格尔的作为伦理实体的普遍理性及其自我实现，是"后形而上学"面对的又一重大问题。

由此提出的第四个问题，是黑格尔的辩证法对马克思的辩证法的"真实

[①] 参见《马克思恩格斯选集》第二卷，人民出版社1995年版，第112页。
[②] 参见《列宁全集》第55卷，人民出版社1990年版，第151页。

意义"问题。马克思对形而上学的"终结",是以"批判的和革命的"辩证法"终结"了对任何东西的"崇拜",是把辩证法实现为"对现存的一切进行无情的批判",是通过对"统治个人的物质关系的理论表现"——形而上学——的批判,而实现为对"统治个人的物质关系"本身——资本——的批判。这是马克思的辩证法所实现的对"形而上学"及其现实的双重批判。马克思的辩证法"终结"了作为永恒真理的形而上学,也"终结"了关于资本主义的非历史性的神话。然而,这是否意味着马克思的辩证法"终结"了人类思想对真理——规律——客观性的逻辑的"承诺"与"发现"?这是否意味着马克思的辩证法"否定"了资本主义存在的合理性及其自我扬弃的必然性?一句话,马克思的辩证法是否"拒斥"了关于"真理"的"宏大叙事"?是否"拒斥"了奠基于"历史规律"的关于"人类解放"的探索与追求?

恩格斯在《在马克思的墓前讲话》中说,马克思的一生有两大"发现",一是发现了"人类历史的发展规律",二是发现了"现代资本主义生产方式和它所产生的资产阶级社会的特殊的运动规律"[①]。这就是说,马克思的工作是发现"历史规律",马克思的辩证法是关于"历史规律"的辩证法。在马克思这里,"辩证法"不是对"规律"的否定,而是"规律"本身,亦即以"历史"为内容的存在论、认识论和辩证法相统一的"历史的内涵逻辑"。正是这个辩证法构成作为"大写的逻辑"的《资本论》。在肯定马克思的辩证法是"历史的内涵逻辑"的意义上,"挑战"真理—规律—客观性的逻辑的"后形而上学",就不仅是对作为"思想的内涵逻辑"的黑格尔辩证法的挑战,也是(更是)对作为"历史的内涵逻辑"的马克思的辩证法的挑战。

"后形而上学"对"辩证法"的挑战,要求我们对"真理—规律—客观性"的"宏大叙事"进行更为深入的思考和求索,并在此基础上构成我们时代的辩证法理论。

马克思、恩格斯认为,历史是追求自己目的的人的活动,因此,历史的规律不是外在于人的活动,而是人的活动本身。离开人的历史活动,就会把历史的规律外在化、抽象化、神秘化和神圣化,从而使之成为控制人的历史活动的神秘力量。是现实的活动构成规律,还是先在的规律支配活动,这是

---

① 《马克思恩格斯选集》第三卷,人民出版社1995年版,第776页。

马克思的辩证法与黑格尔的辩证法的根本分歧。与形而上学"合流"的黑格尔的辩证法，从实质上说，就在于把"规律"变成某种"逻辑先在"的神秘力量，并把历史演绎为逻辑的自我实现。"终结"形而上学的马克思的辩证法，从实质上说，则在于不仅"揭露人在神圣形象中的自我异化"，并且"揭露人在非神圣形象中的自我异化"，即揭露人在"资本"中的自我异化，把人的历史活动与历史规律统一起来。因此，回应"后形而上学"对辩证法的挑战，关键是从人的历史活动去理解历史规律。

历史规律的"客观性"，在于人的历史活动的"客观性"；离开人的历史活动——实践——的客观性，历史规律的客观性就成为一种控制人的历史活动的神秘力量。与形而上学"合流"的黑格尔的辩证法，把规律的客观性描述为"无人身的理性"的自我运动，因而这种辩证法不是形而上学的"终结"，而是形而上学的"完成"。"终结"形而上学的马克思的辩证法，把历史的规律描述为"现实的人及其历史发展"，因而这种辩证法不再是与形而上学的"合流"，而是对形而上学的"终结"。由此我们可以得出两个结论：一方面，离开人的历史活动而把历史的规律当作某种现成的"公式"即"抽象的普遍性"，这就不仅背离了"终结"形而上学的马克思的辩证法，而且是向黑格尔辩证法所批判的"抽象同一性"的旧形而上学的倒退；否认人的历史活动构成历史规律，从而否认规律的客观性，则不仅仅是对黑格尔辩证法的挑战，也是（更是）对马克思的辩证法的挑战。

哲学是思想中的时代，任何一种时代性的哲学都产生于对时代性的人类问题的理论自觉。以资本的逻辑为实质内容的现代社会，它的时代性的人类问题，是马克思所指出的人在"非神圣形象"——理性主义及其现实即"政治"、"法"、"国家"——中的"自我异化"。人在"非神圣形象"中的"自我异化"，导致人的现实世界的分裂——人与自然、人与社会、人与他人、人与自我的分裂。人的现实世界分裂的自我意识，构成我们时代的哲学理论。"后形而上学"的真实意义，在于它以当代人类社会生活的矛盾冲突为基础，揭示了人在各种"非神圣形象"中的"自我异化"，特别是人在社会"模式化"中的"自我异化"，从而为辩证法"对现存的一切进行无情的批判"展现了新的"视域"。

"后形而上学"的本质特征就在于，它以否认真理—规律—客观性的极端方式，集中地揭示了形而上学的"普遍理性"的内在矛盾性：其一，它集中地揭露了从柏拉图到黑格尔的"理性主义的放荡"所造成的"形而上学的恐怖"，即"普遍理性"对"人"的"偏离"所构成的"本质主义的肆虐"；其二，它对形而上学的"层级性"追求的"拒斥"，凸显了"顺序性"的选择与安排的生存论意义，从而"终结"了以"普遍理性"扼杀实践的选择性、文化的多样性的"同一性哲学"；其三，它在"瓦解"主体形而上学的进程中，凸显了"主体间性"、"交往理论"、"商谈"、"对话"、"有机团结"在人类历史活动中的现实意义；其四，它在否定"同一性哲学"的进程中，试图构建以"非同一性"为前提的、超越绝对主义和相对主义的新的哲学理念，从而使得"必要的张力"成为当代哲学的基本理念。这种"后形而上学"视域，对于深入地审视真理—规律—客观性观念。把"对现存的一切进行无情的批判"的辩证法贯彻到全部社会生活，从而不断深入地"揭露人在非神圣形象中的自我异化"，具有重要的理论意义和实践意义。

与此同时，我们不能无批判地看待"后形而上学"对"形而上学"的批判。"后形而上学"以否认真理—规律—客观性的极端方式所展开的批判，使其自身陷入了难以逃避相对主义的窘境：任何可能的"交往"、"对话"、"商谈"和"团结"，都不能不以对真理—规律—客观性的某种承诺为前提；任何可能的"思想"与"实践"，都不能不以对人的理想性、超越性的"形上本性"的承诺为前提。辩证法的"合情合理"的本质就在于此：它"终结"了关于"永恒真理"的形而上学幻想，又"开启"了形而上学的自我批判中的本体论追求。这就是当代意义的"形而上学"或"本体论"的"复兴"。"哲学的本体论，是一种追本溯源式的意向性追求，是一种理论思维的无穷无尽的指向性，是一种指向无限性的终极关怀；哲学本体论追求的生活价值在于，人类总是悬设某种基于现实而又超越现实的理想目标，否定自己的现实存在，把现实变成更加理想的现实；哲学本体论追求的真实意义就在于，它引导人类在理想与现实、终极的指向性与历史的确定性之间，既永远保持一种必要的张力，又不断打破这种微妙的平衡，从而使人类在自己的全部生活中保持生机勃勃的求真意识、向善意识和审美意识，永远敞开自我批判和自我超越的空间。在这个意义上，哲学就是本体论，就是本体论的自我批判，也就是思想的前提批判。"① 这种"本体论的自我批判"或"思想的前提批判"，就是"对现存的一切进行无情的批判"。

马克思说："光是思想力求成为现实是不够的，现实本身应当力求趋向思想。"② 当代的辩证法理论，既是内含着形而上学的"激情"和"冲动"的批判、承载着形而上学的"理想"和"追求"的批判，又是对形而上学的"激情"、"冲动"、"理想"和"追求"的批判，即对形而上学本身的批判。辩证法的批判，是对"现实"与"理想"的双重批判。非批判地看待形而上学所承诺的"理想"和"追求"，就会导致"理性主义的放荡"、"本质主义的肆虐"和"形而上学的恐怖"；非批判地放弃形而上学对"规律"、"真理"和"客观性"的承诺与追求，则会导致"没有标准的选择的、生命中不能承受之轻的、存在主义的焦虑"。现代社会不是人类文明史的断裂，"后形而上学"也不可能是人类思想史的断裂。辩证法要求我们在"现代性的困境"中"保持必要的张力"并"达到微妙的平衡"。这是当代人类的实践智慧的辩证法。

三　辩证法、认识论和逻辑学

在辩证法发展史上，特别是在马克思主义辩证法发展史上，列宁的辩证法思想，特别是他在《哲学笔记》中所阐发的辩证法思想，具有独特的重大意义。《哲学笔记》的辩证法思想，主要是在黑格尔《逻辑学》与马克思《资本论》双重语境的互动中形成的：一方面，列宁始终以"参看《资本论》"为出发点来探索黑格尔《逻辑学》的"真实意义"；另一方面，列宁又以"继承黑格尔和马克思的事业"的理论自觉而重新理解和阐释《资本论》。正是在《逻辑学》与《资本论》双重语境的互动中，形成了列宁《哲学笔记》的辩证法思想：唯物主义的逻辑、辩证法和认识论"三者一致"的辩证法。能否从"三者一致"重新理解辩证法，不仅关系到对辩证法的理解，而且关系到对人类把握世界的哲学方式的理解。

（一）辩证法与逻辑学

列宁在《黑格尔辩证法〈逻辑学〉的纲要》中，作出一个结论性的论

---

① 《孙正聿哲学文集》第 9 卷，吉林人民出版社 2007 年版，第 688—689 页。
② 《马克思恩格斯选集》第一卷，人民出版社 1995 年版，第 11 页。

断："在《资本论》中，唯物主义的逻辑、辩证法和认识论［不必要三个词：它们是同一个东西］都应用于一门科学，这种唯物主义从黑格尔那里吸取了全部有价值的东西并发展了这些有价值的东西。"① 对于列宁的这个论断，人们感到最难以理解的，首先在于为什么辩证法是逻辑学？

在《黑格尔〈逻辑学〉一书摘要》中，列宁写下的第一句话是："关于逻辑学，说得妙：说它似乎是'教人思维'的（犹如生理学是'教人消化'的??）。"② 这句话所具有的振聋发聩的意义是显而易见的：人们通常都是把逻辑学视为"教人思维"的；但是，正如生理学并不是"教人消化"的，逻辑学也不是"教人思维"的；那么，不是教人思维的"逻辑学"究竟是什么？黑格尔《逻辑学》所论述的"逻辑"究竟是什么？正是在对"逻辑"和"逻辑学"的重新思考中，列宁提出了为什么必须在逻辑学的意义上理解辩证法的一系列重要思想。

关于"逻辑"，列宁在摘录《逻辑学》第一版序言中的逻辑学"构成真正的形而上学或纯粹的思辨哲学的逻辑科学"和"哲学不能由一门从属的科学——数学——取得自己的方法"以及"只有沿着这条自己构成自己的道路……哲学才能成为客观的、论证的科学"③。这些论述之后，在《逻辑学》第二版序言的摘要中，又以全方框方式写下这样的评语："黑格尔则要求这样的逻辑：其中形式是富有内容的形式，是活生生的实在的内容的形式，是和内容不可分离地联系着的形式。"④ 接着，列宁同样以全方框方式写下具有结论性的评语："逻辑不是关于思维的外在形式的学说，而是关于'一切物质的、自然的和精神的事物'的发展规律的学说，即关于世界的全部具体内容的以及对它的认识的发展规律的学说，即对世界的认识的历史的总计、总和、结论。"⑤

列宁关于"逻辑"的上述评语，具有强烈的理论针对性和深刻的思想内涵。早在1859年评论马克思的《政治经济学批判》时，恩格斯就曾经犀

---

① 《列宁全集》第 55 卷，人民出版社 1990 年版，第 290 页。
② 同上书，第 72 页。
③ 同上书，第 72、73 页。
④ 同上书，第 77 页。
⑤ 同上。

利和辛辣地指出:"自从黑格尔逝世之后,把一门科学在其固有的内部联系中来阐述的尝试,几乎未曾有过。官方的黑格尔学派从老师的辩证法中只学会搬弄最简单的技巧,拿来到处应用,而且常常笨拙得可笑。对他们来说,黑格尔的全部遗产不过是可以用来套在任何论题上的刻板公式,不过是可以用来在缺乏思想和实证知识的时候及时搪塞一下的词汇语录。"[①] 品味恩格斯的论述,我们可以深切地体会到,"辩证法"之所以被当成"可以用来套在任何论题上的刻板公式",之所以会变成"可以用来在缺乏思想和实证知识的时候及时搪塞一下的词汇语录",就在于把辩证法当成脱离思想内容的纯粹的"思维方法",当成只是"供使用"的"手段"。正是针对这个关系到对"辩证法"的根本性理解的重大问题,列宁特别重视《逻辑学》对"逻辑"的重新阐释,特别肯定黑格尔所论证的内容与形式相统一的"逻辑",特别强调"逻辑不是关于思维的外在形式的学说",而是"关于世界的全部具体内容及对它的认识的发展规律的学说"。正是这个意义上的"逻辑学",也就是作为关于"思维和存在的一致"即关于"真理"的"逻辑学",构成作为发展学说的"辩证法"。

在黑格尔看来,哲学作为"关于真理的科学"[②],它的根本性的内容与使命,在于实现"思维和存在的一致";而人们对于哲学的最大的误解,则在于或者把作为思维规定的"概念"当成离开整个世界和全部生活的空洞的"名称",或者把整个世界和全部生活当成离开"概念"的杂多的"表象",从而在"真理"的意义否定了"思维和存在的一致"[③]。具体言之,对"辩证法"的最大误解,莫过于把思想的内容与形式割裂开来、把概念的内涵与外延割裂开来、把哲学的理论与方法割裂开来,从而把作为世界观理论的"辩证法"当成没有思想内容、没有概念内涵、没有实证知识的"刻板公式"和"词汇语录"。这种根本性的误解,突出地表现在对辩证法的核心观念——"发展"的理解。列宁尖锐地指出:"对于'发展原则',在20世纪(还有19世纪末)'大家都同意'。——是的,不过这种表面的、未经深

[①] 《马克思恩格斯选集》第二卷,人民出版社1995年版,第40页。
[②] [德] 黑格尔:《小逻辑》,贺麟译,商务印书馆1980年版,第5页。
[③] 参见 [德] 黑格尔《小逻辑》,贺麟译,商务印书院1980年版,第41页。

思熟虑的、偶然的、庸俗的'同意'，是一种窒息真理、使真理庸俗化的同意。——如果一切都发展着，那末一切就都相互过渡，因为发展显然不是简单的、普遍的和永恒的生长、增多（或减少）等等。——既然如此，那首先就要更确切地理解进化，把它看作一切事物的产生和消灭、相互过渡。——其次，如果一切都发展着，那么这是否也同思维的最一般的概念和范畴有关？如果无关，那就是说，思维同存在没有联系。如果有关，那就是说，存在着具有客观意义的概念辩证法和认识辩证法。"① 对此，列宁还特别强调地写下：这是"关于辩证法及其客观意义的问题"②。

概念的辩证法和认识的辩证法之所以"具有客观意义"，发展问题之所以"同思维的最一般的概念和范畴有关"，是因为作为思维规定的概念和范畴既不是单纯的"思维形式"也不是"抽象的普遍性"。因此，真实地理解关于"发展"的"逻辑"，就必须重新理解构成"逻辑"的"概念"和"范畴"。在肯定黑格尔所要求的内容与形式相统一的"逻辑"，并作出"逻辑不是关于思维的外在形式的学说"的基础上，列宁提出"客观主义：思维的范畴不是人的工具，而是自然的和人的规律性的表述"③，并以全方框方式对"范畴"作出如下的论断："在人面前是自然现象之网。本能的人，即野蛮人，没有把自己同自然界区分开来。自觉的人则区分开来了，范畴是区分过程中的梯级，即认识世界的过程中的梯级，是帮助我们认识和掌握自然现象之网的网上纽结。"④ 这样的逻辑范畴就"不只是抽象的普遍，而且是自身还包含着特殊东西的丰富性的普遍"，由这样的逻辑范畴所展开的逻辑就"不是抽象的、僵死的、不动的，而是具体的"。正是基于这种理解，列宁在摘录黑格尔的这些论述后，写下了这样的评语："很有特色！辩证法的精神和实质！"⑤

列宁的上述论断，并不是偶发的感慨，而是在"旧逻辑"与《逻辑学》的对比中作出的，即："在旧逻辑中，没有过渡，没有发展（概念的

---

① 《列宁全集》第55卷，人民出版社1990年版，第215页。
② 同上。
③ 同上书，第75页。
④ 同上书，第78页。
⑤ 同上书，第84页。

和思维的),没有各部分之间的'内在的必然的联系',也没有某些部分向另一些部分的'过渡'。"而黑格尔的《逻辑学》则"提出两个基本要求:(1)'联系的必然性'和(2)'差别的内在的发生'"①。列宁认为,黑格尔的这"两个基本的要求",正是深刻地体现了"辩证的东西='在对立面的统一中把握对立面'"②。因此列宁提出:"辩证法是一种学说。它研究对立面怎样才能够同一,是怎样(怎样成为)同一的——在什么条件下它们是相互转化而同一的,——为什么人的头脑不应该把这些对立面看作僵死的、凝固的东西,而应该看作活生生的、有条件的、活动的、彼此转化的东西。"③ 列宁关于辩证法的上述论断告诉我们,"在对立面的统一中把握对立面",就必须掌握"具有客观意义"的概念的辩证法和认识的辩证法;而深刻地理解辩证法是逻辑学,则必须重新理解"逻辑"的现实表达——"概念"。

特别引人注目和发人深省的是,《哲学笔记》着力最多的主要内容,是在辩证法与逻辑学的一致中重新理解"概念"。列宁指出:"对通常看起来似乎是僵死的概念,黑格尔作了分析并指出:它们之中有运动。有限的?就是说,向终结运动着的!某物?——就是说,不是他物。一般存在?——就是说,是这样的不规定性,以致存在=非存在。概念的全面的、普遍的灵活性,达到了对立面同一的灵活性,——这就是实质所在。主观地运用的这种灵活性=折中主义与诡辩。客观地运用的灵活性,即反映物质过程的全面性及其统一性的灵活性,就是辩证法,就是世界的永恒发展的正确反映。"④ 对此,列宁进而提出:"(抽象的)概念的形成及其运用,已经包含着关于世界客观联系的规律性的看法、见解、意识。""否定概念的客观性、否定个别和特殊之中的一般的客观性,是不可能的。黑格尔探讨客观世界的运动在概念的运动中的反映,所以他比康德及其他人深刻得多。"⑤ 在这段论述中,列宁还以《资本论》所阐述的商品为例,具体地指出:"这一个商品和

---

① 《列宁全集》第55卷,人民出版社1990年版,第81页。
② 同上书,第83页。
③ 同上书,第90页。
④ 同上书,第91页。
⑤ 同上书,第149页。

另一个商品交换的个别行为，作为一种简单的价值形式来说，其中已经以尚未展开的形式包含着资本主义的一切主要矛盾，——即使是最简单的概括，即使是概念（判断、推理等等）的最初的和最简单的形成，已经意味着人在认识世界的日益深刻的客观联系。在这里必须探求黑格尔逻辑学的真实的含义、意义和作用。"① 由此，列宁又进一步提出："当逻辑的概念还是'抽象的'，还具有抽象形式的时候，它们是主观的，但同时它们也表现着自在之物。自然界既是具体的又是抽象的，既是现象又是本质，既是瞬间又是关系。人的概念就其抽象性、分隔性来说是主观的，可是就整体、过程、总和、趋势、来源来说却是客观的。"② 对此，列宁还引证《逻辑学》的话说，"没有思维和概念的对象，就是一个表象或者甚至只是一个名称；只有在思维规定和概念规定中，对象才是它所是的东西"，并写下这样的评语："这是对的！表象和思想，二者的发展，而不是什么别的。"③ 正是基于对"概念"的上述理解，列宁在"辩证法是什么？"的标题下作出如下论断："概念的相互依赖"，"一切概念的毫无例外的相互依赖"，"一个概念向另一个概念的过渡"，"一切概念的毫无例外的过渡"，"概念之间对立的相对性"，"概念之间对立面的同一"④。

列宁对"概念"的阐释，不仅深切地揭示了逻辑学与辩证法的一致，而且深切地揭示了这种"一致"所具有的重大的哲学意义。在摘录黑格尔关于"理解运动，就是用概念的形式来表达运动的本质"之后，列宁写下"对！"的评论，并且进而作出这样的论断："问题不在于有没有运动，而在于如何在概念的逻辑中表达它。"⑤ 这是因为，只是肯定"运动"的经验事实，还仅仅是素朴实在论的反映论，"它描述的是运动的结果，而不是运动自身"，"它没有指出运动的可能性，它自身没有包含运动的可能性"，"它把运动描写成为一些静止状态的总和、联结"，而辩证的矛盾则"被掩盖、推开、隐藏、搁置

---

① 《列宁全集》第 55 卷，人民出版社 1990 年版，第 149—150 页。
② 同上书，第 178 页。
③ 同上书，第 194 页。
④ 同上书，第 167 页。
⑤ 同上书，第 216 页。

起来"①。因此，只有在"概念的逻辑中"揭示"运动"的矛盾本质，才能"在对立面的统一中把握对立面"，才能构成作为理论思维的辩证法。

然而，正如黑格尔已经深刻揭示的，"造成困难的从来就是思维，因为思维把一个对象的实际联结在一起的各个环节彼此区分开来"②。列宁由此提出，"如果不把不间断的东西割断，不使活生生的东西简单化、粗陋化，不加以划分，不使之僵化，那么我们就不能想象、表达、测量、描述运动。思想对运动的描述，总是粗陋化、僵化。不仅思想是这样，而且感觉也是这样；不仅对运动是这样，而且对任何概念也都是这样"③。正是由于"思维"、"概念"总是使"活生生的东西简单化、粗糙化"、"割碎"和"僵化"，因此，实现"思维和存在的一致"的辩证法，就必须达到"概念的全面的、普遍的灵活性，达到对立面同一的灵活性"④，"这些概念必须是经过琢磨的、整理过的、灵活的、能动的、相对的、相互联系的、在对立中统一的"⑤。正是在辩证法与逻辑学相一致的意义上重新理解"概念"，列宁引证恩格斯的话说，辩证法就是"运用概念的艺术"⑥。

正是基于对辩证法必须是逻辑学的上述理解，也就是基于必须以思维的逻辑运动（概念的辩证法）去把握和描述事物的逻辑（存在的辩证法）才能实现"思维和存在的一致"的上述理解，列宁不仅肯定了"具有客观意义的概念的辩证法和认识的辩证法"，而且作出了一个令人惊叹的评语："聪明的唯心主义比愚蠢的唯物主义更接近于聪明的唯物主义。"⑦对于这个评语，列宁的解释是："辩证的唯心主义代替聪明的唯心主义"，而"形而上学的、不发展的、僵死的、粗糙的、不动的代替愚蠢的"⑧。列宁的这个论断及其解释告诉我们，坚持和发展马克思主义的"聪明的唯物主义"，首先就必须深刻地理解黑格尔的"聪明的唯心主义"即"辩证的唯心主义"

---

① 《列宁全集》第55卷，人民出版社1990年版，第219页。
② 同上。
③ 同上。
④ 同上书，第91页。
⑤ 同上书，第122页。
⑥ 同上书，第213页。
⑦ 同上书，第235页。
⑧ 同上。

所提供的"概念的辩证法",就必须真实地超越马克思所批评的"只是从客体的或者直观的形式"去理解"对象、现实、感性"的"从前的一切唯物主义"①,也就是真实地超越列宁所批评的"形而上学的、不发展的、僵死的、粗糙的、不动的"即"愚蠢的唯物主义"。而实现这种理论超越的前提,则是必须在"逻辑学"的意义上重新理解"辩证法"。

从马克思主义哲学发展史看,列宁关于辩证法就是逻辑学的思想,与恩格斯关于"思维和存在的一致"的思想是完全"一致"的。恩格斯说:"我们的主观的思维和客观的世界遵循同一些规律,因而两者在其结果中最终不能互相矛盾,而必须彼此一致,这个事实绝对地支配着我们的整个理论思维。这个事实是我们的理论思维的本能的和无条件的前提。18世纪的唯物主义,由于其本质上的形而上学的性质,只是从内容方面研究这个前提。它只限于证明一切思维和知识的内容都应当来源于感性的经验,并且重新提出下面这个命题:感觉中未曾有过的东西,理智中也不存在。只有现代的唯心主义的,同时也是辩证的哲学,特别是黑格尔,才又从形式方面研究了这个前提。"② 正是由于旧唯物主义"只是从内容方面"研究"思维和存在的一致",因而决定了"其本质上的形而上学的性质";而"又从形式方面"研究"思维和存在的一致"的黑格尔哲学,则一方面是在辩证法与逻辑学的同一中构成了"辩证的哲学",另一方面则是以唯心主义的神秘方式所构成的"聪明的唯心主义"。列宁强调《资本论》所实现的是"唯物主义的逻辑、辩证法和认识论"的"三者一致",这既是充分地肯定马克思"从黑格尔那里吸取了全部有价值的东西",又是深切地揭示马克思"发展了这些有价值的东西",因而才实现了从"聪明的唯心主义"到"聪明的唯物主义"的飞跃。

(二)辩证法与认识论

如果说列宁关于"唯物主义的逻辑、辩证法和认识论"是"同一个东西"的论断,不可否认地包含"辩证法就是逻辑学"的判断;那么,列宁在《谈谈辩证法问题》这篇具有总结性的短文中,则明确地提出了"辩证

---

① 《马克思恩格斯选集》第一卷,人民出版社1995年版,第58页。
② 《马克思恩格斯选集》第四卷,人民出版社1995年版,第364页。

法也就是（黑格尔和）马克思主义的认识论"①的著名论断。

对于列宁的这个论断，学界一直存在不同的理解和阐释，其中的一种具有代表性的解释模式，是把列宁的这个论断归结为"把辩证法应用于反映论，应用于认识的过程和发展"。这种解释，不仅极大地缩小了"辩证法就是认识论"的深厚的思想内涵，而且还造成了把列宁的辩证法思想（特别是《哲学笔记》中所阐述的辩证法思想）归结为"认识论的辩证法"的不容忽视的理论"误区"。这突出地表现在，当代国内外的辩证法研究中，几乎形成了一种"共识"的关于辩证法的分类：本体论的辩证法、认识论的辩证法、实践论的辩证法，而一些学者正是从列宁的"辩证法也就是认识论"的论断而断言列宁的辩证法属于"认识论的辩证法"。这表明，只有重新研读和阐释《逻辑学》与《资本论》双重语境互动中的《哲学笔记》，才能理解列宁关于辩证法也就是认识论的真实含义，并从而跳出把列宁的辩证法思想归结为"认识论的辩证法"的理论"误区"。

在《哲学笔记》中，列宁关于辩证法的全部论述，直接针对的是把辩证法"当做实例的总和"，"而不是被当做认识的规律（以及客观世界的规律）"②。正是基于这种强烈的针对性，列宁强调地指出："辩证法也就是（黑格尔和）马克思主义的认识论：正是问题的这一'方面'（这不是问题的一个'方面'，而是问题的实质）普列汉诺夫没有注意到，至于其他的马克思主义者就更不用说了。"③在这段发人深省的论述中，列宁有针对性地强调了三个方面：其一，辩证法也就是黑格尔和马克思主义的认识论。在这里，列宁不仅是把黑格尔和马克思并列起来强调辩证法就是认识论，而且特别是在《逻辑学》与《资本论》的一致性方面强调辩证法就是认识论；其二，辩证法也就是认识论，"这不是问题的一个'方面'，而是问题的实质"④）。在这里，列宁所针对的正是那种把"辩证法也就是认识论"这个命题归结为"问题的一个'方面'"的理解模式，也就是仅仅把这个命题归结为"把辩证法应用于反映论"的理解模式。列宁所强调的"问题的本质"，

---

① 《列宁全集》第55卷，人民出版社1990年版，第308页。
② 同上书，第305页。
③ 同上书，第308页。
④ 同上。

指的是不能把辩证法"当做实例的总和",而必须从"认识的规律(以及客观世界的规律)"去理解辩证法,也就是从作为哲学的重大的基本问题的思维和存在的关系问题去理解辩证法;其三,列宁为了强调理解这个"问题的本质"的重要性和艰巨性,又进一步地提出,这个"问题的本质"连普列汉诺夫这样著名的马克思主义理论家都"没有注意到,至于其他的马克思主义者就更不用说了"。

从"问题的本质"上看,整部《哲学笔记》都是在把辩证法理解为逻辑学的基础上,也就是在把辩证法理解为以思维的逻辑把握存在的运动的基础上,全面地、深刻地论证了"辩证法也就是(黑格尔和)马克思主义的认识论"。这主要包括:关于人的认识辩证本性的论证,关于认识的辩证运动的论证,关于辩证法与认识史关系的论证,关于辩证法的知识领域的论证,关于认识和逻辑的实践基础的论证,关于唯心主义的认识论根源的论证等等。列宁的这些论证,不仅具体地阐述了"辩证法也就是(黑格尔和)马克思主义认识论"这个"问题的本质",而且深刻地揭示了《资本论》的"唯物主义的逻辑、辩证法和认识论"是"同一个东西"。

在《哲学笔记》中,"辩证法也就是认识论"同"辩证法也就是逻辑学",并不是相互独立的两个论断,而是从两个不同的角度所形成的关于"问题的本质"的具有共同的思想内涵的同一个判断。列宁在"探求"黑格尔逻辑学的真实的含义、意义和作用时提出,"(抽象的)概念的形成及其运用,已经包含着关于世界客观联系的规律性的看法、见解、意识"[①]。列宁由此进一步以"唯物主义的观点"提出:"逻辑学是关于认识的学说。它是认识论。认识是人对自然界的反映。但是,这并不是简单的、直接的、完整的反映,而是一系列的抽象过程,即概念、规律等等的构成、形成过程,这些概念和规律等等(思维、科学='逻辑观念')有条件地近似地把握着永恒运动着的和发展着的自然界的普遍规律性。""人不能完全把握=反映=描绘整个自然界、它的'直接的总体',人只能通过创立抽象、概念、规律、科学的世界图景等等永远地接近于这一点。"[②] 正是由于列宁以"唯

---

① 《列宁全集》第 55 卷,人民出版社 1990 年版,第 149 页。
② 同上书,第 152—153 页。

物主义的观点"来解读"关于认识的学说"的《逻辑学》,因此以全方框方式写道:"极其深刻和聪明!逻辑规律是客观事物在人的主观意识中的反映。"① 这正是列宁以"问题的本质"——思维和存在的关系问题——所阐释的"唯物主义的逻辑、辩证法和认识论"的"三者一致"。

"辩证法也就是认识论",首先是植根于人的认识的辩证本性。列宁提出:"从最简单、最普通、最常见的等等东西开始;从任何一个命题开始,如树叶是绿的,伊万是人,茹奇卡是狗等等。在这里(正如黑格尔天才地指出过的)就已经有辩证法:个别就是一般。"② 因此,"在任何一个命题中,很象在一个'单位'('细胞')中一样,都可以(而且应当)发现辩证法一切要素的萌芽,这就表明辩证法本来是人类的全部认识所固有的"③。在这里,列宁不仅从"辩证法是人类的全部认识所固有的"观点论证了"辩证法也就是认识论",而且是从人的认识的辩证本性论证了"具有客观意义的概念的辩证法和认识的辩证法",从而在"辩证法就是逻辑学"和"辩证法就是认识论"这两个命题的统一中,深化了我们对"唯物主义的逻辑、辩证法和认识论"是"同一个东西"的理解。

"辩证法也就是认识论",还在于人(人类)的认识本身是辩证发展的。在《哲学笔记》中,列宁对此作出了一系列的深刻论述:"思想和客体的一致是一个过程","认识是思维对客体的永远的、没有止境的接近。自然界在人的思想中的反映,应当了解为不是'僵死的',不是'抽象'的,不是没有运动的,不是没有矛盾的,而是处在运动的永恒过程中,处在矛盾的产生和解决的永恒过程中"④,"人对事物、现象、过程等等的认识从现象到本质、从不甚深刻的本质到更深刻的本质的深化的无限过程"⑤,"人的概念并不是不动的,而是永恒运动的,相互转化的,往返流动的;否则,它们就不能反映活生生的生活"⑥。正是基于对人的认识的辩证发展的理解,列宁

---

① 《列宁全集》第55卷,人民出版社1990年版,第154页。
② 同上书,第307页。
③ 同上书,第308页。
④ 列宁:《哲学笔记》,人民出版社1974年版,第208页。
⑤ 同上书,第239页。
⑥ 同上书,第277页。

在《谈谈辩证法问题》一文中对"辩证法也就是认识论"的思想内涵作出精辟的阐释:"辩证法是活生生的、多方面的(方面的数目永远增加着的)认识,其中包含着无数的各式各样观察现实、接近现实的成分(包含着从每个成分发展成的整个哲学体系),这就是它比起'形而上学的'唯物主义来所具有的无比丰富的内容,而形而上学的唯物主义的根本缺陷就是不能把辩证法应用于反映论,应用于认识的过程和发展。"[1] 列宁的上述论断,既表明了从认识的辩证发展去理解"辩证法也就是认识论"的必要性和重要性,又表明了列宁主要是针对"形而上学的唯物主义的根本缺陷"而着重提出"把辩证法应用于反映论,应用于认识的过程和发展"的问题。如果把关系到"问题的本质"的"辩证法也就是认识论"这一命题仅仅理解为"把辩证法应用于反映论",就既不能真正把握这一命题的深刻内涵,更不能理解为什么"唯物主义的逻辑、辩证法和认识论"是"同一个东西"。

"辩证法也就是认识论",还在于哲学史上的任何一种哲学理论、一种哲学学说、一种哲学派别、一种哲学思潮,都与人的认识的某个特征、方面或部分密切相关。列宁在提出"辩证法是活生生的、多方面的(方面的数目永远增加着的)认识,其中包含着无数的各式各样观察现实、接近现实的成分(包含着从每个成分发展成的整个哲学体系)"之后,作出了人们经常引证的著名论断:"从粗陋的、简单的、形而上学的唯物主义观点看来,哲学唯心主义不过是胡说。相反地,从辩证唯物主义的观点看来,哲学唯心主义是把认识的某一个特征、方面、部分片面地、夸大地、发展(膨胀、扩大)为脱离了物质、脱离了自然的、神化了的绝对。唯心主义就是僧侣主义。这是对的。但('更确切些'和'除此而外')哲学唯心主义是经过人的无限复杂的(辩证的)认识的一个成分而通向僧侣主义的道路。"[2] 对此,列宁又作出进一步的深刻阐述:"人的认识不是直线(也就是说,不是沿着直线进行的),而是无限地近似于一串圆圈、近似于螺旋的曲线。这一曲线的任何一个片断、碎片、小段都能被变成(被片面地变成)独立的完整的直线,而这条直线能把人们(如果只见树木不见森林的话)引到泥坑里去,

---

[1] 列宁:《哲学笔记》,人民出版社1974年版,第411页。

[2] 同上。

引到僧侣主义那里去（在那里统治阶级的阶级利益就会把它巩固起来）。直线性和片面性，死板和僵化，主观主义和主观盲目性就是唯心主义的认识论根源。而僧侣主义（＝哲学唯心主义）当然有认识论的根源，它不是没有根基的，它无疑地是一朵无实花，然而却是生长在活生生的、结果实的、真实的、强大的、全能的、客观的、绝对的人类认识这棵活树上的一朵无实花。"[1] 从"辩证法就是认识论"去理解全部哲学史，一个重大的理论意义就在于，它使人们真正地理解哲学唯心主义产生和长期存在的认识论根源。

"辩证法也就是认识论"，还在于"辩证哲学"本身就是"一种建立在通晓思维的历史和成就的基础上的理论思维"。无论是从人类认识的辩证本性和辩证发展上看，还是从理解哲学理论和哲学派别冲突的认识论根源上看，理解逻辑、辩证法和认识论的"三者一致"，都必须把"辩证法"同全部"哲学史"联系起来。这是列宁阅读《逻辑学》的一个重要结论。在《逻辑学》的"存在论"的摘要中，列宁就以全方框方式写下了这样的评语："看来，黑格尔是把他的概念、范畴的自身发展和全部哲学史联系起来了。这给整个逻辑学提供了又一个新的方面。"[2] 正是这个"新的方面"，得到列宁的特殊关切。列宁在《哲学笔记》中提出这样一个问题：为什么"普遍运动和变化的思想（逻辑学，1813年）还未被应用于生命和社会以前，就被猜测到了"[3]？列宁认为，《逻辑学》之所以能够"猜测到"这个"普遍运动和变化的思想"，非常重要的原因，是由于"黑格尔在哲学史中着重地探索辩证的东西"[4]，"黑格尔的辩证法是思想史的概括"[5]。列宁由此得出的重要结论是："要继承黑格尔和马克思的事业，就应当辩证地探讨人类思想、科学和技术的历史。"[6] 据此，列宁还进一步具体地提出，"哲学史"，"各门科学的历史"，"儿童智力发展的历史"，"动物智力发展的历史"，"语言的历史"，"心理学"，"感觉器官的生理学"，"这就是那些应当

---

[1] 《列宁全集》第55卷，人民出版社1990年版，第311页。
[2] 同上书，第97页。
[3] 同上书，第118页。
[4] 同上书，第209页。
[5] 同上书，第289页。
[6] 同上书，第122页。

构成认识论和辩证法的知识领域"①。深思列宁的这些论述，我们可以深刻地理解恩格斯为什么把"辩证哲学"归结为是"一种建立在通晓思维的历史和成就的基础上的理论思维"②。

需要特别指出的是，在列宁的"辩证法也就是（黑格尔和）马克思主义认识论"的哲学思想中，最为重要的思想是以实践的观点来论证"唯物主义的逻辑、辩证法和认识论"是"同一个东西"。因此，列宁在这里所指认的"唯物主义"，并不是旧唯物主义或一般意义的"唯物主义"，而是特指《资本论》的"唯物主义"即马克思主义的"现代唯物主义"。

在《逻辑学》"概念论"的摘要中，列宁以"对客体的认识"的评语，摘录了黑格尔关于"对真理的认识就在于：按照客体本身，即把客体作为不掺杂主观反思的东西来认识"的论述③。列宁"用唯物主义的观点"来阐释和发挥黑格尔的思想，由此提出了关于"唯物主义辩证法"的一系列评语。首先，列宁明确地提出，"外部世界，自然界的规律，乃是人的有目的的活动的基础"，"人在自己的实践活动中面向着客观世界，以它为转移，以它来规定自己的活动"④，"人的目的是客观世界所产生的，是以它为前提的"⑤；与此同时，列宁又强调地指出，"人的意识不仅反映客观世界，并且创造客观世界"⑥，"世界不会满足人，人决心以自己的行动来改变世界"⑦；列宁由此提出"实质：'善'是'对外部现实性的要求'，这就是说，'善'被理解为人的实践＝要求（1）和外部现实性（2）"⑧。在这里，列宁深刻地揭示了"唯物主义的逻辑、辩证法和认识论"是"同一个东西"的存在论根源：人的实践活动的目的性要求与外部现实性的辩证关系。其次，列宁特别关切地阐述了"逻辑"的现实基础，提出"人的实践经过千百万次的重复，它在人的意识中以逻辑的格固定下来。这些格正是（而且只是）由于

---

① 列宁：《哲学笔记》，人民出版社1974年版，第399页。
② 《马克思恩格斯全集》第20卷，人民出版社1971年版，第552页。
③ 列宁：《哲学笔记》，人民出版社1974年版，第197页。
④ 同上书，第200页。
⑤ 同上书，第201页。
⑥ 同上书，第228页。
⑦ 同上书，第229页。
⑧ 同上。

千百万次的重复才有着先入之见的巩固性和公理的性质"①。列宁的这个思想，从人类的实践活动出发深刻地揭示了"逻辑"之所以具有"客观意义"的实践源泉。再次，列宁在"黑格尔论实践和认识的客观性"的标题下，写下"人的和人类的实践是认识的客观性的验证、准绳。黑格尔的意思是这样的吗？要回过来再看"②。接着，列宁又以全方框方式写下，"在黑格尔那里，在分析认识过程中，实践是一个环节，并且也就是向客观的（在黑格尔看来是'绝对的'）真理的过渡。因此，当马克思把实践的标准列入认识论时，他的观点是直接和黑格尔接近的：见关于费尔巴哈的提纲"③。

列宁的上述思想，以马克思的实践观点深刻地阐述了"唯物主义的逻辑、辩证法和认识论"的"三者一致"，从而使我们更为具体和更为深刻地理解马克思的唯物主义从黑格尔那里所吸取的"全部有价值的东西"，特别是更为具体和更为深刻地理解马克思的唯物主义如何"向前推进了这些有价值的东西"④。这同时表明，离开列宁对思维和存在关系问题的实践论理解，把列宁关于"辩证法也就是（黑格尔和）马克思主义的认识论"的重要思想仅仅归结为"把辩证法应用于反映论"，并进而把列宁的这个思想归结为"认识论的辩证法"，是不符合列宁的思想本身的。

（三）《资本论》的"同一个东西"

对于列宁来说，最大的理论问题莫过于究竟什么是马克思主义，最大的理论困惑莫过于为什么包括普列汉诺夫在内的马克思主义者并没有真正懂得马克思主义。列宁在《逻辑学》与《资本论》双重语境的互动中所阐发的"唯物主义的逻辑、辩证法和认识论"是"同一个东西"的重要思想，正是对上述两个问题的根本性回答。

列宁认为，辩证法不仅是马克思主义哲学中有决定意义的东西，而且是整个马克思主义的活的灵魂。然而，在恩格斯逝世以后，马克思的辩证法却遭到两个方面的严重歪曲：一是把"发展"这个概念当作时髦的旗号搞庸俗进化论；二是把"辩证法"从黑格尔已经达到的自觉形态（唯心主义的

---

① 列宁：《哲学笔记》，人民出版社 1974 年版，第 233 页。
② 同上书，第 227 页。
③ 同上书，第 228 页。
④ 同上书，第 357 页。

逻辑、辩证法和认识论的"三者一致")降低为朴素、自发的东西,即"实例的总和"。对于造成这种歪曲的重要理论根源,列宁明确和尖锐地指出:"不钻研和不理解黑格尔的全部逻辑学,就不能完全理解马克思的《资本论》,特别是它的第1章。因此,半个世纪以来,没有一个马克思主义者是理解马克思的!!"① 理解马克思,就必须理解马克思的《资本论》;而理解《资本论》,则必须"钻研和理解"黑格尔的《逻辑学》。列宁在《逻辑学》与《资本论》双重语境的互动中所作出的这个论断,要求我们真实地、深刻地理解《资本论》的"唯物主义的逻辑、辩证法和认识论"是"同一个东西"。

列宁是作为自觉的马克思主义者来阅读黑格尔的《逻辑学》,因此"总是竭力用唯物主义观点来读黑格尔的著作",总是以"参看《资本论》"为出发点来思考《逻辑学》,从而在《逻辑学》与《资本论》双重语境的互动中得出一个根本性的结论,即:"虽说马克思没有遗留下'逻辑'(大写字母的),但他遗留下《资本论》的逻辑,应当充分地利用这种逻辑来解决这一问题。在《资本论》中,唯物主义的逻辑、辩证法和认识论〔不必要三个词:它们是同一个东西〕都应于一门科学,这种唯物主义从黑格尔那里吸取了全部有价值的东西并发展了这些有价值的东西。"②《资本论》的"唯物主义的逻辑、辩证法和认识论"作为"同一个东西",具有深刻的、具体的思想内涵:其一,《资本论》直接呈现的是由一系列经济范畴所构成的理论体系,离开这些经济范畴及其逻辑关系就不存在《资本论》的理论体系,在这个意义上,《资本论》就是关于资本运动的"逻辑";其二,构成《资本论》的经济范畴及其逻辑体系,又是马克思自觉地以思维的规定把握现实的规定的产物,离开思维对现实的认识论自觉,就不可能真正地理解和把握《资本论》的逻辑体系,在这个意义上,《资本论》又是关于资本运动的"认识论";其三,《资本论》以思维的规定所把握的现实的规定,是在商品、货币、资本、地租、利润的"物和物"的关系中所掩盖的"人和人"

---

① 列宁:《哲学笔记》,人民出版社1974年版,第191页。
② 《列宁全集》第55卷,人民出版社1990年版,第290页。

的关系，它的"经济范畴只不过是生产的社会关系的理论表现"①，离开"人们的现实生活过程"，就不可能真正地理解商品、货币、资本、地租、利润等全部经济范畴及其逻辑关系，在这个意义上，《资本论》又是体现"思维和存在的一致"的"辩证法"②。这表明，《资本论》所体现的"同一个东西"，既是吸收了黑格尔的"全部有价值的东西"——把辩证法、认识论和逻辑学作为"同一个东西"而研究和阐述资本运动的逻辑，更是"发展了这些有价值的东西"——以马克思的唯物主义为前提和基础的"同一个东西"。这就要求我们从"唯物主义的逻辑、辩证法和认识论"的"三者一致"去理解和把握马克思的《资本论》。

在《资本论》的开头，马克思就明确地提出："资本主义生产方式占统治地位的社会的财富，表现为'庞大的商品堆积'，单个的商品表现为这种财富的元素形式。因此，我们的研究就从分析商品开始。"③ 而在《哲学笔记》中，列宁首先关注的就是普遍与特殊的辩证关系，特别是在"商品"这个"元素形式"中所体现的这种辩证关系。在《逻辑学》导言部分的摘要中，列宁就以全方框方式写下："绝妙的公式：'不只是抽象的普遍，而且是自身体现着特殊、个体、个别东西的丰富性的这种普遍'（特殊的和个别的东西的全部丰富性！）！！好极了！"④ 而在总结性的短文《谈谈辩证法问题》中，对于《资本论》关于"商品"的这个"开端"思想，列宁的评论是："马克思在《资本论》中首先分析资产阶级社会（商品社会）里最简单、最普通、最基本、最常见、最平凡、碰到过亿万次的关系——商品交换。这一分析从这个最简单的现象中（从资产阶级社会的这个'细胞'中）揭示出现代社会的一切矛盾（或一切矛盾的胚芽）。往后的叙述向我们表明这些矛盾和这个社会的发展，在这个社会的各个部分总和中的、从这个社会的开始到终结的发展（既是生长又是运动）。"⑤ 在这里，列宁不只是在"唯物主义的逻辑、辩证法和认识论"是"同一个东西"的意义上深刻地阐释

---

① 《马克思恩格斯选集》第一卷，人民出版社1995年版，第141页。
② 参见孙正聿《"现实的历史"：〈资本论〉的存在论》，《中国社会科学》2010年第2期。
③ 《马克思恩格斯全集》第44卷，人民出版社2001年版，第47页。
④ 列宁：《哲学笔记》，人民出版社1974年版，第98页。
⑤ 同上书，第409页。

了《资本论》所体现的普通与特殊的辩证法，而且在"同一个东西"的意义上深刻地阐述了《资本论》所体现的"一般辩证法的阐述（以及研究）方法"——从抽象到具体的辩证法、历史与逻辑相统一的辩证法。

在《哲学笔记》中，列宁不仅从商品自身的"普遍与特殊"的辩证关系来阐述《资本论》的诸范畴，而且从认识的一般进程来看待《资本论》的逻辑。在《黑格尔辩证法（逻辑学）的纲要》中，列宁写下："概念（认识）在存在中（在直接的现象中）揭露本质（因果律、同一、差别等等）——整个人类认识（全部科学）的真正的一般进程就是如此。自然科学和政治经济学［以及历史］的进程也是如此。所以，黑格尔的辩证法是思想史的概括。从各门科学的历史上更具体地更详尽地研究这点，会是一个极有裨益的任务。总的说来，在逻辑中思想史应当和思维规律相吻合。"① 对此，列宁还具体地写下："商品—货币—资本"、"绝对剩余价值的生产"、"相对剩余价值的生产"、"资本主义的历史和对于概述资本主义历史的那些概念的分析"②，"开始是最简单的、普通的、常见的、直接的'存在'，个别的商品（政治经济学中的'存在'）。把它当做社会关系来加以分析。两种分析：演绎的和归纳的，——逻辑的和历史的（价值形式）"。"在这里，在每一步分析中，都用事实即用实践来进行检验。"③

列宁认为，《资本论》作为"逻辑"，是"因为每一门科学都要以思想和概念的形式来表述自己的对象"（黑格尔），因此"任何科学都是应用逻辑"④。《资本论》所揭示的资本运动的逻辑，就是马克思以经济范畴（商品、货币、资本等）的逻辑运动所把握到的资本运动的逻辑，也就是马克思以思维的规定所把握到的"现实的历史"的规定。列宁在《逻辑学》"本质论"的摘要中，在摘录黑格尔关于"思辨的思维就在于它能把握住矛盾，又能在矛盾中把握住自身，而不是象表象那样受矛盾支配，并且让矛盾把自己的规定不是化为他物就是化为无"之后，写下这样的评语："必须揭发、

---

① 列宁：《哲学笔记》，人民出版社1974年版，第355页。
② 同上书，第357页。
③ 同上。
④ 同上书，第216页。

理解、拯救、解脱、清洗这种实质,马克思和恩格斯就做到了这一点。"①在《资本论》中,马克思正是以"矛盾"的具体的规定性来分析商品作为使用价值和交换价值的二重性,并进而分析形成商品二重性的劳动的二重性,从而构成了马克思政治经济学的劳动价值论,以及在此基础上构成的剩余价值论。列宁认为,《资本论》的这种研究方式和叙述方式,正是表明"马克思把黑格尔辩证法的合理形式运用于政治经济学"②。

马克思《资本论》的辩证法、认识论和逻辑学的三者一致,是在黑格尔《逻辑学》以唯心主义为基础所实现的"三者一致"的基础上,以马克思、恩格斯所创建的"现代唯物主义"的基地上的"三者一致",因此,列宁在以"参看《资本论》"为出发点而阅读《逻辑学》的过程中,特别关切的是马克思"从黑格尔和费尔巴哈继续向前的运动,从唯心主义辩证法到唯物主义辩证法的前进运动"③,特别强调的是马克思"从黑格尔那里吸取了全部有价值的东西并发展了这些有价值的东西"④。这表明,深刻地理解《资本论》所实现的"唯物主义的逻辑、辩证法和认识论"的"三者一致",最为根本的问题是在于:其一,马克思从黑格尔那里所汲取的"全部有价值的东西"究竟是什么?其二,马克思怎样"发展了这些有价值的东西"?

黑格尔《逻辑学》的概念辩证法的主要价值在于两个方面:一是以"联系的普遍性"和"差别的内在的发生"为内容,批判了把概念当成"抽象的普遍性"的观点,深刻地论证了概念的"具体性";二是以思维规定在认识发展中的自我扬弃为内容,批判了把概念当成"僵死的"和"不动的"的观念,深刻地论证了概念的"否定性"。马克思对这两个方面的发展,一是把黑格尔的概念的具体性唯物主义地变革为思维反映存在所构成的具体性,二是把黑格尔的概念的否定性唯物主义地变革为辩证法的本质上的批判性和革命性。而这两方面的变革,则奠基于人类的实践活动所实现的人对世界的否定性统一的历史过程。在《资本论》第二版跋中,马克思明确地指出:"我的辩证方法,从根本上说,不仅和黑格尔的辩证方法不同,而且和

---

① 列宁:《哲学笔记》,人民出版社 1974 年版,第 147 页。
② 同上书,第 190 页。
③ 同上书,第 386 页。
④ 《列宁全集》第 55 卷,人民出版社 1990 年版,第 290 页。

它截然相反。在黑格尔看来，思维过程，即他称为观念而甚至把它转化为独立主体的思维过程，是现实事物的创造主，而现实事物只是思维过程的外部表现。我的看法则相反，观念的东西不外是移入人的头脑并在人的头脑中改造过的物质的东西而已。"[1] 与此同时，马克思又明确地指出："辩证法，在其合理的形态上"，是"在对现存事物的肯定的理解中同时包含对现存事物的否定的理解，即对现存事物的必然灭亡的理解；辩证法对每一种既成的形式都是从不断的运动中，因而也是从它的暂时性方面去理解；辩证法不崇拜任何东西，按其本质来说，它是批判的和革命的"[2]。这清楚地表明，马克思在《资本论》中提出了关于辩证法的两个根本性论断：一是观念决定现实还是现实决定观念，这是黑格尔的辩证法与马克思的辩证法的根本区别；二是合理形态的辩证法不仅肯定现实决定观念，而且在本质上是批判的和革命的。列宁在《哲学笔记》中首先强调的就是"我总是竭力用唯物主义观点来读黑格尔的著作"，并明确指出"黑格尔学说是倒置过来的唯物主义"[3]。列宁由此提出，马克思和恩格斯在"揭发、理解、拯救、解脱、清洗"[4] 黑格尔学说的唯心主义的过程中，既"拯救"和"清洗"了黑格尔的天才的基本的思想，即关于"万物之间的世界性的、全面的、活生生的联系，以及联系在人的概念中的反映"的思想，又真正地实现了以"经过琢磨的、整理过的、灵活的、能动的、相对的、相互联系的、在对立中是统一的"概念去"把握世界"，因而才构成了《资本论》的唯物主义的逻辑、辩证法和认识论的"同一个东西"。

《资本论》的"同一个东西"的辩证法，从根本上说，是超越了作为"实例的总和"或"抽象的方法"的辩证法，也就是超越了以直观反映论为基础的朴素的辩证法。这是列宁在《逻辑学》与《资本论》双重语境互动中所形成的最为重要的思想。在《哲学笔记》中，列宁以"异常正确和深刻"为评语，完整地摘录了黑格尔的下述言论："所谓对于被列为定理的具体材料的说明和论证，一部分是同语反复，一部分是对事物真实情况的歪

---

[1] 《马克思恩格斯选集》第二卷，人民出版社 1995 年版，第 111—112 页。
[2] 同上书，第 112 页。
[3] 列宁：《哲学笔记》，人民出版社 1974 年版，第 104 页。
[4] 同上书，第 147 页。

曲，这种歪曲部分地是为了掩盖认识的虚妄，这种认识片面地挑选经验，惟有这样它才能获得自己的简单的定义和原理；它是这样地消除来自经验的反驳意见的：它不是从经验的具体的整体来了解和解释经验，而是把它作为一个例子，并且从对假说和理论有利的方面去理解和解释它。在具体经验从属于预先假设的各规定的情形下，理论的基础就被蒙蔽，它只是从符合理论的这一方面显露出来。"① 对于所引证的这段论述，列宁又在与《资本论》相对照的意义上写下这样的评语："参看资产阶级的政治经济学。"② 这就是说，"资产阶级的政治经济学"的重大理论缺陷，是以"片面地挑选经验"为前提而形成的"定理"，而超越了"资产阶级的政治经济学"的《资本论》，它所实现的"唯物主义的逻辑、辩证法和认识论"的"三者一致"，从根本上说，就在于它不是"片面地挑选经验"，不是把"具体经验从属于预先假设的各规定"，因而既不是关于资本主义的"实例的总和"，也不是以某种"刻板公式"来诠释资本主义，而是"从经验的具体的整体来了解和解释经验"，也就是以"理性的具体"所实现的关于资本主义的"许多规定的综合"和"多样性的统一"③。这才是《资本论》的"唯物主义的逻辑、辩证法和认识论"作为"同一个东西"的"合理形态"的辩证法。

（四）以"三者一致"的理论自觉推进辩证法研究

在《逻辑学》与《资本论》双重语境的互动中，列宁的《哲学笔记》全面地、深入地探索了辩证法理论，不只是研究和回答了一系列前人提出的或是遗留的重大理论问题，而且创造性地提出和论证了一系列关于辩证法的新问题。粗略地予以整理和概括，我们就可以在《哲学笔记》中归纳出如下的重大理论问题：为什么"辩证法也就是（黑格尔和）马克思主义的认识论"？如何理解"唯物主义的逻辑、辩证法和认识论"是"同一个东西"？为什么"不钻研和不理解黑格尔的全部逻辑学""就不理解马克思的《资本论》"？怎样理解黑格尔《逻辑学》的"唯心主义最少而唯物主义最多"？为什么"聪明的唯心主义比愚蠢的唯物主义更接近于聪明的唯物主义"？怎样

---

① 列宁：《哲学笔记》，人民出版社1974年版，第225—226页。
② 同上书，第226页。
③ 《马克思恩格斯选集》第二卷，人民出版社1995年版，第18页。

理解黑格尔《逻辑学》包含"辩证唯物主义"和"历史唯物主义"的"萌芽"？马克思怎样"从黑格尔那里吸取了全部有价值的东西并发展了这些有价值的东西"？为什么辩证法是"在概念的逻辑中表达运动的本质"？如何理解任何一门科学都是"应用逻辑"？怎样"从逻辑的一般概念和范畴的发展与运用的观点"去总结思想史？为什么作为发展学说的辩证法必须是"具有客观意义的概念辩证法和认识辩证法"？怎样使马克思主义的"合理形态"的辩证法成为人们普遍的、自觉的思维方式？

如果对上述问题进行整体性的思考和总体性的概括，我们可以发现，列宁的《哲学笔记》从两个方面探讨了一个根本问题：一是如何理解黑格尔《逻辑学》的"真实意义"并达到哲学思维的理论自觉的问题，二是如何掌握马克思"从黑格尔那里吸取了全部有价值的东西并发展了这些有价值的东西"的问题；而这两个方面所构成的根本问题则是"唯物主义的逻辑、辩证法和认识论"的"三者一致"问题。在列宁看来，正是由于不理解这个"问题的本质"，所以"半个世纪以来，没有一个马克思主义者是理解马克思的!!"直面当代国内外马克思主义哲学研究现状，研究这个"问题的本质"的重大意义就在于，列宁所提出和论述的"三者一致"问题，远不是一个已经取得"共识"或已经解决了的问题，而恰恰是当代辩证法研究中、特别是当代的马克思主义辩证法研究中需要深入探索和重新阐释的迫切的重大理论问题。

其一，由于不是从"唯物主义的逻辑、辩证法和认识论"的"三者一致"去理解辩证法，因而离开作为哲学的重大的基本问题的"思维和存在的关系问题"，把辩证法当作"实例的总和"和"抽象的方法"。

在总结哲学史的基础上，恩格斯作出一个高度概括的论断："全部哲学，特别是近代哲学的重大的基本问题，是思维和存在的关系问题。"[1] 然而，在关于哲学基本问题的通常解释中，却把"思维和存在的关系问题"分解为"谁为第一性"（何者为本原）的"本体论问题"和"有无同一性"（思维能否认识存在）的"认识论"问题，从而把"辩证法"变成与"思维和存在的关系问题"无关的另一类问题，即把"辩证法"归结为一种关于自

---

[1] 《马克思恩格斯选集》第四卷，人民出版社1995年版，第223页。

然、社会和思维的具有最大普遍性和最大普适性的对象性理论。其结果就不仅割裂了辩证法的世界观、认识论和方法论的统一，而且把辩证法变成列宁在《哲学笔记》中所批评的"实例的总和"。这正如人们所熟知的，无论是在通行的哲学原理教科书中，还是在众多的关于辩证法的哲学论著中，往往是离开"思维和存在的关系问题"，以关于"自然"、"社会"和"思维"的"实例的总和"来论证"辩证法"的普遍性和普适性。

把辩证法当成"实例的总和"的直接后果，就是把辩证法当成可以到处套用的"刻板公式"。辩证法是"一种建立在通晓思维的历史和成就的基础上的理论思维"，它具有深厚的认识史基础和具体的思想内容。正是由于把辩证法当作"实例的总和"，因而又离开"思维的历史和成就"即离开辩证法的深厚的认识史基础去看待辩证法，把辩证法当作可以离开思想内容的"供使用"的"方法"，以至于像恩格斯尖锐批评的那样，把辩证法当成"可以用来套在任何论题上的刻板公式"，"可以用来在缺乏思想和实证知识的时候及时搪塞一下的词汇语录"。由此我们可以看到曲解辩证法的"两极相通"：把辩证法当作"实例的总和"，必然把辩证法当作超然于"实例的总和"之上的"供使用"的"方法"即"刻板公式"；而把辩证法当作"供使用"的"方法"，又必然把辩证法诉诸"实例的总和"，以自然、社会和思维中的各种"实例"来说明"对立统一"、"质量互变"和"否定之否定"的普遍性和普适性。这种"实例总和"与"刻板公式"的"两极相通"，其深刻的理论根源，就在于离开"思维和存在的关系问题"去看待辩证法，也就是离开辩证法与认识论和逻辑学的"三者一致"去看待辩证法。

其二，由于不是从"唯物主义的逻辑、辩证法和认识论"的"三者一致"去理解辩证法，因而离开认识的"内容"与"形式"的辩证关系，也就是离开认识的"反映"原则和"能动"原则的辩证关系，把马克思主义认识论变成旧唯物主义的直观反映论。

关于"从前的一切唯物主义"的"主要缺点"，马克思所指认的是"对对象、现实、感性，只是从客体的或者直观的形式去理解"[①]，恩格斯所指

---

① 《马克思恩格斯选集》第一卷，人民出版社1995年版，第54页。

认的是"只是从内容方面研究""思维和存在的一致"这个"前提"①;与"从前的一切唯物主义"相对照,关于"唯心主义"的积极意义,马克思所指认的是"和唯物主义相反,能动的方面却被唯心主义抽象地发展了"②,恩格斯所指认的是"只有现代的唯心主义的,同时也是辩证的哲学,特别是黑格尔,才又从形式方面研究了""思维和存在的一致"这个"前提"。与马克思和恩格斯的上述思想一脉相承,列宁通过阅读黑格尔的《逻辑学》,根据马克思、恩格斯所批评的"从前的一切唯物主义"的"主要缺点",把旧唯物主义称为"愚蠢的唯物主义",并把"辩证的唯心主义"称为"聪明的唯心主义"。列宁由此得出的结论是,"聪明的唯心主义比愚蠢的唯物主义更接近于聪明的唯物主义"③。

根据马克思、恩格斯和列宁的上述思想,理所当然地必须以"聪明的唯物主义"去理解马克思主义的认识论。然而,正是由于不理解"聪明的唯心主义",特别是不理解黑格尔《逻辑学》的辩证法、认识论和逻辑学"三者一致"的"聪明的唯心主义",人们往往把马克思主义的"聪明的唯物主义"还原为旧唯物主义的"愚蠢的唯物主义",把马克思主义的能动的反映论还原为旧唯物主义的直观反映论。这不仅表现在"不能把辩证法应用于反映论,应用于认识的过程和发展",而且更深层地表现在不理解"辩证法是人类的全部认识所固有的",不理解"具有客观意义的概念的辩证法和认识的辩证法",不理解"问题不在于有没有运动,而在于如何在概念的逻辑中表达它",因此,"不是从主体方面去理解""对象、现实、感性",从而在根本上达不到从"能动的方面"去理解认识论问题。与此同时,正是由于把马克思主义的能动的反映论还原为"从前的一切唯物主义"的直观的反映论,因而又必然把马克思主义的辩证法还原为朴素的辩证法,把辩证法当作"抽象的方法"和"实例的总和"。这表明,达不到"唯物主义的逻辑、辩证法和认识论"的"三者一致",不仅会造成把辩证法当成"实例的总和"和把辩证法当成"抽象的方法"的"两极相通",而且还必然造成把马

---

① 《马克思恩格斯选集》第四卷,人民出版社1995年版,第364页。
② 《马克思恩格斯选集》第一卷,人民出版社1995年版,第54页。
③ 列宁:《哲学笔记》,人民出版社1974年版,第305页。

克思主义认识论还原为直观反映论与把马克思主义辩证法还原为朴素辩证法的"双重还原"。

其三，由于不是从"唯物主义的逻辑、辩证法和认识论"的"三者一致"去理解辩证法，因而离开"思维和存在的一致"的"统一原则"去看待"发展原则"，把辩证法的"发展学说"庸俗化。

辩证法是关于发展的学说，然而，马克思主义以前的哲学理论，却表现为两种片面的发展学说：一种是在经验、表象的层面上描述运动和变化，而不懂得"如何在概念的逻辑中"揭示"运动的本质"的旧唯物主义的"发展学说"，因而它所能达到的只是作为"实例的总和"的朴素的辩证法；另一种是在思维、概念的层次上说明思维的辩证本性和描述概念的辩证运动的唯心主义的"发展学说"，因而它所能达到的只是作为"无人身的理性"的自我运动和自我认识的辩证法，这种辩证法既是自觉形态的辩证法，又是神秘形态的辩证法，而不是《资本论》的"合理形态"的辩证法。

这两种片面的发展学说，其直接的理论根源仍然在于，旧唯物主义和唯心主义"只是"分别地从"内容"或"形式"方面去看待"思维和存在的一致"。旧唯物主义只是从"内容"方面而没有从"形式"方面去看待"思维和存在的一致"，因而只能是在经验、表象的层面上描述运动和变化，而无法以"具有客观意义的概念的辩证法和认识的辩证法"去把握"发展"；唯心主义只是从"形式"方面而没有从"内容"方面去看待"思维和存在的一致"，因而只能是在思维、概念的层面上去揭示思维的辩证本性和概念的辩证运动，而无法把握"发展"的现实。从深层的理论根源上看，马克思主义以前的旧哲学之所以"只能"是两种片面的"发展学说"，则是因为二者都不懂得"思维和存在的一致"的现实基础——人类的实践活动及其历史发展。列宁明确提出，思维与存在的"交错点＝人的和人类历史的实践"[①]。人类思维的最本质最切近的基础是人类自己的实践活动。只有把实践范畴合理地理解为辩证法的基础范畴，从人的实践活动及其历史发展的内在矛盾出发去反思思维与存在的关系问题，才能合理地说明思维对存在的否定性统一关系，即说明思维和存在在发展中的统一和在统一中的发展。

---

① 《列宁全集》第55卷，人民出版社1990年版，第239页。

在人类的实践活动中，"存在"既是作为思维反映的现实客体而存在，又是作为思维的目的性要求的对象而存在。作为思维反映的现实客体，"存在"既规范思维的活动和内容，又被思维改造成逻辑范畴及其所构成的逻辑运动，从而构成思维中的具体；作为思维的目的性要求的对象，"存在"既是思维要求改变的现实对象，又是被思维否定的非现实的存在（人在自己的思维中为自己绘制关于客观世界的图景，并确信自己的现实性和存在的非现实性）。人类的实践活动是一个历史的展开过程。在这个历史的展开过程中，思维和存在及其相互关系都是发展的，而不是某种给定的、既成的、僵化的存在。从"思维"说，"人在怎样的程度上学会改变自然界，人的智力就在怎样的程度上发展起来"[①]；从"存在"说，人的"周围的感性世界绝不是某种开天辟地以来就直接存在的、始终如一的东西，而是工业和社会状况的产物，是历史的产物，是世世代代活动的结果"[②]；从思维和存在的"关系"说，由于人的实践活动的历史发展改变了"思维"和"存在"，因而也同时地发展了思维与存在之间的"关系"，使这种关系取得了越来越丰富、越来越深刻的现实内容。正是由于人类的实践活动及其历史发展不断地变革了"思维"和"存在"及其相互"关系"，因此，必须从"发展"去理解"统一"，又从"统一"去理解"发展"。如果像旧唯物主义和唯心主义那样，把思维和存在及其相互关系抽象化，或者离开思维主体的历史性而把思维与存在的统一当成"表象"与"对象"的一致，或者抽象地发挥思维的能动性而把思维与存在的统一当成"思维规定"的自我认识，怎么能真实地提出和正确地回答辩证法理论的"发展原则"呢？辩证法理论的"发展原则"和"统一原则"，是以人类的实践活动及其历史发展所造成的思维与存在的发展中的统一和统一中的发展为现实内容的、是通过对思维和存在的关系问题的实践论批判而取得现实性的。因此，"合理形态"的辩证法是在马克思所开拓的实践转向的哲学道路中而实现为"最完备最深刻最无片面性的关于发展的学说"[③]。离开"思维和存在的关系问题"，离开对这个"重大的基本

---

① 《马克思恩格斯选集》第四卷，人民出版社 1995 年版，第 329 页。
② 《马克思恩格斯选集》第一卷，人民出版社 1995 年版，第 76 页。
③ 《列宁选集》第二卷，人民出版社 1995 年版，第 310 页。

问题"的实践论理解，必然把辩证法的"发展学说"庸俗化。

其四，由于不是从"唯物主义的逻辑、辩证法和认识论"的"三者一致"去理解辩证法，把辩证法、认识论和逻辑学视为三个不同论域或三个不同层次的问题，因而不仅曲解了"三者一致"，而且实际上否定了"三者一致"。

在通常的解释模式中，所谓辩证法、认识论和逻辑学的"三者一致"，具体地表现为下述方式，即：辩证法作为关于自然、社会和思维发展的普遍规律的学说，它包含着认识论和逻辑学；认识论作为关于思维与存在如何统一的学说，它既被包含于辩证法之中而又包含着逻辑学；逻辑学作为关于思维本身的学说，则直接地被包含于认识论之中并从而被包含于辩证法之中。在这种解释模式中，辩证法、认识论和逻辑学首先是关于三个不同层次的论域的理论，其次则是作为三个不同层次的论域的理论具有依次的包含关系。这种解释模式，与列宁的"三者一致"思想，是完全不同的。

在列宁看来，"问题的本质"在于能否从恩格斯所概括的哲学基本问题即"思维和存在的关系问题"去理解全部哲学问题，因此，所谓辩证法、认识论和逻辑学的"三者一致"，就在于它们是"同一个东西"——关于"思维和存在的关系问题"的哲学理论。而马克思主义哲学所实现的"唯物主义的逻辑、辩证法和认识论"的"三者一致"则具体地表现在：由于马克思主义哲学所揭示的思维自觉反映存在运动的规律凝聚着、积淀着人类在其前进的发展中所创建的全部科学反映世界的认识成果，是"对世界的认识的历史的总计、总和、结论"，因此，在其客观内容和普遍意义上说，马克思主义哲学就是关于自然、社会和思维发展的普遍规律的理论即唯物主义的辩证法的世界观；由于马克思主义哲学从认识和实践的主体与客体交互作用的丰富关系及其历史发展来研究思维自觉反映存在运动的规律，为人类的全部历史活动提供认识基础，因此，就其基本问题和理论性质上看，它就是关于思维与存在统一规律的理论即唯物主义辩证法的认识论；由于马克思主义哲学所揭示的思维自觉反映存在运动的规律既是对思维的历史和成就的总结，又是思维自觉地向存在接近和逼近的方法，因此，就其理论价值和社会功能上看，它又是人类认识世界和改造世界的伟大工具即唯物主义辩证法的逻辑学或方法论。"唯物主义的逻辑、辩证法和认识论"是"同一个东西"，而不是三个论域或三个层次的理论，因而也不是以论域大小为根据的依次包含关系。在三个论域及其所构成的包含关系的解释模式中，辩证法、认识论和逻辑学不仅不是"同一个东西"，反而成了完全不同的"三个东西"。这种解释模式是把马克思主义的辩证法还原为"实例的总和"的辩证法，是把马克思主义的认识论还原为"直观"的反映论的产物。

其五，由于不是从"唯物主义的逻辑、辩证法和认识论"的"三者一致"去理解辩证法，把《资本论》的辩证法简单地归结为一种由抽象到具体的叙述方式，从而把《资本论》经验化、实证化、非批判化。

列宁阅读《逻辑学》，是以理解《资本论》为出发点的，也就是以理解马克思主义为出发点的，因此他在《哲学笔记》所得出的基本结论是《资本论》实现了"唯物主义的逻辑、辩证法和认识论"的"三者一致"。然而，人们在对《资本论》的阐释中，却往往简单化地把《资本论》的辩证法当作是一种"供使用"的"方法"，或者是一种构成体系的由抽象到具体的叙述方式，因而以直观反映论的认识论去看待《资本论》的经济范畴与其对象之间的关系，并从而把《资本论》归结为某种"非批判的实证主义"。这种理解方式表明，不理解马克思的《资本论》对黑格尔的逻辑学的批判继承关系，不理解马克思的《资本论》的"唯物主义的逻辑、辩证法和认识论"是"同一个东西"，就无法真正理解《资本论》本身。

在《资本论》第一版序言中，马克思就明确地指出，"分析经济形式，既不能用显微镜，也不能用化学试剂。二者都必须用抽象力来代替"[①]。必须用抽象力来研究政治经济学的根据在于，"经济范畴只不过是生产与社会关系的理论表现，即其抽象"[②]。而马克思所用的"抽象力"并不是"抽象"的思想，而是列宁在《哲学笔记》中所阐发的"具有客观意义的概念的辩证法和认识的辩证法"，也就是把作为"同一个东西"的"唯物主义的逻辑、辩证法和认识论""都应用于同一门科学"。这正如马克思在《〈政治经济学批判〉导言》中明确指出的，如果从所谓的现实的前提即人口入手进行研究，那么研究对象就只是"关于整体的一个混沌的表象"，而只有"从

[①] 《马克思恩格斯选集》第二卷，人民出版社1995年版，第99—100页。
[②] 《马克思恩格斯选集》第一卷，人民出版社1995年版，第141页。

表象中的具体达到越来越稀薄的抽象",才能最终达到"具有许多规定和关系的丰富的总体"①。这就是说,从人本身出发来考察人,只能是从抽象的人出发而形成对人的抽象的理解,只有从关于人的各种规定出发才能形成对人的具体的理解,只有展现经济范畴所构成的具体才能构成把握人的存在的"理性的具体"。诉诸《资本论》,我们可以看到,马克思破解劳动秘密的直接对象并不是劳动本身,而是劳动所创造的商品。《资本论》通过阐发商品的二重性而揭示劳动的二重性,又通过揭示劳动的二重性而凸显人的存在的二重性,从而在物与物的关系中揭示出人与人的关系。《资本论》从"最简单的规定"即"商品"出发,以"具有客观意义的概念的辩证法和认识的辩证法"去把握"现实的历史",从而以经济范畴的辩证发展展现了资本运动的"许多规定和关系的丰富的总和"。这才是《资本论》的"唯物主义的逻辑、辩证法和认识论"的"同一个东西"。

其六,由于不是从"唯物主义的逻辑、辩证法和认识论"的"三者一致"去理解辩证法,因而达不到哲学思维的理论自觉,以至于把列宁的"三者一致"的辩证法归结为只是西方近代哲学形态的"认识论的辩证法"。

作为哲学基本问题的"思维和存在的关系问题",既不是全部哲学问题中的"一个问题",也不是哲学问题的各个方面中的"一个方面",而是哲学"问题的本质",即规定哲学的特殊的理论性质的问题、规定哲学作为人类把握世界的一种基本方式的问题。或者反过来说,一个问题之所以成为哲学问题,就在于它是从思维对存在的关系提出问题,就在于它揭示了这个问题所蕴含的"思维和存在的关系问题",离开思维对存在的关系问题而探讨"自然"、"社会"或"思维"的问题,那就是实证科学的问题而不是哲学意义(哲学层面)的问题。这表明,只有达到对"思维和存在的关系问题"的理论自觉,才能达到哲学思维的理论自觉。

"唯物主义的逻辑、辩证法和认识论"的"三者一致",是以这种哲学思维的理论自觉为前提的,也就是以辩证法、认识论和逻辑学是"同一个东西"——关于"思维和存在的关系问题"的哲学理论——为前提的。包括普列汉诺夫在内的理论家们之所以把"辩证法也就是认识论"当成"问题

---

① 《马克思恩格斯选集》第二卷,人民出版社 1995 年版,第 17—18 页。

的一个'方面'",之所以把马克思主义辩证法当成"实例的总和"和"抽象的方法",之所以把马克思主义认识论还原为直观反映论,之所以把辩证法、认识论和逻辑学的"三者一致"当成三个层次论域的"包含关系",之所以把"从黑格尔那里吸取了全部有价值的东西并发展了这些有价值的东西"的《资本论》经验化和实证化,其最深层的理论根源,都在于没有理解哲学的特殊的理论性质,因而也没有达到哲学思维的理论自觉。

正是由于不是从哲学的理论特性而是从哲学的历史形态去理解"思维和存在的关系问题",因而把这个哲学的"重大的基本问题"归结为哲学的一种历史形态——西方近代哲学——的"基本问题",并因而把关于"思维和存在的关系问题"的哲学理论——辩证法、认识论和逻辑学"三者一致"的辩证法——归结为西方近代哲学形态意义上的"认识论的辩证法",也就是把这个"三个一致"的辩证法归结为一种已经过时的辩证法的理论形态。这表明,如何理解马克思《资本论》的"唯物主义的逻辑、辩证法和认识论"是"同一个东西",如何看待列宁在《逻辑学》与《资本论》双重语境互动中所阐发的"三者一致"辩证法思想,不仅需要深入地探索《逻辑学》、《资本论》和《哲学笔记》的辩证法,而且需要在反思全部哲学史的基础上,重新理解和阐释作为哲学的重大的基本问题的"思维和存在的关系问题"。这两个重大的理论问题,从"问题的本质"上看,是相互贯通的"同一个"问题:只有以哲学思维的理论自觉为前提,才能推进马克思主义辩证法研究。

四 实践智慧的辩证法

深切地理解"辩证法也就是认识论",在当代中国的哲学研究中,应当重新理解和阐释毛泽东的《实践论》和《矛盾论》。通常认为,《实践论》讲的是认识论,《矛盾论》讲的是辩证法,二者的论域不同,理论内容不同,解决的问题不同。这种理解,既曲解了认识论与辩证法的真实关系,也误解了《实践论》与《矛盾论》的真实关系。《实践论》和《矛盾论》,既是实践论的矛盾论,又是矛盾论的实践论。从理论性质上看,这两部著作都是实践论的认识论;从理论内容上看,这两部著作都是实践论的辩证法;从理论渊源上看,这两部著作都"发挥"了"辩证法也就是认识论"的基本思想；从现实意义上看，这两部著作都是"转识成智"、指导实践的世界观和方法论。实践智慧的辩证法或辩证法的实践智慧，就是毛泽东的《实践论》和《矛盾论》。

（一）实事求是：《实践论》、《矛盾论》的理论宗旨

马克思主义哲学不是书斋里的哲学，马克思、恩格斯、列宁、毛泽东都不是书斋里的学者。正如恩格斯在《在马克思墓前的讲话》中所说，马克思首先是"革命家"；同样，恩格斯、列宁、毛泽东也首先是"革命家"。作为"革命家"，他们同时又是"理论家"，是作为"革命家"的"理论家"。他们的"理论"，都具有鲜明的现实针对性，都源于对重大现实问题的理论回答。研究和阐释《实践论》、《矛盾论》，必须从其现实的针对性去把握这两部哲学著作。

《实践论》、《矛盾论》，是为了反对以经验主义和教条主义为表现形式的主观主义、确立马克思主义的实事求是的思想路线而写作的，是为了树立理论联系实际的马克思主义学风、实现马克思主义与中国实际相结合而写作的。《实践论》、《矛盾论》的理论宗旨，就是为解决思想路线问题奠定坚实的哲学基础。把握住这个理论宗旨，才能深刻地理解《实践论》、《矛盾论》[①]。

思想路线问题，从根本上说，就是如何认识和改造世界、怎样分析和解决问题的立场、观点和方法问题，就是毛泽东本人精辟概括的"实事求是"问题。主观与客观如何统一，理论与实际怎样结合，如何从"实事"中"求是"，如何从"实事"中"求是"，这是《实践论》、《矛盾论》共同的理论宗旨。在《实践论》中，毛泽东明确地指出："唯心论和机械唯物论，机会主义和冒险主义，都是以主观和客观相分裂，以认识和实践相脱离为特征的。以科学的社会实践为特征的马克思列宁主义的认识论，不能不坚决反对这些错误思想。"在《矛盾论》中，毛泽东同样明确地指出："我们现在的哲学研究工作，应当以扫除教条主义思想为主要的目标"，如果我们真正懂得了唯物辩证法，"我们就能够击破违反马克思列宁主义基本原则的不利于我们的革命事业的那些教条主义的思想；也能够使有经验的同志们整理自

[①] 关于"两论"的引文，均见《毛泽东选集》第一卷，人民出版社1991年版。

己的经验，使之带上原则性，而避免重复经验主义的错误"。

为了实现这个理论宗旨，就必须从哲学上解决两大问题：一是以实践的观点阐述认识的矛盾运动，使人们从认识活动的基本规律上自觉地实现主观与客观的统一、理论与实际的结合；二是以实践的观点阐述认识矛盾的世界观和方法论，使人们从思维方式和思维能力上自觉地实现主观与客观的统一、理论与实际的结合。《实践论》侧重回答的是前一个问题，《矛盾论》侧重回答的是后一个问题，但它们共同回答的是主观与客观如何统一、理论与实际怎样结合的问题，也就是反对和克服以各种形式所表现出来的主观主义问题。把握住这个理论宗旨，才能从认识论和辩证法的统一中理解《实践论》和《矛盾论》。

把《实践论》和《矛盾论》分解为"认识论"和"辩证法"，与通行的马克思主义哲学教科书直接相关。讲授马克思主义哲学的教科书，往往是以《实践论》的基本观点讲授"认识论"，又以《矛盾论》的基本观点讲授"辩证法"。教科书以"唯物论"、"辩证法"、"认识论"、"唯物史观"的"四大板块"分叙马克思主义哲学，这是需要认真研究和加以改进的；然而这样分叙的结果，却造成人们以"认识论"来解读《实践论》，又以"辩证法"来解读《矛盾论》，似乎《实践论》和《矛盾论》本身就分别是教科书意义上的"认识论"和"辩证法"。这种"因果颠倒"的逻辑，造成了《实践论》与《矛盾论》在理论宗旨、理论性质和理论内容上的分离。因此，在对《实践论》、《矛盾论》的理解和阐释中，必须跳出教科书关于"认识论"和"辩证法"的叙述框架，从两部著作自身的理论宗旨、理论性质和理论内容上去把握它们。

（二）认识论：《实践论》、《矛盾论》的理论性质

1964年，在与人讨论日本物理学家坂田昌一的"基本粒子"问题的谈话中，毛泽东明确地说，"哲学就是认识论"[①]。这个论断，并不是毛泽东针对特定问题所提出的想法，而是毛泽东关于哲学的理论性质的根本性观点。理解这个问题，最为直接和最为重要的"文本"，莫过于作为毛泽东哲学思想代表作的《实践论》和《矛盾论》。

---

① 《毛泽东文集》第8卷，人民出版社1999年版，第390页。

《实践论》的副标题是"论认识和实践的关系——知和行的关系",主要内容是讲实践与认识的关系,并具体地阐述了认识的实践基础、认识的运动过程、如何获得和检验真理、怎样实现主观与客观的历史的和具体的统一,因此被公认为是毛泽东的认识论。但是,能否由《实践论》是认识论,而推广为"哲学就是认识论"?讨论这个问题,首当其冲的,就是回答《矛盾论》是否是"认识论",在什么意义上是"认识论"。

《矛盾论》讲辩证法,为何也是认识论?只要认真研读这部哲学著作,我们就会发现,它讲的是如何用矛盾的观点观察事物、分析问题的辩证法,讲的是克服唯心主义的先验论和旧唯物主义的直观反映论的辩证法,讲的是能动反映的辩证法,讲的是以实践论为基础并以实践活动为内容的辩证法。毛泽东明确地指出:"这个辩证法的宇宙观,主要地就是教导人们要善于去观察和分析各种事物的矛盾的运动,并根据这种分析,指出解决矛盾的方法。"如何"分析"矛盾,怎样"研究"问题,这是《矛盾论》的出发点,也是《矛盾论》的聚焦点。《矛盾论》的辩证法,是在"认识论"意义上讲"辩证法",是以"实践论"为根基讲"辩证法"。

《矛盾论》首先分析的是矛盾的普遍性与特殊性,但是,毛泽东并不是描述性地叙述矛盾的普遍性与特殊性,而是从认识论提出问题。毛泽东说:"就人类认识运动的秩序说来,总是由认识个别的和特殊的事物,逐步地扩大到认识一般的事物。人们总是首先认识了许多不同事物的特殊的本质,然后才有可能更进一步地进行概括工作,认识诸种事物的共同的本质。"接着毛泽东又说:"当着人们已经认识了这种共同的本质以后,就以这种共同的认识为指导,继续地向着尚未研究过的或者未深入地研究过的各种具体的事物进行研究,找出其特殊的本质,这样才可以补充、丰富和发展这种共同的本质的认识,而使这种共同的本质的认识不致变成枯槁和僵化的东西。"由此,毛泽东对人的认识规律作出这样的概括:"这是两个认识的过程:一个是由特殊到一般,一个是由一般到特殊。人类的认识总是这样循环往复地进行的,而每一次的循环(只要是严格地按照科学的方法)都可能使人类的认识提高一步,使人类的认识不断深化。"《矛盾论》从"特殊"与"一般"的关系所阐述的认识规律,体现了《实践论》所总结的"实践、认识、再实践、再认识,这种形式,循环往复以至无穷,而实践和认识之每一循环的内容,都比较地进到了高一级的程度"的人类认识规律。

关于矛盾的特殊性,《矛盾论》集中地、突出地讲了两个问题:一是"主要的矛盾",二是"主要的矛盾方面"。关于"主要的矛盾",毛泽东所强调的是,"研究任何过程,如果是存在着两个以上矛盾的复杂过程的话,就要全力找出它的主要矛盾。捉住了这个主要矛盾,一切问题就迎刃而解了"。对此,毛泽东十分尖锐地指出,"万千的学问家和实行家,不懂得这种方法,结果如堕烟海,找不到中心,也就找不到解决矛盾的方法"。这表明,毛泽东并不是在通常所说的"辩证法"的意义上讲述"主要的矛盾",而是非常鲜明地在"认识论"、"方法论"的意义上揭示"捉住"主要矛盾的实践意义。关于"主要的矛盾方面",毛泽东不仅指出"事物的性质主要地是由取得支配地位的矛盾的主要方面所规定的",而且强调"取得支配地位的矛盾的主要方面起了变化,事物的性质也就随着其变化"。《矛盾论》关于"主要的矛盾方面"的论述,主要是从事物性质的变化而说明"新陈代谢是宇宙间普遍的永远不可抵抗的规律",并以此为根据来说明社会主义取代资本主义的历史必然性、新中国取代旧中国的历史必然性、中国革命力量由小到大和由弱到强的历史必然性。这表明,与论述"主要的矛盾"一样,毛泽东并不是一般性说明"主要的矛盾方面",而是非常鲜明地在如何认识客观事物、特别是在如何认识重大现实问题的意义上揭示懂得"主要的矛盾方面"的意义。

在分析矛盾的普遍性与特殊性、特别是在分析矛盾特殊性的"主要的矛盾"和"主要的矛盾方面"的基础上,《矛盾论》又分析了"矛盾诸方面的同一性和斗争性"。对于这个问题,毛泽东是以列宁的下述论断为出发点的:"辩证法是这样的一种方法:它研究对立怎样能够是同一的,又怎样成为同一的(怎样变成同一的),——在怎样的条件之下它们互相转化,成为同一的,——为什么人的头脑不应当把这些对立看作死的、凝固的东西,而应当看作生动的、有条件的、可变动的、互相转化的东西。"这表明,与分析矛盾的普遍性与特殊性一样,毛泽东对矛盾的同一性与斗争性的分析,同样是着眼于"研究"矛盾着的双方是如何相互依存,又如何相互转化的,要回答的问题则是"为什么人的头脑"必须把矛盾的双方"看作"是生动的、有条件的、可变动的、互相转化的东西。在对矛盾的同一性的分析中,毛泽东明确地提出,"事物不是矛盾双方相互依存就完了,更重要的,还在于矛盾着的事物的相互转化"。由此,毛泽东具体地分析了"被统治的无产阶级经过革命转化为统治者,原来是统治者的资产阶级却转化为被统治者","拥有土地的地主阶级转化为失掉土地的阶级,而曾经是失掉土地的农民却转化为取得土地的小私有者",以及"战争转化为和平"、"和平转化为战争"等重大的现实问题。在对矛盾的斗争性的分析中,毛泽东则突出地提出和回答了"对抗在矛盾中的地位"问题。毛泽东提出,"矛盾和斗争是普遍的、绝对的,但是解决矛盾的方法,即斗争的形式,则因矛盾的性质不同而不同",并以如何看待和对待"共产党内正确思想和错误思想的矛盾"为例,深刻地说明了解决矛盾的方法"因矛盾的性质不同而不同"的道理。

《矛盾论》从头到尾,贯穿始终的如何"认识"和"研究"矛盾,怎样"对待"和"解决"矛盾,也就是在"认识论"的意义上讲述"辩证法",在"实践论"的意义上发挥"辩证法"。《矛盾论》是认识论的辩证法,是实践智慧的辩证法。毛泽东的"哲学就是认识论"的论断,包含着从认识论的理论性质去理解辩证法的深刻的思想内涵。

(三)辩证法:《实践论》、《矛盾论》的理论内容

如果说《矛盾论》是在"认识论"的意义上讲"辩证法",那么,《实践论》则是以"辩证法"为内容讲"认识论"。认识论的理论性质与辩证法的理论内容的统一,或者简洁地说辩证法与认识论的统一,才是《实践论》和《矛盾论》。

《实践论》讲认识论,讲的是认识的辩证关系的认识论,讲的是认识的辩证运动的认识论,讲的是克服形而上学的思维方式、运用辩证法的思维方式的认识论。《实践论》的认识论,是以辩证法为内容的认识论,是运用辩证思维分析问题的认识论,是作为实践智慧的认识论。

《实践论》的切入点,就是认识与实践、知与行的辩证关系。围绕这个基本的辩证关系,《实践论》具体地分析和阐述了感性认识与理性认识的辩证关系,直接经验与间接经验的辩证关系,相对真理与绝对真理的辩证关系,特别是理论与实践的辩证关系,揭示了认识的辩证运动规律。认识的辩证关系和认识的辩证运动,构成《实践论》的基本内容。离开这些辩证关系,就不是《实践论》;离开辩证思维,就无法理解《实践论》。

在阐述马克思主义的实践观的基础上，毛泽东在《实践论》中提出的问题是："人的认识究竟怎样从实践发生，而又服务于实践呢？"整部的《实践论》就是围绕着认识与实践的辩证关系展开的，就是以"认识的发展过程"即认识的辩证运动为基本内容的。

《实践论》首先分析的是以实践为基础的感性认识与理性认识的辩证关系，以及以这种辩证关系为内容的认识的辩证运动。毛泽东指出，人在实践过程中，"开始只是看到过程中各个事物的现象方面，看到各个事物的片面，看到各个事物之间的外部联系"，这就是"认识的感性阶段"。然而，"认识的真正任务在于经过感觉而达于思维，到达于逐步了解客观事物的内部矛盾，了解它的规律性，了解这一过程和那一过程间的内部联系"，这就是"认识的理性阶段"。由此，毛泽东体会真切地指出："感觉只解决现象问题，理论才解决本质问题。"在进一步的论述中，毛泽东明确地把感性认识与理性认识的辩证关系概括为：理性认识依赖于感性认识，感性认识有待于发展到理性认识；由感性认识发展到理性认识，是认识辩证运动中的第一次"飞跃"。

在对感性认识与理性认识的辩证关系的论述中，毛泽东提出了一对值得深思的重要范畴：直接经验和间接经验。毛泽东指出："一个人的知识，不外直接经验的和间接经验的两部分。""一切真知都是从直接经验发源的。但人不能事事直接经验，事实上多数的知识都是间接经验的东西，这就是一切古代的和外域的知识。"关于"间接经验"，毛泽东所指称的并不只是作为"共同经验"的常识，而且主要是指经过"科学的抽象"的知识、"科学地反映了客观的事物"的科学知识、科学理论。因此，在《实践论》这里，直接经验与间接经验之间的关系，已经不是单纯的"经验"之间的关系，即不是单纯的"个人经验"与"共同经验"的关系，而是包含了"经验"与"知识"的关系、"经验"与"理论"的关系、"经验"与"科学"的关系。从这个意义去理解"直接经验"与"间接经验"的关系，不仅会直接深化对"感性认识"与"理性认识"的辩证关系的理解，而且会深化对《实践论》的根本问题即认识与实践的辩证关系的理解。

实践是认识的来源，更是认识的目的。毛泽东说："马克思主义的哲学认为十分重要的问题，不在于懂得了客观世界的规律性，因而能够解释世界，而在于拿了这种对于客观规律性的认识去能动地改造世界。""认识的能动作用，不但表现于从感性的认识到理性的认识之能动的飞跃，更重要的还须表现于从理性的认识到革命的实践这一个飞跃。"从认识到实践的飞跃之所以"更重要"，又不仅仅在于认识的目的是实践，而且在于只有实践才是检验认识的真理性的标准，只有实践才能推进认识的深化和发展。毛泽东说："人类认识的历史告诉我们，许多理论的真理性是不完全的，经过实践的检验而纠正了它们的不完全性。许多理论是错误的，经过实践的检验而纠正其错误。"《实践论》关于"实践是检验真理的唯一标准"的论述，不只是肯定了检验真理的实践标准，而且是从认识的深化、真理的发展深切地阐述了认识与实践的辩证关系。

"通过实践而发现真理，又通过实践而证实真理和发展真理"，这充分说明了真理是具体的、真理是历史的、真理的发现和发展是一个过程。因此，《实践论》又具体地阐述了"相对真理"与"绝对真理"的辩证关系。毛泽东说："马克思主义者承认，在绝对的总的宇宙发展过程中，各个具体过程的发展都是相对的，因而在绝对真理的长河中，人们对于在各个一定发展阶段上的具体过程的认识只具有相对的真理性。无数相对的真理之总和，就是绝对的真理。"对此，毛泽东具体地作出解释："客观过程的发展是充满着矛盾和斗争的发展，人的认识运动的发展也是充满着矛盾和斗争的发展。一切客观世界的辩证法的运动，都或先或后地能够反映到人的认识中来。社会实践中的发生、发展和消灭的过程是无穷的，人的认识的发生、发展和消灭的过程也是无穷的。根据于一定的思想、理论、计划、方案以从事于变革客观现实的实践，一次又一次地向前，人们对于客观现实的认识也就一次又一次地深化。客观现实世界的变化运动永远没有完结，人们在实践中对于真理的认识也就永远没有完结。马克思列宁主义并没有结束真理，而是在实践中不断地开辟认识真理的道路。"

（四）辩证法也就是认识论：《实践论》、《矛盾论》的理论渊源

《实践论》、《矛盾论》的认识论的理论性质与辩证法的理论内容的统一，与马克思、恩格斯、列宁的哲学思想是一脉相承的，特别是直接地继承和发展了列宁关于辩证法、认识论、逻辑学"三者一致"的哲学思想。

"辩证法也就是（黑格尔和）马克思主义的认识论"，这是列宁在他的

"辩证法"名著《哲学笔记》中作出的最为重要的论断。这个论断,不只是表述了列宁对哲学、特别是对马克思主义哲学的根本性理解,而且是直接地继承并深刻地发挥了马克思、恩格斯对他们所创造的马克思主义哲学的根本性理解。

马克思写于1845年春的《关于费尔巴哈的提纲》,被恩格斯称作"包含天才世界观萌芽的第一个宝贵文件"。正是在这个"宝贵文件"中,马克思以批评旧唯物主义的直观反映论为切入点,逐条深入地阐述了"人的思维是否具有客观的真理性"问题,明确地提出必须"在人的实践中以及对这个实践的理解中"去解决全部哲学问题,并因此得出"哲学家们只是用不同的方式解释世界,问题在于改变世界"的根本性结论。"改变世界"的马克思主义哲学,首先就是以实践观点为核心观点的、唯物论与辩证法相统一的能动的反映论。从理论性质上看,马克思主义哲学就是关于主客关系的认识论。

马克思和恩格斯对他们所创建的马克思主义哲学的根本性理解是深刻一致的:第一,马克思批评旧唯物主义"只是从客体的或者直观的形式"去看待思维和存在的关系问题,而这正是恩格斯所指认的旧唯物主义"只是"从"内容"方面去看待思维和存在的关系,马克思、恩格斯都把旧唯物主义的"主要缺点"归结为直观的反映论;第二,马克思批评唯心主义只是"抽象地发展了能动的方面",而这正是恩格斯所指认的唯心主义"只是"从"形式"方面去看待思维和存在的关系,马克思、恩格斯都把唯心主义归结为抽象的能动性;第三,马克思认为旧唯物主义和唯心主义的共同根源都在于离开"感性的人的活动"去看待思维和存在的关系,而这正是恩格斯所指认的离开"历史中行动的人"去解决思维和存在的关系问题,马克思、恩格斯都把旧唯物主义和唯心主义的根本问题归结为不理解实践对认识的决定性作用。

上述分析表明,马克思、恩格斯对旧唯物主义和唯心主义的批评,都是立足于以"思维和存在的关系问题"为"基本问题"的"认识论"问题。特别值得我们深思的是,恩格斯不仅把"思维和存在的关系问题"概括为"全部哲学,特别是近代哲学的重大的基本问题",而且深刻地揭示了这一问题的实质。这就是:"我们的主观的思维和客观的世界服从于同样的规律","这是我们的理论思维的不自觉的和无条件的前提"。批判地反思这个"前提",阐发"主观的思维与客观的世界"的辩证关系,是认识论的根本任务,也是哲学的根本任务;辩证法是认识论的根本内容,辩证法也就是认识论。由此可见,列宁关于"辩证法也就是(黑格尔和)马克思主义认识论"的论断,直接地继承并合理地阐发了马克思、恩格斯对他们所创建的马克思主义哲学的根本性理解,与马克思、恩格斯的哲学思想是一脉相承的。

在列宁的《哲学笔记》中,"辩证法也就是(黑格尔和)马克思主义认识论"这个命题,决不是一个孤立的、简单的论断,而是列宁在研读哲学史、特别是在研究黑格尔《逻辑学》和马克思《资本论》的理论探索中所得出的基本结论,是列宁在《哲学笔记》中以大量的研究成果为基础所得出的基本结论。这主要是体现在列宁关于辩证法、认识论、逻辑学"三者一致"的哲学思想之中。

《实践论》、《矛盾论》多处引证了马克思、恩格斯、列宁的相关论述,其中,引证最多的是列宁的《黑格尔〈逻辑学〉一书摘要》和《谈谈辩证法问题》。这表明,毛泽东是在认真研读列宁的上述著作并深入阐发列宁的相关思想的基础上形成了《实践论》和《矛盾论》。毛泽东为《矛盾论》提出的主要的理论任务,是"引申和发挥"列宁在《谈谈辩证法问题》中所阐发的哲学思想,深刻地体现了"辩证法也就是认识论"的基本思想。

由此可见,能否理解《实践论》、《矛盾论》的认识论与辩证法的统一,不仅取决于对这两部著作本身的理解,而且深层地取决于对马克思主义的认识论和辩证法的相互关系的理解。只有理解辩证法也就是马克思主义的认识论,才能真正理解《实践论》、《矛盾论》是认识论的辩证法,也是辩证法的认识论。

(五)实践智慧的辩证法:《实践论》、《矛盾论》的真实意义

《实践论》、《矛盾论》的辩证法和认识论的统一,是以实践为核心观点的统一,也是以实践为根本目的的统一。它们是实践智慧的辩证法,也是辩证法的实践智慧。

实践智慧,是智慧在实践中的体现,是在实践中所体现的智慧。它不同于理论智慧,也不同于生活智慧,但又与理论智慧、生活智慧密不可分。理

论智慧主要指超然于实践的形上智慧,生活智慧主要是指基于经验的常识智慧。实践智慧融形上智慧于生活智慧之中,又是把生活智慧提升为理论卧薪尝胆的形上智慧。借用毛泽东关于文学艺术的看法,实践智慧是"源于生活"而又"高于生活"的智慧。

作为实践智慧的《实践论》、《矛盾论》首先是"源于生活"的智慧。这两部著作的宗旨是反对和克服以教条主义和经验主义为主要表现形式的主观主义,这两部著作的内容是以剖析教条主义和经验主义为"靶子"而阐发知行统一的"实践论"和对立统一的"矛盾论"。无论是论证实践对认识的基础作用和以实践为基础的认识的辩证运动,还是阐发矛盾观点在认识中的核心地位和以矛盾的观点所构成的矛盾分析方法,始终贯穿着对生活、实践的具体分析。

作为实践智慧的《实践论》、《矛盾论》又是"高于生活"的智慧。这突出地表现在,两部著作对认识的矛盾分析,不仅升华为一系列哲学范畴,而且赋予这些范畴以具有独创性的哲学内涵。感性认识与理性认识、直接经验与间接经验、相对真理与绝对真理、理论与实践、内因与外因、共性与个性、主要矛盾与次要矛盾、矛盾的主要方面与矛盾的次要方面,《实践论》、《矛盾论》中的这些基本范畴,既有生动鲜活的实践内涵,又有深刻睿智的理论内涵。

"源于生活"而又"高于生活"的实践智慧,使得"灰色"的理论变得熠熠生辉,使得"朴素"的现实变得厚重深沉。现实活化了理论,理论照亮了现实。

毛泽东对辩证法的独特贡献,突出地体现在他把辩证法的思维方式实现为指导行动的"实践智慧"。毛泽东的辩证法的实践智慧或实践智慧的辩证法,具有三个方面的重大意义:一是在世界观的意义上阐发了辩证法的思维方式和方法论,实现了辩证法的世界观和方法论的统一;二是在实践论的意义上总结和升华了以矛盾分析方法为核心的辩证智慧,使辩证法成为指导行动的现实力量;三是在中国化、时代化和大众化的意义上构建了具有中国特色、气派和风格的马克思主义辩证法理论,从而以历史悠久的中华文明和创新实践的中国经验丰富和发展了马克思主义的辩证法。

第六节　时代精神的精华与文明的活的灵魂

哲学作为"意义"的社会自我意识，它是通过哲学家思维着的头脑所建构的，规范人们如何理解和怎样变革人与世界相互关系的理论。任何一种真正的哲学理论，都凝聚着哲学家所捕捉到的该时代人类对人与世界相互关系的自我意识，都贯穿着哲学家用以说明人与世界相互关系的独特的解释原则和概念框架，都熔铸着哲学家用以观照人与世界相互关系的价值观念、审美意识和终极关怀。因此，任何一种真正的哲学理论，都是黑格尔所说的"思想中所把握到的时代"，都是马克思所说的"时代精神的精华"。

一　哲学的时代性与人类性

关于"时代"、"时代精神"及其"精华"，人们有各种不同的理解与解释。但是，如果从人类的全部"生活活动"及其所创造的"生活世界"的历史发展去思考，我们就会比较清楚地看到：所谓"时代"，就是人类的全部"生活活动"及其所创造的"生活世界"具有相对的质的区别的社会发展阶段；与这个"时代"概念相对应，所谓"时代精神"，就是标志社会不同发展阶段的、具有特定历史内涵的"生活世界"的"意义"；与这个"时代精神"概念相对应，所谓"时代精神的精华"，就是时代"意义"的社会自我意识，也就是对时代性的生活世界的"意义"的理论把握。

一般说来，任何时代的"时代精神"，都以三种基本方式存在：（1）人类把握世界的各种方式所创造的具有时代内涵的生活世界的"意义"，其中主要是该时代的科学精神、艺术精神、伦理精神等；（2）该时代的普遍性的、倾向性的"意义"的个体自我意识，即该时代占主流的关于"意义"的个体自我意识，如普遍的社会心理等；（3）该时代的理论形态的关于"意义"的社会自我意识，即关于时代"意义"的哲学理论。

每个时代的哲学精神，当然是该时代的"时代精神"；但是，作为一种"时代精神"的"哲学精神"，它却不仅仅是一种"时代精神"，而且是"时代精神"的"精华"。这是因为：其一，每个时代的哲学精神，既是"聚焦"人类把握世界的各种方式所创造的具有时代内涵的生活世界的"意义"的"普照光",又是对该时代的普遍性的、倾向性的"意义"的个体自我意识的理论升华。这就是说,在"时代精神"的三种基本的存在方式中,作为"意义"的社会自我意识,哲学最为集中地、最为深刻地、最为强烈地表现了每个时代的时代精神,因而成为"时代精神的精华"。其二,哲学作为人类的反思的思维方式,它以"社会的自我意识"的理论形态,批判性地反思"时代精神",创造性地塑造和引导"时代精神",因而不仅成为"时代精神的精华",而且成为"文明的活的灵魂"。

在对"哲学"的解读与阐释中,人们经常依据马克思关于"任何真正的哲学都是自己时代的精神上的精华"①的论述,突出地强调"哲学"的时代性,并往往以此为根据去批判一切"超时代"的"哲学狂想"或"哲学妄想",特别是以此为根据去批判以黑格尔哲学为集大成的整个传统哲学,认为传统哲学的根本性弊端就在于把哲学视为"超时代"、"超历史"的"永恒真理"、"终极真理",并因此失去了超越自己时代的存在根据。这就从根本上否定了传统哲学的当代性。

毫无疑问,上述的解释与批判是有根据、有道理的。问题在于,当我们这样解释与批判的时候,必须考虑到下述问题,否则我们就会不可避免地陷入窘境:其一,我们经常强调马克思主义是"普遍真理",强调马克思主义哲学为人类揭示和提供了关于"自然、社会和思维发展的普遍规律",而"规律"并不会随着人类历史时代的发展而变更,那么,马克思主义哲学是否是"超时代"、"超历史"的?其二,马克思主义哲学产生于一个半世纪之前,当着我们在今天论证马克思哲学的"当代性"的时候,我们是否同样隐含着对马克思主义哲学的"超时代"的认可?其三,如果产生于19世纪中叶的马克思主义哲学具有"超时代"特性,为什么产生于其前的包括黑格尔哲学在内的整个传统哲学,以及产生于其同时代的现代西方哲学就不具有"超时代"特性?其四,如果马克思以前的传统哲学不具有"超时代性",为什么自古希腊的苏格拉底、柏拉图和亚里士多德到德国古典哲学的康德、黑格尔的哲学仍然被当代人所认同,甚至许多当代哲学家从"回到康德"直至"回到希腊"?

---

① 《马克思恩格斯全集》第1卷,人民出版社1995年版,第220页。

我们之所以会在上述问题陷入窘境，在我看来，就是因为我们孤立地、片面地甚至是绝对化地强调了哲学的"时代性"、"历史性"，而简单地、庸俗地甚至是机会主义地否定了哲学的"人类性"或"超时代性"。

应当看到，任何思想家的任何论断，都有其特定的背景和特别的针对性，因而总是突出地强调问题的某个方面，即毛泽东所说的"矫枉必然过正，不过正不能矫枉"[①]。马克思在《科隆日报》第179号的"社论"中，是从"哲学"是否"应该在报纸的文章中谈论宗教事务"这个问题出发，直接针对"爱好宁静孤寂，追求体系的完满，喜欢冷静的自我审视"的"德国哲学"，特别是针对这种哲学与"反应敏捷、纵论时事"的"新闻报道"所形成的"鲜明对照"，提出"哲学不是在世界之外"，"任何真正的哲学都是自己时代精神上的精华"[②]，突出地强调和论述了哲学的时代性。

值得深思的是，马克思由"任何真正的哲学都是自己时代的精神上的精华"所引发出的直接论断，却是"必然会出现这样的时代：那时哲学不仅在内部通过自己的内容，而且在外部通过自己的表现，同自己时代的现实世界接触并相互作用。那时，哲学不再是同其他各特定体系相对的特定体系，而变成面对世界的一般哲学，变成当代世界的哲学"。马克思认为，这样的哲学，就是作为"文化的活的灵魂"的哲学，就是"世界化"的哲学[③]。

马克思在自己的论述中，既强调了哲学的"时代性"，即"任何真正的哲学都是自己时代的精神上的精华"，又凸显了哲学的"人类性"，即"任何真正的哲学"都是"文化的活的灵魂"。因此，我们不能以哲学的"时代性"去否定哲学的"人类性"，否则我们就无法解释古往今来的任何一种"真正的哲学"的生命力，特别是无法解释马克思哲学的"当代性"。在我看来，离开马克思哲学的"人类性"，就不足以理解和解释马克思哲学的"当代性"。

在关于马克思哲学"当代性"的论证中，人们往往着眼于我们今天仍然生活在马克思哲学得以形成的时代，即着眼于我们与马克思的"同时代"

[①] 《毛泽东著作选读》上册，人民出版社1986年版，第17页。
[②] 参见《马克思恩格斯全集》第1卷，人民出版社1995年版，第219—220页。
[③] 同上书，第220页。

性。如果认真思考一下，就会发现这样的论证是贫乏的：首先，20世纪是人类历史上翻天覆地的世纪，人类的文明形态、人们的存在方式以及人们的思想观念都发生了空前的革命，把20世纪称作人类历史的"新时代"决不会言过其实。其次，如果从市场经济取代自然经济、现代社会取代传统社会为标准来划分"时代"，从而说明我们与马克思的"同时代性"，那么，我们就无法解释，为什么处于这一过程之中的西方近代以来的哲学，特别是以康德、黑格尔为代表的德国古典哲学不具有"同时代性"？最后，如果仅仅从"时间"来划分"时代"，那么，晚于马克思的当代西方哲学是否比马克思哲学具有更强的"当代性"？

这样，问题就回到对哲学的"当代性"的理解，特别是对马克思哲学的"当代性"的理解。在我看来，我们既不能离开哲学的"时代性"去看待哲学的"人类性"，也不能离开哲学的"人类性"去看待哲学的"时代性"；哲学的"人类性"就蕴含于哲学的"时代性"之中，而哲学的"时代性"则是对"人类性"问题的历史性回答；因此，马克思哲学的"当代性"，从根本上说，是在于它的深层的、深厚的、深刻的"人类性"。

哲学作为人类把握世界的一种基本方式，即区别于神话、宗教、艺术、伦理和科学的一种特殊方式，它的特殊之处就在于，它把人的存在，以及由人的存在所构成的人与世界之间的关系，特别是人在这种关系中所具有的存在价值，作为自己"反思"的对象。古今中外的"哲学"，不管其研究对象有何种差异，研究方法有怎样变革，派别之间有多少冲突，理论形态有多少更新，但总是对人自己的反思，"人是哲学的奥秘"。这就是哲学问题的人类性。正是人类性的哲学问题，构成"真正的哲学"的"超时代"的"当代性"。

作为理论形态的人类自我意识，或者说，作为人类关于自身存在的自我意识的理论形态，任何真正意义上的哲学，都是以理论的方式表征了人对自己的理解，表征了人对人与世界关系的自我意识，因而都具有"超时代"的"人类性"，也就是人类自我理解的"当代性"。例如，贯穿于全部哲学史的唯物主义与唯心主义的哲学冲突，就是以理论的方式表征了人类关于自身既源于自然又超越自然的自我意识，因而唯物主义与唯心主义的哲学冲突具有无可否认的"当代性"，历史上的任何一种唯物主义哲学或唯心主义哲学，也都在哲学地思考人自身的悖论性存在中显示了自己的"当代性"。

诉诸哲学史，我们会惊讶地发现，人类性的哲学问题，从来不是以抽象的"人的问题"而存在，恰恰相反，人类性的哲学问题总是表现为具有特殊内涵的时代性课题。因此，以人类性问题为根据的哲学的当代性，又取决于每个时代的各种哲学对自己时代的哲学课题的理论自觉。

在《〈黑格尔法哲学批判〉导言》中，马克思对哲学史作出这样的概括："人的自我异化的神圣形象被揭穿以后，揭露具有非神圣形象的自我异化，就成了为历史服务的哲学的迫切任务。于是，对天国的批判变成对尘世的批判，对宗教的批判变成对法的批判，对神学的批判变成对政治的批判。"① 这种概括精辟地揭示了整个西方哲学所经历的三大过程，即：近代哲学以前的确立"人的自我异化的神圣形象"的哲学，也就是形成和确定上帝本体论的哲学；近代以来的揭穿"人的自我异化的神圣形象"的哲学，也就是由上帝的自然化、物质化和精神化所构成的上帝人本化哲学；现代的揭露"人的自我异化的非神圣形象"的哲学，也就是以人类理性的自我批判为根本内容，以对"尘世"、"法"和"政治"的批判为主要对象的现代哲学。

确立"神圣形象"、揭穿"神圣形象"和揭露"非神圣形象"，这是完全不同的哲学任务，因而也构成完全不同的哲学理论。这就是哲学的不可逃避的时代性。对于哲学的这种时代性，即使是被视为"理性放荡"的黑格尔也是非常清醒的。他说："妄想一种哲学可以超出它那个时代，这与妄想个人可以跳出他的时代，跳出罗陀斯岛，是同样愚蠢的。如果它的理论确实超越时代，而建设一个如其所应然的世界，那么这种世界诚然是存在的，但只存在于他的私见中，私见是一种不结实的要素，在其中人们可以随意想象任何东西"②。但是，黑格尔同样清醒地看到，具有时代性的哲学，却如同"花蕾、花朵和果实"的自我否定："花朵开放的时候花蕾消逝，人们会说花蕾是被花朵否定掉了；同样地，当结果的时候，花朵又被解释为植物的一种虚假的存在形式，而果实是作为植物的真实形式出而代替花朵的。这些形

---

① 《马克思恩格斯选集》第一卷，人民出版社1995年版，第2页。
② ［德］黑格尔：《法哲学原理》，范扬、张企泰译，商务印书馆1961年版，第12页。

式不但彼此不同,并且互相排斥互不相容。但是,它们的流动性却使它们成为有机统一体的环节,它们在有机统一体中不但不互相抵触,而且彼此都同样是必要的;而正是这种同样的必要性才构成整体的生命。"[①] 花蕾孕育了花朵,花朵又孕育了果实;但花朵的怒放正是否定了花蕾,果实的结出也正是否定了花朵,这个否定的过程,正是以新的形式与内容肯定了先前的存在。这样来看哲学史,它就不是一个徒然否定、一无所获的过程,而恰恰是一个"扬弃"的过程,结出果实的过程。这样理解的哲学史,才是哲学的发展史。这样的哲学史就是以时代性的课题和内容来求索和回答人类性问题的历史。

确立"神圣形象"、揭穿"神圣形象"和揭露"非神圣形象",这表现了完全不同的哲学任务,但却蕴含着共同的关于人的哲学思考,即为人自身的存在寻求根据的哲学思考,因而涵盖着任何真正意义的哲学思考所不可逃避的人类性问题:标准与选择的关系,主体与客体的关系,感性与理性的关系,个性与共性的关系,小我与大我的关系,理想与现实的关系,思维与存在的关系,人与世界的关系,如此等等。而如果借用笔者对"传统哲学"与"现代哲学"的概括,所谓"传统哲学",其实质是理论地表征了人的"没有选择的标准的生命中不堪忍受之重的本质主义的肆虐",而所谓"现代哲学",其实质是理论地表征了人的"弱化了标准的选择的生命中不能承受之轻的存在主义的焦虑"。因此,愈是具有深刻的时代性内涵的哲学,就愈是具有超时代的人类性价值,也就是哲学的当代性。在我看来,正是由于马克思深刻地理解了哲学问题的人类性,深切地把握到了哲学的人类性问题的时代性课题,因此马克思哲学才具有鲜明的、强烈的、睿智的"当代性"。

马克思并不是像许多现代西方哲学家那样,空泛地批判黑格尔哲学的"泛逻辑主义"或"理性的放荡",而是以深沉的历史唯物主义的哲学目光,尖锐地指出了这种"无人身的理性"哲学与近代以来的人类生存状况的关系,深刻地揭示了黑格尔哲学的"超时代性"的"时代性"内涵。马克思提出,黑格尔的"无人身的理性",是以"最抽象"的形式表达了人类"最

[①] [德]黑格尔:《精神现象学》(上),贺麟、王玖兴译,商务印书馆1979年版,第2页。

现实"的生存状况，即"个人现在受抽象统治，而他们以前是互相依赖的。但是，抽象或观念，无非是那些统治个人的物质关系的理论表现"①。这种受"抽象"统治的人类生存状况，正是市场经济中的人的"独立性"建立在对"物的依赖性"的基础之上的人类生存状况。这不正是黑格尔哲学的人类性与其时代性的统一吗？而黑格尔哲学的根本的局限性，不正在于它表达了人类的时代性的生存状况，却无力提出"超越时代"的哲学理论吗？这不正是表明，如果离开深沉的"人类性"而陷入当下的"时代性"，恰恰会失去哲学的"当代性"吗？

与黑格尔不同，马克思哲学的生命力，不仅在于马克思深刻地揭示了人类受"抽象"统治的"时代状况"，而且在于马克思深刻地揭示了构成这种"时代状况"的"物质关系"，即"人"的独立性和个性被异化为"资本"（物）的独立性和个性，并且提出了"超时代"的历史任务，即把"人"从"物"的普遍统治中解放出来的历史任务，把"资本"的独立性和个性变为人的独立性和个性的历史任务。这就是马克思的既根源于自己生活的时代，又超越于自己生活的时代的哲学，即关于解放全人类和实现"一切人的自由发展"的哲学。

由此笔者认为，马克思把"任何真正的哲学"比喻为"自己时代的精神上的精华"和"文化的活的灵魂"②，为我们提示了两个极其重要的思想：其一，这个比喻精辟地显示了哲学的人类性与时代性的不可割裂的统一性，越是植根于"时代"的哲学越是具有深刻的"人类性"，越是具有深刻"人类性"的哲学越能成为"自己时代的精神上的精华"，因而越是具有"超时代"的"当代性"；其二，作为时代精神之"精华"和文化的活的"灵魂"，哲学绝不仅仅是"反映"和"表达"时代精神，而且要"塑造"和"引导"时代精神，即具有"时代性"与"超时代性"的双重内涵。马克思哲学的"当代性"，从根本上说，不就在于马克思哲学所实现的时代性与超时代性的统一吗？我们应当从哲学的时代性与人类性的统一去理解马克思哲学的当代性，也应当从这一视野理解传统哲学的当代性。

---

① 《马克思恩格斯全集》第46卷（上），人民出版社1979年版，第111页。
② 参见《马克思恩格斯全集》第1卷，人民出版社1995年版，第220页。

人类性的哲学问题,却并不是每个人都能够作为"哲学问题"提出的;恰恰相反,人们往往是把"哲学问题"当成某种"常识问题"或"科学问题",从而也就淡化了真正的"哲学问题"。传统哲学的当代性,是因为历史上的哲学家以其独立的哲学思考表达了真正的人类性的哲学问题。这构成一切时代的哲学思考的源泉。

关于哲学问题,现代哲学大师海德格尔曾经从两个角度予以论述:其一,他论述了哲学问题的首要性,即哲学问题总是最广泛的、最深刻的和最原始的问题[①];其二,他论述了哲学问题的"非同凡响"和"没有通俗可言"。他提出,"哲学的一切根本性问题必定都是不合时宜的",这是因为"哲学或者远远超出它的当下现今,或者反过头来把这一现今与其先前以及起初的曾在联结起来",因此哲学非但不能"合乎时宜",反而"倒要把时代置于自己的准绳之下"。由此海德格尔提出,"哲学本质上是超时间的","要是哲学变成了一种时尚,那就或者它不是真正的哲学,或者哲学被误解了,被按照与之无关的某种目的误用于日常需要"。在海德格尔看来,这种"不合时宜"的"超时间"的哲学,它所拥有的"真正的威力",在于它"能与民族历史的本真历程生发最内在的共振谐响","它甚至可能是这种共振谐响的先声","超时间的东西会拥有它自己的时间"[②]。正因如此,海德格尔提出,"哲学决不会使事情变得浅易,而只会使之愈加艰深"。"哲学的真正功用恰恰就在于加重历史性此在以及从根本上说是加重绝对的在。艰深使得万事万物,使得存在者重新获得凝重(在)。"海德格尔万分感慨地指出,"沉重艰深是一切伟大事物出现的基本条件之一,而我们正是首先根据这些伟大事物来考虑一个历史上的民族以及它的成就的命运"。因此海德格尔得出的结论是,"哲学活动就是对超乎寻常的东西作超乎寻常的发问"[③]。

应当说,海德格尔的这些议论并不是故弄玄虚,而是他对哲学的真切体验。哲学作为理论形态的人类自我意识,它既是哲学家以个人的名义讲述人类的故事,又是哲学家以人类的名义讲述个人的故事,哲学家个人的理性思

---

① 参见[德]海德格尔《形而上学导论》,熊伟、王庆节译,商务印书馆1996年版,第4—5页。
② 同上书,第10页。
③ 同上书,第13、15页。

辨和生命体验与整个人类的文明和思想，熔铸于哲学家以"通晓思维的历史和成就的基础上的理论思维"（恩格斯语）所创造的哲学理论之中，并表现为历史积淀下来的"经典"著作。正是这一部部经典著作，构成哲学的历史，构成哲学的传统，因此越是富有独创性的哲学，越能够深切地表征人类关于自身存在的自我意识，因而也越是具有超越时代的当代性。

哲学作为理论形态的人类自我意识，哲学家关于人类存在的自我意识，关于人类性问题的独特性理解，不仅仅包含着哲学家个人的思辨和体验，而且深层地蕴含着整个民族的理性思辨和生存体验，这就是冯友兰先生所深切地体会到的越是"民族底"，就越是"世界底"。对此，高清海教授在他生命最后时刻所撰写的《中华民族的未来发展需要有自己的哲学理论》一文中提出："中华民族的生命历程、生存命运和生存境遇具有我们的特殊性，我们的苦难和希望、伤痛和追求、挫折和梦想只有我们自己体会得最深，它是西方人难以领会的。"他提出，"哲学标志着一个民族对它自身自觉意识所达到的高度和深度，体现着它的心智发育和成熟的水准"。"一个社会和民族要站起来，……关键在于首先要从思想上站立起来，一个在思想上不能站立的民族……不可能真正成为主宰自己命运的民族。"因此，我们"应该把哲学研究的主要精力转移到创建属于中国自己的当代中国哲学理论方面上来"[①]。从中华民族的振兴而思考传统哲学的当代性，这是真正具有当代意义的哲学思考。

二　哲学演进的透视与反思

深入理解哲学是"时代精神的精华"，需要透视和反思哲学自身的历史演进。在这种透视和反思中，有三个最为重要的角度：一是哲学基本问题的历史演进，二是人类存在方式的历史变革，三是哲学寻求崇高的历史进程。

一是从哲学基本问题的历史演进透视和反思哲学。

哲学的历史演进，是同哲学基本问题——思维和存在的关系问题——的历史性变化密不可分的。恩格斯在提出"全部哲学，特别是近代哲学的重大

---

① 高清海：《中华民族的未来发展需要有自己的哲学理论》，《吉林大学社会科学学报》2004年第2期。

的基本问题，是思维和存在的关系问题"① 之后，紧接着就分别地论述了"思维和存在的关系问题"在"远古时代"、"中世纪"和"近代"的不同状况。结合恩格斯关于哲学基本问题历史演化的论述去反观哲学史，能够更为具体地深化我们对哲学的"发展"的理解。

恩格斯提出，在"远古时代"，人们已经"不得不思考这种灵魂对外部世界的关系"，并产生了"灵魂不死的观念"，因此，"思维对存在、精神对自然界的关系问题，全部哲学的最高问题，像一切宗教一样，其根源在于蒙昧时代的狭隘而愚昧的观念"②。而在"中世纪"的"经院哲学"中，哲学的基本问题则是以这种形式提出来的，即："世界是神创造的呢，还是从来就有的？"③

在概述了哲学基本问题在"远古时代"和"中世纪"的状况之后，恩格斯集中地论述了近代哲学与哲学基本问题的关系。恩格斯指出，思维和存在的关系问题，"只是在欧洲人从基督教中世纪的长期冬眠中觉醒以后，才被十分清楚地提了出来，才获得了它的完全的意义"④。

一般认为，在西方哲学的发展史上，出现了两次大的转向，第一次是从古代哲学到近代哲学的"认识论转向"，第二次是从近代哲学到现代哲学的"实践转向"和"语言转向"。这两次"转向"，就其理论内涵而言，都是转换了对"思维和存在的关系"的理解。

当代科学哲学家卡尔·波普尔曾提出"世界3"理论。他把物理自然世界称为"世界1"，把人的精神世界称为"世界2"，而把语言文化所构成的世界称为"世界3"。借用波普尔的这种划分方式，我们可以比较简洁地说明哲学的"古代"、"近代"和"现代"三种基本形态的本质特征。这就是：所谓"古代"哲学，其实质是离开"世界2"对"世界1"的关系，即离开"思维"对"存在"的关系，而单纯地追问和直接地断言"世界1"（存在）；所谓"近代"哲学，其实质是从"世界2"对"世界1"的关系，也就是从"思维"对"存在"的关系出发，去追究二者的"关系问题"；所谓

---

① 《马克思恩格斯选集》第四卷，人民出版社1972年版，第219页。
② 同上书，第220页。
③ 同上。
④ 同上。

"现代"哲学,其实质则是从"世界3"出发去探寻"世界2"与"世界1"的关系,也就是从"语言文化"出发去探寻"思维"与"存在"的关系。在对哲学的"古代"、"近代"和"现代"三种基本形态作出上述说明之后,我们就能够较为深刻地理解哲学发展的思想内涵了。

古代哲学,它离开对人类意识及其与世界相互关系的认识论反省,单纯地从对象世界本身去寻求世界的统一性,并直接地断言世界本身,而没有自觉到在这种断言中所蕴含的"思维与存在的关系问题"。因此,哲学的"古代"含义,是指尚未自觉地提出哲学基本问题而直接地寻求和断言世界本身的哲学理论形态。

近代哲学,它之所以被称为"认识论转向",是因为它以反省人类意识及其与世界的相互关系为出发点,在"思维和存在的关系"中寻求二者的统一性。在这种认识论反省中,"思维和存在的关系问题"被"明确地提了出来",并使之获得了"完全的意义"。18世纪末19世纪初的德国古典哲学,又把这种"认识论转向"发展为对"思维和存在的关系问题"的逻辑学反思,即以概念辩证运动的形式去描述思维和存在的规律层面上的统一。因此,哲学的"近代"含义,是指自觉地提出哲学基本问题并从而寻求思维规律与存在规律统一的哲学理论形态。

现代哲学,它之所以被称为"实践转向"和"语言转向",是因为它超越了近代认识论转向的主观与客观的二元对立,从思维与存在统一的现实基础(实践)或文化中介(语言)出发,去回答和解决思维和存在的关系问题。马克思的"实践转向",以人的现实的存在方式——实践活动及其历史发展——为基础去解决思维与存在、人与世界之间的关系问题;现代西方哲学的"语言转向",则是以人类历史文化的"水库"——语言——为出发点去反省思维与存在、人与世界之间的关系问题。因此,哲学的"现代"含义,是指以人的历史性存在为中介去回答和解决哲学基本问题的哲学理论形态。它与传统哲学(包括古代哲学和近代哲学)的根本区别,在于传统哲学总是以"超历史"的方式去解决哲学问题,而现代哲学则是以"历史的"方式去提出和回答哲学问题。

在哲学的"古代"、"近代"和"现代"的理论形态的历史转换中,实现了哲学的提问方式和理论内涵的历史性发展。古代哲学提出"万物的统一性"问题,这既意味着人类试图以某种最深层的统一性的存在来确定人类生活意义的最高支撑点,又意味着人类尚未达到从思维对存在的关系去反省人类生活的意义。因此,这种哲学实质是表征着人类从自在走向自为的过程。近代哲学提出"意识的统一性"问题,这既意味着人类以反省的认识去寻求人类生活的意义,又意味着人类是以超历史的即抽象的观念去看待存在的意义。这种哲学表征着人类受"抽象"统治的自我意识。现代哲学提出"实践的统一性"以及科学、语言、文化等统一性问题,这既意味着人类从历史的即现实的观念去看待存在的意义,也意味着人类在多元文化中的意义的冲突与危机。这种哲学表征着人类的理论理性与实践理性相融合的自我意识。

二是从人类存在的历史形态透视和反思哲学。

哲学作为理论形态的人类自我意识,它的理论形态的历史演进,直接地取决于人类关于自身存在的自我意识的历史性变化;而人类关于自身存在的自我意识的历史性变化,则深层地取决于人类存在的历史形态的转换。因此,哲学史,归根结底是理论形态的人类发展史;每个时代的哲学,则归根结底是"思想中所把握到的时代",是"自己时代精神的精华"。

关于人类存在的历史形态,马克思从宏观的历史视野,作出了如下的总体概括:"人的依赖关系(起初完全是自然发生的),是最初的社会形态,在这种形态下,人的生产能力只是在狭窄的范围和孤立的地点发展着。以物的依赖性为基础的人的独立性是第二大形态,在这种形态下,才形成普遍的社会物质交换,全面的关系,多方面的需求以及全面的能力的体系。建立在个人全面发展和他们共同的社会生产能力成为他们的社会财富这一基础上的自由个性,是第三阶段。第二阶段为第三阶段创造条件。"[①] 概括地说,人类存在的三大历史形态是:人的依赖关系;以物的依赖性为基础的人的独立性;以个人全面发展为基础的自由个性。

在"人的依赖关系"的历史形态中,个人依附于群体,个人不具有独立性,只不过是"一定的狭隘人群的附属物"。在"以物的依赖性为基础的人的独立性"的历史形态中,个人摆脱了人身依附关系,而获得了独立性,

---

[①] 《马克思恩格斯全集》第46卷(上),人民出版社1979年版,第104页。

但这种"独立性"却只能是"以物的依赖性为基础"的。人依赖于物,人受物的统治,人与人的关系受制于物与物的关系。只有超越"以物的依赖性为基础的人的独立性",才能实现"建立在个人全面发展和他们共同的社会生产能力成为他们的社会财富这一基础上的自由个性"。这就是人类存在的三大历史形态的基本特征。

人类存在的三大历史形态,是人类存在方式的历史规定性。这种历史的规定性,集中地表现为"自然经济"、"市场经济"和社会生产力高度发达基础上的"产品经济"。分析人类存在的历史规定性,有助于我们透视哲学历史性转换的理论内涵。

所谓"自然经济",就是在生产力水平低下或较为低下的情况下的"人的依赖性"或"人对人的依附性"的人的存在方式。在"自然经济"的形态下,"人的生产能力只是在狭窄的范围内和孤立的地点上发展着"。由于生产力水平低下或较为低下所造成的"人对人的依附性",从人的存在方式上看,"自然经济"的特点是经济生活的禁欲主义、文化生活的蒙昧主义和政治生活的专制主义的"三位一体"。经济生活的禁欲主义既需要文化生活的蒙昧主义,更需要政治生活的专制主义。自然经济的人的存在方式,从本质上看,就是这种禁欲主义、蒙昧主义和专制主义"三位一体"的"人对人的依附性"的存在方式。

按照马克思的观点,超越自然经济的市场经济,实现了人的存在方式由"人对人的依附性"到"以物的依赖性为基础的人的独立性"的历史性转变。马克思提出,在这种"以物的依赖性为基础的人的独立性"的存在方式中,"才形成普遍的社会物质交换,全面的关系,多方面的需求以及全面的能力的体系"[①]。

如果我们可以像上文那样把"自然经济"的特征概括为经济生活的禁欲主义、文化生活的蒙昧主义和政治生活的专制主义,那么,在与"自然经济"相比较的意义上,我们可以对"市场经济"的特征作出如下的概括:经济生活的反对禁欲主义而要求现实幸福,文化生活的反对蒙昧主义而要求理性自由,政治生活的反对专制主义而要求天赋人权。"市场经济"的这种

[①] 《马克思恩格斯全集》第46卷,人民出版社1979年版,第104页。

要求的理论表达，则构成人们所熟知的著名的哲学命题，这就是："我欲故我在"（要求现实幸福）；"我思故我在"（要求理性自由）；"我生而为人"（要求天赋人权）。

如果我们更深入地从人的思维方式、价值观念和行为方式等人的存在方式的视角去透视"市场经济"，那么，我们又可以对"市场经济"的特征作出更为实质性的概括。这就是：功利主义的价值态度（以功利原则为价值核心）；工具理性的思维方式（以科学思维为合理性）；民主法制的社会体制（市场经济即法制经济）。

市场经济按照自己的要求去塑造全部的社会生活，从而也就塑造了人的新的存在方式（人在市场经济中的存在方式）。对于人的这种存在方式的本质与特征，马克思作出了最为简洁、精辟的理论把握与概括，这就是："以物的依赖性为基础的人的独立性。"

马克思的概括，深刻地揭示了市场经济以及与之相适应的人的存在方式的二重性：一方面，与自然经济相比，市场经济使人的存在方式由"人对人的依附性"转变为"人的独立性"；另一方面，市场经济中的"人的独立性"，只能是"以物的依赖性为基础"，因此它所实现的由"人对人的依附性"到"人的独立性"的转变，只是由"人的依赖关系"转变为"物的依赖关系"。正是由于市场经济以及与之相适应的人的存在方式的二重性，所以马克思既充分肯定市场经济较之自然经济的巨大的历史进步性，又深刻地揭露市场经济的内在矛盾，并指出超越市场经济的人的第三大存在状态——"建立在个人全面发展和他们共同的社会生产能力成为他们的社会财富这一阶段上的自由个性"[①]。

由自然经济转向市场经济的过程，特别是市场经济自身的发展过程，就其所实现的社会进步过程而言，就是社会和人的现代化过程。市场经济与现代化是密不可分的。因此，对市场经济的剖析和对现代化的透视，可以说是相辅相成的。为了深刻认识和理解市场经济的二重性，我们需要"透视""现代化"。

现代化，既是一个前所未有的、迅猛发展的自然人化过程——以现代的

---

① 参见《马克思恩格斯全集》第46卷，人民出版社1979年版，第104页。

科学技术征服自然的过程；又是一个前所未有的、急速实现的个体社会化过程——以等价交换的原则实现人的全部社会关系的过程。由此，在现代化的进程中便愈益凸显了两个方面的尖锐矛盾：一是现代科学技术的迅猛发展与日益严峻的"全球问题"的矛盾，二是人的生存方式的现代化与"人的物化"（或者说"异化"）状态的矛盾。

现代化所实现的空前的自然人化过程，为人类的生存和发展创造了前所未有的物质财富，但同时又造成了包括人口膨胀、环境污染、生态失衡、粮食紧张、能源危机以及核战争威胁等在内的"全球问题"。而市场经济所实现的"以物的依赖性为基础的人的独立性"，既挺立了个人的主体性和独立性，增强了人的主体自我意识，形成了某种人的自我实现的条件，又造成了"抹去一切职业的灵光"，"把一切都沉浸到金钱的冰水当中去"，也就是使人"物化"的生存状态。这就是当代的人与自然、人与社会的双重性矛盾所构成的"现代化问题"。

美国哈佛大学教授丹尼尔·贝尔曾提出一种关于划分社会发展阶段的理论，即把社会发展划分为三个阶段：前现代化（农业社会）、现代化（工业社会）和后现代化（信息社会）。在所谓前现代化社会中，主要特征是社会生活以家庭为中心，人际关系直接密切，社会组织结构简单，风俗、道德、习惯势力大，人们行为模式固定单一，所要解决的问题是经济上的工业化和思想上的启蒙。现代化社会是伴随工业化和机械化而来的所有社会发展，包括：开放社会阶级之间的界限和增加社会流动，教育的发展，公民权的扩大，社会服务的发展，等等。同时社会分工复杂，社会流动频繁，人际关系肤浅、间接、局限而短暂，家庭不稳定，个人常常感到紧张、压抑、忧虑和孤独。后现代化社会中知识工业占统治地位，从事脑力劳动的人是社会基础和领导层，所从事的信息处理已超越了国界，国家乃至家庭的界限进一步模糊，所要解决的主要问题包括人口膨胀、环境污染、生态失衡、能源紧张等在内的"全球问题"[①]。

面对这种现代化的双重性矛盾，形成了世界性的哲学层面的现代化思潮与反现代化思潮的尖锐矛盾。作为反现代化思潮，一是表现为发展中国家的

---

① 参见［美］丹尼尔·贝尔《后工业社会的来临》，王宏周译，商务印书馆1986年版。

以道德理想主义批判发达国家中的"物欲横流",一是表现为发达国家的以文化保守主义所进行的现代化反省。风靡全球的丹尼尔·贝尔的《资本主义文化矛盾》、马尔库塞的《单向度的人》和艾恺的《世界范围内的反现代化思潮》,即是反映这种尖锐矛盾的代表作。作为现代西方哲学的现代化思潮,则把现代化所实现的自然的人化即自然的隐退,视为哲学一向所寻求的绝对性、确定性和终极性的消解。真理观的多元论,价值观的相对论,历史观的非决定论,构成了现代西方哲学的主导性解释原则。由此便形成了当代哲学的形上与形下、科学主义与人本主义、理想主义与实用主义、道德主义与功利主义、终极关怀与"消解哲学"的尖锐冲突①。

从人类存在的三大历史形态去透视哲学史,会有助于我们对哲学的古代形态、近代形态和现代形态的理解,也会有助于我们探索和展望哲学的未来发展趋向。

三是从哲学寻求崇高的进程透视和反思哲学。

哲学的历史是寻求崇高的历史。在人类历史的精神坐标上,"崇高"与"渺小"一向是对立的两极:"崇高"象征着真善美,"渺小"则意味着假恶丑。追求崇高的理想,献身崇高的事业,完善崇高的人格,臻于崇高的境界,一向被视为人生的最大的意义和最高的价值。哲学作为理论形态的人类自我意识,即以理论的形态所表达的人类关于自身的意义与价值的自我意识,它一向是以阐扬崇高和贬抑渺小作为自己的追求目标和理论使命。无论是从先秦到明清的中国传统哲学,还是从古希腊罗马到近代欧洲的西方传统哲学,无不把象征真善美的崇高作为哲学理性的真谛。

然而,值得深思的是,哲学作为"思想中所把握到的时代",无论是中国传统哲学还是西方传统哲学,在建构人类生活精神坐标的进程中,既历史地践履着对崇高的追求,又非历史地把崇高异化为某种超历史的存在。崇高的追求与崇高的异化,构成了整个传统哲学的最深层次的内在矛盾。而从整个哲学史看,哲学正是在追求崇高和"消解"崇高的异化的过程中发展的。这就是哲学的追求和确立崇高、批判和消解崇高的异化、重新寻求和确立崇高的否定之否定的辩证法。

---

① 参见孙正聿《崇高的位置》,吉林人民出版社1996年版,第146—151页。

在论述哲学的反宗教的历史任务时，马克思曾对宗教的本质作出这样的概括："人创造了宗教，而不是宗教创造了人。就是说，宗教是那些还没有获得自己或是再度丧失了自己的人的自我意识和自我感觉。"① 马克思认为，"宗教把人的本质变成了幻想的现实性，因为人的本质没有真实的现实性。因此，反宗教的斗争间接地也就是反对以宗教为精神慰藉的那个世界的斗争"②。因此马克思提出，"彼岸世界的真理消逝以后，历史的任务就是确立此岸世界的真理。人的自我异化的神圣形象被揭穿以后，揭露非神圣形象中的自我异化，就成了为历史服务的哲学的迫切任务。于是对天国的批判就变成对尘世的批判，对宗教的批判就变成对法的批判，对神学的批判就变成对政治的批判"③。

在这里，马克思为我们反思哲学的历史演进，提供了一个极其重要的透视角度。这就是：近代以前的哲学，特别是中世纪哲学，是一个塑造"神圣形象"的过程；近代哲学本身，则是一个消解"神圣形象"，并以种种"非神圣形象"取而代之的过程；一个半世纪以来的现代哲学，则是在消解"神圣形象"的基础上，进而消解诸种"非神圣形象"的过程。从哲学寻求崇高和消解被异化了的崇高的双重过程去透视哲学史，将深化我们对哲学"发展"的理论内涵的理解。

传统哲学对崇高的追求，具有这样的根本性特征，即：以崇高与渺小的绝对两极对立为前提，以确立崇高的某种终极性存在为目标，以自身的理论形态作为崇高的终极实现自期自许。传统哲学的这种根本性特征，集中地表现为传统哲学的提问方式。传统哲学向自己提出的问题是：什么是绝对之真、至上之善和最高之美？在传统哲学看来，只有当哲学为人类揭示出这种绝对之真、至上之善和最高之美，并且人类按照这种绝对之真、至上之善和最高之美来裁判和实践自己的全部生活，人类才能够崇高起来。这样，传统哲学就把对崇高的挚爱与追求，变成种种亘古不变的哲学理念，把崇高的历史性内涵异化为统治人的思想与行为的种种僵化的教条和崇拜的偶像。由此

---

① 《马克思恩格斯选集》第一卷，人民出版社1972年版，第1页。
② 同上。
③ 同上书，第2页。

便造成了传统哲学的崇高的追求与异化的崇高的内在矛盾。

中国传统哲学，一向是以"为天地立心，为生民立命"为己任，以"究天人之际，通古今之变"为内容，以"修齐治平"、"内圣外王"为门径，去建构人类生活的精神坐标和确立人类生活的"安身立命"之本。中国传统哲学对崇高的追求，真可谓百折不挠，一以贯之。然而，在"存天理，灭人欲"，"君子喻于义，小人喻于利"，"君为臣纲，父为子纲"以及"法先王之法"、"以孔子之是非为是非"的告诫与"纲常"中，我们不仅可以看到非此即彼、两极对立的绝对化的思维方式和价值观念，而且可以看到由此所造成的崇高的异化：崇高被异化为代表"国家"、"社稷"的"君主"；崇高被异化为代表"人性"、"人格"的"圣贤"；崇高被异化为代表"经典"、"文本"的"儒学"；崇高被异化为代表"伦理"、"道德"的"纲常"……

崇高在中国传统哲学中的异化，主要表现为"君权"、"经典"、"纲常"等伦理关系的神圣化；崇高在西方传统哲学中的异化，则主要表现为"本体"、"共相"、"逻辑"等认知关系的神圣化。"上帝"作为被异化了的崇高——人的全部思想与行为的最高规范和最高裁判——只不过是被神圣化了的"本体"、"共相"或"逻辑"。

崇高的异化，首先是集中地表现为在宗教中的异化，即崇高被异化为"神圣形象"的"上帝"。因此马克思提出，"对宗教的批判是其他一切批判的前提"，"反宗教的斗争间接地也就是反对以宗教为精神慰藉的那个世界的斗争"[①]。马克思同时指出，在人的自我异化的"神圣形象"被揭穿以后，揭穿"非神圣形象"中的自我异化，即揭穿人在"尘世"中的"法"、"政治"等"非神圣形象"中的自我异化，就成了现代哲学的历史任务。

如果我们把哲学的塑造"神圣形象"、消解"神圣形象"和消解"非神圣形象"的发展过程，同马克思的关于人的存在形态的"人的依赖关系"、"以物的依赖性为基础的人的独立性"和以"个人全面发展"为基础的"自由个性"的发展进程联系起来，就会更为深切地理解哲学在寻求崇高的过程中所实现的对人类存在的自我意识的理论把握。

---

① 《马克思恩格斯选集》第一卷，人民出版社 1972 年版，第 1 页。

在"人的依赖关系"中,个体对崇高的追求,就是对群体的崇拜,被崇拜的群体则被异化为超人的"神圣形象"(从图腾到上帝)。这样,作为理论形态的人类自我意识的哲学,它对崇高的寻求和崇高的异化,就表现为以"人的依赖关系"为基础的对"神圣形象"的崇拜。

在"以物的依赖性为基础的人的独立性"的历史形态中,人对人的依赖变成了人对物的依赖,因此,人对"神"的崇拜也变成了人对"物"的崇拜,崇高在"神圣形象"的异化也变成了崇高在"非神圣形象"中的异化。

正因如此,哲学的历史进程,就由塑造"神圣形象"而演进为消解"神圣形象",又由消解"神圣形象"而演进为消解"非神圣形象"。哲学的这个演进过程,正是理论地表征着人类社会从人对人的依赖性走向人对物的依赖性,并进而改变人对物的依赖性的历史进程。然而,20世纪的哲学理性在消解"非神圣形象"的过程中,又承受着失落了"崇高"的种种精神困倦,因此,当代哲学正在重新确立"崇高"位置的理论反思中实现自己的发展。

三 "从实践的观点看"哲学的范式转换

在当代哲学研究中,人们经常借用科学哲学家库恩的"范式转换"的说法来标识哲学的变革与发展。在我看来,如果可以用"从逻辑的观点看"来标志现代哲学的分析运动,我们则不仅可以用"从实践的观点看"来标志马克思的哲学革命,而且可以用"从实践的观点看"来标志当代中国马克思主义哲学的研究范式。

"从实践的观点看",就是以实践观点的思维方式去看待全部哲学史,以实践观点的思维方式去看待全部哲学问题,以实践观点的思维方式去看待理论与实践、理想与现实的关系。在"研究范式"转换的意义上,当代中国马克思主义哲学的"从实践的观点看"的研究范式,具体地体现为"从实践的观点看"哲学原理教科书,"从实践的观点看"哲学基本问题,"从实践的观点看"哲学基本范畴,"从实践的观点看"马克思主义哲学中国化。

(一)"从实践的观点看"哲学原理教科书

改革开放以来,我国哲学界越来越认同以"实践的唯物主义"概括和表述马克思主义哲学,这并不仅仅是依据马克思、恩格斯在《德意志意识形态》中的简短论断，而且主要是源于对马克思的哲学革命的理解和阐释。这种理解和阐释的进程，直接地是以反省和变革通行的哲学原理教科书的方式展开的；这种理解和阐释的实质，则集中地体现在"从实践的观点看"哲学原理教科书是否"合理"地阐释了马克思主义哲学。

通行的哲学原理教科书，从总体上把马克思主义哲学概括为"辩证唯物主义和历史唯物主义"，又从整体上把马克思主义哲学分述为唯物论、辩证法、认识论和历史观四大部分。因此，"从实践的观点看"哲学原理教科书，突出地表现为两个方面的检视与反省：一是分别地"从实践的观点看"教科书的唯物论、辩证法、认识论和历史观这四大部分，二是总体地"从实践的观点看"教科书对"辩证唯物主义和历史唯物主义"的概括和阐释。这里首先回顾和总结对教科书四大组成部分的检视与反省。

第一，"从实践的观点看"教科书的"唯物论"。

马克思主义哲学并不是它之前的"旧唯物主义"，而是它所创建的"新唯物主义"。因此，是以"旧唯物主义"还是以"新唯物主义"来阐释和论证马克思主义的唯物主义，是反省教科书的唯物论的实质问题。只有抓住这个实质问题，才能从根本上反省教科书的唯物论和从根本上论述马克思主义的唯物论。

在《关于费尔巴哈的提纲》中，马克思明确地指出："从前的一切唯物主义（包括费尔巴哈的唯物主义）的主要缺点是：对对象、现实、感性，只是从客体的或者直观的形式去理解，而不是把它们当作感性的人的活动，当作实践去理解，不是从主体方面去理解。"① 在这里，马克思既尖锐地揭示了旧唯物主义的"主要缺点"——"对对象、现实、感性，只是从客体的或者直观的形式去理解"，又深刻地阐明了新唯物主义的"根本变革"——从"感性的人的活动"、从"实践"和"主体方面"去理解"对象、现实、感性"。因此，对教科书的唯物论的反省，就是反省它所体现的是旧唯物主义的还是新唯物主义的"解释原则"。

对于唯物论的"基石"即"物质"，列宁明确地提出："对象、物、物体是在我们之外、不依赖于我们而存在着的，我们的感觉是外部世界的映

---

① 《马克思恩格斯选集》第一卷，人民出版社1995年版，第54页。

象。这个结论是由一切人在生动的实践中作出的。"① 正是"从实践的观点看"物质，列宁提出了马克思主义唯物论的物质概念："物质是标志客观实在的哲学范畴，这种客观实在是人通过感觉感知的，它不依赖于我们的感觉而存在，为我们的感觉所复写、摄影、反映。"②

马克思和列宁的论述表明，他们是"从实践的观点看"世界和物质，是"从实践的观点看"人与世界、精神与物质、主体与客体的关系，是"从实践的观点看"新唯物主义对旧唯物主义的变革，一句话，马克思主义的唯物论是建立在实践观点的基础上的。与此形成鲜明对照的是，教科书的唯物论则是"从客体的或者客观的形式去理解"世界、物质，而不是从"感性的人的活动"、"实践"和"主体方面"去理解，从而把马克思主义的唯物论混同为马克思已经超越了的旧唯物主义。对此，一些学者已经从教科书的唯物论与18世纪法国唯物论的对照中，显示了教科书的旧唯物主义的理论性质。这深刻地表明，只有"从实践的观点看"世界，才能真正地理解马克思主义的新唯物主义，才能合理地阐释马克思主义的新唯物主义。

第二，"从实践的观点看"教科书的"辩证法"。

能否"从实践的观点看"唯物论，直接地决定能否"从实践的观点看"辩证法。由于旧唯物主义"只是从客体的或者直观的形式去理解""对象、现实、感性"，因此，旧唯物主义不仅离开人的实践活动而构成其唯物论，而且离开人的实践活动而构成其辩证法，把辩证法描述为事物的"自在"的运动。与此相反，马克思则是从人对世界的"理解"去阐述辩证法，明确提出辩证法就是"在对现存事物的肯定的理解中同时包含对现存事物的否定的理解，即对现存事物的必然灭亡的理解"③。在马克思这里，辩证法首先是人如何"理解"事物的世界观和方法论问题，是人能否以辩证法的世界观和方法论去认识和改变世界的问题，因此，马克思进一步指出："辩证法对每一种既成的形式都是从不断的运动中，因而也是从它的暂时性方面去理解；辩证法不崇拜任何东西，按其本质来说，它是批判的和革命的。"④

---

① 《列宁选集》第2卷，人民出版社1995年版，第78页。
② 同上书，第89页。
③ 《马克思恩格斯选集》第二卷，人民出版社1995年版，第112页。
④ 同上。

正是"从实践的观点看"辩证法，辩证法在"本质"上才是"批判的和革命的"。

恩格斯在论述"我们的主观的思维和客观的世界遵循同一些规律"这个"我们的理论思维的本能的和无条件的前提"时，对旧唯物主义与"辩证的哲学"作出这样的对比："18世纪的唯物主义，由于其本质上的形而上学的性质，只是从内容方面研究这个前提。它只限于证明一切思维和知识的内容都应当来源于感性的经验，并且重新提出下面这个命题：感觉中未曾有过的东西，理智中也不存在。只有现代的唯心主义的，同时也是辩证的哲学，特别是黑格尔，才又从形式方面研究了这个前提。"① 这同样表明，"只是从客体的或者直观的形式"去看世界的旧唯物主义，无法构成超越经验水平的辩证法；只有"从主体方面去理解"人与世界的关系，才能从世界观和方法论上构成辩证法。

在辩证法发展史上，特别是在马克思主义辩证法发展史上，列宁对辩证法作出一系列具有重大意义的论断，其中，最为重要的是关于"辩证法也就是（黑格尔和）马克思主义的认识论"的著名论断。这个论断直接针对的就是把辩证法"当做实例的总和"，"而不是被当做认识的规律（以及客观世界的规律）"②；这个论断所强调的是，"辩证法也就是认识论"，"这不是问题的一个'方面'，而是问题的本质"③。对于这个"问题的本质"，列宁明确地提出，"人的和人类的实践是认识的客观性的验证、准绳"④。这就要求我们"从实践的观点看"辩证法，从而深刻地理解"辩证法也就是认识论"。

在《矛盾论》中，毛泽东引申和发挥了"辩证法也就是认识论"的基本思想，明确地指出："这个辩证法的宇宙观，主要地就是教导人们要善于去观察和分析各种事物的矛盾的运动，并根据这种分析，指出解决矛盾的方法。"如何"分析"矛盾，怎样"研究"问题，这才是《矛盾论》的辩证法。《矛盾论》对矛盾的同一性与斗争性、矛盾的普遍性与特殊性、矛盾的

---

① 《马克思恩格斯选集》第四卷，人民出版社1995年版，第364页。
② 列宁：《哲学笔记》，人民出版社1974年版，第410页。
③ 同上。
④ 同上书，第227页。

主次方面的分析，都是"从实践的观点看"辩证法，都是以实践为基础和以实践为内容的辩证法。在实践的意义上总结和升华以矛盾分析方法为核心的辩证法，构成了以《矛盾论》为主要标志的毛泽东的实践智慧的辩证法。

上述分析表明，马克思、恩格斯、列宁和毛泽东的辩证法，是以实践为基础的世界观、认识论和方法论相统一的辩证法，是分析矛盾和解决矛盾的辩证法，是认识世界和改造世界的辩证法。它的根本要求是"在对现存事物的肯定的理解中同时包含对现存事物的否定的理解"，它的实质内容是以"对立统一"的辩证思维去把握、研究和解决全部问题，它的社会功能则是以"批判的和革命的"辩证法去能动地改变世界。教科书的"辩证法"的"主要缺点"就在于，它"只是从客体的或者直观的形式"去描述辩证法的基本规律和主要范畴，而没有"从实践的观点"去理解和阐述马克思主义的辩证法，没有真正体现"具体问题具体分析"的辩证法的"活的灵魂"，以至于把辩证法变成了"原理＋实例"的"总和"，变成了某些脱离实践的现成的结论。

第三，"从实践的观点看"教科书的"认识论"。

为什么旧唯物主义的认识论是"直观的反映论"，而马克思主义的新唯物主义的认识论是"能动的反映论"？这同样取决于是"从客体的或者直观的形式去理解"人与世界的关系，还是"从主体方面去理解"、"当作实践去理解"人与世界的关系。

在《德意志意识形态》中，马克思、恩格斯深刻地指出："凡是有某种关系存在的地方，这种关系都是为我而存在的；动物不对什么东西发生'关系'，而且根本没有'关系'；对于动物来说，它对他物的关系不是作为关系存在的。因而，意识一开始就是社会的产物，而且只要人们存在着，它就仍然是这种产物。"① 人与世界所构成的认识关系，是以人作为主体（"我"）而构成的关系；人之所以能够"能动"地反映世界，是以人及其"意识"是社会的产物为前提的；只有从人作为主体的社会性、历史性出发，才能"合理"地阐释马克思主义的"能动"的反映论。把作为认识主体的人视为"自然"的存在，还是视为"实践"的、"社会"的、"历史"的、"文化"

---

① 《马克思恩格斯选集》第一卷，人民出版社1995年版，第81页。

的存在,这是能否从旧唯物主义的"直观反映论"跃迁到新唯物主义的"能动反映论"的根本问题。对教科书的认识论的反省,就是反省其对人的认识的"能动性"的理解和阐释。

以实践为基础的人的认识活动,是在观念上把握客体和创造客体的活动,也就是在观念中实现主观与客观相统一的活动。马克思说:"观念的东西不外是移入人的头脑并在人的头脑中改造过的物质的东西而已。"① 观念的东西并不是简单地、直观地移入人脑的物质的东西,而是"在人的头脑中改造过的"物质的东西。人的认识之所以能在观念中实现主观与客观的统一,不仅需要认识的物质基础(人脑的认识机能),而且需要认识的实践基础(构成现实的和历史发展着的主客体关系),以及认识的中介系统(物质的和文化的中介)。揭示认识活动中的主观与客观的矛盾(感性与理性、直觉与逻辑、真理与价值等),这是认识论的真实内容;揭示人的实践活动中所构成的主客体关系的历史发展,特别是揭示人的实践活动所构成的认识中介系统的历史发展,这是阐释"能动的反映论"的真实内容。教科书的认识论不是以人的实践活动所造成的主客观矛盾为出发点,特别是不是以认识的主客体关系及其中介系统的历史发展为出发点,而是"忽视"了认识活动的主客观矛盾,特别是"忽视"了认识的主客体关系及其中介系统的历史发展,因而难以"从实践的观点"揭示认识的"能动性"。

"从实践的观点看"认识论,就是从人的社会性、历史性、文化性看认识论,就是从"现实的人及其历史发展"看认识论,就是从实践活动的"合目的性"与"合规律性"的矛盾看认识论,就是从人的实践活动所要求的"真"、"善"、"美"的统一看认识论。这样的认识论,不仅是辩证法、认识论和逻辑学相统一的认识论,而且是存在论、真理论和价值论相统一的认识论。"从实践的观点看"认识论,认识论就要在"有没有"、"对不对"、"好不好"的矛盾中揭示人类认识的运动规律。超越教科书认识论的"狭隘视界",才能从"直观的反映论"跃迁为"能动的反映论"。

第四,"从实践的观点看"教科书的"历史观"。

是"社会存在"决定"社会意识",还是"社会意识"决定"社会存

---

① 《马克思恩格斯选集》第二卷,人民出版社 1995 年版,第 112 页。

在",这是历史观的基本问题。然而,回答这个问题,并不在于断言二者谁"决定"谁,而在于解决人的实践活动所构成的矛盾:如果是"人们自己创造自己的历史",那么就是"社会意识"决定"社会存在",就要从根本上否定历史发展的规律性;如果历史是"按照自己的规律"运行,那么就是"社会存在"决定"社会意识",这又从根本上否定了"人们自己创造自己的历史"。这是历史观的"二律背反"。如何理解和对待这个"二律背反",就构成迥然不同的历史观;"合理"地理解和对待这个"二律背反",就是马克思主义的历史唯物主义。我们应当从这样的视野去检视和反省教科书的历史观。

正是在社会历史的二象性问题上,旧唯物主义陷入了不可解脱的"二律背反",并作出了唯心主义历史观的回答。18世纪的法国唯物主义者曾以"人与环境"的关系问题的形式探讨这个问题。一方面,他们认为人及其观念都是环境的产物,提出要改变人及其观念应该首先改变环境;另一方面,他们又认为环境的改变只能依靠天才人物的智慧的创造,提出要改变环境必须首先创造天才的人物和天才的思想。其结果,他们便把社会的人分为两部分,一部分人是伟大的天才,他们以其天才的思想来改变环境,而其他人则通过环境的改变而改变自己和自己的观念。这样,他们就从唯物主义的自然观而走向了唯心主义的历史观。这正如马克思和恩格斯在《德意志意识形态》一书中批评费尔巴哈时所说的:"当费尔巴哈是一个唯物主义者的时候,历史在他的视野之外;当他去探讨历史的时候,他决不是一个唯物主义者。在他那里,唯物主义和历史是彼此完全脱离的。"[1]

在旧唯物主义陷入"二律背反"并由此而导向历史唯心主义的地方,马克思以辩证的思维方式作出了历史唯物主义的回答。对于人类社会历史的二象性,马克思从人类的现实存在及其历史发展出发,提出"人的存在是有机生命所经历的前一个过程的结果。只是在这个过程的一定阶段上,人才成为人。但是一旦人已经存在,人,作为人类历史的经常前提,也是人类历史的经常的产物和结果,而人只有作为自己本身的产物和结果才成为前提"[2]。

---

[1] 《马克思恩格斯选集》第一卷,人民出版社1972年版,第50页。
[2] 《马克思恩格斯全集》第26卷第三册,人民出版社1974年版,第545页。

在这里，马克思正是针对困扰着哲学家们的历史观的"二律背反"，深刻地阐发了人作为历史的前提和结果的辩证关系。

人作为"历史的经常前提"，总是"前一个过程的结果"，他们的历史活动总是决定于在他们以前已经存在、不是由他们创立而是由前一代人创立的历史条件。因此，人们的历史活动并不是"随心所欲"的，人们的历史活动的结果表现为不以人们的意志为转移的历史发展规律。人作为"人类历史的经常的产物和结果"，获得了创造历史的现实条件和现实力量，并凭借这种现实条件和现实力量去改变自己和自己的生存环境，实现社会历史的进步，为自己的下一代创造新的历史条件。因此，人们又是自己创造自己的历史，历史就是追求自己的目的的人的活动过程。现实的人既是历史的前提又是历史的结果。他作为历史的结果构成新的历史前提，他作为历史的前提又构成新的历史结果。人作为历史的前提与结果的辩证运动，就是人及其历史的辩证法。

对此，马克思作出的精辟概括是："人们自己创造自己的历史，但是他们并不是随心所欲地创造，并不是在他们自己选定的条件下创造，而是在直接碰到的、既有的、从过去承继下来的条件下创造。"① 这表明，"历史"既是"追求着自己目的的人的活动"，又是在人的活动中所形成的不以人的意志为转移的客观进程。离开这种辩证思维，既不可能形成历史的唯物主义，也无法"合理"地理解和阐释历史的唯物主义。教科书的历史观的"主要缺点"，就在于它没有致力于"以实践的观点"揭示历史观的"二律背反"，没有达到"从实践的观点"阐发历史唯物主义的辩证思维。

(二)"从实践的观点看"哲学基本问题

"从实践的观点看"教科书的唯物论、辩证法、认识论和历史观，以"实践的唯物主义"为旗帜的当代中国马克思主义哲学界重新理解和阐释了马克思主义哲学，并重新构建了多种版本的马克思主义哲学叙述体系。在这些叙述体系中，无论是以"人与世界的关系"为出发点，还是以"主体与客体的关系"为出发点，都试图"从实践的观点"阐述人与世界、主体与客体、真理与价值、理论与实践的关系。构成原有教科书的基本范畴——物

---

① 《马克思恩格斯选集》第一卷，人民出版社 1995 年版，第 585 页。

质、矛盾、反映、社会存在和规律,在新的叙述体系中的基本范畴——实践、主体、价值、历史和选择——中被重新理解和阐释,从而形成了体系化的"实践唯物主义"的研究范式。

对于"实践唯物主义"的研究范式,我们必须予以追问的首要问题是:这个研究范式的"基本问题"究竟是什么?具体言之,"思维和存在的关系问题"是否仍是这个研究范式的"基本问题"?如果否认"思维和存在的关系问题"是它的"基本问题",它是怎样从根本上理解和阐释马克思主义哲学?如果肯定"思维和存在的关系问题"是它的"基本问题",它又怎样超越教科书而重新阐释马克思主义哲学?这是深入地检视和反省教科书的实质问题、哲学问题,也是深化和推进"实践的唯物主义"的研究范式的实质问题、根本问题。

如何理解、阐释和评价恩格斯把"思维和存在的关系问题"概括为哲学的"重大的基本问题",这是马克思主义哲学研究中的具有实质意义的根本问题。在通常的哲学原理教科书中,在引证恩格斯的相关论述之后,都是不予讨论地把"思维和存在的关系问题"认定为哲学的"基本问题",并把这个"基本问题"概括为思维和存在、精神和物质"谁为第一性"的"本体论"问题,以及思维和存在、精神和物质"有无同一性"的"认识论"问题。在这种叙述中,"思维和存在的关系问题"作为哲学的"基本问题",以及对这个"基本问题"的解释,就是一个毋庸置疑的"定论"。马克思主义哲学中的作为"定论"的叙述对象,而不是马克思主义哲学研究中的作为"问题"的研究对象。把需要研究的问题作为叙述的定论,这是教科书的普遍性的重大问题。

哲学到底有无自己的"基本问题"?"思维和存在的关系问题"能否成为哲学的"基本问题?对此,学界一直存在争议。从总体上看,否定"思维和存在的关系问题"是"哲学的重大的基本问题",有两条"相反相成"的路径:一条路径是由否定哲学具有"基本问题"而否定"思维和存在的关系问题"是哲学的基本问题,另一条路径是由否定"思维和存在的关系问题"是哲学的基本问题而否定哲学具有"基本问题"。从学理上看,这个"老问题"的根本问题是在于:"思维和存在的关系问题"在全部哲学问题中所具有的特殊意义究竟是什么?它是哲学中的最主要的问题,还是规定哲学的理论性质的问题？显然，只有在教科书的根本问题，就在于它并没有从哲学的理论性质去看待和阐发哲学的"基本问题"。规定哲学的理论性质的意义上，"思维和存在的关系问题"才能称为哲学的"基本问题"。

在通常的理解和解释中，关于"思维和存在的关系问题"是哲学的"重大的基本问题"，有两种论证方式：一种把思维和存在的关系问题归结为精神和物质的关系问题，认为世界上的全部现象可以分为精神现象和物质现象，因此，作为世界观理论的哲学就以它们之间的关系作为自己的基本问题；另一种认为，思维和存在的关系问题，是人类全部活动中的根本问题，人类的认识活动是在观念中实现思维和存在的统一，人类的实践活动是在行动中实现思维与存在的统一，因此，思维和存在的关系问题就成为哲学的"重大的基本问题"。但是，这两种论证都是不充分的，都是值得商榷的。

把思维和存在的关系问题归结为精神和物质"两大类现象"的关系问题，就把"思维和存在的关系问题"简单化、经验化了。恩格斯强调地指出，作为哲学基本问题的"思维和存在的关系问题"，"特别是近代哲学的重大的基本问题"，这个问题"只是"在近代哲学才被"十分清楚"地提了出来并获得了"完全的意义"①。诉诸近代哲学，它是从"内容"和"形式"两大方面探索了"思维和存在的关系问题"，不仅提出和研究了"客观世界与意识内容"的关系，而且深入地反省了"意识内容与意识形式"、"对象意识与自我意识"、"外延逻辑与内涵逻辑"、"知性思维与辩证思维"、"分析判断与综合判断"的关系问题，特别是从"规律"层面反省了"思维规律与存在规律"的关系问题，从而使"思维和存在的关系问题"获得了"完全的意义"。把哲学的基本问题经验化地归结为精神和物质的关系问题，就不仅难以表达"思维和存在的关系问题"的"完全的意义"，而且难以解释这个问题何以是哲学的"基本问题"。

以思维和存在的关系问题是人类全部活动中的根本问题来论证哲学的"基本问题"，同样是缺乏说服力的。蕴含于人类全部活动之中的"思维和存在的关系问题"，并不是作为"问题"而存在的，而是作为理论思维的"不自觉的和无条件的前提"而存在的。这就是说，虽然人的认识活动是在

---

① 《马克思恩格斯选集》第四卷，人民出版社1995年版，第224页。

观念中实现思维和存在的统一，人的实践活动是在行动中实现思维和存在的统一，但并不是把"思维和存在的关系"当作"问题"，而是作为"不自觉的和无条件的前提"。只有在哲学的反思活动中，才把理论思维的这个"不自觉的和无条件的前提"作为研究的对象，从而把人类全部活动中所蕴含的"思维和存在的关系问题"作为自己的"重大的基本问题"。

在对哲学基本问题的质疑中，一个重要的"新问题"是：马克思是否把"思维和存在的关系问题"作为自己的哲学的"基本问题"？这突出地表现在，马克思在《关于费尔巴哈的提纲》中所提出的"哲学家们只是用不同的方式解释世界，而问题在于改变世界"的著名论断，往往被人们解释为："思维和存在的关系问题"只是"解释世界"的"哲学家们"的"基本问题"，而不是"改变世界"的马克思主义哲学的"基本问题"。这表明，能否以"反思"的自觉去理解哲学及其"基本问题"，是能否真正地理解哲学的理论性质，并从而理解哲学的"基本问题"的根本问题。

"思维和存在的关系问题"是不是马克思认同的哲学的"基本问题"？或者说，马克思是否同恩格斯一样肯定哲学的"基本问题"？这是关于哲学基本问题的又一个重大问题。马克思和恩格斯一样，正是从"思维和存在的关系问题"出发，明确地批判了旧唯物主义和唯心主义这两种哲学：其一，旧唯物主义只是从"客体的或者直观的形式"去看待思维和存在的关系问题，从而把思维对存在的关系看成是直观的反映关系，而这正是恩格斯所指认的旧唯物主义只是从"内容"方面去看待思维对存在的关系；其二，唯心主义只是"抽象地发展了""能动的方面"，把思维对存在的关系归结为思维的能动作用，而这又正是恩格斯所指认的唯心主义只是从"形式"方面去看待思维对存在的关系；其三，马克思明确地指出，旧唯物主义之所以只是"从客体的或者直观的形式"去理解思维与存在的关系，唯心主义之所以只能是"抽象地发展了能动的方面"，根源就在于离开"感性的人的活动"去看待思维与存在的关系，而这又正是恩格斯所指认的离开"历史中行动的人"去解决思维和存在的关系问题。

由此可见，马克思并不是否定了恩格斯所概括的哲学的重大的基本问题，而恰恰是从其所说的"感性的人的活动"或恩格斯所说的"历史中行动的人"出发，去回答"思维和存在的关系问题"。这表明：作为哲学基本问题的"思维和存在的关系问题",正是在马克思的《关于费尔巴哈的提纲》中被"保存"下来的"世界观"的根本问题;对"思维和存在的关系问题"的"现代唯物主义"回答,则构成马克思主义的世界观。诉诸《关于费尔巴哈的提纲》全文,我们可以看到,正是以揭示和批判旧唯物主义和唯心主义这两种以"哲学"方式所构成的世界观为"纲",以实践的观点阐述"思维和存在的关系问题"为"灵魂",马克思才在《关于费尔巴哈的提纲》中深入地阐述了"现代唯物主义"的世界观。

马克思主义的"现代唯物主义"与"哲学家们"的根本区别在于,"哲学家们"不是"在人的实践中以及对这个实践的理解中"去解决"思维和存在的关系问题",而是以"直观"的方式或抽象的"能动"原则去回答这个"重大的基本问题",因而他们的"哲学"只能是"解释世界"的哲学,并且只能是"把理论引向神秘主义的神秘东西"。与此相反,马克思恩格斯的现代唯物主义则是从"全部社会生活在本质上是实践的"这一根本理念出发,"在实践中证明自己思维的真理性"。这深切地表明,"改变世界"的马克思主义并不是"改变"了哲学自身的"基本问题",而是从根本上"改变"了"哲学家们"把理论"引向神秘主义的神秘东西",以实践的、历史的观点去回答"思维和存在的关系问题",从而创立了马克思主义的"现代唯物主义"。

四 三组基本范畴与三种研究范式

任何一种哲学理论,都是由其标志性的基本范畴所构成的概念系统。这些标志性的基本范畴,不仅显示了各种哲学理论之间的重大区别,而且为哲学演进提供了各不相同的研究范式。从基本范畴的转换来透视研究范式的变革,有助于更为切实和更为深入地把握当代中国马克思主义哲学研究的历史与逻辑。

(一)以物质、实践、哲学为核心范畴的三组基本范畴

把当代中国马克思主义哲学研究区分为20世纪80年代以前的教科书哲学、80年代的教科书改革的哲学和90年代以来的后教科书哲学三个基本阶段,其突出标志在于以"物质"、"实践"、"哲学"为核心范畴的三组基本范畴的依次转换。这三组基本范畴依次为物质、矛盾、反映、社会存在和规

律；实践、主体、价值、历史和选择；哲学、反思、批判、存在和对话。"物质"、"实践"和"哲学"构成三个阶段的标志性的核心范畴，"规律"、"选择"和"对话"则是三个阶段的实质性的基本理念。

20世纪80年代以前的教科书哲学，是以"物质"为核心范畴、以"规律"为实质内容所构成的哲学体系，其基本范畴是物质、矛盾、反映、社会存在和规律。这组基本范畴构成了被称为"辩证唯物主义和历史唯物主义"的教科书哲学。

教科书哲学主要包括四个部分：一是以"物质"作为基本范畴的唯物论部分，其主要内容是以意识对物质的派生性而论述世界的物质统一性；二是以"矛盾"作为基本范畴的辩证法部分，其主要内容是以对立统一规律、质量互变规律和否定之否定规律论述物质运动规律；三是以"反映"作为基本范畴的认识论部分，其主要内容是以意识对物质的观念反映论述认识的运动规律；四是以"社会存在"作为基本范畴的唯物史观部分，其主要内容是以作为物质运动的一种特殊方式即社会运动方式及其观念反映论述历史的运动规律。贯穿于这四个部分的基本理念就是构成教科书哲学实质性内容的"规律"。正因如此，人们通常把教科书哲学的主要内容概括为"世界是物质的，物质是运动的，物质的运动是有规律的，物质运动的规律是可以被认识的"。

20世纪80年代的教科书改革的哲学，是以"实践"为核心范畴、以"重构"体系为实质内容的哲学，其基本范畴是实践、主体、价值、历史和选择。这组基本范畴构成了被称为"实践唯物主义"的马克思主义哲学体系。

这种实践唯物主义，从其体系构成上看，与教科书哲学的一个显著区别是其多样性，即以多样性的体系构成其基本理论。然而，透过这种体系结构的多样性，其基本理论内容却显示出"广泛而深刻的一致性"：一是以"实践"作为核心范畴和逻辑起点，以人与世界的实践关系为基础展开其全部的理论内容；二是由人的"实践"的存在方式而过渡为主体与客体的关系，并把"主体"即人的存在作为出发点而展开主体与客体之间的丰富关系，其中包括在"主体际"或"主体间"的意义上展开人作为主体和客体的矛盾关系，从而使"主体"成为实践唯物主义的基本范畴；三是在主体与客体的实践关系、认知关系的基础上展开主体与客体之间的价值关系和审美关系,并把价值关系和审美关系熔铸到整个主客体关系之中,其中最重要的是凸显了主客体之间的价值关系,从而使"价值"成为实践唯物主义的基本范畴;四是以实践为基础的主客体关系,是以目的性要求和对象性活动为实质内容的人与世界的关系,因而是以"现实的人及其历史发展"为实质内容的人与世界的关系,从而使"历史"范畴成为实践唯物主义的基本范畴;五是对人与世界关系的历史性理解凸显了一系列此前被忽视的哲学范畴,其中主要是历史活动与历史规律、历史的前提与结果、历史的必然性与偶然性、历史的规律与趋势、历史的决定论与非决定论、历史活动的标准与选择、评价历史的大尺度与小尺度等,其中最主要的是凸显了体现主体能动性的人在历史活动中的选择性,从而使"选择"成为实践唯物主义的又一个基本范畴。由实践、主体、价值、历史和选择等基本范畴构成的"实践唯物主义",其核心范畴是"实践",而"实践"范畴在"实践观点的思维方式"中所达到的深刻内涵则是"人对世界的否定性的统一关系",也就是人在自己的目的性和对象性的实践活动中把现实变成理想的现实。这是实践唯物主义以"实践"为核心范畴所达到的对人与世界关系的深刻理解。

20 世纪 90 年代以来的后教科书哲学,是以"哲学"为核心范畴,以"对话"或"会通"为主要取向的哲学,其基本范畴是哲学、反思、批判、存在和对话。这组基本范畴表达了双重的理论诉求:一方面是力图在中、西、马的"对话"中"让马克思主义哲学说中国话",也就是创建具有中国特色、气派和风格的马克思主义哲学;另一方面是通过这种"对话"凸显马克思主义哲学的哲学革命及其"本真精神",重新"定位"马克思主义哲学。

这种重新"定位"马克思主义哲学的努力,与 80 年代教科书改革的哲学的一个显著区别在于,前者所诉诸的根本问题是在对"哲学"的多元理解中重新理解和阐释马克思主义哲学,而后者则是仅就马克思主义哲学本身来重新理解和阐释马克思主义哲学。正是这种理论视野的区别,"教科书改革的哲学"所凸显的核心范畴是作为马克思主义哲学自身解释原则的"实践",而"后教科书哲学"所凸显的核心范畴则是作为马克思主义哲学的整体背景的"哲学"。在这种"后教科书哲学"的理论视域中,虽然其研究内容、研究方式和研究成果呈现出更加明显的多样性，但从其根本性的理论特征上看，仍然表现出某种"广泛而深刻的一致性"：一是以"哲学"本身作为研究的聚焦点，在对"哲学"的理论特性、研究对象、社会功能和历史演进的深入反思中寻求对"哲学"的理解，其中特别是在人类把握世界的各种基本方式——宗教、艺术、科学和哲学——的比较中反思"哲学"，在各种各样的哲学观——诸如普遍规律说、认识论说、语言分析说、人生境界说、存在意义说、社会批判说、文化对话说和实践论说——的比较中反思"哲学"，并由此重新审视和阐释作为"世界观"的马克思主义哲学；二是由对"哲学"的反思而凸显了"反思"范畴，集中地考察和研究哲学自己的特殊的思维方式，以及由哲学的思维方式所构成的"哲学的重大的基本问题"及其历史演进，并由此探索马克思主义哲学在哲学史上所实现的哲学革命及其所开辟的哲学道路；三是由对哲学的"反思"的思维方式的理论自觉而重新理解哲学的批判本性，特别是重新理解马克思所指认的辩证法的"革命的、批判的"本质，以及马克思所提出的辩证法就是"对现存的一切进行无情的批判"，并由此去把握和阐释自葛兰西、卢卡奇、柯尔施以来的西方马克思主义的批判理论，从而使"批判"成为后教科书哲学的基本范畴；四是在对当代的根本性问题——现代性——的批判反思中，逐步地聚焦于对现代社会的本质性的存在——资本——的批判，从而把自有哲学以来的对"存在"的追问升华对"现实的历史"——资本——的追问，并因此把马克思所指认的物与物的关系中所掩盖的人与人的关系视为哲学所探究的最为根本的"存在"；五是在对"存在"的反思和探究中辨析中国哲学、西方哲学和马克思主义哲学对"存在"的追问，以及在这种追问中所蕴含的思维方式和价值诉求，从而在"对话"中寻求中西马"会通"的根基，重新建构"说中国话"的马克思主义哲学，并努力使马克思主义成为"人民的自觉追求"。

从总体上看，以开放的理论视野追问"哲学"而达成哲学"反思"的理论自觉，在哲学"反思"的理论自觉中来凸显哲学的"批判"本性，在哲学的"批判"活动中而实现对"存在"的现实性的理解与追究，在对"存在"的追究中而展开中、西、马的"对话"并寻求其"会通"的根基，从而在"面向世界，面向现代化，面向未来"的开阔视野中建构"说中国话"的马克思主义哲学，这是后教科书哲学的基本理路和真实意义。

（二）以物质—规律、实践—选择、哲学—对话为标志的三种研究范式

在以某个核心范畴为逻辑基础和逻辑起点，以某些基本范畴为主要内容构成的逻辑结构和概念体系中，其中的任一范畴、概念都不是孤立的存在，而是在由其构成的概念框架中获得自我规定和相互规定、自我理解和相互理解。这种概念框架的"自洽性"及其所蕴含的解释原则，使得构成这种概念框架的哲学理论自身具有了"研究范式"的意义；或者反过来说，一种哲学理论之所以具有"研究范式"的意义，就在于它以自己的核心范畴和基本范畴而构建了特定的、自洽的概念框架。因此，确认和评价一种研究范式，主要的是对以某个核心范畴为基础、以某些基本范畴为标志的概念框架及其所蕴含的解释原则的确认和评价。

在以"物质"为核心范畴、以"规律"为实质内容的"辩证唯物主义和历史唯物主义"的研究范式中，其根本的解释原则是把作为"世界观理论"的哲学视为"关于整个世界的根本观点"的理论。因此，在教科书的叙述体系中，哲学所要探讨和回答的首要问题，合乎逻辑地就是关于世界的本质及其运动规律的问题。教科书哲学正是以"物质"作为逻辑基础和逻辑起点而系统地论述了"关于整个世界的根本观点"。这表明，对作为研究范式的教科书哲学的理解与评价，最根本的问题是"哲学观"即对"哲学"自身的理解问题。

教科书哲学的基本思路，是在对哲学与科学的区分中定义"哲学"。教科书哲学的基本思想是："现实世界"是"哲学和其他科学"的"研究对象"，这是哲学与科学的共同之处；哲学与科学的区别则在于，各门具体科学只是"研究世界的某一领域、某一方面或某一事物及其过程"，哲学则是把"包括自然界、人类社会和人类思维在内的整个世界"作为研究对象；以世界的某种特殊性为对象的各门具体科学，为人类提供关于世界的特殊规律，而以"整个世界"为对象的哲学则为人类提供关于世界的普遍规律，即哲学是具有最大普遍性的科学。这是作为研究范式的教科书哲学的根本性的解释原则。

正是由于教科书把哲学解释为"关于整个世界的根本观点的学问"，并由此把马克思主义哲学定位为具有最大普遍性的科学，因而合乎逻辑地

把世界的"本质"和"本原"问题视为哲学的首要问题和基本问题,并因此把"物质"范畴作为马克思主义哲学的核心范畴。这表明,对教科书哲学的理解与评价,直接关系到对恩格斯所指认的哲学基本问题的理解与评价。恩格斯的论断非常明确:"全部哲学,特别是近代哲学的重大的基本问题,是思维和存在的关系问题。"① 这个论断明确地告诉我们:哲学的重大的基本问题是"思维和存在"的"关系问题",而不是"思维"和"存在"的问题。这就是说:哲学不是以"思维"和"存在"为研究对象去形成关于"思维"和"存在"的某种知识,而是把"思维和存在的关系"作为"问题"来研究,考察和追究"思维和存在的关系"。这种区别的意义是十分重大的。

在通行教科书关于哲学及其基本问题的解释中,把哲学归结为关于"整个世界"的"普遍规律"。而在恩格斯的哲学思想中,思维和存在服从于同一规律,首先是作为理论思维的"不自觉的和无条件的前提"而存在的,只有在哲学"反思"的意义上,思维才把"思维和存在的关系"当作"问题"反过来而思之,才会提出哲学意义上的"思维和存在的关系问题"。这表明,"科学"与"哲学"的根本区别并不在于二者的普遍性程度,而在于科学把"思维和存在"的统一当作"不自觉的和无条件的前提"去构成关于世界的思想,哲学则把这个"不自觉的和无条件的前提"作为自己的研究对象,批判地反思人类关于世界的全部思想。简言之,科学是构成思想,哲学则是对思想的反思。这表明,提出和探索"思维和存在的关系问题",是以"反思"的哲学思维为前提的。全部的哲学问题,只有在哲学的反思活动中才会被真正地提出来;离开哲学的反思活动,就会把哲学问题视为构成思想的常识问题或科学问题。这是教科书哲学作为研究范式的根本症结之所在。

马克思主义哲学革命的最根本的标志,在于它从人的实践活动出发提出和回答"思维和存在的关系问题",把"实践"作为回答全部哲学问题的逻辑起点和核心范畴。教科书哲学离开人的实践活动而把"物质"范畴作为其逻辑起点和核心范畴,最根本的问题就在于,它不是在作为哲学基本问题

---

① 《马克思恩格斯选集》第四卷,人民出版社1972年版,第219页。

的"思维和存在的关系问题"的意义上提出问题,更不是在马克思主义哲学所实现的"实践论转向"的基础上提出问题,而是以"客体的或者直观的"思维方式,在素朴实在论的意义上提出问题。因此,以"物质"范畴为逻辑起点和核心范畴的教科书哲学并没有形成恩格斯所说的"建立在通晓思维的历史和成就的基础上的理论思维",因而也就无法体现马克思主义哲学在哲学史上已经实现的哲学革命,更难以为 21 世纪的马克思主义哲学提供合理的研究范式和叙述体系。

20 世纪 80 年代以来的以"实践"为核心范畴的"实践唯物主义"的研究范式,其根本的解释原则是把哲学视为"关于人与世界之间关系"的理论,并由此重新建构马克思主义哲学的世界观理论,逐步地形成了被称为"实践唯物主义"的研究范式。"实践唯物主义"的理论内涵结晶了 20 世纪 80 年代中国哲学界所形成的最为重要的理论成果:一是在世界观的意义上,"实践唯物主义"强调从人的"实践"出发去理解人与世界、思维与存在的关系,从而变革了以"客体的或者直观的"思维方式"观世界"的素朴实在论的"世界观";二是在认识论的意义上,"实践唯物主义"强调从"主体"出发理解主体对客体的实践关系、认知关系、价值关系和审美关系,突出了主体在认识活动中的"选择"、"反思"、"建构"的作用,从而使"能动的反映论"获得了真实的"能动性";三是在辩证法的意义上,"实践唯物主义"强调从人的存在方式和发展方式——实践——出发去揭示人与世界、思维与存在、主体与客体、主观与客观的矛盾,不仅突出了辩证法的思维方式和批判性本质,而且在列宁所指认的"辩证法也就是认识论"的意义上实现了辩证法与哲学基本问题的统一;四是在历史观的意义上,"实践唯物主义"强调从人的历史活动出发去理解历史的发展规律,改变那种把"历史规律"视为超然于人的历史活动之外的东西的看法,并力图以人的存在的历史性去解释全部哲学问题,实现了以实践观为基础的世界观、认识论、价值论和历史观的统一。

"实践唯物主义"的哲学任务,主要是以变革通行的哲学原理教科书为出发点,在重新理解马克思主义哲学的进程中重建它的理论体系。"体系意识"是整个 80 年代中国哲学界的主流意识和主导意识。这种"体系意识"最为显著的标志是,80 年代集中讨论的"物质本体论"与"实践本体论"

问题、"反映论"与"选择论"问题、"辩证法"与"系统论"问题、"历史决定论"与"非历史决定论"问题，恰恰是作为教科书哲学"体系"的"四大部分"即"世界观"、"认识论"、"辩证法"和"历史观"中的核心问题而展开的，具有称谓和定位马克思主义哲学意义的"实践唯物主义"更恰恰是作为重建马克思主义哲学体系的解释原则而提出的。然而，这种重建马克思主义哲学体系的急迫的体系意识，在改革开放初期并不具备现实的可能性。缺少对马克思主义哲学文本的系统研究，缺少马克思主义哲学与中国哲学和西方哲学的沟通与交流，这造成了 80 年代中国哲学界重建马克思主义哲学体系的理论资源不足。当超越对体系的构造而触及内容的时候，许多难以弥合的分歧造成了难以深入的讨论。其中最为关键的问题，就是对"哲学"自身的理解问题。

与以"实践"为核心范畴的"实践唯物主义"研究范式不同，在以"哲学"为核心范畴、以"对话"为实质内容的后教科书哲学的研究范式中，其根本的逻辑起点是对"哲学"的追问，其根本的解释原则是把哲学和哲学史视为"历史性的思想"和"思想性的历史"，既以"思想性的历史"去看待全部哲学史，又以"历史性的思想"去看待各种哲学理论，从而把各种哲学之间的"对话"作为自己的研究范式，并在对"思想性的历史"的反思中探索马克思主义哲学所实现的哲学革命。

哲学的自我理解，既不是自我封闭的苦思冥想，也不是固执己见的自我认同，而是以广阔的哲学视野为背景，以开放的哲学意识为基点，在各种各样的哲学观、特别是当代的各异其是的哲学观的比较鉴别中，深化对"哲学"的理解。在 20 世纪 90 年代以"哲学"为"聚焦点"的反思活动中，首先是"激活"了对马克思主义哲学、中国哲学和西方哲学的比较研究，其次是"激活"了对"两大思潮"即科学主义思潮与人本主义思潮的比较研究，再次是"激活"了对"两种文化"即中国文化与西方文化的比较研究，试图从这种比较研究中为"哲学"奠定深厚的文化底蕴。以"哲学"为"聚焦点"而"激活"马克思主义哲学与中国传统哲学和西方哲学的"对话"，既是后教科书研究范式的重要内容，又为跨入 21 世纪的中国马克思主义哲学研究奠定了两个坚实基础：一是走出了由于"理论资源"匮乏而造成的简单、抽象、空洞的哲学论争，为 21 世纪的哲学发展提供了重要的理论准备；二是规范着21世纪的马克思主义哲学研究以反思20世纪80年代的教科书改革和90年代的哲学自我理解为基础，面向世界与未来，创造性地推进21世纪的马克思主义哲学研究。

（三）在三种研究范式的"对话"中推进马克思主义哲学研究

以"物质—规律"、"实践—选择"和"哲学—对话"为标志的三种研究范式，不仅具有"依次转换"的关系，而且具有"向上兼容"的关系，即：研究范式的转换并不是"取消"或"终结"了先前的研究范式所关切的问题，而是在新的研究范式中重新理解和阐释了此前的研究范式的基本范畴及由此构成的理论内容。因此，在21世纪坚持和发展马克思主义哲学，不仅需要展开中、西、马的"对话"，而且需要切实地、充分地实现以"物质"、"实践"和"哲学"为核心范畴的三种马克思主义哲学研究范式之间的"对话"。

确认世界的物质统一性和把握自然、社会和思维的运动规律，并以关于世界的规律性的认识改变世界，这不仅是马克思主义哲学的唯物论和辩证法的坚实基础和根本内容，而且是作为关于人类解放学说的马克思主义的现实力量。恩格斯在《在马克思墓前的讲话》中明确地提出，马克思对人类的伟大贡献最集中地体现在"发现了人类历史的发展规律"和"发现了现代资本主义生产方式和它所产生的资产阶级社会的特殊的运动规律"，从而"第一次使现代无产阶级意识到自身的地位和需要，意识到自身解放的条件"[①]。因此，以"物质"为核心范畴、以"规律"为实质内容的教科书哲学的研究范式，不仅有其现实的和理论的根据，而且表达了时代和人民对哲学的需求。

20世纪80年代以来对教科书哲学的反思，以及在这个反思的过程中所形成的以"实践"为核心范畴的实践唯物主义的研究范式，并不是简单地"抛弃"了教科书哲学的研究范式，而是以"实践观点的思维方式"揭示了教科书范式的深层的理论困难，在"回到马克思"的意义上重新阐释了由物质、矛盾、反映、社会存在和规律等基本范畴构成的理论体系，并以此为基础形成了当代中国的"实践唯物主义"的马克思主义哲学体系。

[①] 《马克思恩格斯选集》第三卷，人民出版社1995年版，第776—777页。

教科书哲学的核心范畴是"物质",实质内容则是"规律",而"物质"和"规律"的根本特性则是其"客观性"。因此,如何确认和论证物质运动规律的"客观性",就成为教科书哲学的理论基础和真实内容。"实践唯物主义"对"教科书哲学"的审视和反思,正是由此展开的。马克思在《关于费尔巴哈的提纲》中直截了当地提出:"从前的一切唯物主义(包括费尔巴哈的唯物主义)的主要缺点是:对对象、现实、感性,只是从客体的或者直观的形式去理解,而不是把它们当作感性的人的活动,当作实践去理解,不是从主体方面去理解。因此,和唯物主义相反,能动的方面却被唯心主义抽象地发展了,当然,唯心主义是不知道现实的、感性的活动本身的。"① 在这里,马克思正是从思维和存在的关系问题出发,简洁而明确地批判了旧唯物主义和唯心主义这两种"哲学":其一,旧唯物主义"只是从客体的或者直观的形式"去看待思维和存在的关系问题,从而把思维对存在的关系看成是直观的反映关系;其二,唯心主义只是"抽象地发展了""能动的方面",把思维对存在的关系归结为思维的能动作用;其三,马克思明确地指出,旧唯物主义之所以只是从客体的或者直观的形式去理解思维与存在的关系,唯心主义之所以只能是抽象地发展了能动的方面,其根源就在于离开"感性的人的活动"去看待思维与存在的关系。马克思由此明确地提出:"人的思维是否具有客观的真理性,这不是一个理论的问题,而是一个实践的问题。人应该在实践中证明自己思维的真理性,即自己思维的现实性和力量,自己思维的此岸性。关于思维——离开实践的思维——的现实性或非现实性的争论,是一个纯粹经院哲学的问题。"② 在这个根本性的论断中,马克思明确地提出了必须以实践的观点看待"人的思维是否具有客观的真理性"问题,也就是以实践的观点去看待作为哲学的重大的基本问题的思维和存在的关系问题。这就是说,"物质"和"规律"的"客观性",不能以"客体的或者直观的"方式获得"自明性",而只有在"实践和对实践的理解中"才能揭示和论证其"客观性";因此,构成马克思主义世界观的逻辑基础和逻辑起点的核心范畴并不是离开"实践"的"物质"和"规律",而

---

① 《马克思恩格斯选集》第一卷,人民出版社1995年版,第54页。
② 同上书,第55页。

是为"物质"和"规律"的"客观性"提供现实基础的"实践"范畴。这是"实践唯物主义"对教科书哲学的"扬弃",也是"实践唯物主义"的根本内容和真实意义。

哲学史上的任何一种哲学理论,都是以某种价值诉求而诉诸对真理的寻求和对存在的反思,又以其对真理的寻求和对存在的反思来论证其价值诉求,因此,任何一种哲学理论都不是单一的或孤立的存在论、真理论或价值论,而是某种方式的存在论、真理论和价值论的统一。在各种哲学研究范式中,该种哲学理论的价值诉求,从根本上决定该种理论对"存在"和"真理"的理解。马克思主义哲学的真正出发点并不是以"普遍规律"来"解释世界",而是以"人类解放"为目的而"改变世界",因此,"改变世界"的"实践"构成马克思主义哲学的核心范畴。以"实践"为核心范畴的马克思主义哲学,以"实践观点的思维方式"揭示了"人对世界的否定性统一关系",揭示了在这个"否定性统一"的历史过程中所实现的"思维和存在"的历史性的统一,揭示了"思维和存在"的历史性统一中所达到的关于"规律"的"真理",从而为"人类解放"的价值诉求实现了"存在论"和"真理论"的奠基。这是"实践唯物主义"的存在论、真理论和价值论相统一的研究范式,也是这个研究范式在实践、主体、价值、历史和选择等基本范畴所构成的概念框架中对教科书研究范式中的物质、矛盾、反映、社会存在和规律等基本范畴的重新阐释。这表明,"实践唯物主义"的研究范式并不是"抛弃"了教科书哲学的研究范式,而是以新的逻辑基础——实践——升华了教科书哲学对马克思主义哲学的理解和阐释。

从理论自身上看,"实践唯物主义"的研究范式是在两个大的背景下形成的:一是对教科书哲学范式的审视和反思,二是对现代西方哲学思潮的回应和批判。从理论与实践的关系上看,"实践唯物主义"研究范式的形成则是源于两方面的时代性课题:一是改革开放以来的中国特色社会主义的创新实践,二是进入"后工业文明"的"全球性问题"。哲学作为"思想中的时代","实践唯物主义"既要以时代性的现实问题为出发点而重新理解和阐释马克思主义哲学,又要以马克思主义哲学的重新理解和阐释而回答时代性的现实问题。正是在对理论与现实的双重关切中,"实践唯物主义"必须在"历史"已成为"世界历史"的"我们的时代",实现为既具有"民族特色"又"走向世界"的"说中国话"的马克思主义哲学。以"哲学"为核心范畴、以"对话"为实质内容的"后教科书哲学"的研究范式,正是以这种理论自觉而"扬弃"了"实践唯物主义"的研究范式。

哲学作为理论形态的人类自我意识,它是人类文化的核心,既集中地体现了不同时代、不同群体对人类生存和发展的不同理解,又集中地体现了对时代性的人类性问题的具有"广泛而深刻的一致性"的理解,因而集中地体现为既具有某种共同的时代内涵又具有某种原则性区别的哲学理念。对哲学与现实的这种复杂关系的理念自觉,不仅使现代哲学把"哲学"作为反思的核心范畴,而且把哲学之间的"对话"作为哲学研究的基本理念。20世纪90年代以来的中国马克思主义哲学研究,既以反思"哲学"为聚焦点而逐步地展开了马克思主义哲学与中国哲学和西方哲学的"对话",又在"对话"中深化了对"哲学"的自我理解,特别是在"对话"中深化了对马克思主义哲学的哲学革命及其所开辟的哲学道路的理解,因而自觉地承担起"实践唯物主义"的双重历史任务:以时代性的现实问题为出发点而重新理解和阐释马克思主义哲学,又以对马克思主义哲学的重新理解和阐释而回答时代性的现实问题。

早在写于1843年的《〈黑格尔法哲学批判〉导言》中,马克思就明确地提出:"人的自我异化的神圣形象被揭穿以后,揭露具有非神圣形象的自我异化,就成了为历史服务的哲学的迫切任务。于是,对天国的批判变成对尘世的批判,对宗教的批判变成对法的批判,对神学的批判变成对政治的批判。"[①] 在马克思所指认的"历史"已经成为"世界历史"的"我们的时代",造成"人的自我异化"的"非神圣形象",就是构成"以物的依赖性为基础的人的独立性"的存在方式的"资本";揭露人在"资本"这个"非神圣形象"中的"自我异化",把"资本"的独立性和个性变为"人"的独立性和个性,从而实现以"每个人的全面发展"为内容的人类解放,则是马克思主义哲学的根本诉求和历史任务。20世纪90年代以来的中国马克思主义哲学研究,正是在对"现实的历史"的深切反思和对"现代性"的批判反省中,逐步地深化了对马克思的以"历史"为解释原则、以"生活

[①] 《马克思恩格斯选集》第一卷,人民出版社1995年版,第2页。

决定意识"为核心理念、以"历史的内涵逻辑"为基本内容、以"人类解放"为价值诉求、以"改变世界"为理论指向的"现代唯物主义"的"世界观"的理解,并趋向于以"历史唯物主义"来称谓和定位马克思主义哲学。

以历史作为解释原则的"历史唯物主义",不只是凸显了"实践唯物主义"研究范式中作为基本范畴的"历史",而且凸显了"实践唯物主义"研究范式中的核心范畴——"实践"——的"历史性"内涵。在"实践唯物主义"的研究范式中,作为其核心范畴的"实践",主要是被理解和阐释为"感性的人的活动",并由此把人与世界的关系理解和阐释为"人对世界的否定性的统一关系";而在"历史唯物主义"的研究范式中,"实践"则是构成"现实的人及其历史发展"的存在方式,"历史"则不仅是"感性的人的活动"过程,而且是这种活动的"结果"即在"历史中行动的人"所创造的"文明"。作为互释性的"历史"与"文明","历史文明"或"文明历史",结晶着人的历史活动,体现着人与世界的现实关系,规范着人类发展的趋势与未来。"实践唯物主义"的研究范式,以"实践"范畴为逻辑基础和逻辑起点,把"教科书哲学"研究范式中的"关于整个世界的根本观点"的"世界观"变革为"关于人与世界关系"的"世界观",从而以"实践观点的思维方式"重新阐释了马克思主义的世界观。以此为基础,"历史唯物主义"的研究范式则以"历史"为解释原则,把"关于人与世界关系"的世界观理解为以"文明"为实质内容的世界观,即具有"时代内涵"的世界观。因此,"历史唯物主义"的"世界观"的时代性课题集中地体现在:以当代人类实践活动为基础的人对世界的当代关系是怎样的?以当代科学为中介的当代人的世界图景是怎样的?以人的当代社会生活和存在方式为基础的当代人的思维方式、价值观念和审美意识是怎样的?怎样以马克思所"发现"的"人类历史的发展规律"和"资产阶级社会的特殊的运动规律"去观察现实和回答我们时代的重大问题?怎样以中国特色社会主义理论研究"中国问题"、总结"中国经验"、创建"中国模式"?怎样以"说中国话"的理论自觉来实现马克思主义哲学的中国化、时代化和大众化?这种历史唯物主义的世界观,在对时代性问题的哲学反思中,不仅找到了马克思主义哲学与中国哲学和西方哲学"对话"的现实基础,而且实现了与

"教科书哲学"和"实践唯物主义"两个研究范式的"对接",并在这种"对话"和"对接"中坚持和发展了马克思主义哲学。

五 塑造和引导新的时代精神

理论地"表征"时代精神的哲学,它并非仅仅是时代精神的"反映和表达"、"概括和总结",更重要的是时代精神的"反思和表征"、"塑造和引导"。

恩格斯说:"每一时代的理论思维,从而我们时代的理论思维,都是一种历史的产物,它在不同的时代具有完全不同的形式,同时具有完全不同的内容。"[①] 当代社会生活和当代社会思潮的首要特征可以称为"两极对立模式的消解"。在以自然经济为基础的传统社会中,人们的经济生活、政治生活、文化生活和精神生活都处于两极对立的状态之中,人们总是以两极对立的思维方式去思考一切问题。传统哲学作为传统社会的"思想中的现实",它集中地体现了这种两极对立的生存方式及其思维方式,总是试图在真与假、善与恶、美与丑的绝对对立中去寻求某种绝对的确定性。由于传统哲学总是把这种绝对的确定性对象化为某种确定的存在并使之神圣化,从而造成了马克思所说的"人在神圣形象中的自我异化"。现代的市场经济、科技文明和大众文化则不仅日益深刻的消解掉了这些"神圣形象"的灵光,而且日益深刻的反省造成人的自我异化的"非神圣形象",使得人们的生存方式发生了"从两极到中介"的变革:当代世界政治模式的多元化和多极性,当代经济模式的"经济全球化"趋势,当代世界多元文化模式的共存、交流与融合。这种"两极对立模式的消解",使人类从两极对立、非此即彼的生存方式和思维方式中解放出来,无疑是人类历史的巨大进步。它标志现代社会与传统社会的本质区别,并成为当代哲学的真正的、坚实的社会生活基础。然而,由于"两极对立模式的消解"消解掉了传统社会所悬设和承诺的绝对确定的种种思想的根据、价值的尺度和行为的标准,因此,面对这种"两极对立模式的消解"的社会思潮,又需要当代哲学重新寻求人的思想与行为的根据、尺度和标准,也就是以理论的方式重新确立人的"安身立命"

---

① 《马克思恩格斯选集》第四卷,人民出版社 1995 年版,第 284 页。

之本。这表明，当代社会生活的深刻变革，既构成了当代哲学的真实的生活基础，也给当代哲学提出了迫切需要解决的理论问题。

现代社会的人的存在方式的变革，从其最具基础性和普遍性的内容和方式上看，可以概括为"非日常生活的日常化"。这主要表现在日常经验科学化、日常消遣文化化、日常交往社交化、日常行为法治化以及农村生活城市化等方面。而从深层上看，非日常生活的日常化过程，则是人的世界图景、思维方式和价值观念的变革与重建的过程。这正如恩格斯所指出的，常识思维方式及其所构成的世界图景一旦进入非日常生活的"广阔的研究领域"，就会遭到"最惊人的变故"。正是这种"最惊人的变故"，这种现代社会的"实际生活过程"，为当代哲学提供了现实的生活基础。

在现代社会生活中，首先是迅猛发展的科学技术使人们进入了广阔的非日常生活领域，并不断地使这种非日常生活日常化。科学的直接意义在于，它为人类提供描述和解释世界的不断深化的概念系统和知识体系，从而为人类展现具有历史性和时代性的科学世界图景。科学的发展史是人类理论思维的进步史。科学概念的形成和确定、扩展和深化、变革和更新，不仅为人类提供"认识和掌握自然现象之网的网上纽结"[①]，而且为人类提供不断增加和不断深化的认识成分和思维方法。特别是科学的每一次划时代发现，更以其璀璨夺目的理论成果深刻地改变了人们的思维方式和世界图景。哥白尼的日心说，达尔文的进化论，爱因斯坦的相对论，玻尔的量子力学，弗洛伊德的"无意识"理论，不仅使非此即彼的常识思维方式遭到巨大的冲击，而且使科学思维方式以其不可抗拒的力量转化为人们的常识思维。在现代科学中，由于各种科学的相互交叉和相互渗透，特别是由于系统化、控制论和信息论等"横向学科"的兴起，在更加广泛和深刻的意义上变革了人们的思维方式及其所构成的世界图景。科学"已把人类的思维训练到能够理解以前几世纪中的有教养的人所不能理解的逻辑关系"[②]。这就是现代科学所引起的人类思维方式的变革。它为哲学提供了当代的科学基础。

哲学作为"时代精神的精华"，它把科学发展所引起的人类思维方式的

[①] 参见《列宁全集》第 55 卷，人民出版社 1990 年版，第 78 页。
[②] [德] 赖欣巴哈：《科学哲学的兴起》，伯尼译，商务印书馆 1983 年版，第 96 页。

变革，升华为理论化的社会自我意识。现代哲学告诉人们，没有中性的观察，观察渗透和负载着理论，人们对世界的描述与解释，是以人们把握世界的概念框架和思维方式及其历史性变革为前提。以现代科学为基础的现代哲学深刻地改变了以素朴实在论为代表的直观反映论的思维方式，改变了以机械决定论为代表的线性因果论的思维方式，改变了以抽象实体论为代表的本质还原论的思维方式。这不仅在哲学层面上有力地推进了现代科学思维方式的常识化，而且有力地推进了现代哲学思维方式的常识化。

现代科学不仅改变了人们的思维方式和世界图景，而且改变了人们的价值观念。常识作为人类的思想与行为的价值规范，是人类世世代代积累起来的适应人类生存的自然环境、社会环境以及一般文化环境的产物。在常识的价值观念中，人的思想与行为的根据和标准、范围和限度，都是经验的普遍性。人的所思所想、所作所为，直接受到常识的世界图景和思维方式的制约与规范，任何超越普遍经验的思想与行为，都是对常识价值规范的亵渎与挑战，都会被视为荒诞不经或胡作非为。经验性的价值标准规范了常识价值观念的狭隘性与保守性。在常识的价值判断中，总是"定性"地作出论断，而不是"定量"地进行分析，总是孤立地评价经验的具体对象，而不是系统地考察对象的诸种关系。真与假、是与非、荣与辱、好与坏、善与恶、美与丑，被常识的经验标准泾渭分明地断定为非此即彼的存在。简单性和绝对性是常识价值观念的显著特性。与常识不同，科学的价值观念不是经验性的，而是理性化的。科学以其系统化的知识体系和逻辑化的思维方式去规范人们的所思所想和所作所为。实证精神和分析态度是科学价值观念的基础。它不仅着眼于经验的普遍性，更着重于对经验普遍性的理性思考，它不仅着眼于"定性"式的论断，更着重于形成论断的"定量"化的分析，它为人们超出非此即彼、两极对立的价值观提供了现实基础。在科学的发展过程中，科学的世界图景和科学的思维方式处于生生不已的历史性转换之中，从而不断地变革和更新了人对自己和世界及其关系的理解，即不断地变革和更新了人们的世界观。思想内容和行为内容的拓展、思想方式和行为方式的更新，必然引起价值标准的变革。由于价值标准是价值观念、价值判断和价值规范的根据，因此，价值标准的变革又必然引起整个价值系统的历史性转换。这是科学价值观念对常识价值观念的狭隘性和保守性的超越。

哲学作为人类存在意义的社会自我意识，它的价值观念具有显著的反思和批判的特性。它不是直接地提出和给予某种价值判断，而是把常识的和科学的价值判断作为反思的对象，批判地揭示隐含在这些价值判断中的前提，即揭示和批判地考察作出这些价值判断的根据、标准和尺度，从而启发人们以批判的精神和开放的态度去对待自己的价值观念。在当代社会生活中，哲学以"非日常生活的日常化"为基础，在日常经验科学化、日常消遣文化化、日常交往社交化、日常行为法治化和农村生活城市化的"实际生活过程"中，不断地升华了人类生活的辩证智慧。哲学的价值态度是以理想的应然性和历史的大尺度去观照和反思常识和科学所给予的现实的价值观念，使人们在神圣与世俗、理想与现实、历史的大尺度和小尺度之间保持必要的张力，并达到微妙的平衡。以价值排序的方式而达成"两害相权取其轻"的趋利避害，日益成为当代哲学的历史的和辩证的价值观。它致力于寻求科学精神与人文精神、科学理性与价值理性、功利主义与理想主义的辩证统一，引导人们自觉地超越绝对主义的或相对主义的价值态度。在当代社会生活中，哲学观念的常识化，就是历史的和辩证的价值态度和人生境界的普遍自觉化。

改革开放的当代中国的最为重大的现实问题是"发展"问题，是对"发展"的标准选择和顺序性安排问题。"以人为本"的科学发展观，以科学发展为主题，以转变经济发展方式为主线，把解决公共利益最大化、满足全社会基本公共需求的民生问题作为首要问题，这是中国社会发展中的"以人为本"、"又好又快"的基本理念下的行为选择，也是中国在经济全球化中对现代性的行为选择。它深切地体现了历史的"大尺度"与"小尺度"的"必要的张力"和"微妙的平衡"。这不仅是一种促进社会全面、协调、可持续发展的战略思想，而且体现了争取人类解放和实现每个人的全面而自由的发展的根本目标。这就需要我们以更为强烈的社会责任感和更为开阔的理论视野研究和阐述科学发展观，在对重大现实问题的理论探索中推进哲学研究。

哲学作为理论形态的人类自我意识，它的理论形态的历史演进，直接地取决于人类关于自身存在的自我意识的历史性变化；而人类关于自身存在的自我意识的历史性变化，则深层地取决于人类存在的历史形态的转换。因此，哲学史，归根结底是理论形态的人类发展史；每个时代的哲学，则归根结底是"思想中所把握到的时代"，是"自己时代精神的精华"。我们需要从这样的理论视野去阐述作为世界观理论的哲学。

由于人的存在方式以及由此形成的人的生存和发展问题成为当代哲学的聚焦点，因此，作为人的存在方式的实践活动及其历史发展，以人的实践活动为基础的人与自然、人与社会、人与他人、人与自我的矛盾关系，以人的实践活动为基础的科学、语言、文化和发展问题，成为当代哲学的主要内容，并构成当代哲学的富有自身特点的诸多的范畴系列。

在对人类实践活动的当代水平的辩证理解中，我们不仅关注蕴含于实践活动之中的受动性与主动性、目的性与对象性、合目的性与合规律性、现实性与普遍性等矛盾关系，而且特别地关注以实践为基础的人的生存与生活、自然世界与属人世界、物的尺度与人的尺度、历史的前提与结果、人的存在形态与人类的历史发展等矛盾关系，并且以当代人类实践活动的新特征为基础，致力于探索现代化进程中的实践活动的正负效应、人化与物化、科技进步与全球问题、发展与代价等矛盾关系。

在对科学的当代辩证理解中，既从人类把握世界的多种方式的相互关系中提出并探索了科学与宗教、科学与常识、科学与艺术、科学与伦理、科学与哲学的关系，而且从科学活动和科学进步的角度具体地探讨了理论与观察、证实与证伪、逻辑与直觉、猜测与反驳、发现与辩护、理解与解释、范式与科学家集团、理论硬核与保护带、经验问题与概念问题等矛盾关系，并且在对科学及其社会功能的反思中，不断深入地探讨了科学与文化、科学与社会、自然科学与人文科学、科学精神与人文精神、科学与科学主义等一系列关乎人类生存发展的重大问题。由于科学技术在现代社会生活中的重大作用，对科学的哲学理解，成为当代哲学的极其重要的理论内容。对当代辩证法理论来说，首先是由于科学发展所显示出来的内部的和外部的诸多矛盾，为辩证法理论的发展提出了愈来愈丰富的研究课题。在这些研究课题中，科学与非科学的关系问题，以及对科学的人文主义理解问题，是正确对待科学和科学精神以及批判科学主义的重要前提。

在对语言的当代辩证理解中，既以现代西方哲学的"语言转向"为对象，探索了英美分析哲学和欧陆人文哲学对"语言"的哲学理解，又以现代语言学为基础，探索了语言与言语、能指与所指、指称与意义、语音与语义、语义与语用、语言的逻辑性与人文性、自然语言与人工语言等矛盾关系。在对语言与言语的辩证理解中，语言的共时性与言语的历时性、语言的结构性与言语的事件性、语言的形式性与言语的实质性、语言的系统性与言语的过程性、语言的规则性与言语的事实性、语言的内在性与言语的现实性等矛盾关系，不仅深化了对人的社会性与个体性、理想性与现实性等矛盾关系的理解，而且深化了总体上对语言与文化、语言与世界、语言与人的矛盾关系的理解。

在对文化的当代辩证理解中，由于文化哲学日益成为哲学中的"显学"，因而从多侧面、多层次展开了文化的内在矛盾，诸如文化的人类性与时代性、文化的人类性与民族性、文化的多样性与统一性、文化的多重内涵、文化的多种形态、文化的多种特性、文化的转型与重建、文化的失范与冲突、自在的文化与自觉的文化、大众文化与精英文化、东方文化与西方文化、文化激进主义与文化保守主义等。这些矛盾关系成为当代哲学研究的重要内容。

在对发展的当代辩证理解中，以人的生存与发展的矛盾为聚焦点，以发展的标准与选择为核心范畴，构成了对发展的不断深化的哲学反思。人是历史性的存在，而不是复制性的存在，这就意味着人实现了生命演化中的自我超越——人成为超越其所是的存在即以"发展"为其存在方式的存在。因此，对人的存在方式的辩证理解，最重要的是对"发展"的辩证理解。"发展"是人的存在方式，也是当代人类面对的最大问题，是当代学界争论最激烈的问题。在关于"发展"问题的激烈论争中，学界在时代性与人类性的交接点上深化了对"发展"的辩证理解，提出并形成了以"发展"为聚焦点的一系列哲学范畴，诸如生存与发展，发展的事实与价值，发展的价值与代价，发展的标准与选择，发展的大尺度与小尺度，发展的人化与物化，等等。当代中国学者更是以反思市场经济为出发点，深化了对发展的辩证理解，为当代哲学提供了丰富的理论内容。

在对当代人与世界关系的辩证理解中，凸显出一系列总体性的矛盾关系，诸如理性主义与非理性主义，科学主义与人文主义，客观主义与相对主义，决定论与非决定论，本质主义与存在主义，结构主义与解构主义，基础主义与反基础主义，如此等等。这些从总体关系上所构成的哲学冲突，推进了对"世界观"的历史性内涵的理解，即：世界观的"世"并不是与人无关的、自然而然的"世"，而是人生在世之"世"；世界观的"界"并不是与人无关的、无始无终的"界"，而是人在途中之"界"；世界观的"观"并不是非人的或超人的神的目光，而是作为历史性存在的人的目光；因此，作为世界观理论的哲学，从根本上说是关于人生在世和人在途中的人的目光的理论，是由"思想性的历史"所构成的"历史性的思想"，真正的哲学是"时代精神的精华"和"文明的活的灵魂"。对世界观的前提批判，成为当代哲学的"活的灵魂"。

马克思说："光是思想力求成为现实是不够的，现实本身应当力求趋向思想。"[①] 现实应当趋向的思想，最重要的就是塑造和引导时代精神的马克思主义哲学。当代马克思主义哲学的理论创新，就是以新的理论思维和新的哲学理念展现新的世界、确立新的理想；以创新性思维看待现实，揭示现实所蕴含的多种可能性，对现实进行"利弊权衡"和"价值排序"，构建人类文明发展的新形态。对构成思想的哲学理念的前提批判，从根本上说，就是赋予哲学理念以新的时代内涵，并以新的哲学理念塑造和引导新的时代精神。

[①] 《马克思恩格斯选集》第一卷，人民出版社1995年版，第11页。

附录 1
当代中国的哲学观念变革

哲学是思想中所把握到的时代。时代变革必然引发哲学观念变革。在人类文明史上,世界性的现代化进程改变了人类的存在方式及其自我意识,并因此改变了作为理论形态的人类自我意识的哲学。改革开放以来,当代中国的哲学观念正在以"现代性"为标志的"世界历史"的进程中发生日益深刻的变革,并在建设中国特色社会主义的伟大实践中不断地深化了哲学理念创新。本文试图通过对哲学观、世界观、本体观以及反思和表征等哲学基本观念的反省和解析,具体地探讨当代中国哲学观念变革和哲学理念创新的思想内涵。

一 哲学观:人类文明的时代性问题的理论自觉

在当代中国改革开放的历史进程中,中国的经济生活、政治生活、文化生活、精神生活和全部社会生活,都发生了举世瞩目和空前深刻的变革。在这个社会变革的过程中,当代中国哲学既发挥了推进社会解放思想的作用,又经历了自身的思想解放。从总体上看,当代中国哲学自身的思想解放,主要体现在以下五个方面:一是变革通行的哲学原理教科书的哲学范式,从两极对立的思维方式当中解放出来;二是强化哲学研究中的问题意识和创造精神,从教条主义的研究方式当中解放出来;三是超越对哲学的经验化和常识化理解,从简单化和庸俗化的哲学倾向中解放出来;四是突破哲学与科学二元关系的解释模式,从哲学的知识论立场上解放出来;五是激励哲学家的主体自我意识,从哲学研究的"无我"状态中解放出来。这五个方面的思想解放,首先体现在对"哲学"本身的重新理解,也就是变革"哲学观"。

当代中国哲学对"哲学"本身的关切，从根本上说，是对达成哲学自觉的关切，对哲学如何切中现实的关切，对哲学的当代理论创新的关切，对哲学塑造和引导新的时代精神的关切。世界性的现代化的历史进程，全面地改变了人与世界的关系，要求哲学以新的理念阐释人类面对的新问题：其一，从人与自然的关系说，现代化所构成的最为严峻和最为紧迫的时代性问题是可持续发展问题；其二，从人与社会的关系说，现代化所构成的最为严峻和最为紧迫的时代性问题是由资本的逻辑所构成的人"对物的依赖关系"问题；其三，从人与自我的关系说，现代化所构成的最为严峻和最为紧迫的时代性问题是虚无主义的文化危机问题。对"现代性"的反省，是对当代人类实践活动所构成的人与世界关系的全面反省；解决"现代性"问题，是对人类文明新形态的寻求；探索人类文明的新形态，则需要哲学理念创新。当代中国的哲学观念变革，从根本上说是以新的哲学理念去回应现代化所构成的人类文明新问题，是以新的哲学理念表征人类文明的新形态。世界性和时代性的哲学视野，引发当代中国哲学对"哲学"的重新理解。

以"哲学观"为聚焦点的当代中国哲学，"激活"了三个方面的比较研究：一是激活了对马克思主义哲学、中国哲学和西方哲学的比较研究，试图在马、中、西的"对话"中深化对哲学的理解；二是激活了对科学主义思潮与人本主义思潮的比较研究，试图在"两大思潮"的对话中推进对哲学的理解；三是激活了对中国文化与西方文化的比较研究，试图在"两种文化"的对话中，反省对哲学的理解。正是在对哲学本身的"历时态"与"同时态"的纵横交错的比较研究和深切反思中，当代中国哲学界实现了"哲学观"上的变革。这就是：哲学作为人类把握世界的一种基本方式，既不能以宗教、艺术、科学等基本方式代替哲学方式，也不能以哲学方式代替宗教、艺术、科学等基本方式；对哲学的自觉就是对哲学以何种方式把握世界的自觉，也就是对哲学方式的特殊性质和独特价值的自觉。

关于哲学的特殊的理论性质和独特的社会功能，最为恰切和最为精辟的表达，莫过于马克思所说的"时代精神的精华"和"文明的活的灵魂"。所谓时代精神，就是标志人类文明不同发展阶段的、具有特定历史内涵的人的生活世界的意义；所谓时代精神的精华，则是关于时代意义的社会自我意识，也就是对时代性的生活世界的意义的理论把握。任何时代的生活世界的意义，都是人类以其把握世界的全部方式创造出来的，宗教、艺术、科学都是创造意义的"同一主旋律"的"众多变奏"，而"哲学的任务正是要使这种主旋律成为听得出和听得懂的"。① 这就是作为"时代精神的精华"的哲学，也就是作为意义的社会自我意识的哲学。这种"真正的"哲学，是对人类文明的时代性问题的理论自觉。

纵观哲学史，不同时代的哲学，不同民族的哲学，不同派别的哲学，不同领域的哲学，它们之所以是"哲学"，首先就在于它们是以一种区别于宗教、艺术和科学的哲学方式把握世界，也就是以意义的社会自我意识的方式把握世界，以人类文明的时代性问题的理论自觉把握世界。这是哲学的"同中之异"和"异中之同"。片面地以时代、民族、派别或领域之"异"而拒斥其作为哲学之"同"，就会阉割哲学作为人类把握世界的一种基本方式的特殊性质和独特价值；反之，片面地以哲学之"同"而无视时代、民族、派别或领域之异，则会融化哲学作为历史性的思想的多样性、丰富性和创造性。只有在对哲学的"同中之异"和"异中之同"的辩证理解中，我们才能既深切地洞见每个时代的哲学所具有的"广泛而深刻的一致性"，又会真切地把握不同时代、不同民族、不同派别、不同领域乃至不同风格的哲学的多样性、丰富性和创造性，从而达到对哲学本身的理论自觉。

哲学源于生活，源于对时代的迫切问题的理论自觉。每个时代的人类都有自己的时代性的生存困境，都有自己的时代性的迫切问题。真正的哲学之所以是"自己时代的精神上的精华"，就在于它自觉地体悟到自己时代的人类的生存困境，自觉地捕捉到自己时代的人类的迫切问题，并自觉地把人类文明的时代性的困境和问题升华为理论形态的人类自我意识。时代精神主题化，这是哲学切中现实的根本方式。这表明，源于现实生活的哲学，并不是对现实生活的经验描述，而是对现实生活的批判性反思和理想性引导。超越感觉的杂多性、表象的流变性、情感的狭隘性和意愿的主观性，全面地反映现实、深层地透视现实、理智地反观现实和理想地引导现实，哲学才能成为"思想中所把握到的时代"。

哲学作为"时代精神的精华"和"文明的活的灵魂"，并不只是"反

---

① ［德］卡西尔：《人论》，甘阳译，上海译文出版社 1985 年版，第 91 页。

映"和"表达"时代精神,更重要的是"塑造"和"引导"时代精神。塑造和引导时代精神,就要实现哲学的理论创新。任何一种新的哲学理论,都凝聚着哲学家所捕捉到的该时代人类对人与世界相互关系的自我意识,都贯穿着哲学家用以说明自己时代的人与世界相互关系的独到的解释原则和概念框架,都熔铸着哲学家用以观照人与世界关系的时代性的价值观念、审美意识和终极关怀。哲学"创新",就是哲学家以新的哲学理念和思维方式为人类展现新的世界,提示新的理想,为人类文明的新形态提供新的理念。哲学"创新"蕴含着以否定性的思维对待人类的现实,揭示现实所蕴含的多种可能性;以否定性的思维检讨各种理论的前提,揭示理论前提的多种可能性;在现实与理论多种可能性的某种交错点上,揭示人类文明的时代性问题,展现人与世界之间的新的意义,提示可供人们反省和选择的新的理想。

对哲学来说,人类所形成的全部思想,从来都不是现成接受的对象,而永远是批判反思的对象。作为人类所特有的批判性追问的自我意识,哲学反对人们对流行的思维方式、时髦的价值观念、既定的科学理论采取现成接受的态度,反对人们躺在无人质疑的温床上睡大觉,反对人们在思想观念和实践活动中采取非批判的实证主义态度。它通过自己的批判性反思,向人类已经获得的全部假定的确定性不断地提出新的挑战,并把这种批判意识变成全人类的自我意识。以人类文明的时代性问题为批判性的反思对象,以新的哲学概念、范畴揭示和展现当代人类的自我意识,从而塑造和引导新的时代精神,这是当代哲学的共同关切和哲学的当代使命,也是当代中国哲学观念变革的最为深刻的思想内涵。

二 世界观:人生在世和人在途中的人的目光

哲学观念的变革不是抽象的,而是具体的。按照通常解释,"哲学是理论化、系统化的世界观"。就此而言,对"哲学"的理解,直接地取决于对"世界观"的理解;哲学观的变革,具体地体现在"世界观"变革;当代中国的哲学观念变革,首先是集中地体现在重新理解和阐释哲学的"世界观"。

长期以来,关于"世界观"的通常解释是:"世界观就是人们关于整个世界的根本观点。"对此,改革开放以来的中国哲学界所提出的追问是:其一，这里所说的"人们"是历史性的还是超历史的存在？如果是历史性的存在，"人们"的"关于整个世界的根本观点"能否具有"毋庸置疑"的真理性？反之，如果是超历史的存在，"人们"的"关于整个世界的根本观点"是否还具有"时代内涵"？其二，这里所说的"关于整个世界的根本观点"，究竟是"人们"以"整个世界"为对象而形成的关于"世界"的"根本观点"，还是"人们"反思"人与世界的关系"而形成的"理解和协调人与世界关系"的"根本观点"？如果是以"世界"为对象而形成的"关于整个世界的根本观点"，这种"世界观"同常识或科学所提供的"世界图景"有何区别？反之，如果是在反思中所构成的"关于人与世界关系"的"根本观点"，又应当怎样理解哲学的"世界观"？其三，就"世界观"本身说，这里的"世"是人生在世之世，还是与人无关的自然而然、无始无终的"世"？这里的"界"是人在途中之界，还是与人无关的自在天成、无边无际的"界"？这里的"观"是人生在世和人在途中的人的目光，还是无始无终和无边无际的、非人的或超人的"神"的目光？

值得深思的是，当我们这样向"世界观"提问时，不仅已经直接地包含了对诸如"世界"、"历史"、"理性"、"真理"乃至"哲学"等基本观念的追问，而且已经深层地包含了时代性的"世界观"变革。这种世界观变革，如果借用美国"导师哲学家丛书"的概括，从中世纪的《信仰的时代》到20世纪的《分析的时代》，经历了文艺复兴时期的《冒险的时代》、17世纪的《理性的时代》、18世纪的《启蒙的时代》和19世纪的《思想体系的时代》的数百年历程。正是在世界观的时代性变革中，哲学不仅在"理性的法庭"中批判地反省构成思想的各种基本观念，而且深层地把"理性的批判"转化为对"理性"本身的批判，把"揭露人在神圣形象中的自我异化"（对"神"的批判）转化为"揭露人在非神圣形象中的自我异化"（对"理性"的批判）。正是在这种批判性反思的历史进程中，作为理论形态的人类自我意识，哲学已经从"狂妄的理性"变为"谦虚的理性"，从"无限的理性"变为"有限的理性"。因此，哲学的"理论化、系统化的世界观"，已经不再被视为关于"世界"的永恒真理，而被理解为"人生在世和人在途中的人的目光"。这就是由传统到现代的"世界观"革命。

哲学的世界观变革，源于人类文明的变革；直接地说，哲学的世界观变革,源于人类文明从"前现代性"到"现代性"的变革。马克思提出,"必须把'人类的历史'同工业和交换的历史联系起来研究和探讨"①。只有在"人们"从"地域性的存在"转变为"世界历史性"存在的过程中,也就是在"地域性的个人为世界历史性的、经验上普遍的个人所代替"②的过程中,"人们"的"世界观"以及"哲学"的"理论化、系统化的世界观"才会发生真正的革命。对于当代中国哲学来说,只有在解放思想、改革开放的"现代化"进程中,在邓小平所倡导的"面向世界,面向现代化,面向未来"的观念变革中,才能超越以"自然经济"为根基的"世界观"而逐步地形成以"现代性"为根基的新的"世界观"。

在人类文明的历史长河中,工业文明以前的文明是以"自然经济"为基础的地域文明,工业文明以前的历史是以"民族"为基本时空的民族历史,工业文明以前的个人是以"人对人的依附性"为存在方式的狭隘个人。地域文明、民族历史和狭隘个人,构成了人类数千年的有限的"属人世界"。值得深思的是,正是有限的"属人世界"造就了"无限理性"的人类自我意识——人的理性能够从有限的经验中构成对"世界"的终极解释。诉诸哲学史,我们会发现,无论是西方哲人所期许的对"最高原因的基本原理"的寻求,还是中国先贤所向往的对"究天人之际,通古今之变"的寻求,都不仅仅是一种"期许"和"向往",而且被这些哲人或先贤视为"可望而又可即"的"真理"——世界就是他们所理解和阐释的世界,真理就是他们所把握和论证的终极真理。这就是传统形而上学的关于"绝对之绝对"的世界观和哲学观。构成这种世界观的思维方式,就是真与假、善与恶、美与丑这种非此即彼、两极对立的形而上学的思维方式。这意味着,传统形而上学的世界图景、思维方式和价值观念是一致的,哲学意义上的存在论、真理观和价值观是一致的。超越传统形而上学的"世界观",其根基在于人类文明实现了从"农业文明"到"工业文明"的转化,人类社会实现了从"前现代化"到"现代化"的转化。当代中国的哲学观变革和世界观变革,正是以当代中国的历史性变革为基础的。

---

① 《马克思恩格斯选集》第一卷,人民出版社 2012 年版,第 160 页。
② 同上书,第 166 页。

现代化是世界性的历史过程，也就是马克思所说的"历史"变为"世界历史"的过程。在现代化的"世界历史"进程中，"过去那种地方的和民族的自给自足和闭关自守状态，被各民族的各方面的互相往来和各方面的互相依赖所代替了。物质的生产是如此，精神的生产也是如此。各民族的精神产品成了公共的财产。民族的片面性和局限性日益成为不可能，于是由许多种民族的和地方的文学形成了一种世界的文学"①。19世纪后半叶以来的中国哲学，在"西学东渐"的过程中，吸纳了以"理性的时代"、"启蒙的时代"、"思想体系的时代"乃至"分析的时代"的西方哲学，不断深入地反省了传统形而上学的"世界观"。特别是20世纪80年代以来，中国哲学界在对通行的哲学原理教科书的反思中，凸显了以实践观点的思维方式重新理解马克思主义哲学的"世界观"，更为鲜明地赋予"世界观"以时代性内涵。其中，最为重要的是把世界观理解为"关于人与世界关系"的哲学理论，并且从人的历史性去理解"人与世界的关系"，从而在一定意义上形成了对"世界观"的具有革命意义的新的理解：人生在世和人在途中的人的目光。

人生在世和人在途中的人的目光，既不是关于"绝对之绝对"的"终极真理"，也不是关于"绝对之相对"的"主观意见"，而是关于"相对之绝对"的"时代精神"。具体言之，每个时代的世界观，既具有该时代的绝对性，又具有历史中的相对性；离开历史中的相对性而把时代性的绝对性予以夸大，就是世界观的绝对主义；离开时代性的绝对性而把历史中的相对性予以夸大，就是世界观的相对主义；以时代性的绝对性与历史性的相对性去看待世界观，才会形成"相对之绝对"的世界观，也就是把"世界观"理解为"人生在世和人在途中的人的目光"。

传统形而上学的世界观，在现代哲学的批判性反思中，暴露了其根深蒂固的"病根"——"不知其不可而为之"。在传统形而上学那里，虽然人的个体生命是有限的，但人的理性却可以对人的经验及其知识作出某种统一性的和终极性的解释；虽然历史事件是不断变换的，但"分久必合，合久必

---

① 《马克思恩格斯选集》第一卷，人民出版社2012年版，第404页。此处的"文学"泛指科学、艺术、哲学、政治等方面的著作。

分"的历史经验是不断重复的,因此人的理性可以对历史作出某种统一性的和终极性的解释。对于传统形而上学来说,"相对"只是他人的"无知","绝对"则是自家的"真理"。"不知其不可而为之",这是现代哲学家"拒斥形而上学"的依据,而绝不是传统形而上学的自觉。然而,正如恩格斯所说:"一旦对每一门科学都提出要求,要它们弄清它们自己在事物以及关于事物的知识的总联系中的地位,关于总联系的任何特殊科学就是多余的了",因此,"不再需要任何凌驾于其他科学之上的哲学了"。① 重新理解和阐释哲学的"理论化、系统化的世界观",不能不是在当代变革哲学观念、推进哲学发展的首要前提。

恩格斯曾经明确地提出,马克思主义哲学是"关于现实的人及其历史发展的科学"。人的存在方式是历史性变革的,人对世界的现实关系是历史性变革的,人的世界图景是历史性变革的,人的思维方式、价值观念和审美意识是历史性变革的,因此,作为理论形态的人类自我意识的哲学是历史性变革的。这就要求哲学必须以"历史"的解释原则提出和回答自己时代的"世界观"问题:以当代的人类实践活动为基础的人与世界的当代关系是怎样的?以当代科学技术为中介的当代人类的世界图景是怎样的?以当代文明为内容的当代人的思维方式、价值观念和审美意识是怎样的?以当代人类社会生活为根基的当代人类的自我意识及其理论形态即哲学是怎样的?这是当代中国哲学观念变革的现实基础,也是当代中国哲学观念变革的真实内容。

三 本体:规范和评价人的思想和行为的根据和标准

世界观的变革与本体观的变革是密不可分的,或者可以更为明确地说,离开本体观变革,世界观的变革就是不真实的、不彻底的。当人们把"世界观"界说为"关于整个世界的根本观点"时,已经制约和规范了对"本体论"的理解和阐释,这就是具有权威性的《辞海》所说的"本体论是哲学中研究世界的本原或本性的问题的部分"。而在通行的哲学原理教科书中,则在关于"哲学基本问题"的论述中,更为明确地把"本体论"解说为关于"精神和物质谁为世界本原的问题",并由此把关于"世界本原"问题的

---

① 《马克思恩格斯选集》第三卷,人民出版社2012年版,第400页。

"本体论"规定为"世界观"的"首要问题"。

把"本体"解释为"本原",进而把"本体论"解释为关于"世界本原"的哲学理论,这是把作为理论思维的"哲学"还原为经验思维的"常识"的集中体现。它不是反思作为哲学"基本问题"的"思维和存在的关系问题",而是从经验上断言"世界本原"问题。关于"本体"和"本体论"的这种理解和阐释,首先是与哲学史上通常所理解的"本体"和"本体论"不同。在反省古希腊早期哲人关于"万物所由来、万物所复归"的"始基"、"基质"等"万物本原"说的进程中,哲学所追究的"本体"并不是经验的"在者"而是超验之"在",哲学所探究的"本体论"并不是"世界的本原论"而是"关于一般存在或存在本身的哲学学说"。因此,当代中国哲学的"本体"观念的变革,对"本体论"的批判性反思,其锋芒所向主要地并不是"世界本原论",而是"关于一般存在或存在本身的哲学学说"。

在对这种"本体论"即"关于一般存在或存在本身的哲学学说"的批判性反思中,中国当代学者提出了一系列思想深刻、立论坚实的理论观点,深刻地变革了"本体观"。比如,高清海提出,所谓本体论,就是"认为我们感官所观察到的事物并非存在本身,隐藏在它的后面、作为它的基础的那个超感官的对象,才是真正的存在,即所说的'本体'。经验存在与本体存在是一种决定论的演绎关系:经验现象中的一切都来源于本体的规定,所以只有从后者才能使前者得到理解和说明。相反地,本体却不受经验现象的规定,它本身是一个绝对自在的、具有终极始因的存在。把存在的事实和存在的本体分离开来、对立起来,是本体论思维的基本前提"[①]。由此我们可以看到,把研究"在"或"本体"作为哲学的立足点和出发点的"本体论",有三个根本性的思想前提:其一,就其思想本质来说,是把存在本身同存在的现象割裂开来、对立起来,认为经验观察到的现象并非存在本身,存在本身是那种隐藏在经验现象背后的超验的存在;其二,就其思想原则来说,是把主观和客观、主体和客体对立起来,把哲学所追求和承诺的"本体"视为某种超出人类或高于人类的本质、与人类的历史状况无关的自我存在的实

[①] 《高清海哲学文存》第 1 卷,吉林人民出版社 1996 年版,第 141 页。

体，力图剥除全部主观性，归还存在的本来面目；其三，就其追求目标来说，是把绝对与相对分割开来，企图从某种直觉中把握了的最高确定性即作为支配宇宙的最普遍的原则或原理出发，使人类经验中的各种各样的事物得到最彻底的统一性解释，从而为人类提供一种终极的永恒真理。从上述三个思想前提可以看到，以本体论为解释原则或理论硬核的哲学模式，是由于把本质与现象分离开来、主观与客观割裂开来、相对与绝对对立起来而产生的。它的实质，是要求哲学为人类揭示出宇宙的绝对之真、至上之善和最高之美。这是传统哲学关于"存在本身"的"本体论"，也是传统哲学关于"绝对之绝对"的"世界观"。这深刻地表明，传统哲学的"本体论"是其"世界观"的本质和灵魂；超越传统哲学的"世界观"，就必须超越传统哲学的"本体论"。当代中国的"世界观"变革与"本体观"变革是融为一体的。

本体论的哲学模式既把哲学追求永恒真理、探寻终极原因、表述世界本体的渴望推向了极端，同时也就使本体论哲学走向了自我否定。离开存在的现象，人们如何认识存在本身？存在作为人类对象，它能否排斥认识的主观性？人类关于存在本身的认识，能否具有绝对的、至上的、终极的真理性质？当着哲学家从对"本体"的追究而转向对人类认识的反省时，哲学研究的理论硬核发生了变革。"没有认识论的本体论为无效"，这是近代哲学的立足点和出发点。由于近代哲学的发展，以探寻存在本身为理论硬核的本体论哲学模式，就被以反省人类认识为理论硬核的认识论哲学模式所取代；以追求纯粹客观性为目标、并把主观性与客观性绝对对立起来的形而上学的思维方式，就被探索思维与存在、主观与客观如何统一的辩证法理论所扬弃。独立存在的本体论哲学及其所代表的形而上学的思维方式，已经被德国古典哲学及其所代表的辩证法的思维方式所否定。这表明：本体论哲学作为一种世界观和理论思维方式，它本身只是人类思维在一定历史发展阶段上的产物，没有任何理由或根据把它当作永恒的解释原则或理论硬核去建构当代的哲学模式。对此，高清海先生发人深省地提出："本体论作为对象的解释原则完全是属于人的，它表现的是人从人的观点以理解和把握对象世界的一种方式。抛开可见的现存世界，去追求一个不可见的本体世界，这是只有人才会具有的特性。人是一种从不满足于既有存在，总是追求未来理想存在的一种存在。这通常被称作人的'形而上学'本性。本体论就是以探寻对象之外和之上的本真存在这种方式,来表达人的形而上学追求的。"① 值得注意的是,高清海在这里已经把"形而上学"与"形而上学追求"、"本体论"与"本体论追求"区别开来,既否定了传统形而上学和本体论的思维方式,又肯定了哲学的"形而上学追求"和"本体论追求"。这种区别对于当代哲学的观念变革是至关重要的。

马克思主义哲学认为,人类的社会实践活动,以及实践基础上的人类认识活动,是一个不断发展的历史过程。在这个历史过程中,人类所获得的全部认识成果,包括哲学层面的本体论追求,总是具有相对的性质;但同时,人类的实践和认识又永远不会停留在一个水平上,总是向着全体自由性的目标迈进。因此,马克思主义哲学否定传统本体论占有绝对真理的幻想,但并不拒绝基于人类实践本性和人类思维本性的本体论追求。在对哲学本体论的当代理解中,我们应当达到这样一种认识:本体论作为一种追根溯源式的意向性追求,作为一种对人和世界及其相互关系的终极关怀,它的可能达到的目标,并不是它所追求的"本"或"源";它的真实意义也不在于它是否能够达到它所指向的终极存在、终极解释和终极价值;本体论追求的合理性在于,人类总是悬设某种基于现实而又超越现实的理性目标,来否定自己的现实存在,把现实变成更加理想的现实;本体论追求的真实意义就在于,它启发人类在理想与现实、终极的指向性与历史的确定性之间,既永远保持一种"必要的张力",又不断打破这种"微妙的平衡",从而使人类在自己的全部活动中始终保持生机勃勃的求真意识、向善意识和审美意识,永远敞开自我批判和自我超越的空间。② 这应当是"本体观"变革的最为深层的时代性内涵。

"世界观"和"本体观"是人类思维的产物。对于"世界观"和"本体观"的理解,必须诉诸对人类"思维"的反省。对此,恩格斯明确地指出,以人的实践为基础的人的思维,是"至上"与"非至上"的辩证统一,"按它的本性、使命、可能和历史的终极目的来说,是至上的和无限的;按它的个别实现情况和每次的现实来说,又是不至上的和有限的"③。哲学的

---

① 《高清海哲学文存》第 1 卷,吉林人民出版社 1996 年版,第 141—142 页。
② 参见《孙正聿哲学文集》第 5 卷,吉林人民出版社 2007 年版,第 98—99 页。
③ 《马克思恩格斯选集》第三卷,人民出版社 2012 年版,第 463 页。

本体论追求正是植根于人类思维的"本性、使命、可能和历史的终极目的",即植根于人类思维的"至上"性。对此,当代美国哲学家瓦托夫斯基也指出:"不管是古典形式和现代形式的形而上学思想的推动力都是企图把各种事物综合成一个整体,提供出一种统一的图景或框架,在其中我们经验中的各式各样的事物能够在某些普遍原理的基础上得到解释,或可以被解释为某种普遍本质或过程的各种表现。"这种本体论的形而上学渴望之所以是不可"拒绝"的,是因为人类"存在一种系统感和对于我们思维的明晰性和统一性的要求——它们进入我们思维活动的根基,并完全可能进入到更深处——它们导源于我们所属的这个物种和我们赖以生存的这个世界"[1]。在这个意义上,本体论的思维方式是必须批判和超越的,而哲学的本体论追求则既不可回避,也无法取消。

在对哲学本体论的理解中,值得深思的问题是,"本体"的寻求即是矛盾。这突出地表现在两个方面:其一,"本体论"指向对人及其思维与世界内在统一的"基本原理"的终极占有和终极解释,力图以这种"基本原理"为人类的存在和发展提供永恒的"最高支撑点",而人类的历史发展却总是不断地向这种终极解释提出挑战,动摇它所提供的"最高支撑点"的权威性和有效性,由此构成哲学本体论与人类历史发展的矛盾;其二,"本体论"以自己所承诺的"本体"或"基本原理"作为判断、解释和评价一切的根据、标准和尺度,从而造成自身无法解脱的解释循环,因此,哲学家们总是在相互批判中揭露对方的本体论的内在矛盾,使本体论的解释循环跃迁到高一级层次,这又构成哲学本体论的自我矛盾。正是在如何对待哲学本体论的内在矛盾这个根本问题上,使哲学从原则上区分为"传统哲学"与"现代哲学"。"传统哲学"之所以"传统",就在于全部的传统哲学总是力图获得一种绝对的、终极的"本体",并因而把世界分裂为真与假、善与恶、美与丑的非此即彼、抽象对立、永恒不变的存在。这是一种统治人类几千年的非历史的、超历史的、僵化的本体论的思维方式,也就是当代哲学所自觉到的"形而上学的恐怖"。与此相反,"现代哲学"之所以"现代",就

---

[1] 参见[美]瓦托夫斯基《科学思想的概念基础》,范岱年等译,求实出版社1989年版,第18页。

在于现代哲学从思维方式上实现了"从两极到中介"的变革,从研究路径上实现了"从体系到问题"的变革,从基本理念上实现了"从层级到顺序"的变革,也就是从人类的历史发展出发去理解哲学所追寻的"本体"和哲学的本体论追求。这是以"现代性"为根基的"现代哲学"的"基本共识",也是所谓的"后形而上学"的"深层一致"。

在现代哲学中,马克思主义哲学从"现实的人及其历史发展"出发去看待哲学,哲学的"本体论"就发生了真正的革命:人类在自身的历史发展中所形成的判断、解释和评价一切事物并规范自己思想和行为的"本体"观念,既是一种历史的进步性,又是一种历史的局限性,因而它孕育着新的历史可能性。就其历史的进步性而言,人们在自己的时代所承诺的"本体",就是该时代的人类所达到的关于人与世界的统一性的最高理解,它成为规范和评价该时代人的全部思想和行为的根据和标准,即该时代人类全部活动的最高支撑点,因此具有绝对性;就其历史的局限性而言,人们在自己时代所承诺的"本体",又只是特定历史时代的产物,它作为人类全部活动的最高支撑点,即作为规范和评价人的全部思想和行为的根据和标准,正是表现了人类作为历史的存在所无法挣脱的片面性,因而具有相对性;就其历史的可能性而言,人们在自己时代所承诺的"本体",它作为规范和评价人的全部思想和行为的根据和标准,正是人类在其前进的发展中所建构的阶梯和支撑点,它为人类的继续发展提供现实的可能性。这深切地表明,"本体"作为规范人的思想和行为的根据和标准,它永远是作为中介而自我扬弃的。① 这种"本体观",与把"世界观"理解为"人生在世和人在途中的人的目光"的解释原则是一致的,与把"哲学"理解为关于"相对之绝对"的"时代精神的精华"是一致的。这就是马克思主义哲学的"革命的和批判的"辩证法的"世界观"、"本体观"和"哲学观"。

四 反思:批判和重构人的思想和行为的根据和标准

哲学的"世界观"和"本体观",是以哲学的思维方式构建的。关于哲学的思维方式,人们经常用"反思"这个概念来表述它的特殊性。然而,

---

① 参见《孙正聿哲学文集》第 5 卷,吉林人民出版社 2007 年版,第 65 页。

正如人们对哲学所寻求的"本体"有不同的理解,人们对哲学的"反思"也有不同的理解。进而言之,正是由于人们对哲学的特殊的活动方式——反思——具有不同的理解,则必然导致对哲学的特殊的寻求对象——本体——形成不同的理解。就此而言,"反思",应当是最值得反思的哲学观念。

哲学所追究的"本体"并不是知识性的"关于世界的根本观点",而是构成这种"根本观点"的根据和标准。但是,在人的思想过程中,作为思想的根据和标准的"本体"却是思想中的一只"看不见的手"。揭示和辨析这只"看不见的手",也就是揭示和辨析构成思想的前提,并且进而批判和重构思想的前提,这就是哲学意义上的"反思"。这表明,哲学的反思的思维方式,与哲学的世界观、本体论的理论性质是密不可分的;哲学反思的对象和水平,与各个时代的世界观、本体论是融为一体的。

反思,在其最直接的意义上,就是思想以自身为对象反过来而思之,也就是黑格尔所说的"对思想的思想"。然而,作为传统哲学的集大成者和辩证法大师的黑格尔似乎早已洞悉理解"反思"的艰难,因此,他在提出哲学的反思的思维方式的同时,就自觉地考察和对比了"表象思维"、"形式思维"和"思辨思维"这三种不同的思维方式。黑格尔明确地提出:所谓"表象思维","可以称为一种物质的思维,一种偶然的意识,它完全沉浸在材料里,因而很难从物质里将它自身摆脱出来的同时还能独立存在";所谓"形式思维","乃以脱离内容为自由,并以超出内容而骄傲";所谓"思辨思维",则是努力地把思想的"自由沉入于内容,让内容按照它自己的本性,即按照它自己的自身而自行运动,并从而考察这种运动"。[①] 值得深思的是,在对哲学所寻求的"本体"的理解中,我们恰恰可以发现表象思维、形式思维和思辨思维这三种不同的思维方式。

把哲学所寻求的"本体"视为某种"经验"的存在,而不是"超验"(超越经验)的存在,这就是把经验的对象误作"反思"的对象,把"表象思维"误作"反思"的思维。在这种误解中,不是把"反思"理解为"思想以自身为对象反过来而思之",而是把"反思"当成关于经验对象的"思想"。这种误解的结果,混淆了作为经验对象的"在者"与作为哲学对象的

---

① [德]黑格尔:《精神现象学》(上),贺麟、王玖兴译,商务印书馆1979年版,第40页。

"在",也混淆了作为经验思维的"反映"与作为哲学思维的"反思"。特别令人深思的是,当现代哲学家蒯因以区分"何物存在"和"说何物存在"为标志而提出"本体论承诺"时,仍然是把"本体"理解为"物",因而并没有真正超越"表象思维",并因而并没有真正理解哲学意义上的"本体"。哲学所寻求的"本体",不是作为经验对象的"在者",而是作为超验对象的"在"——规范人类的思想与行为的根据、标准和尺度。这种作为"本体"的根据、标准和尺度,蕴含于(隐藏于)人们的思想之中,因此,只有"以思想自身为对象反过来而思之",才能够"反思"到哲学所寻求的"本体"。

把哲学所寻求的"本体"视为某种关于经验对象的普遍性的"思想"(知识),并把哲学的"反思"视为从特殊性的"思想"(知识)中概括出具有最大的普遍性的"思想"(知识),这就是哲学研究中的知识论立场,也就是现代哲学研究中的科学主义思潮。这种哲学研究中的知识论立场或科学主义思潮,不是从哲学存在的人类性根据去追问哲学,而是简单化地从哲学与科学的二元关系中去界说哲学,从知识分类表的层级关系去解说哲学,因而把哲学与科学的关系解说为普遍与特殊、深层与表层的关系,从而把哲学的"本体"视为具有最大普遍性的亘古不变的"普遍原理"。在这种解释模式中,哲学只是科学的"延伸"或"变形",只是具有最大普遍性的"科学",而不是对科学的"超越",即不是区别于"科学"的人类把握世界的另一种基本方式——哲学。这表明,理解"哲学"就必须理解哲学的"反思";哲学的观念变革,就必须变革对哲学的"反思"的理解。

"思想"与"反思"的区别,意味人类的思维有两个相互区别的基本"维度":一是"构成思想"的维度,也就是思维以人的认识活动为中介而实现"思维和存在"相统一的维度;二是"反思思想"的维度,也就是思维把"思维和存在"的关系当作"问题"而进行"反思"的维度。在"构成思想"的维度上,思想的任务是实现"思维和存在"的统一,而不是把"思维和存在的关系"当作"问题";与此相反,在"反思思想"的维度上,思想的任务不是实现"思维和存在"的统一,而是把"思维和存在的关系"当作必须予以追究的"问题"。对此,恩格斯不仅明确地提出"思维和存在的关系问题"是哲学的"基本问题",而且明确地提出思维和存在服从同样的规律是"理论思维的不自觉的和无条件的前提"。因此，哲学"反思"的使命，并不是以理论思维去"构成思想"，并不是在理论思维中达成"思维和存在的统一"，而是要寻求和揭示隐含在理论思维之中的这个"不自觉"和"无条件"的"前提"，并进而批判地重构规范人的思想和行为的根据和标准。

在哲学史上，黑格尔曾明确地把哲学的"反思"解释为"对思想的思想"。然而，究竟如何理解哲学是"对思想的思想"？作为反思对象的"思想"究竟是什么？它是思想的"内容"还是思想的"前提"？正是对"反思"的"思想"的追问，深化了对哲学的"反思"的理解，也深化了对"反思"的"哲学"的理解。思想的"前提"并不是一般的思想"内容"，而是思想构成自己的根据和原则，也就是思想构成自己的逻辑支撑点。思想的"前提"作为思想中的"一只看不见的手"和思想构成自己的"幕后操纵者"，既具有规范思想的逻辑"强制性"，又具有"看不见"、"摸不着"的"隐匿性"。思想的"前提"作为思想构成自己的根据和原则，它就是哲学所寻求的规范人的思想与行为的"本体"；哲学的"反思"则是以思想自身为对象反过来而思之，揭示和"审讯"构成思想的"前提"，即发现和批判哲学所寻求的"本体"。哲学的"反思"与哲学所寻求的"本体"密不可分；哲学的"基本问题"与哲学的"前提批判"相互规定。

哲学所寻求的"本体"最普遍地、最深层地制约、规范和引导人的全部活动，但它又是作为隐匿在思想中的"前提"——规范人的思想和行为的根据、标准和尺度——而隐含在人的全部活动之中，因此，寻找"本体"的哲学的活动方式是且只能是批判的反思。超越"表象思维"和"形式思维"，超越哲学的知识论立场和科学主义思潮，对"假设"质疑，向"前提"挑战，这就是哲学的批判性反思的理论思维方式。"反思"的哲学，就是揭示"人生在世和人在途中的人的目光"，就是揭示"规范人的思想和行为的根据、标准和尺度"，也就是实现哲学的"世界观"和"本体论"的自我批判和自我超越，为人类提供自己时代的"最高的支撑点"。达到"反思"的哲学自觉，才能实现变革"世界观"和"本体论"的理论自觉，才能使哲学成为"思想中所把握到的时代"。把"反思"理解为对思想的"前提批判"，这是当代哲学的理论自觉，也是当代哲学的深层的观念变革。

五 表征：时代精神的精华和文明的活的灵魂

阐释哲学的特殊的理论性质和哲学的独特的社会功能，我们总是反复地引证马克思的这句名言：任何真正的哲学都是"时代精神的精华"和"文明的活的灵魂"。然而，哲学究竟何以成为时代精神的"精华"和文明的活的"灵魂"？这就必须探讨哲学的特殊的存在方式问题。当代中国的哲学观念变革，深层地触及对哲学的特殊的存在方式的追问。

在现代西方哲学的"语言转向"中，逻辑实证主义的重要代表人物卡尔纳普曾以区分语言的两种职能即"表述"职能和"表达"职能为前提，为其"拒斥形而上学"作出了具有逻辑说服力的论证：如果"哲学"既不能像"科学"那样"表述"经验世界，又不能像"艺术"那样"表达"情感意愿，也就是既不能走"拟科学"的道路，也不能走"拟文学"的道路，那么，"哲学"还有什么道路可走？面对卡尔纳普对"哲学"的挑战，当代哲学必须回答这样的问题：哲学是否具有既非"表述"、亦非"表达"的独特的存在方式？或者说，哲学是否具有既非"拟科学"、亦非"拟艺术"的独特的存在方式？这是当代哲学面对的哲学"合法性"问题，也是当代马克思主义哲学必须予以深切阐发的重大问题。

回应这个关乎哲学的存在方式及其"合法性"的重大问题，引发我们更为深切地理解和阐发马克思关于哲学的"名言"：哲学之所以区别于科学和艺术，真正的哲学之所以是"时代精神的精华"和"文明的活的灵魂"，就在于它既不是像"科学"那样"表述"时代状况和人类文明的经验事实，也不是像"艺术"那样"表达"个人对时代状况和人类文明的情感意愿，而是以自己的独特的存在方式构成时代精神的"精华"和文明的活的"灵魂"。在我看来，这个独特的存在方式，就是区别于科学"表述"和艺术"表达"的哲学"表征"。

所谓"表征"，并不是与"表述"和"表达"相并列的另一种"语言职能"，而是透过"表述"和"表达"而"表征"着"时代精神的精华"和"文明的活的灵魂"。或者更为明确地说，虽然哲学总是在"表述"什么或"表达"什么，但哲学却既不是单纯的对经验事实的"表述"，也不是单纯的对情感意愿的"表达"，而是体现着存在论、真理论和价值论相统一的

"表征",也就是体现着真、善、美相统一的"表征"。哲学的"表征",是以价值诉求为目的而展开的对存在的反思和对真理的追求,因此不是孤立的、单纯的存在论或真理论或价值论,而是融真、善、美于一体的存在方式。正是这种"统一",构成了哲学的独特的"表征"的存在方式,并以"表征"的方式构成了时代精神的"精华"和文明的活的"灵魂"。

理解哲学的区别在于"表述"和"表达"的"表征",关键在于理解哲学的存在论、真理论和价值论的统一,或者通俗地说,关键在于理解哲学所追问的"有没有"、"对不对"和"好不好"的统一,即哲学所追求的"真"、"善"、"美"的统一。如果把哲学割裂为"表述"存在的存在论、"表述"真理的真理论和"表达"价值诉求的价值论,把哲学割裂为关于"有没有"、"对不对"、"好不好"的追问和回答,把哲学分割为"可信者不可爱"的"表述"或"可爱者不可信"的"表达"的两种存在方式,就只能是形成"拟科学"的"科学主义思潮"或"拟艺术"的"人本主义思潮"。这是当代哲学必须超越的理论困境。

哲学之所以是区别于"表述"和"表达"的"表征",在于哲学是理论形态的人类自我意识,即以理论形态所体现的对"人与世界关系"的关切和回答,对人类生活意义的关切和回答。诉诸哲学史,我们会发现,哲学从寻求"万物的统一性"到寻求"意识的统一性"再到寻求"人类的统一性",从来不是单纯地"表述"关于世界的经验事实和"表达"对世界的情感意愿,而是"表征"了对"人与世界关系"的历史性、时代性的理解。古代哲学把"水"、"火"乃至"原子"作为万物所由来和万物所复归的"始基"、"基质",并不是"表述"或"表达"了万物的统一性,而是"表征"了人类对生活意义的"最高支撑点"的渴望和寻求;近代哲学以"经验"或"理性"来论证或否定思想的客观性,并不是"表述"或"表达"了人类意识的统一性,而是"表征"了人类力图把生活意义的"最高支撑点"奠基于"思维和存在的同一性";现代哲学以"语言"、"文化"乃至"实践"来阐释"人与世界关系",并不是"表述"或"表达"了人类的存在方式,而是"表征"了当代人类力图把生活意义的"最高支撑点"视为"相对之绝对"——时代性的绝对与历史性的相对的统一。哲学就是以这种"表征"的方式构成了"时代精神的精华"和"文明的活的灵魂"。

哲学对"时代精神"的"表征",是以派别冲突的方式实现的。这种实现方式,更加深刻地体现了哲学的区别于"表述"和"表达"的"表征"的存在方式。贯穿于整个哲学史的唯物主义与唯心主义、辩证法与形而上学、经验主义与逻辑主义、绝对主义与相对主义等的派别冲突,并不是哲学派别之间的不同"表述"或不同"表达"之间的冲突,而是"表征"着对人类生活、人类文明、人类历史、人类未来的"悖论"性质的不同理解和不同期待。从哲学的主要的派别冲突看,哲学的唯物主义与唯心主义并不是单纯地"表述"或"表达"世界的"本原"问题,而是深切地"表征"着人类的自然性与超自然性的悖论;哲学的经验主义与逻辑主义并不是单纯地"表述"或"表达"把人的感性归结为人的理性或是把人的理性归结为人的感性,而是深切地"表征"着人类的感性存在与理性存在的悖论;哲学的绝对主义与相对主义并不是单纯地"表述"或"表达"人类认识的绝对性或相对性,而是深切地"表征"着人类存在的时代性与超时代性的悖论;哲学的辩证法与形而上学并不是单纯地"表述"或"表达"肯定或否定事物的矛盾运动,而是深切地"表征"着人类存在的确定性与非确定性的矛盾。在现代哲学中,本质主义与存在主义、理性主义与非理性主义、科学主义与人本主义、历史决定论与非历史决定论,更是以错综复杂的理论冲突方式"表征"着当代人类面对"现代性的酸"所构成的"意义危机"。因此,应当从"表征"人类存在的矛盾性去看待哲学的派别冲突,而不是把这些派别冲突归结为哲学的自我冲突;应当以"表征"的理念去看待哲学的"理论形态的人类自我意识",而不是把"理论形态的人类自我意识"当成对人类文明的"表述"或"表达"。马克思、恩格斯所创建的"新唯物主义",不仅变革了只是从客观的或者直观的形式去理解人与世界关系的旧唯物主义和抽象地发挥人的能动性的唯心主义,而且是"在人的实践中以及对这个实践的理解中"去回答全部哲学问题。它理论地表征了超越"市民社会"的"人类社会或社会的人类"的新唯物主义的"立脚点"。因此,从哲学的"表征"方式去重新理解哲学的派别冲突,不仅能够深刻地理解哲学派别冲突的现实基础和真实意义,而且能够透过哲学的派别冲突而深切地把握每个时代的"时代精神"。

从深层上看,哲学是以"理论形态的人类自我意识"来"体现"着人类存在的历史形态及其自我意识的时代性变革。这是哲学的"表征"的存在方式的集中体现。哲学的观念变革，直接地取决于人类关于自身存在的自我意识的历史性变革；而人类关于自身存在的自我意识的历史性变革，则深层地取决于人类存在本身的历史性变革。诉诸人类文明的历史与未来，马克思把人类存在的历史形态概括为"人的依赖关系"、"以物的依赖性为基础的人的独立性"、"以个人全面发展为基础的自由个性"三大历史形态[①]，并相应地把"哲学"的历史任务概括为"人在神圣形象中的自我异化"、"揭露人在神圣形象中的自我异化"和"揭露人在非神圣形象中的自我异化"[②]。哲学的历史任务，就是以理论形态的人类自我意识而"表征"人类存在的历史形态及其发展趋向。人的存在形态的历史性变革与哲学的时代使命的历史性变革的统一，这不仅显示了哲学的"表征"的存在方式，而且揭示了哲学发展的历史性的时代内涵。正是哲学以"表征"的方式所揭示的人类存在及其自我意识的时代内涵和历史变革，"真正的"哲学才不仅成为"时代精神的精华"，而且成为"文明的活的灵魂"。

　　哲学的存在方式决定哲学的工作方式。如果把哲学的存在方式界定为"表述"时代状况和人类文明的经验事实，就会把哲学混同为实证科学，并因而走向科学主义；如果把哲学的存在方式界定为"表达"个人对时代状况和人类文明的情感意愿，就会把哲学混同为文学艺术，并因而走向人本主义。把哲学的存在方式界定为"表征"，则要以"时代精神主题化、现实存在间距化、流行观念陌生化和基本理念概念化"的工作方式去凝练"时代精神的精华"和"文明的活的灵魂"。以理论形态"表征"当代人类在"现代性"中的存在方式及其自我意识，为创建人类文明新形态提供新的哲学理念，从而塑造和引导新的时代精神，这是当代哲学的实质内容和社会功能，也是当代中国哲学必须实现的观念变革。

[①] 参见《马克思恩格斯全集》第 30 卷，人民出版社 1995 年版，第 107—108 页。

[②] 参见《马克思恩格斯选集》第一卷，人民出版社 2012 年版，第 2 页。

附录 2
思想的前提批判与哲学的活动方式

如何从"出场学"定位"思想的前提批判"？能否把"哲学的活动方式"概括为"思想的前提批判"？怎样理解"思想的前提批判"的"前提"是"不自觉的和无条件的前提"？这是任平、高云涌和高超在其论文中分别提出的问题，也是阐释"思想的前提批判"必须回答的问题。因此，我以《思想的前提批判与哲学的活动方式》为题，对这三篇论文及其所提出的问题予以回应。

一 如何从"出场学"定位"思想的前提批判"？

任平教授基于他本人长期关切的"出场学"，以及他对当代中国马克思主义哲学"研究范式"的系统而又深入的研究，以《论孙正聿先生学术研究的出场范式》为题，对我的研究路径作出明确的指认："当代中国秉持原理研究与体系创新范式的主要代表。"

对于这个"指认"和"定位"，就我个人来说，确实是缺乏自觉的，也就是说，我尚未自觉地从"出场学"思考自己的哲学研究的"路径选择"。但是，读过任平教授的论文，不能不由衷地感谢他对我的四本书的深切的分析与评论，不能不由此引发我对自己的"研究范式"的自觉的反省。

依据任平教授的思路和概括，当代中国的马克思主义哲学研究范式，大体上可以分为"教科书和改革、原理研究与体系创新、马克思主义哲学史、与中西哲学对话、经典文本解读、反思的问题学、部门哲学、马克思主义中国化、马克思主义出场学"等。任平教授由此发问：怎样才能确认我的"学术话语本体存在的地理位置和范式空间"？为此，他具体而又深入地分析了我的四本书。

任平教授提出：《哲学通论》的"原初出场"就是一种讲坛哲学的话语形式，随后又成为向论坛哲学转变的中介形态，这从出场路径和研究范式的归属来看，应当属于原理研究与体系创新的范式；《马克思主义辩证法研究》以重新激活辩证法内在的批判的活的灵魂而重新阐述辩证法的理论内容，是另一种形式和风格的原理研究和体系创新；《人的精神家园》根在现实、本在原理研究，最终形成的是关于人的精神家园的体系化的哲学话语逻辑，仍然是坚守原理研究与体系创新范式；《哲学：思想的前提批判》所展开的对构成思想的基本信念、基本方式、基本逻辑、基本观念和哲学理念的五大前提批判，强大的思维穿透的依然是哲学原理研究的逻辑。由此，任平教授作出的总体评价是："四本著作就以如此的样式在我面前形成一个范式闭环，从教科书改革范式出发走向原理研究和体系创新，经过穿透现实而又回到原初范式。""这一循环仍然是在原理研究与体系创新的范式空间中深刻地发生的。"

对于这种"原理研究与体系创新范式"，任平教授予以充分的理解并给予高度的评价，认为这种范式是"这一时代思想解放、学术创新的方法论产物"，"孙先生的研究范式就是从这一时代变革的大潮中一路走来而取得重要成就的"。而对于这种"范式"的反思和批评，任平教授明确地提出三个问题：一是断言式的独断与多元理解之间的矛盾；二是作为论断、论据与哲学史的矛盾；三是关于哲学、马克思主义哲学的论断在多元理解的今天的反思问题。这三个问题都具有准确的针对性和深刻的学理性。

怎样看待"断言式的独断与多元理解之间的矛盾"？任平教授把《哲学通论》的"特色"概括为"介绍分析多元，秉持一元，力求从相对中追求绝对"。对于这个概括，我深以为然。在我看来，哲学既是哲学家以个人的名义讲述人类的故事，又是哲学家以人类的名义讲述个人的故事。讲述人类的故事，就会有多种的观察角度，就会有多样的思考方式，就会有不同的研究重点，就会有不同的总体观念，因此，就必然是"多元理解"；讲述个人的故事，就会有对特殊的生活经历的独特的生命体验，就会有对特殊的理论资源的独特的理论想象，就会有对特殊的思考对象的独特的解释原则，因而又只能是"断言式的独断"。以个人的名义讲述人类的故事，所能达到的最好的状态，大概就是把"断言式的独断"建立在充分的"多元理解"的基础上。失去"多元理解"，"断言"就会成为彻底的"独断"；没有"断言式的独断"，也就没有作为"一言之家"的特定的哲学。古今中外，概莫能外。因此，任平教授所指认的这个矛盾，对于哲学家的自我反省来说是不可或缺的，对于哲学家的理论活动来说又是不可避免的。或者可以说，正是这个矛盾构成学术批评的前提，并因此推动哲学本身的进步。

与上述矛盾不同，"论断、论据与哲学史的矛盾"，则不仅是学术研究之"大忌"，而且是"原理研究"中的"重症"。学术研究要"言之有理"，首先要"持之有故"，没有根据地"断言"，无异于"胡说"。然而，在我们的"原理研究"中，正如任平教授所言，"很容易将马克思在某一时期的论述摘引出来后将意义标准化、教条化、绝对化"，成为"非法引证"。引证本身的合法性受到挑战，这在"史"的研究中是经常碰到的，在"论"的研究中更是普遍存在的。对于任平教授所指认的"论断、论据与哲学史的矛盾"，虽然是我本人所自觉到的，但却只能是竭力避免的。我在哲学研究中自觉到的最大的矛盾，就是"顽强的追问"与"有限的知识"的矛盾。不用说对尼采、胡塞尔、维特根斯坦、海德格尔等思想家的研究，就是对康德、黑格尔的研究，对马克思、恩格斯的研究，很多时候也是"望文生义"、"借题发挥"，缺乏切实的考证和梳理。有理有据地言说，对我个人来说，只能是"仍需努力"了。

在多元理解的今天，反思对哲学、马克思主义哲学的论断，这是我们的共同使命。我在自己的多篇文章中说，20世纪80年代的教科书改革，其出发点和归宿点都是重新理解马克思主义哲学，而20世纪90年代以来的"后教科书哲学"，其标志则是以对"哲学"的追问为出发点而重新理解马克思主义哲学。在《哲学通论》中，我曾把当代的哲学观概括为普遍规律说、认识论说、语言分析说、存在意义说、精神境界说、文化批判说、文化对话说和实践论说。这个不完全和不准确的概括，已经显示了对"哲学"的多元理解。当代中国马克思主义哲学界关于"辩证唯物主义和历史唯物主义"、"实践唯物主义"、"历史唯物主义"的争论，正是在如何"称谓"的争论中体现了对马克思主义哲学的不同"定位"。这表明，对哲学、马克思主义哲学的"多元理解"，不仅是哲学研究的现实状况，而且是推进哲学研究的必由之路。但是，哲学研究的另一个基本事实是，每个时代的哲学都具有艾耶尔所说的"广泛而深刻的一致性"，马克思所实现的哲学革命具有其"不以人的意志为转移"的真实的思想内涵。因此，探索这种时代性的"广泛而深刻的一致性"，寻求马克思哲学革命的真实的思想内涵，应当是在"多元理解"的基础上的最为重要的哲学使命；在"多元理解"与"作出论断"之间必须保持"必要的张力"，应当是行进中的哲学活动的基本态度。

二 能否把哲学的活动方式概括为"思想的前提批判"？

如果说任平教授是从"出场学"的视野定位我的"思想的前提批判"的"研究范式"，那么，高云涌博士的论文则是从"逻辑与直觉的关系"去追究"思想的前提批判"的理论倾向及其困难。在我看来，云涌所提出的问题，并不仅仅是哲学活动中的逻辑与直觉的关系问题，而且是如何理解"哲学的活动方式"的问题，是能否以"思想的前提批判"来表达"哲学的活动方式"的问题。

哲学活动属于人类精神活动。人类的精神活动，绝不只是理性的、逻辑的思维活动，而且是非理性的、非逻辑的精神活动。在人的一般性的精神活动中，知、情、意是融汇在一起的，而在科学研究、艺术创作和哲学思考中，任何一种科学发现、艺术创造和哲学思想，总是包含某种直觉的顿悟和灵感的爆发。我在自己的哲学研究中，无论是把"哲学"定位为"思想的前提批判"，把"世界观"解说为"人生在世和人在途中的人的目光"，还是把"本体"解说为"规范人的思想和行为的根据、标准和尺度"，把哲学的存在方式界定为区别于"表述"和"表达"的"表征"，都真切地感受到了"直觉的顿悟"和"灵感的爆发"。对上述问题的思索是一个长期的积累进程，对上述问题的独立回答却是一个"突发奇想"的过程。哲学研究中的这种心理的"高峰体验"，是最为激动人心的。怎样把自己的这种"高峰体验"化为"表述"或"表达"，是我最想"讲述"给自己的朋友和学生的，又是最难说清楚的。

现在的问题是：我的这种真实的研究体验，为何会形成高云涌博士所批评的"前提批判论哲学观的逻辑主义倾向"？显而易见，云涌所探讨的并不是我的哲学研究的心理体验，而是我的"思想的前提批判"的哲学观的理论倾向。由此我想讨论三个问题：其一，"思想的前提批判"是探究哲学的理论性质，还是设计哲学研究的程序和方法？其二，"思想的前提批判"是展现哲学的理论空间，还是构造哲学的活动方式？其三，"思想的前提批判"是激发哲学研究的思想活力，还是承续或确立逻辑的或直觉的"学术传统"？

首先，"思想的前提批判"并不是设计哲学研究的"程序和方法"。我把哲学"定位"为"思想的前提批判"，最基本的出发点是破除哲学的"知识论立场"，也就是改变把哲学视为具有"最大的普适性"和"最高的解释力"的"科学"的哲学观，从而把哲学活动界说为以构成思想的诸种前提为对象的批判的、反思的活动。变革哲学观，这是"思想的前提批判"的实质。为了阐释和论证这种新的哲学观，就要诉诸对反思的思维、反思的方式、反思的过程、反思的逻辑的探索；但是，这些探索并不是给出某种"规范性"的程序和方法，而是要论证哲学何以是"思想的前提批判"，"思想的前提批判"何以超越了"哲学的知识论立场"。在这个意义上，"思想的前提批判"的哲学观尚未触及哲学研究中的"逻辑与直觉"的关系，因而并不是探讨以"逻辑"的或"直觉"的方式进行"思想的前提批判"。也就是说，在哲学观的意义上，"思想的前提批判"并不具有"规范"哲学活动的"程序和方法"的含义，既不是断定哲学是"逻辑"的，也不是否定哲学是"直觉"的，只是要求哲学活动应当批判地反思构成思想的前提。

其次，"思想的前提批判"并不是"构造"哲学的活动方式。"思想的前提批判"不是抽象的而是具体的，由此我提出了对构成思想的基本信念、基本方式、基本逻辑、基本观念和哲学理念的五个方面的前提批判，并以此展现"思想的前提批判"的开阔的和开放的理论空间。这里所凸显的，仍然是要求把哲学活动聚焦于对构成思想的诸种前提的反思和批判，而不是"规范"哲学以逻辑的或直觉的方式去展开对思想的前提批判。这就是说，不仅"思想的前提批判"的对象是开阔的和开放的，而且"思想的前提批判"的方式也是开阔的和开放的。我把哲学的存在方式界说为区别于"表述"和"表达"的"表征"，可能是更深层地体现了哲学活动的"逻辑"与"直觉"的"互补"。"表征""时代精神的精华"和"文明的活的灵魂"，而不是"表述"时代状况和"表达"情感意愿，这绝不仅仅是"逻辑"推演的结果，而且总是形成于"生命体验"和"理论想象"基础上的"直觉的顿悟"和"灵感的爆发"。就此而言，正是哲学的"表征"的存在方式，才真切地要求"逻辑"与"直觉"的"互补"；离开对哲学的"表征"的存在方式的自觉，就难以深层地理解哲学活动中的"逻辑"与"直觉"的"互补"。

再次，"思想的前提批判"并不是承续或确立"逻辑"的或"直觉"的学术传统。"思想的前提批判"，既不等同于"逻辑前提的批判"，也不等同于"逻辑推演的前提批判"。其一，思想的前提批判与对构成思想的逻辑前提的批判并不等同。如上所述，思想的前提批判至少包括对构成思想的基本信念、基本方式、基本逻辑、基本信念和哲学理念的前提批判，对构成思想的基本逻辑的前提批判只是思想的前提批判的内容之一。其二，思想的前提批判并不只是在逻辑推演中所展开的批判。我把思想的前提批判"定位"为"对概念的反思"，是因为概念、范畴是人类文明史的积淀、总结和升华，是列宁所说的人类认识的"阶梯"和"支撑点"，因此，"对概念的反思"，就是批判地反思人类的文明史。在这种反思中，既蕴含着反思者的生存境遇和生命体验，也蕴含着反思者的理论资源和理论想象。在反思的过程中，不仅包含反思者的"合乎逻辑"的理性思考，也包含着反思者的"直觉的顿悟"和"灵感的爆发"。反思中所形成的创见，正是在"合乎逻辑"的追问中所"顿悟"到的新思想。其三，思想的前提批判并不是"线性"的"逻辑"进程。仅以云涌所批评的"思想把握表象、思想蒸发表象、思想重组表象"的"认识论模式"而言，这里的"把握"、"蒸发"和"重组"，就已经体现了人的认识的感性与理性、表象与思想、直觉与逻辑的矛盾，而不是单一的或单纯的"逻辑推演"。

按照我的理解，云涌可能是从能否和如何"提出哲学创见"这种思考对"思想的前提批判"提出质疑，并将其概括为"逻辑主义倾向"。如果是这样，我想说的是：其一，构成"哲学创见"的"直觉的顿悟"和"灵感的爆发"不是"教出来的"，而是"水到渠成"的，因而不能从"程序和方法"去看待逻辑和直觉的互补性；其二，构成"哲学创见"的真实内涵是赋予哲学理念以新的思想内涵，因此，其主要途径是揭示和批判构成思想的前提。为思想提供新的前提，大概就是我们所向往的"哲学创见"。

开门见山、旗帜鲜明地对被批评者提出批评,特别是以这种方式对自己的老师提出批评,这不仅是难能可贵的,也是最可珍视的。我之所以在这里对云涌的论文作出详细的回应,既是与云涌一起思考他所提出的问题,更是借此有针对性地阐述我自己所理解的"思想的前提批判"。对我而言,"思想的前提批判"是把哲学活动"定位"为批判地反思构成思想的前提,从而为哲学的批判活动敞开"知其不可而为之"的理论空间,而不是"规范"哲学活动的"程序和方法"。正如云涌所说的,如果有谁"试图严格按照前提批判"的"方法和步骤"而"尝试提出哲学创见",就与"思想的前提批判"的"真实意义"产生"视差之见"了。

三 怎样理解构成思想的"不自觉的和无条件的"前提?

思想的前提批判,首先是对构成思想的基本信念的前提批判,也就是对思维和存在的同一性的前提批判。这个"前提",在人的全部活动中究竟是如何存在的?它是"本能的"、"不以意识为转移的"还是"不自觉的和无条件的"?这对于如何理解"思想的前提批判"的哲学观是至关重要的。

我在形成"思想的前提批判"的哲学观的研究历程中,最为直接、最为重要的思想资源,就是恩格斯关于"理论思维的不自觉的和无条件的前提"的论述。正是在对恩格斯这个论述的探索中,我形成了如下的基本观点:在人类把握世界的各种基本方式中,除哲学之外的其他方式都是把"思维和存在的同一性"当作"不自觉的和无条件的前提"而去"构成思想",而哲学则是把这个"不自觉的和无条件的前提"作为反思的对象,对这个"前提"本身进行批判的反思。这就是我的"思想的前提批判"的立足点和出发点。显而易见,如何规定哲学反思的"前提",对于"思想的前提批判"的哲学观来说,是一个必须澄清的问题。

高超提交给会议的论文,题目就是《〈自然辩证法〉"unbewusst"一词的译法与"前提批判"的哲学理论》,也就是要通过对"unbewusst"一词的辨析来审视"前提批判"的哲学理论。由于我本人只是直接使用把"unbewusst"译为"不自觉的"这一译法,既没有探讨这个词的德文原意,也没有辨析这个词的不同译法,高超所做的工作就显得尤为重要了。

按照高超所提交的论文,"unbewusst"一词有三种不同的权威性中文译法：1971年出版的《马克思恩格斯全集》译为"不自觉的"；1995年出版的《马克思恩格斯选集》译为"本能的"；2009年出版的《马克思恩格斯文集》译为"不以意识为转移的"。现在的问题是：其一，这个词的德文原意是什么？其二，这个词的不同译法会构成对恩格斯的论述怎样不同的理解？其三，我在自己的"思想的前提批判"中采用"不自觉的"这个译法，它的真实的哲学意义何在？关于前两个问题，高超在他的论文中作出了认真的考证和具体的分析，我在这里主要是讨论后一个问题，也就是我所使用的"不自觉的"译法，对于理解"哲学"及其"基本问题"的"真实意义"，以及对于理解我所说的"思想的前提批判"的"真实意义"。

把"思维和存在的同一性"理解为理论思维的"不自觉的和无条件的前提"，凸显了这个"前提"在理论思维中的双重特性：一是它的"不自觉"性，一是它的"无条件"性。所谓"不自觉"性，就是人们在理论思维中并没有"自觉"到这个问题，因而并没有把这个问题"当作"了问题；所谓"无条件"性，就是人们在理论思维中无法"逃避"这个问题，因而这个问题又构成理论思维的根本性的"前提"。在我看来，正是这个"前提"的"不自觉"和"无条件"的双重特性，既决定了"思维和存在的关系问题"是"全部哲学"的"重大的基本问题"，又决定了以"思维和存在的关系问题"为"基本问题"的"哲学"是对"思想的前提批判"。

理论思维的这个"前提"是"无条件"的，离开这个"前提"就不可能进行理论思维，因此，对"思维和存在的关系问题"的"反思"，从根本上说就必须是对这个"无条件"的"前提"的"反思"。只有诉诸对这个"无条件"的"前提"的"反思"，才会提出"思维和存在的关系问题"：思维能否把握存在？思维所把握到的存在是否就是存在本身？思维如何把握存在？如何理解和看待思维把握存在的"能动性"？如何理解和看待思维把握存在的"概念"和"范畴"？如何理解和看待思维把握存在的"历史"与"逻辑"？如何理解和看待思维把握存在的"直觉"与"逻辑"？如何理解和看待思维把握存在的"实然"与"应然"？如何理解和看待思想客观性的"标准"和"尺度"？反思上述问题，我们所得出的主要结论是：其一，承诺"思维和存在的同一性"、"我们的主观的思维和客观的世界服从于同样的规律"，这是理论思维的"无条件的前提"；反思这个"无条件的前提"，这是理论思维的"无条件的前提";其二,把哲学的"反思"指向这个"无条件的前提",才是哲学的"对思想的思想",才是真正意义的哲学的"反思";其三,反思这个"无条件的前提",使人们"自觉"到这个"前提"所蕴含的"思维和存在的关系问题",才能构成"哲学"的"重大的基本问题"。

哲学的使命之所以首先是使人们"自觉"到理论思维的"前提"所蕴含的"思维和存在的关系问题",就在于这个"前提"是"不自觉"地存在于理论思维之中的。在这个意义上,哲学的历史,就是使人们"自觉"到这个"不自觉"的前提的历史,就是揭示、反思这个"不自觉"的"前提"所蕴含的"思维和存在的关系问题"的历史。恩格斯在作出关于"理论思维的不自觉的和无条件的前提"的论断之后,就展开了如下的论述:其一,"18世纪的唯物主义,由于其本质上的形而上学性质,只是从内容方面研究了这个前提。它只限于证明一切思维和知识的内容都应当来源于感性的经验,并且重新提出下面这个命题:感觉中未曾有过的东西,理智中也不存在";其二,"只有现代的唯心主义的,同时也是辩证的哲学,特别是黑格尔,才又从形式方面研究了这个前提"。这就是说,旧唯物主义和辩证的唯心主义,都是把这个"不自觉的和无条件的前提"作为自己的"重大的基本问题",然而,它们却"只是"分别地研究了这个"前提"的"内容方面"或"形式方面",并没有合理地提出和研究这个"前提"问题,因而也没有合理地提出和研究作为哲学的"重大的基本问题"的"思维和存在的关系问题"。

在《关于费尔巴哈的提纲》中,马克思既批判旧唯物主义"只是从客体的或直观的形式去理解"思维和存在的关系问题,又批判唯心主义"抽象地发展了""能动的方面"。这与恩格斯批判旧唯物主义和唯心主义"只是"从"内容"或"形式"方面研究"思维和存在的关系问题",具有高度的一致性。不仅如此,马克思深刻地揭示了旧唯物主义和唯心主义之所以"只是"从"内容"或"形式"方面研究"思维和存在的关系问题"的根源,就在于它们不是从人的实践活动去看待"思维和存在的关系问题",不是从人的实践活动去反思"理论思维的不自觉的和无条件的前提"。马克思说:"全部社会生活在本质上是实践的。凡是把理论引向神秘主义的神秘东西，都能在人的实践中以及对这个实践的理解中得到合理的解决"；"人的思维是否具有客观的真理性，这不是一个理论的问题，而是一个实践的问题"。人对世界的实践关系，是否定性的统一关系；以实践为基础的人的思维活动，是思维对存在的否定性统一。揭示和反思"理论思维的不自觉的和无条件的前提"，就是"自觉"地揭示"思维和存在"的"矛盾关系"，"自觉"地反思这些"矛盾关系"的"历史内涵"，不断地深化对"思维和存在的关系问题"的理解，不断地实现人对世界的否定性的、历史性的统一。因此，以"理论思维的不自觉的和无条件的前提"为对象的"思想的前提批判"，就是把作为"全部哲学"的"重大的基本问题"的"思维和存在的关系问题"，明确地确认为对构成思想的诸种"前提"的批判，从而为人类的哲学活动敞开广阔的和开放的理论空间。

附录 3
生命体验与理论想象——说说我的七十年

人老了,最大的感慨莫过于"时间都去哪儿了"。

我的七十年,刚好可以分为两半:前 35 年,从当学生、当"知青"、当工人再到上大学;后 35 年,从助教到教授再到"资深教授",当了半辈子的"学者"。说说我的七十年,主要说的是后 35 年,也就是我的学者生涯。

从 60 岁开始,每逢我的生日,学生们总要以此为名搞一下聚会。学生们说,老师的生日,就是学生的节日。在这个特定的"节日",学生们为我献上鲜花以表祝贺,我也与学生交流体会以表谢意。除了演讲,我还总是把这一年写过的文章汇集起来,在聚会时发给学生,供大家品味、讨论和批评。

今年是 70 岁生日,除了学生,一些同学、同事和朋友,也来参加聚会。我想改变一下汇编文章的方式,写一下自己的人生阅历和人生体悟,以及做学问的体会,以表达对大家的感谢。主要内容是:(一)花甲之年的自我回顾;(二)古稀之年的自我解说;(三)学问之道的自我领悟。

40 岁时,我给自己写了这样几句话:"年过不惑亦有惑,爱智求真敢问真;是是非非雕虫技,堂堂正正方为人。"这 35 年的后半生,大体上就是在"有惑"、"爱智"、"问真"的读书、授课、写作中度过的。如果有学生问我:你的人生体悟是什么?我想借用黑格尔的话来回答:"人应当尊敬他自己,并应自视能配得上最高尚的东西。"如此而已。

一 花甲之年的自我回顾

2006 年,吉林人民出版社约我出版个人的《哲学文集》。在《哲学文集》的"总序"中,我回顾了自己的人生历程,这就是下面的"花甲之年的自我回顾"。

(一)我的生活经历和心路历程

1946年11月30日,农历丙戌年冬月初七,我出生在松花江畔的吉林市。

父亲是旧社会的职员,家里一直很穷,买不起课本之外的书籍。说不清为什么,我从小就喜欢看书,哥哥的课本,特别是语文、历史、地理一类的课本,不知道看了多少遍。儿时的最大乐趣,就是读"小人书"。在那时的"小人书"店里,厚一些的2分钱看一本,其余的1分钱看一本。我的许多知识都是从"小人书"中看来的。上中学的时候,每周两元钱的伙食费,常常是母亲在周日向邻居借来的。在那么艰难的日子里,我居然订阅了两本杂志——《世界知识》和《文学评论》。工作以后,填写的各种个人材料中,常常有"爱好"或"特长"一栏。想来想去,唯一可以填写的,就只有"读书"这一项了。

大约是在上初二的时候,我读了李卜克内西和拉法格的《回忆马克思恩格斯》。后来又读了梅林的《马克思传》和科尔纽的《马克思恩格斯传》。高中二年级的时候,读了恩格斯的《反杜林论》和艾思奇主编的《辩证唯物主义历史唯物主义》。1966年,在我高中毕业的时候,报考了哲学专业,然而"文化大革命"开始了。在既无学可上又无工可做的几年中,在尚未关闭的图书馆里,我认真地阅读了《鲁迅全集》,并翻阅了《马克思恩格斯全集》。在翻阅这些著作的日子里,我的头脑中常常浮现出美国诗人朗费罗和俄国诗人普希金的两句"格言":"伟人的生平昭示我们,我们也能够生活得高尚";"跟随伟大人物的思想,是一门最引人入胜的科学"。在到农村当"知青"的日子里,在回城当工人的日子里,始终没有放弃读书和思考。我也希望自己像马克思那样,"为全人类而工作"。

1977年,当进入大学学习的机会终于到来时,我又一次报考了哲学专业,从此开始了我的真正的哲学"专业"学习。1982年初,我在大学本科毕业,选择留校讲授马克思主义哲学。1986年,我又有机会在职攻读博士学位,并在1990年以《理论思维的前提批判——论辩证法的批判本性》这篇论文而通过博士学位论文答辩。有的朋友问我,为什么会想到以"辩证法的批判本性"作为学位论文的选题?为什么会想到哲学是对"理论思维"的"前提批判"?我想,这不仅是"专业"研究的一个成果,而且更是我从生活中体悟出的对"哲学"的理解。在20多年的教书生涯中,我以这种"前提批判"的哲学理念,大约写作和发表了200余篇论文,还写作和出版了十几本书,于是在自己60岁的时候,以这十几本书为主要内容,汇集成了现在的这套九卷本的个人文集。

(二)我的"专业"与"事业"

我喜爱读书,还特别喜爱书籍中那些简洁、明快、深刻、睿智的"格言"。它们所蕴含的"哲理",让我为之动容,为之感奋,乃至受益终生。

人生在世,悠悠万事,何事为大?"人应当尊重他自己,并应自视能配得上最高尚的东西。"这是西方哲人黑格尔的"格言"。我曾把它写在《现代教养》一书的扉页上,作为自己的座右铭。"尊重自己",就是自己把自己当成"人",以"人"的标准规范自己的思想和行为。而人之为"人"的标准,则是人类文明所达到的"最高尚的东西",也就是自己生活的时代所达到的"真善美"。一个人只有"尊重自己",只有"自视能配得上最高尚的东西",才能成为真正的"人"。哲学,它所要给予人的,正是引导人们"尊重自己","能配得上最高尚的东西"。

中、外哲人真是"不谋而合"。现代中国哲学家冯友兰说,哲学就是"对人生的有系统的反思",哲学之"用"就在于"使人作为人能够成为人"。于是冯先生提出他的"境界"之说和"觉解"之说。人本来是源于自然、遵循必然的存在,然而,源于自然的人类却创造了超自然的特性——改变自然而发展自身的特性,遵循必然的人类却创造了自由的特性——掌握必然而融入自然的特性。因此,人生就有了不同的"境界":凭借自然本性而生存的"自然境界";超越自然而专注个人的"功利境界";超越自我而关怀他人的"道德境界";超越自然而又融入自然的"天地境界"。每个人对人生的"觉解"不同,因而其人生"境界"各有不同。哲学,就是"觉解"人生而升华其"境界"之学。这样的学问,当然也就是黑格尔所说的"尊重自己"以"配得上最高尚的东西"的学问。

然而,超越自然的人类,并不是超然"世"外的存在。人是"在世"之在,是人给自己构成的"世界"——社会——的存在。"人的本质并不是单个人所固有的抽象物,在其现实性上,人是一切社会关系的总和。"这是马克思关于人的"格言"。人的"社会存在",就是人的"现实的生活过程"。因此恩格斯断言,他和马克思所创建的哲学,就是"关于现实的人及其历史发展"的哲学。这是与"人"最亲近的哲学,与"我们"最亲近的哲学。

我的"专业"是哲学,我的"事业"则是研究和讲授马克思主义哲学。在研究马克思的哲学观的那本书即《解放的哲学》的后记中,我写下了这样的文字:

> 反思和阐释马克思的哲学观,有一种强烈的感动——被马克思的伟大人格和崇高理想所感动。马克思是"人"而不是"神",但他是自觉地"为全人类而工作"的人,他是自觉地为"一切人的全面发展"而献身的人,他是一个真正的"大写"的人,只有这样的"大写的人",才能为"大写的"人类贡献出"解放的哲学"。
>
> 反思和阐释马克思的哲学观,有一种强烈的震动——被马克思哲学所具有的"当代性"所震动。马克思的哲学是"时代精神的精华",也是"文明的活的灵魂",他以人类解放为目标和尺度而展开的"对现存的一切进行无情的批判",特别是他对人的"以物的依赖性为基础"的生存状态的反思与批判,构成了真正具有"当代性"的"解放的哲学"。
>
> 反思和阐释马克思的哲学观,有一种强烈的激动——让马克思的哲学成为每个人的人生信念的激动。人生需要选择,选择需要标准。美国学者宾克莱在《理想的冲突》一书中提出:"一个人在对他能够委身的价值进行探索时,要遇到许多竞相争取他信从的理想,他若要使这种探索得到满足,就必须对各种理想有所了解。""一个人除非对供他选择的种种生活方向有所了解,否则,他不可能理智地委身于一种生活方式。"人生是丰富多彩的,生活是日新月异的,而人生和生活的真正的意义则在于实现以"每个人的自由发展"为条件的"一切人的自由发展"。这就是马克思为"大写的"人类贡献的"解放的哲学"——马克思主义哲学。
>
> 我愿以这种感动、震动和激动与读者共勉。

（三）前提批判的哲学理论

我的第一本书，由我的博士学位论文加工而成，即《理论思维的前提批判——论辩证法的批判本性》，1992年由辽宁人民出版社出版。

这本书的形成，大约用了五六年时间。自从开始哲学"专业"学习，我就常常向自己提出一个问题：我所从事的"专业"即"哲学"，它到底是什么？在后来出版的《哲学通论》中，我明确地表述了自己的追问：哲学不是宗教，为什么它也给予人以信仰？哲学不是艺术，为什么它也给予人以美感？哲学不是伦理，为什么它也引导人以向善？哲学不是科学，为什么它也给予人以真理？难道"哲学"什么都是又什么都不是吗？在20世纪80年代的思考中，我的思想逐渐地聚焦到"哲学"与"科学"的关系上。

这个聚焦点的形成，是同当代中国的哲学改革直接相关的。通行的哲学原理教科书告诉人们：科学研究世界的"各个领域"，哲学则以"整个世界"为对象；科学提供各个领域的"特殊规律"，哲学则提供关于整个世界的"普遍规律"；因此，科学为哲学提供知识基础，哲学则为科学提供"世界观"和"方法论"。对于这种解释，我向自己提出的追问是：如果哲学与科学是一种"普遍"与"特殊"的关系，"哲学"不就是一种具有最高的概括性和最大的普遍性的"科学"吗？"哲学"还有什么独立的特性和独特的价值呢？正是在这种苦苦的求索中，恩格斯的一段论述，使我感到豁然开朗，真有"踏破铁鞋无觅处，得来全不费工夫"之慨。恩格斯的这段"格言"是："我们的主观的思维和客观的世界服从于同样的规律，因而二者在自己的结果中不能互相矛盾，而必须彼此一致，这个事实绝对地统治着我们的整个理论思维。它是我们的理论思维的不自觉的和无条件的前提。"

哲学之外的全部科学，都是把思维和存在所服从的"同一规律"作为"不自觉的和无条件的前提"，运用理论思维去研究自然、社会和思维本身的规律；哲学则是把这个"不自觉的和无条件的前提"作为自己的对象。这不是表明，哲学是对科学活动中的那个"不自觉的和无条件的前提"的批判性"反思"吗？哲学对科学的关系，是"反思"的关系；哲学的反思，就是揭示、考察和论述科学活动中所隐含的那个"不自觉的和无条件的前提"！于是，我把"理论思维的前提批判"确认为我对"哲学"的理解；以这个标题出版的著作，也就成了我的"前提批判理论"的"奠基之作"。

"理论思维的前提批判"，构成了我的哲学思想的"研究范式"和"解释原则"，贯穿于我的整个哲学活动之中。在1998年出版的《哲学通论》一书中，我对自己的"前提批判"的思想作出了系统的阐述。这就是：人类的思想活动可以区分为两个基本的维度，一个是"构成思想"的维度，一个是"反思思想"的维度。科学是把思维和存在服从同一规律作为"不自觉的和无条件的前提"，去"构成"关于世界的"思想"；哲学则把科学所构成的关于世界的思想作为批判对象，"反思"科学所构成的"思想"。哲学对科学的"反思"，是"反思"科学思想中所隐含的各种"前提"，即：科学活动中的本体论、认识论和价值论问题；科学活动所遵循的逻辑规律、思维方式和思维方法问题；科学活动所造成的人类生存与发展问题；科学活动所"悬置"的"不自觉的和无条件的前提"即"思维和存在的关系"问题。因此，哲学是一种"反思思想"的"前提批判"活动。

在关于哲学的"反思思想"和"前提批判"的思考中，最重要的，是重新阐释了作为"哲学基本问题"的"思维和存在的关系问题"。在科学活动中，"思维和存在的关系"作为"理论思维的不自觉的和无条件的前提"，它并不是作为"问题"而存在的。只有在哲学的反思活动中，才把"思维和存在的关系"作为"问题"而成为哲学的研究对象。正因如此，"思维和存在的关系问题"，才成为哲学的"基本问题"。这表明，在对"哲学"的理解中，哲学的"基本问题"与哲学的"反思特性"是相互规定的："思维和存在的关系问题"决定哲学的反思特性；只有哲学的反思活动，才把"思维和存在的关系"作为自己的"基本问题"。我的全部哲学活动，就是在反思"思维和存在的关系问题"中展开的。

对"思维和存在的关系问题"的"反思"，并不是一种超然世外的抽象的精神活动，而是一种"面向事情本身"的现实的思想活动。哲学所"反思"的"思维和存在的关系问题"，在其现实性上，就是人与世界的关系问题，就是"人生在世"的问题。哲学的"反思"，是从人的存在方式出发去"反思"人与世界的关系，去寻求解释人与世界关系的各种"前提"：人如何构成同世界的主客体关系？人为何能把世界视为现象与本质的矛盾关系？人依据什么来"改变世界"？人根据什么来规范自己的思想与行为？人类所追求的真善美的根据、标准和尺度是什么？这种关于"人生在世"的"前提批判"，使我把"哲学的目光"聚焦于对哲学的"本体论"的"反思"，聚焦于对"真善美"的求索。这种反思和求索的产物，首先就是我的第二本书《现代教养》。

1995年，吉林教育出版社的一位编辑约我写一本书，并明确地告诉我"写什么都行"。于是，我想到了对人生的"前提批判"，具体地说，就是对现代人的真善美的哲学反思。在我的夫人李璐玮的协助下，仅仅用了半年时间，就完成了《现代教养》这本书。但是，这本书所包含的人生感悟，却远非一朝一夕形成的。从20世纪80年代从事哲学的教学与研究以来，我个人始终萦绕于怀的，一是对"哲学"本身的追问，二是由这种追问所形成的对人生的感悟和理解，并有志于把这种感悟和理解以雅俗共赏的方式讲述给人们，尤其是青年大学生们。由于《现代教养》这本书是以散文的风格写作的，把我对人生的感悟和理解，展现在对真、善、美的哲学阐释之中，因而引起了青年人、特别是青年大学生的共鸣。几个月的时间，这本关于人的现代教养的哲学书就销售一空了。但是我深知，对于一个长期以来习惯于哲学思辨的人来说，写好这样一本书，其实是勉为其难的。因此，在那本书的后记中，我老老实实地写下了自己的体会：

> 写好"现代教养"，大概需要三个东西：思想、知识和语言。
>
> 先说"思想"。这样的一本书，即使做不到"发人深省"，总要使人"受到启发"，这就需要"深沉"。而"深沉"是"玩"不出来的，这就需要长时期的"面向现实"、"面向本文"、"面向自我"的思想积累与升华。于是在写作中常常感到思想的贫乏。
>
> 再说"知识"。思想不够的时候还可以边想边写、边写边想；知识不够的时候，边写边"找"，边"找"边写，勉强凑上，也像是往新衣服上打补丁。于是感到"书到用时方恨少"。
>
> 再说"语言"。一本谈"教养"的书，语言总该生动一些，优美一些，使人增添一些语言方面的"教养"。但语言这东西却只能是水到渠成，有意为之，反而做作了。于是慨叹于"言而无文，行之不远"。
>
> 既然是写"现代"教养，思想、知识和语言，当然都应该具有

"现代性"。但是，按照我们的理解，"现代"并不是历史的断裂。黑格尔曾经形象地把哲学的历史比喻为花朵否定花蕾、果实又否定花朵的自我"扬弃"的过程。人类的历史，人类的教养，也是如此。所以，我们在写作此书的过程中，既力求其具有真切的"现代性"，又具有深厚的"历史感"。

在写作《现代教养》的过程中，我总是从对真善美的求索而联想到哲学的历史。人类所寻求的真善美，如果可以用一个词来概括，那就是"崇高"。在人类的精神坐标上，崇高与渺小是对立的两极。黑格尔所说的引导人类"尊重自己"的哲学，冯友兰所说的"使人作为人而成为人"的哲学，恩格斯所说的"关于现实的人及其历史发展"的哲学，在其价值目标上，不都是对"崇高"的追求吗？那么，为什么哲学的历史又是黑格尔所说的"厮杀的战场"呢？为什么现代西方哲学要"终结哲学"呢？为什么恩格斯说马克思主义哲学已不再是"哲学"而只是"世界观"呢？诉诸哲学史，我所形成的基本看法是：哲学的历史，在其价值追求的意义上，就是寻求崇高的历史；哲学在寻求崇高的过程中，却使自己变成了被异化的崇高；因此，哲学的历史又是自我批判的历史，即不断地"消解"那种变成了"异化的崇高"的哲学的历史；哲学的当代使命，就是重新确认崇高的位置，也就是重新规划"哲学"。哲学与崇高之间的这种"四重化"关系，构成了我的以"崇高"为核心范畴的"前提批判"，并形成《崇高的位置——世纪之交的哲学理性》这本书。1997年，该书由吉林人民出版社出版。

在探索寻求崇高的哲学的过程中，我碰到了一个巨大的理论难题。这就是：为什么20世纪的西方哲学要"拒斥形而上学"和"终结哲学"，也就是拒绝哲学对"崇高"的承诺和追求呢？逻辑实证主义代表人物卡尔纳普关于"语言"的"两种职能"的论证，向我敞开了"终结哲学"的"谜底"：语言具有陈述经验事实的"表述"职能和表现情感意愿的"表达"职能；"科学"是以"表述"方式陈述经验事实，"艺术"则是以"表达"方式表现情愿意愿；如果哲学履行语言的"表述"职能而又不能像"科学"那样陈述经验事实，那么哲学就是"给予知识的幻想而实际上不给予任何知识"，因而必须"拒斥"哲学的"形而上学"，并因此封闭了哲学的"科学化"道路；如果哲学履行语言的"表达"职能而又不能像"艺术"那样震撼人的心灵，那么哲学就是某种"蹩脚的诗"而不具有任何真理的意义，因而同样必须"拒斥"哲学的"形而上学"，并因此封闭了哲学的"文学化"道路。正是对哲学的"表述"与"表达"的双重否定，对哲学的"科学化"和"文学化"两条道路的双重封闭，引发了我对哲学的存在方式的新的理解。这就是，作为存在论、真理论和价值论相统一的哲学，作为求索真善美即追寻崇高的哲学，它既不是像"科学"那样"表述"经验事实及其规律，也不是像"艺术"那样"表达"人的情感和意愿，而是以"表征"的方式构成理论形态的人类自我意识，构成"思想中所把握到的时代"，构成"时代精神的精华"和"文明的活的灵魂"。"表征"，是哲学的存在方式。哲学在自己的"表征"的存在方式中实现了对真善美即"崇高"的求索，实现了自己的存在论、真理论和价值论的统一。这就是我在《崇高的位置》一书中所体现的另一个基本思想：关于哲学的存在方式的思想。

哲学寻求崇高的历史，在其现实性上，是以理论的方式表征了人类存在方式的变革，表征了人类历史的文化内涵。马克思说："人的自我异化的神圣形象被揭穿以后，揭露非神圣形象中的自我异化，就成了为历史服务的哲学的迫切任务。于是对天国的批判就变成对尘世的批判，对宗教的批判就变成对法的批判，对神学的批判就变成对政治的批判。"这样，我就从三个角度把握到哲学的历史，即：哲学反思"思维和存在的关系问题"的历史，就是以理论的方式表征人的存在形态变革的历史，也是揭示历史的文化内涵即寻求和重构崇高的历史。由此我感到可以比较系统地阐述我对"哲学"的理解了。1994 年底，吉林大学哲学学科被教育部确定为"国家文科基础学科人才培养和科学研究基地"。为了帮助学生按照哲学的本性学习哲学，我设计了一门新的课程，并从 1995 年起开始为本科生讲授，这门课程就是"哲学通论"。依据讲课录音，我的夫人李璐玮整理出了近 80 万字的讲课录音稿。经过近三年的反复修改，我撰写的《哲学通论》在 1998 年 8 月由辽宁人民出版社出版。

这部《哲学通论》的立意很明确，就是阐述对"哲学"的理解。围绕这个主题，讲了七个问题：哲学的自我理解，哲学的思维方式，哲学的生活基础，哲学的主要问题，哲学的派别冲突，哲学的历史演进，哲学的修养与创造。《哲学通论》出版之后，获得了很多荣誉：1999年获得国家图书奖提名奖，2001年获得吉林省社会科学优秀成果一等奖，《哲学通论课程和教材的建设与推广》又在2002年获得国家级教学成果一等奖。高等教育出版社和中国人民大学出版社分别在2000年出版了《简明哲学通论》和《哲学导论》。《哲学导论》从人类把握世界的各种基本方式的比较出发，讨论了哲学与宗教、艺术、常识和科学的关系问题，并阐述了哲学研究的主要领域。2004年，应北京大学出版社之约，我又为"名家通识讲座"系列丛书撰写了《哲学修养十五讲》。按照出版社的要求，这本书保留了课堂讲授的口语化特点，分别讲述了我以为是哲学的最重要的十五个问题：哲学与爱智，熟知与真知，人与世界，生存与生活，主体与客体，感性与理性，小我与大我，理想与现实，标准与选择，历史与文化，思维与存在，思想与反思，存在与本体，存在与表征，理念与境界。《哲学通论》积淀和升华了我对哲学的追问，系统地表达了我对哲学的理解：

> 哲学，它不是抽象的名词、枯燥的条文和现成的结论，而是人类思想的批判性的反思的维度、理想性的创造的维度。它要激发而不是抑制人们的想象力、创造力和批判力，它要冲击而不是强化人类思维中的惰性、保守性和凝固性，它要推进而不是遏制人们的主体意识、反思态度和创造精神。
>
> 哲学，它既是人类的光辉灿烂而又迂回曲折的文明史的理论表征，它本身也是人类精神的庄严崇高而又艰苦卓绝的不尽追求的理论表现。古往今来的伟大哲人，无不具有巨大的、崇高的使命感和强烈的、执着的主体自我意识。对人类进步的关注，对人类命运的深思，对人类未来的憧憬，这是哲学家的不可或缺的"人文情怀"；对自己所从事的哲学事业的挚爱，对自己所承担的历史使命的自觉，对自己所进行的哲学探索的自信，这是哲学家的极为重要的心理品质；对流行的思维方式、价值观念和审美意识进行前提的追问，对人类的哲学理念进行创造性的重构与再建，对自己所承诺的哲学理念进行前提的批判，则是哲学家的永无止境的求索。

2000 年，我在清华大学做特聘教授期间，应吉林教育出版社之约，写了《超越意识》一书，论述了人何以是世界上最奇异的存在——超越性的存在，以及由人的超越性而构成的"人的世界"。2002 年，人民出版社出版了《马克思辩证法理论的当代反思》。这本书以《理论思维的前提批判》为基础，从新的角度表达了我对马克思的辩证法理论的理解。2004 年以来，参加新编的《马克思主义哲学》教材的编写工作，经过多次研讨和反复修改，我完成了该书的"绪论"和"认识论"部分。在此期间，应北京师范大学出版社之约，我以《思想中的时代——当代哲学的理论自觉》为题，分作"现代哲学革命"和"当代中国哲学改革"两部分，收入了我的相关论文。这本论文集作为"当代中国哲学家文库"中的一种于 2004 年出版。

哲学是思想中的时代。对时代精神的哲学概括，一直是我最为关切的重大问题。在 20 世纪 80 年代、90 年代和 21 世纪初，我分别以《从两极到中介》(1988)、《从体系到问题》(1994)、《从层级到顺序》(2001) 为题，概括了"现代哲学的革命"、"当代中国哲学研究的主流"和"当代哲学的趋向"。这些概括引起了学界的广泛关注。在此期间，还发表了《当代中国的哲学历程》、《解放思想的哲学与哲学的思想解放》等文章，表达了我对当代中国的哲学研究的历程与趋向的理解。

（四）文集的主要内容和编排体例

这套文集的主要内容，就是上面说到的十几本书，因此最便捷的编排方式，当然莫过于按照每本书的出版时间来编排。然而，沉吟再三，我放弃了这种便捷的编排方式。

一套文集，首先要有"灵魂"，要有照亮整个文集的"普照光"。我觉得自己的基本思想，是把哲学理解为一种"前提批判"理论；我的全部文字，大体上是以"前提批判"的思想去反思各种问题。因此，在编排这套文集时，我首先考虑的是，如何体现自己的"前提批判"理论。书是写给读者的，易于读者理解，符合阅读逻辑，是我编排这套文集的另一个出发点。具体地说，就是把读者如何接受"前提批判"这一理论作为文集编排的出发点。

依据自己给自己确定的这两个编辑原则，我对整套文集作出这样的编排：

第一卷，我称之为《哲学的目光》。这个标题的立意是，在阅读的起点上，使读者体悟到哲学的特性，把握到哲学的思维方式，从而真正以"哲学的目光"去阅读整个文集。这一卷分为上、中、下三篇。上篇，哲学的使命，收集了15篇发言、致辞和文章，从不同的角度表达了我对哲学之"用"的理解，从而也希望借此引导读者从多重视野接近哲学；中篇，哲学的领域，包括了两本书的部分内容，一是《哲学导论》中关于哲学主要领域的叙述，二是《马克思主义哲学》绪论部分的有关内容，为读者敞开哲学思考的空间；下篇，哲学的问题，改写了《哲学修养十五讲》中的八个问题和《马克思主义哲学》认识论部分的两个问题。与读者一起思考最为重要和最为基本的哲学问题。

第二卷，《属人的世界》。这是由"哲学的目光"所照亮的世界，因而是第一卷的逻辑上的延伸。这一卷的主要内容，是《超越意识》这本书，还增加了几篇相关的文章，分别讲述了人的生活世界、人的精神世界、人的文化世界、人的意义世界以及常识的、宗教的、艺术的、科学的和哲学的世界。人是以逻辑的方式把握"我们的世界"，因而又把大学本科毕业不久写的《迷人的逻辑》放在这一卷，讲述一下"逻辑的世界"。

第三卷，《探索真善美》，承接以"哲学的目光"反思"我们的世界"，把对"我们的世界"的哲学理解，升华为对"真善美"的求索。这一卷的主要内容，是《现代教养》这本书，分别讨论了现代人的求真意识、价值观念和审美意识。

第四卷，《崇高的位置》。按照我的理解，崇高即是真善美，真善美即是崇高；哲学求索真善美，即是对崇高的寻求。这一卷的主要内容即是此卷标题的同名书，依据我对"哲学"与"崇高"的四重化关系的理解，论述了对"哲学"和"崇高"的"前提批判"。

第五卷，《哲学观研究》。20世纪80年代以来中国的哲学研究，大体上可以分为三个阶段：一是80年代的教科书改革，其根本任务是重新理解马克思主义哲学和重构马克思主义哲学教科书体系；二是90年代以来的哲学观研究，其根本任务是在开放的视野中重新理解"哲学"；三是进入21世纪以来的哲学问题研究，反思关乎当代人类生存和发展的重大理论问题和现实问题。"哲学观研究"这一卷，在探索有关"哲学观"问题的基础上，集中地论述了马克思的哲学观。

第六卷和第七卷,《辩证法研究》的上、下册,分别收入了《理论思维的前提批判》和《马克思辩证法理论的当代反思》。《理论思维的前提批判》集中地阐述了我的"前提批判"的哲学理念,并分别论述了辩证法对形式逻辑、常识和科学的前提批判,以及哲学的自我前提批判。《马克思辩证法理论的当代反思》则进一步发挥了"前提批判"的思想。把这两本书作为第六、七卷,主要是考虑读者在阅读前五卷的基础上,能够更为真切地理解这套文集的"灵魂"——"前提批判"的哲学理念。

第八卷和第九卷,把《哲学通论》分为上、下册放在文集的最后。《哲学通论》既是对"哲学"的具体论证,又是"前提批判"的哲学理念的具体体现,因而也是对我的哲学思想的某种系统性总结。把它放在文集的最后,既符合我的思想历程,也适合读者的阅读逻辑。作为文集最后一卷的第九卷,还以"附录"的方式收入了十几篇文章,主要是《哲学通论》、《哲学导论》、《简明哲学通论》的前言、后记,以及一些访谈文章和评论文章。

(五)感谢与期待

出版这套文集,我是缺少思想准备的。两个月前,吉林人民出版社社长胡维革教授来电话,提出出版我的个人文集。这让我颇为踌躇。维革教授言辞恳切,让我感动;但按我的理解,出版多卷本个人文集,大概应当具备三个条件,一是年龄,二是资历,三是学识。我今年刚好是60岁。虽然通常称为"花甲之年",但按照现代人的平均寿命,人们又把60岁视为中年,或者说"老中年"。此时出文集,确乎是早了。另外,自己的资历又太浅。1977年才上大学,1982年才教书和写作,与众多学界前辈相比,实在是没有资格出所谓的个人文集。最重要的是,"文章千古事,得失寸心知",才疏学浅,对自己来说,绝非谦虚之词。现在出版这套文集,只能说是吉林人民出版社和胡维革教授的偏爱了。

我能够写出这些文字,并有机会把这些文字编为文集,首先应当感谢中国的改革开放。我是在高中毕业12年之后才有机会到大学学习,人们经常惋惜地说被"耽误"了12年。但是,每当听到这种说法的时候,我总是开玩笑地说,把"耽误"打上引号。我为什么这样说呢?1978年中国开始改革开放,我们入学后,适逢解放思想,既能够阅读各种书籍,又可以独立思考，而此前的12年的生活阅历和知识储备，又为这种阅读和思考奠定了比较坚实的基础，因而能够较快地在学术上成长起来。在我们入大学之前，在极"左"思潮的环境中，想在人文社会科学有所造诣是十分不易的。这正如我所崇敬的鲁迅先生所说："如履薄冰，发抖尚且来不及，还谈何创造？"我和我的同辈所取得的成果，其实是时代给予的。

我的导师高清海先生在庆祝他执教五十周年的盛会上，曾经非常感慨地说，他的一生有两大幸事，一是遇到了好的老师，二是遇到了好的学生。在我60岁的时候，对此深有同感。我像自己的导师一样，也遇到了好的老师，这首先就是高清海先生。先生的言传身教，使我受益终生。还是在大三的时候，我怀着惴惴不安的心情，把我的哲学习作《试论黑格尔〈逻辑学〉的开端概念》送给先生。令我吃惊的是，先生竟在这篇学生的习作上写下了密密麻麻的批语。先生认同之处，画上了重重的浪线，写下了诸如"有思想"、"有见地"的字样；先生不以为然之处，画上了重重的横线，写下了诸如"想一想"、"是否如此"等字样。先生的鼓励增强了我的学术自信，1986年考取先生的博士研究生，在先生的指导下，在学术上逐渐成熟起来。

吉林大学的哲学学科，是一个富于思想的学术群体。科技哲学的舒炜光先生，西方哲学的邹化政先生，心理哲学的车文博先生，中国哲学的陈庆坤先生，都对我的学业产生了深刻影响。特别是我所在的马克思主义哲学学科，更是一个充满思想活力的群体。刘福森教授、杨魁森教授等的学术思想，给予我很深的影响。张维久教授、艾福成教授对我的多方面的关怀，令我终生难以忘怀。我的几位在吉林大学任教的同窗好友，既是生活中的相互帮助的挚友，又是学术上的相互切磋的诤友。从1982年毕业留校任教，直到1996年任哲学社会学院院长，几乎每天都与孙利天教授在一起交谈，许多想法都是在这种思想交流中激发出来的。现在，由于事物繁忙，也由于年龄增长，交流的机会少了，实在是一大憾事。近些年来，由于有机会参加各种学术活动，又结识了许多学界朋友。我在2005年的"第五届马克思哲学论坛"上的致辞中说，"在人格上相互尊重，在学问上相互欣赏"，并不是一句套话，而是我的感慨与期待。

吉林大学哲学学科的学术传统，以我们这一代人为"中介"，也深深地影响着我们的学生。这是一批勤奋钻研、善于思考的学生。我和高清海先生一样，非常庆幸自己也能遇到这样好的学生。特别是在我的夫人患病住院的日子里，学生们无微不至的关心与照顾，令我终生难忘。学生们在吉林大学哲学学科学会了做人，学会了做学问，对自己学科的学术传统有真切的体悟。在我60岁生日的时候，任教于清华大学的宋继杰博士写了一篇署名文章以表祝贺。继杰的这篇文字，既有对我个人的偏爱，大概也有对吉林大学哲学学科的偏爱。因其表达了吉大哲学学科的学术传统，也许有助于对我个人的这套文集的理解，特把这篇《守护住我们的学术思想传统》摘录于此。

我是1987年进入吉大哲学系学习的，迄今整整18年了。尽管我没有太多的著作，没有太大的名气，没有太高的职称，但我自认为对于哲学还是有较深的领会的。我最近在做一个课题，名为《海德格尔与古希腊思想》，海德格尔无时无刻不在思念、牵挂并重返他的希腊本原，这使我不断考问自己：我所做的哲学工作有没有本原？我的本原在哪里？尽管1998年后我到了北京有名师指点，甚至还有留洋"镀金"的经历，但毫无疑问，我的本原在吉林大学哲学系。

吉林大学哲学系之所以能够成为我的本原，不只是因为我在这里泡了整整十一年，更是因为这里是当代中国最有资格成为思想之本原的地方，它是当代中国为数不多的真正称得上是有哲学的哲学系，因为它把握到了"哲学的灵魂"。而灵魂是不可分的，因此通常所谓的"中"、"西"、"马"的划界在这里是无意义的，吉大哲学系拥有一个共同的"哲学灵魂"和三者统一的学术思想传统。但在这个和谐统一的学术思想传统之下，我清晰辨识出三种不同的理论路向或旨趣：首先是邹化政教授强调"直觉"和"逻辑"相统一的"形上思辨"路向，其次是高清海教授的关注现实生活的"哲学人类学"路向，第三个就是孙正聿教授的反思理论思维前提的"元哲学批判"路向。

邹化政的路向由其本人的《〈人类理解论〉研究》奠基，有王天成教授接承其续；高清海教授的路向更有其可等身的著作和满天下的桃李为明证；孙正聿教授尽管出身高清海门下，又多少受到邹化政的影响，但他的哲思取向明显不同于高与邹，这从他的博士论文和成名之作《理论思维的前提批判》中初露端倪。他的元哲学的自觉、他对"哲学是什么"的持久而强有力的追问与体会，使得他的思想成为吉大哲学灵魂中独特而又不可或缺的一环。

从哲学本身来说，孙正聿教授的哲学工作的重要性在于，"元哲学"或"追问哲学是什么"是哲学思想发展的必要条件和根基。现代西方哲学的发展给予了明显的例证：20世纪西方哲学是一部"元哲学史"。海德格尔之所以超越于一般的存在主义者，可以在他对"形而上学是什么"、"哲学是什么"和"思想是什么"的追问中找到根据，而后现代法国思想又能别出生面，同样依赖于这种不懈的元哲学反省与批判（如德勒兹的《哲学是什么？》）。中国传统思想在当代能否"老树开新花"，也取决于当代中国哲学学者是否以及在多大程度上具有这种元哲学的自觉。

现在，大江南北"创新"二字不绝于耳，但哲学的创新谈何容易？如果"哲学的创新"指的是思想层次上的根本性突破与跃迁，而非多研究一个学派，多涉及一个领域的话。哲学需要至高的智商和情商。平心而论，我们这代（60年代末出生的）哲学学者比我们的前辈来要笨得多，毕竟在他们那个时代，最聪明的人都来学哲学，而到了我们这个时代，经济学、法学等吸引了最聪明的学生。我们这些平庸之辈的哲学使命，首先不是创新，而是守护：守护住前辈学者的精神传统，而守护的前提是理解和自觉，对这个神圣的"三位一体"的学术思想传统的充分的理解和自觉。

有感于上述对于吉大哲学系学术思想"三位一体"传统的认识，我认为以下著作是每一个吉大哲学系学生所必读的，它们是邹化政《〈人类理解论〉研究》、《儒家哲学思想新探》；高清海《哲学与主体自我意识》和新出版的论文集；孙正聿《理论思维的前提批判》、《哲学通论》和论文集；孙利天《论辩证法的思维方式》（兼采邹、高之长的佳作）；王天成《直觉与逻辑》。对于吉大哲学系的学生来说，这些著作的重要性甚至超过马克思、黑格尔和海德格尔等人的书，因为全中国所有的哲学系学生都在读马克思、黑格尔和海德格尔，但只有上述这些著作能让你成为一名合格的吉大哲学系的学生。而其中，孙正聿教授的书是你入学和即将毕业时都应该细心阅读的，因为当你初入哲学系的时候，它是一条绝对安全、可靠的道路，把你引向哲学；而当你即将毕业时，它又是一面镜子、一把尺子，可以衡量你论文的工作是不是哲学、是什么层次上的哲学。

当今时代是一个最需要哲学思想而又最容易遮蔽哲学思想的时代，所幸的是，作为吉大哲学系的学生，我们有我们的"哲学灵魂"之火的照耀，而不至于迷途。

人生活在世界中，生活在社会中，生活在家庭中。朋友和学生对自己的理解、信任和支持，使我生活在友情之中；父母的培养，兄弟的关怀，妻子的体贴，子女的依恋，使我一直生活在亲情和爱情之中。父亲性格温和，母亲性格刚烈。在我的记忆中，母亲总是为我们吃上"下一顿饭"而奔波。然而她从不抱怨，从不气馁，她的"格言"是"人要有志气"。她走起路来风风火火，办起事来干脆利落。也许就是这"志气"二字，使我走到了今天。母亲去世了。好长时间里，我总是浮现出一个想法，"妈妈不能吃饭了"，眼睛便不由自主地湿润了。

在我儿子结婚的仪式上，车文博教授在他的祝词中说，"没有璐玮，正聿不会有那么大成就"。有谁会比我自己有更真切的体会呢？在人生的路上，我们携手走过三十多年了。如果用"相濡以沫"来形容，是不会为过的。那么艰苦的日子，她从不抱怨；那么坎坷的岁月，她从未灰心。她把两个孩子一手培养成人，她把我的事业当成自己的生命。她自己是一个热爱事业的人，热爱工作的人，既不喜欢穿着打扮，更不喜欢"家长里短"。也许正是她的内在的教养，使她成为我的终生恋人。我在自己的一生中，最大的幸运，莫过于有一个欣赏自己的为人、理解自己的事业的爱人。这套200余万字的文集，全是她一个字、一个字打印出来、校对出来的。在以前出版的著作中，我很少提到她的名字，是因为她总是说"没有必要"。现在，集结了我的前半生的文字出版了，我终于写上了这样几句话。写到这里，我已经无法抑制自己的泪水。

出版个人文集，对我来说，是一种欣慰，也是一种惶惑。欣慰自不待言，惶惑也是实实在在的。我问自己：在这200余万字的文字中，究竟有多少是值得读者一读的？或者反过来说，究竟有多少是不值得读者一读的？有多少是自己的"真知灼见",又有多少是自我的重复?自己有多少"文献积累",有多少"思想积累",自己是清楚的。讲课时,什么时候理直气壮,什么时候惴惴不安;写稿时,什么地方酣畅淋漓,什么地方捉襟见肘;这些,有谁比自己体会更深呢?

从任教至今,20多年过去了。心未老,人已老了。总想多读一些好书,多写一点儿让读者有所受益的书;也总想多讲一些好课,多带出一些大有作为的学生;当然,还希望身体不出毛病,多做一些事情,把我们的吉林大学和哲学学科办得更好一些,把自己承担的事情做得更好一些。

以上就是我在"花甲之年"的"自我回顾"。

二 古稀之年的自我解说

2006年,我选编了自己的九卷本的"哲学文集",并在文集的总序中讲述了自己的"生活经历和心路历程",概述了自己的"专业与事业",阐发了自己的"前提批判的哲学理论",说明了文集的"主要内容和编排体例",特别是由衷地表达了自己的"感谢与期待"。重读这篇"总序",常常是感慨万千,唏嘘不已。

从出版这套《文集》至今,又一个十年过去了,我已从"花甲之年"步入了"古稀之年"。最令人感慨的,莫过于许多前辈已逝,一些同辈也先我而去。他们的音容笑貌依稀可辨,他们的勃发英姿如在眼前。人生苦短的感叹,油然而生。回顾一下这十年的生命历程,梳理一下这十年的所思所想,总结一下这十年的研究心得,算作是《文集》总序的续篇,称为"古稀之年的自我解说"。

(一) 又一个十年的生活经历

从1982年留校任教算起,这后半辈子的学者生涯,大体上是在读书、写作、讲课、谈话和开会中度过的。从60岁到70岁的这又一个十年,与前25年相比,主要是上述5项的生活内容,在排序上发生了变化。前25年,从占用时间的多少上看,依次是读书、写作、讲课、谈话和开会;这又一个十年,则依次是写作、开会、谈话、讲课和读书。这其中最大的变化,就是开会多了,读书少了。

开会多了,这意味着参与社会活动多了。作为一个书斋里的学者,一个学校里的教师,在从"花甲之年"到"古稀之年"的十年中,我偏得了一些未曾想到的"头衔",还偏得了一些恐难名副其实的"荣誉"。对我个人来说,这些偏得的"头衔"和"荣誉",以及由此而参与的各项社会活动,丰富了自己的人生阅历,诱发了对生活的领悟,也激发了对哲学新的求索和理解。

从 2003 年起,我当了三届全国政协委员。每次开会,有关人士总要提醒:全国政协委员不只是一种"荣誉",更是一种"责任"。但是,就我的个人生活说,除了"荣誉"和"责任"之外,我的更大的收获是"阅历":见识了许多场面,结识了一些朋友,议论了不少话题,开阔了生活的视野。

我是"社会科学界"的政协委员,这个界别的委员,有的是经济学、法学、政治学、社会学、文学、史学、哲学等领域的学者,有的是中国社会科学院、中央党校、中央政策研究室、中央党史研究室、中央文献研究室、中央编译局以及"高法"、"高检"、国防大学的"副职"。我所在的"小组"召集人说,政协的小组会既是"学校"又是"讲坛",每位委员既是"教师"又是"学生",既是"讲演者"又是"听众"。但是,在这个"小组"中,我特别愿意当一个"学生"和一名"听众",听人家的专业性的思考,听人家的对现实的分析,听人家的对"国是"和"国事"的议论。当了十几年的全国政协委员,最大的收获就是学到了不少的东西,懂得了多方面看事情、想问题的道理。

从 2004 年到 2013 年,在近十年的时间里,我作为"课题组主要成员"参与了两本教材的编写工作:一本是《马克思主义哲学》,用于高等院校的哲学专业;一本是《马克思主义哲学十讲》,作为党员干部读本。这两本教材,都属于"马克思主义理论研究和建设工程"的重点教材,其基本要求是"三满意":一是领导满意,二是学者满意,三是学生满意。领导最为重视的是"正确",学者最为关切的是"学术",学生最为关心的是"爱听"。达到诸满意,这其中的甘苦,未参与其中是很难体会的。

撰写教材的过程中,我参与了三次由袁贵仁教授带队的调研活动:一次是到深圳、贵州和重庆,了解"特区"的变化,目睹了遵义会议旧址、白公馆等久闻其名之处;一次是到河南、湖北,参观了三峡大坝等浩大工程;一次是到我所在的吉林和辽宁,参观了沈阳铁西区及飞机制造厂、鞍山钢铁公司等工业基地。对于一个常年居于校园之中的学者来说，这三次调研活动，确实是引发了不少的感慨，也激发了不少的思索，对中国30余年的变革有了许多切身的体会。这应当是参与这项"工程"的一大收获。

对我个人来说，参加这项"工程"的另一大收获，则是从未如此密切地结交了多位学界朋友。袁贵仁教授、杨春贵教授、李景源教授是《马克思主义哲学》项目的三位首席专家；陈先达教授名为"课题组主要成员"，实则发挥课题组的"指导"作用；王南湜、丰子义、吴晓明、杨耕、吴向东和我本人，则是作为名副其实的"主要成员"而参加教材的撰写工作。近10年的时间里，差不多每个月都要聚会一次，拟定提纲，听取意见，撰写书稿，参观访问，真可以说是朝夕相处。大家"在人格上相互尊重，在学问上相互欣赏"，同时又在讨论中相互批评，在写作中相互帮助，学者之间的情谊自然而然地形成，日久弥坚地洋溢在大家的心中。

2005年底，教育部高教司给我打来一个电话，说是由我担任新一届哲学学科教学指导委员会的主任委员，并通知我接收一份传真。收到传真一看，真的是由我来担任这个工作。上两届的主任委员分别是曾任武汉大学校长的陶德麟教授和时任北京大学哲学系主任的叶朗教授，我从未担任过高校的领导，又不在北京工作，由我来主持这项工作，这实在是出乎意料的。为了做好这项工作，我花费了不少心思。首先是创办了一个内部刊物，起个名字叫作《中国哲学教育通讯》，确认的办刊宗旨是"推进哲学教育改革，构建教学交流平台"，设计的几个专栏是"教学成果交流"、"教学名师风采"、"精品课程推介"、"课程体系介绍"、"教学改革论坛"和"学界动态报道"。在各位副主任和委员的支持下，在秘书长姚大志及秘书朱文君的配合下，这个内部刊物每年出版两期，在哲学学科的教学交流中发挥了作用。与此同时，我们以"教指委"的名义每年召开一次教指委与系主任的联席会，每次会议确定一个研讨主题，每次会议由几位系主任介绍经验，探讨了哲学教育改革中的一些重要问题，大家感到很有收获。

在此期间，教育部社科司约我参加《中国高校哲学社会科学发展报告》的编写工作，并主编其中的"哲学"部分。按照现有的学科分类，作为"一级学科"的哲学，其"二级学科"分为马克思主义哲学、中国哲学、外国哲学、伦理学、美学、逻辑学、宗教学和科学技术哲学。这就促使我广泛地了解、梳理和分析这些学科的研究状况，以撰写每个年度的"发展报告"。2008 年，纪念改革开放 30 周年，按照社科司的要求，我又组织王海锋、高广旭、杨晓等几位博士研究生共同撰写了 1978—2008 年的《中国高校哲学社会科学发展报告》（哲学卷），并作为一部独立著作出版。这促使我更为具体地梳理和阐述了改革开放以来的当代中国哲学史，引发我比较深入地思考了当代中国哲学发展的历史与逻辑，并发表了系列性的相关论文。

2013 年底，中宣部理论局打来电话，让我到中央政治局集体学习会上讲解"辩证唯物主义基本原理和方法论"，主要内容是辩证唯物主义基本原理、唯物辩证法的基本范畴和辩证唯物主义的实践论、认识论、价值论，主要目的则是提高辩证思维和战略思维能力。从这个目的和内容出发，我在 2014 年初撰写了提纲和初稿，2014 年的 3 月到 4 月，又与理论局同志以及我的两位学生王庆丰、周丹一起，在北京的中宣部培训中心"封闭"式地反复修改，经过三次"试讲"，2015 年 1 月 23 日在中南海怀仁堂讲解了这一课。"讲解"之后，一些报刊约稿，一些部门约讲，从不同的角度撰写了几篇稿子，针对不同的听众做了多次讲座。应人民出版社之约，还撰写了《辩证唯物主义党员干部读本》。无论是"讲解"，还是"写稿"和"讲座"，我的总体感受是，讲清道理是要下功夫的，"理论联系实际"尤其是要真功夫的，下功夫讲出的道理是会引起共鸣的。

从 2005 年到 2014 年，我有机会参加了几次国外的学术活动。2005 年，学校组织几位"文科"院长和"基地"主任到欧洲访问，先后到奥地利、德国、意大利、荷兰、比利时和法国的多所高校和研究机构进行学术交流。在此之前，欧洲所代表的西方文明，主要是我从"文学"、"艺术"、"科学"和"哲学"所了解的文明，身临其境地走进罗马竞技场、巴黎罗浮宫、科隆大教堂，目睹比萨斜塔、卢森堡大桥，参观歌德、莫扎特故居，文明的庄严感和历史的沧桑感，还是使我受到深深的震撼。2007 年，参加由张一兵教授组织在日本东京召开的中日马克思主义哲学论坛，粗浅地了解了日本学者的马克思主义哲学研究，也"走马观花"地看到了东京、大阪的日本现代文明和京都的日本古代文明。2011 年首次由我组团到美国进行学术交流，参观了哈佛大学、耶鲁大学、麻省理工学院、普林斯顿大学、杜克大学、纽约大学等著名高校，还目睹了美国式的现代文明。2013 年到雅典参加世界哲学大会，或多或少地领略了古希腊文明，也引发了对文明变迁的思考。2014年，参加由张一兵教授组织在韩国晋州召开的中韩马克思主义哲学论坛，又有机会了解韩国学者的焦虑和思考，看到了作为"亚洲四小龙"之一的韩国的现状。由于几次出访的时间都比较短暂，虽然增添了一些阅历，弥补了一些缺憾，引发了一些思考，但没有深入的交流，也没有深切的体验，更无法写出切实的感受。文明的"世界地图"，对我来说还主要是阅读中的理性思考；感性的"国际视野"，对我来说还是模糊的，肤浅的。

上面说的，主要是这又一个十年的社会活动。在这十年中，大约每年都要参加多次学术会议，参加几次评审会议，参加几次论文答辩，许多时间是在会议中度过了。参加的会议多了，见识的场面就多了，结识的朋友就多了，议论的话题就多了，思考的问题就多了。从个人的生活阅历看，这大概也是难得的。遗憾的是，无论是参与社会活动，还是参加学术活动，总是挤占了看书的时间。买的书多了，看的书少了，总觉得心里不大是滋味。除了被这些活动挤占的时间之外，坚持每天读书、思考、写作，这构成了我的"又一个十年的哲学研究"。

（二）又一个十年的哲学研究

60岁到70岁这十年的哲学研究，虽然思考和探讨了许多问题，但有四个较为集中的"论域"，并形成了"系列"的成果：一是辩证法研究，二是历史唯物主义研究，三是《资本论》哲学思想研究，四是当代中国哲学史研究。以几个明确的"论域"进行哲学研究，是这十年的重要收获。

先说辩证法研究。

我的博士学位论文是研究"辩证法的批判本性"，20世纪80年代中期到90年代中期又给学生讲了近十年的列宁《哲学笔记》的辩证法思想，还在21世纪初期出版了《马克思辩证法理论的当代反思》，比较系统地阐述了我对辩证法的理解。在这个基础上，我持续地探讨了黑格尔、马克思、恩格斯、列宁和毛泽东的辩证法思想，主要是抓住他们对辩证法的"独特贡献"予以专门的论述，由此形成了关于黑格尔的"内涵逻辑"的辩证法、马克思的"批判本质"的辩证法、恩格斯的"理论思维"的辩证法、列宁的"三者一致"的辩证法、毛泽东的"实践智慧"的辩证法的系列论文，并在《中国社会科学》和《哲学研究》等刊物上发表。

从"思想的内涵逻辑"到"历史的内涵逻辑",这是我对黑格尔与马克思的"批判继承"关系的总体性理解。在《辩证法:黑格尔、马克思与后形而上学》一文中,分别探讨了黑格尔对"抽象理性"的批判和马克思对"抽象存在"的批判。从17世纪的"理性的时代"到18世纪的"启蒙的时代",再到19世纪的"思想体系的时代","思想的客观性"问题是西方近代哲学的核心问题,到黑格尔就构成了以"思想的内涵逻辑"为内容的概念辩证法。作为"思想的内涵逻辑",黑格尔的概念辩证法,构成了一种双重的"何以可能"的逻辑:一是"认识何以可能"的逻辑,一是"自由何以可能"的逻辑。这个双重逻辑,实现在个体理性认同普遍理性的运动过程之中,即:个体理性对普遍理性的认同过程,既是由抽象的同一性到具体的同一性的认识过程,又是由抽象的普遍性到具体的普遍性的自由过程。这是黑格尔所实现的辩证法与"形而上学"的合流。马克思继承了黑格尔对"抽象理性"的批判,但把这种批判"转向"为对"抽象存在"(资本)的批判,构成了以《资本论》为主要标志的"历史的内涵逻辑"。"历史的内涵逻辑"就是马克思的辩证法。

恩格斯一再强调辩证哲学是一种"建立在通晓思维的历史和成就的基础上的理论思维",并明确地把反思"理论思维的不自觉的和无条件的前提"作为哲学的根本问题,因此我有针对性地以《恩格斯的"理论思维"的辩证法》为题,集中地阐发了我对恩格斯的辩证法的理解。我在讲授列宁《哲学笔记》的过程中,体会最深的是列宁关于"辩证法也就是(黑格尔和)马克思主义的认识论"的论断。列宁说,这不是问题的"一个方面",而是问题的"实质"。理解这个"实质"的"症结",则在于能否理解辩证法、认识论和逻辑学的"三者一致",因此,我又以《列宁的"三者一致"的辩证法》为题,阐发了我对"三者一致"的理解,并具体地分析了由于不理解"三者一致"而导致的对马克思主义哲学的"误解":一是由于不是从"三者一致"理解辩证法,因而把辩证法当作"实例的总和"和"抽象的方法",并把马克思主义的辩证法"还原"为朴素的辩证法和把马克思主义的认识论"还原"为直观反映论;二是由于不是从"三者一致"理解辩证法,因而离开思维和存在的"统一原则"去解读辩证法的"发展原则",从而把辩证法的"发展学说"庸俗化,以"自在"的辩证法取代"自觉"

的辩证法；三是由于不是从"三者一致"理解辩证法，把辩证法、认识论和逻辑学视为三个不同领域或三个不同层次的问题，因而无法理解《资本论》的"大写的逻辑"；四是由于不是从"三者一致"理解辩证法，因而达不到哲学思维的理论自觉，以至于把列宁的"三者一致"的辩证法归结为只是西方近代哲学形态的"认识论的辩证法"。正因如此，深切地理解并深入地阐发"列宁的"三者一致"的哲学思想，是真实地推进马克思主义辩证法的重要前提。在我看来，毛泽东的《实践论》和《矛盾论》引申和发挥了列宁的"辩证法也就是认识论"的重要思想，二者既是实践论的认识论，也是实践论的辩证法，因此我又以《毛泽东的"实践智慧"的辩证法》为题，阐发了我对学界目前十分关切的"实践智慧"的理解。

再说历史唯物主义研究。

从2007年至2009年，我在《哲学研究》连续发表了三篇关于历史唯物主义的论文。第一篇的题目是《历史的唯物主义与马克思主义新世界观》，并明确提出这样的基本观点：历史唯物主义是把"历史"作为解释原则而变革了唯物主义，从而实现了一场"世界观"革命，而不是把"唯物主义"作为解释原则而变革了历史理论，从而实现了一场"历史观"革命，因此，马克思的"新历史观"是作为马克思主义的"新世界观"而诞生的。

此文发表后，引起学界的广泛关注，《哲学研究》先后发表了两篇"商榷"文章。作为回应，我写了第二篇文章，题目是《历史唯物主义的真实意义》，集中地阐发了作为世界观的历史唯物主义的"历史"概念，具体地论证了以唯物主义的"历史"的解释原则所构成的存在论、真理论和价值论相统一的马克思主义的"历史的内涵逻辑"。文章的总体性结论是：以"现实的人及其历史发展"为内容的"历史的内涵逻辑"，既是历史的唯物主义，也是历史的辩证法，这就是历史唯物主义的新世界观。

关于历史唯物主义的第三篇论文，题目是《历史唯物主义与哲学基本问题》。历史唯物主义如何回答作为哲学基本问题的"思维和存在的关系问题"，对这个"基本问题"的历史唯物主义回答如何构成马克思主义的"新世界观"，这是重新理解和阐释马克思主义哲学及其哲学革命的重大理论问题。通过分析恩格斯的"不再是哲学"的"世界观"和马克思的"改变世界"的"世界观"，集中地阐发了"历史唯物主义的世界观的理论内涵"：

其一，历史唯物主义的世界观，是以"历史"作为解释原则的世界观；其二，以"历史"作为解释原则的世界观，是以"生活决定意识"为核心理念的世界观；其三，以"历史"作为解释原则的世界观，是以"历史的内涵逻辑"为内容的世界观；其四，以"历史"作为解释原则的世界观，是以人类解放为其价值诉求的世界观；其五，以"历史"作为解释原则的世界观，是以"改变世界"为其理论指向的世界观。在"世界观"的意义上阐述历史唯物主义及其与哲学基本问题的关系，其实质是把马克思主义哲学"定位"为历史唯物主义。

再说《资本论》哲学思想研究。

不是把"历史唯物主义"解说为"辩证唯物主义"在社会历史领域的"应用"，而是把"历史唯物主义"解说为马克思主义的"新世界观"，最为重要的根据，就是重新阐发马克思主义哲学与《资本论》的关系。为此，我撰写并发表了两篇论文，一篇是《"现实的历史"：〈资本论〉的存在论》，另一篇是《〈资本论〉与马克思主义哲学》。

在我看来，破解"存在"的秘密，是一切哲学思想的聚焦点；如何破解"存在"的秘密，则构成各种哲学思想的分水岭。马克思的哲学革命，就在于他不是追究某种超历史的或非历史的"存在"，而是把"存在"视为"现实的历史"的存在。正是对"现实的历史"的研究，构成了马克思为之付出毕生心血的《资本论》。《资本论》是关于"现实的历史"的"历史唯物主义"；"历史唯物主义"就是马克思的以"解放何以可能"为理论宗旨的马克思主义哲学。这是我对《资本论》的哲学思想的总体性理解，也是我对马克思的哲学革命及其构成的马克思主义哲学的总体性理解。

在《"现实的历史"：〈资本论〉的存在论》一文中，我从分析"经济范畴与现实的存在"入手，具体地探讨了"商品的二重性与人的存在的二重性"、"货币的等价性与人对物的依赖性"、"资本的逻辑与现实的历史"以及"解放的旨趣与解放的道路"。在我看来，由经济范畴构成的《资本论》，是通过"对现实的描述"，在人类思想史上史无前例地揭示了"物和物的关系"掩盖下的"人和人的关系"，从而揭示了"现实的历史"即"存在"的秘密。我在这篇文章提出的主要观点是：商品的二重性体现的是人的自然性与社会性的二重性；货币的等价性构成的是"以物的依赖性为基础的人的独立性";资本的逻辑是把每个人的独立性和个性变为资本的独立性和个性;解放的道路是把人从"对物的依赖性"中解放出来,把资本的独立性真正地变成人的独立性即人自身的全面发展。这表明,《资本论》不只是关于资本的"资本论",而且是关于"现实的历史"的马克思主义的"存在论",即历史唯物主义的"存在论"。

《〈资本论〉与马克思主义哲学》一文,开门见山地提出问题:"在当代阐释《资本论》的哲学思想,我们所面对的首要问题是:《资本论》是'运用'还是'构建'了马克思主义哲学?"这篇文章主要是从四个方面作出了论证和回答:(一)《资本论》是关于人类解放的"新世界观",它集中地体现了马克思把哲学对"世界何以可能"的追问变革为对"人类解放何以可能"的寻求,并把这种寻求诉诸对"现实的历史"的研究,从而实现了唯物主义的历史观与革命的、批判的辩证法的统一,从而构成了马克思主义的"新世界观";(二)《资本论》是"关于现实的人及其历史发展的科学",马克思从"物和物的关系"中揭示"人和人的关系",就是从"资本"的逻辑中揭示"现实的人及其历史发展"的逻辑,《资本论》是通过揭示"一个复杂的社会形式"即资本主义的社会形式而实现对全部"人类生活形式"即"历史过程"的揭示,也就是对"人类历史发展规律"的揭示;(三)《资本论》是对资本主义的政治经济及其政治经济学的双重批判,它的主旨并不是形成以"资本"为内容的"政治经济学"的学科体系,而是通过"政治经济学批判"而揭露"物和物的关系"掩盖下的"人和人的关系",为研究"现实的历史"提供历史唯物主义的世界观和方法论;(四)《资本论》是"时代精神的精华"和"文明的活的灵魂",不只是"反映"和"表达"了人"对物的依赖性"的时代状况,而且是"塑造"和"引导"了把人从"资本"的普遍统治中解放出来的新的时代精神。因此,我们应当在马克思主义哲学与《资本论》的"互释"中,既重新阐释《资本论》的哲学思想,又重新阐释马克思主义哲学。

最后说说当代中国哲学史研究。

这里所说的"当代中国哲学史",是指 1949 年中华人民共和国成立以来,特别是 1978 年改革开放以来的中国哲学史。我从 1978 年初开始哲学专业学习,从 1982 年初开始哲学专业研究,我的哲学专业的学习与研究,是伴随改革开放以来的中国哲学的进程展开的，亲历了这个进程中的各种哲学论争，感受了这个进程中的各种哲学思潮的启迪与震撼，也引发了梳理和探索这个进程的历史与逻辑的兴趣与愿望，因而促成了自己对当代中国哲学史的研究，并形成了一系列的学术论文和研究报告。

20世纪80年代，在解放思想、改革开放的进程中，现代西方哲学的各种思潮如开闸之水涌入中国，强烈地震撼了中国哲学界。让我印象深刻的，就有如下的令人目不暇接的哲学思潮：皮亚杰的发生认识论，卡西尔的文化哲学，波普尔的证伪主义，库恩的科学发展的逻辑，萨特的存在主义，弗洛伊德的无意识，卢卡奇、葛兰西的西方马克思主义，托夫勒、奈比斯特的未来学，接着就是关注维特根斯坦的"逻辑"、胡塞尔的"现象"和海德格尔的"存在"，再接着又是罗蒂、德里达、福柯、利奥塔的"后形而上学"和罗尔斯、诺齐克、哈耶克的"政治哲学"，其间又有苏联的以凯德洛夫、柯普宁、伊里因科夫为代表的"认识论学派"和"南斯拉夫实践派"以及稍后的马尔库塞、阿多诺的"西方马克思主义"，还有牟宗三、唐君毅、余英时、傅伟勋、刘述先的"现代新儒家"，如此等等。"语言转向"、"分析运动"、"现象学"、"解释学"、"存在主义"、"科学主义"、"后形而上学"、"后现代主义"，成为学界议论的焦点；"重读马克思"、"走近马克思"、"回到马克思"，更是马哲界的热门话题。

反思现代哲学及其所引发的观念变革，我曾先后以《从两极到中介》、《从体系到问题》、《从层级到顺序》为题，概括了现代哲学革命、当代中国哲学主流和当代哲学发展趋向的基本特征，并以《哲学的形而上学历险》为题，从宏观上阐发了我对迄今为止的哲学史的理解。梳理和探索改革开放以来的当代中国哲学史，我又先后撰写并发表了《解放思想的哲学与哲学的思想解放》、《对哲学教科书的检讨与反思》、《三组基本范畴与三种研究范式》、《当代中国的哲学历程》、《当代中国哲学发展的历史与逻辑》、《提出和探索马克思主义哲学研究中的重大理论问题》、《马克思主义哲学的当代课题》、《当代中国的哲学观念变革》以及《研究和撰写〈当代中国哲学史〉的几个问题》等文章，阐发了我对当代中国哲学史的总体线索、主要内容、重大问题、基本观念和演进趋向的理解。

改革开放以来的我国哲学，是同改革开放的历史进程息息相关、密不可分的。自1978年改革开放以来，我国的经济生活、政治生活和整个社会生活，发生了举世瞩目的重大变革。作为这种重大变革的理论表达，哲学已经和正在经历着自身的变革。从哲学的最基本的理论框架去分析新中国成立以来的哲学状况，大体可以划分为20世纪80年代以前的教科书哲学、80年代的以反思教科书为主要内容的哲学改革和90年代以来的以现代性的反省为主要内容的后教科书哲学。把20世纪80年代以前的哲学从总体上界说为"教科书哲学"，其主要依据在于：一是把全国通行的哲学原理教科书作为标准的马克思主义哲学概念框架，以这个教科书模式去宣传、讲授、解释和研究马克思主义哲学，并以这个教科书模式为标准去区分马克思主义哲学与非马克思主义哲学；二是以这个教科书模式作为最基本的哲学理论框架和解释原则，去建构包括中外哲学史、伦理学、宗教学、逻辑学、美学和科技哲学等在内的全部哲学学科，并用它去研究、评述和批判古今中外的各种哲学理论、哲学派别和哲学思潮；三是以这个教科书模式作为最高层次的真理体系，去规范自然科学和社会科学研究以及文学艺术创作，并用它去论证包括政治生活在内的全部社会生活中的各种重大举措，从而规范人们的精神生活和实践活动。

在解放思想、改革开放的过程中，当代中国哲学形成了以变革教科书体系为基本指向和主要任务的哲学改革的潮流。这场哲学改革的出发点和归宿，是重新理解和重新建构马克思主义哲学体系。其突出特点，是以实践为核心范畴，重新理解人与世界、思维与存在、主体与客体、主观性与客观性、历史规律与人的历史活动、自由与必然等哲学所探索的重大关系问题，并以这些重新理解的研究成果去重构马克思主义哲学体系。其重大意义，在于从当代人类社会实践、特别是当代中国改革开放的社会实践出发，变革人们的思维方式、价值观念、审美意识和行为方式，以适应和促进中国的改革开放和现代化进程。在哲学原理界内部改革的同时，包括中外哲学史在内的各个哲学学科也出现了自身的改革，并从而深化了哲学原理界的教科书改革。西方哲学领域在翻译和评述西方传统哲学和现代西方哲学论著的基础上，逐步地从研究对象自身出发，把一系列新的哲学范畴、新的哲学问题和新的哲学提问方式渗透到哲学理论探索之中，并展开了马克思主义哲学与包括现代西方哲学在内的整个西方哲学的对话。中国哲学领域在反省其研究方法、研究态度的基础上，在学术交流中扩展了学术资源并拓宽了理论视野，对中国传统哲学乃至整个传统文化的利弊得失进行反思，探索"返本开新"、"融会中西"的途径与意义。

20 世纪 80 年代以来的"哲学论坛"，比较集中地探讨了认识论的反映论与选择论的关系、辩证法的本体论与认识论的关系、价值论的理想主义与功利主义的关系、历史观的决定论与非决定论的关系、真理观的事实判断与价值判断的关系、唯物论的物质论与实践论的关系等一系列重大的理论问题。这些讨论，深刻地变革了以素朴实在论为代表的直观反映论的思维方式，变革了以机械决定论为代表的线性因果论的思维方式，变革了以抽象实体论为代表的本质还原论的思维方式，形成了具有丰富理论内容的世界观、历史观、人生观和价值观。回顾和总结 20 世纪 80 年代的哲学改革，可以比较清楚地看到，这场哲学改革是在面向改革开放的现实和重新理解马克思的两个维度的交接点上，聚焦于对教科书哲学的反思。进入 90 年代，中国哲学界开始超越对教科书哲学的反思，从"体系意识"转向"问题意识"，以"问题"作为哲学研究的根本出发点，比较集中地探索了"哲学观"问题、"人的存在方式"问题、"发展"问题、"两大哲学思潮"问题和"中西文化比较"问题，从而展现出更为广阔和更为深化的研究前景。

2014 年年底，我在《当代中国的哲学观念变革》一文中，通过对哲学观、世界观、本体观以及反思和表征等哲学基本观念的反省和解析，具体地探讨了当代中国哲学观念变革的思想内涵，并提出了如下一些基本观点：一，哲学观：人类文明的时代性问题的理论自觉；二，世界观：人生在世和人在途中的人的目光；三，本体：规范和评价人的思想和行为的根据和标准；四，反思：批判和重构人的思想和行为的根据和标准；五，表征：塑造时代精神的精华和文明的活的灵魂。在我看来，以理论形态"表征"当代人类的存在方式及其自我意识，这是当代哲学的实质内容和历史使命，也是当代中国哲学正在实现的哲学观念变革。

（三）又一个十年的主要著述

2007 年出版自己的九卷本的《哲学文集》之后，在这又一个十年当中，先后出版了三个"大部头"、三本"小册子"和一部"讲演录"，还有一部尚未出版的"自我阐释"的《哲学：思想的前提批判》。其中的两个"大部头"分别是与朋友或学生合作的成果,三本"小册子"属于"命题作文",一部"讲演录"汇集了多年来的"讲座"和"讲话"的录音稿,尚未出版的《哲学:思想的前提批判》则集中地阐述了我对哲学的理解,并展开了我对思想的前提批判。

先说三个"大部头"。

2010年出版的《当代中国马克思主义哲学专题研究》,是我第一次邀请学界朋友共同完成的一部著作。这本"专题研究",分为"马克思主义哲学研究的范式转换"、"马克思主义哲学经典著作研究"、"马克思主义哲学的理论来源研究"、"马克思主义哲学中国化研究"、"马克思主义哲学观研究"、"马克思主义世界观研究"、"马克思主义辩证法研究"、"马克思主义历史观研究"、"马克思主义价值观研究"和"马克思主义社会发展理论研究"等十章,依次由南开大学王南湜教授、复旦大学吴晓明教授、吉林大学张盾教授、武汉大学汪信砚教授、吉林大学孙利天教授、吉林大学贺来教授、北京师范大学杨耕教授、中国人民大学马俊峰教授和北京大学丰子义教授撰写。我本人撰写了"导论"和"马克思主义世界观研究"。在这本书的后记中,我写下了这次合作的感慨:"合著此书,我深切地感受到朋友们的深厚情谊。他们根据本书的主旨和体例,以其广博的学识梳理了相关论题的研究状况,以其丰厚的成果展开了相关论题的论证,以其睿智的目光展望了相关论题的研究趋向。"这部著作为总结和概括当代中国马克思主义哲学研究的历史与逻辑,提出和探索马克思主义哲学研究中的重大理论问题,思考和展望马克思主义哲学研究的趋势与走向,提供了一份可资借鉴的"专题研究"成果。

2011年出版的《马克思主义基础理论研究》,是我承担的国家社会科学基金重大项目的"最终成果",是由我组织张盾教授、曹志平教授及郭艳君、白刚、王福生、高云涌、王海峰、王庆丰等共同撰写的,我指导的博士生李慧娟、杨淑静、孔阳、朱卫平、王云霞、安丽霞、刘雄伟、王英等参与了该书的资料搜集等项工作。我在这本书的"序言"中说,马克思主义本身并不是各学科体系的组合,并不是作为哲学、政治经济学和科学社会主义的三个学科体系存在的,而是由哲学批判、政治经济学批判和空想社会主义批判所指向的"对现存的一切进行无情的批判"而构成的"一整块钢铁",

因此需要以"跨学科"的视野和气魄去研究马克思主义的基础理论，并为之奠定新的学术基础。依据这种思路，我们从马克思主义的"世界观"、"辩证法"、"科学观"、"自然观"、"历史观"、"发展观"、"资本主义批判"和"科学社会主义"开展马克思主义的"基础理论研究"，并形成了这份120万字的"最终成果"。在这书的后记中，我又十分感慨地提出："从时代性的重大理论问题和现实问题出发，深入地探索马克思主义基础理论，是我们的共同事业和责任，是需要一代又一代的马克思主义理论工作者为之呕心沥血的使命。期望我们的这项成果得到读者的批评指正，共同推进我国的马克思主义基础理论研究及其学科建设。"

2012年出版的《马克思主义辩证法研究》，比较系统地阐发了我对马克思主义辩证法的理解。在这本书的"导言"中，我谈了这样的想法："在马克思主义发展史上，马克思、恩格斯、列宁和毛泽东等经典作家都对辩证法予以特别的关切，并为我们提供了极其富贵的辩证法的理论遗产。他们的理论成果，既有一脉相承的发展脉络，又有各自独特的理论贡献。在这种一脉相承的发展脉络中探索他们各自独特的理论贡献，不仅能够更为具体地展现马克思主义辩证法的丰富性，而且能够为在当代推进马克思主义辩证法提供更为开阔和更为开放的理论视野。"因此，在这本书中，我分别探讨和论述了马克思的"批判本质"的辩证法、恩格斯的"理论思维"的辩证法和列宁的"三者一致"的辩证法，并具体地分析了马克思主义辩证法的发展学说、批判本性、实践基础及其当代课题。这本书有一个明确的"靶子"，就是人们对"辩证法"的种种误解。在我看来，虽然对辩证法的"误解"表现在许多方面，但其实质是把思想的内容和形式割裂开了，把概念的内涵和外延割裂开了，把哲学的理论和方法割裂开了，因而把辩证法变成了没有思想内容、没有概念内涵、没有实证知识的作为"工具"的"方法"。因此，我在这本书中所强调的是：辩证法是具体的普遍性，而不是抽象的普遍性；是思想的内涵逻辑，而不是思想的外延逻辑；是把握现实的理论思维，而不是基于常识的经验思维；是把复杂的问题复杂化的实践智慧，而不是把复杂的问题公式化的"语录词汇"。深刻地理解黑格尔的"思想的内涵逻辑"的辩证法，是真正地理解马克思主义辩证法的不可或缺的理论前提；真切地把握马克思的"历史的内涵逻辑"的辩证法，是切实地推进马克思主义辩证法的最为重要的研究方向。

再说三本"小册子"。

从2013年到2014年,先后出版了三本"命题作文"的"小册子":《人生哲学读本》、《理想信念的理论支撑》和《人的精神家园》。前两本是吉林人民出版社"策划"的"选题",后一本是教育部社科司交给我的"专项研究"。大概正因为是有针对性的"任务",《理想信念的理论支撑》获得了"五个一工程"奖,《人生哲学读本》获得了中华优秀出版物的提名奖,《人的精神家园》得到了有关部门的肯定。对此,我是忐忑不安的。虽然每本书都下了一番功夫,都写了一些真实的感悟,但好些内容是重复的,有些内容又是未及展开的,只能是有机会再改写和补写了。这其中的《人的精神家园》一书,应当算是比较"精致"的,系统地讲述了精神家园的根基、精神家园的内涵、精神家园的培育、精神家园的真理、精神家园的陶冶、精神家园的升华、精神家园的支撑、精神家园的张力和精神家园的源泉。自以为这本书还算是比较通俗、深刻和优雅,因此我把这本书送给了一些同事、朋友和学生,希望和大家一起品味和体悟"人的精神家园"。

再说"讲演录"。

2011年,应长春出版社之邀出版了个人的《讲演录》,并在该书的序言中谈了自己对"讲演"的理解,以及这本《讲演录》的主要内容。总结自己的学者生涯,我觉得"大学文科教师,除了自己读书和思考,大概主要有两件事:一是讲,二是写"。"讲"又分为"讲课"和"讲座"。"讲座"总是有某种比较明显的现实性和针对性,让听众在有限的时间内了解和思考某个问题。"问题"是讲座的出发点,"探讨问题"是讲座的主要内容,与听众一起深化对"问题"的理解则是讲座的目的和意义。作为人文学者,我关切的主要问题是"学问"与"人生",所以这本《讲演录》的主要内容就是对"学问与人生"的感悟。在《做学问》一文中,我谈了对"名称与概念"、"观察与理论"、"苦读与笨想"、"有理与讲理"、"学问与境界"这五对范畴的理解与感悟,比较真切地讲述了自己"做学问"的体会,希望听众或读者能够从中得到一些启示。

最后说说尚未出版的一本书。对我个人来说,这本书有特殊的意义。

2014年,我初步完成了一本"自我阐释"的书。由于是在"古稀之年"

阐发自己的哲学思想，书的名字颇费斟酌。思来想去，定名为《哲学：思想的前提批判》。近十年来，我展开了自己的对思想的前提批判，并构成了五个方面的研究视域：一是对构成思想的基本信念的前提批判，即对"思维和存在的同一性"的前提批判；二是对构成思想的基本逻辑的前提批判，即对形式逻辑、内涵逻辑和实践逻辑的前提批判；三是对构成思想的基本方式的前提批判，即对常识、宗教、艺术和科学等人类把握世界的基本方式的前提批判；四是对构成思想的基本观念的前提批判，即对存在、世界、真理、价值、历史等基本观念的前提批判；五是对构成思想的哲学理念的前提批判，即对哲学本身的前提批判。这五个方面的"前提批判"，构成了我所理解的哲学：对思想的前提批判。在我看来，对思想的前提批判，既体现了哲学的特殊的理论性质和独特的社会功能，又展现了哲学发展的自我批判的活力和永不枯竭的理论空间。

我在这本书中所展开的对思想的前提批判，有五个被赋予新的内涵的范畴具有支撑点的意义，这就是"世界观"、"本体"、"反思"、"表征"和"批判"。它们的相互规定所构成的概念框架，形成了这本书的总体性的解释原则和叙述逻辑。具体言之："世界观"并不是人站在世界之外而形成的关于整个世界的思想，而是人生在世和人在途中的人的目光；"本体"并不是构成世界的"本原"，而是人的思想和行为的根据、标准和尺度，因而是世界观理论的灵魂；"反思"并不是一般意义的反复思考，而是揭示作为本体的思想和行为的诸种前提，因而是辨析思想或思想辨析的哲学的思维方式；"表征"既不是"表述"经验事实，也不是"表达"情感意愿，而是呈现时代精神和文明的活的灵魂，因而是体现存在论、真理论和价值论三者一致的哲学的存在方式；"批判"既不是徒然的否定，也不是玄思的内省，而是以概念批判和术语革命所实现的对人类文明史的反省，因而是构成思想的前提批判的哲学的工作方式。在哲学的批判活动中展开对本体的反思和表征，就构成了人生在世和人在途中的人的目光——世界观。被赋予新的内涵的"世界观"、"本体"、"反思"、"表征"和"批判"所支撑的对思想的前提批判，构成了我所理解的前提批判的哲学理论。

思想的前提批判，这是行进中的哲学活动，而不是某种完成了的哲学理论。因此，我在这本书中所做的主要工作有三项：一是论证哲学活动何以是思想的前提批判；二是阐发哲学对思想的前提批判的理论空间；三是对构成思想的基本观念进行选择性的或案例性的前提批判。有说服力和有启发性地展现一种哲学的可能的活动方式，是这本书的主要目的，也是我对这部著作的最大的期待。

（四）又一个十年的人生感悟

年届七十，我觉得自己活得很"幸运"，也很"欣慰"。幸运，是因为"得其所哉"；欣慰，是因为"问心无愧"。得其所哉和问心无愧，让自己感到这70年很有"意思"，也挺有"意义"。

从很小的时候起，我就喜爱看书，愿意想问题；从读初中起，就偏好"文科"，琢磨"道理"；从读高中起，常常写一些"读后感"、"观后感"，谈论一些"思想"、"理论"问题。1966年高中毕业的时候，就把"哲学"确定为自己要研究的"专业"，把"思想"确认为自己的"事业"。12年后，也就是1978年初，我终于有机会学习自己所喜爱的"专业"；16年后，也就是1982年初，我终于留校任教把研究"哲学"和阐述"思想"作为自己的"事业"。人的一辈子，能够从事自己喜爱并且适合自己的"专业"和"事业"，这就是"得其所哉"吧。

2009年，吉林大学聘任我为"资深教授"。在聘任仪式上，我说了自己的"感言"，也是讲了自己的"感悟"。我在那个"感言"或"感悟"中说，一个人选择了一种职业，也就是选择了一种生活方式。我把"学者"的生活方式概括为四句话：一是乐于每日学习，志在终生探索；二是平常心而异常思，美其道而慎其行；三是忙别人之所闲，闲别人之所忙；四是人格上相互尊重，学问上相互欣赏。

"得其所哉"，首先是"乐于"斯且"志于"斯。乐不在此，志不在此，就与"得其所哉"背道而驰了，就不是人生的"幸运"，而是人生的"不幸"了。一个"学者"，总是觉得有读不完的书，有想不完的道理，有写不完的思想，就会"乐此不疲"。2000年5月，授予我"全国劳模"称号，既很激动，也很惭愧。自己做自己喜欢做的事情，自己在喜欢做的事情中获得乐趣，而不是做自己不喜欢的事情，更不是在做自己不喜欢的事情中感到痛苦，这种"劳动者"大概不必称为"模范"，而应当称为"幸福"的或"幸运"的劳动者。我觉得自己是一个"幸运"的劳动者。

学者的"得其所哉",既要有"平常心",又要有"异常思",既要"美其道",又要"慎其行"。没有"平常心",总想"一鸣惊人"、"出人头地",就静不下心、沉不住气,就既不能"苦读",也不能"笨想",就丢掉了形成思想的从容和大气。有了"平常心",读出人家的好处,发现人家的问题,才会悟出自家的思想。这个"自家的思想",就是具有启迪和震撼力量的"异常之思"。阐发和论证"自家的思想",就是"美其道";体会"悟道"之不易,就会"慎其行"。

学者的"得其所哉",是认同学者的生活方式,这就是"忙别人之所闲,闲别人之所忙"。学者之外的生活,大体上是有节奏的生活:什么时候上班,什么时候下班;什么时候工作,什么时候休息;什么时间是属于"公家"的,什么时间是属于"个人"的;该干活就干活,该娱乐就娱乐,不能"没白天没黑夜"就想一件事、就干一件事。然而,学者的生活不是这样。学者没有"节目"和"假日",又随时可以给自己"放假"。拿起一本好书,想到一个问题,撰写一篇文章,大概是不会问自己今天是不是"节日"或"假日"。读书、写作之余,听听歌,散散步,下下棋,游游泳,聊聊天,就是给自己"放假"了。

学者的"得其所哉",是在学界"如鱼得水",在学者的交往中成就自己。这就需要学者"在人格上相互尊重,在学问上相互欣赏"。相互尊重和相互欣赏,对于学者之间的"交往",是相辅相成、不可或缺的。相互尊重基于相互欣赏,相互欣赏源于相互尊重。"闻道有先后,术业在专攻。""人家"有人家的特长,"自家"有自家的特色;"人家"有人家的见地,"自家"有自家的思想。相互尊重和相互欣赏,才能"交换"思想和"收获"友情。如果对"人家"不是"棒杀"(常常看到的所谓"商榷"),就是"捧杀"(常常看到的所谓"推介"),或是"抹杀"(更是常常看到的"集体沉默"),学者就很难"长进",学术就很难"繁荣"。

在"资深教授"的聘任仪式上,我还说了一句话:别人不拿你当回事的时候,你千万拿自己当回事;别人拿你当回事的时候,你千万别拿自己当回事。后来,在一些场合,我还发挥式地解释了这两句话:别人不拿你当回事,你也不拿自己当回事,你就永远不会"成事";别人拿你当回事,你也拿自己当回事,你可能就会"出事"。对于学者来说,没有谁能一下子就有思想、有创见，也没有谁能一下子就"成名"、就"著名"。学者的"成名"和"著名"，大体上是"水到渠成"的，是把自己"当回事"而"钻研"出来的，而不是"不把自己当回事"而"钻营"出来的。有了"名气"之后，真的把自己当回事，不光是学问做不大，还可能在"忘乎所以"中出点让自己"悔恨终生"的"事"。

从青年时起，我就喜爱鲁迅。爱看他的小说，爱读他的诗歌，更爱引用他的杂文。鲁迅说，"捣鬼有术，也有效，但有限"。就这么几个字，道出了人生成败的真谛，特别是"当官"、"经商"和"做学问"的成败的真谛。投机钻营，"捣鬼有术"，或可"爬得高一些"、"赚得多一些"、"吹得响一些"，但终究是爬不高或摔得重、赚不多或赔得惨、吹不响或得骂名，总之是"有效"但"有限"。认认真真地做事情，老老实实地做学问，真心实意地对待他人，问心无愧地尊重自己，就会活得大气、从容，也会有所成就。

我在自己的《哲学文集》的"后记"中曾说："科学家为人们揭示宇宙的奥秘，艺术家为人们激发生命的活力，政治家为人们开辟生活的方式，思想家应当为人们提供真实的思想。真诚的研究，真切的求索，真实的思想，应当是每一个以'思想'为生的'思想者'的存在方式。"我的70年，主要是后35年，"专业"和"事业"就是"哲学"。所以，我对人生的感悟与对哲学的理解是分不开的。哲学所"表征"的，是人的超越的、理想的、形上的存在，是人的无尽的向往、憧憬和追求。在无尽的追求中来展现自己的形上本性，这大概就是哲学的人生。2013年，我写了一首难以称为诗的《咏叹哲学》，表达了我对哲学的"形而上学"的理解，就以此来抒发我对人生和哲学的"感悟"吧。

"不知其不可而为之"，这是形而上学的恐怖；
"知其不可而不为之"，这是形而上学的退场；
"知其不可而必为之"，这是形而上学的追求。

形上的哲学并非"抽象"，它承载的是"理性的具体"；
形上的哲学亦非"神秘"，它求索的是"生活的意义"；
形上的哲学更非"无用"，它讲述的是"认识你自己"。

存在，不是存在者的现在，而是从过去走向未来；
思想，不是存在者的映现，而是从混沌走向澄明；
人生，不是存在者的年轮，而是从幼稚走向成熟。

哲学书写着各种各样的理想——像"我"这样向往生活；
哲学镌刻着各种各样的思想——像"我"这样理解生活；
哲学塑造着各种各样的存在——像"我"这样对待生活。

我常常在房间里踱步——被思想激动得不能安坐；
我常常在窗台前眺望——以思想窥见澄澈的天光；
我常常在书桌上疾书——让思想在笔端自由流淌。

三 学问之道的自我领悟

读书、思考和写作，构成了我的生命历程和心路历程，也形成了我对学问人生的体验和感悟。撰写学术论著之余，或是有感而发，或是应人之约，又讲了或写了一些"做学问"的心得体会，这就是下面的"学问之道的自我领悟"。

（一）学问之道

学问是"做"出来的。自觉地做学问，我感到有五对范畴值得认真地思考和深切地体会：一是名称与概念，二是观察与理论，三是苦读与笨想，四是有理与讲理，五是学问与境界。

1. 名称与概念

黑格尔有句名言：人们经常挂在嘴边的名词，往往是最无知的。这是因为，人们用以指称和把握对象的任何一个名词，都既可能是关于对象的规定性的概念，也可能是关于对象的经验性的名称。名称只是一种熟知，一种常识，概念则是一种真知，一种理论。熟知不需要专业性的研究，真知则需要专业性的研究。把熟知的名称升华为真知的概念，就是把非专业的常识上升为专业化的理论。因此，所谓专业地"做学问"，其实质内容就是把名称变为概念。

比如，非物理学专业的人，也总是使用声、光、电、分子、原子、微观粒子这些名词，但这些名词只是用以指称对象的经验性的名称，而不是用以把握对象的规定性的概念。同样，非哲学专业的人，也总是使用存在、物质、规律、真理这些名词，但这些名词同样只是用以指称对象的经验性的名称，而不是用以把握对象的规定性的概念。例如，究竟什么是"存在"？在用以指称对象的经验性的名称中，"存在"就是"有没有"，"有"就是存在，"没有"就是不存在。然而，在用以把握对象的规定性的哲学概念中，"存在"成为全部哲学思想的聚焦点。从巴门尼德的存在与非存在到康德的物自体与现象界，从黑格尔的"纯存在"到马克思的"现实的生活过程"，"存在"这个名词获得了历史性的和开放性的哲学内涵，从而构成积淀和结晶着全部哲学史的哲学范畴。因此，在哲学专业的意义上使用"存在"这个概念，就必须是以"建立在通晓思维的历史和成就的基础上的理论思维"去辨析这个概念，深化对这个概念的理解。

列宁说，概念、范畴并不是认识的工具，而是认识的"阶梯"和"支撑点"。这就是说，在人类认识的历史进程中，概念、范畴既是认识的积淀和结晶即认识的成果，又是认识的"阶梯"和"支撑点"即认识的前提。作为认识的结果，它是以经验为基础的专业化的研究成果；作为认识的前提，它直接地构成专业化研究的不可或缺的基础性前提。

概念、范畴作为专业化的认识的结果和前提，它蕴含着相互依存的两方面内容：一是它积淀和结晶了人类的认识史，二是它内含着"整个世界"和"全部生活"。人类的认识史，既是对"整个世界"的规定性的不断拓展和深化的认识，又是对"全部生活"意义的不断拓展、深化的理解；而对"整个世界"和"全部生活"的认识和理解，又构成人类的认识史。因此，真正把名称升华为概念，也就是从非专业的熟知升华为专业性的真知，就必须形成两个方面的自觉意识：一是必须"寻找理论资源"，"通晓思维的历史和成就"，以概念作为专业性研究的"阶梯"和"支撑点"；二是必须把握本学科关于对象世界的规定性以及本学科已有的对"全部生活"的理解。从名称到概念，这是专业地"做学问"的基本前提。

对于"做哲学"来说，要把名称升华为概念，"通晓思维的历史和成就"，与对"全部生活"的体悟和思辨，是同等重要的。首先，哲学是历史性的思想，哲学史则是思想性的历史，离开思想性的历史，就无法形成历史性的思想。哲学从名称到概念，就是在思想性的历史中不断地结晶为历史性的思想。不熟悉思想性的历史，哲学名词就只能是常识性的名称，而不可能是哲学概念。其次，哲学作为理论形态的人类自我意识，它的历史性的思想，只能是每个时代的哲学家对生活的体悟和思辨的产物。历代的哲学家都既是以人类的名义讲述个人对生活的理解，又是以个人的名义讲述人类生活的意义。理解他们对生活的理解，特别是超越他们对生活的理解，就必须注入我们的体悟和思辨。否则，我们所接受的就是没有生命的名称，而不是活生生的概念。学习和研究哲学，慎思明辨的理性和体会真切的情感，是不可或缺的。黑格尔说，同一句格言，在一个饱经风霜的老人那里，与在一个未谙世事的孩子那里，其含义是完全不同的。辛弃疾说，同一个"愁"字，少年是"为赋新词强说愁"，而老人则是"却道天凉好个秋"。这是值得深长思之的。

2. 观察与理论

概念、范畴作为认识的"阶梯"和"支撑点"，它在"做学问"的过程中的重要作用，直接地表现在它是阅读文本和观察现实的理论前提。由此就提出"做学问"中的观察与理论的关系。

人是历史、文化的存在，人们对文本的阅读和对现实的观察，必须并且只能以已有的概念、范畴、知识、理论构成基本的主体条件。用现代科学和现代哲学的说法就是：观察渗透理论，观察负载理论，没有中性的观察，观察总是被理论"污染"的。借用哲学家黑格尔的说法就是：没有概念把握的对象，对象只能是"有之非有"、"存在着的无"——对象存在着，但对认识的主体来说并不存在。生活中的简单事实就可以说明这个道理：体检时的胸透片和心电图，被体检的人如果没有相应的医学知识，虽然胸透片和心电图放在眼前，但却根本无法知道自己的肺和心脏是否有毛病。同样，如果没有物理的、化学的、生物的、地质的或天文的相关知识，各种的物理现象、化学现象、生物现象、地质现象或天文现象，对观察主体来说也是"有之非有"、"存在着的无"。

这个常识性的道理，对于"做学问"来说是至关重要的。理论既是把握和解释观察对象的概念系统，又是规范人的思想和行为的概念系统。首先，理论具有解释功能。它的概念系统凝结着人类的认识史，结晶着人类对世界的规律性的认识，因而能够对事物即观察对象作出超越经验性描述的规律性的解释。离开理论的观察，只能是对观察对象的经验性的描述，也就是把名词当作指称对象的名称。其次，理论具有规范功能。它以自己的概念系统规范人们想什么和不想什么、怎么想和不怎么想、做什么和不做什么、怎么做和不怎么做，也就是规范人们的思想内容和思维方式、行为内容和行为方式，即规范人们的所思所想和所作所为。离开理论的观察，就难以在问题的意义上去想什么和做什么，更不知道应当怎样想和怎样做。许多人之所以提不出真实的问题，理解不了真实的问题，其重要原因就在于缺乏应有的理论。再次，理论具有批判功能。它以自己的概念系统审视和反省人的思想和行为，质疑和矫正人的思想和行为。在这个意义上，理论就是实践的反义词，理论就是对实践的反驳。正是理论的批判功能，才能引导做学问的人发现理论困难和创新理论思路。离开理论的批判，既难以触及问题的实质，更难以作出有说服力的批判。一些"质疑"或"商榷"文章之所以言不及义或难以服人，其重要原因也在于缺乏相应的理论。最后，理论具有引导功能。理论是构成目的性要求和理想性图景的深层根据，它的概念系统引导人们认同新的价值目标和世界图景。因此，有没有阅读文本和观察现实的相应的概念系统，有多少和什么样的参照的概念系统，直接地决定了"做学问"的层次和水平。

3. 苦读与笨想

做学问必须"读"和"想"，但仅仅是"读"和"想"，对于做学问来说却是远远不够的。真正的做学问，必须是"苦读"和"笨想"。

做学问需要两个积累：一是文献积累，了解和熟悉别人的相关的研究成果，"得道于心"；二是思想积累，形成和论证自己的独到见解，"发明于心"。前者主要是"寻找理论资源"，后者则重在"发现理论困难"。前者需要"苦读"，后者需要"笨想"。

所谓"苦读"，强调的是一个"苦"字——不一目十行，不浮光掠影，不寻章摘句，不只过目而不过脑。首先要知道人家到底说些什么，人家到底怎样论证自己的说法，人家的这些说法到底有什么根据和意义。总之，读书首先要"发现人家的好处"。如果发现不了人家的好处，大概有两种情况，或者是因为它确无价值，或者是因为自己没读进去。如果是前者，可以由此引发自己对问题的思考；如果是后者，这书就等于白读了。读进去，读出人家的好处，才能成为自己的理论资源，才是"得道于心"。

"读"，又不只是为了"寻找理论资源"，而且是为了"发现理论困难"。这不只是说要发现阅读对象的问题，更重要的是发现阅读对象为什么会出现这种问题，他所面对的真实的理论困难是什么。借用王国维的读书三境界，读书首先是"独上高楼，望尽天涯路"，博览群书，开阔心胸和视野，修炼性情和品位；其次是"衣带渐宽终不悔"，钻研问题，呕心沥血，磨炼意志和毅力，施展体悟和思辨；最后境界则是"众里寻他千百度，蓦然回首，那人却在，灯火阑珊处"，于别人未见之处找到真实的问题。要达到最后境界，仅仅"苦读"又不够了，还必须"笨想"。

所谓"笨想"，强调的是一个"笨"字——不投机取巧，不人云亦云，不要小聪明，抛开一切文本，"悬置"一切成说，面向事情本身——到底是怎么回事？在这种"笨想"中，"人云"的一切都化作退入背景的知识，都不再是"想"的立足点和出发点，乃至"笨"到只是追问谁都不认为是问题的问题——这到底是怎么回事？比如，通常都把哲学定义为"理论化的世界观"，然而，究竟什么是"世界观"？世界观是人站在世界之外"观"世界，还是人在世界之中"思"世界？具体言之，什么是世界观的"世"？是与人无关的自然而然的"世"，还是人生在世之"世"？什么是世界观的"界"？是与人无关的无始无终的"界"，还是人在途中之"界"？什么是世界观的"观"？是与人无关的物的目光和神的目光，还是人生在世和人在途中的人的目光？对世界观的不同理解，构成了对哲学的不同理解；发现关于世界观的不同的解释原则，才会发现各种哲学的根本分歧。只有"笨"到追问各种似乎是不言而喻、不证自明、毋庸置疑和天经地义的问题，才会形成振聋发聩的真知灼见。

"笨想"既是以"钻进去"的"苦读"为基础，又是以超越"苦读"的"跳出来"为目的。不以"钻进去"的"苦读"为基础，所谓"笨想"就只能是没有根据的突发怪想或胡思乱想：要么什么也想不出来，要么想出来的没有意义。但是，如果只是"钻进去"的"苦读"，也难以形成"跳出来"的"思想"。这就要求做学问必须有两个积累，一个是"苦读"所形成的"文献积累"，一个是"笨想"所形成的"思想积累"。没有扎实的"文献积累"，就不会形成真实的"思想积累"；仅仅有"文献积累"，却不一定形成真实的"思想积累"。借用形式逻辑的道理，这就是："苦读"及其所形成的"文献积累"，只是形成思想的必要条件，而不是形成思想的充分条件；形成思想的充分条件是复杂的，除了文献积累之外，至少还必须加上由"笨想"所形成的思想积累。思想积累多了，就形成了自己的有系统的思想。

4. 有理与讲理

苦读和笨想，目的只有一个，就是"有理"——不仅想清楚别人所讲的道理，而且想清楚别人没讲的道理。想明白的道理就是学问，想明白道理的过程就是做学问。做学问就是在苦读和笨想的过程中想清楚别人讲过的、特别是别人没讲过的道理。

由此提出的问题是：别人所讲的道理，自己是否真的明白了？特别是别人没讲的道理，自己是否真的清楚了？或者说，自己觉得"有理"，是否真有道理？这就需要"讲理"——把自认为清楚和明白的道理讲出来、写出来，让它们成为自己和他人的批判对象，看看这些道理是否经得起追问、经得起质疑、经得起推敲。我把这个"讲理"的过程，称作"基本理念概念化"的过程，也就是对自以为清楚的道理进行系统性的论证和辩证的过程。这个"讲理"的过程，同"有理"的过程是同等重要的。

黑格尔说，真理是"全体的自由性"与"环节的必然性"的统一。"全体的自由性"，可以有两种情况：一是没有"环节的必然性"，因而只是一种主观的、虚幻的、抽象的、空洞的"自由性"，因而只是一种"意见"，而不是"真理"；二是体现为、实现为"环节的必然性"的"全体的自由性"，因而是一种客观的、真实的、具体的、丰富的"自由性"，因而不只是一种"意见"，而是一个真理。这个真理，是由抽象到具体的"许多规定的综合和多样性的统一"，也就是马克思所描述的"理性具体"。所谓"做"学问，即把学问"做"出来，就是要把"基本理念概念化"，要在"讲理"的过程中达到"理性具体"。黑格尔说哲学是最具体的，是最反对抽象的，就是要求把"全体的自由性"诉诸为"环节的必然性"，把无规定性的名称升华为规定性越来越丰富的概念。黑格尔的《逻辑学》是其基本理念概念化的理性具体，马克思的《资本论》也是他的基本理念概念化的理性具体。《逻辑学》为我们讲述了黑格尔的思想的内涵逻辑，《资本论》则为我们讲述了马克思的历史的内涵逻辑。这两部经典著作，都为我们提供了"讲理"的典范、"做学问"的典范。

"有理"是把道理"想清楚"，关键在于"苦读"和"笨想"；"讲理"是把道理"讲明白"，关键在于"分析"和"论证"。而是否真的"想清楚"了，又在于是否真的"讲明白"了。所以，"讲理"不只是把"有理"系统化、逻辑化，而且是把"有理"引向清晰、确定和深化。因此，"讲理"不只是要"说"明白，更重要的是要"写"明白。在"做学问"的过程中，"写"是比"说"更重要的"讲"。

把"讲"当成"说"，往往会避重就轻，避难就易，轻描淡写，"化险为夷"，能说的就说，说不通的就滑过去。其结果，那个"全体的自由性"并没有实现为"环节的必然性"，那个"基本理念"并没有"概念化"，因此，那个"基本理念"或"全体的自由性"是否真的"有理"，也就不得而知了。

把"讲"作为"写"，情况就大不一样了。"写"就必须把"基本理念概念化"，必须把"全体的自由性"诉诸为"环节的必然性"。这就是论证和辩证。在论证和辩证的过程中，任何一个"名词"都不能只是一个指称对象的"名称"，而必须是一个关于对象的规定性的"概念"；任何一个概念都不能只是孤立的观念，而必须在特定的概念框架中获得相互的规定和自我的规定、相互的理解和自我的理解；任何一个概念都不能只是抽象的规定，而是在由抽象到具体的概念运动中获得越来越丰富的规定，并由此构成"环节的必然性"。所谓辩证法，就是在概念的相互规定中达到理性的具体。马克思说，人们可以对《资本论》提出各种批评，但《资本论》作为一个"完整的艺术品"，他是引为自豪的。作为"完整的艺术品"的《资本论》，就是运用辩证法的艺术，就是在"讲理"的过程中所实现的"全体的自由性"与"环节的必然性"的统一。

思想者是以思想为生的。用"痛并快乐着"来形容学者的生活，大概是最恰当的。这个"痛并快乐着"，不只是体现在"苦读"和"笨想"的过程中，而且更深切地体现在"讲理"即"写作"的过程中。好些人之所以不能"读"出"人家的好处"，之所以不能"想"出"自家的道理"，关键在于不能"写"出"自己的文章"。事非经过不知难。文学评论家何其芳曾说，《红楼梦》是把生活的大山推倒，又重塑了艺术化的生活的大山。学问家也是把观念的大山推倒，又重塑了理论化的思想的大山。"写"出"自己的文章"，是以苦读和笨想为基础的"讲理"的过程，是把"全体的自由性"诉诸为"环节的必然性"的过程，真正"讲理"的"专著"是"痛并且快乐着"的产物。许多的书籍之所以只能称为"编著"，而不能称为"专著"，就在于它的产生并没有真实的"痛并且快乐着"的过程，因而也就没有实现"基本理念概念化"，也就是没有实现"环节的必然性"。

"讲理"是艰苦的。"讲理"的过程，就是"跟自己过不去"的过程。作为人文学者，"讲理"有三个要素：一是思想，二是逻辑，三是语言。所谓"思想"，就是要有独立的创见，这就需要"在思想上跟自己过不去"，讲出别人没想到或没想清楚的道理；所谓"逻辑"，就是要有严谨的论证和睿智的辩证，这就需要"在论证上跟自己过不去"，讲出"环节的必然性"；所谓"语言"，就是要有清晰而优美的表达，这就需要"在叙述上跟自己过不去"，把道理讲明白、讲透彻。"有理"和"讲理"是艰苦而又快乐的创作过程，也就是"做学问"的学者的生活。

5. 学问与境界

人们常把"为学与为人，其道一也"视为做学问的至理名言。然而，人们对于这个"道"的理解并不一样。我觉得，为人之道和为学之道，都是达到一种"洒脱通达的境界"，因此"其道一也"。

为人和为学的"境界"，并不是玄虚的、神秘的，它具体地体现在为人和学的"大气"、"正气"和"勇气"之中。所谓"大气"，就是"立乎其大者"，有高尚的品格和品位，有高远的志向和追求，有高明的思想和见地；所谓"正气"，就是"真诚地求索"，有"抑制不住的渴望"，有"直面事情本身"的态度；所谓"勇气"，就是"异常地思考"，有"吾爱吾师吾更爱真理"的信念，有"语不惊人死不休"的理想。这种"大气"、"正气"和"勇气"，就是为人、为学的"境界"。

大气，首先是志存高远，有强烈的社会责任感，有博大的人文情怀，有敏锐的问题意识。理论是思想中的现实,问题是时代的呼声。以强烈的社会责任感和博大的人文情怀去捕捉和发现时代性的重大问题,并以理论的方式直面现实,这是思想者的最为根本的大气。大气又是"先立乎其大者"。海德格尔说,"伟大事物的开端总是伟大的"。对于"做学问"来说,开端的伟大,就是在基础性的、根本性的问题上形成自己的"基本理念"和"解释原则"。它是照亮自己所研究的全部问题的"普照光"。一个搞哲学的人,没有对哲学本身的深切的追问,没有关于哲学的真切的体悟,是难以达到哲学"境界"的。例如,把"哲学"分解为若干二级学科进行专门研究是必要的,但是,没有超越各个二级学科的哲学理念,却往往导致并不是在"哲学"的意义上提出和论证问题,乃至出现哲学常识化或哲学科学化的思潮。再如,把"哲学"研究具体化为对哲学家、哲学论著、哲学派别、哲学思潮的研究是重要的,然而,没有研究者自己对哲学本身的总体性理解,没有研究者自己对哲学基础理论的系统性把握,既难以真切地理解研究对象的思想,更难以真实地提出超越研究对象的思想。研究者的学养、悟性和境界,深层地决定"做学问"的水平。

正气,就是真诚地求索。"文章千古事,得失寸心知。"自己有多少"文献积累",自己有多少"思想积累",自己有多少"独立见解",自己是最清楚的。讲课时,什么时候理直气壮,什么时候惴惴不安;写稿时,什么地方酣畅淋漓,什么地方捉襟见肘;这些,有谁会比自己体会更深呢?叶秀山先生在《读那些有读头的书》一文中说,你对老黑格尔提问,可以一直追问下去,他总有话对你说。我们的讲稿或论著,究竟能够回答多少追问,自己是清楚的。学问是老老实实的东西,做学问需要老老实实的态度。这就是做学问的"正气",也就是做学问的境界。

勇气,就是异常地思,辩证地思,就是马克思所说的"在对现存事物的肯定的理解中同时包含对现存事物的否定的理解"。对于哲学来说,它要激发而不是抑制人们的想象力、创造力和批判力,它要冲击而不是强化思维的惰性、保守性和凝固性,它要推进而不是遏制人的主体意识、反思态度和创造精神,因此,"做哲学"就是"对假设质疑,向前提挑战",追究生活信念的前提,质疑经验常识的根据,反思历史进步的尺度,审讯评价真善美的标准,反对人们对流行的生活态度、思维方式、价值观念、审美情趣采取现成接受的态度。这种异常之思，植根于长期的"苦读"和"笨想"，体现在切实的"有理"和"讲理"，因而实现为富有启发性和建设性的思想。学问的境界，就是有价值的思想。

（二）用心于真

在学术研究中，我强调四个"真"字：一是真诚，要有抑制不住的渴望；二是真实，要有滴水穿石的积累；三是真切，要有举重若轻的洞见；四是真理，要有抽丝剥茧的论证。

学术研究首先要有真诚的态度。从事学术研究，不仅仅是一种职业化的存在方式，而且是一种赋有特殊意义并因而提出特殊要求的职业化的存在方式。学术乃天下之公器。传承和创新人类文明的强烈的社会责任感和敏锐的问题意识，应当是对从事学术研究的人的特殊要求，它要求学者具有传承和创新人类文明的"抑制不住的渴望"。

真诚是学术研究的态度，真实是学术研究的过程。学术研究的"真实"，首先是要有真实的积累过程。我自己的体会是，学术研究要注重三个积累：一是文献积累，得道于心；二是思想积累，发明于心；三是生活积累，活化于心。这三个积累既是不可或缺的，也是不可替代的。没有真实的文献积累，不能系统地掌握已有的研究成果，就失去了列宁所说的认识的"阶梯"和"支撑点"，就会把创造性的学术研究变成"无本之木"的重复性工作；没有真实的思想积累，不能在文献积累中发现真正的学术问题，不能形成自己的有根据的独到见解，就会把创造性的学术工作变成"钻故纸堆"的技术性工作；没有真实的生活积累，不能以真实的生活体验活化已有的文献积累和思想积累，就会把创造性的学术研究变成"纸上得来终觉浅"的表面文章。理论是思想中的现实。任何重大的理论问题都源于重大的现实问题，任何重大的现实问题都深层地蕴含重大的理论问题。以真实的生活积累活化厚重的文献积累和深沉的思想积累，又以厚重的文献积累和深沉的思想积累激发切实的生活积累，哲学社会科学研究才会有富于启发性和创造性的研究成果。

"文章千古事，得失寸心知。"一个学者，自己有多少"文献积累"，有多少"思想积累"，有多少"生活积累"，自己是最清楚的。讲课时是理直气壮还是惴惴不安，写稿时是酣畅淋漓还是捉襟见肘，有谁比自己体会更深呢？学界强调理论创新，然而理论创新既不是一个口号，也不是一句套话，它既不能随手拈来，也不能刻意为之，而是在厚重的文献积累、深沉的思想积累和切实的生活积累的基础上，使人的思想在瞬间达到意想不到的境界，形成真切的、举重若轻的"洞见"。"众里寻他千百度，蓦然回首，那人却在，灯火阑珊处"，这是学术研究有所发现的最为真切的写照。

学术研究不仅要形成独到的见解，而且要"以理服人"，这就需要"基本理念概念化"，对自己的"思想"进行逻辑化、系统化的论证，而不能避重就轻、避难就易、轻描淡写、化险为夷，能说的就说，说不通的就不了了之。文学评论家何其芳说，《红楼梦》是把生活的大山推倒，又重塑了艺术化的生活的大山。学术研究也要把观念的大山推倒，再重塑理论化的思想的大山。就此而言，对学者来说，多写才是硬道理，论证才是真功夫。一些从事学术研究的人，之所以读不出人家的好处，之所以悟不出自家的道理，关键在于写不出自己的文章。许多书籍之所以不能称为专著，而只能称为编著，就在于它没有自家的道理，也没有对自家的道理作出逻辑化和系统化的论证。哲人黑格尔说，真理是"全体的自由性"与"环节的必然性"的统一。以抑制不住的渴望探寻真理，以滴水穿石的积累趋向真理，以举重若轻的洞见发现真理，以抽丝剥茧的论证阐述真理，这就是"用心于真"的学术研究。

（三）重在积累

很多人把文科想得非常简单，常常这样提出问题：文科不就是面向社会吗？不就是研究人吗？人不就是这样吗？社会不就是这样吗？书里不是都有答案吗？这种想法的产生，是同多年来的文科状况密不可分的，特别是把文科教材当成"标准答案"，更是强化了人们对文科的误解。

其实从某种意义上说，搞文科比搞理科还要困难。我把搞文科概括为8个字："功夫、学养、悟性、境界。"没有专业系统的"功夫"，没有广博知识的"学养"，没有很高的"悟性"，没有强烈的人格的魅力和"境界"，文科是搞不好的。现在存在一个巨大的误解，好像文科人人都能搞。我觉得搞文科是有前提条件的。我把它概括为四句话：一套概念系统，一套背景知识，一套研究思路，一套评价标准。

一套概念系统。

什么叫理论？理论就是规范人们的思想和行为的各种概念系统。不是概念系统的不可能称为一门学科、一种理论。所以大家想一想，我们之所以能够叫做专业的教师、专业的研究人员，我们所具有的和别人不具有的，首先就是一套概念系统，即有没有一套概念系统是专业和业余的区别。我经常收到业余的搞哲学的人给我寄来的研究成果，而且都比较自信，认为他解决了全部的哲学问题。他首先缺乏的就是一套概念系统，没有这套概念系统不可能是专业意义上搞这门学科。

"概念"与"名称"是有原则区别的。就像黑格尔所说的，名称不是概念。大家想一想这个问题，为什么你是专业的？因为你操作的是一套概念；他为什么是业余的？他操作的是一套名称，或者说，他是把专业性的概念当作常识性的名称来操作的。物质、意识、认识，他什么都能跟你说，但是不知道概念的内涵。什么是概念的内涵呢？列宁说"概念"、"范畴"是人类认识的"阶梯"和"支撑点"，是具有丰厚的历史内容的。比如说，"物质"，看不见摸不着，怎么还是"客观实在"呢？这就需要掌握蕴含在"物质"概念当中的人类的认识成果。掌握一套概念系统是极为艰难的。掌握的不是一套名称，而是一套概念。有了专业的概念系统，才能在专业的意义上进行研究。

一套背景知识。

真正的概念是蕴含着一套背景知识的。我最欣赏的是恩格斯关于哲学的说法，哲学就是一种"建立在通晓思维的历史和成就的基础上的理论思维"。哲学家必须"通晓思维的历史和成就"，所以哲学就是哲学史，哲学是一种历史性的思想，哲学史是一种思想性的历史，离开哲学史没有哲学。为什么在座的其他专业的老师学了一遍又一遍的哲学，但并不理解哲学，总是认为哲学"抽象"呢？就是因为你不知道古往今来的哲学家都说了些什么。那你还说什么呢？所以我认为所有文科科研，第一是表现出来的东西，就是概念系统；第二是隐含着的东西，就是隐含在概念之中的背景知识。谁不都需要站在巨人的肩膀上吗？所有的学科全如此。我最深刻的感受就是，我在讲所有的问题时，如果讲得好的话，都能浮现出众多哲学家关于这个问题都怎么看的，然后我再想出一个自己的想法。普希金说，"跟随伟大人物的思想是一门最引人入胜的科学"。这是耐人寻味的。

背景知识是最关键的。文科研究难就难在我们有没有下苦功夫去占有一套背景知识。我特别欣赏列宁说的,"不懂得黑格尔的《逻辑学》,就不懂得马克思的《资本论》",这就要求背景知识。列宁又追加一句话,"阅读黑格尔的《逻辑学》,是引起头痛的最好办法"。《逻辑学》蕴含着全部的哲学史,用恩格斯的话说,黑格尔是"以最宏伟的形式概括了全部哲学的发展",读《逻辑学》怎么能不头痛呢?我在讲"哲学通论"的时候常常说一句话,懂不懂哲学就看你懂不懂黑格尔。如果你认为自己或多或少懂得了黑格尔,你就懂哲学了,如果你读黑格尔实在读不进去,你确实还没懂哲学,当然就更难以理解马克思的哲学及其哲学变革了。如果我们不占有一套背景知识,我们的研究又有什么根据呢?

一套研究思路。

我们在研究过程当中应该自觉地形成一套研究思路,而不是随随便便进行研究。我把它叫作"三面向,三跳出"。文科的研究要面向文本、面向现实、面向自我。既要三面向又要三跳出,那就是面向文本与悬搁文本,面向现实与拉开间距,面向自我与跳出自我。这在我的研究当中是最重要的一种思路。

首先,必须面向文本,要多读书。理科不做实验就不要搞自然科学了,文科研究如果不读书就没办法搞了。这可以叫作"理科在实验,文科在文献"。我们的老师首先要进得去,还要出得来。这就是从自在和自为到自在又自为的过程,要进得去,要出得来。不仅要学会"面向本文",还要学会"悬搁本文",不仅要注重"文献积累",还要注重"思想积累"。这两个积累不能互相替代,也不能互相偏废。把读的东西放在一边,自己去冥思苦想,这是一种更重要的思想准备。

其次,要面向现实。但是,作为专业研究人员,究竟如何"面向现实"?许多人把"面向现实"理解为仔细地看,认真地听,似乎看的是什么样,就实事求是了。其实不然。我们现在最重要的说法,叫作"观察渗透理论","观察负载理论","没有中性的观察","观察总是被理论污染的"。我们有什么样的理论才能看到什么样的现实。真正的从实际出发要有背景知识,所以又必须与现实拉开间距。不久前我发表一篇文章,叫作《哲学如何面向现实》。广义地说,就是理论如何面向现实?只有和现实拉开间距才能深层地透视这个现实,才能理性地把握这个现实,才能批判地反思这个现实，才能理想地引导这个现实。否则"现实"不就变成了一系列的抽象的表象了吗？不就是马克思所说的"混沌的整体的表象"吗？这一点是比较重要的，就是既要面向现实又要拉开间距。

最后，既要面向自我又要跳出自我，既不囿于成见，又不流于空疏。当然，研究思路非常之多，以后有机会，可以进一步讨论。比如说，我非常愿意用自己的一个比喻，文科研究需要三个东西，叫作"靶子"、"灵魂"和"血肉"。第一是文科研究要有"靶子"，你针对什么。为什么有些人写的书多而论文少？书把一个东西叙述清楚就可以了，论文却必须针对某种或某些观点，有针对性地论证自己的观点。文科研究最重要的是要有"靶子"。第二是"灵魂"。有的文章用谁都听不懂的话在讲一个尽人皆知的道理，我们应该用谁都听懂的话讲一个谁都没有想到的道理。伽达默尔讲五个字，"合法的偏见"，振聋发聩。我们所有的认识成果都是偏见，又都具有历史的合理性，所以都是"合法的偏见"。第三是"血肉"。我常常愿意讲一句话，写小说的功夫不在"故事"而在"细节"，写论文的功夫不在"观点"而在"论证"。基本理念概念化，这是文科研究的真功夫，这是文科论著的"血"和"肉"。没有"血肉"，不就是毛泽东批评的"瘪三"吗？

一套评价标准。

很多人认为，文科这东西，天下文章一大抄。其实，我真的感到，行家一出手，便知有没有，我不敢说自己是行家，起码通过20多年的学习和研究，基本能做到，如果你给我一篇文章，就可以感受到它的档次。

我把文科的研究成果从高到低划分为五个层次：解释原则的创新、概念框架的构建、背景知识的转换、提问方式的更新、逻辑关系的重组。我看到我们的文科研究，好多都是第五个层次——逻辑关系的重组。表现在书上，都不是著，甚至都不是编著，而是编。书是分三个层次的，不用别人评，那出版社就给你评了，给你定位了，它写某某著，某某编著，某某编，这是不一样的。为什么叫"编"呢？因为你只是一种逻辑关系的重组，别人是那样叙述的，你换了一种叙述方式。最难的是解释原则的创新。我觉得一篇所谓的博士论文，它要求的是解释原则的创新，在座的还有我们搞科学哲学的老师，那就是科学哲学家拉卡托斯所说的"理论硬核"的改变。"取法乎上，仅得其中"，如果我们没有这样一种自觉的标准意识，没有这种自觉定位，我们就很难做高水平和高质量的文科研究。

虽然各个学科区别非常大，但是，凡是面向人和社会的文科研究，我认为还是有某些共同的东西。我把文科研究的主要工作概括为：寻找理论资源，发现理论困难，创新理论思路，作出理论论证。这四句话都是有针对性的，下面分别说一下。

寻找理论资源。

这和我上面所说的前提条件是吻合的，是一致的，就是要面向"本文"，我认为这是最主要的。这其中，首要的是迫使博士研究生寻找理论资源，这是一项最基本的工作。我觉得研究生学习就是寻找理论资源的过程，多读一点经典的书。我们老师也是这样，在寻找理论资源上下功夫。现在有些教师，特别是青年教师在寻找理论资源上有一些偏见，表现在重洋轻中，很多人甚至公开标榜中文的东西我不看。我觉得我们毕竟是在中国搞学问，洋的东西是应当多看，谁的外文越好，可能越便利些。但是如果从形式逻辑的角度说，外语是一个必要条件而不是一个充分条件。这就表现在我们很多的研究成果上，很少有人说是引证了当代中国谁的研究成果。对于国内的学者，是你没有读人家的呢？还是不屑于读呢？这是包括学风在内的问题。怎么去寻找理论资源？寻找哪些理论资源？这需要结合具体的学科，但有一点是共同的，没有理论资源就没有文科研究。

发现理论困难。

第二层意思我认为是最重要的，我们很多人的文科研究就是没看到理论困难。没有发现理论困难，怎么会有真实的理论问题呢？我举一个最简单的例子，说黑格尔是唯心论者，就批黑格尔了，但是有没有人问一问：如此聪明绝顶的、博学多才的黑格尔怎么搞唯心主义了呢？我们如此平常的人怎么都搞唯物论了呢？那么，黑格尔是遇到了什么不可解决的理论困难了呢？如果你没有这么问，你研究的是什么黑格尔？你怎么能够理解那个唯心主义呢？又怎么能够理解列宁说的"聪明的唯心主义比愚蠢的唯物主义更加接近于聪明的唯物主义"？又如何坚持唯物论和反对唯心论？

我常愿意举一个例子，通常说形而上学否认运动、变化、发展。能有这事吗？手一拍桌子，不联系？手一抬起来，不运动？你从小到大，不发展？既然如此，怎么还有形而上学呢？列宁说，"问题不在于有没有运动，而在于如何用概念的逻辑去表达它"。从经验事实上说，谁能否认运动？然而，当你用思维的逻辑去描述和解释运动的时候，却往往会感到概念的无能为力。所以列宁最欣赏黑格尔的一句话，从来造成困难的都是思维，思维把不间断的东西割断了。这就提出"思维和存在的关系问题"了。想一想，这才有哲学，才有我们所有的理论啊！如果不是有这样一种复杂的问题的话，为什么进行人文社会科学研究呢？

什么是人文社会科学？就是把简单的东西变复杂，因为事情本来就是复杂的，因为社会和人本来就是复杂的。而人文社会科学就是要揭示出社会和人的复杂性，从而变革人们对人与人、人与社会、人与世界之间关系的理解。所以我认为，文科研究是以寻找理论资源为前提，最重要的是发现理论困难。爱因斯坦说，"提出一个问题比解决一个问题更重要"。我们都强调问题意识，你怎么发现问题？一到写毕业论文的时候，要么想找点"热点"、要么想找点"冰点"，就是不想找"难点"。所以我说什么叫作博士，博士就是抓住基础理论、稳定研究方向、坚持独立思考、进行课题研究。发现不了理论困难，你怎么提出问题呢？

我们不仅要发现理论困难，还必须把理论的外部困难转化为理论内部的困难，也就是把理论与经验之间的矛盾升华为理论内部的逻辑矛盾。我们现在许多搞研究的同志，把理论的外部困难就自然而然地当成了理论内部的困难。这是理论研究的最大误区。看到理论和经验发生矛盾了，认为就是解决理论和经验之间发生的矛盾。其实，最大的困难是不能把外部的困难转化为内部的困难。如果你不能意识到理论的内部困难，就不可能有理论的创新。发现理论的内部困难，那就要"通晓思维的历史和成就"了。

创新理论思路。

我把哲学的创新概括为三种：创造、创意和创新。理论叫创新，生命叫创造，思想叫创意。没有生命的创造就没有思想的创意和理论的创新。哲学、文学是一致的。没有生命的创造想谈理论的创新是不可能的。"慎思明辨的理性"与"体会真切的情感"是水乳交融的，"反思"和"体悟"是不可或缺的。如果你有这种自觉意识的话，确实有助于你做到理论创新。

作出理论论证。

我认为我们的文科研究当中最大的问题有两个：一个是没有发现理论困

难，一个是没有做出理论论证。无论是评项目、评成果还是评书，我的最强烈的感觉就是缺少理论论证。不是"论著"吗？不是"论文"吗？但是就是没有"论证"。甚至我们一些博士论文还这样写：历史、现状、问题、对策。这是公文，不是论文。再看我们所谓的"专著"，编、章、节、目，就像毛泽东批评的，1234，甲乙丙丁，ABCD，开中药铺。每个小目不超过半页，多的不会超过两页，这样的书我不看。从这个角度看，评书非常好评，先翻一遍，如果一个问题不超过两三页，没有论证，恐怕就不会是有学术价值的好书。

公文是把一件事情说清楚，论文是把一个道理讲明白。所以论文在于论证，论证在于逻辑。所以我特别强调论文的逻辑之美。马克思说，"理论只要说服人，就能掌握群众，而理论只要彻底，就能说服人"。这就是论证的力量。我读马克思、恩格斯、列宁、毛泽东的书，总是被巨大的逻辑力量所震撼。我讲课特别提倡不用讲稿，这样才有利于你进行论证。旁征博引也好，逻辑分析也好，是在论证我的观点，而不是说这个问题分大一、二、三、四，还有小1、2、3、4。就是全记住了，有什么用呢？文科要达到的是一种境界，不是一种现成的知识。

我们为什么要进行文科研究？为了提职？为了换钱？这是症结之所在。文科搞得好不好就取决于此。爱因斯坦在《探索的动机》里讲有三种人进行科学研究。不久前在北京召开国际数学家大会，这些著名的数学家都在数学中获得了美的心理体验。常人看来一辈子陷在枯燥的数字堆里，实在没意思，而这些数学家说，我觉得没有比这更好的事了。不夸张地说，我搞哲学，我就觉得这个世界上没有比搞哲学更美好的事了。文科研究最根本的一点，就是抑制不住的渴望。什么是文科研究的抑制不住的渴望？首要的就是要有强烈的社会责任感，这种抑制不住的渴望首先是一种博大的人文情怀，是一种关怀人类命运的渴望。

第二种渴望是自我实现的渴望。如鲠在喉，不吐不快。从教学说，我教故我在，我教书所以我存在。老师不就是讲课的吗？你的自我实现不就是在课堂上吗？另一个自我实现不就是在你所写的论著当中吗？我觉得这是一种抑制不住的渴望，把自己想清楚的道理要告诉给别人的渴望。

更深层的是一种审美愉悦的渴望。别的高峰体验都没有比研究的高峰体验更使人激动。在研究当中发现了理论困难,进而形成了自己的独立的见解,而且试图对它作出理论论证的时候,这种研究中的高峰体验,我把它看成一种审美愉悦的渴望。

为学术而学术的态度。

我觉得任何一个口号的提出都应有它的针对性。"为学术而学术",曾经作为一个很不好甚至是错误的口号来批评。为什么?因为要强调为现实而学术,为政治而学术。我觉得,今天的文科研究人员,多了为功利而学术,为宣传而学术,为提职而学术。正是针对这种情况,我想提倡"为学术而学术",这包含四层意思。

一是职业学者的生活方式。你选择了一种职业,意味着你选择了一种生活方式。我们选择了文科研究,选择作为一个学者、一个职业学者而不是业余学者,你的生活方式就是为学术而学术,就是通过研究学术你才存在的。

二是职业学者的生活态度。你怎么理解生活的?你怎么对待生活的?你是一种为学术而学术的生活态度。就是说,你以学者的态度去看待生活、去理解生活,对生活进行理想性的引导。

三是职业学者的工作方式。这就更加切实了。怎么工作呢?为什么有这样一句话呢?叫作"学术无禁区,宣传有纪律"。我同意这句话。宣传总要有个口径吧?学术必须独立思考吧?搞学术与搞宣传,你的生活方式、生活态度、工作方式、应有心态都不一样。要有一种自觉意识,这两种工作不一样。为学术而学术,重要的是一个求真意识。为学术而学术是我们的工作方式,这是以学术面向现实的方式。

四是职业学者应有的心态。记得80年代我正读博士的时候,研究生院组织讨论"红、黄、黑",当官的路红通通,经商的路黄灿灿,搞学问的路黑洞洞,这样说来,谁都愿意红通通、黄灿灿,谁又愿意黑洞洞呢?那时是刚刚搞市场经济,而我们今天实现了条条大路通罗马。价值多样化了,我们做什么都能够得到这个社会的承认,而且我觉得对于有的人来说,学术的选择应该是你最好的选择。这种心态用哲学的话来说就是"平常心,异常思"。许多人把它颠倒了,"平常思"而"异常心",生活、行为都和别人不一样了。所以我们应有一种为学术而学术的应有的心态,这一点对于我们来说是非常重要的。

最关键的是要有难为自己的韧性，或者说要在思想上跟自己较劲。文科研究的过程就是在思想上和自己较劲的过程。

为什么文科研究会出现"三多三少"呢？教学多而科研成果少，书多而论文少，一般性的文章多而好的文章少？"文章千古事，得失寸心知。"很多人说过，隔几年看自己写的文章看不进去了，脸红了。这就是当时没跟自己较劲。如果当时在思想上跟自己较劲，我觉得你对于自己写过的东西是非常珍惜的、亲切的，总觉得是很有价值的。

你有套概念系统、研究思路，关键是这个研究过程是不是和自己在思想上较劲了，和自己在思想上过不去了。我觉得我能做出一些研究成果，就是不断地和自己在思想上较了20多年的劲！我自己没有印象是真正过个春节，没有假日的概念，总有一些问题萦绕在自己脑海里面。

1985年我在《哲学研究》上发表了第一篇文章，文章的题目叫作《认识的内容和形式的二重性》，我觉得确实是个较劲的结果。教科书上说了，人的认识内容是客观的而形式是主观的。我要给学生讲课，我绞尽脑汁去想，如果内容要想客观，形式能否主观？我要戴一个墨镜，看的东西都是黑的了。我的主观形式是黑的，意识内容能有赤橙黄绿青蓝紫吗？所以我就提出一个问题：如果认识的形式是主观的，就没有认识内容的客观性。这就是"较劲"的结果。

我从1986年开始，到1987年底，写完了《从两极到中介——现代哲学的革命》这篇文章。这篇文章之所以有较大的影响，被许多杂志转载，应当说是用心的结果。无论是哲学研究，还是现实生活，我们在相当长的时期里总是两极对立、非此即彼，特别是十年"文化大革命"，更是要么"高大全"，要么"坏透顶"，一研究哲学就只能讲唯物论与唯心论、辩证法与形而上学，把哲学的派别冲突简单化了，也就把哲学庸俗化了。马克思的"实践转向"解决了一个根本的问题，它超越了两极对立的模式，从人类的实践活动及其历史发展出发去看待人与世界的关系，因而实现了现代哲学的革命。我的这篇文章正是以理论的方式表征了时代的变革和哲学的变革。

我写的博士论文是探讨"论辩证法的批判本性"。我向自己提出一个问题：谁都承认辩证法是批判的，都说辩证法具有批判的功能，但为什么辩证法只能是批判的，不能是非批判的？我就和自己较这个劲，为什么辩证法是批判的？形而上学怎么就不批判呢？憋了一年半，终于明白一个道理，那就是恩格斯的一段话。恩格斯说，"我们的主观的思维和客观的世界服从于同样的规律，因而两者在自己的结果中不能互相矛盾，而必须彼此一致，这个事实绝对地统治着我们的整个理论思维。它是我们的理论思维的不自觉的和无条件的前提"。这就是说，无论在我们研究当中还是生活当中，我们都把思维和存在的统一性当作一个"不自觉的和无条件的前提"，认为思维关于存在的规定也就是存在本身的规定。正是把这个"不自觉的和无条件的前提"当作一个批判和反思的对象，所以辩证法才在本性上是批判的。我觉得这篇论文确实解决了一个重大的问题，就是辩证法的批判本性的根据问题，其实也就是哲学的批判本性的根据问题，因而我把这篇博士论文的正标题叫作《理论思维的前提批判》。

我觉得当代中国哲学最重要的问题，是哲学与科学的关系问题。教科书模式的问题就在这里，哲学改革就是解决这个问题，哲学与科学的关系问题。但是这个问题怎么解决？我和自己较了几年的劲。我想我初步想清楚了这个道理，这就是：科学以整个世界为对象，从而形成关于整个世界的全部思想，而哲学以科学所提供的关于整个世界的全部思想为对象，反过来而思之，这就是哲学的"反思"。科学是形成关于世界的思想，而哲学是对科学所形成的思想的反思，因此哲学是一门反思的学问，也就是思想以自身为对象反过来而思之。所以我说，只有当着哲学"无家可归"的时候，哲学才真正地"四海为家"。也就是只有当哲学像恩格斯所说的那样被"驱逐"出了自然领域，被"驱逐"出了社会历史领域，又被现在的思维科学"驱逐"出了思维领域，才有了今天的"四海为家"的哲学。这就是当代的哲学范式的革命。

这是我举的例子。我觉得我能写出的任何有价值的论文和书，都是和自己在思想上较劲的结果。我写《崇高的位置》，构思这本书时脑子里一直就萦绕着一个问题：哲学是对崇高的寻求，在寻求的过程中自己就变成了异化的崇高，而哲学的发展过程就是哲学自我消解和自我重构的过程，也就是消解异化的崇高和重构崇高的过程。所以哲学的历史是一个崇高的寻求，崇高的自我异化，消解被异化的崇高和重建崇高的四重化的过程。想清楚这个思路，自己觉得真是痛快淋漓。

我近年来在想一个问题,哲学应该有一个它的特殊方式。我觉得整个现代哲学没有解决卡尔纳普给现代哲学设置的"陷阱"。卡尔纳普说,语言有两种职能,一种是语言的表述职能,陈述经验事实;一种是语言的表达职能,表达情感和愿望。充当语言表述职能的是科学,充当语言表达职能的是艺术。语言只有两种职能,因此哲学要么像科学那样"表述",要么像艺术那样"表达",所以要么哲学"科学化",要么哲学"艺术化",而哲学既不能像科学那样表述经验事实,又不应该像艺术那样表达情感意愿,哲学不就应当被"消解"了吗?所以现代哲学就落入了卡尔纳普的陷阱,我们中国的教科书就是试图"哲学科学化"。在这里有一个认识上的困难,就是如果哲学不充当表述职能,那就充当表达职能,所以后现代主义非常明确地提出哲学的拟文学化。我就想不陷入这两个圈套,1997年我在《社会科学战线》上发表了《论哲学的表征意义》,提出哲学既不是"表述",也不是"表达",而是"表征"。我做了一个论证,要是从"表述"角度去看,比如"我思故我在"、"存在就是被感知"、"绝对理念的自我运动"、"语言是存在的家",这不都是唯心主义的胡说八道吗?我思想我存在,我不思想我就不存在了吗?存在就是被感知,我没感知到的存在就不存在了?都这么批判笛卡儿和贝克莱。批判黑格尔时说,也不知道什么地方有一个绝对理念在那里游荡着,然后外化出个自然界,再外化出人的社会,外化出人的思想。有这样的笛卡儿、贝克莱和黑格尔吗?问题就出在不理解哲学不是表述,不是表达,而是表征。哲学是以理论的方式"表征"了某种时代精神,而不是"表述"某种经验事实。笛卡儿"表征"的是理性权威,贝克莱"表征"的是认识的反省,黑格尔"表征"的是思想体系的时代。这是哲学与科学的区别,也是哲学的思维方式与科学的思维方式的区别。当然我正在做这项工作,是否有道理是另一个问题。我的一个博士生说,我的思想历程是"超越两极,批判前提,寻求崇高,表征意义"。这大概就是我所做的主要工作吧。

美的心理体验。

正是因为有一种抑制不住的渴望,有一种为学术而学术的心态,有这样一种和自己较劲的韧劲,才能在研究的过程中、在研究的结果中感受到的不是一种痛苦,而是一种从未有过的、常人难以体会到的美的体验。我曾写过一篇短文,叫作"找感觉"。所有的感觉都能感受到人生的快乐,但很难有我们这样一种创造的心理体验，这样一种无可替代的人生的幸福。别看歌曲中唱"跟着感觉走，紧抓住梦的手"，但人的最大的幸福是"跟着理性走，紧抓住哲学的手"。的确是这样，理论研究能感受到常人无法体会到的美的喜悦。马斯洛说过，人的需要有不同的层次：生存需要、安全需要、归属需要、尊重需要、审美需要，而审美需要才是一种真正的自我实现。我想我们在文科的研究当中，如果有一种抑制不住的渴望，有一种为学术而学术的态度，有一种跟自己较劲的韧劲，能够达到一种美的心理体验，那么我们的人生和工作就是快乐的。

（四）学术标准

1. 分清层次　自觉定位

从20世纪80年代初恢复研究生培养制度，仅仅经过20余年，我国已经成为"生产"博士的大国之一，因此暴露出来的突出问题是博士学位获得者的整体质量问题。这一现象，呈现给我们的首要问题就是：我们是否分清了培养层次？是否对博士学位获得者的培养目标达到了自觉定位？

就文科情况看，在本科生、硕士生、博士生的培养中，我们逐步地实现了四个方面的分化：一是在学习领域上，本科生主要是在一级学科领域学习，硕士生主要是在二级学科领域学习，而博士生则是在特定专业方向领域学习；二是在学习内容上，本科生主要是形成广博的知识背景，硕士生主要是打下扎实的理论基础，博士生主要是开展专题研究；三是学习方式上，本科生以讲授为主，硕士生以讲授和讨论并重，而博士生则以讨论为主；四是在考核方式上，本科生以闭卷答题为主，硕士生以课程作业为主，而博士生则以撰写文章为主。

这些分化是重要的，但是，这些分化本身并不能保证培养层次的区分，因此也并不能保证培养目标的实现。博士生的培养目标是"高级专门人才"，关键是"高级"和"专门"。有人批评"博士不博"，如果是要求博士具有广泛坚实的专业基础，这当然是对的，而如果是要求博士"什么都懂"，"什么都会"，那就完全背离了"高级专门人才"的培养目标。博士不是"万金油"，恰恰相反，必须是"专门"家，是"高级"的"专门"家。从这种认识出发，上述的学习领域、学习内容、学习方式和考核方式的分化，就必须实现"层次"上的分化，而不仅仅是"内容"和"形式"上的分化。

我是教哲学的，我觉得哲学专业的本科教育是引导学生"进入哲学"，硕士生教育是引导学生"领悟哲学"，而博士生教育是引导学生"研究哲学"。这是三个不同"层次"的培养目标和培养模式。正是从这种"分层"培养的理念出发，我把本科生教育定位为"激发理论兴趣，拓宽理论视野，撞击理论思维和提升理论境界"。这里突出的是兴趣的培养、视野的开拓、思想的震撼和境界的升华，目的是提高学生的理论思维能力和培养学生的哲学的生活态度。与本科不同，我把硕士生教育定位为"寻找理论资源，发现理论困难，坚持独立思考，作出理论论证"。这里突出的是文献的积累和思想的积累，特别是发现问题和论证思想的能力，目的是为进入研究状态奠定基础。与硕士生不同，我把博士生教育定位为"抓住基础理论，稳定研究方向，创新理论思路，进行课题研究"。这里突出的是理论性和专门化的培养，特别是研究能力的养成和创新意识的强化，目的是培养"高级专门人才"。

这种"层次"性的"定位"，意味着我们面对一系列严峻问题，其中最重要的是导师队伍问题。"导师"不同于"教师"，重点不在于"教"而在于"导"，也就是"引导"研究生（特别是博士研究生）学会"研究"。这就要求"导师"本身既有坚实的研究领域和丰厚的研究成果，又有丰富的研究经验和真切的研究心得，这两方面是缺一不可的。所以我想专门谈谈导师队伍问题。

2. 重在引导　开展研究

博士生导师的"引导"，我以为主要有三个方面：一是"学科"引导，二是"学术"引导，三是"学问"引导。

第一是"学科"引导。每门学科之间都具有重大差异，能否理解和把握学科特点，是能否在本学科进行专门研究的前提。比如"哲学"，它是一种批判性的反思活动，而不是对经验对象的实证研究。"引导"博士生研究"哲学"，从根本上说，就是"引导"学生的思想在批判的、反思的、形而上的层面上进行。具体地说，哲学研究应当做到"时代精神主题化，现实存在间距化，流行观念陌生化，基本理念概念化"。首先是"时代精神主题化"，注意发现和捕捉到具有时代意义的哲学问题并使之"主题化"；其次是"现实存在间距化"，使关于现实的"思想"成为"反思"的对象；再次是"流行观念陌生化",使被反思的思想成为真正的批判对象;最后是"基本理念概念化",对自以为然的基本理念作出系统化的逻辑论证。

第二是"学术"引导。不管"学科"之间具有怎样的差别,作为"学术",却具有广泛而深刻的一致性。就"文科"说,学术研究的前提是两个积累,即文献积累和思想积累,二者缺一不可。一般来说,从事"文科"研究的人都能理解文献积累的重要性,但是,着重哪些文献的积累,怎样积累文献,从文献积累中获得什么,却需要导师具有广阔的视野和深刻的思想。然而,一些导师和学生所缺乏的恰恰是深厚的和深沉的思想积累。思想积累离不开文献积累,但文献积累并不直接就是思想积累。思想积累必须是在思想上和自己过不去,在思想上跟自己"较劲",一点一滴地积累真知灼见。显然,这种思想积累是最为困难的,也是最为重要的。没有深厚和深沉的思想积累,哪里来的"理论创新"呢?

第三是"学问"引导。搞学问不仅需要"十年磨剑"、"板凳坐冷",而且需要"平常心"和"异常思",这是当代中国学人最喜欢的六个字。思想要"异常",否则就没有思想的创新;心态要"平常",否则就会失去真实的思想。但是,我们有时会碰到这种情况:博士生不是用谁都听得懂的语言讲出富有独创性的思想,而是用谁都难以听懂的词句讲了一个平淡无奇的道理。我感到,引导学生真实地研究、真诚地探索和真切地思考,这是导师的最重要的和最基本的责任。有了这种真诚,博士生才不会漫无边际地问自己"写什么",而是老老实实地问自己"能写什么";不是挖空心思地琢磨若干新词,而是认认真真地酝酿一些思想;不是天马行空地表达一些想法,而是确有根据地作出论证。

3. 明确标准　鼓励创新

如果说人们对博士生的培养质量表示忧虑,可能比较直接地表现为对文科博士生培养质量的忧虑。这里面的一个突出问题,是对文科研究成果,其中包括文科博士学位论文,有无明确的评价标准的问题。比如说,我们要求博士学位论文必须有"创新",但究竟怎样理解和判断"创新"?我在从事文科研究和培养文科学生的过程中,有一个不成熟的想法,就是把文科研究成果(包括文科博士学位论文)分为五个档次,一是"解释原则的创新",二是"概念框架的构建",三是"背景知识的转换",四是"提问方式的改变",五是"逻辑关系的重组"。最重大的创新,第一是解释原则的创新,也就是库恩所说的"研究范式"的转换和拉卡托斯所说的"理论硬核"的变更。这样的学术论著和学位论文,具有实现学科变革的重大价值。第二是概念框架的构建,也就是依据新的理念所建构的概念逻辑体系,它往往具有一定的填补学科空白的意义。第三是背景知识的转换,依据新的背景知识形成某些新的结论,形成某些认识的转换或提升。第四是提问方式的改变,从新的角度提出问题从而拓宽或深化对问题的理解。第五是逻辑关系的重组,也就是把已有的知识和理论进行新的排列组合,以新的形式表达作者对已有知识和理论的论证与阐释。如果大体上有一种对学术论著和学位论文的评价标准,我们就可以更为深刻地理解创新,更为准确地把握创新,从而也就更为有力地鼓励创新,把更多的博士生培养成富有创新能力的"高级专门人才"。

(五)学术批评

以学者为主体的学术研究,是在学者之间的思想交锋——学术批评——中推进的;离开经常化的学术批评,就难以实现学术的繁荣。直面学术界的现状,我想就学术批评谈几点想法。

1. 学术批评的出发点:"同情的了解"与"带有敬意的批判"

记得 M. 怀特的《分析的时代——二十世纪的哲学家》那本书的第一句话是,"几乎二十世纪的每一种重要的哲学运动都是从讨伐"黑格尔的观点开始的,而这就是对黑格尔的"特别显著的颂扬"。一个世纪的各种哲学都以其作为构建自己的出发点,这表明了黑格尔哲学的"里程碑"意义,当然也就是对其"特别显著的颂扬"了。

我在这里引证这句话的意思是,某种思想能够成为真正的"讨伐"对象,首先在于它是真正的思想,是引起学界广泛和持久关注的思想,因而是值得认真对待的思想;无须认真对待的思想,构不成真正的"讨伐"对象。对于值得认真对待的真正的思想的批判,当然只能是"带有敬意"的批判;而真正的"带有敬意"的批判,当然只能是以"同情的了解"为前提,即认真地研究这种思想构成自己的诸种前提和根据,深入地思索这种思想所具有的价值与意义,进而探讨这种思想的局限,并寻求解决问题的新的思路,这就是学术批评的出发点。

这个出发点对学术批评提出三点要求：一是必须看到人家的好处，二是应当发现人家的问题，三是形成新的思路，并以此展开自己的批评。这就要求学术批评在其出发点上首先应当是一种所谓的"无罪推断"，而不是"有罪推断"，即首先是努力探寻被批评对象的合理之处，进而在探索的过程中发现其不合理之处，并对其展开批评。

"同情的了解"并不是"在原则上的退却"，恰恰相反，只有出之于"同情的了解"或"无罪推断"，才有可能发现某种原则上的分歧，并由此展开深切的学术批评。"同情的了解"与"原则上的论争"，二者是一致的。

2. 学术批评的灵魂："发现理论困难"与"创新理论思路"

对批评对象的"同情的了解"，其"同情"之处是被批评对象的"理论困难"，即被批判的思想何以是其所是——它陷入怎样的理论困难而无法自拔。没有对被批评对象的理论困难的深切理解，就不可能形成真正的"同情的了解"和"带有敬意的批判"。然而，正如人们所看到的，许多的所谓学术批评，并不是着眼于被批评对象的理论困难，因而也就更不是着力于被批评对象的理论困难；恰恰相反，这些所谓的学术批评，往往是把被批评的思想解说为某种"主观故意"，甚至是某种非学术的"主观故意"，并以被批评对象的"主观故意"为立足点而展开批评。其结果，往往是把严肃的和艰难的学术批评简单化、庸俗化了。

学术批评的严肃性自不待言，学术批评的艰巨性则需要澄清。如果不是把被批评的思想解说为"主观故意"，则必须揭示其特殊的理论困难。这是一项艰苦的学术工作。从一定意义上说，对任何学术思想的研究，都可以称为学术批评。对先秦以来的全部中国思想的研究，对希腊以来的全部西方思想的研究，都是如此。在这种"史"的研究或批评中，人们已经比较自觉地克服简单化倾向，力图以"同情的了解"而展开"带有敬意的批判"，因而能够着眼于并着力于发现被批判者的理论困难。例如，哲学界依据列宁对唯心主义哲学的分析，不是把哲学史上的唯心主义哲学视为"胡说"，而是致力于探讨各种唯心主义哲学究竟"夸大"了认识的哪种"特征"、"方面"或"侧面"，这些哲学为什么会"夸大"这些"特征"、"方面"或"侧面"，因此，不是简单化地批判贝克莱和王阳明的主观唯心主义或黑格尔和朱熹的客观唯心主义，而是致力于发现他们所面对的理论困难，以及他们所陷入的理论困境。这种研究方式，有力地推进了当代中国的哲学史研究。

然而，值得深思的是，对于当代思想，特别是对待当代中国学者的思想，似乎并未改变把被批评的思想视为"主观故意"的简单化的批评方式。例如，如何看待对通行的哲学原理教科书的批评，如何理解马克思主义哲学的"哲学性"与"科学性"，如何理解"辩证唯物主义"与"历史唯物主义"的关系，如何处理马克思主义哲学体系中的"物质"范畴与"实践"范畴的关系，如何理解和评价"回到马克思"或"重读马克思"，如何看待把马克思主义哲学"定位"为"实践唯物主义"或"历史唯物主义"，等等，都迫切需要以"同情的了解"来对待各种不同的理解，从而在"百家争鸣"中繁荣我们的学术研究。因此，在进行学术批评的时候，我们首先应当正视下述问题：这些探索究竟是某种"主观故意"，还是发现了某种"理论困难"？这些"理论困难"是真实的存在，还是虚假的设定？研究这些"理论困难"是阻滞了学术研究，还是推进了学术研究？所有这些问题都要求学术批评必须面对"理论困难"这个根本问题，并以"理论创新"的真诚、勇气和智慧去解决这些"理论困难"。

3. 学术批评的着力点：对"论据"和"论证"的批评

学术批评之难，不在于批评其论点，而在于批评其论据和论证。从逻辑学上说，这是一个极其简单的问题：驳斥其论点，不意味着驳倒其论据和论证；只有驳倒其论据和论证，才有可能驳斥其论点。从学术研究上看，只是驳斥论点，不仅未必能驳倒论据和论证，而且往往把被驳斥的论点解读为某种"主观故意"，从而把学术问题非学术化；而要批评论据和论证，则需要认真地研究和深切地理解被批评的对象，自觉地发现被批评对象所揭示的理论困难。例如，究竟如何看待哲学与科学的关系？如果仅就"哲学不是科学"这一论点予以批驳，并引申为"不是科学"的"哲学"还有什么意义，其实并没有真正讨论问题本身——哲学与科学的关系问题。如果着眼于该命题的论据和论证，就会认真对待该命题所探讨的理论困难：哲学与科学作为理论思维的两种基本方式、人类把握世界的两种基本方式，能否把哲学归结为科学？如果把哲学与科学视为"普遍"（以整个世界为对象的关于普遍规律的理论）与"特殊"（以世界的各个领域为对象的关于特殊规律的理论）的关系，哲学岂不是成了具有最大普遍性和最大普适性的科学？哲学自身还有什么独立存在的意义与价值？恩格斯在他的三部哲学名著中得出一个共同的结论，即哲学被"驱逐"出了它的"世袭领地"（自然和历史），这表明了哲学与科学是怎样的关系？通常认为哲学是对真善美的寻求，即哲学是存在论、真理观和价值观的统一，这又意味着哲学与科学的区别何在？当代哲学凸显对"哲学"自身的追问与反思，这表明在新的历史条件下哲学对人与世界关系的新的追问与反思，也就是寻求新的历史条件下的人的生存与发展之路。这种追问与反思，深化了对"哲学"自身的理解，从而也深化了对人与世界关系的当代理解。只有在对这些"论证"和"论据"的切实的批评中，才能深化对该问题的"论点"——哲学与科学的关系——的理解。

4. 学术批评的标准："隔靴搔痒赞何益，入木三分骂亦精"

学术是在批评中发展的，学术创新是在"研究范式"转换和"解释原则"更新中实现的。学术批评的"入木三分"，就是发现被批判对象的真正的理论困难，为解决这种理论困难提出新的理论思路，并作出新的理论论证。这是学术批评的"破"与"立"的统一。与此相反，无论是"隔靴搔痒"之"赞"，还是"借题发挥"之"骂"，都构不成繁荣学术的学术批评。

就现实的重大问题而言，改革前后三十年的"得"与"失"，市场经济的"利"与"弊"，传统文化的"功"与"过"，都不是简单的"肯定"与"否定"所能回答的问题。历史本身是以"片面性"的形式发展的，是以"退步"的形式而实现其"进步"的；理论与实践的关系，也不仅仅是理论必须趋向于"现实"，而且必须是"现实"趋向于"思想"（马克思语）。理论和现实的复杂性，使得学者永远面对着深刻的"理论困难"，并总是陷入某种特殊的"理论困境"。所谓的"理论创新"，首先必须是对"理论困难"或"理论困境"的"理论自觉"。有了这种理论自觉，才能深刻地揭示我们所面对的理论困难，才能深切地思考我们所陷入的理论困境，才能创造性地提出新的理论思路，并形成具有重大价值的学术成果。对理论困难的深刻揭示和对理论困境的深切思考，这是真正的"入木三分"的学术批评。这种学术批评是理论创新的坚实基础。

（六）赞美理论

恩格斯有一句名言："一个民族想要站在科学的最高峰，就一刻也不能没有理论思维。"我们要想学好各门知识，能够站在科学的最高峰，要想建设好社会主义市场经济，提高中华民族的整体素质，就必须研究如何提高我们的理论思维能力。同时，我们还知道黑格尔的一句名言，他说，"我们经常挂在嘴边的名词，往往是我们最无知的东西"。这就是说，很多东西，虽然我们经常讲，但对于它应有的内涵，对于它的功能和作用，我们并不是很清楚。虽然同学们对于"理论"这个名词是非常熟悉的，但究竟什么是理论，理论究竟有什么作用，我们究竟如何学习理论，这些都是需要我们去加以研究和探索的。从这种思考出发，我今天来谈一下《赞美理论》这个话题。

1. 理论"务虚"质疑

大家都知道，我们平时是把"理论"和"科学"这两个名词合在一起称作"科学理论"。然而，崇尚"科学"是我们这个时代的一股最强劲的潮流，漠视"理论"也是时下不容回避的一种社会心理，这确实是一种非常奇怪的社会现象。我提出的第一个问题就是理论"务虚"质疑，也就是说，我们为什么会把"理论"和"科学"分开，一方面崇尚"科学"，而另一方面又漠视"理论"呢？

这其中一个最根本的原因就在于，人们通常认为，科学是"务实"的，而理论是"务虚"的。正因为是这样，所以人们才一方面崇尚科学，而另一方面却漠视理论。而造成这样一种漠视理论的原因，用一种时髦的话来说，就是在对"科学"和"理论"的理解上陷入了所谓的双重"误区"。一方面是对"科学"的理解陷入了一种误区，另一方面在对"理论"的理解上陷入了误区。

所谓对科学的理解陷入了一种误区，就是说，我们为什么会认为科学是务实的，而理论是务虚的？这是因为，我们在相当大的程度上，把"科学"和"技术"当作是一个名词了。科学与技术，特别是同"技能"，是有区别的。所谓科学，大家到学校里边无论是学习自然科学也好，学习社会科学也好，人文科学也好，思维科学也好，我们都怎么说？我们学习自然科学理论，社会科学理论，人文科学理论，思维科学理论。不管是哪一种理论，实际上都是由一系列的原理、公式、公理、定理、定义所组成的概念系统，在这个意义上，所有的科学不都是理论吗？为什么人们会把"科学"和"理论"区别开来，并且认为科学是"务实"的，而理论是"务虚"的？我想，这里边有两个最主要的原因，一个原因就是我们通常把科学区分为基础科学和应用科学，把所谓的应用科学当作是狭义的科学而认为它是实的，另一方面又把基础科学当作一种纯粹的理论而认为它是虚的。还有一个原因，就是把所有的科学分为自然科学和人文社会科学，认为只有自然科学才是科学，才是实的，而人文社会科学是虚的，它是一种纯粹的理论。

我记得美国有一位科学哲学家，他曾经这样区分自然科学和社会科学，他说任何一种理论，如果它要想称得上是"科学"的话，那么它应该具备四个条件：第一点，它具有客观性；第二点，它具有一致性；第三点，它具有可证伪性；第四点，它具有可预见性。正是从这四点出发，他就对人文科学、社会科学提出质疑了，他说，你们人文社会科学有没有客观性，你们人文社会科学家能不能取得在认识上的一致性，你们所提出的理论能不能被证实或者被证伪，你们的理论能不能有一种可预见性？如果没有，那么就是说，你不能被叫作科学，而只能把这个词颠倒过来，叫作"学科"。这表明，人们崇尚科学、蔑视理论，首先是因为在对科学的理解上陷入了误区。

为什么认为理论是"虚"的呢？其中的一个重要的原因是因为理论同现实、同实践总是保持了一定的距离，用一个文雅一点的概念就是所谓的"间距"。理论同现实之间总是具有一定的间距的，很多人因此就认为理论是虚的。但是事实上，如果我们对理论有一个全面的认识的话，同学们就会看到，任何一种理论，它们都具有三个最基本的维度，或者说叫做向度。"维度"这个概念同学们应该说很熟悉，比如说空间三维，时间一维。那么我借用"维度"这个概念来说明怎么去理解理论，这就是，任何一种理论，它都有三个基本的维度：第一个维度，我把它叫作向上的兼容性，也就是任何一种理论，它都是人类认识史的总结，人类认识史的积淀，人类认识史的结晶；第二个维度，就是它的时代的容涵性，也就是说，任何一种理论，都是思想中的现实；理论的第三个维度，都具有一种逻辑的展开性，也就是说，任何一种理论都是一种概念的发展体系。正因为理论具有这样三个维度，所以任何一种理论，都不是虚的。我分别来说一下。

第一个维度，理论都具有向上的兼容性。也就是说，任何一种理论都是认识史的一种总结、积淀、结晶和升华。恩格斯曾经讲过这样一段话，任何真正的哲学都是"一种建立在通晓思维的历史和成就的基础上的理论思维"。哲学理论如此，其他理论也都是如此。就是说，任何理论，都不是僵死的、枯燥的教条，而是蕴含着整个人类认识史的内容。正因为任何一种理论都具有这样一种向上的兼容性，都是人类认识史的结晶，所以它才能使我们更好地去观察现实，更好地去透视现实，更好地去指导人类的实践活动。比如说，我们现在正在搞社会主义市场经济，那我们怎样才能把我们的市场经济搞好呢？怎样才能实现改革、发展、稳定的协调呢？其中一个重要的问题就是很好地去总结人类的认识史。这样就能够使我们避免在其他的国家的现代化的进程中、在他们建设市场经济的过程当中所走过的弯路，能够使我们减少我们付出的代价。这个就是理论的第一个维度。

第二个维度，理论都具有一种时代的容涵性。也就是说，任何一种理论，不管是自然科学理论，还是社会科学理论，都是一种思想中的现实。也就是说，它都是运用理论的形态表现了现实的状态。我记得，马克思在评论黑格尔哲学的时候说过，黑格尔哲学绝不是一种超然于世界之外的玄思和遐想，而是以一种"最抽象的形式"表达了人的"最现实的生存状态"。我们在学校里边学习各种知识，大家在印象当中，最抽象的理论莫过于黑格尔的哲学了，然而看起来最抽象的那个黑格尔哲学，实际上它是以最抽象的形式表达了人类最现实的生存状况。因为黑格尔是以他那个最抽象的绝对理念，表现了当时的人类正好受到"抽象"的统治，也就是受到"资本"的统治。因此，任何一种理论，不管它的抽象程度有多高，实际上，它都是一种思想当中的现实，它都具有一种时代的容涵性。所以当着黑格尔讲哲学的时候，他说，什么是哲学，哲学就是思想中所把握到的时代；马克思说，什么是哲学，任何真正的哲学都是时代精神的精华。哲学如此，其他的理论也是以理论的形式表达了一种现实的状况。这就是说，任何一种理论，都具有它的第二个维度。

理论的第三个维度，它都具有一种逻辑的展开性。也就是说任何一种理论，它都表现为一个概念发展的有机体系。马克思在谈到他的《资本论》的时候说，人们可以对《资本论》提出这样那样的批评，但是《资本论》作为一个完整的艺术品，使我感到自豪和骄傲。同学们在学习政治经济学的时候，如果你们读到马克思的《资本论》，有没有感受到它作为一部完整的艺术品所具有的那样一种逻辑的征服力？实际上，任何一种成熟的具有科学价值的理论，都具有这样三个最基本的维度：（1）向上的兼容性，它是认识史的总结；（2）时代的容涵性，它是一种思想中的现实；（3）逻辑的展开性，它是一种概念发展的有机体系。正因为是这样，我经常引用马克思的一句名言，他说，"理论只要说服人，就能掌握群众；而理论只要彻底，就能说服人"。理论具有巨大的征服力量，在这个意义上说，理论不是虚的，我们只有掌握了理论，锻炼了我们的理论思维能力，我们才能更好地去观察现实，去指导我们的各种各样的实践活动。

2．理论的三重内涵

"理论"这个名词，我们经常挂在嘴边，但是正像辩证法大师黑格尔所说的那样，我们经常挂在嘴边的名词往往是我们最无知的东西，用一句中国的俗话来说，就是"熟知非真知"。我们经常说"理论"，但究竟什么是理论？在各类词典中，有各种各样的定义，但是我觉得，从理论的功能的角度看，理论就是规范人们的思想和行为的各种概念系统。如果说得通俗一点的话，就是理论就是规范着我们想什么和不想什么，怎么想和不怎么想，做什么和不做什么，怎么做和不怎么做的概念系统。首先，理论决定着我们想什么和不想什么，也就是决定着我们每个人的思想内容；其次，理论决定着我们怎么想和不怎么想，也就是决定着我们的思维方式；再次，就是理论决定着我们做什么和不做什么，理论规范着我们的行为内容；最后，就是理论规范着我们怎么做和不怎么做，也就是规范着我们的行为方式。同学们想一想，除了"想什么"和"做什么"，你还有什么？没有，除了"想"就是"做"。那么我说了，理论就是规范我们思想和行为的各种概念系统。但是通常认为理论只是一种知识体系，理论只是具有解释世界的功能，正是因为这样，我才要跟同学们来谈第二个问题：理论的三重内涵。

在我看来，理论起码具有三重内涵：任何一种理论，首先都表现为一种知识体系，我们运用它来解释世界；第二个，任何一种理论，它都不仅仅是一种知识体系，而且它是一种思维方式；第三，任何一种理论，都不仅仅是知识体系和思维方式，更深层的，它又是一种价值规范。所以我说，任何一种理论，都是具有这三重内涵，都是这三重内涵的统一。它既是一种知识体系，也是一种思维方式，又是一种价值观念。下面我分别来谈一下理论的这三重内涵。

首先来谈一下，理论作为一种知识体系，它给予我们的是什么？大家学习各门知识，学习各门理论，学习各门科学，究竟从中获得了什么？我们学习各种课本，看到它都是各种知识体系，但是学过了以后我们获得的是什么东西？我们经常谈到要树立一种科学的世界观，但是大家回味一下，我们都是怎么看这个世界的？为什么我们看到的这个世界并不一样，古代人、现代人所理解的这个世界为什么不一样？大家想过没有，是什么改变了我们的世界观？或者这样说，我们怎样树立一种科学的世界观？没有科学的理论，能否有科学的世界观？理论的第一重内涵，它作为一种科学的知识体系，首先是在于它给予我们一种具有科学性质的世界图景，也就是说，科学改变了我们对于世界的理解。大家想一想，如果没有哥白尼的"日心说"，你处于经验观察当中，你每天看到的都是太阳从东边升起，又到西边落下去了，那么你获得的太阳和地球的关系是什么关系？只能是"地心说"。在经验的水平上，你获得的经验常识永远是太阳围绕着地球旋转，因此只能是"地心说"。那么人们现在不接受"地心说"而接受"日心说"，为什么？因为你学习了理论，你知道哥白尼的"日心说"是科学的理论。同样的道理，如果没有爱因斯坦的相对论，那么我们怎么去把握这个世界？如果没有波尔的量子力学，我们如何去把握那个微观世界？所以大家都知道，特别是学习自然科学的同学都知道，为什么能有爱因斯坦和波尔的关于量子力学的那个论战呢？那就是因为，我们只有通过宏观仪器的中介才能看到微观世界的存在，因此才又提出了一个问题，我们所看到的究竟是微观粒子本身还是宏观仪器对我们的一种显现？不管对这个东西作出什么样的答案，都提出了这样一个问题：如果你没有关于量子力学的理论，你再去观察，你能看到什么呢？或者我给大家举一个更通俗的例子，比如说，你到医院去检查身体，给你透视，透视完了，你看片子，黑一道，白一道，你知道肺部有没有毛病？你只是看到了黑一道白一道。做心电图不也是如此么？你只是看到心电图上一个弯一个弯，有没有毛病？不知道。那谁知道呢？医生知道。为什么医生知道？因为医生有医学理论。正因为这样，现在有一个说法，叫作观察渗透理论呀、观察负载理论呀、观察受理论的污染呀、没有中性的观察呀，实际上它都说了一个道理，这就是：人们要想科学地认识这个世界，前提是你必须具有科学理论；你没有科学理论，你就不可能科学地认识这个世界，这个世界给予你的就永远是一个经验的世界图景。

同学们到大学里边来受教育，教育不是让我们单纯地获得某几方面的专门技能，而在于它首先是改变了我们的世界图景。你再看世界，就不是那个经验图景，而看到的是科学的世界图景；你具有的科学理论越广博精湛，这个世界对于你呈现的越加丰富多彩。在这个意义上，是科学理论改变了我们的世界图景。所以我们必须学习科学理论，才能够使我们成为一个有教养的现代人。我经常愿意说一句话，到大学里边来受教育，不是为了简单地获得某种知识而来的，而是要使我们获得现代教养。这种现代教养的最基本的东西，首先就是它的科学的世界图景，通过科学理论所给予我们的世界图景。我们只有占有了科学理论，我们才能真正地一切从实际出发，理论联系实际，实事求是。这是因为，我们有相应的科学理论作为背景帮助我们去"透视"现实存在。为什么理论能够帮助我们"透视"？这就是我前边谈到的，任何一种科学理论，都具有向上的兼容性，它是认识史的积淀和结晶，它把整个人类认识经过无数次实践检验了的那个理论给予了我们大家，我们经过教育这个中介接受了人类的亿万次实践的成果，我们用这个成果来看这个世界，当然我们就会形成一个科学的世界图景。所以我想这是理论的第一重内涵。它作为一种知识体系，给予我们一种科学的世界图景。我们现在特别强调要树立一种科学的世界观，那么怎么树立科学的世界观？首先就要具有科学理论。说到这里，我不由得想起了已经去世了的叶剑英元帅曾经对于"理论联系实际"作过的一个解释。他说理论联系实际，首先是要有理论，然后才是联系实际。如果你没有理论，你说我联系实际，你不是就事论事么。同学们到学校来学习，之所以说是人生当中的最大的幸福，就在于你用理论武装了自己的头脑，你才有科学的世界观，有一种现代科学的世界图景。

任何一种理论，它都不仅仅是一种知识体系，不仅仅给予我们一种世界图景，不仅仅决定着我们想什么和不想什么，它也决定着我们怎样想和不怎样想。如果我们前边说到的第一重内涵，它给予我们知识体系，给予我们世界图景，它决定着我们想什么和不想什么，那么现在我说的理论的第二重内涵，是决定着我们怎样想和不怎样想，也就是说，理论规范着我们的思维方式。这一点是需要同学们认真加以思考的一个重要问题。我们学习任何一门知识，学习任何一门科学，都不仅仅是作为一种知识来掌握的，重要的是要改变我们的思维方式。也就是通过理论的训练，使我们能够科学地、辩证地去看待问题。

实际上，人们的思维方式是有重大区别的。我们一直强调坚持辩证法，反对形而上学，为什么实际上许许多多的人总是用形而上学的思维方式去思考问题呢？恩格斯曾经提出，所谓"形而上学"的思维方式，就是"在绝对不相容的对立中思维"；恩格斯还具体地指出，"是就是，不是就不是；除此以外，都是鬼话"，这就是形而上学的"思维方式"。那么，为什么这种"形而上学"的"思维方式"会在人类思维中占据牢固的地位？恩格斯非常明确地回答："初看起来，这种思维方式对我们来说似乎是极为可取的，因为它是合乎所谓常识的。"人们的日常生活，是一种依据和遵循"共同经验"的生活。在日常生活中，人作为经验的主体，以经验常识去看待事物和处理问题；各种事物作为经验的客体，以既定的存在构成人的经验对象。在这种日常生活的主—客体关系中，人是既定的经验主体，事物是既定的经验客体，主体的经验与经验的客体，具有确定的、一一对应的关系。白的就是白的，黑的就是黑的，男人就是男人，女人就是女人，太阳就是太阳，月亮就是月亮，一清二楚，泾渭分明。因此，日常生活要求人们的思维保持对"有"与"无"、"真"与"假"、"是"与"非"、"善"与"恶"、"美"与"丑"的非此即彼的断定；任何超越非此即彼的断定，都是对常识思维方式的挑战，也就是对日常生活经验的挑战。"两极对立"、"非此即彼"，这就是常识的思维方式。常识的思维方式形成于并适用于"日常活动范围"。一旦人的思维超出"日常活动范围"，进入非日常活动的"广阔的研究领域"，就会发生恩格斯所说的"最惊人的变故"——必须改变两极对立、非此即彼的常识思维方式。

在现代社会生活中，首先是迅猛发展的科学技术超出了"日常活动范围"，进入了非日常生活的"广阔的研究领域"，从而深刻地改变了常识的思维方式。列宁有一句名言，他说，什么是辩证法？"辩证法是活生生的、多方面的认识。"同学们在学校里学习各门知识，学习各门科学，要是了解一点科学史的话，就会知道，科学的发展不仅表现科学门类的增加，每门科学的拓宽和深化，而且它更重要地表现在各门科学的交叉和渗透以及某种带头学科的划时代的发现。大家都知道系统论、信息论、控制论，作为现代科学的划时代的发现，它改换了人们关于事物的认识的、理解的方式，也就是说，科学改变了人们的思维方式。美国有一位哲学家叫作 M. 怀特，他写了一本书，题目叫作《分析的时代——二十世纪的哲学家》，评论整个 20 世纪的哲学。他说，18 世纪机械学成为学问之王，19 世纪的进化论和黑格尔的历史思想占有统治的地位，到了 19 世纪末 20 世纪初心理学有可能重新占据科学的王位。大家琢磨琢磨这段话，18 世纪人们是怎么思考问题的？为什么哲学家拉美特利有一个著名的命题，他说，人是什么？人是机器。为什么会说人是机器？因为机械学成为学问之王！人们曾经把西方的中世纪叫作"信仰的时代"，把文艺复兴时期叫作"冒险的时代"，把 17 世纪叫作"理性的时代"，把 18 世纪叫作"启蒙的时代"，把 19 世纪叫作"思想体系的时代"，而把 20 世纪叫作"分析的时代"。这是同科学的划时代的发现紧密联系在一起的，它改变了人们的思维方式。17 世纪理性的时代，所以笛卡儿才说"我思故我在"。我想什么，我都得思考一下，我要怀疑一下么。18 世纪就成了机械的时代，想什么问题都要用那个经典力学去考虑一下它符不符合某种基本原理。到了 19 世纪，有了达尔文的进化论和黑格尔的哲学思想。恩格斯是怎么评论黑格尔哲学的？他说，黑格尔的一个"伟大的、天才的、基本的思想"就是"把整个自然的、历史的和精神的世界描写为一个过程"。这不就是一种历史的思想么？如果大家有兴趣，看一下 19 世纪的各种各样的作品，都具有进化论和历史的思想。现代科学一个突出的说法叫作结构主义，为什么结构主义在现代科学当中盛行起来了？那就是因为有一位伟大的语言学家索绪尔建构了一种结构主义的语言学，而这种结构主义的语言学影响了整个的现代科学，人们都试图利用这种结构的方法去研究各门知识的领域，这不就改变了人们的思维方式么。每一种具有划时代发现的理论都改变了人们的思维方式。所以科学哲学家汉斯·赖欣巴哈说过，科学的发展改变了人们的思维方式，使得以前几个世纪最有教养的人都无法理解现代人的思维。科学改变了人们的思维。我们随口就可以说，系统论、信息论、控制论、自组织理论、耗散结构理论、突变论、协同学，可以说出一大堆。但是，我们不应当仅仅把它当作一个黑格尔所说的经常挂在嘴边的名词，而应当把它当作一种我们的现代的思维方式。这就是理论的第二重基本内涵，它是一种思维方式，它转换了我们怎么样去想问题。

任何一种理论又都具有第三重内涵，它同时又是一种价值规范。这是我们平时想得更少的，尤其是学习自然科学的人，总认为科学是求真的，科学怎么还提出价值问题来了？其实不然，同学们想一想，我说一个最简单的例子，比如说，两个同学一见面，争论一个问题，一个同学说，我这种回答是"科学"的，那另一个同学该怎么办？他说，那么我就服你了。这是什么意思？为什么一个同学说我是科学的，那么另一个同学就得表示服气了呢？心悦诚服，五体投地，甘拜下风，为什么？因为科学给现代人提供了一种价值观念。什么价值观念？科学的才是正确的。我们来判断一种是非，就是用科学来加以裁判的。这表明任何一种科学理论，它都具有一种更深层次的内涵，这就是它的价值规范，它不仅仅规范着我们想什么和不想什么，而且规范着我们做什么和不做什么，我们怎么做和不怎么做。科学不仅仅告诉我们概念的内容，而且它还告诉我们操作的程序，所以任何一种理论，它都同时具有肯定和否定的双重作用，它肯定了你做什么，它同时也就规范了你不得做什么，所以它都具有一种价值规范的作用。当然，人文社会科学规范的意义对我们平时的思想和行为显得更加明显和突出。我曾经说过，人们越来越关注当前的一种社会思潮，我把它概括为："耻言理想、蔑视道德、躲避崇高、拒斥传统、不要规则、怎么都行"。如何使我们的行为能够符合时代的要求？深层是由理论来规范的。同学们想一想这个问题，就能想清楚这个道理。司汤达说，人在走向社会之前应当为自己选择几条座右铭。我不知道同学们在迈入社会之前给自己选好座右铭没有？确实是这个样子，它这个东西确实是规范着你怎么想，你怎么做，特别是在转型时期，各种社会思潮正是在互相冲撞的时期。

理论的三重内涵不是互相割裂的，它表层给予我们的是一种知识体系，但它深层蕴含的，一方面是思维方式，另一方面是一种价值规范，正因为是这样，所以同学们在学习理论的过程中，既改变了我们的世界图景，又变革了我们的思维方式，也形成了我们的价值观念。正因为是这样，所以我要讲赞美理论，因为理论使我们整个的人变化了，使我们成为一个有教养的现代人，一个社会主义现代化建设事业所需要的大学生。

3. 理论的社会功能

我和同学们来谈第三点，就是理论到底有什么作用？和上一个问题相联系，正因为我们平常只是把理论当作了一种知识体系，所以在理解理论的功能的时候，只是看到了理论的解释的功能。在我看来，理论起码具有四个方面的功能：第一，理论具有解释性功能；第二，理论具有规范性功能；第三，理论具有反思性功能；第四，理论具有理想性功能。首先，理论作为一种知识体系，它具有解释世界的功能，这个我就不多说了。科学哲学家赖欣巴哈曾经说过，什么叫知识？知识的本质就是概括，概括的目的是解释。所以我们通常理解的科学观是什么呢？我们通过观察和实验形成单称命题，然后再通过归纳的作用，形成全称命题或者说理论名词，最后是通过演绎的作用来作出预见和解释。因此任何一种理论，作为一种知识体系，直接的首先的都表现为一种解释的功能。其次，任何一种理论都具有规范的功能，也就是我前边说的，规范我们想什么和不想什么，怎么想和不怎么想，做什么和不做什么，怎么做和不怎么做，它规范着我们的思想和行为。

这里，我想重点谈一下理论的反思性功能和理想性功能。我们平时很少注意到理论的反思的、批判的功能。大学生，我特别强调这一点，他不是接受现成的知识，他要重新去思考已有的知识。伟大的科学家爱因斯坦有两句名言，一句叫作"提出一个问题比解决一个问题更重要"，另一句叫作"想象比知识更重要"。同学们好好琢磨琢磨这个问题，提出一个问题比解决一个问题更重要，也就是说，我们到学校是来学习知识的，但知识能否成为你的，关键在于什么地方？在于你能不能批判地、反思地去进行学习。文学家莱辛有一句名言，他说："与其记住两个真理，不如弄懂半个真理。"所以我国的大学者王国维不也谈读书的三境界么？头两个境界都比较容易。第一句是"昨夜西风凋碧树，独上高楼，望尽天涯路"，登高望远，博览群书。第二句是"为伊消得人憔悴，衣带渐宽终不悔"，用处对象的那种热情去读书，这不就行了么？这总还容易，难的是什么？"众里寻他千百度，蓦然回首，那人却在，灯火阑珊处。"你要想获得真知，就必须是见人所未见。理论的一个巨大的功能，就在于它能够启发我们批判地、反思地去看待问题。学习理论不仅仅在于记住某些现成的结论，更重要的是在于通过理论的训练，使人们能够批判性地思考问题，发现人所未见的真知。文学巨匠歌德曾经说过："人们只是在知识很少的时候才有准确的知识，怀疑会随着知识一道增长。"知识少才有准确的知识，知识多了就会有自己的独立创新意识。

如果一个大学生，没有一种批判的、反思的创新的意识，怎么能够在科学领域里有所作为呢？我们学习理论，不仅仅要看到它的解释的功能，规范的功能，还必须看到它的批判的、反思的功能，能够通过学习理论重新去思考理论。清华大学的老校长梅贻琦先生曾经说过：什么叫大学？"大学者，非有大楼之谓也，乃有大师之谓也。"不是立几座大楼就是大学了，大学就是因为大楼里边有大师。什么叫大师？大师就是他能有创新的东西教给大家，同时启发大家都具有创新的意识，这样我们才能够有所作为！所以我们在学习理论的时候，一定要树立一种反思的意识、创新的意识，这样才能把理论学到手，学活，变成我们自己的思想内容、世界图景和思维方式。

任何一种理论都具有一种理想性的功能，引导性的功能。什么是理论？我们通常都说，理论是对现实的概括和总结，但是我们往往很少谈到理论是对现实的超越和引导。在经验的水平上，世界总是一种表象的杂多性和经验的流变性，只有上升到理论的层面，才能达到一种本质性的规律性的普遍性的必然性的认识，这不就是对现实的一种超越么！为什么我们总说，首先要进行一种理想性的试验呢？理论都具有一种理想性的功能。理论就是使不可能的东西变成可能的东西，所以理论总是具有一种理想性的功能。当代的解释学大师伽达默尔有一句名言，他说，什么叫理论？理论就是实践的反义词，理论就是对实践的反驳，理论就是对于实践的超越。我们经常强调实践的现实性，但却很少谈到实践具有无限的指向性。我们通常给实践下定义说，实践是人们有目的的、能动地改造世界和探索世界的具有社会历史性的客观物质活动。为什么我们这么说？首先就在于实践活动具有意识性，目的性。而这种意识和目的究竟是什么？就是理论么。它不是我们单个人的想法，而是人类认识史的积淀。它提出一种理想性的要求，我们想攀登月球，将来我们攀登上月球了，想看看火星、木星、土星、天王星、海王星、冥王星，我们将来还想走出太阳系，走出银河系，所以人类的实践是具有无限的指向性，而理论给我们提供了一种实践的自我超越的理想性和引导性的功能。所以我们经常说哲学是时代精神的精华。说哲学是时代精神的精华，更重要的是在于它塑造和引导了时代精神。所以我们强调理论建设，我们要赞美理论，就是因为理论能够引导我们不断地实现自身的超越，实现自我的超越，这才是理论的比较完整的功能。它不仅仅是解释世界，也不仅仅是规范着我们的行为,而且它能够使我们达到一种思想和行为的自我反思和自我批判,它又能够达到我们思想和行为的自我超越,从而使我们达到一种更加理想化的境界。所以人的存在是一种悖论性的存在,是一种二律背反的矛盾的存在。人既是一种现实性的存在,又是一种理想性的存在,它总是不满足于自己的现实,而总用自己的实践活动去超越自己的现实。人是超越其所是的存在,人永远不会停留在一个水平上。

我们怎么样才能不停留在一个水平上?就在于我们在实践的基础之上,不断地提出了新的理想性的理论,用这种理论来指导自己的行为。说一个最直接的例子,为什么我们都要学习邓小平的建设有中国特色的社会主义理论?说到底,就在于它能够充分地表现我刚才说的社会功能。它首先能更好地去解释我们中国和世界的现实。我们说,当今世界两大主题,和平和发展,我们用这样一种理论就能够更好地看清当代世界发生的变化,我们用建设有中国特色的社会主义理论也能够看清我们中国现在正在发生着什么样的变化,中国的改革开放是怎样发展的。同时它还具有一种反思的和引导的功能,它能使我们不断地去观照我们现在从事的事业,怎么样使人们的实践更加符合社会主义市场经济的要求。所以我经常谈这样一个问题,那就是马克思的一句名言。他说:"理论在一个国家实现的程度,总是决定于理论满足这个国家的需要的程度。"我非常欣赏这句名言。今天之所以必须学习邓小平的建设有中国特色的社会主义理论,就在于,我们当代的中国需要这样一种理论来指导我们,它满足了我们当代中国实践的要求。因此我想,我们只有更好地去理解理论自身所具有的社会功能,我们才能够更好地、积极地去学习和运用理论。

在谈到理论的社会功能的时候,我还想引证马克思的一段话,因为我们在极"左"思潮的情况下,曾经把理论夸大到了它不应有的程度,因此造成了"假作真时真亦假"。我们在搞社会主义市场经济的过程中,由于我前面谈到的那样一种社会思潮的出现,人们漠视理论,在这种背景下,我想我们重温一下马克思关于理论的功能的一段论述,对我们是非常有启发的。马克思在《资本论》跋里边说,理论的作用究竟应当怎么看呢?他作了这样一个比喻,他说,理论的作用可以这样看,任何一个社会的发展,特别是在社会变革时期,它总要有一种生育的"阵痛"。社会要发展,要变革,就像生孩子一样，没有一个"阵痛期"，那是不可能的。由此马克思谈到理论的作用，他说任何一种理论都不可能把社会的"阵痛"取消，但是，正确的理论能够"缩短"并且"减轻"社会生育过程当中的"阵痛"。我想这对于同学们学习理论不仅仅是具有启发的，而且是具有巨大的激励作用的。我们通过学习理论能够使我们的社会发展进程加快。

对于我们每个人的生活来说，理论的作用同样是巨大的。李大钊曾经说过，"人们每被许多琐屑细小的事压住了，不能达观，这于人生给了很多的苦痛"。生活中总有那些躲不开、绕不过的沟沟坎坎，总有那些说不清、道不明的疙疙瘩瘩，总有那些剪不断、理还乱的恩恩怨怨，总有那些得不到、推不掉的争争夺夺。如果总是盯着这沟沟坎坎，想着这疙疙瘩瘩，说着这恩恩怨怨，做着这争争夺夺，人就会感到苦闷和悲哀。如果我们用科学的理论武装自己，我们就会心胸博大，视野开阔，活得堂堂正正，活得有滋有味。我国著名的哲学家贺麟先生说过，"哲学贵高明"。哲学就是以学术培养品格，以真理指导行为。通过理论学习，树立起科学的世界观、人生观和价值观，我们才能够对社会做出更大的贡献，也能够使我们每一个人生活得更有意义。

4. 撞击理论思维

这是关于我们如何学习理论的问题。我常常愿意说这样四句话，叫作"激发理论兴趣，拓宽理论视野，撞击理论思维，提升理论境界"。

在我看来，一个人学习理论，首先需要激发理论兴趣，没有理论兴趣，你怎么能学得进去理论呢？列宁有一句话说，"阅读黑格尔的逻辑学，是引起头痛的最好的办法"。你头没痛，读一读黑格尔的逻辑学，你就头痛了。既然头痛了大家为什么还要读呢？因为学习理论会引起头痛，但它又是一种能够形成先进的理论思维的不二法门。每个人天生都是具有理论思维能力的，但是人的理论思维能力是需要锻炼和发展的。那么怎么锻炼和发展呢？只有激发自己的理论思维能力，才能深入理论当中。所以我想，我们要赞美理论，首先我们就应当热爱理论。如果同学们读一下关于马克思恩格斯的回忆录的话，我想大家都能够感受到理论的魅力。李卜克内西和拉法格回忆马克思和恩格斯的时候曾经说过，恩格斯的头脑就像一艘生火待发的军舰，随时可以驶向思想的任何一个港湾。无论谈什么问题，他都可以"驶向思想的任何一个港湾"。为什么？因为恩格斯有广博的理论知识，而且具有一种辩证的思维方式，并且还有一种为全人类工作的价值取向。在谈到马克思的时候，李卜克内西说，在那样一个夜晚，我和马克思谈起一个问题的时候，就像把窗帘的帷幕拉开一样，使我洞见到了整个历史的进程。这里是谈什么呢？就是《〈政治经济学批判〉序言》。大家都非常熟悉马克思的那段关于整个历史实现为有规律的发展进程的论述，我这里就不重复了。美国的著名诗人朗费罗说，"伟人的生平昭示我们，我们也能够生活得高尚"；俄国的著名诗人普希金也说过，"跟随伟大人物的思想，是一门最引人入胜的科学"。我自己走上理论的道路，我觉得很重要的原因就在这里。我在中学时代就特别愿意看传记，而且特别愿意看具有伟大思想的伟大人物的传记。同学们要想激发自己的理论兴趣，我想，读一些传记文章，想一想那些政治领袖、文学大师、科学巨匠、思想伟人，他们的这些思想，会把你带到理论的汪洋大海。进入这个大海之后，你就会在这个海洋当中扬帆远航，乐而忘返。

学习理论首先是要激发我们的理论兴趣，其次就是要拓宽我们的理论视野。你要想有理论兴趣，这绝不是一句空话，你占有的东西越多，你的兴趣越浓，你占有的东西越少，你的理论兴趣就越淡薄。同学们学习任何一种理论，都会有这样一种感受。所以我说要激发理论兴趣，还必须要拓宽我们的理论视野。但是，这两点就像我前面谈读书的前二个境界一样，"昨夜西风凋碧树"也好，"为伊消得人憔悴"也好，容易做到；难的是什么？"众里寻他千百度"么！怎么能够在那个"灯火阑珊处"发现那个真正的最有价值的东西？撞击理论思维！就是说，我们在学习理论的过程中，不要采取一种简单接受的方式，而应当不断地向自己提出问题。就像我前边谈到的那样，爱因斯坦说的，"提出一个问题比解决一个问题更重要"，同学们在学习的过程中都会深深地感受到这一点。就是说，你很难提出一个有意义的真问题，你提出的问题不是人们已经讨论过的，就是没有什么太大价值的问题。所以同学们到期末要答辩，为什么要求你首先去谈国内外的研究概况？为什么让你介绍选题的意义？就是看你有没有提出一个有意义有价值的真问题。而要想能够提出一个有意义有价值的真问题，必须得想到爱因斯坦说到的下一句话，什么？"想象比知识更重要！"我们都知道有一句非常流行的广告词："人类失去联想,世界将会怎样?"世界就是一个自在自然的世界。人是通过自己的联想、想象才能够创造出一个属于人的世界。列宁说,"世界不会满足人,人决心用自己的行动让世界满足自己。"实践活动就是这样。所以我们要想学习理论,就必须撞击我们的理论思维,充分发挥我们的想象能力,发挥我们的创造能力。

想要做到这一点,首先应当对我们的理论学习进行深刻的反思。我们首先想一下"记忆"。我们通常在学习知识的时候首先想到的是一种知识的储存,但是现代的心理学家、教育学家、认知科学家们都告诉我们,"记忆"的问题不是一个"储存"的问题,而是一个"检索"的问题,是一个激活我们的背景知识的能力的问题。我觉得,学习,最重要的是能够激活我们的背景知识,把我们所占有的全部知识都能够调动到我们探讨的问题上来。因此我常讲,一个人理论水平如何,理论思维能力如何,就在于他激活背景知识的能力,他能不能够把学习到的理论作为一种退入背景的知识而储存到自己的大脑里,而当我们思考问题的时候,能够自如地把这退入背景的知识调出来。同学们都在学习计算机,你想要什么,一输文件名,就可以把它调出来。所以撞击理论思维是提高我们的理论思维能力,能够真正掌握理论的最重要的一点,就是不断地撞击理论思维。

真正地撞击理论思维,不是一般地思考理论给予我们的东西,而是要追究理论得以成立的那个"前提"是什么。大家想一下,科学史上的任何一个伟大的理论发现、发明和创造,都是对于原有理论的前提的反思的一种产物。大家中学里都学习欧氏几何学,那么为什么会出现非欧几何学?如果我们总是承诺三角形三个内角和等于180度的话,会不会有非欧几何?不会。正因为他考虑到三角形三个内角之和等于180度是建立在以平面为前提的,如果超越了平面,是一个球形,那么三个内角之和就不再是180度了。我们今天听起来是这样,但是非欧几何的创立,它是一种撞击理论思维、反思理论前提的产物。同样,爱因斯坦能够创立相对论,也是因为他对牛顿经典力学作为前提的那个理论的定理、公式、初始条件等进行了批判性的反思。同样,马克思能够创立他的政治经济学理论,能够创立《资本论》的宏伟的政治经济学体系,是因为他对英国的古典政治经济学进行了前提的批判。同样,马克思创立他的哲学理论,也是对德国古典哲学进行了前提的批判。所以我想，撞击理论思维不是一般的想，一般的思考问题，而是我们要养成这样的一种思维习惯，形成这样的一种思维的能力，那就是，对假设质疑，向前提挑战，这才是一种真正的撞击理论思维。我们的大学生，要想成为有创见的人才，就必须不断地撞击我们自己的理论思维。而我们要想能够捕捉到理论的前提，就必须培养自己的思维能力。前面我谈到，我们每个人都天生具有理论思维能力，这种理论思维能力是需要不断地去锻炼和培养的，而如何锻炼和培养呢，那就只有学习理论。只有在学习理论的过程当中，我们自觉地去撞击我们的理论思维，我们才能够提升我们的理论思维能力。今天有一句大家都熟悉的话，叫作"现代化首先是人的现代化，人的现代化最根本的是人的素质的现代化"。那么怎样提高人的素质？其中最重要的就是提高人们的理论思维能力。因此，我们就必须赞美理论、学习理论，并且在此基础上，不断地撞击我们的理论思维。

5. 提升理论境界

学习理论，不仅仅要激发理论兴趣，拓宽理论视野，也不仅仅要撞击理论思维，而且最重要的是要提升我们的理论境界。任何一种理论都不是一种冷冰冰的学问，它都熔铸着理论家、思想家的情感、意愿、理想、情操。无论是人文社会科学，还是自然科学，都是一样，它都熔铸着科学家、思想家、理论家一种非常强烈的社会责任感，非常强烈的一种理想性的要求，熔铸着他的一种人格的魅力。我们要学习理论，就必须有一种高举远慕的心态，慎思明辨的理性，体会真切的情感，执着专注的意志和洒脱通达的境界。说到底，理论是一种境界。我们现在都讲学习，特别是在学习哲学的时候说要形成一种科学的世界观和方法论。但是同学们在学习的过程当中，都能体会到，理论不是枯燥的条文，不是僵死的教条，理论不是拿来照本宣科的东西，理论是一种教养，是一种内化了的东西。所以恩格斯曾经说过这样一段话，他说，当着黑格尔去世之后，那些号称黑格尔学者的一些人，他们只是把黑格尔辩证法当作一种当缺乏思想的时候拿来到处套用的一些个词句。就是说，当我缺乏思想了，我就"辩证"了：一方面是这样的，而另一方面是那样的，两面我都说。所以恩格斯曾经非常辛辣地进行了嘲讽，他说这是一种"搪塞的语录词汇"。理论不是一种外在的东西，它必须内化为你的思维方式，内化为你的价值规范，它才能够发挥出理论的社会功能。所以理论不仅仅是个思想体系。正因为是这样，理论是一种修养，理论是一个涵养的过程，理论是一个品味的过程。所以我说，学习理论不像学习一种技能，它既不能办"短训班"，也不能办"轮训班"，更不能办"突击班"。学习理论是一辈子的"终身大事"，需要一辈子进行学习和体会。

我们中国古代为什么强调"为学与做人其道一也"？同学们将来从事工作，特别是走上学术道路的话，就会越来越深切地感受到，人们是在做学问，但实际上是在比做人。一个学问大家，首先是要把人做好，人做不好不可能成为学问大家。爱因斯坦作过几次讲演，我不知道是否有同学看过《爱因斯坦文集》的第一卷，有两篇讲演，有一篇是悼念居里夫人的。这些文章谈了同一个道理，当然它不是用我们中国的古文，但同一个道理，为学做人其道一也。做人比做学问更重要。只有人做好了，学问才能做好，尤其是大家。所以爱因斯坦在悼念居里夫人时说，当我们去怀念居里夫人的时候，我们不仅应当看到她对人类的科学事业、对人类的文明做出的贡献，而且更应该看到居里夫人人格典范的作用。我觉得这对于我们理解理论、学习理论是至关重要的。理论不仅仅是先人给予我们的知识体系，也不仅仅是一种思维方式，更重要的是给予我们提供一种人生的意义。我们要想成为一个真正具有现代教养的人，其中一个重要的内容，就是需要有一种理论意识，因为人是一种历史的存在，文化的存在，自为的存在。我们作为当代的大学生，要想成为一个有教养的现代人，就必须用科学理论武装自己。这就要求我们不能把"理论"和"科学"分开来，我们在崇尚科学的同时，还要大声地赞美理论，这样才能够使我们成为一个真正的有教养的现代人，为我们国家的社会主义现代化建设做出应有的贡献。

（七）哲学教育

1. 关于哲学

黑格尔说，哲学的意义就在于引导人们"尊敬他自己，并自视能配得上最高尚的东西"，因此学习哲学也就是使"心灵沉入于这些内容，借它们而得到教训，增进力量"。冯友兰则在哲学与其他学科的对比中提出，哲学是一门"使人作为人能够成为人"的学问，而哲学以外的学科，则是"使人成为某种人"。这些话意味深长，说明了哲学的"无用之大用"，即哲学的"教育"之用。

哲学之"无用",是因为哲学不像其他学科那样,使人掌握某种专门知识或技能,从事某种专门职业,扮演某种特定角色,即成为某种"专门人才";哲学之"大用",则是因为哲学的使命是使人成为"人",也就是使人认识自己,反省自己,尊重自己,涵养自己,"自视能配得上最高尚的东西"。这表明,哲学之用,在于"教化"之用,在于"哲学教育";或者说,离开"哲学教育",哲学就失去了自己的重要的社会功能。

培养"某种人",是通过教育使人掌握某种知识或技能,再去做具体的事情,因此,"教育"在这里主要是一种"中介"或"手段",而不是"目的";培养"人",是使人作为人而成为人,并不只是做好具体的事情,因此,"教育"之于"哲学",就不是"中介"或"手段",而是"目的"本身。"哲学"是以"教育"的方式引导人们"对人生的有系统的反思",从而"觉解"人生的意义,"提升"人生的境界,"使人作为人能够成为人"。

哲学的这种社会功能显示了一个重要道理,这就是:搞哲学的人,其实是搞哲学教育的人;对哲学教育的自觉,应当是搞哲学的人的自我意识。因此,如何进行"哲学教育",就成为搞哲学的人不能不认真思考的问题。

2. 哲学和哲学教育是凝重的

哲学问题总是人生在世的大问题即人类性问题。求索天、地、人的人与自然之辨,探寻你、我、他的人与社会之辨,反省知、情、意的人与自我之辨,追寻真、善、美的人与生活之辨,凝结为理解"人生在世"的哲学范畴。西方哲学的存在与非存在、本体与变体、主体与客体、感性与理性、经验与超验、思维与存在、自由与必然,中国哲学的天与地、内与外、体与用、道与器、理与欲、人与己、义与利、仁与智、知与行,无不凝聚了对"人生在世"的深层把握与理解,并因而构成人的"安身立命"之本或人生的"最高的支撑点"。对这些关乎人的"安身立命"的哲学范畴的思辨与体悟,不能说不是哲学教育的基本内容;或者反过来说,离开对这些哲学范畴的思辨与体悟,哲学又何以"使人作为人而成为人"?

哲学和哲学教育的凝重,是同哲学思想的历史性密不可分的。用恩格斯的说法,真正的哲学是一种"建立在通晓思维的历史和成就的基础上的理论思维"。任何一种真正的哲学理论,都是人类认识史的结晶,都积淀着人类智慧的理论成果。哲学发展的最基本的逻辑,就在于哲学是历史性的思想,哲学史则是思想性的历史,哲学与哲学史是历史性的思想与思想性的历史的统一。史论结合,论从史出,这对于哲学和哲学教育来说,并不是某种外在的"要求",而是一种内在的"应有之义"。

在论述黑格尔哲学时,恩格斯曾经一再强调地指出,黑格尔的辩证法理论是以最宏伟的形式总结了全部哲学发展,是两千五百年来的哲学发展所达到的成果,黑格尔的每个范畴都是哲学史上的一个阶段。同样,列宁也强调指出,黑格尔的辩证法是思想史的概括,黑格尔在哲学中着重地探索辩证的东西,黑格尔是把他的概念、范畴的自己发展和全部哲学史联系起来了。这就十分清楚地告诉人们,黑格尔之所以能够在人类认识史上第一个创立自觉形态的辩证法理论,就在于这个理论本身是全部人类认识史的成果,是从人类认识史的总结中产生出来的。正因如此,在提出"辩证哲学"是"一种建立在通晓思维的历史和成就的基础上的理论思维"的同时,恩格斯尖锐地批评了"坏的时髦哲学"。恩格斯说:"官方的黑格尔学派从老师的辩证法中只学会搬弄最简单的技巧,拿来到处应用,而且常常笨拙得可笑。对他们来说,黑格尔的全部遗产不过是可以用来套在任何论题上的刻板公式,不过是可以用来在缺乏思想和实证知识的时候及时搪塞一下的词汇语录。"这就是缺少"深厚的历史感"的哲学,因而它必然会把历史性的思想变成枯燥的条文、现成的结论和空洞的说教,从而堕落成为僵化的教条主义的东西。恩格斯对这种"坏的时髦哲学"的批评,是值得每个学习、研究和讲授哲学的人深长思之的。

3. 哲学与哲学教育的凝重在于哲学的巨大的思想力

哲学的思想力量,是一种理论的逻辑力量,一种理论的说服力量,一种理论的批判力量。

哲学的思想力量,首先是一种撞击人的理论思维的力量。人类思维面对千差万别、千变万化的世界,总是力图在最深刻的层次上把握到世界的统一性,并以此去解释世界上的全部现象。宇宙之谜,历史之谜,人生之谜,对于具有理论思维能力和求知渴望的人类来说,是一种巨大的、不可遏制的精神上的诱惑和智力上的挑战。面对这种种的诱惑和挑战,人类以思维的逻辑去揭开笼罩着自然、历史和人生的层层面纱,并以思维的逻辑去展现自然、历史和人生的本质与规律。哲学的逻辑,是智力探险的逻辑,思维撞击的逻辑，理论创造的逻辑，它对人类智力具有巨大的吸引力。这就是人类的"形上"追求。同时，这种"形上"追求又构成人类自我反思与批判的逻辑，理论思维自我批判的逻辑。

"批判"，是人类特有的活动方式。人类既以"实践批判"的方式现实地否定世界的现存状态，从而把世界变成自己所要求的现实，又以"精神批判"的方式在观念上否定世界的现存状态，为实践批判提供理想性图景和目的性要求。而"哲学批判"，则是对"实践批判"和"精神批判"的出发点——这两种批判活动得以进行的根据、标准和尺度——的批判。这样的批判，是对人类的全部活动——实践活动和认识活动——的"前提"批判。在哲学的"前提批判"中，改变了人类的思维方式、价值观念、审美意识和整个生活方式。

哲学的"前提批判"，是一种寻求、揭示和批判地反思人类全部活动的"前提"的逻辑，是一种把隐匿在思想之中的"看不见的手"揭露出来并予以批判的逻辑。这种"前提批判"的逻辑，具有推动社会进步的巨大的逻辑震撼力量。I. 伯林有一句名言："如果不对假定的前提进行检验，将它们束之高阁，社会就会陷入僵化，信仰就会变成教条，想象就会变得呆滞，智慧就会陷入贫乏。社会如果躺在无人质疑的教条的温床上睡大觉，就有可能会渐渐烂掉。要激励想象，运用智慧，防止精神生活陷入贫瘠，要使对真理的追求（或者对正义的追求，对自我实现的追求）持之以恒，就必须对假设质疑，向前提挑战，至少应做到足以推动社会前进的水平。"这种"向前提挑战"的哲学源于人的实践的存在方式。伽达默尔提出，"一切实践的最终含义就是超越实践本身"。实践活动作为追求自己的目的的人类历史过程，人类的历史发展过程也就是实践活动的自我超越，即历史地否定已有的实践方式、实践经验和实践成果，又历史地创造新的实践方式、实践经验和实践成果。在实践自我超越的历史过程中，哲学思想是作为实践活动中的新的世界图景、思维方式、价值观念和目的性要求而构成实践活动的内在否定性。这种内在否定性就是理论对实践的理想性引导。正因如此，伽达默尔又说，"理论就是实践的反义词"。理论作为实践的"反义词"，并不仅仅在于理论的"观念性"和实践的"物质性"，更在于理论的"理想性"和实践的"现实性"。人是现实性的存在，但人又总是不满足于自己存在的现实，而总是要求把现实变成更加理想的现实。哲学正是以其理想性的世界图景和理想性的目的性要求而超越于实践，并促进实践的自我超越。哲学和哲学教育的重大意义，就在于它引导人们自觉地"对现存的一切进行无情的批判"，从而把现实变成更为理想的现实。

4. 哲学和哲学教育又是亲切的

任何一种哲学，都是具体的哲学家思考人类性问题的思想结晶。哲学家个人的体悟和思辨，与人类的思想和文明，熔铸于各异其是的哲学思想之中。在这个意义上，我们可以说，哲学既是哲学家以个人的名义讲述人类的故事，又是哲学家以人类的名义讲述个人的故事。水乳交融的人类故事和个人故事，对于"讲故事"和"听故事"的人来说，都应当是十分亲切的。

哲学作为社会的自我意识，哲学所讲述的当然是"人类的故事"，但它又只能是哲学家以个人的体悟与思辨所讲述的人类故事。哲学是经由哲学家思维着的头脑创造出来的理论。哲学创造，从根本上说，就是哲学家从新的视角、以新的方式、用新的综合为人类展现新的世界，提示新的理想。因此，哲学创造内含着以否定性的思维去对待人类的现实，揭示现实所蕴含的多种可能性；以否定性的思维去检讨各种理论的前提，揭示理论前提的多种可能性；在现实与理论多种可能性的某种交错点上，揭示人与世界之间的新的意义，提示可供人们反省和选择的新的理想。任何一种真正的哲学，都为人们展现了新的世界和新的理想。

作为思想性的历史，哲学史是"高尚心灵的更迭"和"思想英雄的较量"的历史。这里的每一种"较量"和每一次"更迭"，都蕴含着呕心沥血的理性的思辨和洗涤灵魂的心灵的体验。黑格尔说，"老人讲的那些宗教真理，虽然小孩子也会讲，可是对于老人来说，这些宗教真理包含着他全部生活的意义。即使这小孩也懂宗教的内容，可是对他来说，在这个宗教真理之外，还存在着全部生活和整个世界"。哲学作为"建立在通晓思维的历史和成就的基础上的理论思维"，它犹如一位饱经风霜的"老人"，不仅是在讲述那些"真理"，而且是在讲述这些真理所包含的"全部生活和整个世界"。哲学和哲学教育是亲切的，这"亲切"是源于它所包含的"生活"和"世界"。

作为历史性的思想，哲学的目光，不是神的目光，而是人的目光，它不仅诉诸人的"慎思明辨的理性"，而且诉诸人的"体会真切的情感"。冯友兰说，哲学作为"对人生的有系统的反思"，它的根本方法是"觉解"，它的根本目的是"境界"。学习哲学，并不是掌握某种"永恒真理"，而是更好地生活。人生在世，就要协调人与自然、人与他人、人与社会、人与自我的关系，就需要把这些关系从"名称"性的把握上升为"概念"性的理解。这种对"人生在世"的"概念"性的理解，就是以内含着"全部生活和整个世界"的历史性的思想去理解人的生活和人所创造的世界。

5. 凝重而又亲切的哲学和哲学教育是睿智的

哲学的目光是"人"的目光而不是"神"的目光，这就意味着哲学的目光是"现实"的而不是"超现实"的、是"历史"的而不是"非历史"的。"超现实"和"非历史"的哲学和哲学教育，只能使人形成僵化的"世界观"；只有"现实"的和"历史"的哲学和哲学教育，才能使人形成凝重而又亲切的"世界观"，即睿智的、合理的"世界观"。如何理解"世界观"，这是哲学和哲学教育中的"头等大事"。

世界观的"世"，是"人生在世"的"世"；世界观的"界"，是"人在途中"的"界"；世界观的"观"，是"人的目光"的"观"；因此，世界观是"人生在世"和"人在途中"的"人的目光"，它是历史性的，因而是"与时俱进"的。

历史性的世界观"拒斥形而上学"——它否定"人生在世"和"人在途中"的"人的目光"能够以"神的目光"占有"终极真理"，它反对把"世界观"视为某种超出人类或高于人类的"关于支配宇宙的最普遍原则的知识"。恰恰相反，它以"中介"的观点看待自己的全部思想，认为任何一种"世界观"都既是一种历史的进步性，又是一种历史的局限性，因而孕育着新的历史可能性；任何合理的"世界观"都不是绝对之绝对，也不是绝对之相对，而是相对之绝对——自己时代的绝对，历史过程的相对。正因如此，真正的哲学总是激发而不是抑制人们的想象力、创造力和批判力，总是冲击而不是强化人类思维中的惰性、保守性和凝固性，总是推进而不是遏制人们的主体意识、反思态度和创造精神。真正把"哲学"变成"世界观"的哲学，就是"对现存的一切进行无情的批判"的马克思主义哲学。它是真正的睿智的"世界观"。

历史性的世界观"拒斥抽象的普遍性"——它是"许多规定的综合"

和"多样性的统一"的"理性具体"。"人在途中"的"历史",总是以"片面性"的形式而实现自身的发展;"人的目光"的"世界观",则总是以"全面性"的理想去"反驳实践"而推进人的"全面发展"。正是立足于对"世界观"的历史性理解,马克思在《〈黑格尔法哲学批判〉导言》中这样提出哲学的"迫切任务",即:"人的自我异化的神圣形象被揭穿以后,揭露具有非神圣形象的自我异化,就成了为历史服务的哲学的迫切任务。""揭穿"人的自我异化的"神圣形象",特别是"揭露"人的自我异化的"非神圣形象",这不仅是对思维规定感性的"形而上学"的终结,也是对"形而上学"的人格化的历史的终结——英雄创造历史的英雄主义时代的终结。这是在"历史"的意义上对形而上学的终结。对于这种"终结",值得我们深思的是,"人们自己创造自己的历史",既要求"英雄主义时代"的隐退,又需要代之以"英雄主义精神"的兴起。"英雄主义时代"的"英雄",是黑格尔的"普遍理性"及其人格化;"英雄主义精神"的"英雄",则是马克思的"自己创造自己的历史"的"现实的个人"。以"英雄主义精神"取代"英雄主义时代",就是以"现实的个人"取代"普遍理性"的人格化,也就是让"个人"成为真正的"现实"——具有个性和独立性的"个人",全面发展的"个人"。这是历史的辩证法,也就是马克思所揭示的"历史规律"。这个由人的历史活动所构成的历史规律,是"人生在世"和"人在途中"的"人的目光"所把握到的,因而它内含着人的理性、人的目的、人的理想、人的追求。这是一种"反形而上学"的形上追求,是一种蕴含着"形上追求"的关于人的"存在"的辩证法。这种辩证法的"世界观",以"人的目光"去看待人的"在世之在"和人的"途中之在",就为人类提供了最为凝重、最为亲切、最为睿智的"哲学"。以这样的"哲学"所进行的"哲学教育",才能体现水乳交融的凝重、亲切和睿智的哲学思想,才能"使人作为人而成为人"。

(八)怎样读书

人为什么要读书呢?得从人生谈起。人生在世,按我的理解,主要是两件事,即想和做。想和做又各有两面,"想"包括"想什么和不想什么","怎么想和不怎么想";"做"包括"做什么和不做什么","怎么做和不怎么做"。这些究竟是由什么决定的呢?毛泽东在《实践论》中说,"一个人的知识，不外直接经验的和间接经验的两部分"。"一切真知都是从直接经验发源的。但人不能事事直接经验，事实上多数的知识都是间接经验的东西，这就是一切古代的和外域的知识。"那么古代的外域的给予你的东西在哪里呢？就在书里。所以我想，人的一生要想问题、做事情，不外乎由直接经验和间接经验所决定，最重要的是由间接经验决定的，而间接经验最直接、最重要、最普遍的载体就是书籍。由此着眼，书籍决定人生，书籍决定命运。这一辈子，你读了些什么样的书？你读到什么样的程度？就决定着你想什么、做什么，你怎么想、怎么做。说到全民阅读，最朴实地想，它决定着人怎么活着。

过去常有毕业生找我题字，我每次都题一个字：实。具体地说就是三句话：态度要现实、工作要踏实、精神要充实。这三者都同读书联系在一起。不读书就不能够深刻地理解现实，不读书就不能有真实的本领做好工作，不读书更不能有充实的精神生活。形容一个人的精神生活怎么样，我认为最好的两个词是"充实"和"空虚"。充实，这个人的精神生活就健康；空虚，这个人的精神生活就无聊。可是怎么充实呢？充实最重要的来源就是读书。2014 年吉林大学的开学典礼，谈及大学生在四年当中最重要的事，我讲的就是"读什么书"、"做什么事"、"交什么友"、"想什么问题"，这决定着大学四年是怎么过来的，而这四年又决定着未来的一生是怎么样的。想什么和不想什么，我称为思维内容；怎么想和不怎么想，我称为思维方式；做什么和不做什么，我称为行为内容；怎么做和不怎么做，我称为行为方式。读书决定着我们的想和做，决定着我们每个人的思维内容和思维方式，行为内容和行为方式。

人之所以不一样，不是他的自然存在，而是他的社会存在。社会存在是怎么形成的？直接决定的就是你读了一些什么书。我们中国有句名言叫"君子坦荡荡，小人长戚戚"，西方人说"仆人眼中无英雄"，中国还有句话叫"以小人之心度君子之腹"，为什么呢？为什么人不一样呢？因为他读到的东西、接受的东西不一样，想什么和不想什么也不一样……读书不是可有可无的东西，而是决定你一生成为什么样的人，你一生活得好不好的最根本的东西。从这个角度去想，我想大家可能才会有读书的动力、渴望。

现代哲学有个说法叫观察渗透理论，就是说人们在看世界的时候，因为理论背景不一样，所以对世界的理解和追求也不一样。我很欣赏一个美国心理学家说的一句话，一个人只有在适当的年龄受到适当的教育，他才是人。这句话看似并不惊人，但若把它颠倒过来说会很震撼，如果一个人没有在适当的年龄受到适当的教育，他就不是人。现在为何有那么多犯罪事件，非常重要的原因，就是没有受到很好的书籍的熏陶，对生活的理解出现了偏差。

很多人还未从人生的根基出发，去认识教育和读书的重要性，我想只有从对人一生的决定性作用的角度去认识，才能把读书从一种号召变成每个个体的一种追求。讲座、座谈会、读书会等都是必要手段，但最重要的是内化为他自身的认同、自觉的追求。人是一种文化、历史的存在，书籍是人类文明的一种载体，只有经过阅读，才能使自己从一个毛坯状态的人成为一个具有现代教养的现代人，才能在社会上生活得更好一些。

眼下的书籍多如牛毛，但仍可分成几大类。20世纪90年代，在一次座谈中，我把书分成八大类，即实用的、宗教的、政治的、八卦的、怡情的、引发思考的、人文社科的和自然科学的。值得思考的是，在人们的阅读中，这几类书的阅读量往往是递减的。

我还常把书分成实用的和非实用的，专业的和非专业的。实用的、专业的书，大家都能感受到它的用途。但是，从全民阅读的角度来看，可能它更强调的不是实用的、专业的书籍，而是人们通常所说的"闲书"。怎么看待"闲书"呢？人是一种心理的、生理的、伦理的存在，最近两年，我们最愿意问的两个问题："你幸福吗？""你的梦想是什么？"什么是幸福呢？幸福首先要生理健康，生理健康就需要心理健康，生理和心理的健康更重要的取决于伦理生活的和谐。也就是说人生不仅仅需要实用的东西，更需要使自己的精神生活充实，能够更好地去面对现实，能够更好地去协调伦理关系的知识和书籍。我曾对学生讲："大学生至少应该读两种书，哲学的书，哲学修养。"文学使我们看到了别人的生活，哲学使我们更深沉地去思考生活与人生。"闲书能够充实人的生活，使人生得到升华。"

有些人经常会说没空读书，但他并不是什么都不看。这就要说到人本主义心理学家马斯洛的层次需要理论，人不仅仅满足于生存的需求、安全的需求，人更需要归属的需求、尊重的需求、自我实现的需求。比如说现在很流行的广场舞，人们一般认为跳广场舞就是健身，在一个群体里，得到呼应，也可谓之气场，大家得到一种心理满足。你再看那个戴白手套领舞的人，他也许这辈子没机会上舞台了，但就在那一刻，他得到了尊重以及自我实现的满足。人都想充实自己，而真实的充实自己不是外在的，是内在的，从这个意义上说，"闲书"就不是"闲书"了，虚的可能就是最实的。学了拧灯泡就会拧灯泡，学了做饭就会做饭，但都只属于技能，人生更重要的是要有精神，形成完善的精神生活，得到智力的提升、毅力的培养。

人若想进一步提升，除了读陶冶性情的书，还要读"引起头痛的书"。人的一生如果没读过几本引起头痛的书，这一生至少是不深刻的。作家张炜曾对大学生说："如果在大学四年没有读过康德和黑格尔，你的四年大学就白读了。"倒不是说你非得读康德和黑格尔，而是说你要读较为深刻、能够引起思考的书。读过引起头痛的书，你就能活化那些陶冶性情的书；如果不读让人头痛的书，那些陶冶性情的书往往也会成为过眼烟云。

"讲理"不只是要"说"明白，更重要的是要"写"明白。在写作过程中，我最看重思想、逻辑和语言，所谓"思想"，就是要有独立的见解，这就需要"在思想上和自己过不去"；所谓"逻辑"，就是要有严谨的论证，这就需要"在讲理上跟自己过不去"；所谓"语言"，就是要有优美的表达，这就需要"在叙述上跟自己过不去"。我很欣赏苏珊·朗格在《艺术问题》中提出的美学问题。她说，"艺术创造"。什么叫"创造"？舞蹈家创造了胳膊还是创造了腿？看一幅画，画家创造了油彩还是创造了画布？读小说，作家创造了语言还是创作了文字？什么也没"创造"嘛，但他创造了意义！我想说，优秀的学者，他的语言、理论也应该创造意义吧。我不会写诗，但总想简洁地表达自己对生活的感慨，所以写过些"短章"，说几条，算和大家共勉吧！

四十岁时，我写过几句话，"年过不惑亦有惑，爱智求真敢问真；是是非非雕虫技，堂堂正正方为人"。六十岁时，我写了名为"咏叹哲学"的几段文字，有一段是这样写的："我常常在房间里踱步——被思想激动得不能安坐；我常常在窗台前眺望——用思想窥见澄澈的天光；我常常在书桌前疾书——让思想在笔端自由流淌。"在学术研究中，我强调四个"真"字："真诚，要有抑制不住的渴望；真实，要有滴水穿石的积累；真切，要有举重若轻的洞见；真理，要有抽丝剥茧的论证。"还有四点体会，"一是乐于每日学习,志在终生探索;二是平常心而异常思,美其道而慎其行;三是忙别人之所闲,闲别人之所忙;四是人格上相互尊重,在学术上相互欣赏"。关于做人,也有两句:"谁都没有什么了不起,但是谁都可以了不起";"当别人把你当回事的时候,你千万不要把自己当回事;当别人不把你当回事的时候,你千万要把自己当回事"。

"人无法忍受单一的颜色,所以我们的梦想是五彩缤纷的;人无法忍受凝固的时空,所以我们的梦想是汹涌澎湃的;人无法忍受自我的失落,所以我们的梦想是无法抑制的;人无法忍受存在的空虚,所以我们的梦想是饱满厚重的;人无法忍受彻底的空白,所以我们的梦想是指引未来的。"这是我在吉林大学讲《能于担当,实现梦想》时的一段话,也在此与有梦想的朋友们分享。最后,我想把自己的读书体会概括为三句话:读出人家的好处,发现人家的问题,悟出自家的思想。

(九)大气、正气和勇气

在纪念高清海先生逝世十周年之际,我想用"大气、正气和勇气"概括先生的为人与为学,并以此激励我们在"爱智"的哲学之路上继续前行。

1. 大气:为人为学其道一也

无论是为人还是为学,中国人最崇尚的是"先立乎其大者"。

高先生的为人,如同他的伟岸的身躯,是直立的、挺拔的。他不屑于向权贵折腰,也不善于向弱者示强,而是爱憎分明,卓尔不群。先生所说的,就是他所想的和他所做的;他尊重自己的前辈、朋友和学生,他同样尊重他自己。和先生在一起,总会感到人应当像人那样直立地生活,而绝不能像动物那样爬行。这是他为人的大气。

为人的风骨与为学的风格是一致的。高先生的为学,亦如他的伟岸的身躯,"指点江山","激扬文字",高屋建瓴,势如破竹。对高先生来说,学问之"大者",并不只是选题之"宏大",而且主要是立意之"高远"。关于哲学,高先生提出"人是哲学的奥秘",把哲学定义为"理论形态的人类自我意识",把马克思主义哲学解释为"实践观点的思维方式",把我们的哲学使命确立为"找回失去的'哲学自我'",进而为中华民族的未来而创造中华民族的"思想自我"。这又是他为学的大气。

为了这个宏伟的目标,他苦苦求索古代先贤对哲学的理解,写出了"史论结合"的《哲学的憧憬》；他独立钻研人类的文明史和哲学的思想史，写出了独树一帜的《哲学与主体自我意识》；他深入思考马克思恩格斯的哲学思想，系统地阐述了《马克思主义哲学基础》；他深切地体悟人的历史、现实与未来，竭力达成《"人"的哲学悟觉》。高先生的这些选题重大、立意高远的著述，高先生在这些著述中提出的见解独到、振聋发聩的哲学思想，不仅引领了20世纪80年代以来的我国哲学研究，而且为21世纪的哲学研究提供了不可或缺的思想资源。

尤为令人感动的是，在与病魔抗争的日子里，高先生写出了他一生中最为珍贵的论文《中华民族的未来发展需要有自己的哲学理论》。先生提出："中华民族是有着古老哲学传统的民族"，"学习西方先进的哲学理论，最终目的还是为了创建适于我们自己的当代中国哲学"。"中华民族的生命历程、生存命运和生存境遇具有我们的特殊性，我们的苦难和希望、伤痛和追求、挫折和梦想只有我们自己体会得最深。""一个社会和民族要站起来"，"首先要在思想上站立起来"。"创建当代中国哲学理论，乃是中国人反思自己的生命历程、理解自己的生存境域、寻找自己未来发展道路的内在要求和迫切需要。"这是先生求索终生的思想箴言，也是先生临终的思想嘱托。为中华民族的未来而创造属于我们自己的哲学，这应当是我们从先生那里承继下来的最根本的"大气"。

2. 正气："面向事情本身"的"笨想"

做学问有各种"路径"，有各种"方法"，有各种"门道"，高清海先生只概括为两个字："笨想。"

笨想，就是不投机取巧。对于哲学研究，高清海先生最认同的是他的老师刘丹岩教授所说的"抓住根子"，最强调的是"打牢基础"。他曾经语重心长地对自己的研究生说，他的某些同辈学者之所以没有形成自己的独立的哲学思想，主要原因是在于没有机会系统地、认真地研究哲学史，没有形成恩格斯所说的"建立在通晓思维的历史和成就的基础上的理论思维"。为此，他还多次半开玩笑地说，他很庆幸自己在60年代被迫改行讲授西方哲学史，从而能够以"史论结合"的方式研究哲学，真正做到"以论带史、论从史出"。他要求自己的学生一定要认真地读书，认真地想问题，还为学生系统地讲授西方哲学史和亚里士多德的《形而上学》、马克思的《1844年经济学—哲学手稿》、恩格斯的《路德维希·费尔巴哈和德国古典哲学的终结》、列宁的《哲学笔记》等著作，以及"认识论专题研究"、"辩证法专题研究"等课程。在吉林大学的图书馆和马列主义教研部的资料室里，记载着高清海先生曾经借阅的图书，既包括当时已出版的全部的马列著作，还包括当时已面世的中外哲学家的著作。而在高先生的遗物中，最为珍贵的就是他年积月累的哲学笔记。"问渠哪得清如许？为有源头活水来。"不投机取巧，不耍小聪明，老老实实地读书，认认真真地研究，这是高先生治学的根基。

笨想，就是不回避问题。作为辩证法大家，黑格尔为何搞唯心主义？作为唯物论者，费尔巴哈为何不懂辩证法？人们不懈地追求真理、究竟是在追求着什么、要去追求什么？哲学家们都想"为天地立心，为生民立命"，为何马克思以前的哲学只是"解释世界"而不是"改变世界"？哲学和科学都研究"世界"，为什么它们是把握世界的"不同方式"？20世纪80年代中期，当学界普遍地以"实践范畴"、"实践转向"或"实践唯物主义"重新阐释马克思主义哲学时，高先生独树一帜地提出，要以"实践观点的思维方式"去理解马克思主义的哲学革命。他明确地提出："对于马克思主义的实践观点，我们决不能把它看作仅仅是用来回答认识的基础、来源和真理的标准等认识论问题的一个原理，而必须把它看作马克思主义用以理解和说明全部世界观问题、区别于以往一切哲学观点的新的思维方式。只有认识到这一点，才能把握马克思主义哲学全部内容的实质。"正因为高先生所思考的问题总是"较真"、"较劲"、"和自己过不去"的问题，所以先生总是能从问题的"根子"上提出问题和回答问题。

笨想，就是不囿于己见。每当论及学界状况时，先生总是对学生们说，我们有自己的特点，人家有自己的优势，善于发现人家的长处，才会有所进步。先生不仅认真研读和思考自己前辈和同辈学者的著述，而且真心实意地吸纳学生的研究心得。高先生指导研究生，从来不只是"讲"，而且是"听"——听学生讲相关的知识和他们的看法。20世纪80年代，我们几位"老学生"最为兴奋的事，就是每周到先生家中讨论哲学。我还清晰地记得，孙利天讲中国传统哲学，孟宪忠讲社会发展理论，秦光涛讲现代西方哲学，邴正讲当代文化哲学，而我则主要是讲现代科学哲学。高先生认真地倾听，不时地记录，间或地提问，几个学生更是不以自己的"滔滔不绝"为

"越位"，相互追问，相互诘难，抓住"软肋"，发现"硬伤"，"互相切磋"，"教学相长"。

笨想，就是不人云亦云。列宁说，概念、范畴并不是认识的"工具"，而是人类认识的"阶梯"和"支撑点"。在人类文明史上，概念、范畴的内涵不是僵死凝固的，而是"与时俱进"的。然而，人们却往往把概念、范畴当作僵化的"定义"去把握和使用。高先生的"笨想"，从根本上说，就是对哲学基本观念的坚韧不拔的追问。特别是在对本体论思维方式的批判反思中，高先生深刻地揭示了这种思维方式的实质：一是把事物的现象与本质割裂开来，二是把认识的主观与客观对立起来，三是把真理的相对与绝对分割开来，试图为人类提供绝对之真、至上之善和最高之美。对于这种思维方式和哲学理念，高先生从"人是哲学的奥秘"的解释原则出发，作出了自己的独到的论证："本体论作为对象的解释原则完全是属于人的，它表现的是人从人的观点以理解和把握对象世界的一种方式。""人是一种从不满足于既有存在，总是追求未来理想存在的一种存在。这通常被称作人的'形而上学'本性。本体论就是以探寻对象之外和之上的本真存在这种方式，来表述人的形而上学追求的。"在这种批判反思中，高先生不仅深刻地揭示了本体论思维方式的实质，而且富有启发性地肯定了哲学的"形而上学追求"。正是在对包括"本体"在内的"世界"、"实践"、"矛盾"、"反映"、"规律"、"真理"等哲学范畴的批判性反思中，高先生突破了通常的"狭隘视界"，赋予这些基本范畴以新的思想内涵，为发展哲学提供了富有建设性的新的"阶梯"和"支撑点"。这是高清海哲学思想的"真实意义"。

笨想，就是不故步自封。1996年出版的《高清海哲学文存》第5卷，收录了先生在80年代主编的《马克思主义哲学基础》的选辑。在该卷的前言中，先生坦诚地指出："现在读起来，这部著作的许多思想内容或许已经不很新鲜"，"我国理论界的认识和我们自己的思想，都已有了很大的提高和进展"。他还特别地指出，《马克思主义哲学基础》以"客体"、"主体"、"主体与客体的统一"这种逻辑框架和叙述方式来阐述马克思主义哲学，还没有真正体现马克思主义哲学的实践观点的思维方式。因此，在20世纪80年代后期，先生明确地以"人与世界的否定性统一"来阐释"实践"，又以这种"实践观点"来阐释马克思主义哲学的"思维方式"，进而对马克思主义哲学作出新的系统论证。正是在这种自我反省和自我批判中，高先生不断地升华了自己的哲学思想。这种符合哲学本性的自我批判精神，应当是先生留给我们的弥足珍贵的"精神财富"。

3. 勇气：思想解放与人的解放

思想解放，理论创新，这对高清海先生来说，绝不是挂在嘴上的名词或追赶时髦的口号，而是他的学术生命的生动写照。

不"唯上"，不"唯书"，敢于追问，勇于创新，这是高先生学术研究的"基点"。在为《哲学通论》所写的序言中，先生针砭时弊地指出："长期以来我们已经习惯了这种照本宣科的研究方式，写作方式，眼睛只看着别人，看着古人、看着洋人，却忘记了还有个'自我'、自我的头脑"，"连马克思的本来属于解放人们头脑的哲学，我们也采取了这种'灌输'的方式去束缚人们，我们怎能培养出哲学家来？"先生以自己的理论勇气和强烈的社会担当意识，在历史、理论与现实的聚焦点上，不断地实现理论创新，并鼓励和引导自己的学生以哲学的方式面向现实，努力探索重大现实问题中所蕴含的重大理论问题，又以新的理论成果去回答重大的现实问题，切实地使哲学成为"思想中所把握到的时代"。

在学术研究中，高先生的"思想解放"，集中地体现在"哲学总体观念的变革"。早在 20 世纪 50 年代，他就以《论辩证唯物主义与历史唯物主义的关系》一文重新理解马克思主义哲学，并因此被扣上"分家论"的帽子。自 1980 年起，高先生用 6 年时间主编完成了被学界称为"在众多教科书中独树一帜，自成一家之言"，"令人耳目一新"的《马克思主义哲学基础》上、下册，"开创中国哲学体系改革的先河"。先生认为，"变革和创新，是哲学理论的常态，也是它固有的本质"。"哲学这种理论的一个突出特点，就是要以自身理论和观念的不断变革，才能反映历史和时代的变化，推动历史和时代的前进，从而发挥它特有的批判的和导引的理论功能。""实践发展了，历史前进了，时代变化了，作为思想前导或理论升华的哲学便要改变自己的内容和形态，经历哲学观念的变革。"正是基于这种理念，高先生写出了关于哲学观念变革的系列"断想"，系统地提出了他对"世界观"、"本体观"、"实践观"、"矛盾观"、"真理观"、"价值观"、"人学观"的重新理解和阐释，并把哲学的"思想解放"与现实的"人的解放"熔铸在他的理论创新之中。

"人"的问题是高先生在 20 世纪 90 年代思考的主题。恩格斯提出,马克思和他所创建的哲学是"关于现实的人及其历史发展的科学"。高先生由此提出,"现实的人及其历史发展",就是不断地在实践活动中实现"人与世界的否定性的统一",也就是实现马克思所说的"合规律性"与"合目的性"的统一。因此,我们应当以"实践观点的思维方式"去看待人与世界的关系,并以这种思维方式去阐述和发展马克思主义哲学。高先生提出,按照马克思关于人的历史"三形态"理论,中国今日的落后就不只是表现在经济、社会、技术等方面,最根本的落后是在"人"的发展方面。由此,高先生高瞻远瞩地提出:我国社会主义发展的现阶段,解放生产力首先就是解放个人,就要用实现每个人的全面发展的未来导引现实。高先生的这一思想,从哲学的高度阐发了"以人为本"的发展观。

志存高远的大气,真诚求索的正气,敢于创新的勇气,这是高清海先生的为人为学之道,也应是所有学人的繁荣学术之道。高先生的墓碑矗立于苍松翠柏之中,高先生的思想将存留于人类文明的历史长河之中。

(十) 思辨、体验与境界

许多老师和同学都读过《哲学通论》。在那本书里,我把自己学习和研究哲学的体会概括为 5 句话:"高举远慕的心态,慎思明辨的理性,体会真切的情感,执着专注的意志和洒脱通达的境界。"其中,最具有实质意义的,就是"慎思明辨的理性"和"体会真切的情感"的融合。也就是说,学习和研究哲学,离不开两个最主要的东西:一是思辨,二是体验。二者缺一不可,而且是相互融合的。

围绕这个题目,我讲三个问题:一是真道理与大实话;二是辨析思想与体悟经验;三是思想的陌生化与经验的人类化。下面,先从"真道理与大实话"谈起。

1. 真道理与大实话

好多同学听我讲过,有两类不同的文章:一类是用谁都听得懂的话讲出谁都没想到的道理,另一类则是用谁都听不懂的话讲一些谁都懂得的道理。前一类,可以叫作"真佛只说家常话";后一类,可以叫作"俗人故作惊人语"。

恩格斯在《在马克思墓前的讲话》中说，马克思的伟大发现是发现了"一个简单事实"；"人们首先必须吃、喝、住、穿，然后才能从事政治、科学、艺术、宗教等等"。邓小平在改革开放之初提出：贫穷不是社会主义，发展才是硬道理。鲁迅在评论世间百态时说："拉大旗作虎皮，包裹着自己去吓唬别人"；"捣鬼有术、有效、但有限"；又说，"如履薄冰，发抖尚且来不及，还谈何创造？"黑格尔说，形而上学即哲学是"庙里的神"，是"密涅瓦的猫头鹰"。我在自己的哲学研究中，也努力用"大实话"来说出"真道理"。如"从两极到中介"、"从体系到问题"、"从层级到顺序"。提出"真道理"不容易，用"大实话"讲出"真道理"同样不容易。这就需要"思辨与体验"。

2. 辨析思想与体悟经验

思辨，从字面上解析，就是思想辨析或辨析思想，也就是以思想自身为对象反过来而思之，简言之就是"反思"；体验，从字面上解释，就是体悟经验或经验体悟，也就是以经验自身为对象反过来而悟之，简言之就是"领悟"。在哲学活动中，思辨与体验，或者说反思与领悟，二者可能有所偏重，但不能有所偏废。

思辨，在于具体地辨析思想，因而重在对概念的反思；体验，在于真切地领悟经验，因而重在对生活的体验。但是，反思的概念有其经验内容，体悟的经验需要概念表达。经验无概念则盲，概念无经验则空。离开概念的经验内容，所谓的思辨就成了黑格尔所批评的纯粹的"形式推理"；离开表达经验的概念规定，所谓的体验又成了黑格尔所批评的单纯的"物质思维"。在真正的哲学活动中，思辨与体验总是融合在一起的，既不存在没有体验的思辨，也不存在没有思辨的体验。

在谈到"一般人所说的哲学的难懂性"时，黑格尔曾经明确地提出这是由于两方面的"困难"："一部分由于他们不能够，实即不懂得作抽象的思维，亦不能够或不惯于紧抓住纯粹的思想，并运动于纯粹思想之中。""另一部分困难"则在于"意识一经提升到概念的纯思的领域时，它就不知道究竟走进世界的什么地方了"。这就是说，人们之所以难以理解哲学，是因为他们把"概念"与"世界"割裂开了，把"思辨"与"体验"分离开了，以经验看待世界的时候，世界就只是经验的世界，以思想看待经验的时候,经验中的世界又不复存在了。其结果,人们或者以单纯的经验理解哲学,也就把哲学变成了经验常识;或者以单纯的思想理解哲学,也就把哲学变成了抽象的空洞的思想。

作为西方传统哲学的集大成者,在黑格尔哲学那里,思辨与经验是同等重要,相互融合的。在结束《小逻辑》的全部论述之前,黑格尔充满感慨地指出:"老人讲的那些宗教真理,虽然小孩子也会讲,可是对于老人来说,这些宗教真包含着他全部生活的意义。即使小孩也懂宗教的内容,可是对他来说,在这个宗教真理之外,还存在着全部生活和整个世界",在这里,黑格尔正是借用对"同一句格言"的不同理解,深切地揭示了"体验"之于"哲学"的不可或缺的重要性。认真地研读黑格尔的《精神现象学》、《历史哲学》、《法哲学》、《逻辑学》和《美学》,我们都会真切地懂得,哲学活动中的体验与思辨是难以分割地融合为一的。

同样,在中国传统哲学中,历代的哲学家们的哲学,也绝不仅仅是对生活经验的领悟,而是对经验的领悟融汇于思想的辨析之中。自先秦以来,中国传统哲学多以天、地、道、德、性、命、礼、义、体、用、理、气、知、行等作为思考对象,而又以天地、道德、性命、礼义、体用、理气、知行等范畴为对象反过来而思之,从而以通达的辩证智慧对待天人、内外、人己、义利、仁智、道器、理欲、知行、荣辱、进退、生死等种种矛盾,形成了凝聚中华民族对世界和生命的认知和感受的哲学思想,积淀了中华民族的精神追求和行为准则。如果他以"体验"来概括和表达中国传统哲学的特性,就会把睿智通达的中国哲学思想降体为某种应对日常生活的经验常识。

长期以来,哲学界有一种游行的说法:中国哲学重体验,西方哲学重思辨。如果这种说法的含义仅为"重在",或许是说得通的;如果这种说法的含义是指二者的"差异"或"区别",则不仅是夸大了中、西哲学的"区别",而且是误解了哲学的特性,甚至会误杀中国哲学的发展道路。

3. 思想的陌生化与经验的人类化

思辨,是辨析思想或思想辨析。由此提出两个问题:一是在思辨中辨析什么?二是如何实现对思想的辨析?

体验,是体悟经验或经验体悟。由此,也提出两个问题:一是在体验中体验什么？二是如何实现对经验的领悟？

先谈思辨。辨析思想，是对具体的思想的辨析，而不是抽象地辨析思想，因此，对思想的辨析，主要体现在两个层面：在表层上，是要辨析这个思想的含义究竟是什么；在深层上，则是要辨析这个思想的含义是如何构成的。前者，从语言学上说，是一种语义、语境的分析活动，后者，则是一种特有的哲学活动，即对思想构成自己的前提批判。因此，思想的辨析，并不是一般性的辨析思想，而是辨析思想构成自己的前提批判。因此，思想的辨析，并不是一般性的辨析思想，而是辨析思想构成自己的根据和前提。按照我个人的看法，构成思想的根据和前提，主要包括四个方面：一是思想构成自己的基本理念，二是思想构成自己的思想逻辑，三是思想构成自己的特定方式，四是思想构成自己的基本信念。思想构成自己的根据，是隐匿于思想之中的，把思想隐匿的前提或根据揭示出来，最为根本的方式，就是思想的陌生化——跳出关于思想自己的思想。

再谈体验。体验是对经验的体察、体会和领悟，是把经验升华为对生活的理解。高尔基在《我的大学》中曾写道："对生活的思考是比生活本身更痛苦的。"体验离不开特定的生活境遇，体验总是对特定生活境遇的体验。人们的生活境遇是不同的，这包括每个时代的生活境遇是不同的，每个民族的生活境遇是不同的，每个个人的生活境遇是不同的。体验，总是在对时代的生活境遇、民族的生活境遇和个人的生活境遇的体会和领悟中形成的。在《思想中的时代》那本书的后记中，我写过这样一段话："人们对于哲学的理解是大不相同的。这是因为，哲学既是以个人的名义讲述人类的故事，又是以人类的名义讲述个人的故事，个人的思辨和体验与人类的文明和思想，熔铸于各异其是的哲学理论当中。"这是我对思辨和体验的理解，也是对哲学本身的理解。

（十一）深刻、厚重和优雅

一篇好的学术论文，一部好的学术著作，既要有深刻的思想，又要有厚重的论证，还要有优雅的叙述。深刻、厚重和优雅，这是读者对学术论著的"要求"，也是作者对学术论著的"追求"。达到这个"要求"和实现这个"追求"，从事学术研究的学者就不仅要有坚实的文献积累、艰苦的思想积累和切实的生活积累，而且要有"跟自己过不去"的劲头：一是"在思想上跟自己过不去",提出振聋发聩的创见;二是"在论证上跟自己过不去",作出令人信服的阐述;三是"在叙述上跟自己过不去",写出凝重而又空灵的论著。学术研究是对人类智力的挑战,做学问的学者就要在思想、论证和叙述上"跟自己过不去"。

1. 深刻:"在思想上跟自己过不去"

"学问"是人类文明史在观念中的积淀和升华,"做学问"的根基是钻研古往今来的已有的"学问"。然而,真正"做"出超越前人的"学问",却不仅需要"读出人家的好处",而且必须"发现人家的问题",进而"悟出自家的思想"。这就是王国维所说的读书的最高境界:"众里寻他千百度,蓦然回首,那人却在,灯火阑珊处",于别人未见之处发现问题,于别人未思之处提出思想。

"读出人家的好处"并不容易。缺乏人家的"学识",达不到人家的"见识",体会不到人家的"困惑",把握不到人家的"洞见",也就难以读出人家的"好处"。"发现人家的问题"更不容易。人家苦心钻研出来的道理,怎么能让人轻易地发现"问题"。或许正是有感于此,爱因斯坦才深有体会地说,"提出一个问题比解决一个问题更重要"。在读出人家的"好处"和发现人家的"问题"的过程中,"悟出自家的思想",当然是难上加难。人家之所以"有问题",并不是人家没有绞尽脑汁地"想问题",并不是人家没有瞻前顾后地"看问题",而是后人(他人)在自己的"上下求索"中"发现"了人家的"问题",从而"提出"了自家的"思想"。做学问的"不破不立"与"不立不破"是水乳交融的。"悟出自家的思想",才能真正"发现人家的问题";"发现人家的问题",才能真正"悟出自家的思想"。读出"好处",发现"问题",悟出"思想",都必须在思想上"跟自己过不去"。

2. 厚重:"在论证上跟自己过不去"

做学问,就是想清楚、讲明白别人没想清楚、没写明白的道理。想清楚、写明白的道理就是"学问",想清楚、写明白的过程就是"做学问"。想清楚,就是"悟出自家的思想";写明白,就是"论证自家的思想"。"论证"同样需要"跟自己过不去"

论证,不只是把悟出的思想条理化、逻辑化、系统化,更不是罗列章、节、目的"散漫的整体性",而是要把想清楚的道理引向清晰、确定和深化。黑格尔说,"全体的自由性"必须诉诸"环节的必然性"。这就必须对"思想"进行有理有据的、环环相扣的、由浅到深的论证。在构成"环节的必然性"的论证中,展现"思想"的任何一个"名词",都不只是一个指称对象的"名称",而是一个具有确定的思想内涵的"概念";构成思想的任何一个"概念",都不只是一个孤立的观念,而是在特定的概念框架中获得相互的规定和自我的规定;推进思想的任何一个"环节",都不是一个抽象的规定,而是在由抽象到具体的概念运动中获得越来越丰富的规定。文学评论家何其芳曾经这样评论《红楼梦》,说它是"把生活的大山推倒,又重塑了艺术化的生活的大山"。借用这个说法,做学问是要"把观念的大山推倒,又重塑了理论化的思想的大山"。不在论证上"跟自己过不去","理论化的思想的大山"就无法"重塑"起来。

3. 优雅:"在叙述上跟自己过不去"

"言之无文,行而不远。"学术论著的语言,既要凝重,又要空灵;既要准确,又要优美。学术论著的逻辑,既要严谨,又要跃动;既要坚实,又要活泼。学术论著的优雅,既是思维的撞击,又是心灵的震撼;既要使人得到哲理智慧的启迪,又要使人享受震撼心灵的逻辑之美。

凡是读过《资本论》的人,都不仅会被它的理论力量所震撼,而且会被它的逻辑之美所折服。马克思说,思维的运动遵循着相互联系的两条道路,"在第一条道路上,完整的表象蒸发为抽象的规定;在第二条道路上,抽象的规定在思维行程中导致具体的再现"。正是得心应手地驾驶这个思维的逻辑,马克思首先是把资本主义作为"混沌的表象"予以科学地"蒸发",抽象出它的各个侧面、各个层次的"规定性"。然后又以高屋建瓴的辩证智慧展开"商品"所蕴含的全部矛盾,循序渐进,层层推进,直至达到资本主义"在思维具体中的再现"。对此,马克思说,不管《资本论》存在这样或那样的毛病,但它作为一个"完整的艺术品",却是可以引以为自豪的。

大文豪莎士比亚有这样的诗句:"给美的事物戴上宝贵的真理的桂冠,她就会变得百倍的美好。"让"真理"与"美"相伴,学术论著就能"激发人们的思想活力,启迪人们的哲理智慧,滋养人们的浩然之气"。这就不仅需要"做学问"的学者在思想上、论证上"跟自己过不去",而且应当在叙述上"跟自己过不去",让读者阅读到深刻、厚重、优雅的学术论著。

(十二)谈谈我的理论想象

"想象比知识更重要。"爱因斯坦的这句名言,不仅适用于科学发现和艺术创作,也适用于哲学研究。哲学研究离不开文献积累、思想积累和生活积累,然而,哲学研究的目的并不在于"积累",而在于"创新"。哲学的"创新",就是熔"三个积累"于一炉所激发的"理论想象",并以哲学的理论想象赋予哲学范畴以新的思想内涵。下面,结合我所做的哲学工作——思想的前提批判,谈谈我的理论想象。

1. 人的历史形态与哲学的历史任务

马克思在《1857—1858年经济学手稿》中提出"人的依赖关系"、"以物的依赖性为基础的人的独立性"和"建立在个人全面发展和他们共同的社会生产能力成为他们的社会财富这一阶段上的自由个性"的人的历史三形态说;而早在1844年发表于《德法年鉴》的《〈黑格尔法哲学批判〉导言》中,马克思则提出"真理的彼岸世界消逝以后,历史的任务就是确立此岸世界的真理。人的自我异化的神圣形象被揭穿以后,揭露具有非神圣形象的自我异化,就成了为历史服务的哲学的迫切任务"。正是在研读和沉思马克思的相隔10余年的两段论述中,激发了我的一个重要的"理论想象":从人的历史形态去理解哲学的历史任务,从哲学的历史任务去揭示人的历史形态的文化内涵。

在关于人的历史形态与哲学的历史任务的"理论想象"中,我形成并提出了如下的基本认识:在"人的依赖关系"的历史形态中,人所"依赖"的对象被异化为超人的"神圣形象",哲学作为理论形态的人类自我意识,它的历史任务就是以理论的方式表征"人的依赖关系"的"神圣形象";在"以物的依赖性为基础的人的独立性"的历史形态中,人对人的依赖变成了人对物的依赖,人对"神圣形象"的崇拜变成了人对"非神圣形象"即"物"的崇拜,哲学作为理论形态的人类自我意识,它的历史任务首先是揭露人在"神圣形象"中的"自我异化",同时又以理论的方式表征人在"非神圣形象"中的"自我异化";正是从人对物的依赖的"现实的历史"出发，马克思明确地提出，"揭露具有非神圣形象的自我异化，就成了为历史服务的哲学的迫切任务"。

正是在这种"理论想象"中，升华了我对"哲学"和"哲学史"的理解，为"重写"哲学和哲学史提供了具有文明内涵的新的"灵魂"和"思路"——哲学史是确立"神圣形象"、揭露人在"神圣形象"中的"自我异化"，进而揭露人在"非神圣形象"中的"自我异化"的历史。而哲学的总体上的历史变革，正是理论地表征了人类文明的历史变革——从"人对人的依赖"到"人对物的依赖"再到"人的自由个性"的历史性飞跃。正是在这个意义上，真正的哲学才是马克思所说的"时代精神的精华"和"文明的活的灵魂"。由此我所形成的"哲学观"就是：哲学是对人类文明的时代性问题的理论自觉；哲学创新则是赋予哲学范畴以新的时代内涵。

2. 哲学的基本问题与哲学的时代主题

马克思关于"哲学"的名言，既强调了哲学的"时代性"，即"任何真正的哲学"都是"时代精神的精华"，又强调了哲学的"人类性"，即"任何真正的哲学"都是"文明的活的灵魂"。然而，在引证马克思的这句名言时，人们却往往只是把哲学解说为"时代精神的精华"，而很少提及哲学是"文明的活的灵魂"，也就是单纯地强调哲学的"时代性"，而极力地回避哲学的"人类性"，甚至以哲学的"时代性"而讨伐"超时代"的"哲学妄想"。其结果，就把哲学的"时代性"与哲学的"人类性"割裂开来、对立起来，并由此导致以哲学的"时代主题"而否认或取代哲学的"基本问题"。

哲学到底有无自己的"基本问题"？哲学的"基本问题"的"真实意义"到底是什么？"思维和存在的关系问题"究竟在什么意义上构成哲学的"基本问题"？马克思关于人类把握世界的"基本方式"的论述，引发我重新思考"哲学"及其"基本问题"。这就是：不同时代的哲学，不同民族的哲学，不同派别的哲学，不同领域的哲学，它们之所以是"哲学"，就在于它们是以一种区别于常识、宗教、艺术和科学的"哲学方式"把握世界。进一步追问：哲学究竟是以何种方式把握世界？就在于它把"思维和存在的关系"作为"问题"反过来而思之，反思常识、宗教、艺术和科学以及人类的全部思想和行为中所隐含的"思维和存在的关系问题"。这意味着：其一，作为哲学基本问题的"思维和存在的关系问题"，并不是哲学中的"最主要"或"最重要"的问题，而是决定"哲学"的特殊的理论性质和独特的社会功能的问题，也就是规定"哲学"把握世界的特殊方式的问题；其二，把"思维和存在的关系问题"作为哲学的基本问题既不是否认哲学的民族性和时代性，也不否认哲学的多样性和丰富性，而恰恰是以哲学把握世界的独特方式的理论自觉去构成"时代精神的精华"和"文明的活的灵魂"；其三，自觉到哲学把握世界的独特方式，就不会把哲学方式混同为人类把握世界的常识方式、宗教方式、艺术方式和科学方式，因而也就既不能以哲学方式代替其他方式，也不能以其他方式代替哲学，从而为哲学的"合法性"奠定真实的基础，并真正地以哲学方式去构成哲学的时代主题。

3. 对思想的思想与思想的前提批判

人类把握世界的哲学方式，是把"思维和存在的关系"作为"问题"反过来而思之，这就是哲学意义的"反思"。在哲学史上，黑格尔不仅把哲学规定为"对思想的思想"的"反思"，而且在与"表象思维"和"形式推理"的对比中，深切地阐述了哲学思维何以必须是"反思"，并且以"反思"的思维构成了概念自我否定的辩证法。然而，哲学所追究的"思维和存在"的"关系问题"究竟是何种"问题"？哲学所"反思"的"思想"究竟是什么？正是在苦苦求索这个问题的过程中，恩格斯的一段论述让我产生了至关重要的理论想象。这就是：黑格尔的"思维和存在的同一性"问题，并不是思维和存在"是否统一"和"如何统一"的问题，而是恩格斯所说的"理论思维的不自觉的和无条件的前提"问题。

人类之所以能够以"目的性"和"对象性"的实践活动方式存在，之所以能够以"合目的性"和"合规律性"的实践活动方式而构成自己的历史，之所以能够"给自己构成世界的客观图画"并从而把现实变成自己所理想的现实，之所以能够以"思维规定"把握"存在规定"的方式而追求真理，从根本上说，就在于"我们的理论思维"有一个"不自觉的和无条件的前提"——"我们的主观的思维和客观的世界服从于同样的规律，因而两者在自己的结果中不能互相矛盾，而必须彼此一致，这个事实绝对地统治着我们的整个理论思维"。由此，我所形成的进一步的"理论想象"就是:"思维和存在的关系问题",从根本上说是"理论思维的不自觉的和无条件的前提"问题;"对思想的思想",从哲学上说就是批判地反思这个"不自觉的和无条件的前提"所隐含的问题;因此,哲学意义的"反思",并不是一般意义的"对思想的思想",从根本上说就是并且必须是"对思想的前提批判"。

构成思想的前提,最深层的和最根本的是"思维和存在的同一性",但是,作为哲学基本问题的"思维和存在的关系问题",却并不只是"思维和存在的同一性"问题,而且包括构成思想的基本逻辑、基本方式、基本观念及其深层的哲学理念。离开对构成思想的基本逻辑、基本方式、基本观念和哲学理念的前提批判,就无法真正地实现对"思维和存在的同一性"这个基本信念的前提批判。由此我所形成的更为具体的"理论想象"就是:以"思想的前提批判"为灵魂,具体地展开五个方面的前提批判:一是对构成思想的"基本信念"的前提批判,也就是对"思维和存在的同一性"的前提批判;二是对构成思想的"基本逻辑"的前提批判,也就是对形式逻辑、辩证逻辑和实践逻辑的前提批判;三是对构成思想的"基本方式"的前提批判,也就是对常识、宗教、艺术和科学的前提批判;四是对构成思想的"基本观念"的前提批判,也就是对存在、世界、历史、真理、价值、自由等观念的前提批判;五是对构成思想的"哲学理念"的前提批判,也就是哲学的自我前提批判。在这种"理论想象"中所提出的五个方面的"前提批判",构成了我的主要的哲学工作。

4. 基本观念的前提批判与哲学的工作方式

诉诸当代哲学,我们可以发现,它的突出特征之一是哲学研究的分支化、专业化和技术化,而这"三化"的集中表现则是哲学的"部门化",这就是科学哲学、文化哲学、政治哲学、经济哲学、价值哲学及至管理哲学、技术哲学、工程哲学等争奇斗艳、此消彼长、蔚为大观。然而,所谓的"部门哲学"究竟何以是"哲学"而不是科学学、文化学、政治学或管理学?从根本上说,就在于前者所指向的是这些"部门"的基本观念,就在于它所进行的并不是案例的或数据的"实证研究",而是批判地反思"实证研究"中的"基本观念"。批判地反思人类活动和人类文明中的基本观念构成所谓的"部门哲学"。

每门学科都有构成自己的基本观念,"部门哲学"则把各门学科构成自己的基本观念作为批判反思的对象:其一,批判地反思各门学科本身,诸如科学哲学对"科学"的反思,文化哲学对"文化"的反思,政治哲学对"政治"的反思,价值哲学对"价值"的反思,并以此引发各门学科的自我批判和自我超越;其二,批判地反思各门学科的核心范畴和基本范畴,诸如科学哲学对"观察与理论"、"理解与解释"、"归纳与演绎"、"逻辑与直觉"的反思,政治哲学对"平等与自由"、"平等与正义"、"形式平等与实质平等"的反思,价值哲学对"价值的主观性与客观性"、"价值的个体性与社会性"、"价值与评价"的反思,并以此引发各门学科"解释原则"的变革和"概念框架"的重构;其三,批判地反思各门学科所蕴含的"思维和存在的关系问题",既以此揭示各门科学中的真实的哲学问题,又以此丰富和深化哲学自身的理论内容。这就是作为"哲学"的"部门哲学"所展开的"思想的前提批判"。

在对构成思想的基本观念的前提批判中,生动地体现了"哲学"自己的工作方式:一是时代精神主题化,从各门学科的"多重变奏"中凝练出时代精神的"主旋律";二是现实存在间距化,以各门学科的理论成果为"中介"而深层地透视现实、批判地反观现实和理想地引导现实;三是流行观念陌生化,在对各门学科的基本观念的反思中变革人们对种种"不言自明"、"天经地义"、"毋庸置疑"的基本观念的理解;四是基本理念概念化,以具有新的时代内涵的基本观念构成理解和协调人与世界关系的新的哲学概念体系,从而构成具有新的时代内涵的世界图景、思维方式和价值观念,并以此塑造和引导新的时代精神。

5. "表述"的科学、"表达"的艺术与"表征"的哲学

思想的前提批判,不只是对"基本观念"的前提批判,而且是对构成基本观念的深层的"哲学理念"的前提批判;而对哲学理念的前提批判,必然集中地体现在对"哲学本身"的前提批判。这就是:哲学作为人类把握世界的一种基本方式,究竟如何把它与人类把握世界的其他方式区别开来?逻辑实证主义重要代表人物卡尔纳普关于科学、艺术与哲学关系的论述,催化了我对哲学的存在方式的"理论想象"。

在"拒斥形而上学"的旗帜下,卡尔纳普以区分语言的两种职能为出

发点，明确地和尖锐地向"形而上学"提出挑战：语言具有"表述"和"表达"两种职能；"科学"以构成关于经验事实的命题的方式而充当语言的"表述"职能，"艺术"则以构成关于人的情感或意愿的方式而充当语言的"表达"职能；"哲学"既不是像"科学"那样"表述"经验事实，又不是像"艺术"那样"表达"情感意愿，"哲学"不只能是"理性的狂妄"和"语言的误用"吗？应当说，卡尔纳普由语言的两种职能而对哲学提出的诘难，既是以最"合乎逻辑"的方式向哲学的存在方式提出的挑战，又为重新理解和阐释哲学提出了最为现实的"理论想象"的空间——不是"表述"和"表达"的哲学究竟以何种方式存在？由此又引发我更深切地思考马克思关于哲学的名言：哲学究竟以何种方式而成为"时代精神的精华"和"文明的活的灵魂"？正是把卡尔纳普对哲学的"挑战"和马克思关于哲学的"名言"联系起来，并且把这个"联系"诉诸对哲学史的反思，构成了我对哲学存在方式的"理论想象"：哲学是以区别于"表述"和"表达"的"表征"方式而存在的。

作为"时代精神的精华"和"文明的活的灵魂"，真正的哲学既不是"表述"时代状况和人类文明的经验事实，也不是"表达"个人对时代状况和人类文明的情感和意愿，而是以区别于"表述"和"表达"的方式而构成时代精神的"精华"和文明的活的"灵魂"。那么，区别于"表述"和"表达"，因而也区别于"科学"和"艺术"的"哲学"究竟以何种方式存在呢？哲学当然总是在"表述"或"表达"什么，但是，以"精华"和"灵魂"为己任的哲学又必须以区别于"表述"或"表达"的方式而实现自身的存在，这实在是一个难以破解的难题。现代哲学或者以"拟科学"的方式而充当语言的"表述"职能，或者以"拟文学"的方式而充当语言的"表达"职能，并由此构成"科学主义"和"人本主义"两大思潮，在某种意义上都是难以破解这个难题的产物。

卡尔纳普由语言的两种职能而对哲学提出的挑战，双重化地封闭了现代哲学的两种选择：既不能以"拟科学"的方式去充当语言的"表述"职能，也不能以"拟文学"的方式去充当语言的"表达"职能。这从"否定"方面激发了我对哲学的特殊的存在方式的理论想象。与此同时，马克思关于真正的哲学是时代精神的"精华"和文明的活的"灵魂"的名言，又从"肯定"方面激发了我对哲学的特殊的存在方式的理论想象。正是在对哲学存在方式的"肯定"和"否定"的双重反省中，激发了我的关于"表征"的理论想象：寻求真、善、美的哲学，既不是单纯的关于"有没有"的存在论，也不是单纯的关于"对不对"的真理论，又不是单纯的关于"好不好"的价值论，而是以某种价值诉求出发的对存在的反思和对真理的追求，因此，"哲学"本身是存在论、真理论和价值论的"三者一致"。"三者一致"的哲学既不是"表述"的科学也不是"表达"的艺术，而是对时代精神和人类文明的"主旋律"和"普照光"的"表征"。

何谓哲学的"表征"？就是透过"表述"和"表达"所体现的"时代精神的精华"和"文明的活的灵魂"，就是透过人类把握世界的"多重变奏"所体现的人类文明的"主旋律"和"普照光"。哲学的"表征"，既是以哲学问题的历史演进体现出来的，又是以哲学派别的相互论争实现出来的。诉诸哲学史，我们会看到，古代哲学提出"万物的统一性"问题，并不是单纯地"表述"或"表达"世界本原问题，而是"表征"着人类对自己的生活意义"最高支撑点"的寻求；近代哲学提出"意识的统一性"问题，并不是单纯地"表述"或"表达"意识本性问题，而是"表征"着人类对自由的寻求；现代哲学提出"文化的统一性"问题，并不是单纯地"表述"或"表达"文化本质问题，而是"表征"着人类精神家园的焦虑和对人类文明新形态的寻求。

哲学的"表征"的存在方式的集中体现，莫过于马克思对哲学的历史任务的概括：哲学从确立"神圣形象"到消解"神圣形象"再到消解"非神圣形象"，就是以自己的"表征"方式而体现人的历史形态的变革和文明内涵的历史性变革，并从而塑造和引导新的时代精神。应当说，在对哲学的存在方式的理解中，"表征"是难以"言传"的，但却是可以"意会"的。这是哲学的艰深之所在，也是哲学的魅力之所在。

6. 人类的故事与个人的故事

哲学"表征"时代精神和人类文明，当然是在讲"人类的故事"；然而，对"人类故事"的理解和对"人类故事"的讲解，却离不开讲解者对"人类故事"的体悟和思辨。因此，"哲学"既是哲学家以个人的名义讲述人类的故事，又是哲学家以人类的名义讲述个人的故事。个人的体悟和思辨与人类的思想和文明,熔铸于哲学家的各异其是的理论想象之中。

每个时代的人类都有该时代的特定的人类历程和理论资源,由此构成该时代的哲学家的共有的人生历程和理论资源,并因而构成该时代哲学的"广泛而深刻的一致性"。然而,时代性的人类历程又总是表现为哲学家的特殊的人生历程以及哲学家对人类历程和人生历程的独特的生命体验;时代性的理论资源又总是表现为哲学家对特定的理论资源的占有以及哲学家由其所占有的理论资源所形成的特殊的理想想象。特殊的人生历程和独特的生命体验,特殊的理论资源和独特的理论想象,二者的水乳交融构成了个性化的哲学理论。因此,我在《哲学通论》中提出:哲学是以时代性的内容、民族性的形式和个体性的风格去求索人类性问题。在这个意义上,哲学就是以"我"的名义讲述"我们"的故事。

以"我"的名义讲述"我们"的故事,这个"故事"就形成于"我"的"思辨"和"体验"的"理论想象"之中。所谓"思辨",就是辨析思想或思想辨析,也就是思想以自身为对象反过来而思之的"反思";所谓"体验",就是体悟经验或经验体悟,也就是经验以自身为对象反过来而悟之的"领悟"。在哲学的"理论想象"中,思辨与体验,或者说反思与领悟,不仅是不可或缺的,而且必须是融为一体的。没有体验的思辨,或没有思辨的体验,都不会产生"真实的想象"和"想象的真实"。长期以来,哲学界有一种流行的说法:西方哲学重思辨,中国哲学重体验。如果这种说法的含义仅为"重在",或许是言之有据的;如果这种说法的含义是指"特征",则不仅夸大了中西哲学的"差异",而且是误解了哲学的"本性",并会因此窒息哲学的"想象"。

诉诸哲学史,我们会看到,哲学发展的基本形式是派别之间的相互批判。然而,值得深思的是,哲学的派别冲突不仅植根于现实生活,而且与哲学家对人类文明和时代精神的生命体验和理性思辨密切相关。贯穿于哲学史的唯物主义与唯心主义、辩证法与形而上学、经验主义与逻辑主义、绝对主义与相对主义等的派别冲突,无不熔铸着哲学家的生命体验和理性思辨。哲学的唯物主义与唯心主义,深层地蕴含着哲学家对人类的自然性与超自然性的生命体验和理性思辨;哲学的辩证法和形而上学,深层地蕴含着哲学家对人类存在的过程性与确定性的生命体验和理性思辨;哲学的经验主义与逻辑主义，深层地蕴含着哲学家对人类认识的感性与理性的生命体验和理性思辨；哲学的相对主义与绝对主义，深层地蕴含着哲学家对人类文明的时代性与超时代性的生命体验和理性思辨。在现代哲学中，本质主义与存在主义、理性主义与非理性主义、科学主义与人本主义乃至"分析"与"解释"、"结构"与"解构"，更是以错综复杂的派别冲突的方式，深层地蕴含着哲学家对"现代性的酸"所构成的"意义危机"的生命体验和理性思辨。正是这种深沉的生命体验和顽强的理性思辨，激发了哲学家的独特的"理论想象"，形成了各具特色的哲学理论，从而既以人类的名义讲述了个人的故事，又以个人的名义讲述了人类的故事。

7. 绝对的绝对、绝对的相对与相对的绝对

哲学家以自己的生命体验和理性思辨所讲述的"人类故事"，究竟是关于人类文明的"真知"，还是关于人类文明的"偏见"？或者说，哲学家所讲的"人类故事"，究竟是"绝对的绝对"，还是"绝对的相对"？进而言之，哲学家所讲的"人类故事"，是否既不是作为"绝对之绝对"的"真知"，也不是作为"绝对之相对"的"偏见"，而是一种可以称为"相对之绝对"的"合法的偏见"？这是我在1988年所写的《从两极到中介——现代哲学的革命》一文中提出的一个"理论想象"，也是我在2011年所写的《哲学的形而上学历险》一文中所论述的一个"基本观念"。

在传统形而上学那里，虽然哲学家个人的生命是有限的，但他的理性却可以对人类经验及其知识作出某种统一性和终极性的解释。因此，对于传统形而上学来说，"相对"只是他人的"无知"，"绝对"则是自家的"真理"。由此所构成的关于"绝对之绝对"的哲学，就是"不知其不可而为之"的"形而上学的恐怖"。现代西方哲学在"拒斥形而上学"的旗帜下，迫使哲学从"狂妄的理性"变为"谦虚的理性"、从"无限的理性"变为"有限的理性"。由此所构成的关于"绝对之相对"的哲学，就是"知其不可而不为之"的"形而上学的退场"。而在现代哲学的自我反省中，作为理论形态的人类自我意识，哲学已经在对人类思维的"至上性"与"非至上性"的辩证理解中，形成了某种新的"共识"：哲学既不是超时代的"绝对之绝对"，也不是纯个人的"绝对之相对"，而是人类性与时代性相融合的"相对之绝对"。由此所构成的哲学就是"知其不可而必为之"的"形而上

学的追求"。由此所构成的哲学的"世界观",就是"人生在世"和"人在途中"的"人的目光"。这种"人的目光",既不是"绝对之绝对",也不是"绝对之相对",而是"相对之绝对"。以时代性的绝对性与历史性的相对性去看待哲学,哲学才能批判性地反思人类文明,理想性地对待人类文明,并以"文明的活的灵魂"的自我意识去塑造和引导新的时代精神。

参考文献

1. 《马克思恩格斯文集》（第一至十卷），人民出版社 2009 年版。
2. 《列宁专题文集（论辩证唯物主义和历史唯物主义）》，人民出版社 2009 年版。
3. 列宁：《哲学笔记》，人民出版社 1993 年版。
4. 《毛泽东选集》（第一卷），人民出版社 1991 年版。
5. [古希腊] 亚里士多德：《形而上学》，吴寿彭译，商务印书馆 1997 年版。
6. [英] 培根：《新工具》，许宝骙译，商务印书馆 1984 年版。
7. [法] 笛卡儿：《哲学原理》，关文运译，商务印书馆 1958 年版。
8. [荷] 斯宾诺莎：《伦理学》，贺麟译，商务印书馆 1998 年版。
9. [英] 洛克：《人类理解论》（上、下），关文运译，商务印书馆 1959 年版。
10. [英] 休谟：《人类理解研究》，关文运译，商务印书馆 1997 年版。
11. [德] 康德：《纯粹理性批判》，邓晓芒译，人民出版社 2004 年版。
12. [德] 黑格尔：《精神现象学》（上、下），贺麟、王玖兴译，商务印书馆 1979 年版。
13. [德] 黑格尔：《小逻辑》，贺麟译，商务印书馆 1997 年版。
14. [德] 黑格尔：《哲学史讲演录》（第 1—4 卷），贺麟、王太庆译，商务印书馆 1997 年版。
15. [德] 胡塞尔：《现象学的观念》，倪梁康译，上海译文出版社 1986 年版。
16. [德] 海德格尔：《形上学导论》，熊伟、王庆节译，商务印书馆 1996 年版。
17. [德] 海德格尔：《存在与时间》，陈嘉映、王庆节译，生活·读书·新知三联书店 1987 年版。
18. [德] 卡西尔：《人论》，甘阳译，上海译文出版社 2004 年版。

19. ［德］伽达默尔：《真理与方法》（上、下），洪汉鼎译，上海译文出版社 2004 年版。
20. ［英］卡尔·波普尔：《客观知识》，舒伟光等译，上海译文出版社 2005 年版。
21. ［美］理查德·罗蒂：《哲学与自然之镜》，李幼蒸译，商务印书馆 2003 年版。
22. ［德］梅林：《马克思传》，樊集、持平译，人民出版社 1965 年版。
23. ［美］悉尼·胡克：《对卡尔·马克思的理解》，徐崇温译，重庆出版社 1989 年版。
24. ［匈］卢卡奇：《历史与阶级意识》，杜章智、任立、燕宏远，商务印书馆 1996 年版。
25. ［法］阿尔都塞：《读〈资本论〉》，李其庆、冯文光译，中央编译出版社 2001 年版。
26. ［法］哈贝马斯：《重建历史唯物主义》，郭官义译，社会科学文献出版社 2000 年版。
27. ［法］科尔纽：《马克思的思想起源》，王瑾译，中国人民大学出版社 1987 年版。
28. ［法］阿尔都塞：《保卫马克思》，顾良译，商务印书馆 2006 年版。
29. ［法］德里达：《马克思的幽灵》，何一译，中国人民大学出版社 1999 年版。
30. ［法］梅林：《保卫马克思主义》，吉洪译，人民出版社 1982 年版。
31. ［法］施密特：《马克思的自然概念》，欧力同、吴仲昉译，商务印书馆 1988 年版。
32. ［德］斯宾格勒：《西方的没落》，齐世荣、田农等译，商务印书馆 1995 版。
33. ［美］瓦托夫斯基：《科学思想的概念基础》，范岱年等译，求实出版社 1982 年版。
34. ［美］唐纳德·戴维森：《真理、意义、行动与事件》，牟博编译，商务印书馆 1993 年版。
35. ［英］迈克尔·达米特：《形而上学的逻辑基础》，付晓明等译，中国人民大学出版社 2004 年版。

36. ［美］M. 怀特：《分析的时代——二十世纪的哲学家》，杜任之主译，商务印书馆 1981 年版。
37. ［美］阿伦特：《精神生活·思维》，姜志辉译，江苏教育出版社 2006 年版。
38. ［德］哈贝马斯：《后形而上学思想》，曹卫东、付德根译，译林出版社 2001 年版。
39. 张世英：《哲学导论》，北京大学出版社 2002 年版。
40. 叶秀山：《思·史·诗——现象学和存在哲学研究》，人民出版社 1988 年版。
41. 陈先达：《走向历史的深处》，中国人民大学出版社 2006 年版。
42. 陶德麟：《哲学的现实与现实的哲学》，北京师范大学出版社 2005 年版。
43. 朱德生：《形上之思》，辽宁人民出版社 2001 年版。
44. 杨祖陶：《康德黑格尔哲学研究》，武汉大学出版社 2001 年版。
45. 邹化政：《〈人类理解论〉研究》，人民出版社 1987 年版。
46. 叶秀山：《哲学要义》，世界图书出版公司 2006 年版。
47. 高清海：《哲学与主体自我意识》，吉林大学出版社 1988 年版。
48. 杨耕：《为马克思辩护》（修订本），北京师范大学出版社 2004 年版。
49. 俞吾金：《重新理解马克思》，北京师范大学出版社 2005 年版。
50. 王南湜：《追寻哲学的精神》，北京师范大学出版社 2006 年版。
51. 吴晓明：《思入时代的深处》，北京师范大学出版社 2006 年版。
52. 张一兵：《回到马克思》，江苏人民出版社 1999 年版。
53. 丰子义、杨学功：《马克思世界历史理论与全球化》，人民出版社 2002 年版。
54. 李德顺：《价值论》，中国人民大学出版社 1987 年版。
55. 韩震：《重建理性主义信念》，北京出版社 1998 年版。
56. 张盾：《马克思的六个经典问题》，中国社会科学出版社 2009 年版。
57. 赵汀阳：《一个或所有问题》，江西教育出版社 1998 年版。
58. 黄克剑：《人韵：一种对马克思的解读》，东方出版社 1996 年版。

索 引

A

爱因斯坦　60，69，143，291，394，481，482，498，503，507，508，510，529，531

爱智　151，430，439，519，520

B

本体　18-19，26-27，50-51，55-57，59，71-72，74-75，123，173-175，177-178，189，211-212，229，247，252-260，264，268-269，271-278，368，407-409，411-415，420，423，439，458，462，511，523

本体中介化　24，58，70，73

本体论　14，24，42-43，49-51，53，55-56，69，173-180，186，188-191，207-208，212，215，219，252-269，271-272，295，305，310-311，319，332，355，377，386，407-413，415，435-436，458，523

本体观　400，407-410，412，458，524

本体论追求　27，176-178，258，262-267，270-272，310，410-412

本体论承诺（许诺）　13-14，16，21，26，43-44，216，254，264-265，414

本体论的自我批判　51，262，264，311

本体论的解释循环　177，264，271，411

本体论的思维方式　178，271，410-411，523

本质　4，9，10，16，26，31-33，35，39，41-42，44，63-64，68，72，74-75，86-87，95-96，98-99，101-102，109，111，113，117-120，122-123，125，135-136，138-141，152-153，161，168-170，173，175，177，184-185，187，201，206-207，209-212，217，219-221，224，227-231，237，241-242，244，246，249-251，253，255-257，259-260，263，267，269，282，288，290-294，298，305，310-311，316-322，328-330，

索引 545

332，335，337，339－340，343，
346，358，360，363－364，367，
371－372，380，383－384，386，
393，408－409，411，428，432，
435，451，460，503－504，513，
523－524，537，

本质还原论的思维方式 131，395，
458

本质论 35，189，328

本质主义 20，251，266，310－311，
356，398，418，539

必然性 46，49－50，52－54，68，
92，112，123，142，147，155，
167，172，209，211，218，244，
247－248，250－251，259，263，
295－296，305，308，315，344，
382，471－473，476，504，530

辩证唯物主义 216，254，273，322，
332，370，381，384，422，431，
450，454，492

标准与选择 26，237，356，382，
398，439

表象 10，12，22，37，67－68，
83，99，101，118－119，124，
138，148，181，205－207，209－
213，236，247，273，287－288，
292，302，313，316，328，335－
336，338－339，402，425，479，
504，530

表象思维 9－11，17，30－33，39，
53－54，83，92－93，125－126，

148，227，236，244，272－273，
275，413－415，533

表征 8，13，17－23，26，28，33，
60，143，146，160，202－203，
225，232，240－243，245－247，
252，255－256，268，275，277－
278，297－298，305，354，356，
359，362，369，393，400－401，
416－419，423－425，438－439，
458，462，465，484，486，531－
532，535－537

柏拉图 43，69，140，200，212，238，
246，251，259，261，310，352

柏拉图主义 246

伯林 304，513

C

差别的内在发生 296，300

常识 1，5－7，17，71，83－84，94，
116－132，136，148－150，157，
163－164，174，180，182－183，
185，228－230，245，271，273，
283－284，286，346，349，358，
385，395－397，400，404，408，
439，441－442，460，462，466，
468－469，474，477，498，500，
527，532－534

常识思维方式 120，134，150，
289，394，500

超验 39，122－123，126－127，
129－130，148，150，175，206，

211，213，229，254，256，257，
273，288，408，413－414，511

超自然性　12，108－110，187，196，
202，418，538

崇高　20，47，62，122，278，359，
366－369，433，437－439，441，
485－486，502

抽象　10，12，19－20，22，24－25，
27，31－32，34，37－38，41－42，
45－46，53－60，64，67，69，70，
72－75，85，92－93，97－107，
109，112，131，133，138，146－
147，153，162，169－170，178，
180－181，184，197，212－214，
217，232，253－256，258－259，
271，277，283－284，290，295－
305，309，314－316，320－321，
327，329－330，332，334，336，
338－340，346，348，355－357，
362，379－380，387，389，395，
403，411，418，424，428，433，
435，439，452，458，460，465，
477，479，496，516，526－528，530

抽象同一　29－30，32－35，37－38

抽象的同一性　35－36，85，295－
296，300，306，309，452

抽象理性　294－295，297，300－
301，303，307，452

抽象到具体　306－307，328，338，
471－472，530

抽象力　170，338

纯存在　45，167－169，172，467

从后思索　16－17

存在论　18，20，35，40，85，102，
162，168，170－173，175－176，
179－182，186，188－191，206－
209，225，246，258，260，266，
270，292，300，306－308，323－
324，374，390，405，417，438，
453，455，462，493，537

存在主义　14，20，62，71，262，
266，311，356，398，418，445，
456，539

D

杜夫海纳　145

对立面的统一　315，317

对象化　45，57－58，66，94，100，
107，114，140，188，212，224，
251，268－269，393

多样性的统一　136，331，471，515

F

发展原则　314，335－336，452

反思　2－23，27，30，32－34，36－
40，42－46，51，53－54，60，62－
63，69－70，78，81－82，84－86，
93－95，106－112，114－115，117，
119，122－123，125，126－132，
137，141－142，152－160，162－
165，167，172－174，176，179－
182，184－185，188－191，197，

201－204，207，211－212，214，216，222，225－232，235－236，238，240，242－247，252，255，258，260，263，266，268－275，277－278，281－282，284－290，293，324，335，340，349，352，354，359，361－362，366－367，369，379，380，382－383，385－393，395－398，400－404，406，408，412－415，417，420－422，424－429，432－436，438－441，444，452，456－458，462，474，479，481，485，488－489，493，503－505，508，511，513，515，521，523，526，532－538，540，545

非神圣形象　19，21－22，25－26，61，138，231－232，237，243，245－246，251－252，278，302，309－310，355－356，367－369，391，393，404，419，438，516，531－532，537

分析与综合　181，213

分析哲学　95，158，199－200，266，397

冯友兰　139，262，359，432，437，510，514

否定性统一　16，24，64－65，67，114，190－191，223－225，241，293，329，335，390，429，523

反本质主义　20

反表象主义　20

G

改造世界　7，16，29，74－75，107－108，110，115，152，163－164，195，255，293，337，341，347，373，504

概念　4，8－11，13－14，21，23－24，30，34－36，40－41，45－52，54－55，57－59，63，65－66，68－71，77，79－81，83－86，90，92－96，99，118－119，122－129，142，146－150，152－153，156－159，163－166，169－170，172，180，182，195，199－200，204，206－212，217－218，230，235，243－247，252－254，260，272－273，280－281，287－298，300－301，303－307，313－318，320－321，323，325，328－330，332，334－335，338－339，351，361，371，380，384，394－395，397，403，413，419，425，427，443，453，457，460－462，466－472，476－477，481，484，495－497，502，512，523，526－527，530，533

概念辩证法　36，47－49，52，54－55，58，85－86，95－96，172，217，246，295－297，305－307，314，329，332，452

概念论　35，57，189，324

概念框架　59，68，71，95，118，

146，149，152，156-157，164-165，182，351，384，390，395，403，457，462，472，479，489-490，530

感性　33，42-43，49，56，87-88，101，108-109，112，123，140-141，144-145，150，195，206，209-213，215，259，291，294-295，297-298，300，302-303，318，333-334，336，345-348，350，370-372，379，389，392，418，428，451，516

感性活动　88，112

感性与理性　150，211，229，256，278，291，356，374，425，439，511，539

感性确定性　30-32

个别与一般　291

个体理性　13，47，202，295-297，300，307，452

个体自我意识　22，146，351-352

构成思想　1，4-9，23，29-30，40，77，79，81-82，84，89-90，107，111-112，116-117，140，164，166，171，174，179-180，189-191，202，218，225-230，232，240，247-248，274-275，278，303，385，399，404，413-415，421，424-426，429，435，462-463，528，530，534-535，545

归纳　181，201，212-213，280，328，331，503，535

规定性　35，44-46，51-52，80，92，113，164，167，169-170，172-176，179-180，186，189，205，212-213，230，241，252，254-256，258，294-296，315，329，363，466-467，472，530

过渡　25，35-36，50，72，199，286，314-316，325，381

H

哈贝马斯　303-304

海德格尔　10，14-15，71，140，171，174，266，358，422，444-445，456，474

海森堡　291

合法的偏见　13，15-16，21，25，479，539

合规律性与合目的性　57-58，100，109-110，114，143，145，187，192，196，204，218，223，374，397，525，533

贺麟　146，506

黑格尔　5，8-12，17，20，24，30-55，57-58，69-70，78，85-87，92-96，106-107，114，124-127，140，145-147，155，159，166-172，176，183，189，195，206，210，212，215-218，227-228，234，236，238-239，244，246-

251，254 - 255，260 - 261，264 -
265，272 - 273，275 - 276，279 -
282，287，292 - 321，323 - 332，
334，338，340，347，349，351 -
352，354 - 357，372，413，415，
422，428，430，432，437，445，
451，452，460，466 - 468，471 -
472，474，476 - 478，480 - 481，
486，490，494，496 - 497，501，
506，509 - 510，512，514，516，
519，522，526 -527，530，533
胡塞尔　6，228，422，456
环节的必然性　45 - 46，49 - 50，52 -
54，92，172，244，247，295 - 296，
305，471 -473，476，530

J

伽达默尔　15 - 16，62，71，74，
140，479，504，513
建构　4，45 - 46，51，53，57，60，
70，73，130，164，176，178，
215，227，257，262 - 263，265，
272，293，351，366，368，383，
386，409，412，457，490，501
交换价值　99 - 101，104 - 105，
300，329
解释世界　24，27，40 - 41，43，49，
59，69，92，111，118，121 - 122，
124，149 - 150，164，241，249，
251，255，260，269，294，348，
379 - 380，390，394，497，503，
505，512，522
解释学　15，71 - 72，74，95，198，
201，262，456，504
经验　6 - 7，10 - 11，14，18 - 19，
22，33，39 - 41，48，60，62 -
63，67 - 68，83，87，117 - 119，
121 - 129，134，143 - 145，148，
152，154 - 159，162，164 - 165，
175，180，182 - 183，185，206 -
207，210 - 211，213，215，228 -
230，236，238，244 - 245，250，
253，256 - 260，263 - 264，273，
275 - 278，283 - 286，288 - 292，
294，304，305，316，318，331，
335，341 - 342，345 - 346，349 -
350，372，394 - 397，402，405 -
409，411，413 - 414，416 - 417，
419，428，437 - 438，449，460，
462，467，474，481，486，488，
498 - 500，504，511，513，517，
525 -528，536，538
经验论　206，213
精神　21，24 - 25，27，34，36，
42，43，49，53，55，56，57，
58，59，70，72，74，86，92，
93，102，133，134，146，152，
180，181，196，200，247，254，
280，296，297，298，300，312，
360，371，377，378，406，407，
421，423，501，513，519
精神家园　276，421，461，537

拒斥形而上学　13，14，16，18，21，
　　178，242，249，254，266，276，
　　407，416，437，515，535，539
具体的普遍性　295－296，305，
　　452，460
绝对理念　12，40，42－46，49－
　　51，53，248，276，486，496

K

卡尔纳普　13－14，18，201，250，
　　276－277，416，437，486，535－536
卡西尔　68，71，93，137，159，
　　197，247，456
康德　39，40，43－44，49，56－57，
　　69，84－85，87，140，145，155，
　　214－217，227－228，238，261，
　　315，352，354，422，467，519
科尔纽　146，297，431
客观　2，9，11，14，24－25，29，
　　36，43－44，49－50，54－55，57－
　　59，65－66，70，72，74，78，86－
　　87，89，91－93，107－114，142，
　　165，175－176，180，182－185，
　　187，190，193－194，200，202，
　　208－209，211，215－218，223－
　　224，241，257，269，292，306，
　　312，314－321，323－325，332，
　　334－339，341－344，346－349，
　　361，371－372，374，376，378，
　　386，389，408－409，418，427，
　　429，434，471，477，484－485，
　　504，523，533
柯林伍德　299
客体　13，30，33，53－54，57－
　　58，65，89，93，95，108，110，
　　119，155，164，171－173，175，
　　182，185－187，190，195，203，
　　205，218－221，223－224，229，
　　257，278，284，318，321，324，
　　333，336－337，348，356，370－
　　374，376，379，381，386，389，
　　408，428，439，457，500，511，
　　523，524
科学　1－2，5，7，9，13－14，18，
　　22－23，25，34－36，38－39，47－
　　50，52，58，60－61，68－75，
　　77，79，81，83－85，90，92－
　　98，102－104，107，116－119，
　　123，127－129，131，134－137，
　　142－144，146，148－165，168，
　　180－185，198，202，212，217，
　　218，222－225，228－230，235，
　　240，242，243，245，248，249，
　　250，252－254，261，263，271，
　　273－276，279，285－286，291，
　　294，297，304－305，307，312－
　　313，320，323，326，328，332，
　　337－339，341，343，346，351，
　　354，358，362，364－365，383－
　　385，392，394－397，400－404，
　　407，414，416－417，419，423－
　　424，431，434－435，437－439，

441－443，450，455－457，459－460，462，468，475，478，481－482，485－486，492－502，504，506－507，509－510，518，522，525－526，530－537

科学哲学　9，70－73，75，90－91，95，184，230，249，266，305，369，479，495，501，503，522，534－535

科学主义　20，61，160－163，184，242，249，250，254，266，267，273，275－276，366，387，397－398，401，414－415，417－419，456，536，539

L

赖欣巴哈　161，249，265－266，276，501，503

劳动的二重性　100－101，329，339

理论思维　1－3，7－8，29，33，35－36，39，44，47，52，63，69，78－79，82－86，89－90，122－123，127－128，134－135，138，142，148，150，152－155，161－163，206，216，226－230，234，236，238，245，248，255，257－258，263－264，269，274，282，285－286，293，306－307，310，318，323－324，333，349，359，372，378－379，385－386，393－394，399，408－409，415，426－429，432，434－435，444，451－452，

460，467，477，485，488，492，494，496－497，506－509，512，514，521，533－534

理论思维的前提批判　2，3－4，36，81－82，228，275，434－435

理念　1，5，12－13，21，23－24，29，40，42－46，49－51，53，106，140，145，151，178－179，190，195，200，212，218，225－226，229，232，240，242，244，246，248－251，259－260，275－276，278，310，367，380－381，391，396，399－401，403，412，418－419，421，424－425，432，439，442，454，462，471－474，476，479，486，488－490，496，523，525，528，534－535

理性　6，10，12－13，20，37，41－42，46－48，54－55，57－58，68，93，101，107，115，123，126，131，135，138，149－150，152，157－159，177，183，202－203，206，209，211－213，215，227，229－230，237，243，245，247－252，256，259，261，265－268，270，276，278，291，294－297，300－301，303－304，307，309－310，331，335，345－347，350，355－356，358－359，362－364，369，374，395－396，404－406，410，417－418，423，425，439，

451-452, 468, 479, 481, 486-487, 501, 509, 511, 514-516, 525, 536, 538-539

理性具体　101, 471-472, 515

历史的大尺度　27, 131, 222, 382, 396

历史唯物主义　38, 57, 193-195, 236, 301, 332, 356, 370, 375-376, 381, 384, 392, 422, 451, 453-455, 492

历史性的思想　190, 232-240, 387, 399, 402, 468, 477, 512, 515

历史与逻辑　95, 102, 107, 195, 232, 246, 253, 296, 328, 380, 450, 456, 459

列宁　10-11, 32, 36, 37, 48, 50, 52, 54, 57, 60, 69, 77-78, 86, 88-89, 94, 111-113, 124-125, 147-148, 170, 172, 180, 187, 210, 213, 216-218, 224, 230, 239, 269, 280-281, 287-288, 293, 307, 311-334, 337-341, 344, 347-349, 370-373, 386, 425, 451-453, 460, 467, 475, 477-478, 480-482, 491, 500, 506, 508, 512, 522-523

伦理　5, 7, 22, 73, 75, 95, 128, 136, 143, 163, 182, 218, 222, 237, 271, 275, 307, 351, 354, 368, 397, 434, 518

伦理总体性　297

逻辑先在　40, 43-44, 46, 195, 216, 296, 306, 309

罗蒂　140, 245, 261, 456

M

马斯洛　487, 518

毛泽东　340-353, 372-373, 451, 453, 460, 479, 482, 516

M.怀特　13, 157, 159, 248, 490, 501

N

内涵逻辑　1, 4, 35, 49, 56, 69, 70, 75, 77, 90-107, 150, 189, 195, 213, 228, 230, 247, 275, 281, 303, 306-307, 308, 378, 391, 451-454, 460-462, 472

内容与形式　36, 48, 50, 85, 86, 254, 280, 281, 313, 314

内在的否定性　40, 44, 45, 51, 263, 264

能动的反映论　334, 348, 373, 374, 386

P

普遍规律　2, 39, 152, 265, 320, 337, 352, 383, 384, 385, 390, 422, 434

普遍理性　22, 47, 245, 251, 270, 295-297, 300, 303, 307-308, 310, 452, 516

Q

全体的自由性　40-41，49-50，52-54，172，244，246，247，295，296，305，306，471，472，473，530

R

人的尺度　57，58，74，109-110，114，187，196，223，397

人的独立性　20，22，63，105，106，231，237，243，246，297，300，302，357，362，363-365，368，369，391，419，455，531

人的依赖关系　106，231，362，364，368，369，419，531

人类解放　22，195，308，388，390，391，396，433，454，455

人类思想运动的逻辑　42，43，44，46，47，48，49，51，53，54，69，93，95，159，244，260，281，305，306，307

认识辩证法　36，86，154，314，332

认识论转向　12，200，201，201，232，360，361

S

善　7，18，24，25，55，58，64，70，73，74，139，140，143，145，146，148，162，163，165，175，178，200，218，220，222，224，225，229，230，247，251，255，257，258，259，261，269，270，271，324，366，367，374，393，395，405，409，411，417，432，436，437，438，441，474，493，511，523，537

商品的二重性　99，100，101，339，454

社会性　13，22，67，100，101，107，108，199，202，203，373，374，398，455，535

神圣形象　19，21，22，23，25，61，136，138，229，231，232，237，243，245，246，278，302，309，355，356，367，368，369，391，392，404，419，438，516，531，532，537

生存论　13，251，305，309

时代精神的精华　11，12，18，21，137，146，158，160，191，225，232，236，242，277，351，352，359，362，394，397，399，401，402，412，416，418，419，424，433，438，455，458，496，504，532，533，536

实践　13，16，33，58，59，60，62，63，65-66，67，88，89，107-115，176，186，187-188，190，206，218，223，230，240，241，249，269，324-325，335-336，345-348，370，371，372，373，377，380，381，382，386-390，

418，428－429，457，469，492，499，504，505，513－514，524

实践观点的思维方式　16，24，33，272，310，369，382，392，406，520，522，524，525

实践理性　57，362

实践逻辑　1，77，107－108，110，462，534

实践唯物主义　136，377，381－382，386－393，422，492，522

实践智慧的辩证法　311，340－341，345，349，350，373，451

实践转向　12，55，232，336，360，361，386，484，522

实体　41，43，72，175，257，294，295－297，304，307

实证主义　14，236，403

逻辑实证主义　13，18，70，162，276，416，437，535

使用价值　99，100，104，121，300，329

世界观　7，35，36，61，85，86，96，98，107，127，130，132，135，136，138，146，179，180，181，182，185－188，190－191，203，228，229，243，249，257，262，271，333，337，341，348，350，371，372，373，378，380，383，386，387，389，392，399，400，403－410，412，413，415，423，437，453－455，458，460，462，470，498，499，506，509，515，516，525，540

思辨思维　9－10，34，39，40，53，54，93，227，244，272，413

思存同一性　294－296，298，306，307

思维和存在的关系问题　2－7，11，17，20，36，38－39，43，49，59，70，72，77，78，81，86，87，115，123，132，151，153－155，166－169，173，174，175，179，180，181，184，188，190，191，200，213，214，226，228，230，231，248，268，270，289，290，332，333，336，337，339，348，359，360，361，377－380，385，389，427，428，435，438，481，532，533，534

思想的客观性　38，153，200，203，208－214，216，217，247，248，306，417，452

思想前提　4，5，23，175，190，227，256，257，408，409

思想性的历史　190，232－236，238，239，240，387，399，468，477，512，514

索绪尔　198，199，501

T

同一性哲学　251，298，300－303，310

统一原则　335－336，452

W

瓦托夫斯基 70，71，95，157，185，244，305，411

外延逻辑 4，77，79，90，150，213，228，230，280，378，460

唯理论 206，213

唯物主义 20，32，33，54，58，87，88，124，125，156，169，193，194，213，216，247，249，254，271，306，311，312，317－340，343，348，354，369－380，389，418，428，453，480，538

唯心主义 20，35，38，40，46，54－58，87，88，124，125，167，193，213，216，239，254，317，318，320，322，323，326，329，330，331，334，335，336，343，348，354，372，375，379，380，389，418，428，480，486，491，492，522，538

无人身的理性 12，54，55，58，93，107，247，250，309，335，356

物的尺度 55，58，74，109－110，187，196，223，397

物的依赖性 21，22，63，105，106，231，232，237，243，245，297，302，357，362－365，368，369，391，419，433，454，455，531

物化 304，365，397，398

物自体 43，44，56，214，215，467

X

先验 26，40，215

先验论 43，49，228，343

先验逻辑 84，215

现象学 95，228，262，456

形而上学 11，13，14，16，18，21，33，35，40，41，42，43，58，85，120，123，125，126，178，201，240－252，254，256，263，266，278，279，282－290，293－312，317，318，322，405－412，416，418，437，438，452，456，465，480，481，485，500，515，516，523，526，535，536，538，539

形而上学的思维方式 75，120，121，176，244，257，284，289，290，346，405，409，500

形上本性 240，245，310，465

形式逻辑 1，35，67，69，77－91，102，107，120，134，230，280，462，471，480，534

形式思维 9，10，11，30，33－34，53，54，92，93，244，272，413

Y

亚里士多德 19，41，69，151，244，259，260，261，280，352，522

意识内容 43，49，212，378，484，

意识形式 139，213，378

语言转向 12，199－204，232，360－

361，397，416，456

Z

哲学基本问题　7，17，36，86，115，123，169，184，185，209，226-228，231，232，228，289，332，337，339，359-361，369，376，378，379，385-386，407，435，453，454，533，534

真理　1，2，18，23-27，31，34，38，39，42，50，138，145，155，158，159，166，176，177，183，204-212，218-219，222，225，230-232，242，243，245，250-252，257，258，278，280，290-294，296，297，304-311，313，314，325，343，345，347，350，352，367，374，376，390，404-410，417，434，438，461，462，467，471，473，476，503，506，513-515，520，523，527，530，531，533

政治经济学批判　17，107，455，459

知性思维　109，213，378

直观反映论　31，33，131，330-335，338，340，343，348，374，395，452，458

至上性　52，92，177，179，186，241-242，267

终极存在　52，114-115，188，241，258-270，410

终极价值　52，114-115，187-188，241，258，261-265，267-270，410

终极解释　52，114-115，177，188，241，258-271，405，410-411

主观　2，8-9，24-25，29，44，55，57-58，70，72，74，78，87，93，108，111-112，114，159，175-176，182-183，200，202，215-216，257，270，306，316，318，321，324，341-343，348-350，361，372，374，386，408-409，427，434，471，484-485，523，533

主体　7，13，27，33，37，53-54，57-58，60，65，72，74-75，89，93，102，108-110，115，118-119，153，155-156，159，164，171-173，175，186-187，190，195，202-203，205-206，211，213，219-222，229，247，251，255，257-259，268，270，278，284，294-297，307，310，330，334，336-337，356，365，370-373，376-377，380-382，386，389-390，408，439，457，468，474，490，500，511，515，523-524

自发形态　49

自己构成自己　43-45，48-51，53-54，167，176，216，230，295，312

自觉形态　52，57，85，326，335，512

自为　40，43 - 45，53，56 - 57，65，74，77 - 81，93，108 - 109，113，170，172，186，189，195 - 196，211，215 - 216，218，267，295 - 296，362，478，510

自我异化　19，21，25，61，136，138，231 - 232，237，243，251，278，302，309 - 310，355，367 - 368，391，393，404，419，438，486，516，531 - 532

自我意识　16，18 - 23，25，28，47，131，135 - 136，143，146，171 - 172，213，231 - 233，240 - 243，246 - 247，251 - 252，262，309，351 - 352，354，358 - 359，362，365 - 369，378，391，394 - 396，400，402 - 405，407，417 - 419，438 - 439，458，468，511，514，531，540

自由　10，22 - 23，34，41，47，53，57，80，92 - 93，106，145，229，231，237，243 - 244，246，252，272 - 273，278，296，357，362 - 364，413，419，432 - 433，452，457，466，471，511，520，531 - 532，534 - 535，537

自在　16，40，43 - 45，53，56 - 57，59，65，74，77 - 81，87，89，92 - 93，108，113，153，167，170，172，181 - 182，186，189，195 - 196，211，215 - 216，256，267，295 - 296，362，371，398，404，408，453，478，508

自在自为　44 - 45，57，74，109，113，172，189，216，218，241，296

宗教　1，5 - 7，17，22，71，75，93，95，103，116 - 117，126 - 128，132 - 139，158，163，181 - 182，186，222，228 - 229，231，240，252，261，271，275，304，353 - 355，360，367 - 368，383，391，397，401 - 402，434，438 - 439，441，462，514，518，526 - 527，532 - 533

后　记

　　我在本书的导论中说，"思想的前提批判"是行进中的哲学活动，而不是某种完成了的哲学理论。在"完成"这部书稿的时候，我更为真切地体会到，对思想的前提批判确确实实是"行进"中的哲学活动。

　　什么是"思想的前提批判"？为什么哲学是对"思想的前提批判"？如何展开对"思想的前提批判"？对此，我在本书作出了比较系统和深入的阐述。然而，真正展开对构成思想的基本信念、基本方式、基本逻辑、基本观念和哲学理念的前提批判，却有时是酣畅淋漓，有时是捉襟见肘，特别是对构成思想的"基本观念"的前提批判，更是感到展开这种前提批判的知识、能力和精力的局限。

　　2015年7月，《哲学分析》编辑部召开关于《哲学：思想的前提批判》的专题研讨会。孙利天、王南湜、丰子义、任平、张法、张盾、吴晓明、张一兵、胡海波和田海平、刘怀玉、徐长福、邹诗鹏、马天俊、贺来、宋继杰等学界同仁以及我所指导的研究生，不仅在研讨会上对此书展开深入的研讨，而且撰写专题论文作出具体的阐发和论证，提出切实的批评和追问。这促使我更为认真地"反思"自己的"前提批判"的哲学思想，并撰写了《哲学的基本问题与思想的前提批判》、《思想的前提批判与哲学的活动方式》这两篇论文，进一步阐发我的"思想的前提批判"的哲学理念。把这两篇论文分别作为"序言"和"附录"收入本书，也许有助于推进对"思想的前提批判"的讨论。

　　学者的学术研究，离不开两个东西：一是特殊的生存境遇和独特的生命体验，二是特定的理论资源和独特的理论想象。这二者的融合构成了独特的哲学思想。因此，离开对作者的独特的生命体验和独特的理论想象的理解，就难以真切地进入作者的思想。我的学术生涯，始于当代中国的改革开放，并在当代中国哲学的推进社会的解放思想和实现自身的思想解放的历史进程中，形成了关于"思想的前提批判"的哲学思想。此书出版之际，恰好我年届七十。为了便于读者了解我的生活经历和思想历程，又把《生命体验与理论想象——说说我的七十年》这篇长文作为附录收入本书。

由于本书凝聚了我个人30余年的哲学思考，集中地、系统地阐发了我对哲学的理解，因此，我在本书的"导论"中说：如果"有说服力和有启发性地展现一种哲学的可能的活动方式，已经是本人对这部著作的最大的期待"；如果"思想的前提批判能为人类的哲学活动敞开令人神往和上下求索的理论空间，那应当是我一生的最大的欣慰"。

在本书的撰写过程中，不仅得到学界同仁的关切，而且被纳入吉林大学人文社会科学的"名家自由探索"项目。成书之后，又被中国社会科学出版社推荐申报"国家哲学社会科学成果文库"。在此，向30余年来与我一起研讨哲学的学界同仁以及与我共同学习哲学的学生们表示由衷的敬意，向支持撰写此书的吉林大学和推荐此书申报"国家哲学社会科学成果文库"并精心编辑出版此书的中国社会科学出版社表示诚挚的感谢。"身无彩凤双飞翼，心有灵犀一点通。"期待学界同仁和各位读者对这部"思想的前提批判"进行富有说服力的"前提批判"。

孙正聿
二〇一五年十月二十日于长春

图书在版编目（CIP）数据

哲学：思想的前提批判/孙正聿著．—北京：中国社会科学出版社，2016.3
（2025.1重印）
（国家哲学社会科学成果文库）
ISBN 978 - 7 - 5161 - 7630 - 6

Ⅰ.①哲⋯　Ⅱ.①孙⋯　Ⅲ.①辩证批判理论—研究　Ⅳ.①B085

中国版本图书馆 CIP 数据核字（2016）第 028881 号

出 版 人	赵剑英
责任编辑	王　曦
责任校对	张依婧
责任印制	戴　宽

出　　版	中国社会科学出版社
社　　址	北京鼓楼西大街甲 158 号
邮　　编	100720
网　　址	http://www.csspw.cn
发 行 部	010 - 84083685
门 市 部	010 - 84029450
经　　销	新华书店及其他书店
印刷装订	北京君升印刷有限公司
版　　次	2016 年 3 月第 1 版
印　　次	2025 年 1 月第 4 次印刷
开　　本	710×1000　1/16
印　　张	37.5
字　　数	615 千字
定　　价	138.00 元

凡购买中国社会科学出版社图书，如有质量问题请与本社营销中心联系调换
电话：010 - 84083683
版权所有　侵权必究